作者丘国新(左)、陈少夫(右)合影于中山大学康乐园

应用写作教程

/第/七/版/

丘国新　陈少夫　编著

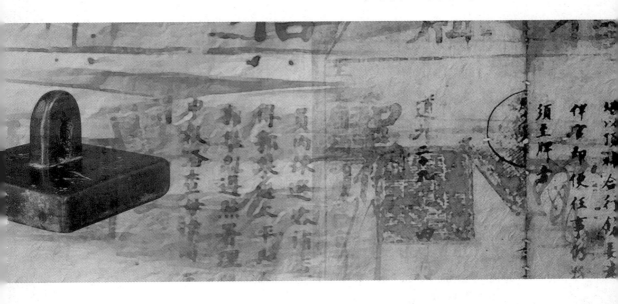

北京大学出版社

图书在版编目(CIP)数据

应用写作教程:第 7 版/丘国新,陈少夫编著. —北京:北京大学出版社,2013.7
ISBN 978-7-301-22326-0

Ⅰ.①应… Ⅱ.①丘…②陈… Ⅲ.①汉语—应用文—写作—教材 Ⅳ.①H152.3

中国版本图书馆 CIP 数据核字(2013)第 059361 号

书　　　名：应用写作教程(第七版)
著作责任者：丘国新　陈少夫　编著
策 划 编 辑：王　飙
责 任 编 辑：任　蕾　刘　飞　唐娟华
标 准 书 号：ISBN 978-7-301-22326-0/H · 3283
出 版 发 行：北京大学出版社
地　　　址：北京市海淀区成府路 205 号　100871
网　　　址：http://www.pup.cn　新浪官方微博:@北京大学出版社
电 子 信 箱：zpup@pup.cn
电　　　话：邮购部 62752015　发行部 62750672　编辑部 62753334
　　　　　　出版部 62754962
印　　　刷　者：北京宏伟双华印刷有限公司
经 　销　 者：新华书店
　　　　　　730 毫米×980 毫米　16 开本　31.75 印张　622 千字
　　　　　　2013 年 7 月第 1 版　2019 年 9 月第 2 次印刷
定　　　价：56.00 元

未经许可,不得以任何方式复制或抄袭本书之部分或全部内容。
版权所有,侵权必究
举报电话：010-62752024　电子信箱：fd@pup.pku.edu.cn

第七版编者说明

2012年5月12日，中山大学中文系举办"全国高等院校现代汉语教材教学研讨会"。北京大学出版社领导莅会，会议期间与中文系商定，将教师的著作优先推荐出版，同时热情相邀将拙著《应用写作教程》第七版交北大社出版。

回想这本教材自1990年8月第一版在中山大学出版社问世以来，迄今已22年，从第一版到第六版（约四年修订一次）共印刷了39次，总印数37.1万册，第六版还被中国书刊发行协会评为"2009年度全行业优秀畅销品种"，这是对我们作者与编辑追求质量，与时俱进的勉励。

高校同行和读者对拙著的厚爱使我们不敢松懈。我们一方面注意吸收应用写作理论界最新研究成果，另一方面注意深入基层，采访、调研、收集资料，努力做到学习、实践、总结、提高。

我们在关注应用写作实践活动的同时，也关注着依法治国、依法行政的实践。当中共中央办公厅和国务院办公厅于2012年4月16日联合印发《党政机关公文处理工作条例》之后，我们及时学习、研讨，并抓紧时间修订本《教程》。

第七版的修订，做了比较大幅度的修改：新增"应用写作基础"作为第一编分两章放在"绪论"之后。主要介绍应用写作的基础知识。学习者掌握这一部分内容，有利于深入学习。

习近平总书记十分强调"依法治国首先是依宪治国，依法执政关键是依宪执政"。应用写作是依法治国、依法行政的工具，所以本《教程》在第二编里便强调要学好、掌握好宪法、法律、法规和规章。然后再进入法定公务文书——党政机关公文的学习，之后学习机关事务文书、日用类文书和社会各类专业文书。望学习者能以自学为主，循序渐进、循环深入，并在教师的指导下顺藤摸瓜，举一反三，熟练驾驭应用写作。

本书在编写上以引导自学的方式一步一个脚印领路，经典和鲜活的例文相结合，既有公务文书处理常识，也有社会历史知识，配以经受22年课堂检验，独具教学特色的思考与练习题，使学生在完成练习的过程中得到启迪并掌握要领。

为了便于教师教学和学生自学，我们同时编写了《〈应用写作教程〉（第七版）教与学参考书》。

为了让读者和关注本书的方家更好地了解本书的编写特点和发展过程，我们将第五版、第六版的"编者说明"附上,以表示对前辈、关怀者和支持者的谢忱。

本书第七版的修订,我们得到了广东省委办公厅、广东省府办公厅、广州市委办公厅、广州市府办公厅、梅州市平远县委等单位多位校友的鼎力支持,他们是:莫晓春、郭跃文、刘巧、高涌涛、罗幸球、邓号起、尹远兴、曾尚忠。诸位校友提供了权威准确的资料,著名书法家张振林先生为本书题写了书名,特在此表示衷心感谢!

为使本书能精益求精,不断充实提高,欢迎读者、教者、高校同行来电来函建立直接联系。

丘国新　510275 广州市海珠区新港西路 135 号中山大学中文系

电话:(020)84114625　传真:(020)84036452

电子邮箱:hssQGX@ mail. sysu. edu. cn

陈少夫　510288 广州市海珠区晓港湾清华街 145 号(漾日云天)B1 栋 2006 室

电话:(020)84068920　电子邮箱:chenshaofu2@163.com

丘国新　陈少夫
2013 年 3 月 19 日
于中山大学中文堂

第六版编者说明

　　学习应用写作的目的在于应用，而如何才能更好地、更有效地学习和掌握应用写作，则是本书编著者时刻挂心的问题。如果说，《应用写作教程》（以下简称《教程》）第五版为学习应用写作者提供了一个更为有利的学习平台，那么《教程》第六版则想为学习者提供一个更为完美、更为方便、更为有效的平台。

　　一些施教老师和学生的的意见，希望能将《〈应用写作教程〉教与学参考书》（以下称《教参》）中的公文版式及公文生效标识方式挪到《教程》来，以利于学习者和使用者比照、查阅。此外，我们考虑到学生学习应用写作的认识规律是由感性认识上升到理性认识的，因此我们对书的结构作了调整，即首先让学生接触例文，并参考在每一篇例文后面的评介，再进一步认识例文，进而领会该例文在处理公务中的运作依据和方法，然后对所学知识予以深化。

　　应用写作是一门实践性很强的学科，教学中常常会遇到"一讲便懂，一做就错"的情况。因此我们十分关注思考与练习题的充实和富于启发性。依据练就应用写作能力的实际需要，增加了一些题目，希望学习者依据自己的实际状况参阅、实践和思考。

　　在本版的使用上，我们仍然要强调指出的是：

　　一、将应用写作的分类由原来的四大类分为五大类，以一个大类为"篇"，然后在篇内分若干章表述。在第一版到第四版，我们将规章制度列入机关事务文书这一类中，仅从"规章制度是机关内部管理的工具"这一角度介绍。从第五版开始，我们增添了一个门类，即将法律（宪法、普通法）、法规（行政法规、地方法规）、规章（部门规章、地方政府规章）、章程（组织章程、工作章程）和一般规章制度（规定、办法、制度、规范、标准、规程、须知、公约）列为一类，统称为"规范性文书"。依次分为"法"（法律、法规、规章）、"章"（章程）、"制度"（一般规章制度）三章，从依法行政的工具性角度、从应用的角度加以强调。

　　这种变动，有利于学习应用写作者能更深刻、深入地认识"应用写作是'依法治国'、'依法行政'的工具"这个重要问题，更有利于掌握应用文的规范写作和对应用文的正确、得当的应用。

　　二、将第五版中介绍的"公文"称为"法定性公务文书"，简称为"公文"，包括由《中国共产党机关公文处理条例》规定的党的机关公文、由《国家行政机关公文处理办法》规定的国家行政机关公文、由《人大机关公文处理办法》规定的人大机关公文、由《中国人民解放军机关公文处理条例》规定的军队机关公文、由《人民法院公文处理办法》规定的法院公文，这些公文都是由法规规定的，所以称为"法定性公务文书"。但是，本《教程》的重点仍然是介绍国家行政机关公文。

对国家行政机关公文的介绍，我们取消了"常用公文"这一角度的介绍方法，改为对13种文种全部予以介绍。因为社会上使用行政机关公文的情况起了变化，各个公文文种的使用频率都有了很大的提高，即使一般机关不用的文种（如命令、议案），也必须让大家都知道，以免误用。

在公文文种知识介绍与公文写法的介绍方法上，我们仍采用传统的"循序渐进"、"循环上升"的原则，即先介绍公文文种知识，接着介绍公文的格式，然后又回过头来介绍各个公文文种的写法。表面上看，似乎将一个文种分割成两个部分来介绍，其实这样安排有它特别的作用。因为公文的各个文种既有独立的一面却又有相互联系的一方面，先将全部文种及相关知识介绍完，让学生对全部文种有个总体印象，在弄懂公文格式之后再回过头来学习各个文种的写法，此时他们已经形成了一个学习上的循环，对公文文种将会产生"故友重逢"之感，不仅亲切，而且还可以通过"温故"去激发"知新"欲望，从而在学习上收到更佳效果。在介绍公文的写法时，我们调整了介绍的次序，改为首先介绍例文并引导学习例文，从例文入手，由感性而至理性。

三、考虑到初学应用写作者接触社会不多，对国家机关及其职能所形成的"块条关系"不了解，在学习法规规章和面对模拟公务应如何去处理时，往往会一筹莫展。针对这一情况，我们在第五版编写了国家机关及其"块条"构成情况的知识介绍，这是学习应用写作的基础性补充。为了不破坏《教程》内容的协调性，这部分知识内容放在《教参》里。

四、第五版的《教参》仍然适用。新增加的思考与练习题的参考答案，我们可以在电子邮箱中向需要者发送。凡需要补充习题参考答案者，可通过我们的邮箱告知接收邮址即可免费发送。此外，我们为施教者编制了教学用幻灯片和课堂演示用的课件，需要者可在中山大学出版社网站（www.zsup.com.cn）下载。

五、在专业文书方面作了一些调整。原来收进"招标书与投标书"、"合同"、"商业广告"三个专业文书，由于篇幅所限，所以只用一个"劳动合同"作为抛砖引玉的示例。期待学习应用写作者在掌握了规范性文书、法定性公务文书、机关事务文书和日用类文书之后，依据自己的专业工作需要，再学习本专业的更多相关文书。这样，便能集中精力，抓住主要矛盾，循序渐进地掌握应用写作。

　　此次修订，我们特邀了陆凤贤撰写第一篇规范性文书和第五编专业性文书，罗寿桓撰写第三篇中的调查报告总结；潘银红负责资料的收集、输入、整理以及文稿的校对、书稿的初校，承担编制本《教程》提供给授课者使用的幻灯片、课堂演示的课件等工作；中文系办公室网络工程师詹拔群提供了相关技术服务工作。特别是广东写作学会顾问、中山大学中文系博士生导师叶春生教授为本书参加优秀教材评选写了热情洋溢的推荐信。在此，我们谨表感谢！

　　为使本《教程》能精益求精，不断充实提高，欢迎读者、教者、同行行家来电来函建立直接联系。作者的联系地址和电话是：

　　陈少夫　　（510288）广州市海珠区晓港湾清华街 145 号（漾日云天）B1 栋 2006 室

　　电话：(020) 34231987　传真：(020) 34231987

　　电子邮箱：1. chengshaofu2@163.com

　　　　　　　2. chenshaofu1@21cn.com

　　丘国新　　（510275）广州市新港西路 135 号中山大学中文系

　　电话：(020) 84113112 转 331　传真：(020) 84112853

　　电子邮箱：hssQGX@mail.sysu.edu.cn

编著者

2007 年 8 月 29 日于中山大学中文堂

第五版编者说明

为了适应"依法治国""依法行政"新形势发展的需要,我们对《应用写作教程》(以下简称《教程》)进行了第五次修订。这次修订,其"手术"面积比较大,主要表现在:

一、将应用写作的分类由原来的四大类分为五大类,以一个大类为"篇",然后在篇内分若干章表述。在第一版到第四版里,我们将规章制度列入机关事务文书这一类,仅从"规章制度是机关内部管理的工具"这一角度介绍。现在,我们根据自己的新认识,在本《教程》中增添了一个门类,即将法律(宪法、普通法)、法规(行政法规、地方法规)、规章(部门规章、地方政府规章)、章程(组织章程、工作章程)和一般规章制度(规定、办法、制度、规范、标准、规程、须知、公约)列为一类,统称为"法规性文书"。依次分"法"(法律、法规、规章)、"章"(章程)、"制度"(一般规章制度)三章,从依法行政的工具性角度、从应用的角度作了强调。

这种变动,有利于学习应用写作者更深刻地认识"应用写作是'依法治国'、'依法行政'的工具"这个重要问题,更有利于掌握应用文的规范写作和对应用文的正确、得当的应用。

二、将原来在《教程》中介绍的"公文"称为"法定性公务文书",简称为"公文",包括由《中国共产党机关公文处理条例》规定的党的机关公文、由《国家行政机关公文处理办法》规定的国家行政机关公文、由《人大机关公文处理办法》规定的人大机关公文、由《中国人民解放军机关公文处理条例》规定的军队机关公文、由《人民法院公文处理办法》规定的法院公文,这些公文,都是由法规规定的,所以称之为"法定性公务文书"。但是,本《教程》的重点仍然是介绍国家行政机关公文。

对国家行政机关公文的介绍,我们取消了"常用公文"这一角度的介绍方法,改为将13种公文全部予以介绍。因为社会上使用行政机关公文的情况起了变化,各个公文文种的使用频率都有了很大的提高,即使一般机关不用的文种,也必须让大家都知道,以免误用。

在公文文种知识介绍与公文写法的介绍方法上,我们仍坚持采用传统的"循序渐进"、"循环上升"的原则,即先介绍公文文种知识,接着介绍公文的格式,然后又回过头来介绍各个公文文种的写法。表面上看,似乎将一个文种分割成两个部分来介绍,没有一口气介绍完一个文种,其实这样安排有它特别的作用。因为公文的各个文种,既有独立的一面,又有相互联系的一面。先将全部文种及相关知识介绍完,让学生对文种有个总体印象,在弄懂公文格式之后再回过头来学习各个文种的写法,此时他们已形成了一个学习上的循环,对公文文种将会产生"故友重逢"的感受,不仅亲切,而且还可以通过"温故"去激发"知新"欲望,从而在学习上收到更佳效果。

三、考虑到初学应用写作者由于接触社会不多,对国家机关及其职能所形成的"块条关系"不了解,所以在学习法规规章和面对模拟公务应如何去处理时,往往会出现一筹莫展的境况。我们针对这种情况,编写了国家机关及其"块条"构成情况的知识介绍,这是学习应用写作的基础性补充。为了不致破坏教程内容的协调性,这部分知识内容放在《〈应用写作教程〉教与学参考书》(以下简称《教参》)里。这项知识内容对初学应用写作者十分有用,实践表明,凡是较好地掌握了这项知识的初学者,在完成仿真模拟习题时,均能从容自如应对,学习效果很好。

四、与《教参》同时修订。此次修订,在"对施教者的参考"和"对学习应用写法者的参考"方面有了突破性的改变:一是将施教的"教案"具体化,从该"教案"中基本上可以看出教学的各个环节的内容、教法等的提示与建议以及教学上的重点难点、参阅资料、作业方法和思考与练习的参考答案等;二是增加了"附录",将公文的版式,与应用写作关系特别密切的法律、法规、规章以及应用写作工具性资料、教学方法探讨等收入在内,可供施教者和学习者在学习和工作上参考。因此,使用本《教程》,应同《教参》配套、师生共用,才能尽可能地完善地发挥出其知识内容、应用方法、施教、训练、求学、探索、讨论诸方面的效果。

五、本次修订的《教程》,在专业文书方面作了一些调整。原来收进的招标书与投标书、合同、商业广告三个专业文书,现只保留合同一个。这不是说专业文书不重要,相反,正因为专业文书是依据社会行业的形成而产生的专业性很强的文书,在专业工作上使用频繁,显得十分重要,然而其种类多、数量大,如果只是蜻蜓点水式地略作介绍,反会贻误专业工作的实际需要。由于本书篇幅所限,所以只保留合同作为抛砖引玉的示例,期待着学习应用写作者在掌握了规范性文书、法定性公务文书、机关事务文书和日用类文书之后,依据自己的专业工作需要,再学习本专业的更多相关文书。这样,便能集中精力,抓住主要矛盾,循序渐进地掌握应用写作。

本《教程》自第一版问世以来,便得到社会各界的大力支持,除历次"编者说明"中提到的致谢单位以外,还有很多的领导、行家、读者,都在关注、爱护本书。本《教程》能有所进步，有所提高，同大家的支持和帮助密不可分。如广东省人事厅厅长谭璋球接到我们需要入选他的述职报告为例文的请求时，及时来电表示支持；时任梅州市市长的魏潘尧还亲自给我们写了热情洋溢的复信，不仅同意将他的总结给我们作例文，而且还邀请我们到梅州参观考察；河南省洛阳大学焦振亚先生几次打电话给编著者；河源市农业局的甘桂强特地绕道至作者家里，提出对本《教程》修订的宝贵建议；景德镇高等专科学校的黄河浪先生数次写信指出书中的谬误并提出建设性意见；浙江大学信息学院的一班学生针对学习中出现的问题直接来信探讨，并提出十分有益的建议；广州市财贸干部学院周俊玲老师、北京市张晖老师发现了书中的印刷错误，立即来电告知；山东理工大学孙科同学千里迢迢来到广州，面谈了他的学习心得和收获，并提出了很多有见地的意见和建议。

还有，梅州市公安局钟育英、梅州市商校钟清焕、兴宁市委办刁伟生、何伟忠，兴宁市检察院罗茂湘，兴宁市农业局罗寿桓，兴宁市人大邹新茂，广州市人事局邓号起等均给予了热情的支持。

中山大学中文系陈培湛教授对本书的充实和提高十分关心；张振林教授为本书题写了封面。特别是陈绍儒、吴行赐、欧阳永晟、刘惠祥、莫晓春、罗幸球、黎静、林良锋、郭跃文、余立钢、陈常岷、李兴文、尹远兴、潘雁、陈伟秋、张晓颖诸位学长、校友给予了真诚的帮助；我们还参阅和引用了有关的著作和报刊资料。在此，我们谨表感谢。

为使本《教程》能精益求精，不断充实提高，欢迎读者、教者、同行行家来电来函建立直接联系。作者的联系地址和电话是：

丘国新　　（510275）广州市新港西路135号中山大学中文系

电话：（020）84113111　　传真：（020）84112853

电子邮箱：hssQGX@zsu.edu.cn

陈少夫　　（510288）广州市海珠区晓港湾清华街145号（漾日云天）B1栋2006室

电话：（020）34231987　　84068920　　传真：（020）34231987

电子邮箱：chengshaofu1@21cn.com

编著者

2005年1月31日

目 录

绪 论 …………………………………………………………… (1)
 一、应用写作的性质与作用 ………………………………… (1)
  (一) 应用写作的性质 …………………………………… (1)
  (二) 应用文的作用 ……………………………………… (3)
 二、应用写作的特点和应用文的分类 ……………………… (4)
  (一) 应用写作的特点 …………………………………… (4)
  (二) 应用文的分类 ……………………………………… (5)
 三、应用文的写作要求 ……………………………………… (7)
  (一) 观点正确、鲜明 …………………………………… (7)
  (二) 材料真实、得当 …………………………………… (7)
  (三) 格式规范,结构合理 ……………………………… (8)
  (四) 语言要明确、平实、简约、得体 ………………… (8)
 四、怎样学好应用写作 ……………………………………… (12)
  (一) 了解国家机构的组成情况,
    理顺国家的"块条关系" ………………………… (12)
  (二) 掌握好相关法律、法规、规章,提高政策水平 … (13)
  (三) 掌握好应用写作基础知识,
    练就应用写作基本技能 ………………………… (13)
  (四) 熟悉本专业业务,提高业务水平 ………………… (13)
  (五) 加强例文学习,养成良好文风;
    加强模拟训练,练好基本功 …………………… (14)
 思考与练习 …………………………………………………… (14)

第一编 应用写作基础

第一章 应用写作在"写"方面的基础知识 ……………… (18)
 一、例文学习 ………………………………………………… (18)
 二、文体与语体 ……………………………………………… (24)
  (一) 文体 ………………………………………………… (24)

（二）语体 …………………………………………………………（25）
　三、写作应用文必须使用事务语体 ……………………………………（27）
　四、应用文的文面及其书写要求 ………………………………………（32）
　思考与练习 ………………………………………………………………（35）

第二章　应用写作在"用"方面的基础知识 ………………………………（38）
　一、例文学习 ……………………………………………………………（39）
　二、我国的政党制度和坚持党的领导 …………………………………（42）
　　（一）我国的政党制度 ………………………………………………（42）
　　（二）我国的国家政治制度 …………………………………………（42）
　　（三）坚持党的领导 …………………………………………………（43）
　　（四）中国共产党的组织结构 ………………………………………（44）
　三、我国的国家机关 ……………………………………………………（45）
　　（一）中央国家机关 …………………………………………………（46）
　　（二）地方国家机关 …………………………………………………（50）
　四、认识各种机构间的组织关系和行文关系 …………………………（58）
　　（一）各种机构间的组织关系 ………………………………………（58）
　　（二）行文关系 ………………………………………………………（59）
　思考与练习 ………………………………………………………………（60）

第二编　规范性文书

第一章　法律法规文书 ……………………………………………………（64）
　一、例文学习 ……………………………………………………………（64）
　二、法律法规文书的性质和作用 ………………………………………（65）
　　（一）法律法规文书的性质 …………………………………………（65）
　　（二）法律法规文书的作用 …………………………………………（66）
　三、法律法规文书的种类 ………………………………………………（67）
　　（一）法律 ……………………………………………………………（67）
　　（二）法规 ……………………………………………………………（69）
　　（三）规章 ……………………………………………………………（72）
　　（四）规范性文件 ……………………………………………………（73）
　四、法律法规文书的制定、批准和公布 ………………………………（74）
　　（一）制定法律法规文书的主体资格 ………………………………（74）

（二）法律法规文书制定、批准、公布的程序 …………………………（75）
　五、法律法规文书的写法 ……………………………………………………（76）
　　（一）法律法规文书的称谓 …………………………………………………（76）
　　（二）法律法规文书的结构方式 ……………………………………………（77）
　　（三）法律法规文书的具体写法 ……………………………………………（77）
　思考与练习 ……………………………………………………………………（78）

第二章　章程 ……………………………………………………………………（83）
　一、例文学习 …………………………………………………………………（83）
　二、章程的性质和作用 ………………………………………………………（88）
　　（一）章程的性质 …………………………………………………………（88）
　　（二）章程的作用 …………………………………………………………（89）
　三、章程的分类 ………………………………………………………………（90）
　　（一）政党、社团组织章程 …………………………………………………（90）
　　（二）经济组织章程 …………………………………………………………（90）
　　（三）工作、业务章程 ………………………………………………………（91）
　四、章程的写作要求 …………………………………………………………（91）
　　（一）合法性 …………………………………………………………………（91）
　　（二）法定性 …………………………………………………………………（91）
　　（三）规范性 …………………………………………………………………（92）
　五、章程的写法 ………………………………………………………………（92）
　　（一）结构 ……………………………………………………………………（92）
　　（二）写法 ……………………………………………………………………（92）
　思考与练习 ……………………………………………………………………（93）

第三章　规章制度 ……………………………………………………………（95）
　一、例文学习 …………………………………………………………………（95）
　二、规章制度的性质和作用 ………………………………………………（100）
　三、规章制度的种类和名称 ………………………………………………（103）
　四、规章制度的写作要求 …………………………………………………（105）
　　（一）订立规章制度，必须明确"法据实情"，
　　　　做到"上有所依，下有所系" …………………………………………（105）
　　（二）要正确选用文种 ……………………………………………………（106）
　　（三）考虑条文内容的可行性与体式结构的规范性 ……………………（106）
　　（四）要正确使用语言 ……………………………………………………（106）

（五）重视定稿过程的完整性 …………………………………………（107）
　五、规章制度的写法 ……………………………………………………（108）
　　（一）结构 ………………………………………………………………（108）
　　（二）写法 ………………………………………………………………（108）
　思考与练习 ………………………………………………………………（109）

第三编　党政机关公文

第一章　党政机关公文概说 ……………………………………………（114）
　一、例文学习 ……………………………………………………………（115）
　二、公文的性质、特征和作用 …………………………………………（121）
　　（一）公文的性质 ………………………………………………………（121）
　　（二）公文的特征 ………………………………………………………（121）
　　（三）公文的作用 ………………………………………………………（124）
　思考与练习 ………………………………………………………………（125）

第二章　公文的种类、格式和其他 ……………………………………（128）
　一、例文学习 ……………………………………………………………（128）
　二、公文的种类 …………………………………………………………（132）
　　（一）决议 ………………………………………………………………（132）
　　（二）决定 ………………………………………………………………（134）
　　（三）命令（令） ………………………………………………………（136）
　　（四）公报 ………………………………………………………………（138）
　　（五）公告 ………………………………………………………………（139）
　　（六）通告 ………………………………………………………………（140）
　　（七）意见 ………………………………………………………………（141）
　　（八）通知 ………………………………………………………………（143）
　　（九）通报 ………………………………………………………………（146）
　　（十）报告 ………………………………………………………………（147）
　　（十一）请示 ……………………………………………………………（149）
　　（十二）批复 ……………………………………………………………（150）
　　（十三）议案 ……………………………………………………………（151）
　　（十四）函 ………………………………………………………………（154）
　　（十五）纪要 ……………………………………………………………（155）

三、公文的格式 …………………………………………… (157)
　（一）一般公文格式 ……………………………………… (157)
　（二）公文的特定格式 …………………………………… (165)
四、公文的形成、行文规则与写作要求 …………………… (168)
　（一）公文的形成 ………………………………………… (168)
　（二）公文的行文规则 …………………………………… (171)
　（三）公文的写作要求 …………………………………… (172)
思考与练习 …………………………………………………… (173)

第三章　公文的写法 …………………………………… (178)

一、决议 ……………………………………………………… (178)
　（一）例文学习 …………………………………………… (178)
　（二）决议的用法 ………………………………………… (183)
　（三）决议的写作要求 …………………………………… (183)
　（四）决议的结构与写法 ………………………………… (184)
思考与练习 …………………………………………………… (184)
二、决定 ……………………………………………………… (185)
　（一）例文学习 …………………………………………… (185)
　（二）决定的用法 ………………………………………… (190)
　（三）决定的写作要求 …………………………………… (192)
　（四）决定的结构与写法 ………………………………… (192)
思考与练习 …………………………………………………… (193)
三、命令（令）……………………………………………… (195)
　（一）例文学习 …………………………………………… (195)
　（二）命令（令）的用法 ………………………………… (201)
　（三）命令（令）的写作要求 …………………………… (201)
　（四）命令（令）的结构与写法 ………………………… (202)
思考与练习 …………………………………………………… (203)
四、公报 ……………………………………………………… (204)
　（一）例文学习 …………………………………………… (205)
　（二）公报的用法 ………………………………………… (209)
　（三）公报的写作要求 …………………………………… (210)
　（四）公报的结构与写法 ………………………………… (210)
思考与练习 …………………………………………………… (211)

五、公告 ………………………………………………………………… (211)
　（一）例文学习 ……………………………………………………… (211)
　（二）公告的用法 …………………………………………………… (214)
　（三）公告的写作要求 ……………………………………………… (214)
　（四）公告的结构与写法 …………………………………………… (215)
思考与练习 ……………………………………………………………… (216)
六、通告 ………………………………………………………………… (218)
　（一）例文学习 ……………………………………………………… (219)
　（二）通告的用法 …………………………………………………… (221)
　（三）通告的写作要求 ……………………………………………… (221)
　（四）通告的结构与写法 …………………………………………… (222)
思考与练习 ……………………………………………………………… (223)
七、意见 ………………………………………………………………… (224)
　（一）例文学习 ……………………………………………………… (225)
　（二）意见的用法 …………………………………………………… (232)
　（三）意见的写作要求 ……………………………………………… (233)
　（四）意见的结构与写法 …………………………………………… (234)
思考与练习 ……………………………………………………………… (234)
八、通知 ………………………………………………………………… (235)
　（一）例文学习 ……………………………………………………… (236)
　（二）通知的用法 …………………………………………………… (246)
　（三）通知的写作要求 ……………………………………………… (246)
　（四）通知的结构与写法 …………………………………………… (247)
思考与练习 ……………………………………………………………… (250)
九、通报 ………………………………………………………………… (254)
　（一）例文学习 ……………………………………………………… (254)
　（二）通报的用法 …………………………………………………… (257)
　（三）通报的写作要求 ……………………………………………… (257)
　（二）通报的结构与写法 …………………………………………… (258)
思考与练习 ……………………………………………………………… (258)
十、报告 ………………………………………………………………… (260)
　（一）例文学习 ……………………………………………………… (260)
　（二）报告的用法 …………………………………………………… (265)
　（三）报告的写作要求 ……………………………………………… (265)

（四）报告的结构与写法 ································ (266)
　思考与练习 ································ (267)
　十一、请示 ································ (269)
　　（一）例文学习 ································ (269)
　　（二）请示的用法 ································ (274)
　　（三）请示的写作要求 ································ (274)
　　（四）请示的结构与写法 ································ (275)
　思考与练习 ································ (276)
　十二、批复 ································ (280)
　　（一）例文学习 ································ (281)
　　（二）批复的用法 ································ (284)
　　（三）批复的写作要求 ································ (285)
　　（四）批复的结构与写法 ································ (285)
　思考与练习 ································ (286)
　十三、议案 ································ (287)
　　（一）例文学习 ································ (287)
　　（二）议案的用法 ································ (293)
　　（三）议案的写作要求 ································ (293)
　　（四）议案的写法 ································ (294)
　思考与练习 ································ (296)
　十四、函 ································ (296)
　　（一）例文学习 ································ (297)
　　（二）函的用法 ································ (302)
　　（三）函的写作要求 ································ (302)
　　（四）函的结构与写法 ································ (303)
　思考与练习 ································ (303)
　十五、纪要 ································ (307)
　　（一）例文学习 ································ (307)
　　（二）纪要的用法 ································ (312)
　　（三）纪要的写作要求 ································ (313)
　　（四）纪要的结构与写法 ································ (313)
　思考与练习 ································ (314)

第四编　机关事务文书

第一章　计划 …………………………………………………………（319）
　一、例文学习 ………………………………………………………（319）
　二、计划的性质和作用 ……………………………………………（324）
　　（一）计划的性质 ………………………………………………（324）
　　（二）计划的作用 ………………………………………………（325）
　三、计划的种类和文体特点 ………………………………………（325）
　　（一）计划的种类 ………………………………………………（325）
　　（二）计划的文体特点 …………………………………………（326）
　四、计划的写作要求 ………………………………………………（326）
　　（一）酝酿计划，在法律法规允许范围内立项 ………………（327）
　　（二）进行可行性研究，立项符合实际需要 …………………（327）
　　（三）正式决策，突出计划的可靠性与先进性 ………………（328）
　　（四）防范措施要有预见性 ……………………………………（328）
　　（五）注意计划的客观性，要留有余地 ………………………（328）
　五、计划的写法 ……………………………………………………（329）
　　（一）计划的结构 ………………………………………………（329）
　　（一）计划的格式 ………………………………………………（329）
　　（二）计划正文的内容和写法 …………………………………（330）
　　（三）表格式计划的写法 ………………………………………（331）
　思考与练习 …………………………………………………………（331）

第二章　总结 …………………………………………………………（336）
　一、例文学习 ………………………………………………………（336）
　二、总结的性质和特点 ……………………………………………（341）
　　（一）实践性 ……………………………………………………（341）
　　（二）过程性 ……………………………………………………（342）
　　（三）证明性 ……………………………………………………（342）
　　（四）理论性 ……………………………………………………（342）
　三、总结的种类 ……………………………………………………（343）
　四、总结的写作要求 ………………………………………………（343）
　　（一）要熟悉工作过程，充分占有材料 ………………………（343）
　　（二）要总结出带规律性的认识 ………………………………（344）

（三）表述上要实事求是,叙议得当 …………………………………（345）
　五、总结的写法 ……………………………………………………………（346）
　　（一）标题 ………………………………………………………………（346）
　　（二）正文 ………………………………………………………………（346）
　　（三）署名和日期 ………………………………………………………（348）
　思考与练习 …………………………………………………………………（348）

第三章　调查报告 ……………………………………………………………（352）
　一、例文学习 ………………………………………………………………（352）
　二、调查报告的性质和特点 ………………………………………………（360）
　　（一）针对性强 …………………………………………………………（360）
　　（二）凭借事实说话 ……………………………………………………（361）
　　（三）揭示事物的本质 …………………………………………………（361）
　三、调查报告的种类 ………………………………………………………（361）
　　（一）社会情况调查报告 ………………………………………………（362）
　　（二）新生事物的调查报告 ……………………………………………（362）
　　（三）典型经验调查报告 ………………………………………………（362）
　　（四）揭露问题的调查报告 ……………………………………………（362）
　　（五）考察历史事实的调查报告 ………………………………………（362）
　四、调查报告的写作要求 …………………………………………………（363）
　　（一）熟悉政策,掌握相关知识 ………………………………………（363）
　　（二）认真做好调查,充分占有材料 …………………………………（363）
　　（三）分析研究,抓住本质 ……………………………………………（366）
　　（四）报告以叙为主,叙议结合 ………………………………………（366）
　五、调查报告的写法 ………………………………………………………（368）
　　（一）标题 ………………………………………………………………（368）
　　（二）正文 ………………………………………………………………（369）
　　（三）署名和日期 ………………………………………………………（370）
　思考与练习 …………………………………………………………………（371）

第四章　简报 …………………………………………………………………（374）
　一、例文学习 ………………………………………………………………（374）
　二、简报的性质和特点 ……………………………………………………（379）
　三、简报的种类 ……………………………………………………………（380）
　　（一）工作简报 …………………………………………………………（380）

（二）专题简报 ………………………………………………………………（381）
　　（三）会议简报 ………………………………………………………………（381）
四、简报的写作要求 ……………………………………………………………（381）
五、简报的写法 …………………………………………………………………（382）
　　（一）简报文稿的写法 ………………………………………………………（382）
　　（二）简报的编辑 ……………………………………………………………（384）
思考与练习 ………………………………………………………………………（386）

第五章　述职报告 ………………………………………………………………（387）

一、例文学习 ……………………………………………………………………（387）
二、述职报告的性质和特点 ……………………………………………………（400）
　　（一）述职报告的含义 ………………………………………………………（400）
　　（二）述职报告的内容 ………………………………………………………（400）
　　（三）述职报告的文体特点 …………………………………………………（402）
三、述职报告的种类 ……………………………………………………………（403）
　　（一）从内容上划分 …………………………………………………………（403）
　　（二）从时间上划分 …………………………………………………………（404）
　　（三）从表达形式上划分 ……………………………………………………（404）
四、述职报告的写作要求 ………………………………………………………（404）
　　（一）要正确分清述职报告与总结之间的文体区别 ………………………（404）
　　（二）要充分反映任期内的工作实绩和问题 ………………………………（405）
　　（三）要实事求是地评价自己 ………………………………………………（405）
　　（四）要抓住重点，突出个性 ………………………………………………（405）
五、述职报告的写法 ……………………………………………………………（406）
　　（一）标题 ……………………………………………………………………（406）
　　（二）抬头 ……………………………………………………………………（406）
　　（三）正文 ……………………………………………………………………（406）
　　（四）落款 ……………………………………………………………………（407）
思考与练习 ………………………………………………………………………（407）

第六章　公示 ……………………………………………………………………（409）

一、例文学习 ……………………………………………………………………（409）
二、公示的性质和特点 …………………………………………………………（411）
三、公示的种类和文体特点 ……………………………………………………（411）
　　（一）公示的种类 ……………………………………………………………（411）

（二）公示的文体特点 ··· （412）
　四、公示的写作要求 ·· （413）
　五、公示的写法 ·· （413）
　思考与练习 ··· （414）

第五编　日用类文书

第一章　条据类日用文书 ·· （417）
　一、例文学习 ·· （417）
　二、条据的写法 ·· （419）
　思考与练习 ··· （419）

第二章　书信 ·· （421）
　第一节　一般书信 ··· （421）
　一、例文学习 ·· （421）
　二、一般书信的文体特点 ··· （426）
　三、一般书信的写法 ·· （427）
　　（一）信封部分 ·· （427）
　　（二）信函部分 ·· （428）
　第二节　专用书信 ··· （430）
　　（一）介绍信 ··· （430）
　　（二）证明信 ··· （431）
　　（三）申请书 ··· （431）
　　（四）决心书 ··· （432）
　　（五）倡议书 ··· （433）
　　（六）请柬 ·· （434）
　　（七）邀请信 ··· （435）
　　（八）感谢信 ··· （435）
　　（九）求职信和应聘信 ··· （436）
　思考与练习 ··· （439）

第三章　礼仪文书 ··· （441）
　一、例文学习 ·· （441）
　二、礼仪文书的文体特点 ··· （455）
　三、礼仪文书的种类 ·· （456）

四、礼仪文书的写作要求 ……………………………………………（456）
　五、礼仪文书的写法 …………………………………………………（456）
　　（一）欢迎词 ………………………………………………………（456）
　　（二）欢送词 ………………………………………………………（458）
　　（三）答谢词 ………………………………………………………（459）
　　（四）告别词 ………………………………………………………（460）
　　（五）祝酒词 ………………………………………………………（460）
　　（六）祝贺词 ………………………………………………………（461）
　思考与练习 ……………………………………………………………（462）

附录一　公文式样 ………………………………………………………（464）
附录二　应用写作常用特定用语简表 …………………………………（473）
附录三　祝颂用语 ………………………………………………………（475）
附录四　致长辈信件中称谓的写法 ……………………………………（476）
附录五　参考资料 ………………………………………………………（478）

绪　论

一、应用写作的性质与作用

（一）应用写作的性质

　　什么是应用写作？有的人认为，应用写作就是对应用文的写作，而应用文，则是日常的书信、请柬、启事之类，是写作中的"小儿科的小儿科"。持这种看法的人其实并不了解应用文，更不了解应用写作。应用写作是什么？它不仅仅是"对应用文的写作"这一个概念，而是"应用文的应用和对应用文的写作"两个概念。对应用文的应用，不是写作者可以随心所欲乱用的，而是必须遵循社会约定俗成的规范，甚至必须遵循国家法律法规的规定和法定的程序。对应用文的写作，不是写作者可以信手涂鸦的，而是必须依照特定的体式和规范，得体地表述。因此，应用文不是一般人认为的"小儿科"，而是"经国之大业"，大至国家宪法、法律，小至公约、条据，都是社会活动中使用频率最高的实用文书。

　　所谓应用写作，就是指对应用文正确的应用和对应用文的规范写作。过去，我们将学习应用写作和学习应用文等同起来，似乎掌握了应用文的写作便完成了学习应用写作的任务，便万事大吉，其实不然。应用文的"应用"和"写作"是一个事物的两个方面。掌握应用文的规范写作是一个方面，从当今社会的实际需要出发，能正确地应用各种应用文，在各种不同情况下能做到正确应用、得当处理、完美处理，使应用文成为办理公私事务、沟通关系的有效工具是另一方面。因此，应用写作是应用的写作，既要正确地应用应用文，又要规范地写作应用文。

　　下面这个案例，很能引人深思：

　　1986年2月初，中国共产党某县县委会向该县人大常委会党组和县人民政府党组织提交了19个乡、镇长任职和免职的建议名单。县人民政府随即据此对这19个乡、镇长进行任免，并以县人民政府"红头文件"的形式发至县直属各单位、各乡镇人民政府和有关国家机关。该县人大常委会收到此任免文件后，认为该文件违背了宪法、地方各级人大和人民政府组织法的有关规定，遂建议县政府予以纠正，但县政府并未引起重视。时隔不久，县人大常委会主要负责人又向县委作了专门汇报，县委亦未明确表态。在这种情况下，县人大常委会专门召开会议，就县政府的这一任免文件进行专题审议。会上，常委们一致认为县人民政府这一任免决定事先未经各乡、镇人大通过，不符合法律规定，故通过了将其撤销的决定。

（引自张学忠主编．综合知识．北京：中国林业出版社，1997年第204页）

在这个案例中有三个机关产生了公务文书，县委会向县人大和县政府提交了"任免建议书"，县政府发出了"任免通知"，县人大发出了"撤销决定"。三个公文的写作主体，谁在依法行政，谁在违法行政，判断的标准不是看应用文的写作是否规范，而是看谁在按照法定程序办事。

按照程序，应是县委常委会研究提出任免名单，交人大常委会，经过调研、会议讨论等程序后，由人大将任免决定交县人民政府公布。可是县政府在运作过程中，违反法定程序，没有做到依法行政，因而导致了该县政府的"红头文件"被撤销。

因此，应用写作，必须将正确的应用和规范的写作完美地结合起来。

什么是应用文呢？应用文，是同记叙文、说明文、议论文并列的一种文体，它是党政机关、企事业单位、社会团体以及人民群众在日常工作、生产或学习中办理公私事务，或沟通交往时，所使用的具有直接实用价值，使用惯用格式的文书。

从下表可以细细体会出应用文是怎样的一类文体。

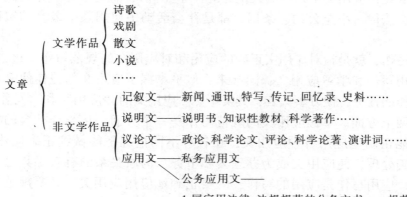

1 国家用法律、法规规范的公务文书——规范性文书
2 执政党和其他国家机关用法规规范的公务文书——公文
3 各种机关、团体、企事业单位在处理公务中所形成的非法定公务文书——机关事务文书
4 社会各行业专门使用的约定俗成或法规规范的文书——各专业文书
5 各机关团体、企事业单位和人民群众在日常生活中所使用的文书——日用类文书

非文学作品中的四种文体，无论在内容上还是功能上均有明显的不同，初学者应注意加以区别：记叙文，使用文艺语体，以情动人，感染读者；说明文，使用科技语体，给人以知识，教人以实用；议论文，使用政论语体，晓之以理，导之以行；应用文，使用事务语体，沟通关系，办理实事。

（二）应用文的作用

随着社会的发展进步，应用文成了国家管理、科技发展、企业运作，以及人们进行社会交往、思想交流时，使用的重要工具。人们在现实社会里，无论从事何种工作，都离不开应用文。一般工作人员要撰写计划、总结、工作或生产学习方面的汇报；搞行政工作，要撰写报告、请示、通知、通报；搞经济工作，要撰写市场调查、市场预测、合同、产品说明、经济活动分析报告。各行各业都有各自不同的专业业务文书，就是在日常生活中，也往往要用到书信、笔记、启事、海报、请柬、条据等等。总之，应用文的使用范围十分广泛，大至整个社会翻天覆地的变革，小至个人生活琐事，无不包容。因此，学习和掌握应用文，已成为人们从事社会各种活动必须具备的基本功。

然而，我们学习应用文时，切莫忘记自己是在学习应用写作，既要学会规范的写作，又要学会正确的应用。

什么是应用文的"应用"呢？应用文的应用就是强调人们在使用应用文去办理事务、沟通交往时，注意自己的行文是否得当、得体，是否找对了办事机构、找对了办事对象，是否符合实际，是否符合要求；有的行文还要考虑是否符合法律法规，是否符合党的方针政策等等。要做到这些，就必须了解社会、熟悉社会。比如，要懂得国家机关的设置规定与运作程序，懂得国家机关形成的"块条关系"，懂得国家法律、法规、规章和方针政策的制定程序以及权威效力，懂得社会各个行业的产生、发展，各行业之间的相互关系，如何交往、沟通等等。初学应用写作者由于对社会情况不够了解，而应用写作学正是社会写作学，不了解社会、不熟悉社会，随着学习的深入，其困难便会越来越多。为了能正确、得当地处理应用写作，学习者应注意密切关注社会实践，将自己所学同社会实践紧密结合。

应用文需要建立起一门应用写作学来进行指导、研究、提高，而应用写作学也离不开实际使用应用文的应用依据、应用方法以及成功的、规范的应用文实例，作为研究、指导的对象。二者既有区别，又有十分密切的联系。在学习和模拟使用应用文的过程中，要注意将二者紧密联系起来，既把握文体知识，又要充分利用例文引路，做到理论联系实际，相辅相成，相得益彰。

二、应用写作的特点和应用文的分类

(一) 应用写作的特点

同记叙文、说明文、议论文相比较，应用文的写作，已同应用文的应用融为一体，没有不使用而去写作的应用文，也没有不考虑实用效果而写作的应用文。因此，需要应用才去写，写的目的就是为了用，这就是应用写作最根本的特点。

应用文的特点具体表现在如下三个方面：

1. 内容上具有明确的实用性

应用文不同于动人以情的记叙文，不同于给人以知、教人以用的说明文，也不同于晓人以理、导人以行的议论文，它是为了处理事务、沟通交往、办理实事而写作的文书。就是说，应用写作，其内容务实，对象具体，要求明确，讲求实效。没有事务需要处理，没有关系需要沟通、没有实事需要办理，便没有应用写作。例如，规划未来，总结过去，表达愿望，申述理由，告晓事项，做出决定，反映情况，交流信息，上传下达，等等，这都是应用写作的实用性表现。

2. 形式上表现为规范的格式性

记叙文、说明文、议论文，除了要具备各文体的基本特点和要素之外，没有任何固定的写作格式和处理程序，而应用文却有特别规定的（其中有一些是法定的）写作格式和处理程序。

写作格式，是指应用文的写作应按照一定的体式规范。这种体式规范是文学作品、记叙文、说明文、议论文所没有的。其体式规范是由社会实践长期以来约定俗成的，有的已由行业作出规定，而有的则是由法规进行规定的。如党政机关公文，应按照中共中央办公厅、国务院办公厅发布的《党政机关公文处理工作条例》的规定；合同，要按照《中华人民共和国合同法》的规定；账册、票证、单据等需要依据相关法规规定制作，不得随意更改格式规范；就是日常写个信封也必须依照邮政部门的规定进行规范化。如果不按规定的格式写作，各搞一套，便会产生理解不一，执行不一的问题，最终会影响办事效果，甚至造成损失。

3. 使用上具有严肃的法纪性

记叙文、说明文、议论文，从作者、写作，到印发、阅读，都没有对作者、制发程序、阅读对象的特别规定。只要你具有写作能力，情之所至，便可动笔写作，发表出来的作品，谁都可以阅读。反之，只要你不想写，便可以不写，如果你不想阅读便可以不阅读。但是，应用写作则不然，从写作到阅读，都有特别的规定——作者的规定、制发程序的规定、阅读对象的规定、阅读对象阅读后应如何办理的规定等等，而这些规定又是十分严格、严肃的。公务文书中，其规定往往是由法律、法规或规章规定的，应严格遵照执行。比如，规范性文书，必须依照法定的权限和程序，从提出议案到立案、起草、讨论、审议、表决、通过、公布，具有一套完整的程序；公文的制发和处理也有一套完整的交拟、拟稿、核稿、会签、签发等程序；合同也经合同法规定须经要约、谈判、拟稿、公证等步骤；招标与投标，也由招标投标法作了一系列规定。

特别要指出的是，应用写作必须依法律、法规、规章的规定，依据法定权限，做到依法行政，依法行文，依法处事，依法办文。

（二）应用文的分类

应用文是适应人类社会生产、生活的需要而产生的，其内容与形式也随社会的发展和进步而不断地完善。社会愈进步，应用文便愈加发展，其内容也愈来愈丰富，应用范围也会愈来愈广泛。应用文的种类，由于社会分工、各行各业的业务不同，会形成各具特色的分支。应用文的新文种在不断增多，其分类尚难统一划分，但为了方便把握文种及其特征，我们提出将应用文分为私务应用文和公务应用文两大类。私务应用文主要有：日记、家书、自传、宗谱、账目等。公务应用文主要有五种：一是规范性文书；二是法定性公务文书；三是机关事务文书；四是各种专业性文书；五是日用类文书。

本《教程》主要介绍公务应用文，私务应用文只将家书放在日用性文书中略作介绍。

公务应用文的分类如下：

1. 规范性文书——国家用法律、法规规范的公务文书

规范性文书是指能为人们的行为提供标准、指明方向，以书面形式或成文形式表现，以一定社会主体的强制力保证实行，以一定行为规范指导、规范人们行为的各种应用文书。它包括国家宪法、法律、法规、规章，政党、社团、经济组织的章程，行政机关、人民团体、企事业单位进行内部管理使用的一般规章制度、规范、须知、公约等等。

2. 法定性公务文书（公文）——执政党和其他国家机关用法规规范的公务文书

法定性公务文书，就是指执政党机关和其他国家机关依照法规的规定所形成的公务文书，即通常说的公文。目前已形成体系的法定公文有：（1）由中共中央办公厅和国务院办公厅于 2012 年 4 月 16 日印发的《党政机关公文处理工作条例》中规定的党政机关公文；(2) 由《人大机关公文处理办法》规定的人大机关公文 (3) 由《中国人民解放军机关公文处理条例》规定的军队机关公文；(4) 由《人民法院公文处理办法》规定的法院机关公文。

3. 机关事务文书——各种机关、团体、企事业单位在处理公务中所形成的非法定公务文书

机关事务文书，就是各类机关，包括企事业单位，为开展日常工作而使用的计划、总结、调查报告、简报、会议记录、大事记、公示等等。

这类文书是为机关工作服务的，它记载了机关工作的实际情况，是公务文书。但是，机关事务文书不同于法定性公务文书，两者有很大的区别：法定性公务文书，可以简称为公文，而机关事务文书则不能简称为公文。因为公文的文种、格式、制发机关、制发程序等是由法规规定的，任何机关不得随意变更；而机关事务文书却没有法规规定其文种、格式，也没有规定制发程序，使用单位也没有规定。

4. 各专业文书——社会各行业专门使用的约定俗成或法规规范的文书

各种专业性文书是指社会各行各业的业务专用文书。例如：

外交工作使用与外交工作相适应的专业文书，如公约、宣言、声明、条约、协议书、国书、照会、护照、抗议书等等。

司法工作使用与司法工作相适应的司法文书，如起诉书、答辩状、判决书、上诉书、民事调解书、公证书、仲裁调解书、行政裁定书等等。

科技工作使用与科技工作相适应的科技文书，如科技实验报告、科技调查报告、科研进度报告、设计说明书、专家鉴定书、科研成果报告书、专利申请书、科研论文、学术论文等等。

新闻出版工作使用与新闻出版工作相适应的新闻出版文书，如新闻、通讯、特写、专访、社论、评论、编者按、选题计划、审稿意见、出版合同、发刊词、序等等。

经济工作使用与经济工作相适应的经济文书。

文教工作使用与文教工作相适应的文教文书。

医疗卫生工作使用与医疗卫生工作相适应的医疗卫生文书。

物业管理工作使用与物业管理工作相适应的物业管理文书。

总之，社会有多少个行业，便有多少类的专业文书，而且，各个专业的文书其专业性都很强，仅适应于本专业的需要，因而具有很强的专业特色。本《教程》限于篇幅，不可能一一介绍。

5. 日用类文书——各机关团体、企事业单位和人民群众在日常生活中所使用的文书

日用类文书是指人们日常生活中常常需要使用的文书，如条据类文书、告启类文书、书信类文书、礼仪类文书等。各个不同专业的从业人员，在掌握了本《教程》所介绍的写作知识和写作技能之后，再根据自己所从事的专业，学习本专业的文书。常言道"一理通百理"、"举一反三"，自能相得益彰，如虎添翼。

三、应用文的写作要求

应用文是人们据以办事的工具。对应用文的写作要求，实质上是指对应用文写作与应用的要求，也就是上文提到的对应用文的正确应用和对应用文的规范写作。

对应用文的正确应用，是指在应用文写作之前、写作之中或写作之后的处理，要符合法律、法规、规章和上级指示，即有所依据，所据正确（以后各章有详细介绍，这里从略）。

对应用文的规范写作，是指行文观点正确、鲜明；材料真实、得当；格式规范，结构合理；语言明确、平实、简约、得体。

（一）观点正确、鲜明

应用文的观点必须正确。观点不正确便不能据以办事；如果强行办事，便会导致失误，或犯下大错。观点正确，一是指所确立的观点符合党的方针政策和国家的法律、法规、规章和行文、办文的制度规定；二是指符合实际情况。因此，我们撰写应用文，应该从客观存在的事实出发，详尽地占有材料，用辩证唯物主义的观点和方法进行分析、综合，从这些材料中引出正确的观点。

应用文的观点还必须鲜明。鲜明，是指提法要明确，切忌似是而非、模棱两可。文中反映出来的基本思想、基本态度要明确，赞成什么、反对什么，肯定什么、否定什么，哪些应该表扬、哪些应该批评，都须表述得清清楚楚，毫不含糊。

（二）材料真实、得当

材料是应用文的具体内容，也就是作者为了表明观点，从客观现实中搜集、摄取并写入文章的一系列事实或论据，如具体的事例、数据、引语等。

材料与观点的关系十分密切。观点要借助材料来体现，材料必须依据观点来组织，这就是观点和材料的统一。

但是，材料必须真实。应用文的实用性决定了其写作必须实事求是、文实相符。就是说，所使用的材料，包括数字、事例、引文都必须真实可靠、准确无误，完全符合实际。因此，要求在使用材料时，认真地查证、核实并严格选择，不能粗心大意，更不可凭空想象。

选用材料，还要注意得当。得当，就是不偏不倚、不多不少，刚刚合适。选用材料是否得当，可以从三个方面去衡量：一是材料是否具有典型性；二是材料是否具有代表性；三是材料能否为观点服务。

所谓典型性的材料，就是指那些最能说明本质和特点、具有最强说服力的材料。这是选用材料在质的方面的要求。

所谓代表性的材料，是指选材贵精，凡是用一个材料能说明问题的，就不用两个，以避免重复、冗长。这是选用材料在量方面的要求。

所谓为观点服务，是指作者应先占有充分的材料，而后形成观点，但是，观点一经形成，则要根据观点的需要来决定材料的取舍，所选材料均能支撑观点。因此，取舍材料的原则是：必须选取能表现观点、支撑观点的材料，凡是与观点无关或关系不大的材料，应坚决舍弃。

（三）格式规范，结构合理

应用文的格式是应用文的外部特征。由于应用文种类繁多，故其具体格式各有不同要求，有的是在长期使用中形成的约定俗成的惯用格式，有的是国家用法规规定的格式。我们撰写应用文必须依照规定的格式，符合规范要求，以提高办事的效率。

应用文的结构是应用文内部的组织形式。为了表达观点，将材料按一定的顺序组织起来，就形成了"文章架子"。应用文结构的方式多种多样，有的与一般文章相同，有开头和结尾、层次和段落、过渡和照应、详写与略写；有的却不同于一般文章，而是有其特殊的结构内容，即标题、正文（分引据、主体、结尾）、落款。

所谓结构合理，就是依据行文的实际需要，采用相适应的结构方式。

（四）语言要明确、平实、简约、得体

应用文在长期的使用过程中，逐步形成了自己独特的朴素文风。述事求实、周全，说理平实、严谨，说明质朴、明快，贵用直笔，风格庄重，朴实自然，

在语言运用上形成了一种独特的体式,叫作"事务语体"。它以记述为特征,以实用为目的,不着意追求语言的艺术化,也不以语言的生动为主要标准,而是把语言的明确、平实、简约、得体当作最基本的要求,因而也就形成了不同于记叙文、说明文和议论文的语言特点。

1. 明确

明确就是表达明白清楚,准确贴切,数字运用精确、规范,做到不产生歧义,不引起误解,能够使人一看就懂,并可以付诸实践。叶圣陶先生曾经说过这样一段话:"公文不一定要好文章,可是必须写得一清二楚,十分明确,句稳词稳,通体通顺,让人家不折不扣地了解你所说的是什么。"

例如,有份通知这样写的:"今天下午在学校舞厅举行卡拉 OK 总决赛,请参赛者准时参加。"通知上的时间就不明确,13 点到 18 点都可以算下午,却要求参赛者"准时",岂不成了笑话。因此,为了做到明确,有关的时间、地点、范围、条件等,必须表述准确、周密,例如:

(1) 合营企业有限公司。双方投资比例为 7∶3,即甲方占 70%,乙方占 30%。总投资 140 万美元,其中:甲方 98 万美元,乙方 42 万美元。

(2) 技术工人按初级、中级、高级顺序考核晋升(实行八级制的行业工种,逐级考核晋升)。初级工晋升中级工,实践期为四年,中级工晋升高级工,实践期为五年,技术能力明显高于本等级的优秀者可提前考核晋升。

这样表述,就使要说的内容清楚、明白,无歧义地说出来了,办起事来便不致引起误解。

为使语言明确,一般排斥口语词语和方言词语,不滥用简称、略语,句式严密,使用陈述句、祈使句而不用倒装句、感叹句和省略句。还要注意正确运用各种数量的概念。应用文写作会涉及许多数量方面的概念,如基数、序数、分数、倍数、确数、概数、绝对数、相对数、平均数、对比数、百分数以及表示各种程度、范围、频率、时间、条件等的概念,对这些概念的运用与表达,既要准确,又要规范。国家质检总局和国家标准化管理委员会发布的《出版物上数字用法》为数字书写的规范化提供了依据。另外,有些量的概念要注意符合国际通用标准,使用时必须按照《中华人民共和国法定计量单位》的有关规定。

2. 平实

什么是平实?平实就是所使用的句子平淡无奇,实实在在,朴实而不虚浮。其特点是不用或少用形容词之类的附加成份,不用或少用比喻、夸张、渲染、烘托之类的积极修辞方式,而是实实在在地叙述事实、铺陈景物、解剖事理。

古人历来推崇平实的语言风格。老子说:"信言不美,美言不信。"用现代的话来说，就是办实事的语言，不必追求华美，而华美的语言不落实、不实在，容易引起不同的理解，产生歧义。一般地说，应用文都采用平实的语言。例如：

（1）遵守劳动纪律，严守操作规程，坚持文明生产，完成生产任务。
（2）举止文明、礼貌，态度和蔼，谈吐文雅。

这样的表述，不事藻饰铺陈、浓妆艳抹，不追求结构新颖、波澜起伏、穿插呼应等技巧，而着力于通俗易懂，庄重大方，恰如其分，公正平和，意尽言止。

古人说："文章不难于巧，而难于拙（朴实无华）；不难于细，而难于粗（抽象概括）；不难于曲，而难于直（直截了当）；不难于华，而难于质（内容质朴）。"可以说，这是事务语体平实风格的概括。

3. 简约

什么是简约？简约就是叙事简明完备，约而不失一词；说理精辟透彻，简而不遗不缺；既不冗长累赘，又不能言不及义。这就是开门见山，直截了当，实话实说，不绕弯子，不穿靴戴帽，不短话长说，不故弄玄虚，不矫揉造作，而是力求言辞简明扼要，不蔓不枝，干净利索地表达。例如：

（1）我公司经计委〔1987〕83号文件批准，将兴建一幢办公营业大楼……
（2）我站最近同东方村签订了协议书，解决了长期遗留的山地及树木归属问题。现将情况报告如下……

这样的语言确实简约，无一字多余，意思表达清楚，干净利索。

简约的风格，在我国历来是极受推崇的。清人刘大櫆说："文贵简。凡文笔老则简，意真则简，辞切则简，理当则简，味淡则简，气蕴则简，品贵则简，神远而含藏不尽则简，故简为文章尽境。"为使语言趋于简约，一般应遵循"直截了当，用直笔而不用曲笔，要开门见山而不要转弯抹角"的原则，从特定的目的、特定的对象出发，把可以不说的话统统删除。删除繁文，使用短句，注意习惯使用的语言模式。

为适应言简意赅的要求，应用文往往使用某些文言词语和特定用语。如"兹将""业经""悉""特此""届时""为荷""莅临"，等等。切实弄清这些文言词语的含义和用法，正确地使用它们，不仅能收到白话所不具备的表达效果，而且能给应用文平添几分凝重的色彩。正确地使用这些术语，首先是行业内容的需要，同时也是做到语言精简的一个条件。

4. 得体

什么是得体？得体就是行文要根据不同的对象和场合，掌握好恰当的分寸，语言要能体现作者处理事务的立场和态度，要能为特定的需要服务。写什么、不写什么，怎样措辞，用什么语气，都要与特定目的、特定对象和谐一致，使阅文者获得应有的印象，从而收到发文的预期效果。

得体，有两个方面的要求：一是正确选用适合的文体和与这种文体相适应的语体；二是行文语言要与行文目的、语言环境相适应。

国务院1956年2月18日发出的《关于今后在行文中和书报杂志里一律不用"满清"的称谓的通知》，是一篇语言得体的范例。原文如下：

"满清"这个名词是在清朝末年中国人民反对当时封建统治者这一段历史上遗留下来的称谓。在目前我国各民族已经团结成一个自由平等的民族大家庭的情况下，如果继续使用，可能使满族人民在情绪上引起不愉快的感觉。为了增进各民族间的团结，今后各级国家机关、学校、企业、各民主党派、各人民团体，在各种文件、著作和报纸、刊物中，除了引用历史文献不便改动外，一律不要用"满清"这个名称。特此通知。

通知里的"为了增进各民族间团结……特此通知"这一段话，似乎已经把目的、要求说清楚了，但通知并未这样简单地处理问题，它还说明了"满清"这个名词的历史来源以及为什么在新的历史条件下不宜再继续使用，这对于各族人民正确地理解这个通知和保持各民族的友好关系是必要的，也利于各族人民根据通知的精神处理各种有关问题。

意思上周全了，还要斟酌采用什么说法、什么词句、什么语气。例如通知中的第一句，能否写成"'满清'这个名词是在清朝末年中国人民反对当时封建统治者这一段斗争中遗留下来的"呢？这样写也很通顺，和原文基本意思也差不多，但显然不如原文好。虽然只是"斗争中"和"历史上"这样三个字的区别，但强调的侧重点却不同。又如"可能使满族人民在情绪上引起不愉快的感觉"这一句，能否简化为"可能使满族人民不愉快"呢？这样写，基本意思相同，也似乎更简明些，但并不好，因为前者语气委婉，更能体现兄弟民族之间互相尊重的情谊。

从上述分析中，我们不难看到，所谓得体，即是要求语言的运用能更好地为特定需要服务。说什么，多说什么，少说什么，不说什么，怎么去说，怎样措辞，用什么语气，都要与特定目的、特定对象和谐一致。俗话说："到什么山上唱什么歌"，"看菜吃饭、量体裁衣"，这都是强调语言运用要受内容、目的、对象、条件的制约，要适应需要。正如列宁所说："文体应与内容相呼应，文章的语言和口气应适合文章的主旨。"例如，内容是下达指标的，要庄重严肃；通报错误的，要说理严正；报喜祝捷的，要热烈欢快；商洽问题的，要谦诚相待；申请要求的，要恳切委婉。从行文对象来说，上行文要侧重陈述事实，少讲道理，语气要诚挚谦恭；下行文应有明确的要求，又要给下级留一定的机动权，用词要肯定平和；平行文则应尊重对方，使用平等协商的口气。在系统内行文可以用行话、术语，对系统外行文要力求浅显、通俗。

四、怎样学好应用写作

应用文是依法治国、依法行政的工具，我们必须掌握这一工具。学习应用写作，不仅要学好应用文的规范写作，更重要的还要学会正确地应用。要学好应用写作，我们必须端正学习态度和掌握正确的学习方法。

过去有不少人对应用写作存在着片面的认识，以为学习应用文仅仅是学习它的格式和写作方法，于是对应用文的各个文种，一个一个地依照格式规定，依样画葫芦地写作。用此方法写出来东西常常是"形似而神不似"，甚至出错。也有另一种极端看法，就是认为应用写作复杂、麻烦、很难学，产生了畏难情绪，因而影响学习。这两种认识都是片面的。我们要认识到，掌握应用写作是我们工作、学习和生活的需要，随着社会的进步和发展，应用写作更会深入到社会的各个领域。为了提高办事效率，更好地为社会服务，我们必须驾驭应用文这个办事工具，做到能正确地应用，又能规范、得体、得当地写作。

应用写作是一门独特的学科，要求写作者在写作上有语文的功底，在应用上又具备社会学、法学、行政学诸方面的相关知识，最重要的是具有社会主义法治理念。它不是语文学科的分支，而是一个上至国家宪法、法律，下至民间条规、条据的系列写作。因此，学习应用写作，必须掌握一套正确的学习方法。

我们根据多年的教学实践，总结出以下五个方面，供初学应用写作者参考：

（一）了解国家机构的组成情况，理顺国家的"块条关系"

应用写作是社会的写作。不需应用就没有写作，要写作便是需要应用。然而，初学应用写作者往往缺乏社会阅历，对我国的社会制度、国家的形式、国家的结构形式、国家机构的组成、中央国家机关、地方国家机关、权力机关、权力机关的执行机关、审判机关、检察机关、军事机关、隶属关系、上下级关系、行政领导关系、业务指导关系、平级关系、平行关系、不相隶属关系，主管机关、办事机构、立法权限、法定机关、法定性、法定权威，法律法规、规章、制度，依法治国、依法行政等等的法治理念，还不是十分清楚，或者仅知其名词而不懂实际含义。如果对上述问题不清楚，就会在学习和应用应用写作时遇到诸多困难。这些问题，不仅仅是名词、概念问题，而是对应用写作应该怎样用的根本问题。比如在依法行政时依错了法、行错了政，在发文时，不了解自己的权限，错用了文种，造成张冠李戴，或用错了处理方法，或违反了运作程序等等。总之，问题多多，不胜枚举。

究其原因，就是初学应用写作者，尚未学习过宪法和宪法学，没有学过行政管理学和行政法，对我们国家的政党情况、国家机关构成情况和我们国家的"块条关系"等还不十分清楚。于是，弄不懂自己要办理某件事，该选用什么文种，该写给谁，该怎样行文，该选用怎样的语言语气等，出现知识衔接不上的问题，导致对某个问题在认识上、理解上产生困难，因而容易出现"应用文，一学便懂，而一用便错"的现象。即使一些在岗的青年同志，一时忽略了国家机构所形成的"块条关系"以及它们各自的不同权责，在实际工作中也往往会出差错。

（二）掌握好相关法律、法规、规章，提高政策水平

应用写作是法规性、政策性很强的写作，不仅在内容方面会涉及党和国家的方针政策、法律法令和法规制度以及上级指示等，就是一事当前，对该问题应如何处置，都会有种种问题。比如该用什么文种，该采取什么态度，该用什么指导思想，该适用哪一条款的法律、法规，写好的文章还要经过什么程序等等，都必须清楚明白。如果我们对具体工作的法律法规、政策等一无所知，无法分清对错，要写好和处理好应用文是困难的。因此，要提高应用文写作的质量，必须努力提高应用法律法规和政策的水平，而且要养成严肃认真的习惯，凡遇把握不住的问题，就要查阅依据，使自己在应用文的处理上立于不败之地。

（三）掌握好应用写作基础知识，练就应用写作基本技能

任何一门学科，都有它特定的基础知识和基本技能。应用写作是社会的写作，为社会而写，为应用而写，因而它同语文学科、社会学科、政治学科有着十分密切的关系。它的基础知识，既有听、说、读、写，字、词、句、篇方面的内容，也有社会制度、国家机构以及国家治理方面的内容。

比如，一篇公文要写得观点鲜明、简约畅达，一份总结要写得条理清楚、中心突出，都与语言运用的水平有关。应用写作有特定的与之相适应的语言体式，初学应用写作者一般掌握的语言体式大多数是文艺语体，这跟应用写作不相适应。要写好应用文，必须使用与应用文相适应的事务语体。

凡此种种，我们归纳为"应用写作基础"，在第一编中进行详细介绍。

（四）熟悉本专业业务，提高业务水平

应用文是处理事务、沟通关系的工具。使用这一工具去办事，必须以熟悉

本专业业务为前提，只有熟悉本专业业务，并掌握丰富的材料，才能上升到理性认识上来，才能依据事实，客观、明确地提出论据，表明正确的观点，写出有分析、有质量的文章。如果不熟悉本职工作，即使写作水平很高，也不可能写出符合实际的应用文。比如，在机关工作的公务员，如果对本机关的职能不了解，对上下级机关的情况不熟悉，即使他会写作应用文，也不可能将应用文写得得当、得体。又如，一个企业的工作人员，尽管他应用写作学得很好，可是不熟悉企业的运作环节，不清楚有多少个工作部门，有些什么岗位，各个岗位的职责是什么，他同样写不出企业内部的管理措施。

因此，学习应用写作，必须同自己的本职工作紧密结合，熟悉本机关、本企业的情况，提高自己的业务水平，必须认真学习和钻研本专业的基础理论和基本技能，精通有关的业务。

（五）加强例文学习，养成良好文风；加强模拟训练，练好基本功

本《教程》历经二十几年的精挑细选，不断提高所选例文的范例质量，有不少例文是在实际使用上堪称典范的佳作。学习者必须多读、多练。

多读，不仅是指本《教程》提供的众多例文要读，本职业务上往来的应用文要多读，而且对经典性例文要反复研读。多读可以增加知识，丰富阅历，增强感性认识并增强语体感。特别是青年学生，缺乏社会实践经验，更要通过多读应用文例文来认识社会，认识事物，吸取他人的经验以丰富自己的阅历，积累间接经验。

多练，可以按照本《教程》安排的"思考与练习"完成作业，特别是模拟的情境题，要使自己置身其中，将命题的要求看成是实际工作任务，下决心全力以赴去完成。

总之，要学好应用写作就要懂得我国的社会制度、党政制度、国家机构的组成情况，为自己今后处理应用文理顺途径；掌握相关法律、法规、规章和相关的规范性文件，提高政策法律水平，为自己今后的写作找到依据；驾驭好事务语体，掌握应用写作基础知识，练好应用写作基本技能，为自己今后的写作奠定坚实基础；熟悉本专业业务，为自己今后的写作做好铺垫；加强例文学习，养成良好文风，加强模拟训练，使自己练就一支过硬的笔杆子。

思考与练习

一、注意掌握下列名词术语。

红头文件　文体　国家机关　党政机关　企事业单位　社会团体　惯用格

式　特定阅读对象　块条关系　规范性文书　法律　法规　规章　规范性文件　行政法规　地方法规　政府规章　部门规章　章程　语体　文艺语体　科技语体　政论语体　事务语体　依法行政　依法行文　法定性公务文书　应用文的格式　应用文的结构　落款　应用文的实用性、格式性、法纪性特点　应用文的语言　应用文的文风　应用文语言要求明确、平实、简约、得体

二、阅读。

1. 利用课余时间阅读以下法律法规和规章。

《中华人民共和国宪法》

《中华人民共和国立法法》

《中华人民共和国全国人民代表大会和地方各级人民代表大会代表法》

《中华人民共和国全国人民代表大会和地方各级人民代表大会选举法》

《中华人民共和国地方各级人民代表大会和地方各级人民政府组织法》

《中华人民共和国人民法院组织法》

《中华人民共和国人民检察院组织法》

《出版物汉字使用管理规定》

《出版物上数字用法的规定》

《中华人民共和国法定计量单位》

《中华人民共和国国家通用语言文字法》

❖ 上述文件，是我们学习应用写作的基础，请学习者自行到新华书店购买单行本，或者在网上在线阅读。

❖ 阅读时注意灵活使用各种阅读方法，起始学习可用浏览法，初步阅读有个印象，能抓住大概内容。以后还须再浏览、再阅读，依据应用。

2. 阅读本《教程》编者说明，了解编者意图，以利于正确使用本《教程》；通过浏览目录，了解本《教程》的编排，掌握图书概貌；通过阅读本《教程》绪论，领会学好应用写作的方法并付诸实践。

三、回答下列问题。

1. 什么是应用文？什么是应用写作？这两者有什么区别，又有什么联系？

2. 请将记叙文、说明文、议论文和应用文这四种文体进行比较，分别说出应用写作在实用性、格式性和法纪性这三个方面的文体特点是什么。

3. 请你说说你对下面这些话的认识和理解。

记叙文，使用文艺语体，以情动人，感染读者；说明文，使用科技语体，给人以知识，教人以实用；议论文，使用政论语体，晓人以理，导人以行；应

用文，使用事务语体，沟通关系，办理实事。

四、应用文的分类比较复杂，学术界尚无统一。但是为了学习上的方便，本《教程》将应用文分为公务应用文和私务应用文两种。请参阅本《教程》第一编中所列的应用文文体，认识和理解这种分类方法。

五、理解并掌握结论中提到的"应用文的写作要求"，并在今后的写作中努力实践这些要求。

第一编 应用写作基础

导读

　　什么是应用写作基础？就是指从事应用写作必备的基础知识和基本技能。从事应用写作离不开写作基础，但是，有不少初学应用写作的年轻人，往往将应用写作的写作基础仅看成是将主题、材料、结构、表达方式这些方面的所有文章写作共同的基础知识，而这些知识在中学的语文课里已经学过，有的人还学得不错，因而便以为不用去学习应用写作的基础知识和训练应用写作的基本技能了。

　　然而，他们忽略了应用写作最本质的特征——应用。应用写作基础知识除了有"用的方面"的基础知识外，还有在文体方面的与语体方面的基础知识以及特定的写作基本技能。

　　应用文全在于应用。如果一篇应用文不能用于实践，即不能用于办理实际事务，那么，这篇文章即使主题正确、材料典型、结构合理、格式正确、文字流畅、用词恰当，也是没有价值的。我们在开篇的绪论中介绍了某县人民政府所下发的一份《任免通知》，最终被该县人大撤销的案例就是一个很实际的例子。

　　对应用写作，既要懂得用，又要懂得写；而"用"和"写"的背后还隐藏着"用"和"写"的特定技能。

　　本《教程》为了帮助初学应用写作者能学得得心应手、练得得心应手、用得得心应手，特别提出应用写作基础的问题，希望引起重视。

第一章 应用写作在"写"方面的基础知识

"写"方面的基础知识是指文章的主题、材料、结构和表达方式以及语言运用等方面的知识。

本《教程》的使用者主要是大专院校的学生和工作时间不长的青年朋友。他们在中学的语文知识里已接触过文章的主题、材料、结构和表达方式等方面的基础写作知识。本《教程》不再重复做专章介绍，只是在具体文种写作介绍时根据需要提出。本《教程》特别强调的应用文写作的基础知识是有关应用文文体和应用文语体方面的基础知识。对应用文写作来说这是一个绝对不容忽视的知识链，需要系统学习。

在中学里学习语文，一般偏重在学习记叙文、议论文和少许的说明文，因此同学们对应用文的写作比较生疏。现在有些大学生在写作总结、调查报告、宿舍管理规则等应用文体时，仍然使用记叙文的文艺语体，喜欢用上形容、比喻和拟人之类的手法，导致文体与语体不对称，写出来的文章不得体，甚至闹出笑话。因此，本章对应用文的文体和应用文的语体做重点介绍。

一、例文学习

【例文一】

千年飞天梦，今朝终成真

  新华社酒泉 10 月 15 日电 千年飞天梦，今朝终成真。北京时间 10 月 15 日 9 时 9 分 50 秒，我国自行研制的"神舟"五号载人飞船，在酒泉卫星发射中心发射升空后，准确进入预定轨道，中国首位航天员被顺利送上太空。中共中央总书记、国家主席、中央军委副主席胡锦涛在现场观看飞船发射时强调，"神舟"五号载人飞船的发射成功，是我们伟大祖国的荣耀，标志着我国首次载人航天飞行初战告捷，也标志着中国人民在攀登世界科技高峰的征程上又迈出了具有重大历史意义的一步。航天战线的同志们为祖国、为人民、为民族建立的卓越功勋，党和人民永远不会忘记。

14日下午，党的十六届三中全会刚闭幕，胡锦涛就和黄菊、吴官正、曹刚川、王刚等一同赶赴酒泉卫星发射中心，并连夜听取了关于飞船发射准备工作情况的汇报。

15日凌晨，地处戈壁大漠深处的酒泉卫星发射中心东方既白，晨曦微露。5时20分，航天员出征仪式在航天员公寓问天阁举行。胡锦涛等中央领导同志来到这里，亲切会见首飞梯队3名航天员。胡锦涛说，"神舟"五号马上就要发射了，这是你们盼望已久的庄严时刻，也是全国各族人民盼望已久的庄严时刻。一会儿，杨利伟同志就要作为我国第一个探索太空的勇士出征，就要肩负着祖国和人民的重托去实现中华民族的千年梦想。相信你一定会沉着冷静、坚毅果敢，圆满完成这一光荣而神圣的使命。我们等待着你胜利归来。执行首飞任务的航天员杨利伟激动地表示，要聚精会神地做好每一个动作，决不辜负祖国和人民的期望。

8时50分，胡锦涛等领导同志来到试验指挥楼平台，现场观看飞船发射。与此同时，吴邦国、温家宝、贾庆林、曾庆红、李长春、罗干等中央领导同志在北京航天指挥控制中心观看飞船发射实况。

飞船发射现场上，晴空万里，阳光明媚，"长征"二号F型运载火箭巍然挺立，箭体上的五星红旗和"中国航天"四个大字格外醒目。上午9时整，火箭在震天的轰鸣中腾空而起，急速飞向太空。9时42分，载人航天工程总指挥李继耐宣布："飞船已进入预定轨道，发射取得成功。"指挥控制大厅内，顿时一片欢腾。

在热烈的掌声中，胡锦涛发表了重要讲话。他首先代表党中央、国务院、中央军委，代表江泽民主席，向为我国载人航天事业做出突出贡献的广大科技工作者，向所有参与载人航天工程研制、建设和试验的同志们表示热烈的祝贺和崇高的敬意。他指出，实施载人航天工程，是以江泽民同志为核心的党的第三代中央领导集体作出的重大战略决策。十多年来，在党中央、中央军委的领导下，经过广大科技人员和解放军指战员的不懈奋斗，我国载人航天事业取得了举世瞩目的成就，谱写了中华民族自强不息的壮丽诗篇。他希望航天战线的全体同志，认真学习贯彻"三个代表"重要思想和十六大精神，进一步增强使命感和责任感，大力弘扬"两弹一星"精神和载人航天精神，科学求实、开拓创新，团结协作、不懈进取，不断夺取我国航天事业和国防科技发展的新胜利，为全面建设小康社会、实现中华民族的伟大复兴再立新功。

在酒泉卫星发射中心，胡锦涛等中央领导同志亲切会见了各参试单位的代表，还视察了载人飞船发射场、测发指挥楼、垂直总装测试厂房，参观了发射基地历史展览，并向聂荣臻元帅纪念碑敬献了花篮。

在北京航天指挥控制中心同时观看飞船发射实况的还有王兆国、回良玉、刘淇、刘云山、吴仪、周永康、贺国强、郭伯雄、曾培炎、徐才厚、何勇、路甬祥、唐家璇、华建敏、陈至立和朱光亚，以及中央军委委员梁光烈、廖锡龙等。

这次发射的"神舟"五号载人飞船，包括推进舱、返回舱、轨道舱和附加段四个部分，由中国航天科技集团公司所属的中国空间技术研究院和上海航天技术研究院为主研制。发射飞船的"长征"二号F型运载火箭，由中国航天科技集团公司所属的中国运载火箭技术研究院为主研制。飞船上进行空间科学和技术试验的载人航天应用系统由中国科学院、信息产业部等部门的有关单位研制。

按预定计划，"神舟"五号载人飞船将绕地球飞行14圈，随后，航天员杨利伟将乘坐飞船返回舱于16日在内蒙古中部地区着陆。

截至新华社记者发稿时，飞船在太空中运行正常。

这是新华社记者写的一篇新闻,是记叙文。所报道的是我国首位航天员被顺利送上太空的消息。这是举国关注的大事,祖国的科技事业发达、国防力量壮大怎不令人欢欣鼓舞!记者带着这种感情,流露在他的文字间。阅读这篇报道,不禁使人跟随着作者的欣喜而兴高采烈、欢欣鼓舞。这就是作者以情动人,感染读者的地方。

【例文二】

伟大祖国的荣耀
——祝贺我国首次载人航天飞行圆满成功

我国进行首次载人航天飞行取得圆满成功。中华民族探索太空的千年梦想实现了。喜讯传来,举国欢腾,群情振奋。"神舟"五号成功发射和安全着陆,标志着中国人民在攀登世界科技高峰的征程上又迈出具有重大历史意义的一步,是我国改革开放和社会主义现代化建设的又一伟大成就,是我国高技术发展的又一里程碑,是中国人民自强不息的又一非凡壮举,是我们伟大祖国的荣耀。

千年梦圆今朝,一箭飞冲九霄。实施载人航天工程,是以江泽民同志为核心的党的第三代中央领导集体作出的重大战略决策。仅用11年时间就突破了载人航天技术,这是了不起的成就。实践证明,党中央关于实施载人航天工程的重大决策是完全正确的,社会主义制度具有集中力量办大事的巨大优越性,改革开放和现代化建设为航天事业和其他科技事业发展提供了雄厚的物质基础,中国人民勤劳智慧,具有自主创新和自力更生的卓越能力。

发展航天事业,推动科技进步,对于加快我国改革开放和现代化建设具有重要意义。发展载人航天技术,不仅是民族智慧、经济实力、综合国力的重要体现,也有利于促进我国生产力的发展,提高我国的国际威望。发展的优势蕴藏于知识和科技之中,谁在知识和科技创新上占有优势,谁就能在发展上占有主导地位。科学技术是第一生产力。我们要大力实施科教兴国战略,把科技教育摆在优先发展的战略地位,大力发展我国科学技术,努力接近和赶上世界先进水平,为我国改革开放和社会主义现代化建设事业注入强大的动力。

在党的十六届三中全会胜利闭幕之际,传来我国首次载人航天飞行圆满成功的喜讯,极大地鼓舞着全国各族人民全面建设小康社会的壮志豪情,极大地激励着航天战线的干部职工继续攀登的奋斗精神。胡锦涛同志在酒泉卫星发射中心发表的重要讲话中指出,要认真学习贯彻"三个代表"重要思想和十六大精神,进一步增强使命感和责任感,大力弘扬"两弹一星"精神和载人航天精神,科学求实、开拓创新、团结协作、不懈进取,不断夺取我国航天事业和国防科技发展的新胜利,为全面建设小康社会、实现中华民族的伟大复兴再立新功。这是热切勉励,是殷切希望。全党全国各族人民紧密团结在以胡锦涛同志为总书记的党中央周围,把首次载人航天飞行的巨大成功转化为推动改革开放和现代化建设的强大动力,认真学习和全面贯彻党的十六届三中全会精神,推进经济体制改革,加快经济社会发展,树雄心、立壮志、再接再厉,勇攀高峰,就一定能够谱写我国航天事业及整个科技事业的新篇章,谱写全面建设小康社会和中华民族伟大复兴的新篇章。

据新华社电

这是一篇评论员文章,是议论文。我国进行首次载人航天飞行取得圆满成功,是我国改革开放和社会主义现代化建设的又一伟大成就,是我国高技术发展的又一里程碑,是中国人民自强不息的又一非凡壮举,是我们伟大祖国的荣耀。全文以载人航天飞行取得圆满成功的事实来说理、议论,以胡锦涛同志的论点论证来启迪人们不懈进取,不断夺取我国航天事业和国防科技发展的新胜利,为全面建设小康社会、实现中华民族的伟大复兴再立新功。议论文就是用作者的议论来晓人以理、导人以行的。

【例文三】

"神舟"五号数字集纳

飞船总长9.2米,总重7790公斤。飞船的返回舱直径2.5米,约6立方米,是目前世界上可利用空间最大的载人飞船。飞船装有52台发动机,能精确调整飞船飞行姿态和运行轨道。飞船变轨后飞行的圆形轨道距地球343公里。飞船在太空中大约每90分钟绕地球一圈,其间要经受180摄氏度的温差考验。杨利伟在太空展示的中华人民共和国国旗和联合国旗尺寸相同,长15厘米,宽10厘米,重约10克,为尼龙质地。飞船还同时搭载了一面未展示的大号联合国旗,长180厘米,宽120厘米,重约330克。飞船共绕行地球14圈,进行约60万公里的旅行。

什么样的人可以进入太空

瑰丽多彩的太空也有其严酷的一面。太空中的高真空、强辐射、温度骤变、失重等特点与地面迥异。载人航天器飞行时的噪音、振动、过载绝非人人都能承受。因此,往返太空与地球的人必须具备强健的身体、良好的心理素质和反应能力、较高的文化程度,受过系统的特殊训练,掌握航天技能。

目前的宇航员可大致分成三类:一是空军飞行员或试飞员"出身",能够驾驶、维修航天器,承担科研、生产任务的专业人员;二是在太空专门从事科研的科学家、工程师和医生;三是借助太空环境开展工作的记者、教师等人和太空游客。其中,针对第一类宇航员的选拔标准和训练要求最为严格。

选拔这类宇航员的过程包括医学检查、心理测试和航天环境耐受能力选拔。接受医检者须住院一段时间,专家将用一系列先进技术对其心血管系统、维持身体平衡的前庭功能、视觉系统等进行检查,不合格者被淘汰。有时,被检查者的配偶也要接受相应的特定检查。心理测试中,专家将着重了解被检测者的感知能力、记忆力、注意力、反应灵活性和判断的准确程度。之后,这些人还要在转椅、秋千、离心机、抛物线飞行和低压舱试验等项目中接受前庭植物神经反应、超重耐力、失重反应、缺氧耐力、振动耐力、高温耐受性等方面的检查。

通过选拔的人只是具备了第一类宇航员的基本素质,要想成为第一类宇航员还须通过系统训练。这些训练包括:一、基础理论培训,如学习天文、地理、大气物理、飞行力学、无线电导航、火箭和航天器构造等;二、特殊环境训练,如利用中和浮力模拟池进行失重训练,借助隔离舱进行航天生活环境训练,用弹射座椅、救生塔实施救生训练,置身森林、海水、沙漠锻炼生存能力;三、模拟飞行训练,如在低真空的航天器模拟舱中熟悉操作内容,进行从起飞到着陆的全部飞行科目训练,将飞行程序和其他类别的操作综合起来训练,如在飞行中与地面通信联络,应对紧急状态和故障。训练时间通常为3年至4年。最终成为第一类宇航员的人与候选者的人数比例大约为1:100。

第二、三类宇航员的选拔、训练要求会参照上述内容有所降低。比如,不要求他们具有飞行技术,第二类宇航员的训练时间可以降至1年半左右。而首位太空游客蒂托的训练科目所用时间只有900小时。

去年,15个国际空间站计划参与国共同制定了非职业宇航员赴国际空间站考察、旅游的原则。该原则没有规定非职业宇航员的最低培训时间,但却指出,这类人员必须身体健康、心理素质良好,具有一定的英语、俄语听说能力,无犯罪记录。此外,正在服刑或即将服刑者、不诚实或声名狼藉的人、经常饮酒或过分依赖酒精的人、吸毒者以及参与不法交易者不得进入国际空间站。

新华社北京10月14日

酒泉发射中心小资料

1960年9月,中国第一枚近程导弹发射成功。1960年11月,中国成功发射了第一枚中程导弹。1966年10月,中国第一次导弹携带核弹头的"两弹结合"发射成功。1970年4月,中国成功发射了第一颗人造地球卫星"东方红一号"。1975年11月,中国成功发射第一颗返回式卫星。1980年5月,中国成功发射第一枚洲际导弹。1981年9月,中国首次以"一箭多星"方式,用一枚运载火箭成功发射三颗卫星。1987年8月,中国在酒泉卫星发射中心第一次为国外卫星提供卫星搭载服务。1999年11月,中国载人航天工程在这里进行第一次飞行试验,成功发射中国第一艘试验飞船"神舟"一号。

2003年10月,中国载人航天飞船"神舟五号"在这里成功发射。

这是一组说明文。这是为了配合报道"神舟"五号载人飞船成功发射,向读者介绍航天飞行的有关知识,让读者了解航天飞行的相关知识,给人以知。

这组文章,不论是说明或是介绍,都在大量使用科技名词术语,使用精确的数字,把一件读者本不清楚的事物,说得浅显明白。这就是说明文"给人以知、教人以用"的作用。

【例文四】

中共中央　国务院　中央军委
关于授予杨利伟同志"航天英雄"荣誉称号
并颁发"航天功勋奖章"的决定
(2003年11月7日)

2003年10月15日,我国自行研制的"神舟"五号载人飞船成功发射,将我国航天员杨利伟同志送入太空,并于16日安全返回地面。我国首次载人航天飞行获得了圆满成功,实现了中华民族的飞天梦想。这是中国人民在攀登世界科技高峰征程上完成的又一个伟大壮举,是我国航天发展史上耸立的又一座里程碑。这一令世界瞩目的辉煌成就,充分显示了中华民族的非凡智慧和伟大创造力,对于推动我国科学技术事业的发展,增强我国的经济实力、科技实力、国防实力和民族凝聚力,激励全党、全军和全国人民为全面建设小康社会而团结奋斗,都具有重大的现实意义和深远的历史意义。

　　首次载人航天飞行的圆满成功,凝结着所有参加工程研制、建设和试验的科学家、工程技术人员和航天员的心血和汗水。杨利伟同志作为执行我国首次载人航天飞行任务的航天员,不畏艰险,敢为人先,创造了彪炳史册的功绩,为祖国、为人民、为民族赢得了巨大荣誉。为表彰杨利伟同志为我国航天事业作出的突出贡献,中共中央、国务院、中央军委决定,授予杨利伟同志"航天英雄"荣誉称号,并颁发"航天功勋奖章"。

　　杨利伟同志是航天科技战线的杰出代表,是自觉实践"三个代表"重要思想的模范。全党、全军和全国人民都要学习他忠于党、忠于祖国、忠于人民的高尚品德,学习他勇于面对挑战、敢于夺取胜利的革命斗志,学习他英勇无畏、坚毅果敢的进取精神。让我们在以胡锦涛同志为总书记的党中央领导下,高举邓小平理论伟大旗帜,全面贯彻"三个代表"重要思想,大力弘扬"两弹一星"精神和载人航天精神,自强不息,团结协作,开拓创新,不懈进取,为全面建设小康社会、实现中华民族伟大复兴作出新的更大的贡献!

　　这是一篇应用文,是公文中的决定文种。应用文重在应用。制发这份公文的目的,就是发文机关为了表彰以杨利伟为代表的航天员不畏艰险,敢为人先,创造了彪炳史册的功绩,为祖国、为人民赢得了巨大荣誉的进取精神;号召全党、全军和全国人民都要学习他忠于党、忠于祖国、忠于人民的高尚品德,学习他勇于面对挑战、敢于夺取胜利的革命斗志,学习他英勇无畏、坚毅果敢的进取精神。因此,其行文又不同于其他文体,语言端庄严肃,实实在在,没有形容比喻,不用夸张拟人等修辞,也没有方言口语。公文一旦发出,相关单位必须坚决执行。

　　这四篇例文,题材相同,都是表达我国首次载人航天飞行圆满成功的内容。但却因其所需要表达的主题思想不同,而分别使用了四种不同的文体和四种不同风格的语体。我们可借鉴这四篇文章,悟出为什么会有这四种文体,为什么这四篇文章在文体、语体风格上会有如此大的区别。

　　文章不同,效果不同,功能不同,社会需要不同。

　　例文一是记叙文。

　　记叙文是指记人、叙事、状物、写景、抒情一类的文章。它的特点是题材真实。在真人真事的基础上选材,安排场面和刻画人物。它同文学作品不同的就是以真实的叙述和描写为主要表达方式,有时也运用抒情和议论的表达方式。通过具体的叙述和形象的描绘使文章鲜明生动,使读者如同亲历其事、亲临其境、亲见其人、亲闻其声,从而达到以事动人、以情感人,揭示事物本质,反映社会生活的写作目的。

　　例文二是新闻,不可能对事物进行细致的描写刻画,但是人、地、时、事、因、历、果交代得清清楚楚；以时间为顺序，以胡锦涛总书记为主线，以发射前、后的分别叙述突出表现了党中央的领导者们对发射的关切与期望。

记叙文，使用文艺语体。写作记叙文必须交待清楚记叙要素，确定线索，要保持人称一致，主次分明，剪裁得当，还要注意综合运用多种表达方法。

例文二是议论文。

议论文是议论说理的文章。它以议论为主要表达方式，用推理判断的方法，通过摆事实、讲道理，直接表达作者的见解和主张，用抽象概括来反映生活。文章由论点、论据和论证三个要素构成。议论文多使用政论语体。

例文三是说明文。

说明文是以说明为主要表达方式，以介绍事物、阐述事理为主要内容的一种文体。它说明事物的性质、特征、形态、结构、关系、成因、产生、发展、制造、功能、用途等，还阐述事物的变化规律，使人们对被说明的事物有一个明晰的完整的认识和了解，区别于其他文体，它以传授知识为主要写作目的。具有说明性，知识性和直观性的特点。说明文多使用科技语体。

例文四是应用文。

应用文是人们在生活、工作、生产、学习和公务活动中，为联系事情、交流信息、处理事务而经常使用的，具有惯用格式的实用文体。写应用文总是有明确的实用目的，它的内容务实、对象具体、要求明确。大多数应用文都有它惯用的格式和处理程序，多使用事务语体。

二、文体与语体

（一）文体

本《教程》在绪论中已介绍过记叙文、说明文、议论文等文体，这里着重介绍应用文文体。

应用文有一个非常庞大的群体。它的文种十分丰富，而且随着社会的发展进步，还会不断地产生新的应用文文种。

应用文的分类，目前在学术界尚不统一。本《教程》于2004年修订第五版时，将宪法、法律、法规、规章和规范性文件等归在一类，定为"规范性文书"。这样，就可以将全部的应用文归纳在"应用文"范畴之内。

为了让读者能总览应用文文种名称概貌，特将本《教程》介绍的应用文文种列出一览，以供参考。

1. 国家用法律、法规规范的公务文书——规范性文书

（1）法规性文书。如：宪法（母法）、法律（基本法、普通法）、法规（行政法规、地方法规、其他法规）、规章（部门规章、地方政府规章）、规范性文件。

（2）章程。如：组织章程（政党组织、社团组织）、经济组织章程、工作章程、业务章程等。

（3）规章制度。规范性文件形成的规章制度，如：机关制定的规定、办法、制度、标准、规程、守则、规程、须知、公约等。

2. 执政党机关和其他国家机关用法规规范的法定公务文书——公文

决议、决定、命令、公报、公告、通告、意见、通知、通报、报告、请示、批复、议案、函、纪要。

3. 各种机关团体、企事业单位在处理公务中所形成的非法定公务文书——机关事务文书

计划、总结、调查报告、简报、述职报告、业务工作报告、会议主持词、典型材料、公示等。

4. 社会各行业专门使用的约定俗成或法规规范的文书——各专业文书

5. 各机关团体、企事业单位和人民群众在日常生活中所使用的文书——日用类文书

条据、书信、电报、礼仪文书等。

（二）语体

语体，就是语言的体式。语言是人类最重要的交际工具。人们在使用语言进行交际时，受交际环境的影响，必须运用具有不同特点的语言。这些交际环境包括：所涉及的不同领域，如政治、科学、艺术、宗教等；交际的不同方式，如口头或书面、独白或对话；交际者的不同特点，如年龄、性别、地位以及相互关系；不同的交际目的，如使人了解，使人行动等等。例如，为了阐释某个科学原理，就要大量运用科学术语，词义要精确单一，句法要严密，句子多是完整句，有较多的长句和复句。再如，口头交谈，就要使用具有口语特点的语言：简短，省略多，词序灵活，上下文意连贯等等。还有，写公文时应使用规范的书面语，不用口语、俚语、俗语。把这些不同的语言特点进行综合，形成的各自的体系就叫语体。简单地说，语体就是在一定交际环境中，运用与之相适应的具有不同特点的语言所形成的体系。不同的语言交际环境是形成语体的外因，不同特点语言的运用是形成语体的内因。

我们在说话、写文章时，除了要遵守语言规则、懂得作文的要领外，还要有在一定场合说出恰当话语和根据一定需要写出恰当语言的能力，即善于区别、使用不同语体的能力。我们平时说的"什么山上唱什么歌，什么场合说什么话"指的就是这种语体运用能力。

根据语言交际的不同环境和不同的语言特点，语体可分为口头语体和书面语体两大类。书面语体又可分为文艺语体、科技语体、政论语体、事务语体。这些语体还可进行更细致的分类，如诗歌语体、散文语体、外交语体、公文语体等等。在使用语言时，各种语体还常有互相渗透和交叉的情况。

1. 文艺语体

文艺语体是在文学作品以及记叙文创作过程中，为了实现创作意图所使用和形成的语体。

它的特征是语言的形象性和情意性。语言的形象性表现在作者用形象思维对人物、事件、环境进行生动的刻画。例文一因为是新闻，而事情又是让人振奋的，所以"情意性"随处可见，其标题就饱含着作者感情。全文以叙述、描写、抒情为主要表达方法，以时间为顺序，以主要人物为线索，体现了记叙文独特的表现方法，阅读之后，能给人深刻印象：不仅记述了"千年飞天梦今朝终成真"的历史时刻，也反映了党和国家领导人对"神舟"五号载人飞船发射的极大关注和对这一事业的巨大鼓舞。

文艺语体在具体运用语言材料上的特点是：遣词方面，讲究动词、形容词、语气词的运用，广泛吸收口语词、成语、谚语、古语词和具有引申义的词；择句方面，讲究描写句、感叹句的运用，兼用各种形式的省略句、独词句；在构篇方面，讲究标题的艺术性，开头结尾的多姿多态，讲究波澜起伏、变化曲折；在辞格方面，广泛使用描绘性的修辞方法，如比喻、拟人、夸张、排比等。

2. 政论语体

政论语体是用来论证作者的见解和主张的一种语言体式，具有倾向性、逻辑性、鼓动性的特征。它与科技语体一样，语言要精确、严密，为了宣传鼓动，又兼有文艺语体的形象和生动，所以，既精确、严密，有逻辑性，又形象、生动，有鼓动性。其运用语言材料的特点是：广泛吸取各种专门术语、古语词、口语和成语，句型丰富多样，长短句灵活运用。为了引起人们注意，往往运用设问句、反问句；为了增强说服力，常用排比、对偶、比喻等修辞手法。

例文二是一篇评论员文章，是议论文。文章用我国进行首次载人航天飞行取得圆满成功的事实，通过议论揭示它的伟大意义和作用。

3. 科技语体

科技语体是记载科学知识，介绍事物或阐述事理的语言体式。例文三一组短文就是用科技语体写成的文章。它的特征是语言的精确性、严整性、明晰性。

科技语体要求用精确的语言严密、完整、明白地体现知识的科学性，不追求语言的华美，不渲染、不夸张，不要求变化曲折。其语言特点是：用词上，大量运用科学词语，要求词义准确、单一；句式上，句子成份一般不随意省略，多是完整句，极少是倒装句，有较多的长句、复句；经常运用公式、图表、数据来帮助表达。例文充分体现了科技语体的特征和使用语言的特点。

4．事务语体

事务语体是办理公私事务时所使用的语言体式，具有明确性、简要性、程式性的特征。它以务实应用为标准，要求语言风格平易、朴实、庄重。其语言特点是：用词准确规范，有明确的单义性，一般不用语气词、感叹词、儿化词，不用描绘性、形象性词语，排斥口语词语和方言词语；句式严密，介宾短语较为常用，普遍使用陈述句、祈使句，一般不用倒装句。要求语气恰当，切合文种和对象，即要区分是给上级、平级、下级的，或是给长辈、平辈、晚辈的，不同对象要有不同语气。语气还要切合行文的目的，如祝贺的语气要热烈，哀悼的语气要沉痛，申请要恳切，商洽要委婉等。此外，事务语体还有特有的程式化语言、惯用语言，如公文各种结尾用语等。

例文四是一份公文，行文程式性，用词端庄严肃，不用方言口语。

三、写作应用文必须使用事务语体

初学应用写作者掌握的语言体式大多是文艺语体，这跟应用写作是不相适应的。要写好应用文，就必须使用与应用文相适应的事务语体，因此，必须记住：只有驾驭好事务语体，才能提高应用写作的语言运用能力。

事务语体也称公文事务语体，是在办理公私事务的过程中形成的。它是根据公私事务出现的环境、对象和目的的需要，在对语言材料的选择和组织上所形成的、独具特色的语言运用体式。

事务语体的应用极其广泛，适用于应用文的各个文种，它的特点是与应用文的性质、作用联系在一起的。而在语言材料的选择和组织上，又与其他语体有明显的区别。由于应用文的种类繁多，广泛应用于人们社会生活的各个方面，每个具体文种由于交际领域、交际目的、交际对象的不同而各具特点，与之相对应的语体也就出现了纷纭复杂的情况。但是，它们仍具有共同的特征，只要我们抓住了它们之间的共同特征，就能够掌握事务语体的运用规律，从而驾驭好事务语体。

事务语体在对语言材料的选择和组织上，以务实应用为准则，不追求语言的艺术化。语言风格具有明确性、简要性和程式性的特征，采用书面表达的方式，以说明为主，结合叙述、议论。

要掌握事务语体，就必须理解并掌握事务语体在语言风格上的明确性、简要性、程式性的特征。

1. 明确性

明确，就是清楚明白，确切无误。要求把该做什么，不该做什么，怎样做，要达到什么目的，都明白确切地交待清楚，不引起误会，不产生歧义，使人读后就知道怎样付诸实践。这样，在选词择句时就不能疏忽，不能含糊。明确性主要表现在以下几个方面。

（1）用词准确规范。所用的词语有明确的单义性，同时，为表意确切，避免歧义，而形成词语偏正化的特点。例如："一、成品（食物）存放实行'四隔离'：生与熟隔离，成品与半成品隔离；食品与食物、药品隔离，食品与天然水隔离。二、用（食）具实行'四过关'：一洗、二刷、三冲、四消毒。（原卫生部，商业部《食品加工、销售、饮食业卫生五、四制》）这里每个词的概念都有明确的界定含义，生与熟固然不同，食品与食物、药品也有明显区别。"洗""刷""冲""消毒"的要求更不一样。又如《广东省人民政府关于授予潮阳县工商局缉私队"执法英雄集体"称号的决定》，在第一段一百多个字中，为了表意明确，使用了9个偏正结构的词语，如社会经济秩序、国家利益、依法查处、违法分子、非法收购、违法活动等。

一般不用语气词、感叹词、儿化词，不用富于描绘性、形象性的词语。在一些陈述性的应用文中，即使有时也引用一些描述性的习惯语，例如："会议指出，教学改革是一项政策性、思想性、学术性很强的工作，不要'一轰而起'，也不要'一刀切'"（《全国中专教改座谈会纪要》）。这里的"一轰而起"和"一刀切"是形象性的词语，但它不起描绘作用，仅是为了把事情陈述得更加明确，使文字更简明、通俗。

排斥口语词和方言词。事务语体属于书面语体，要求使用规范化的书面词语。例如：贺信上"欣逢教师节来临之际，我们在此谨向您表示最诚挚、最热烈的祝贺"，不能写成"教师节来了，我们在这儿向您热烈祝贺了"。事务语体一般不使用口语和方言，否则影响应用文的交际效果。

不滥用简称、略语。简称、略语是在社会交际的一定环境中，为了用语的简练、表达的方便而出现的。脱离了语言环境就会使人费解或引起误会，因此不可滥用。但那些已被全民语言所吸收，不致引起误解的，在应用文中也可采用。例如"四项基本原则""两个文明建设""三个代表"等。而某些简称、略语则仅能在某些行业、部门或在特定的情况下使用，如财贸系统使用的四项指标是指购、销、费用、利润四项经营指标，三来一补是指来料加工、来样加工、来图加工和补偿贸易，又如共青团中央《关于维护"三场"秩序，扭转不良风气的通知》之中对"三场"就写明是：运动场、剧场、游乐场，这样的表述才能明白无误。

(2) 句式严密。

① 大量运用长句。大量运用长句是事务语体表意明确的特征。长句的特点是附加成份长而复杂，具有容量大、推理严密的特点。例如，凡在本决定施行之日以前犯罪，而在1988年5月1日以前投案自首，或者已被逮捕而如实坦白承认全部罪行，并如实地检举其他犯罪人员的犯罪事实的，一律按本决定施行以前的有关法律规定处理（全国人大《关于严惩破坏国家经济罪犯的决定》）。这个长句从各方面对对象、内容进行限定，从而保证了述说的内容明白准确。又如：中华人民共和国妇女在政治的、经济的、文化的、社会的和家庭的生活等各方面享有同男子平等的权利（《中华人民共和国宪法》）。运用长定语限制、规定中心语的意义范围，使表达更明确、更周密。

② 普遍使用陈述句、祈使句，一般不用倒装句、省略句。事务语体在陈述事务、说明问题、提出要求或规定时，为了明于陈事、明于行止，普遍使用主谓完全句、陈述句和祈使句。例如："由原料到成品实行'四不制度'：采购员不买腐烂变质的原料，保管验收员不收腐烂变质的原料，加工人员（厨师）不用腐烂变质的原料，营业员（服务员）不卖腐烂变质的食品。"（原卫生部、商业部《食品加工、销售、饮食业卫生五、四制》）文中明确地指出了制度的执行人和执行要求。事务语体中即使使用省略句也都是主语承前省略，或在主语十分明确的情况下省略，从而保证说明、判断的明确性。

③ 使用插说成份。例如："为使出版物在涉及数字（如表示时间、长度、重量，面积、容积和其他量值）时使用汉字和阿拉伯数字体例统一，特制定本规定。"（国家语言文字工作委员会等七单位《关于出版物上数字用法的试行规定》）用插入括号的方式明确"数字"所含的范围。又如："考核评审了×××户省级先进企业（其中×××户同时升为国家级）"，用插说进一步说明其中部分企业的先进级别，使表意更加明确。

(3) 语气恰当。公文事务语体使用词语十分讲究分寸，注意语气的运用。语气是语言交际不可缺少的辅助手段，它可以用来达意，更可以用于传情。运用语气，就要求根据不同的文种，不同的受文者和不同目的来选择和组织语言材料，使语言的运用与交际目的、交际对象和交际情境和谐一致。

语气的运用要切合文种和受文对象。例如报告和请示是上行文，就应体现组织观念，尊重上级，恳切陈辞，多用祈请语气；平行文如函，重在商洽，应注意用语委婉、谦和；下行文用语应质朴，既要明确决断，又要体恤下情，多用肯定或征询期望的语气。

语气的运用要切合发文的题旨。如颁布政令的要严肃，贺喜祝捷的要热烈，表示哀悼的要沉痛，提出申请的要恳切，批驳错误的要明断，商洽问题的要诚挚等。

语气的运用要切合情境。所谓情境是指使用语言时的客观因素，如时间（大至时代，小至时刻）、地点（大至世界，小至居室）、场合（一定时间、地点、条件发生的情况）以及发文者和受文者其他方面的因素，这些都必须加以注意。运用与之相适应的语气，才能使发文取得应有的效果。

2. 简要性

简要性是公文事务语体的基本特征。简要就是简洁和扼要。要求述事简明完备，简而不漏，要而不繁，说理精辟透彻，略而不失一词。简要性主要表现在如下几个方面。

（1）词语精当。根据不同需要，采用专业术语。如财税金融领域的外汇，证券、硬通货、税收等；商业贸易领域的流通，经营、购销、利润等；交通运输领域的抢道，超员、超载、混载等；公安司法的司法权、终审权、司法补救，拘捕等。

大量使用通用词，通用词语是日常生活和信息交流中广泛使用的，富有概括力。

适当使用单音节的文言词。例如：兹、悉、妥、拟、洽、系、尚、鉴等。

经常使用特定的介词或动词，使表述简洁、严密。例如：表目的、原因的：为、为了、由于等；表对象、范围的：对，对于、将、关于等；表根据方式的：根据、遵照、通过、在、随着等。

使用一套常用的事务性词语。这些词语反映了人际交往的关系和事务处理的程序，形成惯用的语言形式。运用这些语言形式，既使表述简洁，又呈现出事务语体特有的语言风格。

（2）句式简洁。利用共同成份，借助联合短语作句子成份，把若干个相关的意思凝聚在一个句子里，使句子结构紧凑，语言简洁。例如公文中普发公文的主送机关："各市、县、自治县人民政府、省府直属各单位"。又如："要动员和教育全党、全社会和全国人民关心和支持教育体制改革，发展教育事业。鼓励各民主党派，人民团体、社会组织、离休退休干部和知识分子、集体经济单位和个人，遵照党和政府的方针政策，采取各种形式和办法，积极地、自愿地为发展教育贡献力量"（《中共中央关于教育体制改革的决定》）。这里既有主语、谓语和宾语这些主要成份的共用，也有定语和状语这些附加成份的共用，明显地使表意简洁。

使用"的"字短语。例如，"继承人有下列行为之一的，丧失继承权：（一）故意杀害被继承人的，（二）为争夺财产而杀害其他继承人的，（三）遗弃被继承人的，或者虐待被继承人情节严重的，（四）伪造、篡改或者销毁遗嘱，情节严重的。"（《中华人民共和国继承法》）这种具有名词功能的"的"字短语省略了表示客观对象的中心语部分，既简洁，又明确。

运用无主句。公文在发文单位明确的前提下，文中的主语是普遍省略的，这也是句式简洁的表现。

（3）篇章严谨。主旨集中，一事一文，篇幅短小。公文中的"印发""颁发""转发""批转"的"通知"，都是一事一文，主题单一，内容简短，即使"报告""通报""请示""批复""函"等也都应该简约严谨，以适应工作处理的需要。

标项撮要，分项叙述。事务语体在对事理的阐述，或对经验、做法、措施的表述时，普遍采用分项撮要法，即将各层次、段落用序码标明，并把每一层次或每一段落的要点写在该层次或该段之首，既使内容简洁明了，又省却了词语的过渡，显示出清晰的条理性。

结构简明，眉目清楚。事务语体在构篇上普遍采用这样的方法：开头直叙其事，或提出行文的依据缘由，或提出要点，简要说明目的或结论；中段申述事理；结尾或总述归纳，或提出希望、要求等。结构简明，眉目清楚，它排斥文艺语体常用的倒叙、补叙、穿插呼应等结构方法。

3. 程式性

"程式"是指办理各种应用文的特定程序和各种应用文的体式（格式、样式）。事务语体在长期使用过程中，为了更好地表达内容，适应需要，使事项得以迅速传达和处理，逐渐形成了相对固定的程式。比如：电报的格式，调查报告封面的书写格式，合同的格式，招投标书的格式，借据的格式，请假条的格式，财务报表的格式，公务文书的一系列格式等等。

事务语体的这些程式，内容十分丰富，表现形式多样，本《教程》将在应用文的各个具体文种中进行介绍。

上述这些事务语体在语言运用上的特征，是人们在对应用文的长期广泛使用中形成的，是应用文事务语体的共性。我们抓住这些共性，就可以轻松驾驭事务语体，为写作应用文服务。

四、应用文的文面及其书写要求

什么是文面？文面就是指文章的外观形式。各式各样的文章均需要用一个载体将它表现出来，这个能将文章表现出来、能让读者看到的外观形式便是文面。

文章的文面同文章的宣传效果有很密切的关系。一篇文章，如果文面美观，便会让读者赏心悦目，创造出让人读下去的有利条件；相反，一篇文章的文面很差，一般的人便不想去阅读它，即使需要阅读的人，也会颇觉吃力，或者还会有读错的可能。因此说，文面的美观与否是一个很重要的问题，我们必须注重文面的美观。

不同的应用文有不同的文面要求。比如：公文的文面要求是用法规规定的，学术论文的文面要求，由规范性文件作了规范性的规定，起诉书、答辩状的文面要求，由司法部门的规范性文件作出规定，合同的文面要求，由工商行政管理部门作出规范等。

除了特殊的规范规定之外，对文面的处理有以下要求：

1. 对文字书写方面的要求

在文字的书写方面，首先要求做到正确、清楚，进而要求熟练、美观。所谓正确，是指使用规范字，应以《新华字典》所收入的汉字为法定的规范字，不使用繁体字、异体字、不规范的简体字及错字、别字。《人民日报·海外版》及深圳、珠海等特区使用繁体字，是经中央特批的，不是允许繁简并行，更不是取消简化字。有些地方繁体字泛滥，是使用汉字不规范的表现，在应用写作中必须杜绝。清楚，是指字迹不潦草、不模糊，还要求字形端正、笔划正确。做到正确、清楚是最基本的要求。

要做到文面美观，就要做到书写熟练、美观。所谓熟练，就是书写流畅，能给人以娴熟之美和流畅之美。这不是一朝一夕的功夫，要在平时努力练就。所谓美观，是指字的结构匀称、协调，笔画的线条圆润、流畅，字的大小错落有致，字间疏密得当。这样的文面，能给人以赏心悦目之感，给人以美的感受。

2. 对标点符号的书写要求

标点符号也是文面的重要组成部分，能否正确地书写标点符号，将关系文面质量的高低。对标点符号，应当正确使用。这里只介绍标点符号的书写位置。

（1）点号。点号要独占一格位置，写在格子的左方。不能放在行首。如行末写满，点号可放在行尾字的后面。

点号中的句号、逗号、顿号、分号、冒号写在格子左下角四分之一位置上。点号中的问号、感叹号写在格子中间位置。

（2）标号。有前后标号的，如引号、括号、书名号，应分前后各占一格书写：前标号应标在文字的前面，占一格位置，后标号应标在文字的后面，占一格位置。但是要注意：前标号可以放在行首，却不能放在行尾，后标号不能放在行首，如遇文字刚好在行尾，应将点号、后标号在行尾字的后面标出。

不分前后而连在一起的标号，如省略号、破折号，在书写时要连占两个格子位置，上下居中，不能分成两截书写，如遇最后只有一个空格，那么标号应在格后占用，将标号连在一起。省略号和破折号允许放在行首。

3．对行款格式的书写要求

所谓行款格式，就是指文章在文面上的安排、布局，包括选用纸型、预留天头、地脚、订口、翻口、以及行距、字距、分段、标题、页码、序码、引文、附注、署名等的安排和布局。

（1）纸型。

信笺纸：大信笺一般为16开，小信笺一般为32开。

稿纸：一般用16开400字规格。

刊物：多为16开。

报纸：大报多为对开，小报多为4开。

书籍：多为16开或32开。

公文用纸：一般用A4纸印刷，装订成16开。

（2）天头地脚。任何文章，在文面安排上都必须注意预留天头、地脚、订口和翻口。

天头，又叫天白，是指版心上边沿至成品上边沿的区域。各种不同的文体，在各种不同的场合，预留的天头是不一样的。比如，课本章始页的天头较多，而正文页的天头较少；公文更有严格规定，天头高37mm。

地脚，是版心下边沿至成品下边沿的区域。其空白多少应视纸张大小而定，一般书刊为12mm～20mm不等，公文的地脚一般为35mm。

订口，是指左侧的装订线预留的空白处。公文的订口一般为28mm，书刊一般为15～20mm。

翻口，是指右侧翻页预留的空白处。一般翻口比订口要小一些。公文为26mm，书刊10～18mm左右。

（3）行距字距。文面安排，要求行有行间、字有字距，成行成列，整齐清楚，切忌密密麻麻、乱涂乱划。排版和打印的，自有规定，如果采用手写，就必须注意行距字距，使文面清晰美观。

（4）页码。标明文章页序的数字叫页码。手写的文章页码一般标在稿纸的右下角或右上角，使用阿拉伯数字。

（5）标题。标题的书写安排，要力求在文面中显得醒目、美观，与文章的内容长短相称。

标题有长题、短题，有一行题、两行题和三行题，也有课题、章题、节题。要依据不同的题型及数字来安排。标题上下要适当空行，标题的行数越多，上下空行也要相应增加。主题居中，引题在上，副题在下。标题的左右侧要注意空格相等，使之对称；标题字数少，可加大字距；字数过多，要分行写，转行时既要注意保持词和词组的完整，又要考虑在字数上搭配匀称。长标题中使用标点符号应按规定占格，一般标题末尾不用标点符号。副题一般以破折号领起，在主题之下，退后两格书写。章题、节题要注意预留上下空行，使之醒目。

（6）署名。作者姓名写在标题下面，居中排列，与标题以及正文各空一行。

标题和作者署名示例：

例一：

读《读尝君传》
王安石

例二：

古代服装及其他
吴　晗

例三：

伤　逝
——涓生的手记
鲁　迅

（7）分段。每一段的开头都要空两格，作为段落开始的标志。段与段之间一般不用空行。如果一段完了，同时它又是文章一个大的部分或者一个章节的结束，那么，它的后面应留空行，也就是空行另起。

（8）序码。表示文章结构层次分条、分项用的序码，国务院在《国家行政机关公文处理办法》中规定为：第×章、第×节、一、（一）、1.、（1）、①。

（9）引文。文章内的引文有段中引文和提行引文两种。

段中引文放在一段文字中间，引原文时前后用引号，引原意时不用引号只用冒号。段中引文通常用于非强调时。

凡重要的或强调性的引文要提行自成一段，叫提行引文。为了与正文相区别，提行引文书写时应缩进两格，不必再加引号。

（10）附注。文中的附注有四种：

段中注，又称夹注。段中注写在正文中间，一律以括号标识。段中注不宜多用，也不宜太长。

页中附注，又称脚注。这种注法目前使用较多，也便于读者阅读。脚注的位置是在本页下端，即页末部分，左侧用短横线将附注与正文分开。

章节附注，放在一章或一节后面。

全文附注，又称尾注。章节附注和全文（全书）附注，只宜少量使用，如果太多就不便于阅读。

正文中的"注码"，一律用①②③……标出，写在所注对象的右上角，如果注释不多，也可用＊或〔注〕来标识。

附注出处的顺序一般是：著者，书名或篇名，出版地：出版者，出版年：页码。如：

傅庚生，中国文学欣赏举隅，陕西：陕西人民出版社，1983：第18.

思考与练习

一、注意掌握下列名词术语。

文体　语体　事务语体　文艺语体　科技语体　政论语体　事务语体在语言风格上的特征　文面　行款格式　天头　地脚　订口　翻口　页码　序码

二、阅读。

1. 认真阅读本章四篇例文，体会其异同。

2. 下面是一位学生在实习后写的一篇调查报告习作的开头，文字通顺，交代了调查的时间、地点、人物、事件，请从语体方面进行分析，并予以修改。

阳春三月，风和日丽。我们省××学校物价班的45名同学从广州乘船，在15日天蒙蒙亮时就到达肇庆市。啊，肇庆！美丽的肇庆！你是南粤的旅游胜地，多少个日日夜夜啊，同学们梦寐以求，要来领略你的风采，今天如愿以偿了。但是，这次我们是要到你的农村——大湾、碌步的食品站，作为期一个月的生猪收购成本调查。尽管大家都想借此机会痛快地玩一玩，但是想到这是实习调查，必须把学好专业放在首位。因此，在实习老师的带领下，到达肇庆的当天，听完肇庆市食品公司经理对情况的介绍后，我们就分为两个小组奔赴实习调查点了。

3. 下面的一段话，是从某工业局干部所写的工作总结中摘录的，句子不仅通顺，而且还很生动，但是，该局的局长看过后说这样写不对。请你说出理由。

我局所属××工厂去年借助外部东风，生产一度像穿云燕子，飞向百尺竿头。曾几何时，今春以来，却又像冰山开花似的，一泻千里。

4. 下面这句话是从某县粮库检查报告中摘录的,你读了之后,能看出它所反映的事实、程度、范围等方面的情况吗?

蜘蛛在张灯结彩,老鼠在游行示威,麻雀在唱歌跳舞,蛀虫在悠哉地散步。

5. 下面是1981年10月20日《××日报》发的一则消息,请从语体方面进行评论,指出错误所在,并予以改正。

昨日下午三时许,由司警司署督察欧万奴、副队长沙华度率领一批警员抵达新口岸码头。四时整,"火星号"喷射翼船泊岸,当全体旅客上岸后,身穿白色T恤、蓝色牛仔裤、黑色皮鞋的疑犯李国强,单手拿着一件白色T恤盖着头部,两手分别用手镣扣在港警特别罪案调查科警员冯奇顿、探员钟×的手部,在香港国际刑警帮办粤伦疏及澳门司警员监视下步出"火星号"。

身材健硕的李国强在警员押解下,神态镇静,虽然头部用T恤盖着,但他在码头走廊及门口,曾多次将头部的T恤拉高,露出少许脸部向外张望。步出码头后,随即被押上一部黑色汽车,开往司警司署扣押。

6. 请阅读下面这封信。有人说此信写得好,也有人说此信写得不好,请说说你的看法。

××老师:
  我惭愧地提起笔,写信给您。
  昨天,当我放学回家的时候,本来烈日当空,不料走到中途,突然下了一场大雨,我不能及时避雨,雨水把我淋得浑身湿透。回家以后,就觉得有点儿冷,妈说我着了凉,吃过晚饭,我开始咳嗽了,医生说我患了流行性感冒,要好好休息。
  我知道这一次的病是由于抵抗力太弱引来的,我后悔平时没有听从老师教导,好好锻炼身体,今天我暂时不能到学校上课了。希望过两天之后我能够痊愈,回校补课。而且,我今后要更认真地做早操了。
  现在妈妈叫我向学校请假两天,希望你能够批准。

学生××谨上
×月×日

❈ 任何文章均有作者的写作目的,本文作者的写作目的是什么?是总结经验、做检讨还是请假?

❈ 不同的文体有不同的语体。请将这封信改写成请假条,然后对照本文,谈一谈你对语体的认识。

三、请解释下列词语,并从中体会出应用写作常用词语的特点和用法,激励自己积极地积累常用词语。

1. 此致 此令 此复 特此

2. 颁布　颁发

3. 查照　查收　查复　查询　查对　追查

4. 核准　核实　核示

5. 届时　准时　临时

6. 鉴于　鉴戒　鉴别

7. 就绪　就地　就业

8. 拟订　拟于　拟稿

9. 批示　批复　批转

10. 为此　为妥　为宜　为荷　为盼

11. 悉　收悉　已悉　阅悉　电悉　谨悉

12. 必需　必须　均须　务须

13. 滥用　乱用　挪用

14. 业经　已经

15. 兹　兹有　兹派　兹介绍　兹将　兹就　兹因

16. 以资　以此　以利

17. 制定　制订　拟定　拟订

18. 签发　签署　署名　署时　签章

19. 案　在案　议案　破案　备案　立案　结案

20. 审定　审批　审发　审核

四、从网络上下载一些公文用语，分门别类地整理成自己学习应用文和写作应用文的参考资料。

第二章 应用写作在"用"方面的基础知识

应用文是为用而写的文章。"用"的原则就是社会主义法治理念。所谓社会主义法治理念，就是我们国家社会主义建设的理性化观念体系。由依法治国、执政为民、公平正义、服务大局、党的领导五个方面的内容构成。

社会主义法治理念是在建设中国特色社会主义历史进程中形成的法治观念。所谓法治，就是通过法律治理国家，在法治状态下，所有公民与社会组织皆依法行事，公民个人享有宪法和法律保障的广泛权利，同时也负有相应的法律义务；立法、司法、行政等权力部门都在法律框架内有序运行，依法产生，受法律约束，对法律负责，国家的权力和公民的权利都得合理配置。在法治社会，上至宪法、国家的政治制度、法律法纪法规和规章，下至一般的规章制度，国家以强制力实施，要求人们必须共同遵守。因此，在写作应用文和使用应用文的时候，必须遵循这些典章制度，否则在办理公务时会遇到阻碍。

我们国家的治理，必须有共产党的坚强领导，必须坚持社会主义制度，即坚持人民民主专政制度、人民代表大会制度、党领导的多党合作和政治协商制度、国家行政组织制度（中央和地方各级行政制度）、国防制度、外交制度、司法制度、人口制度、教育制度、干部制度、民族区域自治制度以及"一国两制"，等等。我们的一切行为都必须符合这些制度的规定。这就是我们社会主义法治的理念。

应用写作是社会的写作。必然地要求它必须符合国家政治制度的各种规范。例如，为什么要写作，写什么，怎样写？这个问题如果是对写一般的文章来说，是语文的写作范畴，按语文的写作基础知识便可以办好；但是，应用写作是社会的写作，便不能仅从语文的写作范畴里找到现成的方法，而应该从社会政治制度里去找寻途径。为什么要进行应用写作，写什么，怎样写是与社会政治制度存在着十分密切的法据关系的，它的运作必须符合政治制度的要求，离开了法据便会办不成事。

一、例文学习

学习本章，必须首先要阅读《中华人民共和国宪法》，以及相关的法律法规和规章。只有首先对这些法律法规和规章有了一定的印象，才能理解社会主义法治理念的内容。推荐大家阅读的法律法规有：

《中华人民共和国宪法》
《中华人民共和国全国人民代表大会和地方各级人民代表大会代表法》
《中华人民共和国全国人民代表大会和地方各级人民代表大会选举法》
《中华人民共和国全国人民代表大会组织法》
《中华人民共和国地方各级人民代表大会和地方各级人民政府组织法》
《中华人民共和国国务院组织法》
《中华人民共和国人民法院组织法》
《中华人民共和国人民检察院组织法》
《中华人民共和国立法法》
《中华人民共和国公务员法》
《党政领导干部选拔任用工作条例》

下面节选《宪法》的部分相关内容作为我们学习入门的先导：

【例文一】

中华人民共和国宪法

序 言

中国是世界上历史最悠久的国家之一。中国各族人民共同创造了光辉灿烂的文化，具有光荣的革命传统。

一八四〇年以后，封建的中国逐渐变成半殖民地、半封建的国家。中国人民为国家独立、民族解放和民主自由进行了前仆后继的英勇奋斗。

二十世纪，中国发生了翻天覆地的伟大历史变革。

一九一一年孙中山先生领导的辛亥革命，废除了封建帝制，创立了中华民国。但是，中国人民反对帝国主义和封建主义的历史任务还没有完成。

一九四九年，以毛泽东主席为领袖的中国共产党领导中国各族人民，在经历了长期的艰难曲折的武装斗争和其他形式的斗争以后，终于推翻了帝国主义、封建主义和官僚资本主义的统治，取得了新民主主义革命的伟大胜利，建立了中华人民共和国。从此，中国人民掌握了国家的权力，成为国家的主人。

中华人民共和国成立以后，我国社会逐步实现了由新民主主义到社会主义的过渡。生产资料私有制的社会主义改造已经完成，人剥削人的制度已经消灭，社会主义制度已经确立。工人阶级领导的、以工农联盟为基础的人民民主专政,实质上即无产阶级专政,得到巩固和发展。中国人民和中国人民解放军战胜了帝国主义、霸权主义的侵略、破坏和武装挑衅,维护了国家的独立和安全,增强了国防。经济建设取得了重大的成就,独立的、比较完整的社会主义工业体系已经基本形成,农业生产显著提高。教育、科学、文化等事业有了很大的发展,社会主义思想教育取得了明显的成效。广大人民的生活有了较大的改善。

中国新民主主义革命的胜利和社会主义事业的成就,是中国共产党领导中国各族人民,在马克思列宁主义、毛泽东思想的指引下,坚持真理,修正错误,战胜许多艰难险阻而取得的。我国将长期处于社会主义初级阶段。国家的根本任务是,沿着中国特色社会主义道路,集中力量进行社会主义现代化建设。中国各族人民将继续在中国共产党领导下,在马克思列宁主义、毛泽东思想、邓小平理论和"三个代表"重要思想指引下,坚持人民民主专政,坚持社会主义道路,坚持改革开放,不断完善社会主义的各项制度,发展社会主义市场经济,发展社会主义民主,健全社会主义法制,自力更生,艰苦奋斗,逐步实现工业、农业、国防和科学技术的现代化,推动物质文明、政治文明和精神文明协调发展,把我国建设成为富强、民主、文明的社会主义国家。

在我国,剥削阶级作为阶级已经消灭,但是阶级斗争还将在一定范围内长期存在。中国人民对敌视和破坏我国社会主义制度的国内外的敌对势力和敌对分子,必须进行斗争。

台湾是中华人民共和国的神圣领土的一部分。完成统一祖国的大业是包括台湾同胞在内的全中国人民的神圣职责。

社会主义的建设事业必须依靠工人、农民和知识分子,团结一切可以团结的力量。在长期的革命和建设过程中,已经结成由中国共产党领导的,有各民主党派和各人民团体参加的,包括全体社会主义劳动者、社会主义事业的建设者、拥护社会主义的爱国者和拥护祖国统一的爱国者的广泛的爱国统一战线,这个统一战线将继续巩固和发展。中国人民政治协商会议是有广泛代表性的统一战线组织,过去发挥了重要的历史作用,今后在国家政治生活、社会生活和对外友好活动中,在进行社会主义现代化建设、维护国家的统一和团结的斗争中,将进一步发挥它的重要作用。中国共产党领导的多党合作和政治协商制度将长期存在和发展。

中华人民共和国是全国各族人民共同缔造的统一的多民族国家。平等、团结、互助的社会主义民族关系已经确立,并将继续加强。在维护民族团结的斗争中,要反对大民族主义,主要是大汉族主义,也要反对地方民族主义。国家尽一切努力,促进全国各民族的共同繁荣。

中国革命和建设的成就是同世界人民的支持分不开的。中国的前途是同世界的前途紧密地联系在一起的。中国坚持独立自主的对外政策,坚持互相尊重主权和领土完整、互不侵犯、互不干涉内政、平等互利、和平共处的五项原则,发展同各国的外交关系和经济、文化的交流;坚持反对帝国主义、霸权主义、殖民主义,加强同世界各国人民的团结,支持被压迫民族和发展中国家争取和维护民族独立、发展民族经济的正义斗争,为维护世界和平和促进人类进步事业而努力。

本宪法以法律的形式确认了中国各族人民奋斗的成果,规定了国家的根本制度和根本任务,是国家的根本法,具有最高的法律效力。全国各族人民、一切国家机关和武装力量、各政党和各社会团体、各企业事业组织,都必须以宪法为根本的活动准则,并且负有维护宪法尊严、保证宪法实施的职责。

第一章 总 纲

第一条 中华人民共和国是工人阶级领导的、以工农联盟为基础的人民民主专政的社会主国家。

社会主义制度是中华人民共和国的根本制度。禁止任何组织或者个人破坏社会主义制度。

第二条 中华人民共和国的一切权力属于人民。

人民行使国家权力的机关是全国人民代表大会和地方各级人民代表大会。

人民依照法律规定，通过各种途径和形式，管理国家事务，管理经济和文化事业，管理社会事务。

第三条 中华人民共和国的国家机构实行民主集中制的原则。

全国人民代表大会和地方各级人民代表大会都由民主选举产生，对人民负责，受人民监督。

国家行政机关、审判机关、检察机关都由人民代表大会产生，对它负责，受它监督。

中央和地方的国家机构职权的划分，遵循在中央的统一领导下，充分发挥地方的主动性、积极性的原则。

第四条 中华人民共和国各民族一律平等。国家保障各少数民族的合法的权利和利益，维护和发展各民族的平等、团结、互助关系。禁止对任何民族的歧视和压迫，禁止破坏民族团结和制造民族分裂的行为。

国家根据各少数民族的特点和需要，帮助各少数民族地区加速经济和文化的发展。

各少数民族聚居的地方实行区域自治，设立自治机关，行使自治权。各民族自治地方都是中华人民共和国不可分离的部分。

各民族都有使用和发展自己的语言文字的自由，都有保持或者改革自己的风俗习惯的自由。

第五条 中华人民共和国实行依法治国，建设社会主义法治国家。

国家维护社会主义法制的统一和尊严。

一切法律、行政法规和地方性法规都不得同宪法相抵触。

一切国家机关和武装力量、各政党和各社会团体、各企业事业组织都必须遵守宪法和法律。一切违反宪法和法律的行为，必须予以追究。

任何组织或者个人都不得有超越宪法和法律的特权。

……

宪法是国家的根本大法，是一切法律法规之母。

应用写作，是依法治国、依法行政的工具。因此，我们学习应用写作，就必须首先学好宪法，掌握宪法的要义，领会宪法的精髓，并在自己的工作、学习、生活实践中严格遵守宪法，用宪法来衡量一切法律、法规、规章和办事原则。

学习宪法，要了解我国宪法产生的背景渊源和宪法发展的过程，要了解我国现行宪法的基本原则，要了解我们国家的性质和基本制度，要弄清楚权利和义务的规定，等等。

依据宪法规定，我们的国家机关，有国家权力机关、国家主席、国家行政机关、军事机关、人民审判机关、人民检察机关。

我们只有通过对宪法的认真学习，才能认识到各种治理国家的机关是怎样产生、组建的，国家为什么要设立这些机关，各个机关的职权是什么，他们将会产生怎样的治国文书，等等，这些是我们学习应用写作在"用"方面的重要基础知识。

二、我国的政党制度和坚持党的领导

（一）我国的政党制度

我国实行的政党制度是中国共产党领导的多党合作和政治协商制度（以下简称中国多党合作制度），它既不同于西方国家的两党或多党竞争制，也有别于有的国家实行的一党制。这一制度在中国长期的革命、建设、改革实践中形成和发展起来，是适合中国国情的一项基本政治制度，是具有中国特色的社会主义政党制度，是中国社会主义民主政治的重要组成部分。

《中华人民共和国宪法》明确规定：中国共产党领导的多党合作和政治协商制度将长期存在和发展。在中国，中国共产党和各民主党派都必须以宪法为根本活动准则，维护宪法尊严，保证宪法实施。

中国多党合作制度中包括中国共产党和八个民主党派。八个民主党派是中国国民党革命委员会、中国民主同盟、中国民主建国会、中国民主促进会、中国农工民主党、中国致公党、九三学社、台湾民主自治同盟。中国人民政治协商会议（以下简称人民政协）是中国共产党领导的多党合作和政治协商的重要机构。在中国多党合作制度中，中国共产党与各民主党派长期共存、互相监督、肝胆相照、荣辱与共，共同致力于建设中国特色社会主义，形成了"共产党领导、多党派合作，共产党执政、多党派参政"的基本特征。中国多党合作制度在中国的政治和社会生活中显示出独特的政治优势和强大的生命力，发挥了不可替代的重大作用。

（二）我国的国家政治制度

依照宪法的规定，我国实行的国家制度是人民代表大会制度。人民代表大会制度集中体现了国家政权的根本性质、国家发展的根本任务和国家活动的根本原则。一切国家行政机关、审判机关、检察机关都由人民代表大会产生，国家各方面制度都由人民代表大会制度派生和延伸，国家各项事业发展和各项工作开展都依照人民代表大会制定的法律法规进行。我国的政治制度除人民代表大会制度外，还有党领导的多党合作制度、政治协商制度、民族区域自治制度、特别行政区制度、国家行政组织制度、国防制度等。

(三）坚持党的领导

中国共产党的领导地位，是在党领导中国人民进行革命、建设和改革的长期实践中形成的。没有中国共产党就没有新中国，就没有中国特色社会主义，这是中国人民从中国近现代历史发展和当今社会现实发展中得出的基本结论。

党的领导主要是通过政治、思想、组织这三种形式：政治领导是指国家机关要执行党的路线、方针和政策；思想领导就是国家机关以马克思列宁主义、毛泽东思想、邓小平理论和"三个代表"重要思想为自己的行动指南；组织领导就是国家机关的主要干部要由党组织推荐、各级国家机关都设置党委或者党组，以确保党对国家机关的绝对领导。

坚持党的领导，不是党组织代替行政组织行使政令，包揽政务，以党代政，党政不分，而是坚持政治原则、政治方向、重大决策的领导，并保证国家行政机关独立负责地进行行政管理。

党的十五大提出"依法治国"的号召，要将我国建设成为一个法制健全的国家。现在，我们正在努力加强法制建设，在党的领导下，实行党政分工，使"依法治国"落到实处。

党的领导主要体现在管干部、管思想、管纪律、管决策等重大方面。从中央到地方，每一"块"、每一"条"①，都必须置于党的领导之下。每一"块"的人大及一府（人民政府）两院（人民法院、人民检察院）、解放军机关（中央军委、省军区、市军分区、县人武部）等，都必须在党委（党中央、省委、市委、县委）的领导下各司其职。这些机关，都分别设党组，对本机关进行领导，对党委进行报告、请示、接受党委领导和指挥。

在"条"方面，有的设有对应口，相对应的机关可以直接联系。

对国家行政机关干部的任命方式是：党委提名（交人大），人大决定（人大对干部进行述职评议、考核鉴定后，通过会议决定），政府任命。

对两院领导的正职任命方式是：党委提名（交人大），人大决定（人大对干部进行述职评议、考核鉴定后，通过会议决定），副职则由党委组织部任命。

各个机关的党员领导干部，都要接受党委组织部的管理。组织部属于党委下设机构，公务员局属于政府组成部门，按照我国党管干部的原则，我国的领导干部都由组织部管理；公务员局按照党委安排，受组织部委托负责管理科员以下级别公务员招考、工资福利审批、人才引进和交流等工作，一般情况下，

---

① "块""条"——是对中央国家机关和地方各级国家机关的俗称。"块"是指从中央到地方的各个层级，即分别为中央、省、地市、县市、乡镇各级；"条"是指从中央到地方设立的垂直领导的机构或工作部门。

公务员局局长由同级组织部副部长兼任。

（四）中国共产党的组织结构

中国共产党的组织机构，其组成体系分三个部分：

1. 党的中央组织

根据党章规定，党的中央组织主要包括：党的全国代表大会和它产生的中央委员会、中央纪律检查委员会；由中央委员会全体会议选举产生的中央政治局、中央政治局常务委员会；由中央委员会决定的中央军事委员会，以及由中央政治局常务委员会提名、中央委员会全体会议通过的中央书记处。

党的全国代表大会是党内最高权力机关。全国代表大会选举产生中央委员会、中央纪律检查委员会。

在全国代表大会闭会期间，中央委员会代行全国代表大会的职权。因为全国代表大会每五年召开一次，不可能照顾到细节问题，所以，中央委员会其实是党的领导核心，中央委员会有权指派特使代表中国共产党，其本身也可以对外代表中国共产党。但是，中央全会也只是每年召开一次，因此，中央委员会不能作为常务机构解决常务问题。中央委员会全体会议会选举产生中央政治局，中央军事委员会。中央政治局领导党的常务工作。中央委员会还选举产生中央政治局常务委员会，中央政治局常务委员会是相对于中央政治局更加精干的领导中心。

经中央政治局提名，中央全会通过产生中央书记处。中央书记处是中央政治局及其常务委员会的办事机构，其工作由总书记来进行主持。中央书记处代理中央政治局处理常规工作，领导下面一批机构，如中央宣传部、中央组织部、中央统战部等部门。

2. 党的地方组织

根据党章规定，党的地方组织设省、自治区、直辖市、设区的市、自治州、县（旗）、自治县、不设区的市和市辖区委员会。

党的省、自治区、直辖市的代表大会，设区的市和自治州的代表大会，县（旗）、自治县、不设区的市和市辖区的代表大会，每五年举行一次。

党的地方各级委员会在代表大会闭会期间，执行上级党组织的指示和同级党代表大会的决议，领导本地方的工作，定期向上级党的委员会报告工作。

党的地方各级委员会全体会议，选举常务委员会和书记、副书记，并报上级党的委员会批准。党的地方各级委员会的常务委员会，在委员会全体会议闭会期间，行使委员会职权；在下届代表大会开会期间，继续主持经常工作，直到新的常务委员会产生为止。

党的地方各级委员会的常务委员会定期向委员会全体会议报告工作，接受监督。

3．党的基层组织

党章规定，企业、农村、机关、学校、科研院所、街道社区、社会组织、人民解放军连队和其他基层单位，凡是有正式党员三人以上的，都应当成立党的基层组织。党的基层组织，根据工作需要和党员人数，经上级党组织批准，分别设立党的基层委员会、总支部委员会、支部委员会。

不同基层党组织在基层单位职能有所不同：

（1）街道、乡、镇党的基层委员会和村、社区党组织，领导本地区的工作，支持和保证行政组织、经济组织和群众自治组织充分行使职权。

（2）国有企业和集体企业中党的基层组织，发挥政治核心作用，围绕企业生产经营开展工作。非公有制经济组织中的党的基层组织，贯彻党的方针政策，引导和监督企业遵守国家的法律法规，领导工会、共青团等群众组织，团结凝聚职工群众，维护各方的合法权益，促进企业健康发展。

（3）实行行政领导人负责制的事业单位中党的基层组织，发挥政治核心作用。各级党和国家机关中党的基层组织，协助行政负责人完成任务，改进工作，对包括行政负责人在内的每个党员进行监督，不领导本单位的业务工作。

三、我国的国家机关

我国的国家机关，是依据《中华人民共和国宪法》的规定组成的。分中央国家机关和地方国家机关。

中央国家机关包括：全国人民代表大会及其常务委员会、国家主席、国务院、中央军事委员会、最高人民法院、最高人民检察院。

地方国家机关包括地方各级人民代表大会及其常务委员会、地方各级人民政府、地方各级人民法院和人民检察院、民族自治地方的自治机关和特别行政区的国家机关。

党和国家机关的关系：坚持党的领导；各个国家机关设立党组，在党组领导下依宪法规定各司其职；该党组受同级党委领导，必须坚持报告请示制度。

人大与其他国家机关（一府两院）的关系：依据宪法规定，人大是权力机关，也是一府两院的监督机关；一府两院必须向同级人大机关负责并报告工作。

（一）中央国家机关

1. 全国人民代表大会及其常务委员会

我国一切权力属于人民，人民通过逐级选举，自下而上选出乡、县、市、省、全国的人民代表，组成自下而上的乡、县、市、省地方各级人民代表大会，最后由全国人民代表大会组成最高国家权力机关，行使国家权力。

全国人民代表大会是我国最高国家权力机关，又是行使国家立法权的机关。全国人民代表大会的职权包括：修改宪法；监督宪法的实施；制定和修改刑事、民事、国家机构的和其他基本法律；选举中华人民共和国主席、副主席；根据中华人民共和国主席的提名，决定国务院总理的人选；审查和批准国民经济和社会发展计划和计划执行情况的报告；审查和批准国家的预算和预算执行情况的报告；决定战争和和平的问题等共十五种职权。

全国人民代表大会的工作主要是讨论、审议并通过议案，其程序是：第一，提出议案。有权提出议案的有：全国人民代表大会主席团、全国人大常委会、全国人大各专门委员会、国务院、中央军事委员会、最高人民法院、最高人民检察院、一个代表团或30名以上的代表。如果提出罢免案，则有特殊规定。第二，审议提案。针对国家机关提出的议案，由主席团决定交各代表团审议，或交有关的专门委员会审议并提出报告，再由主席团决定是否提交大会表决；对代表团或代表联合提出的议案，由主席团交专门委员会审议，提出是否列入大会议程的意见，再决定是否列入大会议程，或者直接由主席团决定。第三，表决议案。除宪法修正案须全体会议代表的2/3赞成外，其他议案有过半数代表赞成即获通过。表决结果由会议主持人当场宣布。第四，公布议案。法律由国家主席以主席令的形式公布；选举结果及其他议案由全国人大主席团发布公告予以公布，或由国家主席发布命令公布。

全国人民代表大会闭会期间，由全国人大常委会行使国家权力，是全国人大闭会期间行使国家权力的机关，是经常性的最高国家权力机关，也是行使国家立法权的机关。全国人大常委会对全国人大负责并报告工作。

全国人民代表大会常务委员会行使解释宪法，监督宪法的实施；制定和修改除应当由全国人民代表大会制定的法律以外的其他法律；监督国务院、中央军事委员会、最高人民法院和最高人民检察院的工作；撤销国务院制定的同宪法、法律相抵触的行政法规、决定和命令；规定和决定授予国家的勋章和荣誉称号等共二十一种职权。

全国人民代表大会常务委员会举行会议时，全国人大各专门委员会、国务院、中央军事委员会、最高人民法院和最高人民检察院都可以向全国人大常委会提出议案。常委会组成人员10人以上联名可以向常委会提出属于其职权范围内的议案。向常委会提出的议案，由委员长会议决定是否提请常委会审议，或者先交有关的专门委员会审议，提出报告，再决定是否提请常委会审议。议案经过审议，由常委会表决通过。所有议案须经全国人民代表大会常务委员会全体组成人员的过半数通过，法律通过后由国家公布实施。其他议案由全国人大常委会自行公布。

2. 中华人民共和国主席

国家主席是我国国家机构的重要组成部分，是一个相对独立的国家机关，同全国人大常委会结合行使国家元首职权。中华人民共和国主席对外代表国家。中华人民共和国主席、副主席由全国人民代表大会选举。根据宪法规定，我国国家主席的职权主要有：根据全国人大及其常委会的决定，公布法律；任免国务院总理、副总理、国务委员、各部部长、各委员会主任、审计长、秘书长；授予国家勋章和荣誉称号；发布特赦令；宣布进入紧急状态，宣布战争状态，发布动员令；代表国家进行国事活动，接受外国使节；根据全国人大常委会决定，派遣和召回驻外全权代表，批准和废除同外国缔结的条约和重要协定。

3. 国务院

国务院，即中央人民政府，是最高国家权力机关的执行机关，是最高国家行政机关。

国务院由全国人民代表大会产生，对全国人大及其常委会负责并报告工作，受它监督。因此，相对于最高国家权力机关来说，国务院处于从属地位。它统一领导地方各级人民政府的工作，统一领导和管理国务院各部、各委员会的工作。

国务院的职权主要有：根据宪法和法律，规定行政措施，制定行政法规，发布决定和命令；向全国人民代表大会或者全国人民代表大会常务委员会提出议案；编制和执行国民经济和社会发展计划和国家预算；领导和管理经济工作和城乡建设；改变或者撤销各部、各委员会发布的不适当的命令、指示和规章等共十八种职权。

依宪法规定，在每一届全国人大第一次会议上组织产生新的国务院，国务院总理的人选由国家主席提名，由全国人大决定，通过之后，由国家主席令行公布。国务院副总理、国务委员、各部部长、各委员会主任、审计长、秘书长根据总理提名，由全国人大决定（人大闭会期间，由常委会决定），通过之后，由国家主席令行公布。

国务院实行总理负责制，总理领导国务院的工作，副总理、国务委员协助总理工作。总理、副总理、国务委员和秘书长组成国务院常务会议。国务院全体会议由国务院全体成员组成。国务院工作中的重大问题，必须经国务院常务会议或者国务院全体会议讨论决定。与国务院实行总理负责制一样，国务院各部、各委员会实行部长或主任负责制。

国务院所属的部委及其他机构包括：第一，国务院办公厅，是国务院依法设立的协助国务院领导处理国务院日常工作的行政机构。国务院办公厅由秘书长领导，并设副秘书长若干人，协助秘书长工作。国务院秘书长受总理领导。第二，国务院组成部门，是依法分别履行国务院基本行政管理职能的行政机构，包括各部、委、审计署和中国人民银行。第三，国务院直属机构，是主管国务院某项专门业务、具有独立的行政管理职能的行政机构。第四，国务院办事机构，是由国务院组成部门管理、主管特定业务的、行使行政管理职能的机构。第五，国务院直属特设机构。第六，国务院直属事业单位。

4. 最高人民法院

根据我国宪法和法院组织法的规定，人民法院是国家的审判机关。人民法院通过审判活动参与国家权力的行使。审判权是指法院依法审理和裁决刑事、民事案件和其他案件的权力，这是国家权力的重要组成部分，具有强制性。人民法院独立行使审判权，任何公民无权拒绝人民法院依法进行的审判，但有权拒绝人民法院以外的机关、团体或个人的非法审判。

最高人民法院是最高审判机关，依法行使国家最高审判权，同时监督地方各级人民法院和专门法院的审判工作。它由最高国家权力机关产生，对它负责并报告工作，受它监督。最高人民法院院长由全国人民代表大会选举和罢免；其他组成人员由全国人大常委会任免。

上级人民法院监督下级人民法院的工作。

最高人民法院由院长一人、副院长、庭长、副庭长、审判员若干人组成，内部设置立案、民事、刑事、行政等审判庭。

我国的各级人民法院基本上是以国家行政区为基础设置的，其系统是：最高人民法院、地方各级人民法院、专门人民法院。地方各级人民法院包括高级人民法院、中级人民法院和基层人民法院。专门人民法院包括军事法院、铁路运输法院、海事法院、森林法院等。

最高人民法院审理的案件包括：法律规定由它管辖和它认为应由自己审理的第一案件；对高级人民法院、专门人民法院判决和裁定的上诉和抗诉案件；最高人民检察院按审判监督程序提出的抗诉案件。

5. 最高人民检察院

人民检察院是国家的法律监督机关。法律监督是国家维护宪法和法律统一实施的一种权力。在我国，人民检察院通过行使检察权，对各级国家机关以及国家机关工作人员、公民是否遵守宪法和法律实行监督，以保障宪法和法律的统一实施。我国宪法和人民检察院组织法规定，各级人民检察院由检察长一人、副检察长和检察员若干人组成。最高人民检察院检察长由全国人民代表大会选举和罢免。最高人民检察院副检察长、检察委员会委员和检察员由检察长提请全国人大常委会任免。地方各级人民检察院检察长由同级人民代表大会任免，并须报上一级人民检察院提请该级人大常委会批准。地方各级人民检察院的其他组成人员，由检察长提请本级人大常委会任免。各级人民检察院的任期每届均为五年。最高人民检察院检察长连续任职不得超过两届。

人民检察院的组织系统为：最高人民检察院、地方各级人民检察院和专门人民检察院。地方各级人民检察院包括：省、自治区、直辖市人民检察院；省、自治区、直辖市人民检察分院；自治州和省辖市人民检察院；县、市、自治县和市辖区人民检察院。省一级人民检察院和县一级人民检察院根据工作需要，提请本级人大常委会批准，可以在工矿区、农垦区、林区等区域设置人民检察院，作为派出机构。

最高人民检察院领导地方各级人民检察院和专门人民检察院的工作，上级人民检察院领导下级检察院的工作。这种检察机关系统中的领导关系具体表现为：（1）全国和省、自治区、直辖市人民检察院检察长有权向本级人民代表大会常务委员会提请批准任免和建议撤换下级人民检察院检察长。（2）下级人民检察院在办理重大案件中，如遇到自己不能解决的情况和困难时，上级人民检察院应及时给予支持和指示，必要时可派人协助工作，也可以把案件上调自己办理。

人民检察院有如下职权：对于叛国案、分裂国家案以及严重破坏国家的政策、法律、法令、政令统一实施的重大犯罪案件，行使检察权。对于直接受理的刑事案件，进行侦查；对于公安机关侦查的案件，进行审查，决定是否逮捕、起诉或者免予起诉；对于公安机关的侦查活动是否合法，实行监督；对于刑事案件提起公诉，支持公诉；对于人民法院的审判活动是否合法，实行监督；对于刑事案件判决、裁定的执行和监狱、看守所、劳动改造机关的活动是否合法，实行监督。

人民法院、人民检察院和公安机关办理刑事案件，应当分工负责，互相配合、互相制约，以保证准确有效地执行法律。

6. 中央军事委员会

中华人民共和国中央军事委员会领导全国武装力量，是全国武装力量的最高领导机关。中央军事委员会由主席、副主席若干人，委员若干人组成。中央军事委员会实行主席负责制，中央军事委员会对全国人民代表大会及其常委会负责。中央军事委员会每届任期同全国人民代表大会每届任期相同。

根据《中华人民共和国国防法》的规定，中央军事委员会的职权是：统一指挥全国武装力量；决定军事战略和武装力量的作战方针；领导和管理军队建设，制定规划、计划并组织实施；向全国人民代表大会或全国人民代表大会常务委员会提出议案；根据宪法和法律，制定军事法规，发布决定和命令；决定军队的体制和编制，规定总部以及军区、军兵种和其他军区级单位的任务和职责；依法任免、培训、考核和奖惩武装力量成员；批准武装力量的武器装备体制和武器装备发展规划、计划，协同国务院管理和领导国防科研生产；会同国务院管理国防经费和国防资产；法律规定的其他职权。

（二）地方国家机关

1. 地方各级人大及其常委会

地方各级人民代表大会是指省、自治区、直辖市、自治州、市、县、市辖区、乡、民族乡、镇的人民代表大会，它们是本行政区域内的国家权力机关。在本行政区域内，同级人民政府、人民法院和人民检察院都由其产生，对它负责，受它监督，它们同全国人民代表大会一起构成我国国家权力机关体系。地方各级人民代表大会由人民选举的代表组成。乡、民族乡、镇、不设区的市、市辖区的人民代表大会的代表由选民直接选举产生；省、自治区、直辖市、自治州、设区的市的人民代表大会的代表由下级人民代表大会代表选举产生。地方各级人民代表大会每届任期五年。地方各级人民代表大会的主要职权有：在本行政区域内，保证宪法、法律、行政法规和上级人民代表大会及其常务委员会决议的遵守和执行，保证国家计划和国家预算的执行；选举本级人民代表大会常务委员会的组成人员；听取和审查本级人民代表大会常务委员会的工作报告；撤销本级人民政府的不适当的决定和命令；保护各种经济组织的合法权益；保障少数民族的权利等共十五种职权。此外，省、自治区、直辖市的人民代表大会，省、自治区人民政府所在地的市和经国务院批准的较大的市的人民代表大会，在不同宪法、法律、行政法规和本省、自治区的地方性法规相抵触的前提下，可以制定地方性法规。地方各级人民代表大会的工作方式主要是举行会议。会议至少每年举行一次。经1/5以上的人大代表提议，可以召集临时会议。县级以上地方各级人大会议由本级人大常委会召集。乡级人大会议由上一次的会议主席团负责召集。地方各级人大举行会议时先举行预备会议，选举本次会议的主席团和秘书长，通过本次会议的议程和其他准备事项的决定。地方各级人大举行会议时由主席团主持。县级以上地方各级人民政府组成人员和人民法院院长、人民检察院检察长、乡级人民政府领导人员列席本级人大会议。地方各级会议的主席团、人大常委会、专门委员会、本级人民政府及县以上人大代表10人以上和乡镇人大代表5人以上联名，可以提出属于本级人大职权范围内的议案，由主席团决定是否提交大会审议。所有议案都必须以全体代表的过半数通过。

县级以上的地方各级人民代表大会设立常务委员会。县级以上的地方各级人民代表大会常务委员会是本级人民代表大会的常设机关，是在本级人民代表大会闭会期间经常行使地方国家权力的机关，对本级人民代表大会负责并报告工作。省、自治区、直辖市、自治州、设区的市的人民代表大会常务委员会，由本级人民代表大会在代表中选举主任、副主任若干人、秘书长和委员若干人组成；县、不设区的市、市辖区的人民代表大会常务委员会由本级人民代表大会在代表中选举主任、副主任若干人和委员若干人组成。常务委员会组成人员不得担任国家行政机关、审判机关和检察机关职务。常务委员会每届任期同本级人民代表大会每届任期相同。其职权主要有：在本行政区域内，保证宪法、法律、行政法规和上级人民代表大会及其常务委员会决议的遵守和执行；领导或者主持本级人民代表大会代表的选举；召集本级人民代表大会会议；撤销本级人民政府的不适当的决定和命令；在本级人民代表大会闭会期间，补选上一级人民代表大会出缺的代表和罢免个别代表；决定授予地方的荣誉称号等共十四种职权。此外，省、自治区、直辖市的人民代表大会常务委员会，省、自治区人民政府所在地的市和经国务院批准的较大的市的人民代表大会常务委员会，在不同宪法、法律、行政法规和本省、自治区的地方性法规相抵触的前提下，可以制定和颁布地方性法规，报全国人大常委会和国务院备案。

地方各级人民政府，分别实行省长、自治区主席、市长、州长、县长、区长、乡长、镇长负责制，分别主持地方各级人民政府的工作，分别由同级人民代表大会依法选举产生，接受同级人大监督，向人大报告工作，依法行使由宪法规定的各自的职权。

2. 地方各级人民政府

地方各级分别设省、自治区、直辖市、自治州、设区的市、县、自治县、不设区的市、市辖区、乡、民族乡、镇人民政府，是地方各级国家权力机关的执行机关，是地方各级国家行政机关。地方各级人民政府由同级国家权力机关产生，对它负责并报告工作，受它监督。同时地方各级人民政府还要服从上一级人民政府领导，对其负责并报告工作，全国地方各级人民政府都必须接受国务院统一领导。

地方各级人民政府的主要职权：执行本级人民代表大会及其常务委员会的决议，以及上级国家行政机关的决定和命令，规定行政措施，发布决定和命令；领导所属各工作部门和下级人民政府的工作；改变或者撤销所属各工作部门的不适当的命令、指示和下级人民政府的不适当的决定、命令；保护社会主义的全民所有的财产和劳动群众集体所有的财产，保护公民私人所有的合法财产，维护社会秩序，保障公民的人身权利、民主权利和其他权利；保护各种经济组织的合法权益等共十项职权。县级以上地方各级人民政府还有权发布决定和命令，规定行政措施，领导所属各工作部门和下级人民政府的工作，并有权改变或撤销所属各工作部门的不适当的命令、指示和下级人民政府不适当的决定和命令等。此外，省、自治区、直辖市的人民政府和省、自治区人民政府所在地的市和经国务院批准的较大的市的人民政府，还可以制定地方政府规章。

特别行政区。我国宪法第31条规定：国家在必要时得设立特别行政区。在特别行政区内实行的制度按照具体情况由全国人民代表大会以法律规定。特别行政区是指在我国版图内，根据宪法和法律以及"一国两制"特殊制度的规定所设立的具有特殊法律地位，实行特别的政治、经济制度的行政区域。全国人大依据宪法分别制定了《中华人民共和国香港特别行政区基本法》和《中华人民共和国澳门特别行政区基本法》。

根据港澳基本法，特别行政区的自治权主要有：立法权、独立的司法权和终审权、行政管理权。中央保留对特别行政权行使的主要权力有：（1）中央人民政府负责管理特别行政区的外交事务；（2）中央人民政府负责管理特别行政区的防务；（3）中央人民政府任命特别行政区行政长官和其他主要官员；（4）全国人大常委会有权决定特别行政区进入紧急状态；（5）全国人大常委会对特别行政区基本法有解释权；（6）全国人大对特别行政区基本法享有修改权。

3. 地方各级人民法院

地方各级人民法院分为高级人民法院（省）、中级人民法院（地市）和基层人民法院（县）。专门人民法院除军事法院外，还包括铁路运输法院、海事法院、森林法院和其他专门法院。最高人民法院是最高审判机关，它监督地方各级人民法院和专门人民法院的审判工作；上级人民法院监督下级人民法院的审判工作。各级人民法院院长由同级人民代表大会选举。

省、自治区、直辖市设高级人民法院，审理的案件包括：法律规定由它管辖的第一审案件；下级人民法院移送审判的第一审案件；对下级人民法院判决和裁定的上诉案件和抗诉案件；人民检察院按审判监督程序提出的抗诉案件。

省、自治区按地区设中级人民法院，在直辖市设中级人民法院；在省辖市、自治区辖市、自治州设中级人民法院。其审理的案件有：法律规定由它管辖的第一审案件；基层人民法院移送的第一审案件；对基层人民法院判决和裁定的上诉案件；人民检察院按审判监督程序提出的抗诉案件。

基层人民法院是指县、自治县、不设区的市、市辖区的人民法院，审理民事、刑事和行政等第一审案件。基层人民法院可以设若干派出法庭。

我国实行的审级制度是四级两审终审制，即凡案件经两级人民法院审理即告终结的制度。对地方各级人民法院所作的第一审判决和裁定，如果当事人或他们的代理人不服，可以按法定程序向上一级人民法院上诉；如果人民检察院认为确有错误，应依法向上一级人民法院抗诉；上一级人民法院作出的判决和裁定，是终审的、发生法律效力的判决和裁定，当事人不得再上诉；最高人民法院作为第一审法院，审判的一切案件都是终审判决。

人民法院在开展审判工作中，必须遵守以下主要原则：公民在适用法律上一律平等的原则；人民法院依法独立行使审判权，不受行政机关、社会团体和个人的干涉的原则；公开审判原则；被告人有权获得辩护的原则等。

4. 地方各级人民检察院

地方各级人民检察院包括：省、自治区、直辖市人民检察院；省、自治区、直辖市人民检察分院；自治州和省辖市人民检察院；县、市、自治县和市辖区人民检察院。省一级人民检察院和县一级人民检察院根据工作需要，提请本级人大常委会批准，可以在工矿区、农垦区、林区等区域设置人民检察院，作为派出机构。

人民检察院实行双重从属制。最高人民检察院对全国人大及其常委会负责，并领导地方各级人民检察院和专门人民检察院的工作；地方各级人民检察院对产生它的国家权力机关和上一级人民检察院负责，并接受上一级人民检察院领导。最高人民检察院检察长由全国人大选举产生。地方各级人民检察院检察长由同级人民代表大会选举产生，并须报上级人民检察院检察长提请同级人大常委会批准。

5. 军区

在各级地方行政区域设立相应的组织指挥机构，分别负责辖区内的军事工作，按组织序列主要有军区（亦称大军区）、省军区、军分区、归地方建制的人民武装部及在首都和各要地设置的卫戍区、警备区、要塞区、守备区等。

各省设省军区；省属各地区（专区、地级市）设军分区；各县设人民武装部；乡镇设武装部。专管军队工作，接受同级地方党委领导，接受同级地方人大监督。

以上是中央国家机关和地方国家机关的组成。具体到国务院和地方各级人民政府，则分别由各种行政机构（工作部门）组成。

1. 中央人民政府（国务院）工作部门

国务院机构设置是国务院根据《国务院行政机构设置和编制管理条例》提出《国务院机构改革和职能转变方案》报第十二届全国人民代表大会第一次会议审议批准和国务院第一次常务会议审议通过的国务院直属特设机构、直属机构、办事机构、直属事业单位设置方案设置，包括：

（1）中华人民共和国国务院办公厅。国务院办公厅协助国务院领导处理国务院日常工作。

（2）国务院组成部门。这是国务院机构的主体部分。其负责领导和管理政府某一方面的行政事务，并相对独立行使某一方面的国家行政权力，工作中的方针政策、计划和重大行政措施，应向国务院请示、报告，由国务院决定；根据法律和国务院的决定，在本机构权限内发布命令、指示和规章。各组成机构的名称都冠以"中华人民共和国"字样，它们的设立、撤销、合并，须经总理提出，由全国人大或全国人大常委会决定。

新调整的组成部门共25个，分别是中华人民共和国外交部、中华人民共和国国防部、中华人民共和国国家发展和改革委员会、中华人民共和国教育部、中华人民共和国科学技术部、中华人民共和国工业和信息化部、中华人民共和国国家民族事务委员会、中华人民共和国公安部、中华人民共和国国家安全部、中华人民共和国监察部、中华人民共和国民政部、中华人民共和国司法部、中华人民共和国财政部、中华人民共和国人力资源和社会保障部、中华人民共和国国土资源部、中华人民共和国环境保护部、中华人民共和国住房和城乡建设部、中华人民共和国交通运输部、中华人民共和国水利部、中华人民共和国农业部、中华人民共和国商务部、中华人民共和国文化部、中华人民共和国国家卫生和计划生育委员会、中国人民银行、中华人民共和国审计署。

监察部与中共中央纪律检查委员会机关合署办公，机构列入国务院序列，编制列入中共中央直属机构。教育部对外保留国家语言文字工作委员会牌子。工业和信息化部对外保留国家航天局、国家原子能机构牌子。环境保护部对外保留国家核安全局牌子。

（3）国务院直属特设机构。国务院国有资产监督管理委员会。

（4）国务院直属机构。这是国务院根据工作需要设立，由国务院直接领导的职能机构。它们负责领导和管理某一方面的行政事务，其业务具有独立性和专门性的特点，工作量较小或比较单一，在一定范围内也可以发文件；它们的设立、撤销、合并，由国务院常务会议决定；各直属机构的名称为"直属局"，凡涉外的机构，都冠以"中华人民共和国"字样。包括：中华人民共和国海关总署、国家税务总局、国家工商行政管理总局、国家质量监督检验检疫总局、国家新闻出版广电总局、国家体育总局、国家安全生产监督管理总局、国家食品药品监督管理总局、国家统计局、国家林业局、国家知识产权局、国家旅游局、国家宗教事务局、国务院参事室、国家机关事务管理局、国家预防腐败局。国家预防腐败局列入国务院直属机构序列，在监察部加挂牌子，国家新闻出版广电总局加挂国家版权局牌子。

（5）国务院办事机构。这是国务院根据工作需要设立，协助总理办理专门事项，其工作直接向国务院总理负责的机构。它们只是就某一方面的事务负责调研、政策分析、提供建议、组织协调有关工作，以及承办上级交办的有关事宜，没有独立的行政管理权，不能独立发布文件，也不能为国务院起草文件、命令、指示，其机构的行政级别未作统一规定，一般为直属局级，也有的属正部级，包括：国务院侨务办公室、国务院港澳事务办公室、国务院法制办公室、国务院研究室。

另外，国务院台湾事务办公室与中共中央台湾工作办公室、国务院新闻办公室与中共中央对外宣传办公室、国务院防范和处理邪教问题办公室与中央防范和处理邪教问题领导小组办公室是一个机构两块牌子，列入中共中央直属机构序列。

（6）国务院直属事业单位。指不直接担负政府行政管理职能，但所从事的是精神生产或物质生产的基础工作，与国务院的工作有着直接关联的单位。包括：新华通讯社、中国科学院、中国社会科学院、中国工程院、国务院发展研究中心、国家行政学院、中国地震局、中国气象局、中国银行业监督管理委员会、中国证券监督管理委员会、中国保险监督管理委员会、全国社会保障基金理事会、国家自然科学基金委员会。

2. 地方各级人民政府工作部门

地方各级人民政府依据宪法和地方政府组织法组成各级人民政府和工作部门。一般与国务院工作部门相应，形成从中央到地方各级的条状垂直领导或业务指导关系。

地方各级人民政府的组成：

（1）省级政府机构。"省（自治区、直辖市）级"与"部级"（即国务院各部、委的行政级别）是平行的。省、自治区、直辖市一级政府是地方最高一级行政单位。与中央人民政府相比，省级政府的机构相对少一些，无国防、外交行政机构，有些国务院设立的职能部门在省级政府所辖行政区域内也设立，但由国务院主管职能部门垂直管理与领导，不列入地方省级政府的行政序列。

根据经济发展水平、人口和面积等实情将省级政府区分为两类，省级政府机构与国务院机构相联系分为三种类型：

第一类，与国务院的部门对应必设机构，称为"委"、"厅"（直辖市的部门称"委"、"局"），一般定为正厅级。主要有办公厅、发改委、经济和信息化委员会、教育厅、科技厅、公安厅、民政厅、司法厅、财政厅、人力资源和社会保障厅、住房和城乡建设厅、国土资源厅、农业厅、商务厅、文化厅、卫生厅、水利厅、人口与计生委、民族事务委等，这类机构的职能综合性强，较为稳定。还有，与国务院的直属机构相对应的必设机构，如省政府的统计局、工商行政管理局、省级机关事务管理局、地方税务局等,称为局,定为副厅级。

第二类,与国务院的部门双重领导的必设机构,属省级政府序列,但是业务领导以国务院主管部门为主,如国家安全厅、审计厅等。

第三类,与国务院的部门非对口设置或者因地制宜设置的机构,即行使专门管理职能、负责政府专项事务的机构。如粮食局、林业厅、畜牧兽医局、外事办公室等,都要从本地区的实际情况和行政管理事务比重的大小出发,自主决定是否设置,对于各自治区、直辖市政府的机构,应根据自己的特点和工作需要精心设置。省级部门的机构设置,须经国务院批准。

(2) 地(州)市级政府机构。目前有两种情况:

一是按原来的"派出机构"方式,称地区,其行政机关称行政公署,是司厅级,是省政府的派出机构。不属一级政府,不是由本级人民代表大会产生,而是由省级政府派出,对省级政府负责并受其监督。其机构设置,根据经济发展、人口和面积等分为必设和因地制宜设置两种。机构一般称"委"、"局",为处级。如自治州政府必设机构有财政局、发改委、公安局、国土资源局、环境保护局、交通运输局、教育局、科技局、农业局、人口和计划生育委员会、商务局、统计局等。

另一种情况是不设地区、行署,成立地市级人民政府,五套班子齐全。机构称"委"、"局",为处级。如经济信息化委、交通运输委、人口计生委、国资委、发改委、科技局、规划局、环保局、教育局、民政局、商务局、卫生局、物价局等。

(3) 县级政府机构。"县级"与"处级"(国务院部委中司局下设的处、省级政府厅局内设的处)是平行的。

县级政府的机构设置,根据经济发展、人口和面积等因素分别不同设置,其数量和职能也各不相同。机构称"局",为科级。如办公室、计委、经委、建委、计生办、侨务办、农业局、教育局、公安局、民政局、人事局、劳动局、审计局、统计局、工商行政管理局等。

(4) 乡镇级基层政府机构。"乡镇级"与"科级"是平行的,乡镇政府机构的设置,根据经济发展、人口和面积等因素分别设置,有的下设办公室、计生办、经济办、农业办、民政办、国土所、司法所、水利所等,因地制宜。

以上是从中央到地方各级国家机构及其工作部门的大体设置情况,随着形势的发展变化,会不时依法进行调整,我们要及时关注变化。

从中央到地方,从横向角度,由国家权力机关即人民代表大会及其常委会、国家主席、国家权力机关的执行机关即行政机关、国家军事领导机关、审判机关和检察机关组成为一个"块",则中央辖全国为"一大块"。

然后分地方各级国家机关为"分块"：全国分省、自治区、直辖市、特别行政区这一级为"省一级的块"。

省之下又分地区、自治州或地级市为"地市一块"。

各个地区、州、地级市又分出"县级块"。

县下又分若干乡镇为"乡镇小小块"。

这些"块"，我们俗称为"块块"。

各级国家机关为了更好地开展工作，分别设置自己的工作部门，这些工作部门，分别自上而下形成一条一条"条"状，一个部门为一条，由众多的"条"合称为"条条"。

因此便形成了横向国家机关勾连、纵向各级部门相承的"块条关系"。

学习应用写作，必须弄清这种"块条"关系，理清各级国家机关和各级职能部门的职责与自己办事单位的关联，才不会找错办事机构，多走弯路。

为了使初学者能更清晰、形象地看出国家机关的隶属关系、平级关系、不相隶属关系的各种状况；有利于认识、理解并掌握法律法规和规章的法定权威；有利于正确掌握和处理公文的行文关系；有利于正确坚持报告请示制度，本《教程》将上述"块条"关系归纳成下表一览，以供参考。

块条关系示意表

中央机关	党中央委员会	全国人大	国务院													中央军委	最高人民检察院	最高人民法院	全国政协
			办公厅	外交部	国防部	国家发改委	国家商务部	教育部	科技部	财政部	住房和城乡建设部	公安部	安全部	监察部	民政部				
省级机关	中共省委员会	省人大	省府办			省发改委	省商务厅	省教育厅	省科技厅	省财政厅	省住房和城乡建设厅	省公安厅	省安全厅	省监察厅	省民政厅	省军区	省高等检察院	省高等人民法院	省政协

续上表

地市级机关	中共地市委	地市人大	市府办	地市发改委	地市商务局	地市教育局	地市科技局	地市财政局	地市城乡建设委	地市公安局	地市监察局	地市民政局	市军分区	市中级检察院	市中级人民法院	地市政协
县级机关	中共县委	县人大	县府办	县发改委	县商务局	县教育局	县科技局	县财政局	县住建局	县公安局		县民政局	县武装部	县检察院	县人民法院	县政协
乡镇级机关	中共乡镇党委	乡镇人大	镇府办					乡财政分局	乡住建局	乡镇派出所		乡镇民政办				

注：国务院工作部门和省、地、县对口成条的机关大部分未列上，请依此法将未列上的部门对照补上，可以清楚我国各机关的块条关系，弄清公文往来和办理公私事务的途径。

四、认识各种机构间的组织关系和行文关系

（一）各种机构间的组织关系

我国各种机构和他们之间的关系，主要有以下几类：

一是政党之间的关系，即执政党与参政党的关系；二是执政党与国家权力机关之间的关系；三是国家权力机关与行政机关、"两院机关"之间的关系；四是执政党与军事机关之间的关系；五是人民政协机关与党政机关、权力机关之间的关系。

这些机构间的关系均由《中华人民共和国宪法》予以规定。由于存在这些关系，国家在治理过程中便由此产生许多错综复杂的行文关系。

在应用写作中，正确认识和处理行文关系，对于遵循行文规则，正确处理行文机关与受文机关之间的关系，有条不紊地、顺利贯彻落实决策事项、政策

措施、工作部署、指导原则等，均具有非常重要的意义。

（二）行文关系

所谓行文关系，实质上是指行文机关与受文机关之间的组织关系，因其关系的不同而使用的往来文件亦有不同的要求。因此，我们必须弄清这种关系，并依照不同关系的要求去行文。即根据国家领导管理体制、行文机关与受文机关之间是否具有隶属关系以及行文机关的职权范围确定。

我国党政机关和其他机关、人民团体、企事业单位之间的行文关系主要有以下几种：

隶属关系、业务指导关系、不相隶属关系、平级关系、平行关系，还有法律关系、监督关系等。

1. 隶属关系

指区域或机构的从属关系，即管辖与被管辖的关系。在公文的行文关系上，一般是对自己所属的直接上级或对自己所辖的直接下级行文。

按照我国现行的政治体制、行政管理体制和组织制度，凡有隶属关系的上下级机关之间工作上的相互关系是领导与被领导的关系。例如，党委与其所属的工作部门、上级党委与下级党委，政府与其组成部门和直属机构、上级政府与下级政府等。上级机关可直接向下级机关发布指示性、指挥性、指令性公文，下级机关也可向上级机关报告情况、请示工作等。上级机关发现下级机关或所属职能部门所发公文有不妥时，有权纠正或者撤销。

2. 业务指导关系

是指同一组织系统中上级机关的部门与下级机关相应部门之间的关系。这种没有隶属关系但有指导关系的机关、单位、部门之间的公文往来关系，包括纯粹业务指导、垂直管理业务指导、半垂直管理业务指导、系统内业务指导等形成的公文往来关系。例如，上级机关的部门与下级机关的相关部门之间的公文往来，同级机关部门之间在各自职权范围内进行业务指导时的公文往来等。这种关系与隶属关系比较，行文方式相同，但所用文种不尽相同，二者有本质的区别。

具有指导关系的上级机关向下级机关、上级机关的部门向下级机关的相关部门进行业务指导、答复问题、部署工作等，必须受职权范围的约束。党政机关的部门可以向上级机关相关的部门请示问题或者联系相关工作；重大事项，须经本级党委、政府同意或者授权后，才能向上级主管部门请示、报告。

3. 不相隶属关系

是指在组织系统和业务系统方面都没有关联的机关单位。这种关系的行文，不能用报告、请示，也不能用通知、批复而应当用函或意见行文。

4. 平级关系

是指同辖机关的各个职能部门之间的关系。平级机关之间可以函的形式联系、沟通、协作。平级机关之间、不相隶属机关之间,均可建立协作关系。

5. 平行关系

指平级但不相隶属机关之间的关系。

6. 法律关系

是指依照法律选举产生的人民代表大会及其常委会与人民政府、人民法院、人民检察院之间的公文往来关系,法律规定了人民代表大会及其常委会的权利和义务,同时,也规定了人民政府、人民法院、人民检察院的权利和义务。人民政府领导班子成员和人民法院院长、人民检察院检察长都由同级人民代表大会选举产生,对同级人民代表大会负责,受其监督,并向其报告工作。各级人民政府、人民法院、人民检察院向同级人大常委会报送议案和其他公文,是向国家权力机关和地方权力机关履行法律规定职责的行为。人民代表大会与它选举产生的人民政府、人民法院、人民检察院之间的公文往来关系,又叫权力机关委托负责和向权力机关负责的关系。

7. 监督关系

是指监督机关或有监督职能的其他机关与被监督机关、单位之间的公文往来关系。按照我国现行的政治体制和管理体制,具有监督职能的机关与被监督机关、单位之间的公文往来,包括法律监督、党内监督、权力监督、行政监督、民主监督、企业监督、国有资产监督、舆论监督、中介机构监督工作中的公文往来。这种监督关系的公文往来主要任务是:监督政策,法律法规和有关规定的执行;监督公权力使用与国有资产运作;通报情况;提出对违纪违法违规行为的处理建议和递交法律文书等。具有监督职能的机关与被监督的机关、单位、部门之间,应互相尊重,认真履行各自的职责与义务。在行文关系处理和文种的使用上严格按照行文规则办理。

通过以上的学习,我们明白了"懂得和掌握社会主义法治理念、懂得国家机关的构成以及由它们所形成的块条关系、懂得宪法和法律法规以及规章制度",是全体公民和所有社会组织办成事、办好事的准则。因此,这是应用写作在"用"方面的基础知识。

思考与练习

一、注意掌握如下名词术语。

社会主义法治理念　强制力　国家的政治制度　隶属　隶属关系　不相隶

属关系　　行政领导关系　　业务指导关系　　块条关系　　国家机关　　权力机关　　一府两院　　审判机关　　司法机关　　司法监督机关　　立法机关　　规章制度　　党的领导　　党管干部

二、请你根据我国党和国家机关所形成的块条关系情况，回答以下问题。

我国的国家机关有哪几个层级（有多少个"块"）？党和国家机关从中央到地方垂直领导或指导的"条"有哪些，他们之间的关系是怎样的，党组织是怎样进行全面领导的？

提示

※ 首先分别说出党的各级机关、各级人大、各级人民政府、各级人民检察院、各级人民法院、各级军事机关、各级政协机关，这七种机关分别是什么机关？依据宪法规定它们各司何职？

※ 从中央到地方，各级人大、各级人民政府、各级人民检察院、各级人民法院、各级军事机关均设党组，党组起着怎样的作用？

※ 请依据宪法，说说国务院、省人民政府、地市人民政府、县人民政府、乡镇人民政府是怎样产生的？

※ 你怎样理解"党委提名，人大决定，政府任免"这句话？

三、我国党政机关和其他机关、人民团体、企事业单位之间的行文关系有哪些？并请分别解释。

四、阅读以下文章的标题，并思考怎样才能做到依法治国、依法行政。

1. 江西万载县委书记讲话稿曝光："赴京非正常上访，一次罚款，二次拘留，三次劳改。"

2. 长春拆迁办官员回应强拆质疑："记者应报道老百姓如何为难政府。"

3. 河南一人大代表酒后驾车连撞数人竟口喊："撞死你，轧死你！"

五、请认真阅读全文，回答问题。

关于请求拨款修建村级公路的函

市交通局：

　　为了方便群众生活，改变农村交通的落后面貌，我村委会拟修建从××（村名1）到××墟的村级公路。

　　××（村名1）到××墟路段处于我村委会管辖的××（村名1）、××（村名2）和××（村名3）之间，这三个自然村同属革命老区村庄。该路段大部分是当地有关村民自发修建的泥路，坡度大、路面差，给村民的生产和生活带来诸多不便。尤其在雨天，学生上学时，因路滑跌伤的事时有发生，严重影响他们的学业。由于路况较差，仅今年5月份在此路段发生的货车侧翻事故就有多起，直接造成经济损失10多万元。

当前，全党全民坚持科学发展观，建设社会主义新农村正在深入开展。为了发展生产，彻底改变农村交通落后面貌，村民一致提出修建水泥路面硬底化的要求。但这三个村大多数村民都是在家务农，经济收入较低，村民虽自筹了×万元，但与修路所需相差甚远。

经核查此路全长×公里，要建成宽×米、厚×米的水泥路，至少还要资金××万元。为此，特请求贵局拨款××万元，以解决修路的资金问题。

妥否，请函复。

附件：×××村委会村级公路工程预算表

××市××镇×××村委会（印）
二〇〇九年七月十五日

1. ××村委会与××市交通局，其组织关系是什么？
2. 一个村向市交通局要修路拨款，是否符合组织原则，该村委应向谁行文才符合组织原则？

第二编 规范性文书

导读

规范性文书是指以书面形式或成文形式所表现,以一定社会主体的强制力保证实行,为人们的行为提供标准、指明方向,成为社会规范的应用文体。它包括国家宪法、法律、法规、规章,政党、社团、经济组织的章程,行政机关、人民团体、企事业单位的一般规章制度、规范、须知、公约等等。

我们日常说的"党纪国法",就是指执政党——中国共产党的法纪、纪律和国家宪法、法律等,都属于规范性文书的范畴。

本《教程》从学习应用写作的角度出发,将规范性文书分为"法律法规文书"、"章程"和"规章制度"三类。

学习和掌握规范性文书,是学习和掌握应用写作的基础。因为学习应用写作,不仅要学会规范地写作应用文,而且要学会正确地处理应用文、使用应用文。而正确使用应用文的前提,就是要掌握法律、法规、规章、章程和规章制度等方面的有关知识。我们要在思想上树立一种认识:在处理、应用某种应用文时,要有依法行政、依法处事、依法办文的意识。就是说,要首先问自己:符合法律法规或规章的规定吗?符合本机关权限吗?如果把握不定,就要查阅相关法律法规和规章,或者请示自己的上级领导,务必使自己对问题的处置合乎法律、法规和规章的规定,也就是要树立法治观念。

我们的国家要依法治国,我们的政府要依法行政,而应用写作的应用,就是在法律、法规和规章的规定之中的应用。如果不掌握法律、法规和规章,便无法做到依法治国、依法行政,要办理的公私事务也就无从做到正确、得当、得体。

本编从引领入门学习应用写作的角度,将规范性文书分为三章进行介绍:

第一章　法律法规文书
第二章　章程
第三章　规章制度

第一章 法律法规文书

什么是法律法规文书？法律法规文书，是指拥有立法权限的国家机关，经过法定的程序制定和公布的各种法律、法规、规章等的统称。包括宪法、法律（各种法的统称）、政党法规、行政法规、地方法规、部门规章、地方政府规章以及规范性文件等。

一、例文学习

我们要认识、掌握法律法规文书，应当遵循由感性认识上升到理性认识的规律，首先接触一些法律法规文书。因此，本《教程》首先向读者推荐以下法律法规文书。

在第一编里推荐过的法律法规，没有看完的要看完，阅读过的请再浏览：

1. 《中华人民共和国宪法》
2. 《中华人民共和国立法法》
3. 《中华人民共和国国务院组织法》
4. 《行政法规制定程序条例》（2001年11月16日321号国务院令公布）
8. 《规章制定程序条例》（2001年11月16日322号国务院令公布）
9. 《党政领导干部选拔任用工作条例》
10. 各省行政机关规范性文件管理规定

法律法规文书是依法治国的工具。我们必须阅读大量的法律、法规、规章。其中有些是基础性、工具性的，必须认真阅读、领会、理解并牢牢掌握；有些是针对某项工作的，在处理具体公务时需查阅掌握。上列法律法规文书篇目，仅是入门必读的代表文书。在未来的学习、生活和工作中，我们将会接触到很多的法律法规文书。

二、法律法规文书的性质和作用

（一）法律法规文书的性质

如果说，军队、警察、法庭、监狱是管理国家的一种重要工具，那么，法律法规文书也就是管理好国家的另一种重要工具。

我国的政治制度是人民代表大会制。人民按照民主集中制选举出代表，组成国家机关（包括权力机关、行政机关、审判机关、法律监督机关），统一行使国家权力。中华人民共和国的公民，享有充分的人民民主和自由，但是也有一定的义务。为了保障这种权利与义务，具有立法权的机关，依照法定权限，依据法定程序，制定出包括国家宪法、法律、法规、规章在内的强制性规范文书，这些依法制定的文书，以其法律地位，称为法律法规文书。从事应用写作的人员，学习和掌握法律法规文书十分必要。依法行政，不仅是执法机关、行政机关的事，就是普通群众也要知道执法者以及所执之法是否合法，其执法程序是否合法。当自己在处理公私事务时，也应当知道怎样去依法、据法、用法。因此，我们学习应用写作应当首先学法、懂法、依法、用法，牢固树立社会主义法治理念。

法律法规文书同其他文书相比较，有很大的不同，主要表现在制定的法定性和表述的特殊性上：

1. 制定的法定性

法律法规文书制定的法定性，必须具备三个合法条件：

一是立法机关必须合法。即依照《中华人民共和国宪法》和《中华人民共和国立法法》的规定，具备立法权资格，而且其立法内容是在本机关权限之内。

二是立法程序必须合法。即依照《中华人民共和国立法法》（以下简称《立法法》）、《行政法规制定程序条例》或《规章制定程序条例》的规定，从立项、起草、审议到通过等一系列过程，都合乎法律法规规定。

三是公布必须合法。即依照法律法规的规定程序进行签署、公布。例如法律由国家主席签署以令公布，行政法规由国务院总理签署以令公布，地方政府规章由省长或自治区主席或市长签署命令予以公布，国务院部门规章由部长签署以部长公布。

这三者缺一不可，否则就是违法、非法，会受到上级机关或同级人大的撤销或被宣布为无效。

2. 表述的特殊性

法律法规文书在文字表述形式上不同于其他文章。无论是在篇章结构的方式上或者是在遣词造句的手法上，都表现得非比寻常。

法律法规文书一般采用独特的文章结构方式——章条式结构，即分章列条式，或章断条连式，或逐条贯通式。其用语十分规范、准确、严密，符合逻辑。所谓"一字入公文，九牛拔不出"。

（二）法律法规文书的作用

随着依法治国、依法行政的逐步深入和发展，法律法规文书将会依据社会实践的需要而不断增添，所依的法将会更加完善，各种法律法规将会在规范人们的行为、教育人民、制裁违法、维护人民权益诸方面起到更有力的作用。

从学习应用写作的角度考虑，掌握法律法规文书的相关知识，其意义在于应用法规文书正确处理应用写作中需要依法行政的各个环节。在日常的公务活动中，无论是司法实践，还是行政管理，往往会出现不同法律之间、法律与法规之间、行政法规与地方法规之间、法规与规章之间对同一事项的个别规定或对个别适用的理解不一致的现象。当这种现象出现时，其唯一正确的方法就是依法按程序处理。这就需要我们掌握和运用法律法规文书知识。因此，法律法规文书又是我们正确处理应用写作的基本工具。

根据我国现行规定，当法律、法规、规章之间发生适用不一致的情况时①，应按以下方式处理：

一是宪法具有最高的法律效力。一切法律、行政法规、地方性法规、自治条例和单行条例、规章都不得同宪法相抵触。法律的效力高于行政法规、地方性法规、规章。行政法规的效力高于地方性法规、规章。

二是同一机关制定的法律、法规、规章，特别规定与一般规定不一致的，适用特别规定；新规定与旧规定不一致的，适用新规定，新的一般规定与旧的特别规定不一致的，由制定机关裁决。

三是地方性法规与部门规章对同一事项规定不一致的，由国务院提出意见，国务院认为应当适用地方性法规的，应当作出在地方适用地方性法规的规定；认为应当适用部门规章的，应当提请全国人大常委会裁决。

四是地方人民政府规章同国务院部门规章之间，或者国务院各部门规章之间有矛盾的，由国务院法制办协调；经协调不能取得一致意见的，由国务院法制办公室提出意见，报国务院裁决。

对行政法规某一具体规定执行不一致时，按照《国务院办公厅关于行政法规解释权限和程序问题的通知》（国办发〔1999〕43号文件）办理。凡属于行

---

① 适用不一致时——是指法律、法规、规章之间的规定有了矛盾的时候。

政法规条文本身需要进一步明确界限或者作补充规定的问题，由国务院作出解释。这类立法性的解释，由国务院法制办公室按照行政法规草案审查程序提出意见，报国务院同意后，根据不同情况，由国务院发布或者由国务院授权有关行政主管部门发布。凡属于行政工作中具体应用行政法规的问题，有关行政主管部门在职权范围内能够解释的，由其负责解释；有关行政主管部门解释有困难或者其他有关部门对其作出的解释有不同意见，要求国务院解释的，由国务院法制办公室承办，作出解释，其中涉及重大问题的，由国务院法制办公室提出意见，报国务院同意后作出解释，答复有关行政主管部门，同时抄送其他有关部门。凡属于国务院、国务院办公厅有关贯彻实施法律、行政法规的规范性文件的解释问题，由国务院法制办公室承办，作出解释，其中涉及重大问题的，由国务院法制办公室提出意见，报国务院同意后作出解释。国务院、国务院办公厅其他文件的解释，仍按现行做法，由国务院办公厅承办。

五是对不适当的法律、法规、规章的处理。全国人民代表大会有权改变或者撤销其常委会制定的不适当的法律和批准的不适当的自治条例和单行条例；全国人大常委会有权撤销同宪法和法律相抵触的行政法规、地方性法规、自治条例和单行条例；国务院有权改变或者撤销不适当的部门规章和政府规章；省人民代表大会有权改变或者撤销其常委会制定和批准的不适当的地方性法规；地方人大常委会有权撤销本级人民政府制定的不适当的规章；省、自治区人民政府有权改变或者撤销下一级人民政府制定的不适当的规章。

掌握了上述原则，有利于我们应用法律法规文书，依法行政，适当处理公务，使法律法规文书发挥更大的作用。

三、法律法规文书的种类

我国的法律法规文书有四类：法律、法规、规章、规范性文件。规范性文件虽不是规章，但在所辖区域或系统内也应视为规章，是不设行政处罚的规章，也被称为"类规章"。

（一）法律

包括宪法、国际法和普通法三种。

1. 宪法

宪法是具有最高法律效力的根本大法。我国宪法规定了我国的国体、经济制度、国家形式、公民的权利和义务、国家机关活动的基本原则等国家生活中的原则和制度等等，集中地表现了我国广大人民群众的意志和利益，使人民民主制度法律化，对规范国家权力、促进法制的完备、健全和统一，确立确保公民的基本权利和自由都起着保障作用。

宪法的规定具有最高的法律效力，制定法律、行政法规、地方性法规、自治条例和单行条例、规章，都不得同宪法相抵触。

作为中华人民共和国的公民，不管你是什么民族，文化程度如何，处在何地，从事何种职业，都必须学习宪法、懂得宪法、服从宪法、遵守宪法。

2. 国际法

国际法是指以国家或政府名义签署的国际法、国际公约、条约、宪章以及国家或政府之间签订的双边或多边重要协定、声明、宣言等国际文书。

在我国，以国家或政府名义派出的代表团，签署国际法、国际公约、条约、宪章以及国家或政府之间签订双边或多边重要协定、声明、宣言等国际文书之后，必须由全国人大或其常务委员会经会议审议通过，依法公布后才能生效。

3. 普通法（通称法律）

法律，是一个国家所有立法的文书统称，单篇则称为"法"。我国法律由全国人民代表大会及其常务委员会制定，其地位和效力低于宪法而高于其他所有法规、规章，是我国法律形式体系中的二级大法。根据《立法法》第七条的规定："全国人民代表大会和全国人民代表大会常务委员会行使国家立法权。全国人民代表大会制定和修改刑事、民事、国家机构的和其他的基本法律。全国人民代表大会常务委员会制定和修改除应当由全国人民代表大会制定的法律以外的其他法律；在全国人民代表大会闭会期间，对全国人民代表大会制定的法律进行部分补充和修改，但是不得同该法律的基本原则相抵触。"法一经颁行便具有普遍约束力，国家将以强制力保障实施。

法具有指引、评价、预测、教育和强制等规范作用。通过法律，人们知道什么是国家赞成的，可以做；什么是国家反对的，不该做。通过法律，可以判断、衡量人们的行为是否规范，制裁违法行为，捍卫合法权益，从而维护社会正常秩序。

法的制定和施行，有严格的法定权限和法定程序。一切立法都不得有违宪法，否则就是无效之法，就要废除或撤销。没有立法权的机关不能立法，违规立法便是非法。有立法权的机关立法，也必须遵守立法程序，违反了立法程序也属违法，其立法便为无效。

法，可以分为基本法律和其他法律两类。

基本法律又称为法典，由全国人民代表大会制定和修改，如刑法、民法、婚姻法、诉讼法等。

其他法律，由全国人大常委会制定和修改，如环境保护法、税收征收管理法、商标法、文物保护法等。

法律，包括宪法、国际法和普通法，都是全民性的。全国人民、全国各政党、团体、机关都必须遵守，国家采用强制力执行。

（二）法规

法规，是具有立法主体资格的机关，依据宪法和法律，在自己的责权范围内依照一定的法律程序制定的，在本辖范围内采用强制力执行的规范性文书。法规分三种：一是行政法规，二是地方性法规，三是其他法规。

1. 行政法规

行政法规是国务院根据宪法和法律，依照《行政法规制定程序条例》制定、公布的规范性文件的总称。

国务院是国家最高权力机关的执行机关，是国家最高行政机关，负责全国的行政管理工作。行政法规是宪法和法律的具体化，在全国范围内适用，是制定地方性法规和规章的依据之一，其效力高于国务院部门制定的部门规章和地方人大、政府制定的地方性法规和政府规章。

根据《立法法》第五十六条规定："国务院根据宪法和法律，制定行政法规。行政法规可以就下列事项作出规定：（一）为执行法律的规定需要制定行政法规的事项；（二）宪法第八十九条规定的国务院行政管理职权的事项。应当由全国人民代表大会及其常务委员会制定法律的事项，国务院根据全国人民代表大会及其常务委员会的授权决定先制定的行政法规，经过实践检验，制定法律的条件成熟时，国务院应当及时提请全国人民代表大会及其常务委员会制定法律。"

行政法规使用的文种名称有条例、规定、办法等。如：《公安机关组织管理条例》（2006年11月1日国务院第154次常务会议通过，第479号令公布）；《国务院关于修改〈工伤保险条例〉的决定》（2010年12月8日国务院第136次常务会议通过，第586号令公布）；《中华人民共和国无线电管制规定》（2010年8月31日国务院、中央军委第579号令公布）；《广播电台电视台播放录音制品支付报酬暂行办法》（2009年5月6日国务院第62次常务会议通过，第566号令公布）。

（1）条例。适用于国务院和有权立法的地方人大及其常委会依法制定的，对某一方面的事项作全面、系统规定的法规。如《中华人民共和国著作权法实施条例》、《计算机软件保护条例》等。

国务院以令发布的《行政法规制定程序条例》中强调指出："国务院各部门和地方人民政府制定的规章不得称'条例'"。

国务院制定的"条例",以国务院令的形式颁行。如2002年3月13日经国务院第56次常务会议讨论通过的《人工影响天气管理条例》便以国务院总理朱镕基第348号令公布施行。

"条例"是法规文书的专用文称,根据相关法规规定,党的中央组织制定规范党组织的工作、活动和党员行为的规章制度可以用"条例",如《中国共产党纪律处分条例》;各省、自治区、直辖市人大制定的地方法规可以用"条例"。但是,省级人民政府制定的政府规章不得称"条例"。社会上,一般单位在制定规章制度时用"条例"是错误的。

(2) 规定。"规定"是对某一方面的行政工作作部分的规定。如《企业名称登记管理规定》、《女职工劳动保护特别规定》。

"规定"在内容上是较具体化的:允许做的,可做到什么程度,不许做的,做了该怎么处理,都有具体而明确的规定。

"规定",作为文种名称只适用于法规、规章和规范性文件,一般单位的管理制度不宜滥用"规定"这一文称。

(3) 办法。"办法"是对某一项行政工作作比较具体的规定,它是政策性措施的具体化、条文化。同"条例"、"规定"比较,"办法"主要针对"某一项行政工作"而不是"某一方面的行政工作",是"作比较具体的规定"而不是"作比较全面、系统的规定"。这就是说,"办法"的对象范围要比"条例"、"规定"小得多,条款项目要比"条例"、"规定"具体。如《外国企业或者个人在中国境内设立合伙企业管理办法》、《诉讼费用交纳办法》。

但是要注意,"办法"是适用于法规、规章、规范性文件的文种名称,一般的管理制度不宜滥用①。

此外,行政法规还可以使用"规则"、"细则"等名称。

行政法规,只有国务院才有权制定。其发布形式是以国务院令的形式,以总理名义直接发布。

行政法规的修订或废止,须经国务院会议作出决定,然后以国务院令公布。

2. 地方性法规

地方性法规是省、自治区、直辖市和较大的市人民代表大会及其常务委员

---

① 要注意严格辨析"条例"、"规定"、"办法"这三个法规文称:
条例——是对某一方面的事项作全面、系统规定的法规;
规定——是对某一方面的行政工作作部分的规定;
办法——是对某一项行政工作作比较具体的规定。

会，为在本行政区域内实施宪法、法律和行政法规，根据本地方具体情况和实际需要，在不同宪法、法律、行政法规相抵触的情况下，依照"地方性法规制定程序条例"制定、公布的规范性文书。如：《广东省各级人民代表大会选举实施细则》（1992年7月18日广东省第七届人民代表大会常务委员会第二十七次会议通过，2010年修正）；《广东省各级人民代表大会常务委员会规范性文件备案审查工作程序规定》（2007年7月27日广东省第十届人民代表大会常务委员会第三十三次会议通过）；《广东省各级人民代表大会常务委员会人事任免办法》（1995年11月21日广东省第八届人民代表大会常务委员会第十八次会议通过，2007年修正）。

省、自治区、直辖市人民代表大会及其常务委员会制定的地方性法规在本省、自治区、直辖市范围内适用，效力高于本省、自治区、直辖市人民政府制定的规章，省会市和较大的市的人民政府是本级权力机关的执行机关，省会市和较大的市人民代表大会及其常务委员会制定的地方性法规在本区域范围内有效，效力高于本级人民政府制定的规章。其文种名称可以使用"条例"、"决定"、"规定"、"办法"等。

省、自治区、直辖市的人民代表大会制定的地方性法规由大会主席团发布公告予以公布；省、自治区、直辖市的人民代表大会常务委员会制定的地方性法规由常务委员会发布公告予以公布；较大市的人民代表大会及其常务委员会制定的地方性法规报经批准后，由较大市的人民代表大会常务委员会发布公告予以公布。

地方法规的修订或废止，须由原制定机关经会议作出决议或决定，并以公告公布。

3. 其他法规

其他法规，是指中国共产党和各民主党派、人民团体，人民解放军和其他国家机关（具有立法主体资格的机关），依据中华人民共和国宪法和法律及其章程制定的对其内部或本系统进行管理的、具有强制力约束的规范性文件。如《中国共产党章程》、中国共产党中央委员会制定的《中国共产党纪律处分条例》、中国人民政治协商会议制定的《中国人民政治协商会议全国委员会提案工作条例》、中央军委常务会议通过的《中国人民解放军纪律条令》、最高人民检察院公布的《检察人员纪律处分条例（试行）》、最高人民法院公布的《人民法院工作人员处分条例》，等等。这些法规在其内部实施。

中国共产党是执政党，治党严格。党章是党的根本大法，一切条例、规定、纪律、守则都不得同党章相抵触。2013年5月27日，中国共产党公布了《中国共产党党内法规制定条例》和《中国共产党党内法规和规范性文件备案规定》

就表明了执政党十分重视党内法规建设，以便从严治党，推进科学执政、民主执政、依法执政。所有共产党员都必须严格遵守党的法规、条例、规定、纪律、守则。否则，便会受到党纪的制裁。

要特别提醒注意：条例、条令，是法规文书的专用名称，不具立法主体资格的机关、不是依照法律法规规定程序制定的非法规类文书，不得称条例。

（三）规章

规章是指国务院各组成部门及直属机构，省、自治区、直辖市和经国务院批准的较大的市的人民政府，在其职权范围内，为执行法律、法规的需要或为管理本行政区域的具体行政，依照《规章制定程序条例》，制定、公布的规范性文书。

规章分为部门规章和地方政府规章两种。

1. 部门规章

这里所称部门规章是指国务院所属各部门依据《规章制定程序条例》制定的，在该部门、该系统有效的法规性文书。如：

（1）国家安全生产监督管理总局令第38号，2011年5月4日。

国家安全生产监督管理总局新修订的《尾矿库安全监督管理规定》已经2011年4月18日国家安全生产监督管理总局局长办公会议审议通过，现予公布，自2011年7月1日起施行。

（2）中华人民共和国住房和城乡建设部令第7号，2010年12月1日。

《城市、镇控制性详细规划编制审批办法》已经第64次部常务会议审议通过，现予发布，自2011年1月1日起施行。

从以上文件可知：具有立法主体资格的机关是"国家安全生产监督管理总局"、"住房和城乡建设部"；所立规章是《尾矿库安全监督管理规定》、《城市、镇控制性详细规划编制审批办法》；程序上"于2011年4月18日经局长办公会议通过"、"经第64次部常务会议审议通过"，发布形式是"2011年5月4日以第38号令公布"、"2010年12月1日以第7号令公布"。这便是有效的立章。

根据立法法第七十一条第二款的规定："部门规章规定的事项应当属于执行法律或者国务院的行政法规、决定、命令的事项。"根据这一规定，部门规章规定的事项主要是根据法律或者行政法规的授权进行立法活动，也可以是为执行法律、行政法规或本系统自身建设的需要而进行的立法。

部门规章必须依照《规章制定程序条例》的规定制定，并经部务会议全体会议或常务会议通过，以部长令公布。

部门规章不得称"条例"。可以使用"规定"、"办法"、"实施细则"、"规

则"、"规程"等名称。

部门规章的修订或废止,须由原制定机关经会议作出决定,其决定以部长令公布。

2. 地方政府规章

根据立法法第七十三条规定:"省、自治区、直辖市和较大的市的人民政府,可以根据法律、行政法规和本省、自治区、直辖市的地方性法规,制定规章。"但是,必须严格遵照《规章制定程序条例》。

地方政府规章可以就下列事项作出规定:(1)为执行法律、行政法规、地方性法规的规定需要制定规章的事项;(2)属于本行政区域的具体行政管理事项。如:《广东省各级人民政府实施行政处罚规定》(1997年8月11日广东省人民政府令第23号);《广东省行政处罚听证程序实施办法》(1999年11月15日广东省人民政府令第54号)。

自治条例、单行条例、特区法规在民族自治区域、特区辖区内适用。

地方政府规章应当经政府常务会议或者全体会议决定,由省长、自治区主席、市长签署命令予以公布。

地方政府规章不得称"条例",可以使用"规定"、"办法"、"制度"、"规则"等文种名称。

地方政府规章的修订或废止,须由原制定机关经会议作出决定并以令的形式公布。

(四)规范性文件

规范性文件是指中央和地方各具有立法权限的机关,依据法律法规和规章,没有按照立法程序制定、不作为法规规章的"规定"、"办法"、"制度"、"规则"等须由本机关或下级机关执行的文件,主要包括以下三类:

(1)国务院及国务院各工作部门(部、委、办、局),依据法律法规和规章,没有按照立法程序制定、不作为法规规章的"规定"、"办法"、"制度"、"规则"等须由本机关或下级机关执行的文件。

(2)省级人民政府、较大市地市级人民政府,根据法律、行政法规、地方法规或国务院各部门规章、省人民政府规章制定、没有按照立法程序制定、不作为法规规章的"规定"、"办法"、"制度"、"规则"等须由本机关或下级机关执行的文件。

(3)省级人民政府的各个工作部门(厅、局、委、办),较大市人民政府的工作部门以及各县市人民政府以及工作部门,根据法律、行政法规、地方法规或国务院各部门规章、省人民政府规章、较大市地方法规、较大市人民政府规章制定，在本部门、本系统、本辖区范围内有效的"规定"、"办法"、"细则"、"规则"、"制度"、"规程"等类似规章的文件。

这些文书，虽然不属于法律法规和规章，但是规定性强，所辖、所属机关、单位必须贯彻执行。因其类似规章的地位，故又称其为"类规章"。如：财政部2011年9月9日"财会"〔2011〕19号通知印发的《会计改革与发展"十二五"规划纲要》；《广东省办理人大代表建议和政协提案办法》（粤府〔2008〕49号通知）。

规范性文件的制定，虽然不必依法律程序进行，但仍然要求严格，必须上报有立法权限的上级机关备案。而有立法权限的机关，在制定规章不成熟的条件下，往往先以规范性文件的形式在标题上加"暂行"或"试行"字样印发。

规范性文件不能设置行政处罚，如果设置了行政处罚便是越权立法[①]，成为违法的"规章"，上级机关或本级人大机关便有权宣布废除。

规范性文件以通知为载体发布施行。

四、法律法规文书的制定、批准和公布

（一）制定法律法规文书的主体资格

法律法规文书的制定，必须做到三个合法。第一是立法的机关必须合法，没有立法权的机关不能立法。第二是立法的程序必须合法，即严格依照相关法律的规定办理，违反立法程序[②]也是违法。第三是法律法规的公布施行要合法，即须按照法定的程序签署、公布，并按法定的施行日期执行。

在我国，享有法律、法规性文件立法主体资格的机关是：

（1）全国人民代表大会及其常务委员会。它可以制定、修改包括宪法在内的法律，解释法律。

（2）国务院。根据宪法和法律，可以制定行政法规。

（3）省、自治区、直辖市的人民代表大会及其常务委员会。在不同宪法、法律、行政法规相抵触的前提下，可以制定地方法规。

（4）较大市的人民代表大会及其常务委员会。在不同宪法、法律、行政法

---

① 越权立法——是指有权立法的机关，未按立法程序，越过了法律规定的程序权。
② 立法程序——是指由《中华人民共和国立法法》、《行政法规制定程序条例》、《规章制定程序条例》三个文件中规定的一系列立法程序。

规和本省、自治区的地方性法规相抵触的前提下，可以制定地方性法规。

（5）民族自治地方的人民代表大会。有权依照当地民族的政治、经济和文化的特点，制定自治条例和单行条例。

（6）国务院各部委、委员会、中国人民银行、审计署和具有行政管理职能的直属机构。可以根据法律和国务院的行政法规、决定、命令，在本部门的权限范围内，制定规章。

（7）省、自治区、直辖市和较大的市的人民政府。可以根据法律、行政法规和本省、自治区、直辖市的地方性法规，制定地方政府规章。

（二）法律法规文书制定、批准、公布的程序

不同的法律法规有不同的立项、起草、审查、批准、公布的法律程序。凡是未完成法定程序的法律法规和规章，不能付诸执行。

宪法，它在整个法律、法规性文件形式中居于最高地位，是国家的一级大法和根本大法。它由全国人民代表大会制定并通过，其制定和修改的程序最为严格。一般由专门的宪法起草委员会提供宪法草案，或者专门的宪法修改委员会提出宪法修改草案，然后由享有最高立法权的国家机关以特殊多数（通常是全国人民代表大会全体代表 2/3 以上的多数）通过，是其他法律的立法依据和基础。其他法律大都应当是直接、间接地依据宪法并为执行宪法而制定、修改、补充或废止的，它们的内容或精神必须符合根本大法的规定或精神，否则无效。宪法依法通过后，由全国人大以公告公布。

法律，依照《中华人民共和国立法法》的立法程序规定，首先由有提议案资格的机关，或一个代表团，或 30 个代表联名，向全国人民代表大会提出法律案，由主席团决定是否列入会议议程或者先交有关的专门委员会审议，提出是否列入会议议程的意见。列入全国人民代表大会议程的法律案，由法律委员会根据各代表团和有关的专门委员会的审议意见，对法律案进行统一审议，向主席团提出审议结果报告和法律案修改稿。法律案修改稿经各代表团审议，提出表决稿，经表决通过，最后由国家主席签署主席令以公布。

行政法规，依照《行政法规制定程序条例》的规定，有立项、起草、审查、决定、公布等法定程序。其程序大致是：首先由国务院有关部门提出立项申请，国务院法制机构进行研究、汇总，拟订出立法工作计划报国务院审批；经批准的立项，由国务院组织起草，草案由国务院法制机构负责审查，经报国务院同意或经国务院常务会议审议；最后由总理签署国务院令，向社会公布施行。

地方性法规，依照《中华人民共和国宪法》、《中华人民共和国立法法》的规定，省（省会市、较大的市）人民代表大会及其常务委员会可以制定适用于

本地方的地方法规，其立法程序由各省制定的《地方法规立法程序条例》进行规定。首先由有提议资格的机关、代表团或10名以上代表联名提出立法案，依照立法程序和步骤，经审议，列入议程；再经讨论或征求社会意见召开立法听证会，经会议表决，过半数人同意为通过；最后以人大公告公布施行。

部门规章，依照《规章制定程序条例》的规定，部门规章的制定有立项、起草、审查、决定、公布等法定程序。首先由部门内设机构向该部门报请立项，该部门的法制机构进行汇总研究，拟出本部门规章制定工作计划，报本部门批准；由部门组织起草，在起草规章时，应深入调查研究，广泛听取有关方面的意见，或举行座谈会、论证会、听证会等；规章送审稿由法制机构统一审查；经部务会议或者委员会会议决定；报请本部门首长签署命令予以公布。

地方政府规章，同样依照《规章制定程序条例》的规定，依立项、起草、审查、决定、公布等法定程序进行。规章经省、市人民政府常务会议或全体会议决定后，由省长、市长签署政府令公布。

规范性文件的制定，虽然不必严格依法定程序进行，但是仍然要严肃认真，交机关领导办公会议或工作会议审查、批准，还必须上报有立法权限的上级机关备案并以通知为载体发布。

五、法律法规文书的写法

（一）法律法规文书的称谓

法规文书的名称有：宪法、法、条例、规定、办法、实施细则等。

宪法，国家的根本大法，也称为"母法"，由全国人民代表大会制定、修改。

基本法，刑事、民事、国家机构和其他的基本法律，由全国人民代表大会制定、修改。

普通法，单称为法，由全国人大常委会制定、修改。

行政法规，文称条例、规定、办法，由国务院制定、修改。

地方性法规，文称条例、规定、办法，由各省级、较大市级以上人大及其常委会制定、修改。

其他法规，文称条例、规定、办法，由具有立法权限的中央机关制定、修改。

部门规章，文称规定、办法、规程、规范、规则等，由国务院各部门制定、修改。

地方政府规章，文称规定、办法、规程、规范、规则等，由各省级、较大市级以上人民政府制定、修改。

(二) 法律法规文书的结构方式

法律法规文书的结构是指法律法规文书在文章表述上的结构方式。它的结构方式与一般文章不同，与一般的公文也不同。法律法规文书的结构比较独特，即采用"章条式结构"进行表述。其结构分为"形式结构"和"内容结构"两种。

所谓形式结构，就是将要表述的内容以合理排列的顺序、科学的方式进行表述，一般分为章、节、条、款、项、目。具体表述形式是"章断条连式"。即第一章为序言（总纲），分若干条进行表述；第二章和以后若干章表述正文，章次与第一章相连承，其条序亦相承，"章断"（该章内容结束）但其条序仍然承袭上一章的序码，表述正文的各章统称分则；最后一章为附则，也可分若干条表述其特殊规定。

所谓内容结构，就是指将具有相同性质的内容安排在同一部分，注意逻辑顺序，注意措词准确、严密，无懈可击，一般包括序言、总纲、正文、特殊规定和附则等。

(三) 法律法规文书的具体写法

所谓写法，是指组成法规文书的各个结构部位应该怎样去表述。

1. 标题

一般由内容（即被规范的对象）、文种两部分组成。必要时在内容前写明作者名称，在文种前后写明"暂行"、"试行"、"实施"、"补充"等限定词[①]。如：

《中华人民共和国行政许可法》（2003 年 8 月 27 日）

《中国共产党地方组织选举工作条例》（1994 年 1 月 26 日）

《国家公务员职务任免暂行规定》（1995 年 3 月 31 日）

《国家公务员行为规范》（2002 年 2 月 27 日）

2. 题注

题注是指发布或通过、批准的日期，标注于标题之下，用圆括号括入。这是该文书法律地位和生效时间的标志。

[①] 限定词——这是对法规文书名称的限定，也是表示其法律效力层次。"暂行"、"试行"是指该法规的执行条件尚未完全成熟，待条件成熟后再修订、更新。《国家公务员职务任免暂行规定》的内容现已归入《中华人民共和国公务员法》。"实施"、"补充"是为执行该法规的实施或补充的具体办法，其法律效力要比法律低一个层次。

3. 正文

正文即规范的具体内容。一般包括：

(1) 总则。通常用于阐明制定目的、依据、适用范围、有关定义、主管部门(指对文件的执行或监督执行负有直接和主要责任的部门)。

上述内容依次排列在文件的首部，若分章表述时，总则为第一章，每章必须设两条以上的条文。

(2) 分则。用以阐明具体的规范内容，即明确规定支持、保护、发展什么，限制、禁止和取缔什么，规定机关团体和其他社会组织以及有关人员的作为和不作为。

表述奖惩办法的条文可作为分则中最后的条文，也可单独构成"罚则"或称"法律责任"、"奖励与处罚"等。

(3) 附则。用以阐明施行程序与方式、施行日期、有关说明事项。

正文内容多以条文形式表达，即按章、节、条、款、项、目等层次组织，以条为基本单位。

思考与练习

学习本章，最重要的是使我们认识到要重视对国家宪法的学习，懂得我们国家的性质、国家机器的运作、依法治国的方略、国家的法律法规、规章的层次，牢固树立依法行政的观念。

一、注意掌握下列名词术语。

社会主体的强制力　人民代表大会制　国家机关　权力机关　行政机关　审判机关　法律监督机关　法律　法规　规章　规范性文件　具有立法权的机关　没有立法权的机关　制裁违法　分章列条　省会市　较大的市

二、阅读以下法律、法规、规章。

1.《中华人民共和国宪法》

2.《中华人民共和国立法法》

3.《行政法规制定程序条例》

4.《规章制定程序条例》

5.《行政机关规范性文件管理规定》

达到如下基本要求：

1. 领会宪法、立法法的基本精神。

2. 掌握一定的法律、法规、规章的实际内容。

3. 懂得我国法律法规的立法必须同时具备的"三个合法"。

4. 懂得我国的法律法规的体系、层次（也即种类）；懂得立法的主体资格以及各种不同法律、法规、规章的立法依据和立法程序。

回答如下问题：

1. 请依据教材说出国家宪法的法律地位。
2. 请说出法律与法规在使用范围、立法主体和法律地位上的区别。
3. 请熟练地说出我国的法律、法规、规章的法律层次，并能准确回答：当法律、法规、规章之间发生适用不一致的情况时应当按什么方式处理？
4. 分清法律、法规、规章的文称和相应的立法机关主体。
5. 分清法律、法规、规章的文种界限。

三、认真阅读下面这篇短文，然后回答问题。

我们要实行"依法行政"。但是，不少执法者尚不清楚自己所执的"法"是什么法，这个"法"合不合法，是否应该执这个"法"。一个民警持着枪，他是依法持枪。这枪，是给他维持社会秩序的。他持枪了，因为他要执法，但是他却不知道他应该执什么法，怎样去执行。某地派出所有一个副所长，居然拔出枪来，指着群众说，"不听我说，就毙了你！""我说的就是法！"显然，他是不懂法。

2004年4月7日，《广州日报》在A27版刊登了一篇报道，题目是《电动自行车主告交警一审胜诉》其副题为"地方文件不能作执罚依据，法院撤销交警扣罚电动自行车决定"。

为什么惠州市的交警会败诉？他不是在执法吗？他不是在"依法行政"吗？

他们之所以会出现问题，就是他们行政时所依的"法"出了问题。因为那个"法"不是合法的法，因而执法机构判决惠州市的交警败诉了。

这样一来，就产生了一个十分值得大家思考的问题：我们要依法行政，首先要明确什么是法（不要依错），要依什么法，怎样去依法。就是说，从执法角度出发，依据有效的法律、法规或规章，还要依照法定的程序执行，这才是真正的"依法行政"。

且看这篇报道：

电动自行车主告交警一审胜诉

地方文件不能作执罚依据 法院撤销交警扣罚电动自行车决定

本报惠州讯（记者秦仲阳）　省内首宗因电动自行车上路引发的官司（见本版2月18日报道）有了下文，惠城区法院昨天判决市民张建豪状告惠州交警扣罚其电动自行车案原告胜诉：地方政府和部门的文件规定不能作为执罚依据，惠州交警要退回已收缴张建豪的罚款200元、停车费45元。

参照滑板车管理办法扣罚

去年10月23日，张建豪骑着电动自行车上班被江北交警大队云山中队民警拦住扣罚，电动自行车被扣，张建豪缴纳了200元的罚款，还交了45元的停车费。随后，张建豪向惠州市交警支队申请行政复议被驳回，于是他把惠州交警告上法庭。

惠城区法院庭审时，被告方提交的证据是"惠州市人民政府令（第18号）"和"广东省公安厅交警总队〔2002〕92号文以及47号文"。这三个文件中的有关规定指出，电动自行车的属性

（属于机动车还是非机动车）尚在论证中，故对电动自行车不予发牌不让上路，同时参照对电动滑板车的管理办法予以扣罚。原告律师称，上述三个依据都不属于法律、法规或规章范畴，因此，不可作为行政处罚的依据，被告所作出的行政处罚是无效的，应予撤销。

《交通安全法》将减少纠纷

据悉，电动自行车到底是机动车还是非机动车，能否上路，一直以来在国内都有争议。5月1日即将生效的《交通安全法》就正式界定电动自行车为"非机动车"，长期笼罩在电动自行车头上的"黑户"阴影终于要去除了。然而，依据《交通安全法》，电动自行车能否真正上路还得由省政府说了算，兼之离5月1日尚差时日，故而引发了这场官司。

惠城区法院认为，《立法法》第七十三条规定："省、自治区、直辖市和较大的市人民政府，可以根据法律、行政法规和省、自治区、直辖市的地方性法规，制定规章"。而广东省公安厅及惠州市人民政府都没有立法权。

法院一审判交警败诉

因此，法院认为，广东公安厅及惠州市人民政府文件不属于法律、法规和规章的范畴，不能作为行政处罚的依据。目前全国人民代表大会、国务院和广东省人民政府都没有任何法律、法规和规章禁止电动自行车上路行驶。被告依据省交警总队和惠州市政府令向原告作出处罚没有法律依据，应予撤销。原告要求被告返还罚款和停车费的请求理由充分，应予支持。

几位惠州的电动车总经销商昨天接受记者采访时说，这个案子起诉时引起全体经销商的关注，虽然交警还可以上诉，终审结果不好说，但经销商还是对审判结果感到高兴。

读了上面的报道，不由令人衷心佩服。惠城区法院的判决才是真正依法行政！

该法院依的是什么法？首先，依据了《中华人民共和国立法法》。立法法是由我国立法机关制定、审议、批准、公布的有效法律，它规定了谁具有立法权，谁不具备立法权，只有具有立法权的机关才能立法，没有立法权的机关就不能立法，否则就是乱立"土政策"。没有立法权的机关自立的"法"是无效的，不能成为行政所依的"据"，即使是有立法权的地方机关立法，也必须在不违反宪法、法律和行政法规的前提下依照法定的立法程序制定。如果地方法规或规章同国家的法律法规或规章有矛盾、有抵触，就必须撤销。

惠州市的交警依错了"法"，将不是法的"法"当成了法，将无效的"法"当成了有效的法。惠城区法院引用了有效法律《立法法》第七十三条规定指出广东省公安厅及惠州市人民政府都没有立法权。因此，他们所立的"法"不成为法，当然是无效的了。

请思考并回答：

1. 文中的那位派出所副所长，拔出枪指着群众，并说了一番话，请你从依法行政的角度进行评论。

2. 我们要依法行政，怎样才能够真正做到依法行政？

3. 请你说说惠城区法院的判决，其依据是什么，为什么说服力这么强？

四、电动自行车是一种比较简便而又具有较强动力的交通工具。有利有弊，在农村还真不失为一种好工具，可是在繁华闹市却存在着严重的安全隐患。假如你是市长，将会怎样考虑这个问题呢？

请阅读下面这则资料，然后回答问题。

2006年1月18日，《广东省道路交通安全条例》经省人大常委会通过，规定电动自行车，残疾人机动轮椅车等安装有动力装置的非机动车实行登记制度，经公安机关交通管理部门登记后，方可上路行驶。地级以上市人民政府在本行政区域内对电动自行车和其他安装有动力装置的非机动车不予登记、不准上路行驶作出规定的，应当公开征求意见，报省人民政府批准。

广州市依据本市道路交通管理实际情况，主张禁止电动自行车上路行驶。2006年6月5日至12日，广州市公安局连续召开三次征求意见座谈会，邀请各方人士对电动自行车的去留展开讨论，广州市城市社会经济调查队也为此开展了专项民意调查。广州市政府形成了电动自行车管理的意见，正式报省政府批准。经省人民政府批准后，2006年11月6日，广州市人民政府发出公文正式出台广州市范围内（含从化市、增城市）对电动自行车和其他安装有动力装置的非机动车（残疾人机动轮椅车除外）不予登记、不准上道路行驶的有关规定。

1. 结合上文，谈谈怎样依法行政，要做好依法行政，必须具备什么条件。

2. 广州市人民政府禁止电动自行车上路的规定，依据了什么法规？经过了哪些立法程序？

五、试运用本章所学知识，判断下列文书的法律效力层次。

1. 《中华人民共和国公务员法》

（2005年4月27日第十届全国人民代表大会常务委员会第十五次会议通过，2005年4月27日中华人民共和国主席令第35号公布）

2. 《国家公务员暂行条例》

（1993年8月14日中华人民共和国国务院令第125号发布）

3. 《国家公务员考核暂行规定》

（1994年3月8日，人核发〔1994〕4号通知）

4. 《国务院工作部门面试考官资格管理暂行细则》

（2001年7月2日，人发〔2001〕65号通知）

> **提示**
>
> ※ 这四个文称所要表述的内容几乎是"同一的"，但它们各自产生的作用、过程不一样。除第4个文件是是规范性文件外，其他三个文件是从3至1逐层提升：首先是当时人事部的部门规章，然后是国务院的法规，最后成熟为全国人

大通过并由国家主席以令公布的法。

启示一：法律层次依次为：法—法规—规章—规范性文件。

启示二：法由人大通过、国家主席以令公布；法规，由国务院通过并以国务院令发布；规章，由国务院的部门制定并公布（注意：以前，规章可以用通知载发，现在依新《条例》规定，规章必须以部长令发布）。

启示三：一部规章法典的成熟是有一个过程的，即由规章而成为法规，再由法规而成为法典。

启示四：规章的"试行"、"暂行"要在试行中总结提高。

六、什么是规范性文件，请说出其制发过程。

七、有一个单位在强调执行规章制度时用大红横幅写上"我们必须遵章守法，违章就是违法，违法必究"。请你依法评判这一口号的对与错。

提示

※ 我们的立法主体是要用强制力保证法律、法规和规章的共同遵守的，因此要强调"遵章守法"、"违法必究"。但是"法"和"章"在法律地位上是不一样的，"违章就是违法"的提法会导致混淆大是大非界线，因而产生执法偏差。

第二章 章程

章程是一个政党、一个组织、一个企业依法对其内部进行管理或规范工作的工具，也是政党、组织或企业内部的最高法规。我们要通过对各种章程例文的学习，充分认识到章程的管理效能以及章程的法定性。

过去，有些人对章程的学习很不以为然，说自己一辈子也不会去写作章程，故而认为与己无关，或者说是学了也无用。其实，这是很片面的看法。

一个政党、一个组织、一个企业进行内部管理必须运用章程这个工具。比如，我们要创业，要组建一个公司，首先就得有一个公司章程。这是确定公司权利和义务的最基本的法律文件，是内部经营管理的规范文件。

制定公司章程是设立公司的重要环节。公司章程应由全体出资者在自愿协商的基础上制定，经全体出资者同意，股东应当在公司章程上签名、盖章。公司的组建需报经当地工商行政管理部门审批，报批材料中，章程是一份主材料，公司经批准后便以经批准的章程执行，成为公司管理的基本工具。

机关单位或组织因为工作庞杂，也需要制定工作章程，严格地要求员工按章程办事。章程是法规性文书，对不按章程办事的人可予以处罚。

我们学习章程正是为了能够正确、熟练地应用章程这个"进行内部管理的工具"。

一、例文学习

本《教程》向读者推荐阅读：《中国共产党党章》、《中国共产主义青年团章程》、《有限责任公司章程》、《水政监察工作章程》，以及各大学的招生工作章程。

我们要通过对章程例文的学习，促使自己对章程的性质、作用、运作规律等进行探索和研究，从而有所新得，以便将来在工作上能熟练驾驭章程这一有效管理工具。

【例文一】

广东中南公司章程（草案）

一九××年×月×日

第一章 总 则

第一条 为贯彻广东省商业储运公司关于"储运、贸易、维修、稳步增长"的经营方针，活跃市场，方便人民生活，特成立广东中南公司。

第二条 广东中南公司（以下简称公司）是在广东省商业储运公司直接领导下的独立核算的全民所有制企业。科级编制。地址在广州市××路××号，法人代表是×××。

第三条 公司是为商品流通服务，方便购销、方便群众生活的经营机构。

第四条 公司的宗旨是：客户至上、信誉第一、优质服务、严格管理，不断提高经济效益和社会效益。

第二章 组织体制

第五条 公司直接对外进行经营业务活动。在经济中具有法人地位，经理是法人代表。

第六条 本公司干部、职工的来源是省商业储运公司，经营的资金由广东省商业储运公司拨款，注册资金为××万元。

第七条 公司实行经理负责制，经理是行政负责人，由省商业储运公司经理聘任，接受委托负责本公司的经营管理。

第八条 公司内部设置饮料部、开发部、家电部、储运部。

第九条 选派代表参加上级公司职工代表大会，树立职工主人翁责任感，保障职工当家做主权利。

第三章 经营范围

第十条 本公司经营范围：主营：批发零售五金交电、家用电器、照相器材、饮料制品、工艺品、日用百货、纺织品、日杂用品、农副产品。兼营：批发零售塑料制品、装饰材料，代购代销建筑材料，商品装卸，包装整理，横向业务联系。

第十一条 生产经营方式是：批发、零售、服务、代购代销。

第四章 经营管理

第十二条 本公司在上级公司指导下进行经营业务活动并遵守国家政策法令，制定各项规章制度，严格执行。

第十三条 各项营业收费按国家物价部门规定标准执行，不得乱收。

第十四条 在业务活动中以与对方单位签订合同的形式来明确各自的责任，如发生违约时，按照《中华人民共和国经济合同法》有关规定处理。

第十五条 公司内部各部门之间坚持团结协作、平等互利、利益均衡的原则，凡涉及某一班组的利益情况，必须及时协商，妥善解决，不允许任何一方利益受损害。

第五章　财务结算和收支分配

第十六条　收入、费用、付款结算按人民银行制度规定办理。

第十七条　本公司会计核算按照《中华人民共和国会计法》和《国营企业成本管理条例》以及上级规定的财务、会计制度进行账务处理，按国家规定依法纳税，做好审计工作。

第十八条　本公司实行经营承包责任制，由上级公司下达财务承包任务，所创超额利润由省商业储运公司定出留成比例，其余上缴省商业储运公司统一对国家财务。

第十九条　本公司对职工的劳动报酬实行"各尽所能，按劳分配"。

第六章　附　　则

第二十条　加强对干部职工思想政治教育和业务培训，提高服务质量和业务水平。

第二十一条　公司领导必须关心职工生活福利，在力所能及的范围内解决职工实际困难。

第二十二条　定期对干部、职工进行考核，奖励和惩罚，按《企业职工奖惩条例》和上级公司人事管理制度执行。

第二十三条　本章程未规定的事宜及在实践中有不完善之处，修订、补充权归本公司的主管单位。

该则章程的标题由单位名称和文种构成。因为公司尚在筹建，章程未经全体职工代表大会通过，故用"草案"（经职工代表大会通过后，去掉"草案"字样），在标题下括注年月日。

正文依据公司制定的经营方略，分章列条，包括总则、分则、附则。总则有四条，分别说明公司的名称、编制、地址、法人代表、性质和宗旨。分则有四章共15条，分别规定了公司的组织体制、经营范围、经营管理、财务结算和收支分配等事项，使公司在以后的经营活动中有章可循。最后一章附则，用4条来说明干部职工的教育培训、福利、考核与奖惩及未尽事宜。

【例文二】

水政监察工作章程

（2000年5月15日水利部令第13号发布）

第一章　总　　则

第一条　为贯彻《中华人民共和国水法》、《中华人民共和国水土保持法》、《中华人民共和国防洪法》等法律法规，加强水行政执法队伍建设和管理，强化水行政执法，特制定本章程。

第二条　县级以上人民政府水行政主管部门、水利部所属的流域管理机构或者法律法规授权的其他组织（以下统称水行政执法机关）应当组建水政监察队伍，配备水政监察人员，建立水政监察制度，依法实施水政监察。

前款所称水政监察是指水行政执法机关依据水法规的规定对公民、法人或者其他组织遵守、执行水法规的情况进行监督检查，对违反水法规的行为依法实施行政处罚、采取其他行政措施等行政执法活动。

第三条 水利部组织、指导全国的水政监察工作。

水利部所属的流域管理机构负责法律、法规、规章授权范围内的水政监察工作。

县级以上地方人民政府水行政主管部门按照管理权限负责本行政区域内的水政监察工作。

第四条 水政监察以法律、行政法规、地方性法规和规章为依据。

县以上地方人民政府根据法律、行政法规、地方性法规和规章制定、发布的规范性文件，也作为水政监察的依据。

第五条 各级水行政执法机关应当加强对水政监察的领导和监督，不断提高水政监察人员素质，建设廉洁、文明、高效的水政监察队伍。

第二章 水政监察队伍

第六条 省（自治区、直辖市）人民政府水行政主管部门设置水政监察总队；

市（地、州、盟）人民政府水行政主管部门设置水政监察支队；

县（市、区、旗）人民政府水行政主管部门设置水政监察大队。

水利部所属的流域管理机构根据实际情况设置水政监察总队、水政监察支队、水政监察大队。

根据有关法律法规的要求和实际工作需要，省（自治区、直辖市）、市（地、州、盟）、县（市、区、旗）水政监察队伍内部按照水土保持生态环境监督、水资源管理、河道监理等自行确定设置相应的内部机构（支队、大队、中队）。

第七条 地方各级水政监察队伍由同级人民政府水行政主管部门报同级编制主管部门批准成立。

水利部所属的长江、黄河、淮河、海河、珠江、松辽水利委员会和太湖流域管理局等流域管理机构（以下简称流域机构）水政监察队伍由水利部批准成立；流域机构所属的管理单位水政监察队伍由流域机构批准成立。

第八条 省（自治区、直辖市）、市（地、州、盟）、县（市、区、旗）水行政主管部门根据执法工作需要，可在其所属的水利工程管理单位设置派驻的水政监察队伍。

第九条 水政监察队伍的主要职责是：

1. 宣传贯彻《中华人民共和国水法》、《中华人民共和国水土保持法》、《中华人民共和国防洪法》等水法规。

2. 保护水资源、水域、水工程、水土保持生态环境、防汛抗旱和水文监测等有关设施。

3. 对水事活动进行监督检查，维护正常的水事秩序。对公民、法人或其他组织违反水法规的行为实施行政处罚或者采取其他行政措施。

4. 配合和协助公安和司法部门查处水事治安和刑事案件。

5. 对下级水政监察队伍进行指导和监督。

6. 受水行政执法机关委托，办理行政许可和征收行政事业性规费等有关事宜。

第十条 水行政执法机关的法制工作机构负责管理同级水政监察队伍。水政监察队伍的主要负责人由同级水行政执法机关的法制工作机构的负责人兼任。

第三章 水政监察人员

第十一条 水政监察人员是实施水政监察的执法人员。

第十二条 水政监察人员必须具备下列条件：

1. 通过水法律、法规、规章和相关的法律知识的考核；
2. 有一定水利专业知识；
3. 遵纪守法、忠于职守、秉公执法、清正廉洁；
4. 具有高中以上文化水平，其中水政监察总队、支队、大队的负责人必须具有大专以上文化水平。

第十三条 水政监察人员上岗前应按规定经过资格培训，并考核合格。

水政监察人员上岗前的资格培训和考核工作由流域机构或者省、自治区、直辖市水行政主管部门统一负责。

第十四条 水政监察人员由同级水行政执法机关任免。地方水政监察队伍主要负责人的任免需征得上一级水行政执法机关法制工作机构的审核同意。

第十五条 水政监察人员实行任期制，任期为3年。

水政监察人员任期届满，经考核合格可以继续连任。考核不合格或因故调离工作，任期自动中止，由任免机关免除任命，收回执法证件和标志。

第十六条 水政监察人员在执行公务时，可依法行使下列职权：

1. 进行现场检查、勘测和取证等；
2. 要求被调查的公民、法人或其他组织提供有关情况和材料；
3. 询问当事人和有关证人，作出笔录、录音或录像等；
4. 责令有违反水法规行为的单位或个人停止违反水法规的行为，必要时，可采取防止造成损害的紧急处理措施；
5. 对违反水法规的行为依法实施行政处罚或者采取其他行政措施。

第十七条 水政监察人员执行公务时，应按规定着水政监察制服，持"中华人民共和国水政监察证"或"中国水土保持监督检查证"，佩戴"中国水政"或"中国水保监督"胸章和"中华人民共和国水政监察"或"中国水保监督"臂章。

水政监察的证件、胸章和臂章由水利部负责监制。水政监察制服式样由水利部规定。

第十八条 水政监察人员每年应当接受法律知识培训。

水行政执法机关应当制定长期培训规划和年度培训计划，不断提高水政监察人员的执法水平。

第四章　水政监察制度

第十九条 水政监察队伍实行执法责任制和评议考核制。

第二十条 水政监察队伍应当建立和完善执法责任分解制度、水政监察巡查制度、错案责任追究制度、执法统计制度、执法责任追究制度以及水行政执法案件的登记、立案、审批、审核及目标管理等水政监察工作制度。

第二十一条 每年年底，水行政执法机关的法制工作机构和上一级水政监察队伍负责对水政监察队伍执法责任制的执行情况进行考核。

水行政执法机关对在水政监察工作中做出显著成绩的水政监察队伍和水政监察人员，应当给予表彰或奖励。

第二十二条 水行政执法机关应当为水政监察队伍配备必要的交通、通讯、勘察、音像等专用执法装备，改善办公条件，给予水政监察人员与执法任务相适应的执法津贴，投入人身伤害保险等。

水政监察工作的装备标准由水利部另行规定。

第二十三条　各级水行政执法机关应当保证水政监察经费。水政监察经费从水利事业费中核拨，不足部分在依法征收的行政事业性规费中列支，并应严格贯彻执行中央关于"收支两条线"的规定。

第二十四条　水政监察人员应当忠于职守、遵纪守法，不得徇私舞弊。对有违法、违纪、失职、渎职行为的水政监察人员，由水行政执法机关视其情节轻重，给予批评教育或行政处分；构成犯罪的，由有关部门依法追究刑事责任。

第五章　附　则

第二十五条　本章程由水利部负责解释。

第二十六条　本章程自发布之日起施行。1990年8月15日发布的水利部令第1号《水政监察组织暨工作章程（试行）》同时废止。

章程，有政党、社团的组织章程，有经济组织的银行、公司的章程，还有规范工作程序、法则的工作章程。工作章程是指对涉及面广、参与人员繁杂而又必须协同动作、其指挥必须有序方能协调、顺利完成工作任务而制定的工作规范程序，而这一程序是用章程的形式规定下来，只允许照章执行而不允许违反的程序。

本章程是国家水利部制定，并且以部长令公布的具有规章性质的工作规范章程，属于部门规章。凡水利部系统及相关工作部门的事项均须遵循该章程。

本章程分五章26条表述。第一章总则，用了5个条款来陈述章程的制发目的、意义，以及对执行本章程的要求。第五章为附则，用两个条款说明解释权和施行日期及废止旧章程。第二、三、四章为分则，分别就水政监察工作的队伍、人员和制度方面进行具体的规范，这样便能让从事水监工作的单位和人员有章可循，有规可依，使工作按既定轨道有序运作。

本章程语体符合规章要求，条款明确、界定分明，能使操作、执行更加方便。

二、章程的性质和作用

（一）章程的性质

章程是政党、团体、学会、协会、经济组织或其他组织等，为了规范本组织的成员或工作，依据法律法规，制定对本组织的性质、宗旨、任务、组织原则、成员条件及义务、权利、机构设置、职权范围、活动规则、纪律措施等规定的一种法规性文书。

章程一般须经该组织的代表大会通过才能成为该组织的有效文件。一经生效，便是该组织的根本法，具有很强的规范性和约束力，如《中国共产党章程》。有的要报经法定机关批准，一经批准，该组织便成为法定组织，该章程也便成为该组织的内部法规，如《中国科学技术协会章程》、《中国银行章程》、《国家电力公司章程》、《广东省中南公司章程》；有的要经有制定法规规章权限的上级主管机关批准，如《水政监察工作章程》、《青岛港口章程》、《广东省著名商标评审委员会章程》等等。

一个政党或团体的章程就是该政党或团体的根本法规。该组织的所有成员都必须按照章程规定的条文和精神规范自己的行为，其条文具有很强的约束力。违背章程的规定，就要受到组织的批评或处分，乃至被开除出该组织。

章程的内容具有相对稳定性。章程一经代表大会通过并经法定机关批准，在一定时间内不能随意更改，任何人，包括该组织、团体、企业的领导者都无权擅自更改章程内容，如果需要修订，必须经代表大会讨论通过或经法定机关批准。因此，章程的效力也是相对稳定的，只要章程存在，不管其组织的领导或成员如何更换增补，章程依然发生效力。

（二）章程的作用

章程对于党派组织、社会团体、学术机构来讲，可以对本组织的性质、宗旨、任务、组织、权利与义务等原则性问题作出规定，是全体成员行动的准则。组织通过章程统一其成员的思想、行为，要求所有成员按照章程履行自己的职责。而其组织的成员，也可以章程为依据，对组织的工作进行监督，从而保证该组织各项活动的正常开展。

章程对于经济组织来讲便是一部"法典"。它规定了本组织、本公司、本企业的宗旨、组织原则、性质、机构设置、经营管理等事项，对其成员具有确定原则、统一思想、明确职责、协调工作、维护秩序的作用。经济组织依据章程实施经营管理，能够有效保障本企业管理机制的正常运行。

随着社会的进步，法制的健全，社会活动的活跃，章程的使用将会越来越普遍，特别是经济领域更是必需。一些具有法据性的工作，为防止不当操作，应以章程作为规范，如《中山大学招生工作章程》、《青岛港口章程》等。学习章程，不仅要了解章程的制定过程、方法以及撰写格式，更要通过多读例文，研究社会现象，把握章程制定的精髓和应用章程管理组织、管理企业的精髓。

国家行政机关及其职能部门不用章程。

三、章程的分类

根据制发的主体不同，章程可以分为政党、社团的组织章程，经济组织的章程和工作章程三种。

（一）政党、社团组织章程

政党、社团组织章程，是由该政党、社团组织的代表大会，对其组织的性质、宗旨、任务、成员、组织机构、原则、纪律、活动以及权利和义务等作出规范，要求其全体成员共同遵守而制定的纲领性文书。如《中国共产党章程》、《××市书法家协会章程》、《中国写作学会章程》、《××市科学技术协会章程》等。

政党、社团组织章程，应同《政党、社团成立申请登记》一起，送法定机关民政部门批准登记。一经批准，便成为合法组织，该章程便具有法定性。经法定机关批准的章程不能随便更改，如有更改，必须经该组织代表大会讨论通过并报请批准机关重新批准。

未经法定机关批准的组织便是非法组织，将会被依法取缔。

（二）经济组织章程

经济组织章程是各类型经济组织，如银行、保险公司、基金会、工商企业等用来规定企业的性质、组织原则、机构设置和经营管理等事项的规定性、规范性文书。

这一类章程根据制定主体的不同，又可以分为"企业章程"、"公司章程"、"中外合营企业章程"等。在企业章程中，又可以分为"企业集团章程"、"国有企业章程"等等。"公司章程"又可以分为"国有公司章程"、"股份有限公司章程"等等。

经济组织章程必须经该经济组织的董事会讨论通过，并随同《企业法人申请开业登记注册书》一起，报请法定机关工商行政管理部门批准企业注册、发给营业执照等。经法定机关批准后，该组织便成为合法的经济组织，企业按业已批准的章程办事。未经法定机关批准的企业，不得开业，否则便是非法经营，将会受到工商执法部门的查处。

(三）工作、业务章程

某机构为了规范办事法则、程序，制定出办事规则，也用章程，称为规范章程、工作章程或业务章程，如《中山大学招生章程》是中山大学用来规范招生工作的，"招标章程"是用来规范招投标活动的，还有如《中国银行外币存款章程（甲种）》、《××奖学金章程》、中国证券监督管理委员会的《上市公司章程》、2000年5月15日水利部令第13号发布的《水政监察工作章程》、《广东省著名商标评审委员会章程》，等等。

四、章程的写作要求

章程的写作，不能仅从语言文字、篇章结构的方面去考虑，根本的问题在于使章程具有合法性、法定性和规范性。

（一）合法性

章程是政党、社团、经济组织或某些机构的行为规范，是该政党、社团、经济组织或机构的内部法规，会在社会上产生一定的影响。因此，必须依据《中华人民共和国宪法》和相关法律的规定，不得抵触，不得相悖。只有遵守宪法、法律、法规并符合党和国家的方针、政策的规定，才能成为合法的组织。

工作章程，不仅对内部工作进行规范，也为外界了解本单位的工作程序、工作内容增加了透明度，更能争取到外部的信任与支持。

章程允许制定内部的管理罚则，但是只限于在该组织内部实施权限范围之内，如警告、严重警告、记过、开除出组织。对触犯国家刑律者应送交国家司法机关处理。

（二）法定性

章程要具有法定性。政党、社团和经济组织章程有两个方面的条件：一是章程起草后，必须经过代表大会或董事会讨论通过。只有经过组织成员认可、接受的章程，才具有规范性和约束力。二是必须报请法定机关批准方能生效。经法定机关批准后，该章程才具有法定性。

工作章程须经有立法权限的机关依法定程序制定、审查、批准、公布。

(三) 规范性

章程要成为本组织的规范，在表述上必须做到准确严密。组织将依据章程规范本组织成员，而组织成员也将以章程监督本组织的工作。因此，撰写章程，必须对本组织、本企业的各项工作业务十分了解，熟悉组织的纲领、运作规律、工作程序。在条理上，要层次分明、顺序合理地安排条文。在文字表述上必须只有一种统一的解释，绝不能产生歧义，并且做到准确、鲜明、严密、简洁。在一章结构上，要采用设章分条的结构方式。这些都体现了章程的规范性。

五、章程的写法

(一) 结构

章程的结构，由形式结构和内容结构两个部分组成。其形式采用章、条、款、项，有的也可以设目来表述；其内容结构由标题、签署、正文（总则、分则、附则）组成。

(二) 写法

章程的写法与其他法规类文书的写法相类似。

章程正文的格式为条款式。但章程使用的条款式与公文的条款式有所不同，是章断条连式。其具体内容因其宗旨、活动内容、组织机构、权利与义务、纪律等不同而有所差异。

分章列条法的写法是：全文分若干章，每章列条，各章条数前后相连，通常也叫章断条连式。一般以"条"为基本单位，每条通常包括一项独立的规定。条的顺序要用中文数字来表示，并明确称为"第×条"。条下还可分款，条下的款单独编项，条连款不连。款一般不用数字表明顺序，只要每款另起一段就可以。

分章列条法的正文，一般由三个部分组成：

1. 一般规则部分

又叫作总则、总纲或序言，通常说明制定本规章制度的依据、目的、任务、原则和要求等。有的还要说明组织的名称、指导思想或组织本身的建设要求。一般第一章为总则。

2. 基本规则部分

又叫作分则、主体、实质部分，它具体规定本规章支持、保护、发展什么，限制、禁止、取缔什么，以及对违章的处罚，等等。这部分内容较多，要全面考虑，合理分章，使各章内容相互独立，不能交叉，同时先后位置安排有序，一般要说明该组织的组成人员、组织结构及其他问题。安排顺序从成员到组织，自上至下，由内到外，先主后次，一条一款，清楚分明。这一部分可以有几章，每章可加小标题。

3. 条款部分，又叫作"附则"

一般是最后一章为附则，写上需要采取的措施、本规章与其他法规文件的关系、解释机关以及生效时间等内容。总之，附则要与前面的总则相照应。

思考与练习

章程是一个政党、社团、经济组织或机构进行内部管理的重要工具，或者是指导工作的规范，其法律效力等同于规章。此外，章程也是我们了解一个政党、社团、经济组织或机构的入门向导，通过章程可以使我们快速地了解该组织的宗旨、性质、组织结构、运作体系、规章制度等等，从而对该组织作出正确的判断。

一、注意掌握下列名词术语。

章程　政党章程　社会团体　学术机构　经济组织　分章列条法　章断条连　总则　总纲　分则　附则　条款　草案

二、阅读章程例文，体会什么是章程，章程同国家法律法规是什么关系。

三、一个章程，应当表述哪些内容？为什么章程能成为内部管理的工具？

四、试模拟自己来到一家企业工作，人地生疏、业务不熟悉，你将怎样应用该企业章程和该企业员工手册去熟悉企业和它的运作制度，以使自己尽快适应新环境、新工作？

五、请依据教程回答下列问题。

1. 通过对例文的阅读，体会章程的语言有哪些特点。

2. 不具法定性的章程是无效的，请说说章程的生效必须具备哪两个条件，为什么？

3. 有人说，我们没有必要学习章程，因为用不上。但也有人说，学习章程、懂得章程制定的各个环节，掌握其撰写格式，了解如何应用章程很有必要。你能说说理由吗？

※ 作为企业的员工，必须要了解企业，懂得企业的运作程序，章程就是该

企业的行为指南，可以用于指导自己的行为举止，有利于做好工作。

六、请通过社会调查，列出当地经济组织使用了哪些章程。

七、请列出章程篇章结构的各个部分，写出其名称，然后理解其含义。

八、假如你发起组建一个学术研究团体，需要起草一份章程，你会将重点放在什么部分？怎样将它写得很具鼓舞性？

第三章 规章制度

本《教程》所指的规章制度是指一般的规章制度，即机关、团体、企事业单位用于内部管理、对本部全员均具有约束力的规范性文书。它本身不是严格意义上的规章，但却是规章的延伸。

规章是具有立法权限的机关依照《规章制定程序条例》制定公布的法规性文书。规章制度是指制定单位不论是否具有立法权限，只要其内部管理需要，便可以在不违背法律、法规、规章的前提下制定出对本部全员均具有约束力的、用于规范员工工作的各种制度、规定、办法、规程、规则、须知等的规范性文书。

"无规矩不成方圆"，规章制度就是"规定人们办事的手续及标准、治事的定章及程序、行为的规范和准则"。任何机关、团体、企事业单位，都必须制定这个"准则"，用于规范内部人员的工作、学习、生活，使整个团体能步调一致、团结合作、提高效率、提高效益。

现代化的管理，越来越趋向精密化、制度化。就是说，机关团体或企事业单位，将全部工作进行量化管理，将运作程序、工作规范全部用制度、规范规定下来，让全员照章运作便能正确无误了。

因此，建章立制便成为了机关团体、企事业单位实施规范管理的必要手段。我们为了能适应现代管理的需要，必须努力掌握好规章制度。

学习本章，要着力在"用"字上下工夫。在"写"字上宜分两步走：第一步，依照本章的思考练习题，扎实完成初步训练，取得感性认识；第二步，结合机关事务文书的写作训练，进一步强化规章制度的写作。

一、例文学习

规章制度使用得十分广泛，其写作也是在应用写作中层次较高的，要求用词恰当，表达准确、严密。因此，写作者不仅要具备较强的语言运用能力，还要懂得更多的法律法规规章和规范性文件的实际内容。

本《教程》所选例文，旨在引导初学者入门，在应用和表述方面均可以借鉴，同时建议同学们参考学习学校的《学生手册》或企业的《员工手册》，并掌握其写法。

【例文一】

门卫管理制度

一、门卫是本厂精神文明的窗口。门卫工作人员在值班时间务须衣饰整洁，对来访者以礼相待，态度和蔼。

二、门卫工作人员应坚守工作岗位，做好安全保卫工作。

三、传达室内除正常工作人员及外来联系工作人员以外，任何人不准在室内谈天闲坐。外来联系工作人员必须出示介绍信，并进行来访登记，然后方可进厂。

四、上班时间谢绝会客。凡私人电话除急事外一般不传呼。集体参观必须持有上级主管部门介绍信，并事先与本厂有关部门联系同意后才能进厂。个别参观、照相一律谢绝。

五、凡本厂职工上班一律不准带小孩，不准带零食，不准穿拖鞋，进厂时必须衣冠端正，佩戴厂徽（佩在左胸上方），未佩戴者登记上报。外包工、临时工、外来学习培训人员应出示临时工作证。

六、凡本厂职工迟到者必须登记，在上班时间因公外出者，应持有出厂证，凡批准病假、事假、调休等人员应持有准假证；喂奶者必须持有喂奶证；所有持证人员必须在门卫登记后才能出厂。无证出厂者，门卫有权登记并及时上报人保科，一律以旷工考核。

七、凡厂内的原辅材料、生产设备、工具零件、成品、半成品等一切物资一律凭成品物资出厂单，或实物现金发票出厂联出厂，凡私人拎包等物出厂要主动向门卫打招呼。对不符合手续出厂的物品门卫有权询问、检查或扣留。

八、各种车辆按指定地点停放，未经批准不准进入厂内。

××市××化工厂
一九××年×月×日

这是一家工厂制定的规章制度。工厂为了管理的需要，在自己的权限范围内制定门卫管理制度或称门卫工作制度，其法定效力是本厂范围内全员必须遵守的制度，由厂办公部门拟定，经人保部门和厂领导议定后公布。

该制度采用逐条贯通法写成，其标题由事由和文种组成。全文共八条，不分章。内容按一定的顺序排列，序号用汉字。落款放于正文后右下侧，注明单位名称和成文日期。

门卫是单位的门面与窗口，通过门卫管理制度，可以看出这个单位的风貌、风格。单位的安全制度是否落实、有序，管理是否科学、严格，员工是否文明、礼貌。因此，应重视建立健全门卫管理制度，制定要科学、合理，执行要严肃、认真，还要有监督、检查，防止流于形式。

【例文二】

××办公室文秘人员校对工作制度

一、校对工作程序

（一）稿件发排前，要做好三项工作。

1. 卷面处理。将稿件仔细阅读一遍，凡发现字迹、修改标志不够清楚的，应视具体情况，进行誊清或重新加注修改标志等处理，务必使发排的稿件字迹清晰、卷面整洁。

2. 行文规范处理。检查稿件的版头大小、标题、主送抄送机关、主题词、数字用法、落款等是否规范，如有不当的应立即改正，然后填上文件的文号、签发日期、印刷份数、确定密级及年限和缓急程度。

3. 登记发排。将稿件的文号、标题、份数、签发人、签发时间登记在《发文登记簿》上。

（二）稿件排出清样之后必须坚持"三校"。

1. 头校。这是减少错漏的重要环节。要忠于原稿，逐字（包括标点符号）逐句读校，力求把与原稿不符的漏段、漏字、错字全部校出来。

2. 二校。除了继续校核错漏的文字外，还要检查有无不准确的提法或不通顺的句子。发现文理不通或明显笔误的地方，应立即提出意见，经起草人或领导同意后，作文字上的修改。

3. 三校。这是付印前的最后一次把关，着重检查文稿版面的字体、间隔、标题排列等格式合不合规范，校对改动的文字和标志是否清晰无误。经全面核对认为符合要求，方可填写印发日期，并在《付印文件通知书》上签名付印。如是电脑排印的文件，稿件经校对准确无误，排出激光文件样板后，要最后检查一遍方可付印。文件付印后将文件底稿注明发出日期并存档。

（三）文件印好发出前，要再检查一遍，如发现错漏，立即向领导汇报，以采取有效补救措施。

二、校对工作的要求

1. 要切实保证校对工作的质量。校对文稿，要集中精神，原则上由两人共同完成，先读校一遍，然后分别再认真看一遍，并由一人作最后的总把关。力求校对差错率全年不超过三万分之一。

2. 要提高校对排印工作的效率。凡是印发的文件，从接到稿件送厂发排、印刷厂通知校对清样、校对完毕送厂印刷等三个环节，都必须一环紧扣一环，绝不能中间脱节贻误时间。一般的稿件，从发排到印好发出，应掌握在三天内。如属急件，在发排和付印时都要反复向印刷厂或打字室讲清发出日期，并密切配合，及时校对和送印，保证按要求依时发出。

3. 文件印好送去用印前，再进行一次检查，确认无误后方可盖印、封装、发出。

这是一则由机关办公部门制定的文秘校对员应该遵守的工作制度，属职责类工作规程的规章制度。其内容是依据实际工作流程，对每一重要环节进行规范，让校对人员如此操作，可有效防止差错，提高工作效率。

该制度采用贯通式写法，将工作规范、程序、要求等，分条列项地作出规定，条、款、目十分明确。

【例文三】

高等学校学生行为准则
（教育部颁发）

一、志存高远，坚定信念。努力学习马克思列宁主义、毛泽东思想、邓小平理论和"三个代表"重要思想，面向世界，了解国情，确立在中国共产党领导下走社会主义道路、实现中华民族伟大复兴的共同理想和坚定信念，努力成为有理想、有道德、有文化、有纪律的社会主义新人。

二、热爱祖国，服务人民。弘扬民族精神，维护国家利益和民族团结。不参与违反四项基本原则、影响国家统一和社会稳定的活动。培养同人民群众的深厚感情，正确处理国家、集体和个人三者利益关系，增强社会责任感，甘愿为祖国为人民奉献。

三、勤奋学习，自强不息。追求真理，崇尚科学；刻苦钻研，严谨求实；积极实践，勇于创新；珍惜时间，学业有成。

四、遵纪守法，弘扬正气。遵守宪法、法律法规，遵守校纪校规；正确行使权利，依法履行义务；敬廉崇洁，公道正派；敢于并善于同各种违法违纪行为作斗争。

五、诚实守信，严于律己。履约践诺，知行统一；遵从学术规范，恪守学术道德，不作弊、不剽窃；自尊自爱，自省自律；文明使用互联网；自觉抵制黄、赌、毒等不良诱惑。

六、明礼修身，团结友爱。弘扬传统美德，遵守社会公德，男女交往文明；关心集体，爱护公物，热心公益；尊敬师长，友爱同学，团结合作；仪表整洁，待人礼貌；豁达宽容，积极向上。

七、勤俭节约，艰苦奋斗。热爱劳动，珍惜他人和社会劳动成果；生活俭朴，杜绝浪费；不追求超越自身和家庭实际的物质享受。

八、强健体魄，热爱生活。积极参加文体活动，提高身体素质，保持心理健康；磨砺意志，不怕挫折，提高适应能力；增强安全意识，防止意外事故；关爱自然，爱护环境，珍惜资源。

2005年3月

这是教育部制定、颁发的要求大学生自觉遵守的日常行为规范准则，是以规范性文件发布的全国大学生必须遵守的规章制度。

其特点是，以循循善诱的语言，将应该怎样做、不应该怎样做的内容说得明明白白。细读准则，充满着激励与教诲。

教育部作为全国教育工作的领导部门，针对社会状况，对大学生提出行为规范准则，是对大学生的殷切希望。其内容既有针对性，又深含国家民族对当代大学生的热切期望。

写作行为准则、规范，宜多激励、鼓舞，具有明确的导向性。

【例文四】

每周例会制度

第一条 部门管理人员例会每周举行一次，由办公室主任主持，副主任及各部门主任级人员参加。

第二条 会议主要内容为：

1. 办公室主任传达上级机关有关文件和办公会议精神；

2. 各部门领导汇报一周工作情况，以及需提请办公室主任或其他部门协调解决的问题；

3. 由办公室主任对本周各部门的工作进行讲评，提出下周工作的要点，并对工作进行布置和安排；

4. 其他需要解决的问题。

第三条 会议参加者在会上要畅所欲言，各抒己见，允许持有不同观点和保留意见。但会上一旦形成决议，无论个人同意与否，都应认真贯彻执行。

第四条 严守会议纪律，保守会议秘密，在会议决议未正式公布以前，不得私自泄露会议内容，影响决议实施。

这是一则机关内部制定的工作制度。领导意图必须及时传达，部门之间必须协调，每周一次例会十分必要，因此，用制度形式规定下来，以保证例会按期召开，收到预期效果。相关人员必须将自己的工作时间安排好，保证自己能按时出席会议。

【例文五】

干部职工请（休）假管理规定

一、为加强机关内部管理，严格考勤制度，提高工作效率，特制定本规定。

二、依照国家规定，工作人员除节假日和公休假日外，还享有年休假、探亲假、婚假、产假、哺乳假、看护假、丧假、事假、病假等假期，工作人员享受假期须办理请（休）假手续。

三、工作人员享受除事假、病假、丧假以外的各项休假，分别按下述规定办理休假手续：

（一）休假人提出申请，经人事处核实后，由休假人填写休假申请表。

（二）申请表须按下述权限签发意见后休假人方能休假：

1. 属处以下（含处级）非领导职务的工作人员，须经处长（室主任）同意后送人事处并报告分管局领导审批；

2. 属副处长（室副主任）的工作人员须经处长（室主任）同意后送分管局领导审批；

3. 属处长（室主任）和副局级工作人员，须经分管局领导审批后送委主任备案；

4. 经审批的申请表须送回人事处。

（三）工作人员休假完毕后须如期到人事处办理销假手续。

四、工作人员请丧假须本人填写丧假申请表，经所在处室处长（室主任）同意后送人事处，处室领导须经分管局领导同意后，送人事处备案。

五、工作人员请事假须本人填写事假申请表，请事假1天内的由处长（室主任）审批后送人事处备案，2~3天的须经所在处室处长（室主任）加注意见后报分管局领导审批后送人事处备案，3天以上的报局长审批。

六、工作人员请病假（因病在家休息）须有医院的病假建议书，经处室审核后报人事处备案；工作人员因病住院，其所在处室要及时通知人事处，出院后须补因病住院登记表报人事处存查；因病需要住院治疗的须填写申请表，经本人所在处室处长（室主任）同意后报人事处审批，并按病假处理。

七、工作人员请（休）假应按上述规定在假前办理请（休）假手续。因特殊情况未能及时办理请假手续的应先电话通知处室领导和人事处，事后须补办请假手续；因特殊原因超出国家规定假期的，超出天数按事假处理。未按规定办理请假手续的按旷工处理。

八、工作人员因处理家庭个人事务需请事假的，应先休年休假。年休假已休完的，方可请事假。

九、工作人员休假期间的工资福利待遇按有关规定办理。

××局机关人事处
××××年×月×日

这是一则机关内部的管理规定，属一般规章制度。

一个机关、一个企业，必须严格考勤制度。该规定对全体干部职工一视同仁，分别作出了严格的规定，有利于监督执行人员照章办事。这就可以做到有章可循，有利于遵照、有利于监督。

【例文六】

首都市民文明公约

一、热爱祖国	热爱北京	民族和睦	维护安定
二、热爱劳动	爱岗敬业	诚实守信	勤俭节约
三、遵守法纪	维护秩序	见义勇为	弘扬正气
四、美化市容	讲究卫生	绿化首都	保护环境
五、关心集体	爱护公物	热心公益	保护文物
六、崇尚科学	重教尊师	自强不息	提高素质
七、敬老爱幼	拥军爱民	尊重妇女	助残济困
八、移风易俗	健康生活	计划生育	增强体魄
九、举止文明	礼待宾客	胸襟大度	助人为乐

这是一则公约。公约是人民群众为了某种共同的目的，在自愿的基础上经协商讨论，形成共识后订立的共同遵守的章程，属道德行为的规范。

本公约是首都人民群众制定出来规范自己言行的条文。拟就条文后，经北京市人民代表大会通过。

二、规章制度的性质和作用

规章制度是党政机关、社会团体、企事业单位和人民群众依照法律、法规和规章，对本机关、本单位内部的行政管理、生产操作、学习和生活等方面制定出要求大家共同遵守的、带强制性和约束力的各种规范文书的总称。具体的文种称谓可以根据不同情况使用制度、规则、守则、准则、规程、规范、标准、须知、注意事项、公约等。它同法律、法规和规章有着密切的联系，可以说是法规和规章的延续。其法律地位次于规范性文件。

规章和规章制度是有区别的：

规章，是指国务院各部门和地方较大市以上各级人民政府，依据自身的立法权限、依照法定的立法程序制定、审议通过和公布的规范性文书，其法律地位次于法规而高于规范性文件。

规章制度（又称为一般规章制度），则是指各党政机关、人民团体、企事业单位，不论是否具有立法权限，为了内部的管理需要，不经立法程序（但要征求内部群众意见甚至交付讨论）制定出的适用于内部管理的各种制度、规范、规则、标准等规范性文书。

现在的一些机关团体、企事业单位，以至学校等，都习惯将本单位制定的各种管理制度汇编成小册子，称之为"制度"、"手册"等，如《××市人民政府机关大院管理制度》、《××委员会工作制度汇编》、《××学校学生手册》、《××公司员工手册》之类，其实就是将本单位全体人员必须遵守的规章制度汇集在一起。

下面是一个机关的工作制度汇编的大体内容：

（1）会议制度。包括党组会议制度、书记办公会议制度、常委会会议制度、全委会会议制度、机关大会制度。（2）文书制度。包括机关公文处理办法、督办工作办法、文电办理制度、领导同志出席活动、讲话或题词的规定、机关打印复印文件规定、机关印章、介绍信（证明）、工作证使用管理规定。（3）行政管理制度。包括财务管理规定、固定资产管理办法、接待工作办法、后勤管理制度。（4）人事管理制度。包括人事工作管理办法、干部培训办法、党组织生活制度、作风建设制度、外出工作制度、工作人员请假休假制度。还有外事工作制度、宣传工作制度、保密工作制度、档案管理办法、机关保密工作规则、机关密码通信专网使用管理规定、学习制度等等。

要管理好一个机关或企业，就必须建立一套类似上述的规章制度（在企业即称之为《员工手册》）。

有了如此缜密的工作制度，就可以使本单位的每一个工作人员"循规蹈矩"、依章办事。所以说，规章制度是保证人们正常进行各项活动的重要手段，是党政机关、社会团体、企事业单位等进行内部管理的工具。随着社会发展，人们对办事效率提出了更高的要求，这就需要在发生关系的各个环节，用规章制度定出一整套应该遵守的事项、职责范围或要求达到的标准等，以保证工作、生产、学习、生活等正常协调地进行。一个机关、一个团体、一个单位、一个企业，必须重视内部管理的效果，而有效的管理工具就是制定出完善的规章制度。因此，我们学习规章制度，不仅是学习应用写作的问题，更重要的还在于了解本机关、本团体、本单位、本企业内部的管理程序以及如何按照规章制度的要求规范自己的行为。

比如，一个机关必须就本机关的职能，设置好合理的工作部门，并依据其职责范围制定出岗位责任、工作规范、职业道德规范、考勤制度、考核制度、奖惩规定、办事程序、汇报请示制度、会议制度、管理制度、财务制度、后勤保障制度等等。

又比如，一个企业必须根据本企业的经营活动，制定出一系列的诸如公司章程、企业生产经营责任制、岗位经济责任制、企业合同管理规定、企业商品购销管理制度、企业标准化管理制度、企业技术管理制度、企业质量管理制度、企业物资管理制度、企业财务管理制度、企业人事管理制度、考勤制度、企业职工奖惩规定、劳动保护制度等等。

只有建立和健全各项规章制度，才能让本机关、本企业的全体员工，有规可依、有章可循，才能使他们明确知道自己在岗位上应该做什么，怎样去做，做到什么程度，才能使全体员工正确、得当地履行自己的职责，做好工作。这样，规章制度就不仅对人们的行为具有约束力，也同时具有了做好工作的推动力。只要规章制度制定得科学、合理，能被人们掌握、拥护，便能约束人们不当的行为，从而激发出人的积极性和创造性，化为神奇的力量，创造出奇迹。

规章制度，具有以下三个方面的特点：

1. 执行上具有强制性

规章制度是依照有关法律、法令、政策制定的。可以说，它是法律、法令、政策的延伸或具体化，因此，一旦正式公布，就要求有关方面及人员必须遵照执行。规章制度一般都订有内部的罚则，对违章的予以相应的处罚（如批评、教育、警告、记过、开除，但是不得设置限制人身自由、体罚、罚款等，对触犯刑律的应送交公安机关处理），即使违反公约，也要受到不同程度的批评或处罚。

2. 内容上具有周密性

规章制度在内容上有一个很明显的特点，就是具有周密性。它从严肃性与严密性出发，对所涉及对象的有关方面都要作出相应的规定：应该怎样，不应该怎样，都必须一条条写明，甚至为什么要这样，规定后又如何实施，也要在前或在后交代一笔。

3. 表达上具有条款性

规章制度在表达上都采用条理分明的条款式结构，分章、条、款、目，把应该规定的事项列出，用条分缕析的方法一一说明，使内容鲜明、具体，条文准确、规范。

三、规章制度的种类和名称

规章制度有两种：一是上级机关用规范性文件规定的办法、制度、规则等须要下级机关贯彻的文件，如例文三，又如《浙江省人民政府工作规则》，该规则本就是规章制度，但因为要求执行的不仅是政府机关大院各单位，还有省直各机关，因此浙江省人民政府以规范性文件的形式发布。类似这两种情况的文件均称为"规章制度"。

二是本机关从内部管理的需要出发，依据法律法规规章和规范性文件制定的，要求本机关全体人员共同遵守的各种条规。其称谓有"制度"、"规则"、"规程"、"守则"、"准则"、"标准"、"规范"、"纪律"等不同的名称。本机关、本单位制订的规章制度称为"一般的规章制度"。

因此，一般规章制度的法律效力低于规范性文件。

认识并理解各种不同的规章制度，掌握其不同的分类方法，有利于正确应用不同体式为工作需要服务，更好地把握其写作方法，得体得当地使用各种规章制度文种。

从适用对象、范围来划分，规章制度有日常事务管理制度、人事管理制度、财务管理制度、业务管理制度等。

从规章制度的作用来划分，有职责类规章制度（如岗位职责、科长职责、业务员职责、班主任职责等）、业务标准类规章制度（如打字员工作标准、营业员接待顾客规范、操作规程、业务工作程序及其规范等）、奖惩类规章制度（如岗位纪律、奖励办法、惩戒办法等）。

从规章制度的内容来划分，有办公室管理制度（如接待制度、信访制度、印章管理规定、值班规则等）、文书档案管理规则（办文制度、收发制度、归档制度、文书档案管理制度等）、总务管理规章制度（生活管理制度、房产管理制度、车辆管理制度、物品管理制度、环境管理制度、经费管理制度、医疗管理制度等）。

我们学习应用和写作规章制度，宜从文种入手，即首先认识规章制度中的各个文种，理解其功能、特点、作用，进而体会出各文种之间的相互联系和区别。

规章制度的文种有：

1. 制度

制度一般由机关、团体、企事业单位，根据实际需要制定，规定所属成员或有关人员必须共同遵守的事项。名称可以用"制度"（如资金管理制度、考勤制度、岗位责任制度等），也可以根据内容与作用的不同，使用"规则"、"规程"、"守则"、"准则"、"标准"、"规范"、"纪律"等。

制度中的处罚，必须明文依据法律、法规或规章的规定，设置本单位内部的除限制人身自由、侵犯人权、触犯刑律等以外的某些罚则，如"批评"、"警告"、"记过"、"察看"、"开除"等。

（1）岗位责任制。岗位责任制是指按工作岗位划分职责任务的制度。如零售企业，可根据经理、管理人员、营业组长、柜台负责人以及每个营业员的不同岗位，分别规定他们各自应该做什么及达到什么标准等。

（2）规则。规则是机关团体、企事业单位，为了维护劳动纪律，维护公共利益，制定出的要求大家遵守的条规。如图书馆借书规则、考试规则、体育比赛规则等等。这些规则，因制定单位的权限不同、涉及的范围和影响不同，其具体的措施、办法、处理原则等也不同，但其对执行的要求是强烈的，因此一般都订有罚则。

（3）守则。守则是机关团体、企事业单位要求成员必须遵守的行为准则。它是在一定范围内为一定的社会成员简明规定的职业操守或学习要求，是一种道德规范和行为准则。如《全国职工守则》、《国务院工作人员守则》、《中学生守则》等等。

（4）规程。规程是工作时要求遵循的方法，内容多是专业技术的操作程序。如《配电室规程》、《微电脑操作规程》等等。

2. 须知

须知是有关单位、部门为了维护秩序，搞好某种具体活动而制定的具有指导性、规定性的守则。如车站、码头、旅馆等规定的旅客须知，公园张贴的游园须知，纪念馆、展览馆制定的参观须知，特殊专业部门或生产技术部门公布的消防须知、消毒须知、操作须知，还有会议须知等等。

注意事项也是须知的一种。

3. 公约

公约是人民群众为了维护劳动纪律和公共秩序，保护公共利益，保证学习、生产、工作任务的顺利完成，经过协议，把约定要做的事情或不应当做的事情、应该宣传的事情或必须反对的事情明确地写成条文，作为共同遵守的规则。如爱国卫生公约、拥军优属公约、学习公约等等。

公约一般没有罚则，但也具有一定的约束性，一经公布，应自觉遵守。对违约者，订约单位的群众应对其进行劝说、批评、教育，以使公约保持权威性。

四、规章制度的写作要求

建章立制是机关单位实施规范管理的重要手段。建立一个规章制度，既要与本单位的建章立制工作紧密结合，又要与整个单位的管理工作协调配套，相互制约。各个规章制度之间应相辅相成，相互补益。

(一) 订立规章制度，必须明确"法据实情"，做到"上有所依，下有所系"

所谓"上有所依"，是指要充分依据国家的法律、法规和规章以及上级机关的指示和本机关、本单位的领导意图；所谓"下有所系"，是指要密切联系本机关、本单位的实际，充分考虑在现实条件下执行的可能性和在一定时期内的稳定性。

一个单位，不论大小，它总是与上下、左右一些单位发生各种形式的联系，不可能与外界隔绝，孤立地存在。一项规章制度的制定，既要考虑到历史，又要考虑到现实，既要符合上级的有关规定、章法，又要注意与左邻右舍单位大体一致。因此，要做到以下"三注意"：

1. 注意纵向联系，保持上下一致

一个单位要制定规章制度，首先要与党和国家的政策保持一致，与上级的有关规定保持一致，决不能有违背或抵触。这是一个组织原则问题，必须十分注意。任何规章制度，只有充分体现党和国家的有关政策、法令和上级机关的规定要求，才能有权威性和组织上的保证。

2. 注意横向联系

保持与平级单位之间大体一致，防止群众在执行中互相攀比、责难。避免本单位的规章制度中有指责其他单位的条文。

3. 注意历史和现实的联系，保持规章制度的连续性

就一个单位来说，今天制定的各项规章制度，无疑是昨天各项规章制度的完善、继续和发展，而不是完全的否定或翻版。只有把历史和现实有机地联系起来，保持其系统性和连续性，才能充分地发挥规章制度的作用。

制定规章制度是为了本单位进行内部管理，因此，不要去制定那些"装门面、做摆设"的规章制度。

(二) 要正确选用文种

正确选用文种，有两个方面的要求：一是所订规章制度的内容要与文种名称相一致，二是不得套用法规、规章的文种名称。比如"条例"是法规名称，国务院明文规定"国务院各部门和地方人民政府制定的规章不得称'条例'"。使用"规定"、"办法"等文称也要慎重，如果该制度的内容是本机关、本单位的最高决策而又事关全局，可以使用"规定"、"办法"的文称，否则，不如选用更贴切的规程、规则、规范、标准、制度等。

(三) 考虑条文内容的可行性与体式结构的规范性

一项规章制度是否具有可行性，是决定该项规章制度生命力的关键所在。无可行性的规章制度，必然流于形式，成为一纸空文。

规章制度的可行性是与实际需要紧密结合在一起的，即"需要与可行同时存在"。"需要"，一方面指从领导和管理的角度出发，规范内部人员的学习，工作或生活；另一方面，指从群众的角度出发，确保个体明确职责范围，维护自身权益。"可行"，一方面指法律、法令、政策允许，另一方面指群众能够接受规章制度，有效执行。

不能为需要服务的规章制度，是无为的废纸，一个不能为群众所接受、群众无法执行的规章制度，也是一纸空文、徒为摆设。

规章制度的可行性是指规章制度的内容不仅要具有明确的针对性和先进性，而且要有良好的群众基础。就是说，它必须从实践中来，即总结实践而形成，又能反过来指导实践。既不是主观臆造、脱离实际地把根本办不到的事情硬写入规章制度，也不是事无巨细，把人们的行动规定得过于死板。比如制定某项工作的质量标准和时间要求时，要看多数人经过努力能不能达到，绝不能把少数人能达到的标准当作普遍要求，写成制度，强行执行。同样道理，也不能置多数人能达到的标准于不顾，而迁就少数人的要求，致使多数人的积极性受到挫伤。

体式结构的规范性，是规章制度的表现形式。内容较多的一般采用章条式结构，内容较少的一般采用逐条贯通式结构。要十分注意条与条、段与段之间的内在逻辑性，做到层次分明，布局合理。

(四) 要正确使用语言

规章制度是用来规范人们行为的，在语言的表述上必须严肃、规范、鲜明、朴实，准确、严密、无懈可击。

学习规章制度写作，需要严格训练自己的语言运用能力，可以阅读例文，体会规章制度的语言特点，再开始写作练习。

1. 严肃、规范

规章制度的语言，要求使用规范的书面语，不用方言土语，不用诙谐、幽默语，以体现出规章制度的规范性和严肃性。

2. 鲜明、朴实

规章制度必须观点鲜明、态度明朗、是非分明，因此在语言使用上，必须做到反对什么、提倡什么，要解决什么问题，用什么指导思想，达到什么目的等等，直接在文中表达出来。要注意使用"筋条型"语言，不多加修饰，只作某些限制，使表意直接、明了。

3. 准确、严密、无懈可击

规章制度的语言，必须反映客观事物或事理，没有漏洞，前后不矛盾，用词准确，没有歧义。每一章节、每一条款甚至每句话、每个词都必须有肯定的属性，含义明确，有固有的质的规定性。人们对每一条款、每一词句只能有一种理解。

（五）重视定稿过程的完整性

规章制度，从起草到定稿、签发有一个过程。一般要经过酝酿、成文和审批三个阶段。

1. 酝酿阶段

主要是进行调查研究，总结历史经验，听取群众意见，学习党和国家的政策、法律、法令等相关规定，做到既吃透上级精神，又弄清下面的情况。这样才能使规章制度立于可靠的基础之上，防止脱离实际，纸上谈兵、流于形式。

2. 成文阶段

主要是将酝酿情况，包括调查结论、历史的和有关部门的经验、群众意见、上级规定等等，进行综合研究，确定最佳方案，组织撰写条文。

3. 审批阶段

首先将成文草稿交一定范围的群众讨论，征求有关方面意见后，再综合、修改，按审批权限，提交有关机关或领导人审定、批准，发布执行。以上过程是就制定规章制度的一般情况而言。有些制度的制定也允许先指定专人起草条文，然后组织群众讨论，再由单位领导批准、执行。

规章制度的反复推敲和修改定稿的过程，是对客观事物的认识逐步深化的过程，即由感性认识到理性认识，再由理性认识指导实践的一个循环过程。在此过程中，写作者要进行多次调查研究，其认识要经历两次"飞跃"。尤其是定稿后的调查研究，既是对文稿的反复推敲过程，也是认识的深化和升华过程。直至修改到不能增减一字，才算是基本完成了规章制度的写作任务。

五、规章制度的写法

（一）结构

规章制度的结构由形式结构和内容结构两个部分组成。其形式结构一般采用章、条、款、项，有的也可以设目来表述；其内容结构由标题、签署、正文（总则、分则、附则）组成。在表述时，可以采用两种不同的形式，即章断条连式（分章列条法）和逐条贯通式（不分章而只分条列项）。

（二）写法

格式分为标题、日期、正文三个部分。各部分写法是：

1. 标题

标题应该注意规范化。一般有两种写法：

（1）由单位名称、事由、文种三部分组成，这是完整的标题。如××化工厂生产经营责任制、××公司目标经营和目标管理责任制。

（2）由事由、文种两部分组成。基层组织、企事业单位普遍使用这种标题。这是省略制文单位的标题，如企业人事管理制度、企业职工奖惩规定。使用这种省略制文单位名称的标题，要注意得当。一般的机关单位制定的规章制度，如果在标题中不写单位名称，便要在正文之后、日期之前写上单位名称。

标题中的事由要注意概括准确、提纲挈领、简明扼要。

2. 日期

日期写在标题下面的正中部位，用小括号括起来。由什么会议通过或什么部门批准也可以写在这个括号内。有的规章也可以将日期放在正文的右下角。

3. 正文

正文有两种格式和写法。

（1）分章列条式。格式的写法在本《教程》第二章中已有介绍，这里从略。

（2）逐条贯通式。逐条贯通式的写法是：全文从头到尾，不分章节，而以分条分款作为基本格式，贯穿全文。有的也可以在分条之前写上简短的前言，说明制定本规章的目的、依据，最后一条说明生效时间或执行规定。各条，要用汉字标注条文序码。条内如果需要分款,则另起一段,不必使用序码。这种写法一般适用于内容比较简单的规章制度。

思考与练习

学习本章要使自己有一个明确的认识:我们必须懂得规章制度的应用与写作,这是未来工作或创业的需要,是自己业务能力提升的需要。综观政府公文,规章制度的使用频率非常高,企业的管理也大量地使用规章制度这种文体。

一、注意掌握下列名词术语。

规章　规章制度　规则　守则　规程　规范　准则　标准　须知　公约　条例　规定　办法　章条款目　条款式结构　逐条贯通

二、阅读规章制度各篇例文,从中领会规章制度与规章的异同。

提示

※ 规章是法规性文种,其制发机关必须具有立法权限,而且还必须要依照法定程序制定和公布;规章制度是出于内部管理需要,由本机关、本单位制定的。其法律地位不同,制定程序不同。

三、国家工商行政管理总局制定了《工商行政管理所食品安全监督管理工作规范》,2005年5月23日以工商消字〔2005〕71号通知下发全国各工商行政管理部门。请你说说,该文件属于规范性文件的依据什么,该文件属于规章制度的依据什么。

四、请依据下文提供的情况,谈谈制定规章制度时需要注意的问题。

1986年,苏北某市一家服装厂,鉴于外贸产品交货期迫近,部分职工劳动纪律松散,出勤率不高等情况,厂长与部分职代会代表研究后作出"规定":"长期病假重新办理请假手续;连续病假一个月以上、六个月以内的工资发40%,六个月以上的停发工资,超过一年的予以除名。"这一"规定"在厂内引起极大反响。后由市总工会向市委反映,市委领导作出了批示:"服装厂自立的这些规定要符合国务院的现行规定。违背的要妥善更正。"于是,该厂自订的同国家劳动保护条例有抵触的规定,最终被废除。

信宜市人大纠正一起违法处罚

本报信宜讯　信宜市北界镇结坡管理区梁某因偷鸡受不公平处罚一事,近日在该市人大的监督下,已得到公正处理。

年初,梁某到本村一养鸡场偷走一只母鸡,被鸡主发现告到管理区。由于梁某平时得罪过村民,不少人要求从重处理梁某,并提出要梁某给大家派红包。最后,管理区干部发出罚款通知书,责令梁某赔偿鸡主200元、支付民兵费620元、电影费500元、车辆看守费280元,罚款200

元，共计 1800 元。梁某接到通知后不服，反映到镇和市有关部门。

经查，梁某偷鸡的事实基本清楚，管理区处罚的依据是"乡规民约"。市人大常委会认为，梁某偷鸡应当处罚，但不能超乎《中华人民共和国治安管理处罚条例》的规定，"乡规民约"也不能违反国家的法律法规；另外，《中华人民共和国行政处罚法》规定管理区一级没有处罚权，更没有处罚项目的设定权。因此，认定结坡管理区擅自立项并扩大处罚数额既违法又失公平，应予纠正。

（1997 年 7 月 11 日《广州日报》）

　　五、某学校在校内修建了一个小花园，买来铺地锦、剑兰、墨兰及别的一些花木种在园内，给校园增添了别致的景色。但是，有不少同学不爱惜，随便进园践踏、打球、嬉耍，或乱扔杂物，甚至将垃圾倒入园内。为此，学校爱国卫生委员会制定了一份《草坪规则》。请对该"规则"进行修改，使内容切合要求。并对修改的主要处，如标题、罚则、格式等，作简要说明。

草坪规则

1. 绿化校园，人人有责。
2. 爱护花草，禁止践踏。
3. 禁止往草坪丢杂物，倒垃圾。
4. 禁止在草坪内打球。
5. 违反 2、3、4 条，每人罚款 10 元，并视其情节轻重给予纪律处分。

××××学校爱委会

　　六、修改下面由××学校图书馆起草的一份规则。

　　注意以下几点：①本规则应由阅览室制定还是学校制定；②怎样才能使本规则更具有权威性；③内容是否完备，该补充什么；④条文排列怎样才能体现出内在的逻辑性。

阅览室规则

　　一、阅览室须凭借书证方可入室阅览（教工除外），出门退回借书证。室内的报刊、图书，只限在馆内阅览，不得外借。

　　二、取阅图书、报刊，阅后必须自动放回原处，违者予以批评教育。视态度和情节另予追究。

　　三、要爱护图书、杂志，不得涂污撕毁，不得在书上加"眉批"或"书评"，损坏者，按原价三倍赔偿；偷窃图书、杂志者，罚没借书证，并报请学校给予纪律处分。补办借书证需经学生处批准办理。

　　四、保持阅览室内肃静，不得吸烟、吐痰、乱丢纸屑；不得在室内吃东西；保持室内整洁。

　　五、不得携带手袋、拎包进入阅览室。

　　六、违反以上规则者，按情节轻重，适当处分。

××××××学校图书馆
一九××年×月×日

七、假如你是某企业办公室的骨干文员,根据企业加强内部管理的需要,由你拟订建立相适应的规章制度——"员工手册"计划(草案)。请认真参阅附录的《关于员工手册》,试列出你所构想的本企业员工必须知道并严格遵守的"员工手册"中各种规定、规则、守则、规范、制度、须知、公约等的规章制度名称。

※ 你必须首先模拟确定企业的性质,其法定经营的项目是什么,规模有多大,设置了哪些部门、岗位,对员工有哪些要求,需要规定哪些工作程序、规范,等等;然后再考虑需要制定哪些规定、办法、制度、规程、规则、准则、标准等。

八、在有条件的情况下,利用某个假期,组成三人小组前往某企业进行调查:该企业在内部管理上制定了哪些规章制度?该企业怎样利用规章制度管理员工,而员工又怎样利用规章制度来指导自己的工作?企业在生产的哪些环节上制定了什么内容的规章制度?然后,将收集到的规章制度全部汇集起来进行研究,依据其生产流程,分析其规章制度的优点和缺点,写出分析文章。

九、请你结合前面学习过的法律法规文书和章程相关知识,探索规章制度应当怎样去制定?

1. 制定规章制度为什么必须"上有所依",依据什么?怎样去依据?
2. 一项规章制度的制定,既要考虑到历史,又要考虑到现实,既要符合上级的有关规定、章法,又要注意与左邻右舍单位大体一致,请说说应当怎样去考虑?
3. 怎样正确选用文称?
4. 怎样防止所订规章制度成为一纸空文?
5. 规章制度的章、条、款、项、目的层次应当怎样编排序码?
6. 撰写规章制度应怎样正确使用语言文字?

十、请你自行加大对规章制度的写作练习,甚至当日记写。规章制度的写作内容与个人的学习生活可以紧密结合,如宿舍管理制度、课堂纪律、作息制度、参观展览须知、××操作规程、篮球比赛规则,等等。必须事先调查研究,熟悉事物,然后下笔,完成后自行修改。

第三编 党政机关公文

导读

　　公文是处理公务的文书，称公务文书，与私务文书相对。一切为处理公务而产生的文书都可以称为公务文书。所有党政机关、人民团体、企事业单位在依法治国、依法行政或内部管理中形成的各种文书，都是公务文书。

　　"公务文书即公文"之说是"广义公文"的概念，其涵盖面是很大的，几乎包含了除私务方面以外的所有应用文，既包括了法定的公务文书，也包括了司法、外交、军事、财经、科技等部门的专用公文以及机关事务文书和日用类文书，诸如开幕词、闭幕词、倡议书、领导人讲话等等。这是"广义公文"的概念。

　　但是，我们不能将所有的公务文书简称为公文，因为我们的国家机关，已通过法规的形式将公文这个概念进行了特别的界定：

　　目前我国已确立的法定公文有五种。

　　一是2012年4月16日由中共中央办公厅、国务院办公厅印发的《党政机关公文处理工作条例》规定的党政公文。

　　二是由全国人大常委会办公厅2000年11月15日印发的《人大机关公文处理办法》规定的权力机关公文。

　　三是由中央军委办公厅2005年10月2日发布，2006年1月1日施行的《中国人民解放军机关公文处理条例》规定的人民解放军军队机关公文。

　　四是最高人民法院1996年4月9日印发的《人民法院公文处理办法》规定的人民法院机关公文。

　　五是最高人民检察院1998年9月30日修订的《最高人民检察院机关公文处理规定》所规定的检察机关公文。

　　上述党和国家机关以法规的形式确立、规定了为处理机关公务、具有特定的格式和处理程序的、从此机关到彼机关为运行轨迹的、赋有专有文种名称的，即为法定的公务文书。我们日常简称为公文，也有人称之为"狭义公文"。一般包括：决议、决定、命令、公报、公告、通告、意见、通知、通报、报告、请示、批复、议案、函、纪要等。

　　党政机关公文是公文中的一种，但是，由于其他机构，如人民团体、企事业单位等也习惯沿用党政机关公文，因此，党政机关公文的使用范围很广。

　　为了不致混淆，我们将法定的公文称为"公文"，而将在公务活动中形成的其他文书称为"公务文书"。在这些公务文书中，我们分为"法规性文书"、"机关内部文书"、"日用类文书"、"社会各专业文书"，等等。

第一章 党政机关公文概说

本《教程》自1990年9月第一版问世以来,到2012年7月第六版第38次印刷,均是仅介绍国家行政机关公文。但随着党政机关公文处理工作的科学化、制度化和规范化建设的发展,2012年4月16日,中共中央办公厅、国务院办公厅以中办发〔2012〕14号文联合下发了一份关于印发《党政机关公文处理工作条例》(以下简称新《条例》)的通知,这个新印发的条例就是党政公文处理的新法规,今后党政公文的处理工作,必须以新条例为规范,因此本《教程》从现在开始(第七版),便以介绍党政机关公文为重点。

在这之前,党政机关公文分别由《中国共产党机关公文处理条例》(1996年5月3日发布)和《国家行政机关公文处理办法》(2000年8月24日发布)进行规范,现在,党政机关公文处理工作统一由新《条例》进行规范。

我们必须高度重视党政机关公文处理工作的科学化、制度化和规范化建设。我们的公文处理工作的规范,已由规范性文件的档次升级为法规。《党政机关公文处理工作条例》是法规,是以党政机关联合行文的方式、以党的法规的发布方式印发的①。

党政机关公文是党政机关实施领导、履行职能、处理公务的,具有特定效力和规范体式的文书,是传达贯彻党和国家方针政策,公布法规和规章,指导、布置和商洽工作,请示和答复问题,报告、通报和交流情况等的重要工具。

党政机关公文用新《条例》这一法规在公文文种、公文格式、行文规则、公文拟制、公文办理、公文管理等方面进行了规范。

本《教程》是应用写作入门教程,在公文方面主要是介绍党政机关公文。一般的学习者宜首先学习并掌握党政机关公文,在此基础上依据自己的工作需要,再学习、掌握人大机关公文或其他机关公文。这叫"一理通百理",打好功底更上一层楼。

公文是党政机关、企事业单位、群众团体处理公务的工具,各种不同的机关、团体受其职能、权限等因素的影响,其公文的格式设计、运作程序会有所

---

① 《条例》是党的法规。其发布方式用通知,不同于行政法规用令颁发,党的机关不用令而用通知。

不同。因此，具体到不同机关，不同战线，尚需依据该机关、该战线的具体规定进行公文处理。但有了基础就能举一反三、触类旁通。因此，本《教程》完全可以引领学习者登堂入室、驾驭公文写作与公文应用。

一、例文学习

中共中央办公厅　国务院办公厅
关于印发《党政机关公文处理工作条例》的通知
中办发〔2012〕14号

各省、自治区、直辖市党委和人民政府，中央和国家机关各部委，解放军各总部、各大单位，各人民团体：

《党政机关公文处理工作条例》已经党中央、国务院同意，现印发给你们，请遵照执行。

中共中央办公厅
国务院办公厅
2012年4月16日

党政机关公文处理工作条例

第一章　总　则

第一条　为了适应中国共产党机关和国家行政机关（以下简称党政机关）工作需要，推进党政机关公文处理工作科学化、制度化、规范化，制定本条例。

第二条　本条例适用于各级党政机关公文处理工作。

第三条　党政机关公文是党政机关实施领导、履行职能、处理公务的具有特定效力和规范体式的文书，是传达贯彻党和国家方针政策，公布法规和规章，指导、布置和商洽工作，请示和答复问题，报告、通报和交流情况等的重要工具。

第四条　公文处理工作是指公文拟制、办理、管理等一系列相互关联、衔接有序的工作。

第五条　公文处理工作应当坚持实事求是、准确规范、精简高效、安全保密的原则。

第六条　各级党政机关应当高度重视公文处理工作，加强组织领导，强化队伍建设，设立文秘部门或者由专人负责公文处理工作。

第七条　各级党政机关办公厅（室）主管本机关的公文处理工作，并对下级机关的公文处理工作进行业务指导和督促检查。

第二章　公文种类

第八条　公文种类主要有：

（一）决议。适用于会议讨论通过的重大决策事项。

（二）决定。适用于对重要事项作出决策和部署、奖惩有关单位和人员、变更或者撤销下级机关不适当的决定事项。

（三）命令（令）。适用于公布行政法规和规章、宣布施行重大强制性措施、批准授予和晋升衔级、嘉奖有关单位和人员。

（四）公报。适用于公布重要决定或者重大事项。

（五）公告。适用于向国内外宣布重要事项或者法定事项。

（六）通告。适用于在一定范围内公布应当遵守或者周知的事项。

（七）意见。适用于对重要问题提出见解和处理办法。

（八）通知。适用于发布、传达要求下级机关执行和有关单位周知或者执行的事项，批转、转发公文。

（九）通报。适用于表彰先进、批评错误、传达重要精神和告知重要情况。

（十）报告。适用于向上级机关汇报工作、反映情况，回复上级机关的询问。

（十一）请示。适用于向上级机关请求指示、批准。

（十二）批复。适用于答复下级机关请示事项。

（十三）议案。适用于各级人民政府按照法律程序向同级人民代表大会或者人民代表大会常务委员会提请审议事项。

（十四）函。适用于不相隶属机关之间商洽工作、询问和答复问题、请求批准和答复审批事项。

（十五）纪要。适用于记载会议主要情况和议定事项。

第三章 公文格式

第九条 公文一般由份号、密级和保密期限、紧急程度、发文机关标志、发文字号、签发人、标题、主送机关、正文、附件说明、发文机关署名、成文日期、印章、附注、附件、抄送机关、印发机关和印发日期、页码等组成。

（一）份号。公文印制份数的顺序号。涉密公文应当标注份号。

（二）密级和保密期限。公文的秘密等级和保密的期限。涉密公文应当根据涉密程度分别标注"绝密""机密""秘密"和保密期限。

（三）紧急程度。公文送达和办理的时限要求。根据紧急程度，紧急公文应当分别标注"特急""加急"，电报应当分别标注"特提""特急""加急""平急"。

（四）发文机关标志。由发文机关全称或者规范化简称加"文件"二字组成，也可以使用发文机关全称或者规范化简称。联合行文时，发文机关标志可以并用联合发文机关名称，也可以单独用主办机关名称。

（五）发文字号。由发文机关代字、年份、发文顺序号组成。联合行文时，使用主办机关的发文字号。

（六）签发人。上行文应当标注签发人姓名。

（七）标题。由发文机关名称、事由和文种组成。

（八）主送机关。公文的主要受理机关，应当使用机关全称、规范化简称或者同类型机关统称。

（九）正文。公文的主体，用来表述公文的内容。

（十）附件说明。公文附件的顺序号和名称。

（十一）发文机关署名。署发文机关全称或者规范化简称。

（十二）成文日期。署会议通过或者发文机关负责人签发的日期。联合行文时，署最后签发机关负责人签发的日期。

（十三）印章。公文中有发文机关署名的，应当加盖发文机关印章，并与署名机关相符。有特定发文机关标志的普发性公文和电报可以不加盖印章。

（十四）附注。公文印发传达范围等需要说明的事项。

（十五）附件。公文正文的说明、补充或者参考资料。

（十六）抄送机关。除主送机关外需要执行或者知晓公文内容的其他机关，应当使用机关全称、规范化简称或者同类型机关统称。

（十七）印发机关和印发日期。公文的送印机关和送印日期。

第十条 公文的版式按照《党政机关公文格式》国家标准执行。

第十一条 公文使用的汉字、数字、外文字符、计量单位和标点符号等，按照有关国家标准和规定执行。民族自治地方的公文，可以并用汉字和当地通用的少数民族文字。

第十二条 公文用纸幅面采用国际标准 A4 型。特殊形式的公文用纸幅面，根据实际需要确定。

第四章　行文规则

第十三条 行文应当确有必要，讲求实效，注重针对性和可操作性。

第十四条 行文关系根据隶属关系和职权范围确定。一般不得越级行文，特殊情况需要越级行文的，应当同时抄送被越过的机关。

第十五条 向上级机关行文，应当遵循以下规则：

（一）原则上主送一个上级机关，根据需要同时抄送相关上级机关和同级机关，不抄送下级机关。

（二）党委、政府的部门向上级主管部门请示、报告重大事项，应当经本级党委、政府同意或者授权；属于部门职权范围内的事项应当直接报送上级主管部门。

（三）下级机关的请示事项，如需以本机关名义向上级机关请示，应当提出倾向性意见后上报，不得原文转报上级机关。

（四）请示应当一文一事。不得在报告等非请示性公文中夹带请示事项。

（五）除上级机关负责人直接交办事项外，不得以本机关名义向上级机关负责人报送公文，不得以本机关负责人名义向上级机关报送公文。

（六）受双重领导的机关向一个上级机关行文，必要时抄送另一个上级机关。

第十六条 向下级机关行文，应当遵循以下规则：

（一）主送受理机关，根据需要抄送相关机关。重要行文应当同时抄送发文机关的直接上级机关。

（二）党委、政府的办公厅（室）根据本级党委、政府授权，可以向下级党委、政府行文，其他部门和单位不得向下级党委、政府发布指令性公文或者在公文中向下级党委、政府提出指令性要求。需经政府审批的具体事项，经政府同意后可以由政府职能部门行文，文中须注明已经政府同意。

（三）党委、政府的部门在各自职权范围内可以向下级党委、政府的相关部门行文。

（四）涉及多个部门职权范围内的事务，部门之间未协商一致的，不得向下行文；擅自行文的，上级机关应当责令其纠正或者撤销。

（五）上级机关向受双重领导的下级机关行文，必要时抄送该下级机关的另一个上级机关。

第十七条 同级党政机关、党政机关与其他同级机关必要时可以联合行文。属于党委、政府各自职权范围内的工作，不得联合行文。党委、政府的部门依据职权可以相互行文。部门内设机构除办公厅（室）外不得对外正式行文。

第五章 公文拟制

第十八条 公文拟制包括公文的起草、审核、签发等程序。

第十九条 公文起草应当做到：

（一）符合国家法律法规和党的路线方针政策，完整准确体现发文机关意图，并同现行有关公文相衔接。

（二）一切从实际出发，分析问题实事求是，所提政策措施和办法切实可行。

（三）内容简洁，主题突出，观点鲜明，结构严谨，表述准确，文字精练。

（四）文种正确，格式规范。

（五）深入调查研究，充分进行论证，广泛听取意见。

（六）公文涉及其他地区或者部门职权范围内的事项，起草单位必须征求相关地区或者部门意见，力求达成一致。

（七）机关负责人应当主持、指导重要公文起草工作。

第二十条 公文文稿签发前，应当由发文机关办公厅（室）进行审核。审核的重点是：

（一）行文理由是否充分，行文依据是否准确。

（二）内容是否符合国家法律法规和党的路线方针政策；是否完整准确体现发文机关意图；是否同现行有关公文相衔接；所提政策措施和办法是否切实可行。

（三）涉及有关地区或者部门职权范围内的事项是否经过充分协商并达成一致意见。

（四）文种是否正确，格式是否规范；人名、地名、时间、数字、段落顺序、引文等是否准确；文字、数字、计量单位和标点符号等用法是否规范。

（五）其他内容是否符合公文起草的有关要求。

需要发文机关审议的重要公文文稿，审议前由发文机关办公厅（室）进行初核。

第二十一条 经审核不宜发文的公文文稿，应当退回起草单位并说明理由；符合发文条件但内容需作进一步研究和修改的，由起草单位修改后重新报送。

第二十二条 公文应当经本机关负责人审批签发。重要公文和上行文由机关主要负责人签发。党委、政府的办公厅（室）根据党委、政府授权制发的公文，由受权机关主要负责人签发或者按照有关规定签发。签发人签发公文，应当签署意见、姓名和完整日期；圈阅或者签名的，视为同意。联合发文由所有联署机关的负责人会签。

第六章 公文办理

第二十三条 公文办理包括收文办理、发文办理和整理归档。

第二十四条 收文办理主要程序是:

(一) 签收。对收到的公文应当逐件清点,核对无误后签字或者盖章,并注明签收时间。

(二) 登记。对公文的主要信息和办理情况应当详细记载。

(三) 初审。对收到的公文应当进行初审。初审的重点是:是否应当由本机关办理,是否符合行文规则,文种、格式是否符合要求,涉及其他地区或者部门职权范围内的事项是否已经协商、会签,是否符合公文起草的其他要求。经初审不符合规定的公文,应当及时退回来文单位并说明理由。

(四) 承办。阅知性公文应当根据公文内容、要求和工作需要确定范围后分送。批办性公文应当提出拟办意见报本机关负责人批示或者转有关部门办理;需要两个以上部门办理的,应当明确主办部门。紧急公文应当明确办理时限。承办部门对交办的公文应当及时办理,有明确办理时限要求的应当在规定时限内办理完毕。

(五) 传阅。根据领导批示和工作需要将公文及时送传阅对象阅知或者批示。办理公文传阅应当随时掌握公文去向,不得漏传、误传、延误。

(六) 催办。及时了解掌握公文的办理进展情况,督促承办部门按期办结。紧急公文或者重要公文应当由专人负责催办。

(七) 答复。公文的办理结果应当及时答复来文单位,并根据需要告知相关单位。

第二十五条 发文办理主要程序是:

(一) 复核。已经发文机关负责人签批的公文,印发前应当对公文的审批手续、内容、文种、格式等进行复核;需作实质性修改的,应当报原签批人复审。

(二) 登记。对复核后的公文,应当确定发文字号、分送范围和印制份数并详细记载。

(三) 印制。公文印制必须确保质量和时效。涉密公文应当在符合保密要求的场所印制。

(四) 核发。公文印制完毕,应当对公文的文字、格式和印刷质量进行检查后分发。

第二十六条 涉密公文应当通过机要交通、邮政机要通信、城市机要文件交换站或者收发件机关机要收发人员进行传递,通过密码电报或者符合国家保密规定的计算机信息系统进行传输。

第二十七条 需要归档的公文及有关材料,应当根据有关档案法律法规以及机关档案管理规定,及时收集齐全、整理归档。两个以上机关联合办理的公文,原件由主办机关归档,相关机关保存复制件。机关负责人兼任其他机关职务的,在履行所兼职务过程中形成的公文,由其兼职机关归档。

第七章 公文管理

第二十八条 各级党政机关应当建立健全本机关公文管理制度,确保管理严格规范,充分发挥公文效用。

第二十九条 党政机关公文由文秘部门或者专人统一管理。设立党委(党组)的县级以上单位应当建立机要保密室和机要阅文室,并按照有关保密规定配备工作人员和必要的安全保密设施设备。

第三十条 公文确定密级前,应当按照拟定的密级先行采取保密措施。确定密级后,应当按照所定密级严格管理。绝密级公文应当由专人管理。公文的密级需要变更或者解除的,由原确定密级的机关或者其上级机关决定。

第三十一条 公文的印发传达范围应当按照发文机关的要求执行;需要变更的,应当经发文机关批准。涉密公文公开发布前应当履行解密程序。公开发布的时间、形式和渠道，由发文机关确定。经批准公开发布的公文，同发文机关正式印发的公文具有同等效力。

第三十二条　复制、汇编机密级、秘密级公文，应当符合有关规定并经本机关负责人批准。绝密级公文一般不得复制、汇编，确有工作需要的，应当经发文机关或者其上级机关批准。

复制、汇编的公文视同原件管理。复制件应当加盖复制机关戳记。翻印件应当注明翻印的机关名称、日期。汇编本的密级按照编入公文的最高密级标注。

第三十三条　公文的撤销和废止，由发文机关、上级机关或者权力机关根据职权范围和有关法律法规决定。公文被撤销的，视为自始无效；公文被废止的，视为自废止之日起失效。

第三十四条　涉密公文应当按照发文机关的要求和有关规定进行清退或者销毁。

第三十五条　不具备归档和保存价值的公文，经批准后可以销毁。销毁涉密公文必须严格按照有关规定履行审批登记手续，确保不丢失、不漏销。个人不得私自销毁、留存涉密公文。

第三十六条　机关合并时，全部公文应当随之合并管理；机关撤销时，需要归档的公文经整理后按照有关规定移交档案管理部门。

工作人员离岗离职时，所在机关应当督促其将暂存、借用的公文按照有关规定移交、清退。

第三十七条　新设立的机关应当向本级党委、政府的办公厅（室）提出发文立户申请。经审查符合条件的，列为发文单位，机关合并或者撤销时，相应进行调整。

第八章　附则

第三十八条　党政机关公文含电子公文。电子公文处理工作的具体办法另行制定。

第三十九条　法规、规章方面的公文，依照有关规定处理。外事方面的公文，依照外事主管部门的有关规定处理。

第四十条　其他机关和单位的公文处理工作，可以参照本条例执行。

第四十一条　本条例由中共中央办公厅、国务院办公厅负责解释。

第四十二条　本条例自 2012 年 7 月 1 日起施行。1996 年 5 月 3 日中共中央办公厅发布的《中国共产党机关公文处理条例》和 2000 年 8 月 24 日国务院发布的《国家行政机关公文处理办法》停止执行。

　　例文是一份公文，它包括两个部分：一是党政机关公文的通知，二是法规文书中的新《条例》。这两者合成为一份令行禁止的公文。

　　这是党的法规，其公布程序以通知为载体。请参阅第二编中的"法律法规文书的制定、批准和公布"一节的规定。

　　新《条例》是党政公文应用的最新规范，我们必须反复阅读，深入理解，严格执行。

　　之前，党的机关公文依照中共中央办公厅 1996 年 5 月 3 日印发的《中国共产党机关公文处理条例》执行，国家行政机关公文依照国务院 2000 年 8 月 24 日发布的《国家行政机关公文处理办法》执行。从 2012 年 7 月 1 日起，党政机关公文处理均必须依照新《条例》执行。我们必须全面、认真地学习掌握。

二、公文的性质、特征和作用

（一）公文的性质

这里所讲的公文与非法定公文相比较，其突出特性是：工具性、公务性和程式性。

1. 工具性

公文是各级各类机关、企事业单位、社会团体实施管理、组织运行的工具，如发布政令、部署工作、沟通情况、报告请示等等，都离不开公文。没有不接触公文的工作人员，也没有不使用公文的党政首脑，各行各业的工作都要求规范化、制度化，因此新《条例》明确指出："党政机关公文是党政机关实施领导、履行职能、处理公务的具有特定效力和规范体式的文书，是传达贯彻党和国家方针政策，公布法规和规章，指导、布置和商洽工作，请示和答复问题，报告、通报和交流情况等的重要工具。"

其工具性的性质可以概括为："公文是依法治国、依法行政的工具"。

2. 公务性

公文是在公务活动中形成并使用的，离开了公务活动，就不成其为公文。

3. 程式性

并非所有在公务活动中产生的文字材料都是公文，公文必须是由法定机关按照法定格式形成的书面材料，以法定程序，完成其从此机关到彼机关的运行轨迹，最终成为公务活动的凭证和记录，这才成为公文，这也是公文与公务文书的根本区别。

（二）公文的特征

归纳起来，公文与一般文章相比，有以下三个方面的特征。

1. 公文必须在行政管理过程中产生

即公文必须在公务活动中形成和使用，没有公务活动便不能形成公文。撰写公文是为了解决在公务活动中的实际问题，因此，每一份公文都有明确的制发意图和实际效用，即总是为了完成特定的现实任务而制发的，所以，公文具有实用性和工具性的特征。这种实用性又叫现实执行效用。

公文不像一般文章可以随时随地有感而发，而是必须针对公务活动中的具体实际，适时地提出解决问题的意见、方案、办法或明确的规定，以使公务活动能沿着正确的轨道顺利进行。

公文的形成有主动形成和被动形成两种。所谓主动形成是指本机关在公务活动中产生了状况（有了进展，有了群众反映，有了经验或教训，有了困难，有了新情况等等），需要进行研究，采取应对措施，或向上级机关报告、请示，或提出处理意见。此类公文是为解决实际问题制定的，是主动形成的。所谓被动形成是指当上级机关颁发了法规、规章，有了新的指示、部署，下达了新的工作任务之后，本机关必须依据上级指示精神进行学习、消化、贯彻执行，或拟定执行方案，或制定落实计划，或采取什么有效措施，因而形成公文；或是下级机关来文报告、请示，或是下级机关对某重要问题提出了意见或见解，需要上级机关处理、答复，因而形成各种公文。

无论是指导工作、布置任务，还是反映情况、报告工作、请求批准、联系事务，每一种公文的制发都是工作的需要，都有实际的效用，从命令、决定到通知、函、纪要，都有其现实的效用。

公文是机关工作的工具，而且是具有行政效力的工具。上级机关下发的公文，对下级机关具有行政约束力。一个命令发出，有关下级必须执行，一个决定下达，有关下级就得贯彻，一个通知下来，有关下级也要照办。同样，下级机关上报的公文，对上级机关来说也具有某种行政约束力。因为国家对每一级机关不仅赋予了一定的职能和权限，同时也规定了一定的义务。下级的请示，上级机关有责任和义务给予批复，下级的报告，上级机关有责任和义务予以审阅，而且这类公文往往是上级机关作出正确决策的依据。

公文的这种实际效用有一定的时间性，简称时效。每种公文的时效不同，有的较长，如法规性公文；有的较短，如进行某项具体工作的通知。公文在失去时效后，如有查考的价值，就需要立卷归档保存，转化为档案，成为日后考查的原始资料。

2. 公文必须由法定的作者依法制发

一般的文章谁都可以写，但公文的作者必须是法定的机关或个人①。这个机关或个人能以自己的名义发出该公文并能行使其相应的权力和担负相应义务。一般的文章谁都可以看，但收看公文的必须同样是法定的、具有一定权限和职能的机关或个人。

制发公文是为了处理公务，因此，只有依据法律、法令、法规，能以自己的名义行使权力、承担义务的组织或个人可以在自己的职能和权限内制发公文。只有这样的主体制发的公文，才能成为具有法定效力的公文。根据《中华人民共和国宪法》和《中华人民共和国地方各级人民代表大会和地方各级政府组织

---

① 法定的机关——通过法律或法规规定了的国家机构和社会团体。

法》、《中华人民共和国立法法》等法律的规定，国家机关的职能以及制定和发布公文的权限，全国人民代表大会有权制定、修改宪法和法律；全国人大常委会有权制定法令；国务院有权根据宪法、法律和法令制定行政法规，发布决定和命令；省（包括省会市、较大的市）人民代表大会及其常委会可以制定和颁布地方性的法规；省（包括省会市、较大的市）人民政府可以依据法律规定的权限制定政府规章、发布决定和命令。国家领导人和一些机关首长有时也可以制发公文，但必须是在代表国家或机关行使职权的情况下才行。各个企事业单位的权限也都有所规定，必须是在自己的职权范围内发布和使用公文。这就是公文作者的法定性。

正由于公文是法定作者在法定范围内行使职权而制发的，因而其内容便具有法定的权威性和法定的行政效力。如果法定作者在制发公文时，不按法定的权限和法定的程序制发公文（包括法律、法规、规章和规范性文件），那么它所制发的公文便是非法的、无效的"公文"，其上级机关将有权予以废除。这也是法定权威性的一个重要方面。

3. 公文必须按照特定的处理程序制发和按照特定的格式撰写

为了体现公文的性质，维护公文的权威，确保公文的严肃性，提高公文的处理速度，发挥公文的作用，新《条例》规定了公文的处理程序和特定的公文格式。因而使公文具有程式性和规范性的特征。

公文要求具有特定的格式，而且要成文。从标题到签署、从正文到各种附加标记、从文面到用纸，都有特定的要求。

公文的格式依新《条例》规定，由三个部分组成：一是公文的版头，也称为文头格式；二是公文的主体，也称为正文格式；三是公文的版记，也叫作文尾格式。

公文是特殊的精神产品。它的制发不是出于个人的主观感受，而是出于领导意图和工作需要，是集体意志的表现，是集体创作；它代表机关发言，具有法定的强制力和行政约束力，因此必须具有特定的公文处理程序。

新《条例》对公文的拟制、办理和管理作出了一系列的规定。

公文的拟制包括公文的起草、审核、签发等程序。

公文的办理包括收文办理、发文办理和整理归档三个部分。收文办理的主要程序是要经过签收、登记、初审、承办、传阅、催办、答复；发文办理主要程序是复核、登记、印制、核发；需要归档的公文及有关材料，根据法律法规的规定整理归档。

公文的管理包括建立健全公文管理制度，管理人员和设备的配备，保密工作，文档的管理、复制、汇编、解密、清退、销毁等规定。

新《条例》所规定的程序,又叫作法定的公文处理程序。公文处理程序,规定很严,其具体内容属于《文书学》的范畴①。

公文从发到收、从机关到机关,这就是公文运行的主要轨迹,离开机关,公文这个工具就失去归宿而没有存在的价值。

各机关制发公文时,必须严格遵循公文体式的要求,保证公文体式的完整性和统一性,确保公文及时、准确地处理。任何机关不得违背统一规定的原则和要求,自搞一套,各行其是。

上述三个特征是构成公文的必须要素,同时具备,缺一不可。换言之,只有具备了上述三个特征的文书材料才是公文。其他文字材料,可能也具备其中的一两个特点,如会计报表、商品说明、介绍信、大事记等,但并不具备全部特征,因此就不是公文。计划、总结、调查报告、会议记录、规章制度等,也只有按公文规定的要求进入处理程序(进入公文的制发程序并以通知为载体发出)后才是公文,否则就只是机关内部的一般文件,称为机关事务文书。

(三) 公文的作用

公文是国家管理政务的工具,它有着明确的现实目的和效用。一份公文有时仅起一种作用,有时也可以同时起几种作用。归纳起来,大致有以下几种。

1. 法规约束作用

由于公文是法定的作者在法定的范围内行使职权而制发的,因而其内容具有法定的权威性和法定的行政效力。党和国家的路线、方针、政策及法律、法令、行政法规等等,均是以公文为载体而产生效力的。所以,公文的制发就是为了规范人们的行动,约束人们的行为,以此管理国家,维护社会的正常秩序。因此公文具有法规性和约束力。

公文是上级领导机关对下级机关进行领导与指导的一种工具。上级机关通过公文传达领导意图,指导工作,贯彻党和国家的方针、政策,使下级机关能够领会上级指示精神并认真贯彻执行,把工作做好。这就体现了公文所起的领导与指导的作用。

2. 知照联系作用

公文是机关之间协商与联系工作、协调行动的重要手段。不同机关通过公文互相沟通情况,接洽工作,交流思想,得以保持联系,互通信息。

上级机关的通知、批复,下级机关的请示、报告,平级机关或不相隶属机

---

① 文书学——研究文书和文书工作的历史发展规律,阐明文书工作的理论、原则和技术方法的一门学科。与公文写作有密切关联,但公文的制发、管理、使用等方面规定得更为明确、细致、具体、规范。

关间的函以及会议纪要等都起到知照联系作用。有的公文，如通告、公告、通报等有晓谕、启示、动员的意味，实际上也是一种知照作用。公文的抄报与抄送单位主要就是起知照联系作用。

3. 凭证依据作用

从总体上说，公文就是为阐明、传达制发机关的意图，使收受机关有据可依而制发的。也就是说，它本身就是用作凭证和依据。可以这样说，凭证依据作用是公文的最基本作用，没有这种作用，也就谈不上其他方面的作用了。

公文为什么能起到凭证依据作用呢？第一，它不受时间限制，贯穿于工作过程的始终，日后还可据此进行检验。第二，它不受空间的限制。比如，党中央和国务院联合发往全国范围的公文，对党政军民各界，从中央到地方，都起作用。第三，它具有精确性。制发公文要求从内容到文字明确、简练，使收受公文单位准确无误地了解制文单位的意图、要求。公文只有具备精确性才能使上下左右统一认识、统一行动。第四，它具有正规性。维系公务活动正常开展的各种工具之中，公文最为正规。因为只有见诸文字，形成公文，才具有法规作用、约束作用。不符合规格要求的公文，受文单位有权拒绝接受或退回，因为不正规的公文不具凭证依据作用。

4. 宣传教育作用

公文在传达党和国家某一方针政策时，往往要说明为什么要这么做，以提高人们的思想认识，调动人们的积极性，保证党和国家的路线、方针、政策的贯彻落实。公文可以让人们明白事理，从而自觉规范行为，因此，公文具有宣传教育作用。

思考与练习

公文是依法治国、依法行政和进行公务活动的工具。我们学习公文，目的是为了将来能实际应用公文和写作公文。因此，我们必须从实际出发，掌握好基础知识，认真地阅读公文例文，增强感性认识，累积公文语感，进而逐步驾驭公文。

一、注意掌握下列名词或术语

公务文书　法定效力　依法行政　广义的公文　狭义的公文　公文处理条例　公务活动　公文的特征　行政效力　行政约束力　公文的时效　法定的作者　公文运行的轨迹　职能和权限　公文的处理程序

二、阅读《党政机关公文处理工作条例》，认真学习，深刻领会。

应用写作教程

提示

※ 阅读公文例文，是学习者从感性认识上升到理性认识的必由之路，因此必须抓紧时间，尽快阅读《教程》收录的公文例文。对初学应用写作者来说，应用写作是一门新的学科。学习应用写作，必须抓住应用文的文体特征和与之相应的语体特征。通过大量的阅读，使自己增强感性认识，具有丰富的语感，有效地把握住事务语体同文艺语体、科技语体、政论语体的差异，从而把握住应用写作规律，得心应手地驾驭应用文写作。

三、结合《教程》及阅读公文例文的心得，回答问题。

1. 什么是公文？

提示

※ 这是一个大命题。要耐心地沿着本《教程》的介绍，弄懂其概念，掌握其含义，还要联系自己的学习、生活实际，结合国家机关的运转情况，认识公文是怎样在行政管理的过程中形成的、具有怎样的法定效力和为什么必须具有规范的体式的道理。

※ 还要了解公文的特征，为什么会具有这些特征，抓住公文同其他文章的区别。

2. 什么是广义的公文，它包含了哪些文种？什么是狭义的公文，本《教程》指出的狭义公文有哪些？本《教程》重点介绍的公文是什么公文？

3. 文学作品的作者同公文的作者有什么不同？公文的读者同文学作品的读者有什么不同？

4. 请依据本《教程》谈谈你对"公文必须由法定作者制发"的具体理解，公文能不能由领导人一个人制作发出？

5. 公文的制发程序是什么？公文的处理程序是什么？为什么公文的制发和处理必须按特定的程序进行？为什么称这个处理程序为法定程序？

6. "公文的作者必须是法定的能以自己的名义发出该公文并能行使相应的权力和担负相应义务的机关或个人"。这里所说的"个人"是哪一些人？这个"个人"在制发公文时是否必须依照公文处理程序进行？为什么？

7. "收看公文的必须同样是法定的具有一定权限和职能的机关或个人"。请深入领会"机关"和"个人"的概念。

8. 什么是公文作者的法定性？试说说自己对公文的法定性、权威性和行政性的看法。

9. 公文是在公务活动中形成并使用的，但是，并非所有在公务活动中产生的文字材料都是公文。因为没有经过公文制发程序的文章就不能算作公文。试以会议记录和会议纪要为例，说明前者不能算是公文而后者却是公文的原因。

10. 一份调查报告完成了，它算不算公文？它要成为公文，尚需经历怎样的程序？

第二章 公文的种类、格式和其他

党政机关公务活动十分繁杂,由于处理各式各样公务的需要,便产生了许多不同的公文文种。我们应当怎样去认识公文、把握公文,进而能准确地写作和应用公文,答案只有一个,就是严肃、认真地学习、掌握和执行新《条例》和《党政机关公文格式》。

第一章中,我们接触了新《条例》,在这里,我们要学习《党政机关公文格式》,这两个文件是我们今后学习和应用的规范,必须切实掌握。

一、例文学习

党政机关公文格式
(中华人民共和国质量监督检验检疫总局、
中国国家标准化管理委员会发布)
2012年7月1日起执行
(节录)

7 公文格式各要素编排规则

7.1 公文格式各要素的划分

本标准将版心内的公文格式各要素划分为版头、主体、版记三部分。公文首页红色分隔线以上的部分称为版头;公文首页红色分隔线(不含)以下、公文末页首条分隔线(不含)以上的部分称为主体;公文末页首条分隔线以下、末条分隔线以上的部分称为版记。

页码位于版心外。

7.2 版头

7.2.1 份号

如需标注份号,一般用6位3号阿拉伯数字,顶格编排在版心左上角第一行。

7.2.2 密级和保密期限

如需标注密级和保密期限,一般用3号黑体字,顶格编排在版心左上角第二行;保密期限中的数字用阿拉伯数字标注。

7.2.3 紧急程度

如需标注紧急程度，一般用3号黑体字，顶格编排在版心左上角；如需同时标注份号、密级和保密期限、紧急程度，按照份号、密级和保密期限、紧急程度的顺序自上而下分行排列。

7.2.4 发文机关标志

由发文机关全称或者规范化简称加"文件"二字组成，也可以使用发文机关全称或者规范化简称。

发文机关标志居中排布，上边缘至版心上边缘为35mm，推荐使用小标宋体字，颜色为红色，以醒目、美观、庄重为原则。

联合行文时，如需同时标注联署发文机关名称，一般应当使主办机关名称排列在前；如有"文件"二字，应当置于发文机关名称右侧，以联署发文机关名称为准上下居中排布。

7.2.5 发文字号

编排在发文机关标志下空二行位置，居中排布。年份、发文顺序号用阿拉伯数字标注；年份应标全称，用六角括号"〔〕"括入；发文顺序号不加"第"字，不编虚位（即1不编为01），在阿拉伯数字后加"号"字。

上行文的发文字号居左空一字编排，与最后一个签发人姓名处在同一行。

7.2.6 签发人

由"签发人"三字加全角冒号和签发人姓名组成，居右空一字，编排在发文机关标志下空二行位置。"签发人"三字用3号仿宋体字，签发人姓名用3号楷体字。

如有多个签发人，签发人姓名按照发文机关的排列顺序从左到右、自上而下依次均匀编排，一般每行排两个姓名，回行时与上一行第一个签发人姓名对齐。

7.2.7 版头中的分隔线

发文字号之下4mm处居中印一条与版心等宽的红色分隔线。

7.3 主体

7.3.1 标题

一般用2号小标宋体字，编排于红色分隔线下空二行位置，分一行或多行居中排布；回行时，要做到词意完整，排列对称，长短适宜，间距恰当，标题排列应当使用梯形或菱形。

7.3.2 主送机关

编排于标题下空一行位置，居左顶格，回行时仍顶格，最后一个机关名称后标全角冒号。如主送机关名称过多导致公文首页不能显示正文时，应当将主送机关名称移至版记，标注方法见7.4.2。

7.3.3 正文

公文首页必须显示正文。一般用3号仿宋体字，编排于主送机关名称下一行，每个自然段左空二字，回行顶格。文中结构层次序数依次可以用"一、""（一）""1.""（1）"标注；一般第一层用黑体字、第二层用楷体字、第三层和第四层用仿宋体字标注。

7.3.4 附件说明

如有附件，在正文下空一行左空二字编排"附件"二字，后标全角冒号和附件名称。如有多个附件，使用阿拉伯数字标注附件顺序号（如"附件：1. ×××××"）；附件名称后不加标点符号。附件名称较长需回行时，应当与上一行附件名称的首字对齐。

7.3.5 发文机关署名、成文日期和印章

7.3.5.1 加盖印章的公文

成文日期一般右空四字编排，印章用红色，不得出现空白印章。

单一机关行文时，一般在成文日期之上、以成文日期为准居中编排发文机关署名，印章端正、居中下压发文机关署名和成文日期，使发文机关署名和成文日期居印章中心偏下位置，印章顶端应当上距正文（或附件说明）一行之内。

联合行文时，一般将各发文机关署名按照发文机关顺序整齐排列在相应位置，并将印章一一对应、端正、居中下压发文机关署名，最后一个印章端正、居中下压发文机关署名和成文日期，印章之间排列整齐、互不相交或相切，每排印章两端不得超出版心，首排印章顶端应当上距正文（或附件说明）一行之内。

7.3.5.2 不加盖印章的公文

单一机关行文时，在正文（或附件说明）下空一行右空二字编排发文机关署名，在发文机关署名下一行编排成文日期，首字比发文机关署名首字右移二字，如成文日期长于发文机关署名，应当使成文日期右空二字编排，并相应增加发文机关署名右空字数。

联合行文时，应当先编排主办机关署名，其余发文机关署名依次向下编排。

7.3.5.3 加盖签发人签名章的公文

单一机关制发的公文加盖签发人签名章时，在正文（或附件说明）下空二行右空四字加盖签发人签名章，签名章左空二字标注签发人职务，以签名章为准上下居中排布。在签发人签名章下空一行右空四字编排成文日期。

联合行文时，应当先编排主办机关签发人职务、签名章，其余机关签发人职务、签名章依次向下编排，与主办机关签发人职务、签名章上下对齐；每行只编排一个机关的签发人职务、签名章；签发人职务应当标注全称。

签名章一般用红色。

7.3.5.4 成文日期中的数字

用阿拉伯数字将年、月、日标全，年份应标全称，月、日不编虚位（即1不编为01）。

7.3.5.5 特殊情况说明

当公文排版后所剩空白处不能容下印章或签发人签名章、成文日期时，可以采取调整行距、字距的措施解决。

7.3.6 附注

如有附注，居左空二字加圆括号编排在成文日期下一行。

7.3.7 附件

附件应当另面编排，并在版记之前，与公文正文一起装订。"附件"二字及附件顺序号用3号黑体字顶格编排在版心左上角第一行。附件标题居中编排在版心第三行。附件顺序号和附件标题应当与附件说明的表述一致。附件格式要求同正文。

如附件与正文不能一起装订，应当在附件左上角第一行顶格编排公文的发文字号并在其后标注"附件"二字及附件顺序号。

7.4 版记

7.4.1 版记中的分隔线

版记中的分隔线与版心等宽，首条分隔线和末条分隔线用粗线（推荐高度为0.35mm），中间的分隔线用细线（推荐高度为0.25mm）。首条分隔线位于版记中第一个要素之上，末条分隔线与公文最后一面的版心下边缘重合。

7.4.2 抄送机关

如有抄送机关，一般用 4 号仿宋体字，在印发机关和印发日期之上一行、左右各空一字编排。"抄送"二字后加全角冒号和抄送机关名称，回行时与冒号后的首字对齐，最后一个抄送机关名称后标句号。

如需把主送机关移至版记，除将"抄送"二字改为"主送"外，编排方法同抄送机关。既有主送机关又有抄送机关时，应当将主送机关置于抄送机关之上一行，之间不加分隔线。

7.4.3 印发机关和印发日期

印发机关和印发日期一般用 4 号仿宋体字，编排在末条分隔线之上，印发机关左空一字，印发日期右空一字，用阿拉伯数字将年、月、日标全，年份应标全称，月、日不编虚位（即 1 不编为 01），后加"印发"二字。

版记中如有其他要素，应当将其与印发机关和印发日期用一条细分隔线隔开。

7.5 页码

一般用 4 号半角宋体阿拉伯数字，编排在公文版心下边缘之下，数字左右各放一条一字线；一字线上距版心下边缘 7mm。单页码居右空一字，双页码居左空一字。公文的版记页前有空白页的，空白页和版记页均不编排页码。公文的附件与正文一起装订时，页码应当连续编排。

8 公文中的横排表格

A4 纸型的表格横排时，页码位置与公文其他页码保持一致，单页码表头在订口一边，双页码表头在切口一边。

9 公文中计量单位、标点符号和数字的用法

公文中计量单位的用法应当符合 GB 3100、GB 3101 和 GB 3102（所有部分），标点符号的用法应当符合 GB/T 15834，数字用法应当符合 GB/T 15835。

10 公文的特定格式

10.1 信函格式

发文机关标志使用发文机关全称或者规范化简称，居中排布，上边缘至上页边为 30mm，推荐使用红色小标宋体字。联合行文时，使用主办机关标志。

发文机关标志下 4mm 处印一条红色双线（上粗下细），距下页边 20mm 处印一条红色双线（上细下粗），线长均为 170mm，居中排布。

如需标注份号、密级和保密期限、紧急程度，应当顶格居版心左边缘编排在第一条红色双线下，按照份号、密级和保密期限、紧急程度的顺序自上而下分行排列，第一个要素与该线的距离为 3 号汉字高度的 7/8。

发文字号顶格居版心右边缘编排在第一条红色双线下，与该线的距离为 3 号汉字高度的 7/8。标题居中编排，与其上最后一个要素相距二行。

第二条红色双线上一行如有文字，与该线的距离为 3 号汉字高度的 7/8。

首页不显示页码。

版记不加印发机关和印发日期、分隔线，位于公文最后一面版心内最下方。

10.2 命令（令）格式

发文机关标志由发文机关全称加"命令"或"令"字组成，居中排布，上边缘至版心上边缘为 20mm，推荐使用红色小标宋体字。

发文机关标志下空二行居中编排令号，令号下空二行编排正文。

签发人职务、签名章和成文日期的编排见7.3.5.3。

10.3 纪要格式

纪要标志由"××××纪要"组成，居中排布，上边缘至版心上边缘为35mm，推荐使用红色小标宋体字。

标注出席人员名单，一般用3号黑体字，在正文或附件说明下空一行左空二字编排"出席"二字，后标全角冒号，冒号后用3号仿宋体字标注出席人单位、姓名，回行时与冒号后的首字对齐。

标注请假和列席人员名单，除依次另起一行并将"出席"二字改为"请假"或"列席"外，编排方法同出席人员名单。

纪要格式可以根据实际制定。

例文是由中华人民共和国国家质量监督检验检疫总局、中国国家标准化管理委员会依据《党政机关公文处理工作条例》制定的中华人民共和国国家标准。我们在党政机关公文处理工作中必须严格遵守这个标准。

二、公文的种类

公文的种类，就是对公文的文种名称及其特定的性质、功能和特点的界定。

根据新《条例》第二章第八条的规定，党政机关公文种类（以下简称为文种）有15种。每一文种均用准确、精当的文字进行表述。我们只有认真学习、切实把握各文种的性质、功能和特点，才能领会到精神实质，融会贯通，正确使用各个文种。

（一）决议

1. 文种概念

新《条例》规定，决议"适用于会议讨论通过的重大决策事项"。

决议是党政机关就自己管辖范围内的重大决策事项，按照民主集中制的原则①，通过一定会议和程序，对事关全局的重大事项集体讨论而形成的立场、观

---

① 民主集中制是党的根本组织制度、领导制度，也是党最重要的组织纪律和政治纪律。民主集中制是民主基础上的集中和集中指导下的民主相结合的制度，是马克思主义认识论和群众路线在党的生活和组织建设中的运用。民主集中制的民主，就是党员和党组织的意愿、主张的充分表达和积极性、创造性的充分发挥；民主集中制的集中，就是全党意志、智慧的凝聚和行动的一致。

民主集中制的内容最主要的是广大党员干部耳熟能详的"四个服从"，即：党员个人服从党的组织，少数服从多数，下级组织服从上级组织，全党各个组织和全体党员服从党的全国代表大会和中央委员会。

点和行动方案，形成文字并经表决通过后的公文。如《中国共产党第十八次全国代表大会关于〈中国共产党章程（修正案）〉的决议》、《中国共产党广东省第十届委员会第四次全体会议决议》等。

决议这一文种，主要体现了党的民主集中制原则，经合法有效的会议讨论并通过，议定大家共同遵照执行的事项，便可以决议行文。使用决议，必须经充分讨论、表决、符合法定票数通过。通过后，必须少数服从多数，坚决执行。

决议一般以会议通过的形式发布，独立成文。

决议是体现一级组织权威意志的下行文，本机关和所属下级机关都必须认真贯彻执行。

2. 决议的分类

凡决议均是该组织就重大决策事项的慎重行为，根据决议涉及内容范围的不同，可分为三大类型：

（1）审批性决议。如，审议批准党的章程、党的工作报告等重要文件形成的决议，并号召全体共产党员和各级党组织贯彻执行；人民代表大会审议批准本级常务委员会工作报告、政府工作报告、法院工作报告、检察院工作报告、国民经济和社会发展计划报告及草案、预算编制报告及草案，以及人民政府办理议案的结案报告，等等；党的支部大会审议吸收新党员也必须履行规范的手续，表决通过决议。

这类决议是会议的必要程序，所以也称程序性决议。如《中国共产党第十八次全国代表大会关于〈中国共产党章程（修正案）〉的决议》；《中国共产党第十七次全国代表大会关于十六届中央委员会报告的决议》；《×× 党支部大会关于同意接收××× 同志为预备党员的决议》。

（2）部署性决议。即通过决议对某一重大专项工作作出部署和安排。如党的十四届六中全会通过的《中共中央关于加强社会主义精神文明建设若干重要问题的决议》，对新时期社会主义精神文明建设作出专项部署；《中国共产党广东省第十届委员会第七次全体会议决议》（2010 年 7 月 17 日中国共产党广东省第十届委员会第七次全体会议通过）提出，广东省当前的工作要以贯彻《广东省建设文化强省规划纲要（2011—2020 年）》为目标任务，以实施"文化强省建设十项工程"为重要抓手，全面推动文化大发展大繁荣。

（3）总结性决议。对历史和现实中存在争议的重大问题，通过会议讨论，统一思想，达成共识，形成决议。如党的十一届六中全会通过的《关于建国以来党的若干历史问题的决议》，实事求是地总结了新中国成立以来我党的基本经验和教训，科学地阐明了毛泽东同志和毛泽东思想的历史地位，进一步指明了适合我国国情的社会主义现代化建设的正确道路。

3. 决议的文种特点

（1）决策性。决议是针对重大问题和重大事项做出的决策，一经形成，就会在较大范围内对党内的工作和生活造成重大影响。例如"文革"结束后不久中央发布的《关于建国以来党的若干历史问题的决议》，就是对"文革"、对毛泽东同志的功过进行评价的重大政策性文件，对统一党内思想起到了突出作用。

（2）权威性。决议作为党政领导机关用于重要决策事项的公文，是在党政的高级领导机构的会议上研究、讨论后形成的，代表着发文机关的意志，一经发布，其下属党组织和党员必须严格遵守，认真落实，不得违背，具有很强的权威性。

（3）严格的程序性。决议必须经具有权力性的会议讨论，并经表决通过之后才能形成，有严格的程序性。其程序体现在，会议的合法性（会议合法、程序合法、表决人数合法），讨论的民主性和表决的合法性。

4. 文种辨析

公文中有些文种的性质或作用、特点非常近似，这就给我们在文种的选择、掌握与具体运用上带来一些难度。为此，要准确地使用公文就不能不注意对近似文种的辨析。

决议，原是党的机关公文文种，在1993年之前，国家行政机关公文中也有决议这种文体，国务院办公厅对其功能的表述是用于"经会议讨论通过并要求贯彻执行的事项"。1993年《国家行政机关公文处理办法》进行修订时，删去了这一文种。新《条例》规定决议为党政机关公文文种之一。

决议文种与决定文种很近似，我们要认真辨别其差异处，才不致在使用时误用。

决定可以由首脑机关作出，决议则必须由法定会议作出；决定适用的是对"重要事项作出决策和部署"，而决议则适用于"会议讨论通过的重大决策事项"。

决议的内容必须是经过会议集体讨论并表决通过的；而决定则不一定，有的决定是经过会议集体讨论通过的，也有的是由某一机关直接做出的。

（二）决定

1. 文种概念

新《条例》规定，决定"适用于对重要事项作出决策和部署、奖惩有关单位和人员、变更或者撤销下级机关不适当的决定事项"。

决定是一种重要的规范性公文，具有法规性和指令性。

2. 决定的分类

依据规定，决定可以分为三类六种：

第一类，决策性决定。包含两种：一是对重要事项作出安排，如《广东省人民政府关于追认邓练贤、叶欣同志为革命烈士的决定》；二是对重大行动作出安排，如《国务院关于实行公民身份号码制度的决定》。

第二类，奖惩有关单位及人员的决定。这种决定从内容上分，有奖励决定，如《中共中央、国务院关于对我国驻南斯拉夫联盟共和国大使馆工作人员和驻南新闻工作者给予表扬的决定》和惩戒决定，如《广东省韶关市质量技术监督局关于对×××等四名同志违规执法的处分决定》。

第三类，变更或者撤销下级机关不适当决定的决定。这种决定也有两种，一是修改或废止法规规章的变更性决定，如《国务院〈关于修改中华人民共和国外资企业法实施细则〉的决定》；二是撤销下级机关不适当决定的决定，如《关于宝安县七届人大第一次会议选举县长的结果无效的决定》。

3. 决定的文种特点

决定的文种特点主要表现在法规性、规范性和指令性三个方面。

决定是党政机关对职责范围内的重要事项或重大行动作出安排时使用的公文。决定的作出必须依据法律法规的规定：作出决定的机关是法定的机关，作出决定的决策人物必须是法定的代表人物，而且要达到法定有效的人数和票数，作出决定的会议必须是合法、有效的会议，其程序必须符合法定程序，其行文比较严肃、庄重，对所作出的安排、规定和结论，要求受文机关和个人必须执行。涉及法律法规或规章的决定，要依法使用令来颁布施行。

4. 文种辨析

"决定"是动词，可以用来表述一个人或者一个组织的某种意向。例如，某某学校做出决定，要在元旦搞一个文艺晚会，这就是一个决定；我们在撰写会议纪要时，也常常会用上"会议决定……"之类的词语。这个"决定"，只是表明一个意向的词。

"决定"又是一个名称。根据公务员法的规定，对国家公务员有显著成绩的可用"行政奖励决定"，相反，对于违纪但尚未触犯刑律的则可给予"行政处罚决定"。这个"决定"是在公务活动中形成，但它却不是公文，因为它没有经过公文制发的程序，也没有从此机关运行到彼机关，它在本机关作为公务文书而不是公文。

作为公文文种的决定，在使用时必须注意新《条例》限定的三个方面（适用于对重要事项作出决策和部署、奖惩有关单位和人员、变更或者撤销下级机关不适当的决定事项），其实这也就是限定了只有领导机关才能使用决定这一文种。

(三) 命令（令）

1. 文种概念

新《条例》规定，命令（令）"适用于公布行政法规和规章、宣布施行重大强制性措施、批准授予和晋升衔级、嘉奖有关单位和人员"。

这是指令性很强的公文文种，令行所至必须坚决执行。

2. 命令（令）的分类

依据新《条例》规定，命令（令）可以按其作用分为公布令、行政令、批准授予和晋升衔级令、嘉奖令四种。

（1）公布令。主要用于依照法律公布行政法规和规章。以命令（令）形式公布的行政法规和规章，都是比较重要的，是在全国或某一地区带有全局性的。

（2）行政令。主要用于发布采取重大强制性行政措施，要求有关方面采取重大约束性行动等。如：1989年3月7日《国务院关于在西藏自治区拉萨市实行戒严的命令》。凡以命令（令）公布的行政措施，一定是重大强制性的，如戒严、抗灾、全民动员，而一般的行政措施不宜用命令（令），而适宜以"通知"公布。

（3）批准授予和晋升衔级令。主要是对作出杰出贡献的个人和集体授予殊荣，如依据《中华人民共和国人民警察警衔条例》对武警批准授予和晋升衔级，中国人民武装警察部队隶属于国家公安系统，受国务院、中央军委双重领导；钱学森同志是军籍科学家，又是国务院部门领导人，为表彰作出杰出贡献的个人或集体，国务院、中央军委授予钱学森同志"国家杰出贡献科学家"荣誉称号；国务院授予陶驷驹等三百七十二名同志人民警察警衔的命令等。

（4）嘉奖令。用于依照法律法规规定嘉奖有关单位及人员，如《公安部关于表彰全国公安系统优秀单位优秀人民警察的命令》一般性的先进事迹和个人，可以用"通报"，较为重要的奖励也可以用"决定"的形式行文。

3. 命令（令）的文种特点

命令（令）的文种特点主要表现在使用上具有法定性、执行上具有强制性和表现形式上具有独特性这三个方面。

命令（令）的使用，规定很严，具有很强的权威性和约束力，普通的机关单位不能使用。根据国家法律规定，具有立法权限的国家机关和该机关领导人才能使用，如中华人民共和国主席，国务院，国务院总理，国务院各部、委、局及其首长，省人民政府，省长，省会市和较大市人民政府及其首长等。县和地级市人民政府可以发布命令（令），但不能用命令（令）来发布法规规章，而是仅限于管理本行政区域内的行政工作。群众团体、社会团体、企事业单位及民间机构不得使用命令（令）。

命令（令）一旦公布，令行禁止，所有相关者必须无条件执行。违令的，必定依法追究。

使用命令（令）行文，有特定的版式，行文篇幅简短，语言精练，配合行政措施，用词明确、坚定、庄重，祈使句多，措词严峻，简短有力，不作议论，直叙规定做什么、怎么做。

4. 文种辨析

（1）中华人民共和国主席，常常使用命令（令）来处理国事，如2013年3月15日国家主席习近平发布第1号主席令，根据人大的决定，公布任命李克强为国务院总理。我们不能将"国家主席令"同"国家行政机关的行政令"混淆起来。这两个令，名称虽同，可是文种性质不一样，国家主席令是国家主席依据《中华人民共和国宪法》行使职权使用的"主席令"。《中华人民共和国宪法》第80条规定："中华人民共和国主席根据全国人民代表大会的决定和全国人民代表大会常务委员会的决定，公布法律，任免国务院总理、副总理、国务委员、各部部长、各委员会主任、审计长、秘书长，授予国家的勋章和荣誉称号，发布特赦令，宣布战争状态，发布动员令。"这就是法律依据。党政机关公文的命令（令）是行政令。前者由国家法律所确立，后者由党政机关的法规所确立，是国务院和其他行政机关依法使用的公文文种。

还要注意，党的机关不使用命令（令）。在"适用于公布行政法规和规章、宣布施行重大强制性措施、批准授予和晋升衔级、嘉奖有关单位和人员"这四项功能中，党的机关会在特定情境下与行政机关联合行文颁发批准授予和晋升衔级、嘉奖有关单位和人员的令。

（2）过去的行政令，有任免和行文惩戒的功能。现在已将任免功能取消（应使用"通知"行文任免），惩戒功能转移给"决定"承担（没有惩戒令了）。因此，各级国家行政机关不能使用令来任免，也不能使用令来表述惩戒。

（3）公布令与公告的区别。令，是党政机关依法公布法规、规章使用的载体，令行所至，发令机关所属必须令行禁止，因此，令文有主送机关，受令单位必须遵照执行。公告是"广行文"，是向国内外社会宣布，没有主送机关，无受文单位，对公众而言，仅是知晓而已。人大公文的公告，有公布法律、法规的功能，其法律效力由所公布的法律、法规本身规定，公告仅是告知某法某规业已由人大通过，届时生效。

（4）行政法规和规章（部门规章和地方政府规章）一般使用令颁布，地方法规由人大公告公布。

（5）要注意分辨令的使用权限。只有依据法律规定具有发令权限的机关才能使用令，其令方能有效。违法发令，其令无效，上级机关应将其撤销。

(四) 公报

1. 文种概念

新《条例》规定，公报"适用于公布重要决定或者重大事项"。

公报是党政机关和人民团体公开发布重大事件或重要决定事项的报送性公文。

之前，公报只是党的机关公文，国家行政机关偶尔也会使用公报，但不属于当时行政机关公文文种。现在公报列为党政机关公文文种，只要是公布党和国家重要决定或者重大事项便可用公报。

2. 公报的分类

（1）会议公报。是用以报道重要会议或会谈的决定和情报的文种，如《中共中央纪律检查委员会第三次全体会议公报》、《中国共产党第十八届中央委员会第一次全体会议公报》。

（2）事项公报。是党政领导机关用以发布重大情况、重要事件的文件，如《中国—阿拉伯国家合作论坛关于成立"中国—阿拉伯国家合作论坛"的公报》；《中华人民共和国水利部黄河水资源公报》。

（3）联合公报。是政党之间、国家之间、政府之间就某些重大事项或问题经过会谈、协商取得一致意见或达成谅解后，双方联合签署发布的文件。这类公报中有一些双方认可、联合签署的条文，比一般的新闻公报有更多的务实性内容。但联合公报和新闻公报之间的界限是很模糊的，有时还可以合为一体。如《中哈总理第一次定期会晤联合公报》、《中华人民共和国和哥斯达黎加共和国关于建立外交关系的联合公报》。

3. 公报的文种特点

公报是公布性文件，无密级、通过新闻渠道刊登和播发，一般不另行文，无主送机关，也无指定的承办机关，因而形成了它在文体上的独特之处。

（1）具有新闻稿的特点。公报和新闻稿一样，具有真、实、新、短的特点。

（2）内容庄重严肃。从公报文种的适用范围来看，它所涉及的内容有两项，一是重要决定；二是重大决策。因此就使得这一文种具有很强的庄重性和严肃性，一经发布，即在国内引起强烈反响。

（3）发布机关具有权威性。由于公报的使用者是党和国家高级管理机关，而且内容重大，因此，发布机构是党和国家的宣传媒体《人民日报》、中央人民广播电台、中央电视台，其他媒体只能转载、转发、转播。

4. 文种辨析

要注意公报与公告的区别。这两个文种近似在"公"字上，即均是党和国家用来向国内外公开宣布、告知某一重大事项的，是非常严肃、庄重的公文。

二者除使用习惯上有所不同外，还表现在：公告多用于宣布重大消息，内容一般十分简要；而公报的内容一般是比较详细、具体地报道某一重要会议或重要事项。

（五）公告

1. 文种概念

新《条例》规定，公告"适用于向国内外宣布重要事项或者法定事项"。

公告属公布性公文，面向国内外社会公开发布。权力机关、党政机关、司法机关，在需要向国内外宣布重要事项或法定事项时使用公告公布。比如，《中华人民共和国海关总署公告》是海关总署向国内外有关业务往来者宣布重要事项的一则公告；广州市国土资源和房屋管理局于2012年5月25日在《广州日报》上一连发出了产字〔2012〕28、29、30、33号公告，向社会告晓某块土地的产权问题，这是法定性公告。

2. 公告的分类

公告有两类，即宣布重要事项的公告和宣布法定事项的公告。

（1）宣布重要事项的公告。宣布重要事项公告的使用一般有以下几种情况：一是国家权力机关的重要决策，二是国内外需要周知的事项，三是对国内外有重大影响的庆吊或礼仪活动。这种公告的内容，必须是国内外关注的大事，而且是公开的，如公布国家领导人出访或者外国领导人来访；答谢外国政府、政党及著名人士对我国重大政治活动和重大庆典的祝贺；公布国家重要统计数据，颁布法律、法令，宣布诸如发射洲际导弹之类的重大消息，宣布涉外经济合作的重要决定，等等。如2008年5月18日，国务院发布《国务院公告》，哀悼四川汶川大地震遇难同胞，《中共中央办公厅、中共中央对外联络部公告》等，均属于重要事项公告。

（2）宣布法定事项的公告。宣布法定事项公告就是依照法律的规定，应向国内外宣布的事项。主要内容是国家机关，立法、司法以及监察机关向国内外宣布有关的处理事项。如《中华人民共和国专利法》规定，确认发明专利的，须予以公告；《中华人民共和国企业破产法》规定，人民法院受理破产案件后，应发布公告；《中华人民共和国商标法》规定，确认、注册了商标之后，应予公告；等等。法律规定须用公告发布的事项还有不少，如企业法人公告、房屋拆迁公告、通知权利人公告、送达公告等等。

此外，还有国家授权给新华社、中国人民银行发表公告，授权给涉外机关与外事活动密切的机关，发表公告宣布国家机关规定要办理的事项。

3. 公告的文种特点

（1）重要性。需要用公告形式公布的事项是关系到全局或在国内外都能产生重大影响的政治、经济、法律、军事、文化等事项；由于其内容重要而一定要在中央报刊《人民日报》上发表，并在中央人民广播电台广播，让全国乃至全世界都知道。

（2）法定性。是国家由法律法规规定需要用公告公布的事项。

（3）知照性。公告不保密、公开，不仅要让全国人民广泛知晓，而且还要向全世界公开宣布。

（4）庄重性。是指公告内容重要，使用特定格式，在行文时用词精练、得体、庄重。

4．文种辨析

在使用习惯上，党的机关要公开发布重大事件或重要决定事项时使用公报；国家行政机关则使用公告。

在实际应用中，要注意与通告相区别，有时还要注意与启事相区别。比如，某银行公开招聘行长，虽然对该银行来说是"事关重要"，又是"公开告诉公众"，但是，并不适宜使用公告的形式，因为不是"法定必须"，也非"向国内外宣布"；《中央机关及其直属机构2012年度考试录用公务员公告》是依法规规定必须用公告。

还要注意与令、决定、通知等文种的区别。公告是广行文，没有主送机关，而令、决定、通知是下行文，有主送机关，受文机关必须遵照执行。因此，行文要求不同，执行办理也不同。

（六）通告

1．文种概念

新《条例》规定，通告"适用于在一定范围内公布应当遵守或者周知的事项"。

通告的使用范围比较广，只要是"在自己的职权范围之内"便可以使用通告。

通告是施政过程中使用的公布应当遵守或者周知的事项，党的机关较少使用。

2．通告的分类

依照通告的适用范围，其文种可分为两种：一是公布应当遵守事项的通告，其通告内容带有明显的法制性、规定性；二是公布应当周知事项的通告，其通告内容只有告知性。

3．通告的文种特点

主要表现在通告对象的区域性、通告内容具有规定性和通告形式的严肃性这三个方面。

通告是在一定范围内公布有关事项,比如对某一地区、某一部分人通告,不是向国内外宣告。但是,通告的适用范围比较广,除了党政军及公安、司法等机关通常使用通告之外,其他团体、企事业单位也往往会使用通告向社会告晓。其行文形式类似公告,内容重要,在行文时用词精练、得体、庄重。

4. 文种辨析

(1) 通告与公告的区别。

① 在告晓的内容上,公告所告晓的是"重要事项,而且涉外"(即国内重要事项须让国外人士知晓的)或者是由法律法规规定须要使用公告形式公布的;通告所告晓的内容是相关人员须要知晓或者必须遵从的。

② 在使用范围上,公告是向国内外宣告,而通告只是在局部地区或对某一部分人宣布。

③ 在发布形式上,公告要登在《人民日报》上,要在中央人民广播电台广播,而通告可登在地方报纸上,在地方广播电台广播,也可以采取张贴的方式。

④ 在公文的强制力上,通告有很强的强制力,不允许周知者掉以轻心,而公告则仅仅是告知。

(2) 通告与通知的区别。

① 行文对象不同。通告是广行文,没有主送机关,受文对象没有特指,所需告晓的公众是本区域内的所有人,包括不相隶属的机关团体,只要与所告晓内容有关便是受文对象。通知是下行文,有主送单位,受文对象特指其下属。因此,当需告知对象有不相隶属机关或公众时,宜选用通告。

② 告知方式不同。通告是以张贴、登报或广播,让须知对象知晓;通知只对本机关下属行文,不属本机关所辖人员便不能知晓。

③ 监督执行的情况不同。通告和通知都有执行要求,要么是"周知",要么是"遵照执行",但是在监督执行方面却不一样:通告的监督执行是由发文机关派出人员进行监督检查,而通知可以由受文单位监督执行。

(七) 意见

1. 文种概念

新《条例》规定,意见"适用于对重要问题提出见解和处理办法"。

意见作为党政机关公文文种,其适用的范围较广。一方面因为党政机关公文中去掉指示文种,原来需要发指示的文件,便要以意见下发。另一方面,对重要问题提出见解和处理办法,对于各级机关来说涵盖面也很广,需要使用意见发文的事项比较多，如：为统一思想、统一认识，上级机关对有关党和国家的大政方针、治国方略、外交事宜等重要问题发表见解；针对突发事件或带倾向性的问题，包括思想政治、经济运行、国家安全等问题，向下级提出见解和处理办法；针对某项工作或局部性问题提出见解和处理办法；对下级机关在开展工作进程中所出现的新情况、新问题提出带有指导性的意见等。

意见的行文方向十分灵活，上级机关可以"对重要问题提出见解和处理办法"，下级机关也可以"对重要问题"向上级机关"提出见解和处理办法"，而且，平级机关和不相隶属机关之间，只要对方有要求，也可以"对重要问题提出见解和处理办法"。因此，本文种既可下行，也可以上行和平行。

2. 意见的分类

最简单的办法就是按行文方向划分，即下行的意见、上行的意见和平行的意见这三种。但是，从认识文种分类有利于正确处理和使用文种的角度看，我们还应结合文种用途上来划分。

（1）上级领导机关用来提出规定性、部署性的工作意见，即指示性意见。

（2）职能部门为了开展某项工作，需要有关部门或机关配合，由于需要指挥调动其他部门或机关，已超过了职能部门的职权范围，因此，职能部门只能对某项工作提出见解和处理办法，经领导机关批转后成为指导工作开展的意见，这种叫指导性意见。请求上级机关批转执行的意见，称为建议性意见。

（3）对重要问题向上级机关提出见解，供领导决策参考，是上行的意见。

（4）用来向兄弟地区、友邻单位、合作伙伴或不相隶属机关提出看法、主张或征求意见的意见，是平行的意见。

3. 意见的文种特点

意见在文种上最大的特点就是要依据其不同的行文方向来选择其格式和措辞。上行的意见，依照请示的格式；平行的意见，依照信函格式；下行的意见，依照下行的公文格式，在撰写时多以建议性、指导性、说明性为主。

4. 文种辨析

（1）要十分注意不同行文方向的不同用法、写法。意见这一文种，行文方向十分灵活，既是下行文，又可上行，也可以平行。但是，不同的行文方向有不同的使用方法与要求。

作为下行文的意见，要对下级机关具有指示性、指导性；作为上行文的意见，其内容主要是"对重要问题提出意见或者建议"，应按请示性公文的程序和要求办理；作为平行文的意见，一般是在答复平行机关或不相隶属机关询问或征求意见时使用。

（2）要注意同一些文种的区别：作为下行文时，意见与决定、通知相近，但意见是以指示性、指导性、说明性、规范性为特征的行文，要注意其不同；作为平行文时，与函相近。

下行的意见，与决定、通知有共同职能，都是向下级部署工作，提出工作原则、方法、措施。但是，决定"适用于对重要事项或重大行动作出安排"，或经过会议讨论，或经研究决断，讲的是该事项、该行动要怎么做，很少去讲大道理，而意见则要求"对重要问题提出见解和处理办法"，是讲"见解"，讲道理，以理服人。意见与通知相近的职能是"传达要求下级机关办理和需要有关单位周知或者执行的事项"。意见是对"重要问题"提出见解和解决办法，而通知是传达需要下级办理、周知、执行的"事项"。

综观决定、通知、意见在这一职能上的区别，特别需要记住这样几个关键词语：决定是"重要事项或重大行动"；通知是一般"事项"；意见是"重要问题"。在具体使用上，决定与通知的区别应侧重在重要程度上，而这两者与意见的区别则应侧重在"事项"与"问题"上。

意见与函的区别。意见作为平行文时，与函相同，都具有"商洽"职能。但是，函作为平行文种，适用于对不相隶属的机关行文，不分地区、系统、级别，也不分党、政、军、民、团体、企事业单位，只要有公务需要沟通、协调、答复、商洽，均可用函相互行文。函既可以"商洽工作"，也可以"询问与答复问题"，还可以"请求批准和答复审批事项"，使用范围很广。而意见作为平行文时，只有在对方来文征求意见、应对方的要求时才可以使用，如果是主动提出则以函行文为好。

（3）与非法定公文意见的区别。非法定公文的意见，多出现在计划类文书中。长期的计划用规划、纲要、设想，短期的计划用安排、打算、方案和意见等。非法定公文的计划类的意见，与法定公文的意见从下行文角度看有相似之处，都具有指导性，但是，非法定公文的意见，主要用于指导性的计划，而法定公文的意见则主要用在对"重要问题提出见解和处理办法"上。

（八）通知

1. 文种概念

新《条例》规定，通知"适用于发布、传达要求下级机关执行和有关单位周知或者执行的事项，批转、转发公文"。

通知是种类繁多、使用频率很高的下行公文文种。

2. 通知的分类

根据通知的性质和使用范围，可以分为发布性通知、传达性通知和批转通知、转发通知四类。

（1）发布性通知。也叫公布性通知、印发通知，用于公布规范性文件，印发事务文书，领导讲话，颁发一般规章制度等。

要注意"印发""颁布""发布"的区别。"印发"，指本机关制定的事务文书，如计划、总结、领导讲话等的发文；"颁布"，指人大、政府制定的较重要的规章，发给下级机关执行的发文（现在这类文件由"令"为载体颁发）；"发布"，指领导机关公布所制定的规范性文件，要下级执行的发文。

（2）传达性通知。用以传达要求下级机关办理和需要有关单位周知或者执行的事项。主要有以下几种情况：

① 要求下级机关办理或知晓的通知。这类通知，包括依据形势任务不同，对下级机关提出不同要求，进行工作部署，要求贯彻执行的指挥性通知、指示性通知；还有调整、撤销某个机构，启用印章等需知晓的周知性通知。

② 会议通知。各级机关需要召开各种会议，使用会议通知要求知晓执行。

③ 任免通知。各级行政机关任命或者免去有关人员职务使用任免通知。企业事业单位聘用人员可以使用聘书。

任免类通知是要求最规范的公文之一。不少机关均使用固定格式，内容要求严格，行文严肃庄重，无赘语，应杜绝漏别误字。

（3）批转通知。用以批转下级机关公文。常见的有以下几种情况：

① 领导机关认为所属部门在主管或归口管理的业务活动中所确定的若干重要的行政措施，需要有关部门和下级机关贯彻执行的，可以批转通知下发。如省人民政府《关于批转省工商局关于做好〈中华人民共和国合同法〉贯彻实施工作意见的通知》。因为省工商局是省人民政府的一个工作部门，是"条"状管理机关，不能直接与下面的"块"行文，但是该"意见"却又必须让下面的"块"知道并执行，于是必须经领导机关批转。

下级机关上报的报告也可以批转。如《国务院办公厅转发财政部关于2001年11月和12月上中旬地方企业所得税增长情况报告的紧急通知》。

② 一个或几个同级机关，就有关自身业务范围内的重要事项的解决，提出处理意见，请求上级机关指示、批准，上级机关认为问题重要，带有普遍性，不用批复回应，而使用批转通知告知所属机关遵照执行。如2001年10月18日，国务院就监察部、国务院法制办、国务院体改办、中央编办四个机关拟写的《关于行政审批制度改革工作的实施意见》，采用了批转通知的形式，要求各省、自治区、直辖市人民政府，国务院各部委、各直属机构认真贯彻执行，就属于这种情况。

③ 上级机关对下级机关上报需要上级支持和协调的问题，以及上级机关认为下级机关上报的问题具有普遍指导意义，需要各地引起重视或执行的，也常

用批转通知。这种批转通知使用较为普遍。例如，广州市城市规划局于 2001 年 1 月 4 日向广州市人民政府发出《关于城市道路、河涌等建设工程实施放线、验线和规划验收的请示》，因为涉及面广，需要上级支持和协调，所以需要市政府批转各有关单位贯彻执行。于是广州市政府便以"穗府〔2001〕11 号"文发了《批转市规划局关于城市道路、河涌等建设工程实施放线、验线和规划验收请示的通知》，使该项工作得以顺利进行。

（4）转发通知。用以转发上级机关和不相隶属机关的公文。转发机关不受等级制约，只要符合有关规定，都可以使用"转发通知"。一般来说，需要转发的公文，不论是上级机关的还是不相隶属机关的，都应当是对本机关、本地区、本部门或本系统有指导意义和借鉴意义的公文。本级机关应当有"见贤思齐""虚怀若谷"的气概，也要有"慧眼识珠""求精勿滥"的见识，以使所转发的公文确实有用。

此外，还有两种非文件格式的通知：一是用信函格式给平级机关或不相隶属机关发通知；二是机关内部使用的文书，也有人称之为日常应用文的通知。

使用信函格式发出通知有两种情况：一是办公部门，受机关领导委托或授权，给平级机关传达事务性问题或日常工作中一般事宜，或发出会议通知；二是由于横向联系的需要，或商议共同关心的事项，或探索学术问题，发起单位需要召开会议，而与会单位或人员是不相隶属的，所以发出通知使用信函格式。一般情况下，发起单位首先用"邀请函"进行邀请，将所要商议、研讨的问题，运作方法，成果使用等告知受邀单位，其实这一"邀请函"就是"预通知"。待对方响应后，发起单位再拟定会议时间、地点，再发出"正式通知"，而这个"正式通知"就使用信函格式。

3. 通知的文种特点

通知是下行文，是典型的"红头文件"，使用下行文件格式，具指挥性、指令性、指示性，受文机关必须遵照贯彻执行。

4. 文种辨析

通知在使用中必须严格遵守行文规则，依照行文关系向自己的下属机关发文；对平级机关、不相隶属机关不得以公文格式发出通知。如果需要向平级机关和不相隶属机关行文，则必须使用信函格式。这种形式灵活方便，既能表达通知的内容，又表示了对受文对象的尊重。

在机关内部，使用一种非法定公文格式的机关内部文书"通知"，有人称之为"日常应用文"，是机关内部最常使用的文书，一般没有完整的格式，标题仅用文种，没有发文字号，写在黑板上，或张贴在墙上，如果打印分发，也比较简单，有的大机关还专门印有表格式的会议通知，需要时填写实际需要的内容，贴出或送发，但最根本的特点就是制作程序不严格，行文不出本机关大门。

（九）通报

1. 文种概念

新《条例》规定，通报"适用于表彰先进、批评错误、传达重要精神和告知重要情况"。

在公务活动中，通报是适用范围较广的一个公文文种，属下行文，各级党政机关都可以使用，其主要作用是：

（1）表彰先进，弘扬正气。对在本地区、本单位发生的具有典型意义的好人好事和先进事迹，采取通报的形式进行表彰，进而总结、提炼出经验，树立起学习的榜样，可以达到弘扬正气、树立新风、推动工作、提高水平的目的。

（2）批评错误，避免失误。针对本地区、本单位存在的某种倾向性问题或错误做法，通过对某人某事的批评，抓住典型事例分析解剖，以引起普遍重视，可以达到以典型事例进行普遍教育、警惕类似事件发生的目的，同时采取相应措施，避免类似的失败和错误。

（3）传递信息，沟通情况。把本地区、本单位在工作、学习中的重要情况和进展程度，及时向所属单位进行通报，有利于互通信息，交流情况，有利于人们树立全局观念，放眼整体来考虑、安排本单位的工作和学习，从而避免发生工作脱节、失衡的情况。

2. 通报的分类

通报可分为表彰性通报、批评性通报、传达性通报。

（1）表彰性通报。用以表彰先进集体和个人，表彰先进事迹，评价典型经验，宣传先进思想，树立学习榜样，号召人们学习先进，改进工作等等。如中国女子足球队在第三届世界杯赛中荣获亚军，为祖国赢得了荣誉，受到了国人的称赞，国务院办公厅发出通报表扬，便起到了表彰先进、弘扬正气、树立典型、鼓舞人心的作用。

（2）批评性通报。主要用于批评错误行为和严重违法违纪事件，揭露坏人坏事，总结事故教训，告诫和教育人们吸取教训，引以为戒。如《国务院办公厅关于少数地方和单位违反国家规定集资问题的通报》（1993年发），就是批评违法违纪的通报。《国务院办公厅关于湖南省怀化市社队煤矿三起重大伤亡事故的通报》（1983年发），就是一个事故通报。在批评性通报中，事故通报使用较多。

（3）传达性通报。用以传达重要精神或者情况，主要有以下方面：一是传达上级重要指示精神和重要的会议精神；二是指出工作的重点或必须关注的问题；三是某些地区、某些方面的重要情况，一个时期带有倾向性的问题等等。

传达重要精神或者情况的，叫周知性通报或者情况通报，主要用于在一定范围内沟通工作情况，公布工作要点，使有关方面、有关人员全面了解情况，统一思想认识，更好地完成工作。

3. 通报的文种特点

通报是下行文，其文种特点是以叙述事实、揭示该事实的本质意义为手段，提高人们的认识。因此，通报具有周知性、教育性和针对性三个特点。

4. 文种辨析

通报这一文种在使用中容易与相关文种混淆。如，同是表彰先进，有时用命令（令），有时用决定，有时用通报；同是批评错误，有时用决定，有时用通报；同是需要周知的事项，有时用公告，有时用通告，有时用通知，有时用通报。因此，认真辨析相关文种，是正确运用的基础。

（1）关于表彰先进。命令（令）是嘉奖有关单位与人员，被嘉奖的单位与人员必须是在全国或在一个大的区域内具有重大影响的先进典型，一般都是符合某法律法规的规定，需授予荣誉称号的。决定是"奖惩有关单位与人员"，其中的奖励事迹应是比较突出的，在全国或某一地区、某一系统内具有较大影响，符合某法规规定但不一定授予荣誉称号。而通报所表扬的先进则属于一般性的典型，在本机关本单位能起到示范作用。

（2）关于批评错误。需要使用决定惩戒有关单位和人员的，其错误或过失都是比较严重的，具有一定的普遍意义和教育作用。而用通报批评错误，其错误或事故，虽然也有一定影响，但毕竟是有一定限度的，所以发通报，主要目的是要引起警惕。

（3）关于周知事项。使用公告，主要是向国内外宣布重要事项或者法定事项，而且偏重于向国外宣布。所宣布的事项，一是重要，二是法定。使用通告，主要是向社会各有关方面公布应当遵守或者周知的事项，其中周知的对象是社会各有关方面，无关方面可以不周知，其事项本身也是比较重要的，在全国、某一地区或某一系统内具有一定的普遍意义。使用通知，是上级机关告知下级机关和人员，带有一定的指令性，周知的事项是具体的，是不可不知的，如干部任免的通知等。使用通报，对重要精神或者情况，重在传达，以使有关单位和群众知晓，一般不具有指令性。

（十）报告

1. 文种概念

新《条例》规定，报告"适用于向上级机关汇报工作、反映情况，回复上级机关的询问"。

报告是上行文，是下级机关向上级机关陈述情况的公文，其主送机关是有隶属关系的直接上级，一般不越级报告，特殊情况下越级报告，必须同时或事后向直接上级报告，不向平级和不相隶属机关报告。报告主要用于下情上达，为上级机关了解下情、决策和指导工作提供依据。报告一般以单位名义行文，但有时单位负责人也可以以个人名义向上级汇报工作。

2. 报告的分类

按报告的使用范围划分，可分为汇报工作的报告、反映情况的报告和回复上级机关询问的报告三种。

（1）汇报工作。主要适用以下两种情况：反映工作进展情况，对某项工作或某方面工作提出意见或建议；全面汇报工作，包括工作中的困难、做法、经验和教训等。这是自己主动向上级机关全面或专题汇报工作。

（2）反映情况。主要适用于报告上级需要定期掌握的情况，如工农商各种产业运转情况，如货币、物价、投资、消费指数，社会治安及安全情况；本地区、本系统所发生的重大事件以及带有倾向性的问题；周边国家以及国际间发生的可能对我国有影响的事件和情况等。总之，反映情况的报告内容涵盖面很广，不论何种级别的机关乃至团体、个人，都有权也有义务向上级反映情况。工作中出现重要情况或发生重大问题，须让上级了解。

（3）回复上级机关的询问或交办事项。隶属的上级机关来函来电询问情况，下级机关必须以报告行文答复。上级询问什么答复什么，专题专报，不节外生枝。

3. 报告的文种特点

报告的文种特点主要是汇报性、实践性、陈述性。就是说，下级机关向上级机关或主管部门汇报工作、反映情况，其目的是使上级机关了解和掌握情况，更好地对自己的工作作出决策或进行指导，所以，报告具有鲜明的汇报性。报告是对工作的回顾、分析和总结，反映工作的成绩、情况、做法及问题，所以，没有实践，就没有报告，写工作报告绝不能离开工作实际。报告一般都是直接地、具体地陈述本机关的工作、情况、问题、做法、意见或建议等，因此报告的行文主要用陈述的表达方式。

4. 文种辨析

报告、请示和建议性意见都是上行文，在使用时要注意用上行的公文格式。这三个文种，如果不注意区分，容易混淆。

报告是下级机关在自己做了工作之后，有了情况或有了经验、体会时，需要向自己有隶属关系的直接上级机关汇报、反映情况，或上级机关来电来函询问需要答询问题时的行文，报告上送之后并不要求上级机关答复。因此，行文呈陈述性、报告性或答询性，少说或不说道理，重点在陈述工作实践中的情况、认识和规律。

请示则是下级机关在某项工作尚未开始前，为了得到上级的批准或批示的行文。请示上报之后，需要等待上级的批复、批准或批示，然后依据批复才能行动。为了能够得到上级的应允，请示的行文要注重陈述理由和依据。

要注意的是"向上级机关提出建议"的职能转移给新文种意见，今后报告不再负责转呈建议，不再用报告来请求批转文件。

（十一）请示

1. 文种概念

新《条例》规定，请示"适用于向上级机关请求指示、批准"。

行文请示的上级机关，一般是指有隶属关系的直接上级机关或者是具有业务指导关系的机关。向平级机关或不相隶属机关行文请求批准，不能用请示而应当用函。

请示的使用范围是：

（1）事关党的方针政策，又超出本机关职权范围，要办理时，须请示。

（2）对上级文件精神领会不透，或有不同看法，要贯彻时，须请求上级予以明确指示。

（3）工作中有难题，需兄弟单位配合，或兄弟单位之间工作有分歧，影响了工作的开展，本单位无力解决时，须请求上级协助。

（4）工作中有新的重要实施方案，或遇到无章可循的问题，要执行又无把握，须先请示。上级关注的专项工作，凡重大举措均需先请示而后动。

（5）上级机关规定必须请示获准后才能办理的事项。

请示文件发出，并非文件运行的终结，而是"这才开始"，必须等待上级机关的明确答复——批复，才能依据批复内容贯彻执行。

2. 请示的分类

请示可以分为请求批示的请示和请求批准的请示两种。

3. 请示的文种特点

请示的文种特点主要是机关的法定性、文体的请求性、处理的对应性三个方面。

请示属上行文，应使用上行的公文格式。请示发出的机关与请示的受文机关必须是法定的隶属上下级机关；请示虽说是下级机关向上级机关请求批示或批准，但是其文件性质是一样的，都是"红头文件"；上级机关接到请示后，必须作出答复（批复）；下级机关的请示一经发出，便在等待上级机关的批复，只有当上级机关批复之后才能采取新的行动。因此，请示的文种特点就集中在请求性上。

"求示""求准""求批"都在于反映困难，陈述问题，提出请求，但是在表述上要十分注意"有理"（请示的理由充分）"有据"（请示事项有政策依据、事实需要的根据）"有度"（尊重上级，不横蛮，不能为达目的只顾本位而不体谅上级。

4．文种辨析

请示在使用中往往会出现问题，要引起足够的重视，防止出错。

（1）不该用请示行文的文件不得用请示。请示是上行文，应当向有隶属关系的直接上级请示。有时为了对平行或不相隶属的机关表示尊重，故意用请示行文，这是违反行文原则的。依新《条例》规定，函适用于不相隶属机关之间相互商洽工作，询问和答复问题，请求批准和答复审批事项。

（2）请示与报告混淆。由于历史上它们曾是一个文种，有时报告中夹带请示事项。其间虽几度将两个文种分开，但要求并不严格，时分时合，直到1957年，国务院秘书厅才明确把二者分开使用，但历史习惯并未根本改变。有些公文写作的专著、教材并不规范，甚至将"请示"和"报告"作为一个文种向读者介绍。这种误导会使初学者在使用中混淆。

克服的办法是认真辨析这两个文种的区别。第一，请示与报告的行文目的不同。请示一般要求上级机关给予直接答复，即批复；报告则主要是下情上达，不要求批复。即使是希望上级转发的报告，也不要求上级机关予以答复，而只是请求批转有关单位知照。第二，二者的行文时间不同。请示必须在事前行文，待上级予以指示或批准（即批复）后，才能按上级的要求进行工作或处理有关问题，不允许"先斩后奏"；报告则可根据实际情况随时行文，事前、事中、事后均可。第三，二者的行文内容不同，请示主要是迫切的、需要上级机关指示、批准的事项；报告则主要着眼于汇报工作、反映情况、回复询问。

（十二）批复

1．文种概念

新《条例》规定，批复"适用于答复下级机关请示事项"。

答复下级机关的请示事项用批复；但是，答复平级机关或不相隶属机关的请示事项时则不能用批复而用函。

2．批复的分类

批复这一文种，在实际使用上有两种类型：

批复有两种：一是批准请示事项的批复；二是批示请示事项的批复。

3. 批复的文种特点

批复从来都是下行文，使用批复的都是相对的上级机关，是上级机关答复下级机关请示事项的文件，因此，其文体具有明确的针对性和指示性。

没有请示就没有批复，所以批复的行文是被动的。批复的内容由请示决定，请示什么事项，就批复什么事项，谁请示便批复给谁。

但是，下级机关对上级机关的批复必须严格遵照执行，若违反上级的批复去行事，将会受到惩处。

作为下级机关，对上级机关的批复要从积极方面去理解。请求的批准，必须符合客观实际的需要。

业务主管机关回答平级机关或不相隶属机关询问的问题，或领导机关转来处理的请示件，不宜使用批复，可用复函。

4. 文种辨析

批复是上级机关针对下级机关的请示而进行批示性或批准性的答复。虽然是由下级机关主动提出请示，但是上级机关一旦作出批复，便不容许请示机关随便变更主意。

批复文种与通知、意见有所不同。通知、意见是上级机关主动下发的，而批复则是根据下级机关的请示作出的答复。因此，批复只主送给提出请示的机关，如果其他机关也需要知道该批复的内容，应以抄送形式传达；如果批复的问题重要，具有一定的普遍意义，也可采用批转的行文方式下发有关机关，其实质仍是对请示的批复，只是文种改变了，由批复变为通知。

批复与批示的区别。批复是公文文种，批示是发文机关在批转、转发、发布的通知中阐述的指示性意见。

（十三）议案

1. 文种概念

新《条例》规定，议案"适用于各级人民政府按照法律程序向同级人民代表大会或者人民代表大会常务委员会提请审议事项"。

议案，原本就是全国人大用来立案、立法的具有法定性的文书。我国宪法规定："法律和其他议案由全国人民代表大会以全体代表的过半数通过。""全国人民代表大会代表和全国人民代表大会常务委员会组成人员，有权依照法律规定的程序分别提出属于全国人民代表大会和全国人民代表大会常务委员会职权范围内的议案。"《中华人民共和国全国人民代表大会组织法》和《中华人民共和国全国人民代表大会常务委员会议事规则》规定：全国人民代表大会主席团、全国人大常委会、全国人大各专门委员会、国务院、中央军委、最高人民法院、最高人民检察院，以及一个代表团或者30名以上的代表联名，可以向全国人民代表大会提出属于全国人大职权范围内的议案，由主席团决定是否列入会议议程，或者先交有关的专门委员会审议，提出是否列入会议议程的意见，再决定是否列入会议议程。

国务院是依据法律的规定使用议案向全国人民代表大会及其常务委员会提交议事原案的，所以将议案列为行政机关公文文种，地方各级人民政府亦使用议案向地方同级人民代表大会及其常务委员会提交议事原案。新《条例》将议案列为党政机关公文文种之一，但只适用于各级人民政府按照法律程序向同级人大或人大常委会提请审议事项。党的机关不使用这一文种。

鉴于这样的法定性，一般的机关单位不得随意套用议案这一文称用于他处。

2. 议案的分类

议案的分类有两种：一是从使用者来分，作为党政机关公文，议案可分为以政府名义提出的议案和以政府首脑的名义提出的议案两种；二是从议案内容来划分，可分为立法性议案、重大事项的决策性议案、任免性议案和建议性议案四种。

（1）立法性议案。立法性议案主要在两种情况下使用：一是政府机构制定了某项法律或法规之后提请人大审议通过；二是建议、请求某行政机构制定某项法规。前者如《国务院关于提请审议〈中华人民共和国著作权法（草案）〉的议案》，后者如《关于尽早制定我省普及九年制义务教育实施条例的议案》。

（2）重大事项的决策性议案。关于财政预算决算、城乡发展规划、重大工程上马以及政治、经济、文化、教育、科技、卫生等领域中的重大事项的决策，需要提请人民代表大会审议批准时使用的议案，就属于重大事项的决策性议案。如《国务院关于提请审议兴建长江三峡工程的议案》、《沈阳市人民政府关于组织动员全市人民综合治理开发建设浑河沈阳城市段的议案》。

（3）任免性议案。行政机关向权力机关提请任命、免去或撤销行政机关工作人员职务，请求人民代表大会审议批准的议案，就是任免性议案。如《国务院关于提请××等同志职务任免的议案》。

（4）建议性议案。以行政部门的身份向权力部门提出建议，也可以使用议案。这种议案有些像建议报告，供人民代表大会审议、采纳。

3. 议案的文种特点

（1）议案属平行文，使用信函格式，但其根本任务是向权力机关提请审议原案，具有请求性、报告性和严格的法定性（依据法律规定向人大提出人大权力范围内的审议事项)①。因此，其文种特点就表现在使用上具有法定性、表现形式上具有平行性、行文语言上具有请求性和报告性。

（2）议案在运作上具有法定性。依据规定，议案提出后，还须大会列入议程，进行讨论、审议和决定。议案一经审议通过，就具有法律效力，有关方面必须认真付诸落实，不得稽缓延误。经办机关在完成任务后必须依法向人大写出办理结果报告，人大要对该报告进行审议，表明是否满意、是否通过，并作批准与否的决议。

例如，1986年某省第六届人大第五次会议审议通过了第85号议案，即《关于进一步加强江河整治工作的议案》，交给省人民政府付诸实施；省人民政府认真组织实施，历时10年完成了议案提出的任务，于1996年10月28日向省人大常委会写出了《关于进一步加强江河整治工作议案的办理结果报告》；1996年12月3日，省八届人大常委会第25次会议通过决议，批准了省人民政府关于进一步加强江河整治工作议案的办理结果报告，并指出这是功在当代、造福子孙的事业，对任务的完成、所取得的效益表示满意；省人民政府办公厅于1997年1月3日转发了省人大常委的批准决议，第85号议案画上了圆满的句号。

（3）对未通过审议的议案，作为建议处理。凡不列入议案的代表意见，按其内容分别交承办单位研究办理，承办单位要采取有效措施，抓紧办理。

4．文种辨析

要注意人大代表议案与人大代表建议的区别。议案，是人民代表大会代表及有关部门向人民代表大会提出的议事原案，在实际运作过程中，会受到法律因素的影响而改变性质：当议事原案经大会主席团纳入议程，便成为正式的议案，人大代表的议案一经通过，就具有法律效力成为法定议案；当议事原案未被纳入议程或者未被大会通过，就成为人民代表建议。

要注意人大代表议案与人大代表提案的区别。人大代表可以向代表大会和它的常务委员会提出提案或是议案，一个代表或是10名以下代表联合提名的称为提案；10名以上人大代表联合提名的称为议案。

要注意人大代表议案与政协委员提案的区别。人民代表大会是权力机关，人大代表的议案一经通过，就具有法律效力。而人民政协是统一战线组织，政协委员提案是民主监督的一种形式，没有法律的约束力。

---

① 议案属平行文——有权威论著认为议案是上行文，但新《条例》规定，是"各级人民政府按照法律程序向同级人民代表大会或者……"，"同级"就是平级，不能理解为"上级"。

人大是权力机关，行政机关是权力机关的执行机关；人大是监督机关，而行政机关是被监督机关。因此，行政机关与人大的关系不是上下级关系。

（十四）函

1. 文种概念

新《条例》规定，函"适用于不相隶属机关之间商洽工作、询问和答复问题、请求批准和答复审批事项"。

函是公文文种之一，与其他14种公文文种是并列关系。函必须使用信函式公文版头，没有使用信函格式版头的"函"是便函，只能用于日常事务的一般处理，它不是公文而是"应用文书"，不具备公文文种的法律效力。

2. 函的分类

从函的具体作用看，一般可分为以下四种：

（1）商洽函。用于不相隶属机关之间商洽工作。

（2）询问函。用于平级机关或不相隶属机关之间询问问题（包括催报材料）。

（3）请求批准函。用于不相隶属机关之间请求批准。

（4）答复函。用于不相隶属机关之间答询或答复审批事项。

3. 函的文种特点

函的文种特点可以从文种特定功能、使用特定的公文格式、使用特殊的措辞三个方面去理解：

（1）用于平行机关和不相隶属机关之间，在公务活动中相互联系，起着其他文种无法完成的纽带和桥梁作用。凡是其他公文文种不便表述传递的信息或事项，便可借助函来完成。

（2）凡使用函行文，必须使用信函格式作载体。信函格式是与文件格式、命令格式相并列的公文格式，与其他格式一样具有由制发机关权限决定的法定效力。

（3）措词要求体现出尊重、友善、礼貌、平和的特点。

4. 文种辨析

商洽函用于单位之间商量、联系工作；请求函用于单位间请求帮助解决问题、协助配合工作以及向有关主管部门请求批准等；答复函用于答复对方来函提出的有关问题或事项；询问函用于单位之间询问有关事宜、征求意见等；告知函用于告知有关工作或活动情况等。

但是，要注意将函与信函格式区分清楚。函，是公文文种，其功能是平级机关和不相隶属机关之间的联系、沟通；信函格式是公文的格式，除了函可以使用其为载体以外，议案和特定情况下的意见、批复、通知、报告等文种也可以使用其为载体。

有些文秘工作者对函的地位、功能和信函格式缺乏应有的认识，以致在向不相隶属机关请求批准时以请示、报告等文种行文。他们错误地认为，只有用请示、报告行文才能表示出对对方的尊重，其实这是对公文文种分工的误解。函这一公文文种正是承担了平级机关之间、不相隶属机关之间联系工作、请求批准的功能，配以信函格式则显示了它法定的公文效力。

还要特别提醒的是：我们必须将函与便函严格区别开。所谓便函，就是没有按信函格式的要求设计版头，不依照公文制发的程序进行制作，仅用机关信笺纸书写，仅经办人一人操作完成，盖上公章即可发出的那种简便的、用于处理一般日常事务的信函。便函属于一般事务文书而不是法定公文。如果用便函去处理法定公文是不严肃的。

法定公文的函，必须按规定使用"信函格式"，必须依照公文制发程序的要求制作发文。有的人以为使用函即是使用便函，拿来机关信笺信手写上，盖上公章便是。其实这是错误看法。须知，公文格式的发文不能简便，信函格式的发文同样是不能简便的（两者的发文都必须经过同样的公文制发的法定程序）。对行文对象是否尊重的问题，不在于使用报告、请示与否，而在于是否正确行文并在行文中得当地表述意愿，正确、规范地使用信函格式。

此外，还要注意函与通知、请示、报告、意见的区别。

（十五）纪要

1. 文种概念

新《条例》规定，纪要"适用于记载会议主要情况和议定事项"。

纪要是一种在公务活动中召开重要会议时，依据会议宗旨和讨论内容，参照会议记录、会议文件、简报，用准确而精练的语言综合概括、扼要记述会议情况，重点阐明议事要点和会议主要精神的公文。

2. 纪要的分类

纪要可以从内容、性质、形式等几个不同方面去分类。比如从内容上分，有综合性会议纪要和专题性会议纪要；从形式上分，有例行会议纪要、工作会议纪要、座谈会会议纪要；从性质上分，有情况型会议纪要、议决型会议纪要和消息型会议纪要。我们从掌握写法的角度考虑，宜从性质上去分类并认识它们各自的特点。

（1）情况型会议纪要。用以全面概括会议的议程、议题、讨论情况、讨论结果和会议精神。这种纪要多适用于各种座谈会、经验交流会和各类学术会议。

（2）议决型会议纪要。用以记载和传达会议的议定事项。这类纪要政策性较强，具有指导意义。它是根据会议的议题和会议讨论情况，包括议决事项加以分析、概括而写成的。这种纪要适用于工作会议、专业会议等。

（3）消息型会议纪要。用以发布会议成果。这是一种带有新闻报道性质的纪要，多适用于学术性、协商性会议。

3. 纪要的文种特点

我们开会的目的就是研究如何开展下一步工作，写纪要就是为了将会议的要旨传达给下面各有关单位加以贯彻执行，所以纪要的文种特点突出表现在纪实性、纪要性、指导性这三个方面。

纪要本是下行文，用于传达会议精神，使会议议定事项贯彻执行，但是也可以上报上级机关以汇报情况，以便及时得到上级的指导；也可以向同级机关通报以得到支持和配合。

纪要的表现形式有三种，在使用中应根据实际情况选用恰当的格式：

（1）公文格式。由本机关和自己的下属机关参加的重要会议，需要下级机关贯彻执行，使用公文格式下发会议纪要，在文件标题中显示纪要文种。

（2）信函格式。由本机关和平级机关或不相隶属机关参加的重要会议，需要给平级机关和不相隶属机关发纪要，使用信函格式，同样在文件标题中显示纪要文种。

（3）会议纪要固定版头格式。本机关的办公会议，是本机关决策的最高机构，会议议定的事项都是本机关的决策事项，因此设计了专门的固定的纪要格式。发给机关内部各单位贯彻执行的会议纪要采用该种格式。

但是，不管是采用哪一种方式印发纪要，都要体现其文种上的特点：纪实性（记载会议的实际情况）、纪要性（反映出会议的精神、主旨、议决、需要传达贯彻的事项）、指导性（用会议纪要指导会议议定事项的落实）。

纪要在用词上有一套惯用的领起语，如：会议听取、会议审议、会议认为、会议讨论、会议通过、会议议定等。

4. 文种辨析

纪要在使用中的主要问题是防止文种混淆。与之相似或相关的文书主要有会议记录、会议简报、会议决议、会谈纪要等，为了不致误用文种，应认真加以辨析。

此外，还要注意正确使用纪要格式。

以上介绍的是我国党政机关现行15种公文。

党政机关公文已成为我国专用公文以外的通用公文，群众团体、企事业单位都在参照使用。但是，在使用时要特别注意文种与法律的规定。如命令（令），没有发令权限的机关不能使用；发布公告，必须依据法律的规定，如果不是法定事项，又不是必须向国内外发布的"重要事项"便不宜使用公告发布；议案是行政机关（人民政府）向同级人大提出议事原案的行文，人民代表依法律规定可向人大提出议案，而其他机关单位不宜套用议案文种行文处事。

公文种类的划分，还可以按公文作者的性质分，有党内公文、行政公文、人大公文、军队公文；按公文办理的时间要求分，有特急公文、急办公文、常规公文，简称为特急件、急件和平件；按公文的机密程度分，有绝密公文、机密公文、秘密公文和普通公文，简称为绝密件、机密件、秘密件和平件；按公文的收发分，有收文和发文，等等。

三、公文的格式

公文格式是公文独有的形式标志。一般的文章，其内容是通过其结构形式表现出来的，公文则不然，它除了通过其文种的结构形式表现内容以外，还必须使用公文独有的载体格式，即公文版式来表现。由于公文使用了特定的公文版式，相关工作人员能够一眼辨识，既便于管理，又便于存档和使用，而且公文版式表现出了公文的合法性和权威性，使公文能更好地发挥作用。

依据《党政机关公文处理工作条例》《党政机关公文格式》的规定，除一般格式外，还有"信函格式""命令格式""纪要格式"等特定的格式。

这些公文格式分别代表着不同公文的主体身份，所以，不同用途的公文要使用不同的格式。在制发公文时，必须十分注意不同格式的特征、样式，以便准确、得体地应用。比如，上级机关给下级机关发文，下级机关给自己的上级机关请示、报告工作，应选用一般公文格式。指挥机关发布命令（令），宜选用命令格式。平级或不相隶属机关之间行文应选用信函格式。如果机关领导人的讲话、工作计划、工作总结、调查报告等需要下发，一般宜用惯用的非法定公文的格式白头文件格式，而比较重要，须组织学习、讨论、贯彻落实的文件则须以通知为载体下发。纪要，以行文方向分别选用不同格式，下行用公文格式；不相隶属机关之间行文用信函格式，在标题中显示会议纪要；给本机关各单位印发会议纪要，用纪要固定版头格式。用电报发文，宜用电报格式。

各种公文格式既有共性，又有不同的特征。我们必须既懂得其共性，又要掌握其不同的特征。

（一）一般公文格式

公文又称"红头文件"（因其文件头的发文机关标志和分隔线是套红印刷的），是党政机关及其业务工作部门用来传达贯彻党和国家的方针、政策，发布行政法规和规章，指导下级工作，请示和答复问题及报告情况等的行文。

公文一般由份号、密级和保密期限、紧急程度、发文机关标志、发文字号、签发人、标题、主送机关、正文、附件说明、发文机关署名、成文日期、印章、附注、附件、抄送机关、印发机关和印发日期、页码等要素组成。

这些要素将分别安排在版头、主体和版记三个不同的部位上，包括文件版头的设计、版面安排、字号、字距、行距、用纸尺寸以及公文外形的其他几个项目及有关标志等，共同反映到页面上就是如何进行分布和安排，将它们有机地组织在一起，构成一副字样鲜明、字距疏密相宜、结构严谨、严肃活泼、美观大方、亲切清新的良好外貌。这就是一份公文的"文面"。

公文的具体格式（文面）安排如下：

1. 版头

公文的版头，即公文首页红色分隔线至页面顶端的部分。公文的版头与主体部分用一条较粗的红色横线分开，这条横线就称为分隔线。

版头中的红色分隔线，印在发文字号之下4mm处，其长度为156mm，与版心等宽，红色分隔线的高度推荐使用0.35mm～0.5mm，具体高度可根据发文机关标志字体字号酌定。所谓"版心"，就是指公文纸张除天头、地脚、订口、翻口等空白以外，用于安排公文图文的区域。

在版头内，安排份号、密级和保密期限、紧急程度、发文机关标志、发文字号、签发人等要素。

（1）份号。又称印数编号、份数序号，是编排公文印数和序数的，便于统计和查找。一般件不印份号，绝密、机密公文要印份号，并要求按编号登记分发给收件人。标识份数序号，用6位3号阿拉伯数字顶格标示在版心左上角第一行。

（2）密级和保密期限。密件应根据秘密程度分别标明密级和保密期限，密级分绝密、机密、秘密三级，其中绝密、机密级公文还应当标明份数序号。如需标识密级的，用3号黑体字，顶格标识在版心左上角第二行。保密期限用阿拉伯数字标注。

（3）紧急程度。紧急公文应根据紧急程度分别标明特急、加急。电报应当分别标注特提、特急、加急、平急。

如需标识紧急程度，用3号黑体字，顶格标识在版心左上角。如需同时标识份号、密级和保密期限、紧急程度，按照份号、密级和保密期限、紧急程度的顺序自上而下分行排列。

（4）发文机关标志。由发文机关全称或者规范化简称[①]加"文件"二字组

[①] 规范化简称——规范化简称就是指经国家或省发文进行规范的简称，如《国务院机构及简称》、《各省、自治区、直辖市、特别行政区排列顺序及简称》等所规定的简称，即是规范化的简称。

成，也可以使用发文机关全称或者规范化简称。联合行文时，发文机关标志可以并用联署发文机关名称，也可以单独使用主办机关名称。

发文机关标志居中排布，上边缘至版心上边缘为35mm，推荐使用小标宋体字，颜色为红色，以醒目、美观、庄重为原则。

联合行文时，如需同时标注联署发文机关名称，一般应当使主办机关名称排列在前；如有"文件"二字，应当置于发文机关名称右侧，以联署发文机关名称为准上下居中排布。

发文机关标志，用套红大字印刷（经有关领导机关批准复印、印制具有同等效力的文件则不需套红，如《国务院公报》、《广东省人民政府公报》等），位于公文版头中央位置。一般来说，机关级别高的，字体大一些，机关级别低的，字体小一些。推荐使用小标宋体字，字号由发文机关以醒目美观为原则酌定，但一般应小于22mm×15mm（高×宽）。

公文必须使用规定的字体字号。为了使公文能准确、醒目、得体地表达内容，公文在排版时应分别使用不同的字体字号。汉字印刷字体有宋体、仿宋体、小标宋、楷体、黑体等；字号有初号、小初号、一号、二号、三号、四号、小四号、五号、小五号、六号、七号等。

（5）发文字号。发文字号又称发文号、文号、文件字号，是指由发文机关代字、年度及该年度的发文顺序号组成的编码。比如：粤府办〔2012〕6号，其中，"粤府办"是发文机关广东省人民政府办公厅的代字；"〔2012〕"是用六角括号括住的年号；"6号"是顺序号。整个发文字号所表示的含义是广东省人民政府办公厅于2012年发的第6号文件。这是为了便于发文、收文机关的登记、分类、保存和检索而设置出来的编号方法。

机关代字要注意有利于分类和检索。机关代字一般由两个层次组成：第一个层次是发文机关代字，第二个层次是发文机关主办文件部门的代字。例如，广东省人民政府及其办公厅的发文，其机关代字便分别使用了"粤府"、"粤府办"等不同的代字，这些代字分别代表了发文机关和发文机关主办文件的部门。还有，"粤府令"、"粤府函"、"粤府字"等不同的代字，分别代表了不同的文件类型。机关代字，应在上级办公部门的指导下确定，以避免发生代字雷同的现象。

联合行文时，使用主办机关的发文字号。

发文字号的位置。下行文的发文字号置于文件名称与分隔线的正中间，下空2行，用3号仿宋体字，年份应标全称，用六角括号"〔 〕"括注，序号不编虚位号（即1不编为001），不加"第"字；

上行文的发文字号置分隔线之上的左侧空一字编排，与最后一个签发人姓名处在同一行。

信函格式的发文字号置分隔线之下、标题之上的右上方。白头文件的发文字号置标题之上的左上方，使用的字体字号与正文相同。

（6）签发人。上行文应当标注签发人姓名。由"签发人"三字加全角冒号和签发人姓名组成，居右空一字，编排在发文机关标志下空二行位置。"签发人"三字用3号仿宋体字，签发人姓名用3号楷体字。

如有多个签发人，签发人姓名按照发文机关的排列顺序从左到右、自上而下依次均匀编排，一般每行排两个姓名，回行时与上一行第一个签发人姓名对齐。

（7）版头中的分隔线。发文字号之下4mm处居中印一条与版心等宽的红色分隔线。

2. 主体及主体的格式

公文的主体，指公文的行文部分。其格式包括标题、主送机关、正文、附件说明、发文机关署名、成文日期和印章。

（1）标题。公文的标题即公文的名称，由发文机关名称、事由和文种组成。置红色分隔线下空二行，用2号小标宋体字，可分一行或多行居中排布；回行时，要做到词意完整、排列对称、间距恰当。标题排列应当使用梯形或菱形。

新《条例》规定公文要用完整的公文标题。即由发文机关名称、公文事由、公文种类三个部分组成的标题。如《东风商场关于开展商业统计数字质量检查情况的报告》，其中的"东风商场"是发文单位，"关于开展……检查情况"是公文事由，"报告"是所用公文文种，三者缺一不可。

公文标题应当用准确、简要、鲜明的语言概括公文的主要内容。除法规、规章文件外，一般不加书名号。使用"关于……"+"的"这个介词短语+"的"的结构。

撰写标题，首先要准确选用文种。决定文种的依据是：发文的目的、内容，发文机关的权限以及发文机关与主送机关之间的行文关系。

（2）主送机关。是行文的对象，是公文的主要受理机关，俗称"抬头"，应当使用全称或者规范化简称、统称。

主送机关写在正文之前，标题之下空一行，居左顶格写，用3号仿宋体字，回行时仍顶格；最后一个主送机关名称后标全角冒号。如主送机关名称过多而使公文首页不能显示正文时，应将主送机关名称移至版记中，置于抄送之上，标识方法同抄送。如主送机关不止一个时，应按其性质、级别或惯例依次排列，中间用顿号（类间用逗号）断开。

主送机关的表现形式，重要的有以下几种：

① 特称。特称又叫单称。主送机关只有一个，只写一个受文机关名称。不相隶属的机关之间行文，应写单位的全称，如"广州市财政局"；如果是其下级机关行文，可省去省、市、县名称，写为"市财政局"。

② 泛称。泛称是上级机关对下级同类机关的行文。如国务院对各省、市及直属单位行文的主送机关是各省、自治区、直辖市人民政府，国务院各部委、各直属机构。

③ 递降称。递降称多用于对垂直的下级行文，如省府向市、县行文的主送机关是各市、县人民政府；又如省技监局向全省技监系统行文的主送机关是各市、县技监局。

（3）正文。公文的主体，用来表述公文的内容。公文正文的书写是在主送机关名称下一行，每自然段左空二字，回行顶格。数字、年份不能回行。一般每面排22行，每行排28个字。内容要求符合国家法律、法规及其他有关规定；文字表述准确；人名、地名、数字、引文准确；结构层次序数规范；使用法定计量单位；简称规范；正确使用阿拉伯数字等。

正文是公文的核心部分，用来表述公文的具体内容，除极个别极简短的公文外，正文内容一般由开头（又称引据）、主体、结尾三个部分构成。有些公文还带有批语，也是正文的组成部分。正文的主体部分因文而异，具体撰写要求将在后面的第三章中介绍。

这里就导语、结束语和批语的写法作简介。

① 导语，也叫"开头语""引据"。开头语要依据公文的内容和行文目的来确定，一般有以下几种方法：

一是根据式，即根据上级的指示所发出的通知等，用"遵照""按照""根据"等语言标志，交代行文依据，以保证发文的法定权威性。

二是目的式，即在开头交代行文的目的或意图，常用"为""为了"等介词标引，让受文机关明确领会发文意图。

三是原因式，用"由于""鉴于"等词标引，讲明制发文件的缘由，以揭示全文的必然性和合理性。

四是引文式，即开头引用文件或上级领导讲话中的某句子作为引言或点明主旨。如"现将《全省教育工作会议纪要》印发给你们……"。

五是时间式，即在开头使用表示时间的词语，如"最近""近来"等，以表明时间，引起注意。

六是事情式，即开头扼要介绍事件或情况，给人以清晰印象。如"经中央批准，今年县、乡两级选举的日常工作由民政部门负责……"，这样直叙情况，开门见山。

七是引叙式，即为了批复或答复问题，先引叙对方来文。如"你单位×年×月×日关于××××的请示（或来函）××〔2007〕×号文悉"，通过引叙让对方清楚了解所回答的问题与该机关的什么事情相关。

② 结束语。结束语又叫文尾，是公文正文的最后部分。结束语常常显示出不同文种的格式特征。一般较长篇的公文，往往用最后一段话来总结全篇，进一步点明主题，头尾呼应，使受文者加深对全文总观点的理解；有的在文尾提出希望，或提出要求，或简短表态；有的特殊公文没有结束语。

结束语的用语，应同文种相承。如，令的尾部用"此令""特令"；请示的尾部用"当否，请批示""请批准"；报告的尾部用"特此报告"；批复的尾部用"此复""特此批复"；通知的尾部用"特此通知"；等等。

③ 批语。批语是领导机关在批复下级请示，或印发、批转、转发公文时所写的话。批语要求思想凝练，能够比较深刻而准确地体现上级领导机关的思想和工作意图，对全局工作有着普遍的指导意义。

常见的批语有四种：

一是批复下级机关的请示所加的批语。

二是印发本机关制定的工作计划、工作总结、调查报告、领导讲话、工作制度、工作方案、相关规定或办法等等非法定公文的文书，使之成为法定公文的批语。这类公文的批语一般不宜过长，只需强调该文书已经决策机关批准或同意，予以印发，请遵照执行或组织实施。

三是批转下级公文时，为了提升该公文的权威性，引起受文单位的重视并促使其贯彻执行，就可以加批语，如"省人民政府同意……现批转给你们……"。

四是转发上级公文时所加的批语。如"国家计委《灾后重建、整治江湖、兴修水利现场办公会会议纪要》已经国务院批准，现转发给你们，请结合本地区、本部门实际，认真贯彻执行。"

撰写批语，要依据发文目的和指导思想去提炼概括所批转、转发公文的要旨；要立足全局，目的明确，提出的要求能指导全局；态度鲜明，有针对性，举措明确，切实可行；文字严谨，干净利索。

（4）附件说明。附件是公文的组成部分，指随文发送的文件、报表、材料等。例如，某公司经上级批准新开设一家分公司，在向工商局申请营业执照时，上级批准的批复件以及分公司的章程等材料就成为附件，连同申请公文一起发出，作为正文的补充说明或参考材料。附件不是所有公文都有的，根据需要而定。

附件的书写是在正文下空一行左空二字用3号仿宋体字标识，后标全角冒号和名称。如有序号，使用阿拉伯数字标注（如"附件：1. ××××××"），附件名称后不加标点符号。附件应与公文正文一起装订，并在附件左上角第一行顶格标注"附件"，有序号时标注序号；附件的序号和名称前后标注应一致。如附件与公文正文不能一起装订，应在附件左上角第一行顶格标注公文的发文字号并在其后标识"附件"（或带序号）。有的公文，附件只发给主送机关或部分抄报、抄送机关，就应在附件后分别注明。

有的公文是专为报送一份材料或专为批转、转发、颁发某个文件而拟制的，被批转、转发的文件是公文的主体，正文只起按语或说明、批准、发布的作用。正文内业已写明这些文件、材料名称，因此不必作附件处理，不用再写"附件"字样。

（5）发文机关署名、成文日期和印章。这一部分是公文生效标志[①]。

① 加盖印章的公文。一般公文应有发文机关署名并加盖发文机关印章，印章文字与署名机关相符。

成文日期一般右空四字编排，印章用红色，不得出现空白印章。

单一机关行文时，一般在成文日期之上、以成文日期为准居中编排发文机关署名，印章端正、居中下压发文机关署名和成文日期，使发文机关署名和成文日期居印章中心偏下位置，印章顶端应当上距正文（或附件说明）一行之内。

联合行文时，一般将各发文机关署名按照发文机关顺序整齐排列在相应位置，并将印章——对应、端正、居中下压发文机关署名，最后一个印章端正、居中下压发文机关署名和成文日期，印章之间排列整齐、互不相交或相切，每排印章两端不得超出版心，首排印章顶端应当上距正文（或附件说明）一行之内。

② 不加盖印章的公文。有特定发文机关标志的普发性公文和电报可以不加盖印章。

单一机关行文时，在正文（或附件说明）下空一行右空二字编排发文机关署名，在发文机关署名下一行编排成文日期，首字比发文机关署名首字右移二字，如成文日期长于发文机关署名，应当使成文日期右空二字编排，并相应增加发文机关署名右空字数。

联合行文时，应当先编排主办机关署名，其余发文机关署名依次向下编排。

③ 加盖签发人签名章[②]的公文。命令公文和议案应当标注签发人姓名。

单一机关制发的公文加盖签发人签名章时，在正文（或附件说明）下空二

[①] 公文生效标志——公文加盖印章是公文生效的标志，是证明公文效力的表现形式，是发文机关对公文负责的凭证，它包括发文机关印章或签署人姓名。

[②] 加盖签发人签名章——签发人，是指办文机关批准本文件发出的负责人，他签字后才能发出文件；签名章，是指机关刻制的负责人姓名的姓名印。

行右空四字加盖签发人签名章，签名章左空二字标注签发人职务，以签名章为准上下居中排布。在签发人签名章下空一行右空四字编排成文日期。

联合行文时，应当先编排主办机关签发人职务、签名章，其余机关签发人职务、签名章依次向下编排，与主办机关签发人职务、签名章上下对齐；每行只编排一个机关的签发人职务、签名章；签发人职务应当标注全称。

签名章一般用红色。

④ 成文日期中的数字。单一机关制发的公文署会议通过或者发文机关负责人签发的日期。联合行文时，署最后签发机关负责人签发的日期。用阿拉伯数字将年、月、日标全，年份应标全称，月、日不编虚位（即1不编为01）。

⑤ 特殊情况说明。当公文排版后所剩空白处不能容下印章或签发人签名章、成文日期时，可以采取调整正文行距、字距的措施解决。

（6）附注。公文印发传达范围等需要说明的事项。

公文如有附注，应当加括号标注。用3号仿宋体字，居左空二字加圆括号编排在成文日期下一行。

（7）附件。公文正文的说明、补充或者参考资料。

附件应当另面编排，并在版记之前，与公文正文一起装订。"附件"二字及附件顺序号用3号黑体字顶格编排在版心左上角第一行。附件标题居中编排在版心第三行。附件顺序号和附件标题应当与附件说明的表述一致。附件格式要求同正文。

如附件与正文不能一起装订，应当在附件左上角第一行顶格编排公文的发文字号并在其后标注"附件"二字及附件顺序号。

3. 版记

版记格式，又称文尾格式，包括抄送、印发机关，印发日期和页码等内容。

（1）版记中的分隔线。版记中的分隔线与版心等宽，首条分隔线和末条分隔线用粗线（推荐高度为0.35mm），中间的分隔线用细线（推荐高度为0.25mm）。首条分隔线位于版记中第一个要素之上，末条分隔线与公文最后一面的版心下边缘重合。

（2）抄送机关。除主送机关外需要执行或者知晓公文内容的其他机关，应当使用机关全称、规范化简称或者同类型机关统称。

如有抄送机关，一般用4号仿宋体字，在印发机关和印发日期之上一行、左右各空一字编排。"抄送"二字后加全角冒号和抄送机关名称，回行时与冒号后的首字对齐，最后一个抄送机关名称后标句号。

如需把主送机关移至版记，除将"抄送"二字改为"主送"外，编排方法同抄送机关。既有主送机关又有抄送机关时，应当将主送机关置于抄送机关之上一行，之间不加分隔线。

（3）印发机关和印发日期。印发机关和印发日期一般用4号仿宋体字，编排在末条分隔线之上，印发机关左空一字，印发日期右空一字，用阿拉伯数字将年、月、日标全，年份应标全称，月、日不编虚位（即1不编为01），后加"印发"二字。

版记中如有其他要素，应当将其与印发机关和印发日期用一条细分隔线隔开。

（4）页码。一般用4号半角宋体阿拉伯数字，编排在公文版心下边缘之下，数字左右各放一条一字线；一字线上距版心下边缘7mm。单页码居右空一字，双页码居左空一字。公文的版记页前有空白页的，空白页和版记页均不编排页码。公文的附件与正文一起装订时，页码应当连续编排。

（5）公文格式以外的其他规定。公文的格式，除版头、主体和版记等格式以外，对公文的用纸、版面与装订也作了规定：

① 公文用纸规格。公文用纸一般采用国际标准 A4 型，长 297mm，宽 210mm。公告、通告等公布性的公文用纸，幅面尺寸视具体需要而定。

② 公文页边与版心尺寸。公文用纸天头（上白边）为 37mm±1mm，地脚（下白边）为 35±1mm，订口（左白边）为 28mm±1mm，翻口（右白边）为 26±1mm。版心尺寸为 156mm×225mm。

③ 字体、字号、行数、字数。公文标题可用 2 号小标宋体字；正文可用 3 号仿宋体字，文中如有小标题，可用 3 号小标宋体字或黑体字；版记中的要素可用 4 号仿宋体字。正文一般每面排 22 行，每行排 28 个字。

（4）装订。公文应当在左侧装订。两页页码之间误差不超过 4mm。裁切成品尺寸误差 ±2mm，四角成 90°，无毛茬或缺损。包本公文的封皮与书芯应吻合，包紧、包平、不脱落。骑马订或平订的订位为两钉外订眼距版面上下边缘各 70mm 处，允许误差 ±4mm。骑马订钉锯均订在折线上，平订钉锯与书脊间的距离为 3mm~5mm；无坏钉、漏钉、重钉，钉脚平伏牢固。

（二）公文的特定格式

1. 信函格式

信函格式是有别于公文格式的又一种公文形式。公文格式的重要标志是在发文标志上写上"文件"二字；而信函格式在发文标志上没有"文件"二字，其版式近似信笺，所以俗称为"信函格式"。但是，信函格式与公文格式一样，都是正式公文的格式，都具有法定的公文效力。

信函格式主要用于公文文种函（平级机关或不相隶属机关沟通关系、商洽工作、答询情况的行文）。但是，信函格式并非仅适用于函，在一些特定情况下的公文也可以使用信函格式。比如：上级机关对下级机关一般事项请示的批复；上级机关的办公部门向下级机关催办有关事宜，要求下级机关报送材料，统计数字或者物件的通知或会议通知；向平级机关和不相隶属机关就重要问题提出意见或见解的意见；政府机关向同级人大报告工作的报告，提出议事原案的议案；政府党组向地方党委报告工作的报告；等等，均可以使用信函格式。①

发文机关标志使用发文机关全称或者规范化简称，居中排布，上边缘至上页边为30mm，推荐使用红色小标宋体字。联合行文时，使用主办机关标志。

发文机关标志下4mm处印一条红色双线（上粗下细），距下页边20mm处印一条红色双线（上细下粗），线长均为170mm，居中排布。

如需标注份号、密级和保密期限、紧急程度，应当顶格居版心左边缘编排在第一条红色双线下，按照份号、密级和保密期限、紧急程度的顺序自上而下分行排列，第一个要素与该线的距离为3号汉字高度的7/8。

发文字号顶格居版心右边缘编排在第一条红色双线下，与该线的距离为3号汉字高度的7/8。

标题居中编排，与其上最后一个要素相距二行。

第二条红色双线上一行如有文字，与该线的距离为3号汉字高度的7/8。

首页不显示页码。

版记不加印发机关和印发日期，分隔线位于公文最后一面版心内最下方。

2. 命令（令）格式

命令（令）可以说是国家行政机关发文的最高形式。这个格式应严格按照执行，以从表现形式上维护国家政令的权威性和统一性。

党的机关一般不单独以令行文。

（1）发文机关名称应用全称，不能用简称，包括规范化简称。命令（令）的发文机关应以批准本机关成立文件核定的全称为准。发文机关名称后加"命令（令）"字样。发文机关标志用红色小标宋体字；字号由发文机关酌定，但要掌握在不超过上级机关的字号的程度，也可以同等大小。发文机关标志的上边缘距版心上边缘为30mm。如果是联合发布命令（令），在首位的发文机关也要在此处标识，其余机关下移，"命令（令）"字置于所有联署发文机关右侧，上下居中。

（2）令号。在发文机关之下空二行标识令号，令号用黑体字较庄重，前加

---

① 政府机关与人大机关的关系——是同级机关，有法律的关系。人大是权力机关，政府是权力机关的执行机关；人大是监督机关，政府是被监督机关；政府机关向同级人大报告工作，提出议案是法律的规定。

"第"字,即"第×号",可以用阿拉伯数字标示序码,居中编排。与发文字号不同的是,令号的编制自发第 1 号令开始,不受年度限制,发文字号序号以年度为限。

(3)正文。令号之下空二行编排正文,中间没有红色反线,与"文件式"公文不同。正文标识格式执行标准对正文的规定。令文的内容一般都比较简短,大多是一个自然段。

(4)签署。正文之下空一行编排签发人签名章,发文机关平时应制备。签名章用红色,右空四字。签名章左空二字编排签发人职务,命令的签发人应是发文机关的最高领导;如果是联合命令,签发人职务应标全称。

(5)成文日期。签名章之下空一行标示成文日期,右空二字。

(6)版记。命令(令)的版记格式只有一点不同,即命令(令)不分主送、抄送,而用"分送"这一特定形式。

3. 纪要格式

纪要标志由"×××××纪要"组成,居中排布,上边缘至版心上边缘为 35mm,推荐使用红色小标宋体字。

标注出席人员名单,一般用 3 号黑体字,在正文或附件说明下空一行左空二字编排"出席"二字,后标全角冒号,冒号后用 3 号仿宋体字标注出席人单位、姓名,回行时与冒号后的首字对齐。

标注请假和列席人员名单,除依次另起一行并将"出席"二字改为"请假"或"列席"外,编排方法同出席人员名单。

纪要格式可以根据实际制定。

4. 白头文件格式

所谓"白头文件格式",是非法定性公文的格式,用于机关内部印发计划、总结、调查报告等机关事务文书及领导讲话等等,与红头文件相对。红头文件,其眉首是套红印刷发文机关标志,并有一条红色分隔线;而白头文件则不用套红印刷发文机关标志,没有红色分隔线,采用黑色,字体比红头文件小,通常将发文字号放置标题之上的左侧上方,如有密级,标识在标题右侧的上方,版记部分与文件格式同。

5. 电报格式

电报是行政机关公文的另一种表现形式。在文字量多、时间紧迫的情况下需要使用电报,其特点是稳妥、快捷。

电报不属于文种,只是一种发文载体,它适用于任何文种。利用电报发文,方便、快捷,但由于其缺少发文机关的印章,一般只适用于国家机关内部使用,不适用于向社会公开发文。在实际应用中,选用哪一种形式发文主要由公文的内容和紧急情况决定。一般情况下，如果公文的内容比较重要，比如公布某些重大政策、法规性文件或者是政府对某重要工作的部署等，其影响的范围较广、时间较长，应该用"红头文件"形式。用电报发文通常是时间比较紧急，内容影响的时间相对较短暂的事情，如会议通知、接待通知等。

电报有内部明电和密码电报两种。事情紧急，内容无需保密的事项可用内部明电。如内容涉密，则应当使用密码电报。

四、公文的形成、行文规则与写作要求

（一）公文的形成

公文是在党政机关的公务活动过程中形成的，而且其形成必须经法定的制发程序，凡不按法定程序制发的文件均不是公文。没有公务便没有公文，有了公务活动，还得有法定的机关、法定的作者，依照法定的权限，依照法定的程序，使用法定的文种、依法办事、依法办文，从拟稿、核稿到会签、签发、缮校、封发等各个环节都严格遵守新《条例》规定才能形成合法的，具有法定权威的公文。

新《条例》对公文的拟制有严格的规定。

1. 拟稿

草拟公文是一项非常细致的文字工作，又是一项政策性、思想性、业务性很强的工作。学习公文写作，必须对草拟公文有正确的思想认识。

拟稿一般要经过准备、起草、修改三个阶段。准备阶段，主要是领会领导意图，明确行文目的、制文原委，弄清行文关系、行文形式，正确选用文种、公文格式，明确公文主旨，确定主题，准备材料。起草阶段，包括列出提纲，明确先写什么、再写什么、最后写什么，每个层次的中心及每个段落的段旨，还要明确在什么观点下使用哪些实际材料，然后才落笔起草。修改阶段，是指在拟写好正文之后，再依据领导意图、行文目的，对自己所写的文稿进行修改。修改完毕，即为定稿。

（1）必须使用公文发文稿纸做首页。有的机关使用好几种不同功用的公文稿纸，如单一机关发文稿纸、联合发文稿纸、信函稿纸、请示件稿纸、承办文件稿纸、便函稿纸、人大建议办理稿纸、政协提案办理稿纸等，要注意正确选用。各种不同功能的稿纸首页，体现了公文制发的程序。撰写者应首先按稿纸上的表格填写好标题、主送、抄送、文号、密级、紧急程度、打印份数等栏目，

然后再开始拟写正文，第 2 页开始使用正文稿纸。现在多数机关已使用电脑文档，但初学写作者必须知道，即使使用电子文档，也要注意遵循公文制发程序，送审、送签。

（2）必须使用钢笔、签字笔或毛笔书写，定稿稿纸要留存为档案材料。

（3）签上拟稿人姓名和日期后送审稿人审核。

《发文稿纸》样式如下：

××××发文稿纸

签发：		核稿：	
年　月　日		年　月　日	
会签：		主为单位：	
年　月　日		拟稿人：	年　月　日
事由：		附件：	
主送单位：			
抄报单位：			
抄送单位：			
文号：	号	密报	紧急程度		打印份数	
打字：年　月　日		校对：年　月　日		封发

发文稿纸的样式实际上是发文稿纸的首页。起草人必须使用首页，当用完首页后用其他稿纸接上。千万不要对首页不以为然，因为这是成为公文的法定程序，每一环节都有责任人签字。当起草人起草完成后，便要按首页标示的程序逐一经责任人审阅，直到签发人签字后才交付打印、校对、盖印封发，这才成为正式公文，而首页和文稿便成了原始凭证入档。

2. 核稿

核稿，也称为"把口""把关"，就是文件起草成形，送交领导人审批签发之前，对文件的观点、文字、内容、体式所做的全面审核工作。大的单位，设有专职的核稿人员，一般机关没有专职核稿人员，即由科室领导人核稿；职能部门负责起草的文稿，其办公部门的负责人还必须对该文稿进行把口。

把口是由办公室主任（或秘书人员）对机关各职能部门拟写的以机关名义制发文件的文稿，送领导审批前，从政策、措施、手续及体式、文字、提法等方面所进行的审核。对于不成熟或质量上有问题的文稿，在征得拟稿单位同意或者请示领导以后可以根据情况采取退、补、改三种办法加以处理。

审核工作主要着重以下七个方面：是否需要制发文件；是否符合国家法制要求；是否体现了党和国家的方针、政策和上级要求，有无矛盾之处；措施是否妥当，办法是否行之有效；结论是否正确，论理是否符合逻辑；结构是否合理，语言是否符合语法和公文的特点；文件的体式是否合体，特别是行文格式是否符合党和国家的规定。

3. 会签

凡公文内容涉及其他部门职责范围，需要该部门对公文内容负责的，便需要该部门的负责人对公文草稿进行审阅，或提出修改意见，经其认可后，在会签栏上签上姓名和日期，以示负责，这叫作"会签"。

会签有两种情况：一是本机关内部的有关部门须对本文件负责的会签，另一种是不同机关须对本文件负责的会签（这种会签一般是不同的平级机关联合发文的会签）。

会签后，由主办部门负责人送机关领导签发。

4. 签发

签发是指发文机关领导对文稿的最后的核准签字。

按规定，以机关名义发出的公文，都要送机关领导审阅签发，其中重要的或者涉及面广的，应当由正职或主持日常工作的副职签发。会议通过的文件，经授权可由文书部门负责人签发。文件经过领导人核准签发即成定稿，产生效力。

签发文件人应写上自己的姓名，不能只写姓而不注名，并应注明签发的时间，以示负责，便于查考。被主要负责人授权代行签发的文件，应在签发人姓名右侧注明"代"字。

5. 缮校、封发

文件经领导签发后即送交印制部门印制，进入制发阶段。通过缮印、校对，才成为正式文件。文稿送印前要注明缓急和密级标记，确定印制的份数，编好发文字号，以便一并缮印。

缮印和校对工作，是文书处理工作的重要组成部分。这些工作做得好坏，直接关系到文件的处理速度和准确性。

文件印制好后，还须盖上机关印章。盖了印章的文件才生效。

拟稿是一项重要工作。机关要为此制定规章制度进行规范。

（二）公文的行文规则

新《条例》在第四章里作了明确的规定。

1. 行文应当确有必要，讲求实效，注重针对性和可操作性

2. 行文关系根据隶属关系和职权范围确定

一般不得越级行文，特殊情况需要越级行文的，应当同时抄送被越过的机关。

3. 向上级机关行文，应当遵循以下规则

（1）原则上主送一个上级机关，根据需要同时抄送相关上级机关和同级机关，不抄送下级机关。

（2）党委、政府的部门向上级主管部门请示、报告重大事项，应当经本级党委、政府同意或者授权；属于部门职权范围内的事项应当直接报送上级主管部门。

（3）下级机关的请示事项，如需以本机关名义向上级机关请示，应当提出倾向性意见后上报，不得原文转报上级机关。

（4）请示应当一文一事。不得在报告等非请示性公文中夹带请示事项。

（5）除上级机关负责人直接交办事项外，不得以本机关名义向上级机关负责人报送公文，不得以本机关负责人名义向上级机关报送公文。

（6）受双重领导的机关向一个上级机关行文，必要时抄送另一个上级机关。

4. 向下级机关行文，应当遵循以下规则

（1）主送受理机关，根据需要抄送相关机关。重要行文应当同时抄送发文机关的直接上级机关。

（2）党委、政府的办公厅（室）根据本级党委、政府授权，可以向下级党委、政府行文，其他部门和单位不得向下级党委、政府发布指令性公文或者在公文中向下级党委、政府提出指令性要求。需经政府审批的具体事项，经政府同意后可以由政府职能部门行文，文中须注明已经政府同意。

（3）党委、政府的部门在各自职权范围内可以向下级党委、政府的相关部门行文。

（4）涉及多个部门职权范围内的事务，部门之间未协商一致的，不得向下行文；擅自行文的，上级机关应当责令其纠正或者撤销。

（5）上级机关向受双重领导的下级机关行文，必要时抄送该下级机关的另一个上级机关。

5. 同级党政机关、党政机关与其他同级机关必要时可以联合行文

属于党委、政府各自职权范围内的工作，不得联合行文。党委、政府的部门依据职权可以相互行文。部门内设机构除办公厅（室）外不得对外正式行文。

（三）公文的写作要求

1. 明确行文目的

在行政公文的内容上，根据行文对象的特点和需要，上行文要具有明确的针对性，平行文要具有明确的商榷性，下行文要具有明确的指导性。为什么要制发这一公文，要达成什么目的，而为了达成这一目的又需要写些什么、怎么写，行政公文的起草者都应该具有非常明确的自觉意识。

在行政公文的形式上，无论上行文、平行文或下行文，起草者都同样需要根据行文的目的和行文对象的特点和需要，选准合适的文种，用特定的规范体式和合适的语体、语气和措辞，写成符合规范体式的公文。

2. 要符合政策

党政机关公文是一种贯彻执行党和国家方针政策的重要工具，也是一种把治理国家和其他事务的方针政策用白纸黑字的书面形式加以具体化的主要形式，所以公文具有特殊的严肃性，它的起草者必须熟悉有关的政策。

党政公文的写作在符合政策方面需要特别注意的问题：

（1）政策的时间性。一定的政策总是根据一定时期具体工作的需要而制定的，所以它只能适应一定时期的需要。因而，过时的政策不可能很好地解决面临的新问题。

（2）政策的空间性。一定的政策总是根据一定地域的具体工作需要而制定的，所以它只能适应一定地域的需要。比如，在为水库移民等非志愿性工程移民造成的各项损失制定赔偿政策时，对不同地域的移民就很不一样。在南方过冬可以没有大衣，但在北方就不行。所以在有关补偿内容和标准上，不同地域的政策就不一样。

（3）政策的政治性。一定的政策总是为适应一定时期的政治需要而制定的，所以在行政公文的起草中，应该从一定时期的政治需要的角度去考察和应用一定的政策；要注意政策的制定和应用中的政治立场问题。

（4）政策的连续性。在行政公文的起草中涉及制定和应用政策时，必须非常重视有关政策在时间、空间和政治上的连续性，使之更符合实际工作的需要。

3. 要正确选用文种

公文的各种不同文种承担着各自不同的功用,不同的公文名称,体现了发文机关的权限范围和行文机关之间的关系,反映了不同的办文目的和要求,因此,只有正确选用文种,才能充分发挥文种的作用,实现行文目的。

正确选用公文文种必须依据发文的目的、内容,发文机关的权限以及发文机关与主送机关之间的行文关系。

在实际工作中误用文种的现象主要有三:一是误用了与发文目的不相符的文种;二是误用了与发文机关的权限不相符的文种;三是误用了与公文内容不相符的文种。

4. 遵守公文格式

要注意行文关系,掌握公文语言特点。

5. 认真起草

要做到情况确实,观点明确,表述准确,结构严谨,条理清楚,直述不曲,字词规范,标点正确[①],篇幅力求简短。

拟制紧急公文,应当体现紧急的原因,并根据实际需要确定紧急程度。

人名、地名、数字、引文准确。引用公文应先引标题,后引发文字号;引用外文应当注明中文含义;日期应写明具体的年月日。

结构层次序数,第一层为"一",第二层为"(一)",第三层为"1",第四层为"(1)"。

应当使用国家法定计量单位[②]。

文内使用非规范化简称,应当先用全称并注明简称。使用国际组织外文名称或其缩写形式,应当在第一次出现时注明准确的中文译名。

公文中的数字,除成文日期、部分结构层次序数和在词、词组、惯用语、缩略语、具有修辞色彩语句中作为词素的数字以外,应当使用阿拉伯数字。

思考与练习

一、公文文种部分

(一)注意掌握下列名词术语。

决议 决定命令(令) 公报 公告 通告 意见 通知 通报 请示

[①] 参阅文献:1.《出版物汉字使用管理规定》
2.《中华人民共和国国标标点符号用法》

[②] 参阅文献:1.《出版物上数字用法》(GB/T 15835-2011)
2.《中华人民共和国法定计量单位》(1984年2月27日国务院发布)

批复　议案　函　纪要　上行文　下行文　平行文　常规公文　特急公文　机要　密级　绝密　机密　秘密　平件　抬头　落款　签署

（二）请指出下面这两份公文的不同之处，并说出两者区别的理由。

中华人民共和国主席令
第七号

《中华人民共和国行政许可法》已由中华人民共和国第十届全国人民代表大会常务委员会第四次会议于 2003 年 8 月 27 日通过，现予公布，自 2004 年 7 月 1 日起施行。

中华人民共和国主席　胡锦涛
2003 年 8 月 27 日

中华人民共和国国务院令
第 474 号

《风景名胜区条例》已经 2006 年 9 月 6 日国务院第 149 次常务会议通过，现予公布，自 2006 年 12 月 1 日起施行。

总理　温家宝
二〇〇六年九月十九日

（三）比较以下文种，并指出它们的区别。
1. 嘉奖会、表彰决定、表扬通报
2. 公布令、颁发通知
3. 公告、通知、启事、广告
4. 议案、提案、建议
5. 报告、意见

（四）人事任免上，有的要使用公告，有的要使用令，有的要使用任免决定（人大公文），有的要使用通知，有的要使用介绍信（人事介绍信为机关事务文书），请说出为什么会有这些不同的用法，依据是什么。

（五）请分析指出以下事项应选用什么文种行文。
1. ××学校××班学生颜××触犯校规，屡教不改，学生处决定给予警告处分。
2. 广东省××学院拟扩建校舍，需要征地 20 亩，须请求××市国土局批准。

（六）请回答以下问题。
1. 上级机关向下级机关询问事情应以什么文种行文？下级机关应用什么文种答询？

2. 下级机关有求于上级机关应用什么文种行文？上级机关接到下级机关的请求公文后应用什么文种答复？

3. 向不相隶属机关请求批准应用什么文种行文？审批机关接到该请求后应用什么文种行文？

4. 在人事任免上，可以选用哪些公文文种，其选用的依据是什么？

5. 用于表彰，可以选用哪些公文文种，其选用的依据是什么？

6. 用于惩戒，可以选用哪些公文文种，其选用的依据是什么？

7. 请分别说出下列文件的公布须使用哪种公文文种为载体。

法律　行政法规　地方法规　部门规章　地方政府规章　规范性文件　决定　计划　总结　领导讲话

二、公文格式部分

（一）注意掌握下列名词术语。

秘密等级和保密期限　紧急程度　份数序号　发文机关标识　发文字号　签发人　标题　主送机关　公文正文　附件　生效标识　印章　成文日期　附注　主题词　抄送机关　印发机关　印发日期　签署　落款　抬头　版头　主体　正文格式　版记　文尾格式　版头设计　版面安排　版心　字体型号　字隔行距　红头文件　白头文件　公文格式　函件格式　小标宋　上天白　地脚　订口　翻口　装订线　机关代字　3号楷体字　绝密　机密　秘密　特称　泛称　递降称　顶格　回行　引据　导语　主体　结束语　批语

（二）请回答以下问题。

1. 什么是信函格式，函与信函格式有什么区别，哪些文种可以使用信函格式？

2. 印发纪要应使用什么格式？

3. 县市人大机关、县市行政机关、县市检察院、县市法院等机关在需要向县市委报告、请示工作时应以什么名义行文，使用什么文种、用哪种公文格式行文？

（三）辨析下列公文样式。

1. 公文格式、信函格式

2. 命令格式、公告格式、电报格式

3. 纪要格式、白头文件格式

（四）参照"公文版式"，自己动手制作一套模拟的公文样式。

（五）动手抄录下列内容的资料。

1. 抄录10个公文的发文号，试分析其含义。

2. 抄录10条公文标题，试分析其概括事由的基本方法。

3. 抄录不同类别的公文开头语5个，体会其写作方法。

4. 抄录不同类别的公文结束语5个，并体会它们的特点。

5. 抄录有附件公文的附录部分，掌握附件的表达方式。

（六）依据教材，通过自行练习，完成下列技能训练。

1. 公文的发文字号由哪三部分组成？以下公文的发文字号有什么含义？

粤府〔2006〕30号　　　　　　　粤府函〔2006〕6号

粤发〔2006〕11号（这是广东省委的发文）　粤办函〔2006〕362号

粤府办〔2006〕55号　　　　　　粤府字〔2006〕27号

2. 公文标题有哪些类型？指出下列标题的发文机关、事由和文种。

《国务院办公厅关于表彰奖励中国女子足球队的通报》

《广东省人民政府办公厅转发国务院办公厅转发国家经贸委等部门关于严厉打击制售假冒商标卷烟活动坚决制止非法生产卷烟行为意见的通知》

《中华人民共和国土地管理法》

3. 公文标题有哪些排列方式？各种排列方式有何异同？

4. 请指出下列公文标题错在哪里，并改正。

（1）关于坚决制止和认真清理公路两侧违章建筑物的通告

（2）关于切实做好接收安置灾民的通知

（3）关于召开××省第×次党员代表大会有关事宜的通知

（4）关于××省财经学校向××大学联系临时住房问题的函

（5）关于转发《××省财政厅转发"财政部关于修改国家工作人员出差补助标准暂行规定的通知"的通知》的通知

（6）××大学自学考试报名的通告

（7）人事处关于×××同志的考察报告

5. 决定公文文种的依据是什么？请为下列事项代拟公文标题。

（1）南天化工分公司因业务量大增，人员多了，事务多了，效益很好，打算购置一台九座面包车，须向其上级北海总公司请求批准。

（2）南方市公安局需要购置40辆摩托车，须向市财政局申请批准财政拨款购买。

三、行文规则部分

（一）注意掌握下列名词术语。

发文稿纸　公文稿首页　交拟　拟稿　审核　会签　签发　缮校　封发　行文规则　行文关系　行文对象　行文方向　行文原则　公文的形成过程　正确选用文种　领会领导意图　起草　草稿草案　修改稿　修订稿　定稿　文稿　送审稿　核稿　会签　签发　缮校　封发　大样　清样　初校　二校　校红

(二)通过弄懂以下名词术语使自己深刻理解公文的行文关系。

隶属关系　上级机关　平级机关　不相隶属机关　直接的上级机关　所属下级机关　越级行文　逐级行文

(三)填空。

1. 公文根据行文方向可分为①依照隶属关和业务指导关系给自己的领导机关行文,称为(　　)行文;②依照隶属关系或业务指导关系给自己的下级机关行文,称为(　　)行文;③职能部门之间、不相隶属之间的机关行文,称为(　　)行文。

2. 依照新"办法"规定,通知的种类应分为批转性通知、(　　)、(　　)、(　　)。其中的(　　)包括了指挥性通知、指示性通知、周知性通知、会议通知。

3. 通知是(　　)行文,主送是(　　)级机关,平级机关和不相隶属的机关需要了解的,可以用(　　)送的形式。

4. 报告和请示都是上行文,发文机关只能向自己的直接上级报告或请示。不能越级请示。特殊情况下需要越级请示时,必须抄送给(　　)。

5. 通报是(　　)行文,适用于(　　)、批评错误、(　　)。使用通报时,要注意同相近的文种分清功能界限:用于表彰先进时,要注意同令、决定文种比较;用于批评错误时,要注意同(　　)、(　　)文种比较。

第三章 公文的写法

公文的 15 个文种都是处理公务的有效工具。它们各自负有不同的职责，由此形成了各自不同的特点。初学公文写作，宜采用例文领路、由此及彼的方法，即首先学习、研究教程中给出的公文例文，结合前面学过的相关知识（公文的种类、公文格式和公文行文的原则），依据文种的不同分工，抓住文种特点，研究并领会行文要领（该文种的运作原则、方法），分析其结构，进而掌握写作规律。

学完 15 个文种之后，应再将各文种进行比较，从"温故"之中领会到更新的认识，从而使自己能得心应手地驾驭公文运用与写作。

一、决议

我们的国家是人民民主国家，凡重大问题和重大事项，均需经会议讨论通过作出决议。决议一经表决通过并公布，便成为该一级组织集体意志的体现，必须坚决贯彻执行。本《教程》选入决议例文七篇，各具代表性，可借鉴参考。

（一）例文学习

【例文一】

中国共产党广东省第十届委员会
第七次全体会议决议
（2010 年 7 月 17 日中国共产党广东省
第十届委员会第七次全体会议通过）

中国共产党广东省第十届委员会第七次全体会议于 2010 年 7 月 16 日至 17 日在广州召开。全会由省委常委会主持。全会深入贯彻落实科学发展观，进一步学习领会党的十七大以来中央关于加强文化建设的精神和部署,全面总结我省文化大省建设工作,研究部署新时期文化强省建设工作。全会听取了汪洋同志代表省委常委会所作的主题报告,黄华华同志所作的总结讲话,胡泽君同志关于2009年度市厅级党政领导班子和领导干部落实科学发展观考评结果的通报,林雄同志就有关文件所作的起草说明,审议了《广东省建设文化强省规划纲要(2011—2020年)》稿和省委常委会《2010年上半年工作报告》,并票决了部分市厅级党政正职拟任人选和推荐人选。

全会高度评价了上半年省委常委会的工作。一致认为,在党中央的正确领导下,省委团结带领各级党组织、全体共产党员和广大人民群众,认真贯彻党的十七届四中全会、中央经济工作会议和胡锦涛总书记视察广东重要讲话精神,以加快经济发展方式转变为核心,以推进"三促进一保持"为重点,深入实施《珠江三角洲地区改革发展规划纲要》,推动经济社会发展和党的建设取得新成效。我省应对国际金融危机的各项工作进一步落实,经济企稳回升势头进一步巩固,探索建立科学发展新模式的步伐进一步加快,在努力当好推动科学发展、促进社会和谐的排头兵进程中迈出了更加扎实的步伐。

全会认为,加强文化强省建设,是广东弘扬"解放思想、改革开放"的时代文化精神,勇立发展潮头的迫切要求;是遵循客观规律,落实科学发展观的时代呼唤。改革开放以来特别是近年来,我省文化大省建设各项工作扎实推进,取得了丰硕的成果,为继往开来、建设文化强省奠定了坚实的基础。面对新形势新任务,要把握大势,与时俱进,肩负起建设文化强省的历史使命,明确建设文化强省的目标任务,着力破解阻碍我省提高文化软实力的主要矛盾,率先探索中国特色社会主义文化发展道路,加快实现从文化大省向文化强省的新跨越,推动全省科学发展迈上新台阶。

全会指出,当前和今后一个时期,我省加快文化强省建设的总体要求是:高举中国特色社会主义伟大旗帜,以邓小平理论和"三个代表"重要思想为指导,深入贯彻落实科学发展观,全面落实党的十七大精神和中央关于文化改革发展的新部署新要求,大力弘扬"解放思想、改革开放"的时代文化精神,把广东建设成为在全国具有重要影响力的区域文化中心、发展社会主义先进文化的排头兵、提升我国文化软实力的主力省、中国文化"走出去"的生力军和率先探索中国特色社会主义文化发展道路的示范区,形成具有中国气派、岭南风格、广东特色的现代文化体系。按照这一总体要求,力争用十年左右时间,达到与广东经济社会发展相适应的文化发展水平,实现文化事业强、文化产业强、文化辐射力和影响力强、文化形象好。

全会要求,要坚持近期工作与长期任务相统一、重点突破与整体推进相统一,以贯彻《广东省建设文化强省规划纲要(2011—2020年)》为目标任务,以实施"文化强省建设十项工程"为重要抓手,全面推动文化大发展大繁荣。要着力培育提高全社会文化素养,大力提升广东文化形象;着力构建公共文化服务体系,大力推进文化事业建设;着力提高文化创新能力,促进文化产业优化升级;着力深化体制机制改革,进一步解放和发展文化生产力;着力构筑文化人才高地,加快培养文化新锐;着力加强文化交流合作,增强广东文化辐射力。要加强组织领导,完善政策扶持,狠抓工作落实,凝聚强大合力,努力开创我省文化建设的崭新局面。

全会号召,全省各级党组织、全体共产党员和广大人民群众要紧密团结在以胡锦涛同志为总书记的党中央周围,高举中国特色社会主义伟大旗帜,以邓小平理论和"三个代表"重要思想为指导,深入贯彻落实科学发展观,改革创新,扎实工作,加快建设文化强省,为发展中国特色社会主义文化作出新的贡献!

这是广东省委在第十届委员会第七次全体会议上,就广东省加快建设文化强省作出的决议。这个决议的形成，表现了广东省委的意志："以贯彻《广东省建设文化强省规划纲要（2011—2020年）》为目标任务，以实施'文化强省建设十项工程'为重要抓手，全面推动文化大发展大繁荣。"

民主集中制就是少数服从多数，决议一旦表决通过，就得全体坚决执行。因此，"全会认为、全会指出、全会要求、全会号召"中提到的内容，就必须认真学习、领会、贯彻执行。

在写法上，要注意标题和正文的构成特点。这篇决议，由标题和正文两部分组成。标题由机关名称、会议名称和决议通过的时间三个部分组成；正文由导语、对省委工作的评价、决议事项、结语四个部分组成。正文的第一段为导语，简明交代什么会议、审议通过什么重要议题；第二段至第五段为正文主体，首先对省委的工作作出评价，第三段至第五段写出决议事项，分别阐述加强文化强省建设意义、做法、要求；最后，即正文的结尾，向全省发出号召。

【例文二】

河北钢铁集团第一届职工代表大会第一次会议决议
（2011年12月28日通过）

河北钢铁集团第一届职工代表大会第一次会议，听取并审议了董事长、总经理王义芳代表集团公司所作的题为《全面转型升级、奋力提质增效，为集团实现由大到强新跨越而奋斗》的工作报告。

会议认为，报告对2011年工作的总结实事求是、客观全面。集团各项工作成绩显著。报告提出的"十二五"发展总体思路、战略目标、主体战略和支撑战略，顺应了钢铁工业发展的新趋势，全面贯彻了国家《钢铁工业"十二五"发展规划》和省第八次党代会精神，思路清晰，创新务实，切合实际。对2012年工作的安排部署重点突出，措施具体有力。报告全面体现了科学发展观的要求，对2012年及今后一个时期集团科学发展具有重要指导意义。

会议指出，当前集团进入了全面转型升级，实现由大到强新跨越的关键时期，面临着复杂多变的市场环境和生存发展的重大考验。必须进一步统一思想，认清形势，居危思进，积极应对。要大力实施全面转型升级主体战略和六大支撑战略，突出"由大到强"的主题，坚持"提质增效"的主线，创新推进深化整合、精细管理、科技创新三大任务，巩固提升深化整合成果，着力提高运行效益，加快产品结构调整，积极推进多元产业协同发展，切实加强领导班子、人才队伍、职工队伍建设，改进和加强党建、思想政治工作和企业文化建设，切实增强综合竞争实力、整体盈利能力和可持续发展能力，全面开创2012年生产经营和改革发展的新局面。

会议审议通过了《集团职工代表大会制度》和《提案工作报告》。

会议号召，集团广大干部职工要把思想统一到大会精神上来，把行动聚集到狠抓落实上来，以当好钢铁产业调结构、转方式的引领者、示范者为己任，团结一致，奋力拼搏，攻坚克难，扎实工作，圆满完成2012年各项奋斗目标，加速推进集团由大到强的新跨越，加快建设"国内领先、国际一流"的钢铁集团，为建设"经济强省、和谐河北"作出更大贡献，以优异成绩迎接党的十八大胜利召开!

这是一个企业的职工代表大会所作的决议。

【例文三】

××党支部大会关于同意接收×××同志
为预备党员的决议
（××××年×月×日××党支部大会通过）

经××党支部××××年×月×日会议讨论，认为××同志经党组织培养考验，思想要求上进，学习积极主动，工作认真负责，组织纪律性强，个人历史清楚，对党的认识正确，入党动机端正，基本符合党员条件。经表决，应到会党员×名，实到会×名，×名同意，超过本支部正式党员半数，同意吸收××同志为中共预备党员。

这是一个党的最基层的组织——党的支部，通过党支部大会，对一个要求入党、经党组织培养考验、已基本符合党员条件的同志进行审议的决议。

【例文四】

××党支部大会关于×××同志
按期转为正式党员的决议
（××××年×月×日××党支部大会通过）

经××党支部××年×月×日会议讨论，认为××同志被吸收为预备党员以来，能够按照党员标准严格要求自己，认真履行党员义务，发挥党员作用，具备了转为正式党员的条件。经表决，应到会党员×名，实到会×名，×名同意，超过本支部正式党员半数，同意××同志按期转为中共正式党员。

【例文五】

关于建国以来党的若干历史问题的决议
（一九八一年六月二十七日中国共产党第十一届
中央委员会第六次全体会议一致通过）

（正文略，如需要阅读请在线阅读）

本例文，是中共中央全体会议通过的决议，数十年来，我党各级组织一直坚持执行这一决议。

我们可从这一例文，体会到决议文种的分量。

【例文六】

广东省人民代表大会常务委员会
关于批准省人民政府《关于加快营造生物
防火林带工程建设议案办理情况的报告》的决议

(2009年1月16日广东省第十一届
人民代表大会常务委员会第八次会议通过)

广东省第十一届人民代表大会常务委员会第八次会议听取和审议了省人民政府《关于加快营造生物防火林带工程建设议案办理情况的报告》。会议批准省人民政府的议案办理情况报告，同意如期结案。

会议认为，自1999年以来，省人民政府认真执行省人大常委会关于加快营造生物防火林带工程建设议案的决议，高度重视生物防火林带工程的建设工作，较好地完成了议案提出的目标任务，初步建成生物防火网络，生物防火林带阻隔山火效果明显，提高了森林自身抗御火灾能力，森林火灾损失大幅下降，提高了森林覆盖率，增加了木材蓄积量，调整和优化了林分结构，取得了明显的防火、生态及经济社会效益。我省生物防火林带建设虽然取得了明显效果，但仍不能适应森林防火工作的需要，主要是生物防火林带建设不平衡、建设标准偏低、网络有待完善、抚育和管护经费不足等。

会议要求，关于加快营造生物防火林带工程建设的议案结案以后，各级人民政府及有关部门要提高认识，加强领导，继续加强防火林带工程建设，对防火林带加密、加宽，不断完善生物防火林带网络体系。省人民政府要继续加大生物防火林带建设的资金投入，并广筹资金，鼓励多种经济成份参与生物防火林带工程建设，提高建设标准，扶持重点火险区营造生物防火林带，尽快达到国家规定的标准。要加强资金管理，做好防火林带的抚育和日常维护工作，建立管护长效机制，明晰生物防火林带产权和利益分配。

1999年广东省九届人大一次会议，通过了《关于加快营造生物防火林带工程建设的议案》，交广东省人民政府组织实施。

广东省人民政府实施议案10年来，在省委的正确领导下，在各级人大的大力支持监督下，通过各级政府和有关部门的共同努力，较好地完成了议案提出的目标任务，取得明显成效，建议如期结案，于是便在组织相关机构检查验收后向省人大常委会递交了《关于加快营造生物防火林带工程建设议案办理情况的报告》。

省人大常委会于2009年1月16日审议了该报告，会议认为，自1999年以来，省人民政府认真执行省人大常委会关于加快营造生物防火林带工程建设议案的决议，高度重视生物防火林带工程的建设工作，较好地完成了议案提出的目标任务，初步建成生物防火网络，生物防火林带阻隔山火效果明显，提高了森林自身抗御火灾能力，森林火灾损失大幅下降，提高了森林覆盖率，增加了木材蓄积量，调整和优化了林分结构，取得了明显的防火、生态及经济社会效益。于是批准省人民政府的议案办理情况报告，同意如期结案。这是批准的决议。

本例文，所牵动的知识面比较大，请结合本《教程》第二编第二章知识、公文文种议案的知识理清来龙去脉，有利于自己更好地掌握应用写作的知识链。

【例文七】

中国共产党第十七次全国代表大会
关于《中国共产党章程（修正案）》的决议

（2007年10月21日中国共产党第十七次全国代表大会通过）

中国共产党第十七次全国代表大会审议并一致通过十六届中央委员会提出的《中国共产党章程（修正案）》，决定这一修正案自通过之日起生效。

大会认为，……

（以下略）

（二）决议的用法

使用决议行文，必须注意以下几个原则：

1. 决议多用于事关全局的重大决策事项。

2. 通过本级机关有决策的会议（如党的代表大会或全委会会议、人大会议或常委会会议、政府的国务会议、常务会议、企业的职工代表大会等）依法定程序召开会议。

3. 按照民主集中制的原则提交会议讨论并进行表决通过，以会议名义发布。

4. 少数服从多数、个人服从集体。

在讨论中可以充分发表意见，一旦集体经过表决通过之后，便成为集体意志，个人必须服从集体、少数必须服从多数。

（三）决议的写作要求

1. 针对性要强

重要事项的决议具有明显的针对性。不仅要从背景、目的、意义等方面阐明作出决议的原因，而且要针对人们的思想，对带有倾向性的问题作出明确回答。

2. 观点要明确

对决议的事项，要从理论、路线、方针、政策的高度加以论述，同时要以事实为依据，进行恰如其分的分析。

3. 语言要庄重

决议的语言表述要严谨、庄重、凝练、有力。此外，决议是会议通过的文件，所以行文应以会议的口气来表述,如"会议听取了……""会议讨论了……""大会对……表示满意""会议认为""会议强调""会议决定""会议批准并通过……""大会号召……"等,以增加全文的语言气势,增强其权威性。

(四) 决议的结构与写法

决议是由会议所形成的公文,因而其结构形式同一般文章有所不同。一般由标题、题注、正文三个部分组成。

1. 标题

标题由发文机关、事由和文种组成,如《广东省第十一届人民代表大会第五次会议关于广东省人民政府工作报告的决议》(2012年1月17日广东省第十一届人民代表大会第五次会议通过)。这里"广东省第十一届人民代表大会第五次会议"是发文机关名称,"关于广东省人民政府工作报告的"是事由,"决议"是文种,"2012年1月17日广东省第十一届人民代表大会第五次会议通过"是题注。

在本单位内部使用时可省略机关名称,如"第七次董事会关于扩股增资的决议"。

2. 题注

标题下加括号注明由何会议何时通过。如上文提到的"2012年1月17日广东省第十一届人民代表大会第五次会议通过",就是注明何时、何机关、何会议通过,以表示其法定权威性。

3. 正文

决议的正文写法大致有两种,一种因事项单一,内容简单,写作时一段成文;另一种因事项重大,内容较多,写作时须分项、分段表述清楚。但无论哪种情形,其内容构成都应写明决议的事由、决议的批准程序和决议事项。事由部分应写清形成决议的原因、理由或法律、政策依据。批准程序应写明通过决议的会议名称、通过的日期。此部分结尾处常使用"特作如下决议""对……决定如下"等习惯用语,起到承上启下的作用。一般将决议的各项事宜分条分项写清楚,重大事项的决议在正文后边还要有号召、要求等。

需注意的是:
(1) 决议是发布性公文,因此正文之前不写主送机关。
(2) 决议因成文日期(通过日期)已在题注中写明,故不写落款。
(3) 公文的生效标识方式同其他公文。

思考与练习

决议是最能体现党的民主集中制原则的公文文种。良好的文风,源自良好的党纪党风。要正确应用和写作决议，必须首先要坚持党的民主集中制原则。

一、认真阅读例文。通过阅读例文，领会在什么情况下、什么性质的会议、应当怎样运作才能以决议行文。

二、注意掌握下列名词术语。

决策权的会议　依法定程序召开会议　民主集中制原则　提交会议讨论表决通过

三、我们为什么必须遵守党的民主集中制原则？应该怎样遵守这个原则？

四、请指出决议和决定两个文种的区别。

五、决议在结构上同一般公文有什么不同，请从标题、主送、正文到落款，一一对比说明。

二、决定

决定适用于对重要事项或者重大行动作出安排，奖惩有关单位及人员，变更或者撤销下级机关不适当的决定事项。

决定是党政机关对职责范围内的重要事项或重大行动作出安排时使用的公文。决定的作出，必须依据法律法规的规定：作出决定的机关是法定的机关，作出决定的决策人物必须是法定的代表人物，而且要达到法定有效的人数和票数，作出决定的会议必须是合法、有效的会议，其程序必须符合法定程序，其行文比较严肃、庄重，对所作出的安排、规定和结论，要求受文机关和个人必须执行。涉及法律法规或规章的决定，要依法使用令来颁布施行。

通过本《教程》所选例文，应领会并掌握本文种的用法，领会文种的结构与写作要求。

（一）例文学习

本《教程》选入决定例文六篇，依次是对重要事项作出安排的决定、对重大行动作出安排的决定、嘉奖有关单位和人员的决定、惩戒有关单位和人员的决定、对重要事项的变更决定、撤销下级机关不适当决定的决定。读完例文便能体会到，决定这一文种是非"重"不用、用则"必重"的行文，而且还要做到以法有据。

决定的公布有两种方式：一是直接以决定行文，机关的决定都是"重要"、"重大"的，下级机关必须遵照执行；二是涉及法律法规或规章者，应以令颁施。

请结合每篇例文后面的简介文字，逐篇阅读，细心体会。

【例文一】

广东省人民政府文件

粤府〔2003〕36 号

关于追认邓练贤、叶欣同志为革命烈士的决定

各市、县、自治县人民政府，省府直属有关单位：

　　中山大学附属第三医院传染科党支部书记、主任医师邓练贤同志，省中医院士管护师、护士长叶欣同志在抗击非典型肺炎的战斗中，全力救治病人，不幸感染非典型肺炎而英勇牺牲。

　　根据《革命烈士褒扬条例》第三条第（5）项规定的条件，省人民政府决定：追认邓练贤、叶欣同志为革命烈士。

广东省人民政府
二〇〇三年四月二十六日

　　主题词：民政　烈士　决定

　　例文一是一则由省人民政府依据行政法规《革命烈士褒扬条例》作出的重要事项决定。

　　2003 年年初，在我国的一些地区流行一种非典型肺炎疫情。"疫情似火，人命关天"，在这场抗击非典型肺炎疫情的紧要关头，党中央、国务院采取了一系列重大措施。广东省的党政领导及卫生医疗机构也十分重视抗击"非典"工作。邓练贤、叶欣同志在抗击非典型肺炎的战斗中，全力救治病人，不幸感染非典型肺炎而英勇牺牲。他们的事迹符合《革命烈士褒扬条例》第三条第（5）项的规定，所以，省人民政府决定追认邓练贤、叶欣同志为革命烈士。本决定的作出，表明了广东省人民政府对抗击非典型性肺炎疫情的高度重视，也起到了褒扬正气、树立先进典型、鼓舞斗志的作用。

【例文二】

国务院文件

国发〔1999〕15 号

国务院关于实行公民身份号码制度的决定

各省、自治区、直辖市人民政府，国务院各部委、各直属机构：

　　建立和实行公民身份号码制度，是国家加强社会管理的一项重要基础建设，也是实现社会信息化管理的重要措施，对于促进我国社会主义现代化建设和经济体制改革，方便群众生活和保护公民的合法权益，具有十分重要的作用。为此，国务院决定，自1999年10月1日起在全国建立和实行公民身份号码制度。

一、公民身份号码按照GB11643—1999《公民身份号码》国家标准编制，由18位数字组成：前6位为行政区划代码，第7至14位为出生日期码，第15至17位为顺序码，第18位为校验码。

二、公民身份号码是国家为每个公民从出生之日起编定的唯一的、终身不变的身份代码，将在我国公民办理涉及政治、经济、社会生活等权益事务方面广泛使用。公安部负责公民身份号码的编制和组织实施工作。

三、各省、自治区、直辖市人民政府和国务院有关部门对公民身份号码的编制和推广应用工作要给予必要的支持。各级人民政府要切实加强领导，提供工作保障，搞好宣传教育，精心组织实施。

公安机关要依据《国务院关于修改〈中华人民共和国居民身份证条例实施细则〉的批复》（国函〔1999〕91号），认真做好公民身份号码的编制、使用和管理工作。这项工作争取在今、明两年完成，由公安部做出具体部署。劳动和社会保障、教育、民政、司法、人事、信息产业、卫生、工商、税务、金融、证券、保险、民航等公民身份号码使用部门和单位，要密切配合公安机关做好公民身份号码的编制和推广使用工作。

中华人民共和国国务院
一九九九年八月二十六日

这是一则对重要事项作出安排的决定。国务院"从加强社会管理、实现社会信息化、促进我国社会主义现代化建设和经济体制改革，方便群众生活和保护公民的合法权益"出发，依据职权决定实行公民身份号码制度这种行政措施。因为事项重要，其决定内容具法规性质，必须全国认真贯彻执行，故以决定行文。

决定内容言简意赅，序言直叙"为什么"（建立和实行制度的目的意义），主体分三点交代"怎么做"。既有指挥性、部署性，又具有指示性、规定性和法规性。

【例文三】

中共中央、国务院关于对我国驻南斯拉夫联盟共和国大使馆工作人员和驻南新闻工作者给予表彰的决定

3月24日以来，以美国为首的北约对南斯拉夫联盟共和国进行狂轰滥炸，造成无辜平民大量伤亡，财产严重损失。5月8日，又悍然使用导弹袭击了我国驻南斯拉夫联盟共和国大使馆，造成我人员伤亡，馆舍严重毁坏。中国政府发表了严正声明，我国各族各界群众纷纷举行抗议活动，声讨以美国为首的北约的暴行。

在以美国为首的北约对南联盟轰炸的50多个日日夜夜里，我驻南大使馆全体工作人员在使馆的坚强领导下，忠实执行中央的外交方针和政策，不顾个人安危，坚守工作岗位，认真履行职

责,积极开展工作,不辱使命,不负重托,圆满地完成了任务。我驻南新闻工作者,不怕困难、不怕牺牲,及时、客观、公正地报道了科索沃危机的最新动态和事实真相。邵云环、许杏虎、朱颖同志在以美国为首的北约对我国驻南大使馆的轰炸中不幸以身殉职,20多位同志受伤,许多同志受伤后仍坚持工作。他们以自己的实际行动,展现了新时期外交、新闻工作者良好的精神风貌。党中央、国务院决定,对我驻南斯拉夫联盟共和国大使馆工作人员和驻南新闻工作者给予表彰。

党中央、国务院号召全国人民学习他们热爱祖国、尽职尽责、英勇无畏、无私奉献的优秀品质和高尚情操,更加紧密地团结在以江泽民同志为核心的党中央周围,高举邓小平理论伟大旗帜,立足本职,努力工作,艰苦奋斗,不断进取,维护国家社会稳定的大局,搞好改革开放和现代化建设,为把建设有中国特色社会主义伟大事业全面推向21世纪而努力奋斗。

中共中央国务院
一九九九年五月十三日

例文三是一则奖惩性决定中的表彰决定。表彰决定用于依照法律法规或规章规定,奖励在社会主义革命和社会主义建设中作出突出贡献的个人或集体。我国驻南斯拉夫大使馆工作人员和驻南新闻工作者,不负重托,不辱使命,积极开展工作,认真履行职责,不顾个人安危坚守工作岗位,展现了我国新时期外交、新闻工作者良好的精神风貌。党中央、国务院用决定来表彰他们,大快人心、振奋人心。全文分三段,先点明时间、事件背景,然后概括介绍嘉奖对象的精神风貌,表述决定,最后发出号召,提出希望。层次分明,结构紧凑,用语规范、准确,饱含感情,充满了鼓舞性与号召力。

【例文四】

广东省韶关市质量技术监督局文件

韶质技监〔2000〕1号

关于对×××等四名同志违规执法的处分决定

新丰县质量技术监督局:

今年2月19日,新丰县质量技术监督局在受理新丰县小镇派出所移送的苏克圣"涉嫌运输假冒伪劣电视机,标识不全VCD机"一案的处理过程中,执法人员严重违反工作纪律和组织原则,同时在非办公场所与行政相关人接触,违反规定收取罚没款未及时开罚没收据,并未经审批履行手续,先行解封被扣押物品,严重违反办案程序。同时,去年10月3日以来,还办理了5宗同类案件,也存在违规问题,在社会上造成极坏影响。经局党组研究决定分别给予×××、××
×、×××、×××四名同志下列处分:

×××同志身为局长,对事件负有不可推卸的领导责任,给予行政记过处分;

×××同志身为副局长,分管稽查行政执法工作,由于疏忽对执法人员的严格管理,造成违规执法，对事件负有直接领导责任，给予撤销副局长职务；

×××同志身为稽查队副队长，直接参与违规执法，对事件负有主要责任，给予撤销稽查队副队长职务；

×××同志作为违规执法当事人之一，对事件负有直接责任，给予行政警告处分。

中共韶关市质量技术监督局党组
广东省韶关市质量技术监督局
二〇〇〇年三月八日

抄报：省政府纠风办　省政府治理公路"三乱"督察队　广东省质量技术监督局
　　　中共韶关市纪委
抄送：中共新丰县纪委

　　这是一则奖惩决定中的惩戒决定。依照当时的《公务员暂行条例》第三十二条至第三十五条规定，公务员因违法违纪应当承担纪律责任的，依以按干部管理权限，对新丰局的干部予以处分由韶关局作出而不是由新丰县委作出；所处分的干部是党员领导干部，必须由党组作出处分决定，所以党政联合行文，体现了党管干部的原则。

　　决定首先写决定的背景情况，然后分别列出决定事项的具体内容。语言规范、严肃，行文简洁有力。

　　使用这种决定，要同依据《公务员法》由本机关作出的"处分决定"区别开来。"处分决定"不是党政机关公文而是行政文书，它不套用公文版头格式，而是"处分决定通知书"，是"将机关作出的处分决定发出通知"，除通知当事本人、需要办理相关事务的部门外，不发送其他机关而主要是存入个人档案；而公文的惩戒决定，是要发送相关单位进行不同处置的：对上级机关而言，该决定是报告处理结果，让上级了解情况，故抄报省府督察队、省局和韶关市纪委；对当事的下级机关而言，该决定便是指令，要按照该决定对责任人执行分别的处理，所以本文主送新丰县质量技术监督局；对其他受文机关而言，仅是通报情况，所以抄送中共新丰县纪委。

【例文五】

国务院关于修改《中华人民共和国
外资企业法实施细则》的决定

　　为了适应我国对外开放新形势的需要，进一步改善外商投资环境，根据《全国人民代表大会常务委员会关于修改〈中华人民共和国外资企业法实施细则〉的决定》，对《中华人民共和国外资企业法实施细则》作如下修改：

一、

二、

……

本决定自公布之日起施行。

《中华人民共和国外资企业法实施细则》根据本决定作相应修改，重新公布。

例文五是一则变更性决定。事物是在发展变化的，有些政策、法规性条文往往会在形势发展面前显得不适应或者是过时，这就要变更，有的要废止，有的要修改。有人说"政策像月亮，初一十五不一样"，这是因为事物总是会发展变化的，随着时间的推移、事物的发展变化，我们的政策也就应该随之而变。

国务院对《中华人民共和国外资企业法实施细则》进行修改，是与时俱进，这个"变"是必须的。由于这个决定内容事关法律法规（是对法规的修改），事关重大，所以用决定行文并以"国令第301号"公布。

【例文六】

广东省人民代表大会常务委员会
关于宝安县七届人大第一次会议
选举县长的结果无效的决定

（一九八七年六月十七日广东省第六届人民
代表大会常务委员会第二十七次会议通过）

宝安县第七届人民代表大会第一次会议于一九八七年六月十二日选举县长时，在县长候选人所得选票未超过全体代表过半数的情况下，宣布其中一名候选人当选，违反了《地方组织法》第二章第十九条关于"地方各级人民代表大会进行选举和通过决议，以全体代表的过半数通过"的规定。特决定：宝安县第七届人民代表大会第一次会议一九八七年六月十二日对县长的选举结果无效。

这是一则撤销下级机关不适当决定事项的变更性决定。

领导机关对下级机关不规范的举措予以否定，这是为维护法纪而作出的"变更或者撤销下级机关不适当的决定事项"的决定。这份决定维护了法纪的尊严，体现了领导机关的权威，告诉人们：办事必须依法。

本决定的题注表明了该决定的作出是经过了法定的程序、合法的会议，是具有法律效力的决定。

（二）决定的用法

决定是具有法规、规章性质的公文文种。因此，对决定的内容要对照相关法规规章，考虑使用决定行文是否得当：该事项、该行动是本机关职责范围内的重大事项、重大行动吗？受到奖惩的有关单位或人员，是依据哪一法规、规章及条例、条令中的有关规定？需要变更或者撤销的下级机关的某一决定是不是经本机关合法会议、法定人员、法定人数在合法程序下决定的？只有能确切回答这些问题之后才能作出取舍。

决定这一文种主要用于：做出安排、奖惩、变更或撤销。

第一，做出安排。要特别强调指出，此处的"安排"不是一般的事务性安排，而是指机关的决策，称为"决策性决定"。决策性决定又叫作决定性决定，可分为两种：一是"重要事项"，二是"重大行动"。机关不同，其层次、级别均不同，而事项和行动的内容也就有区别，各级行政机关和一些单位都有自己的重要事项和重大行动，但是起码是该机关的"重大事项或重大行动"，如重要的人事安排（任免、调整、褒贬）；重大事项的部署（机构设置、方针政策出台、重大决策的批准），如广东省人民政府《关于追认邓练贤、叶欣同志为革命烈士的决定》、《国务院关于整顿和规范市场经济秩序的决定》、《关于国有企业改革和发展若干重大问题的决定》。

第二，奖惩。奖怎样的人和事？这不能随心所欲，而必须依照既定法规或政策，如果不依照既定之规，便会出现奖惩偏差，起不到鼓舞先进的作用。这类决定也分两种：一是表彰奖励的，如《中共中央、国务院关于对我国驻南斯拉夫联盟共和国大使馆工作人员和驻南新闻工作者给予表彰的决定》、《国务院关于2000年度国家科学技术奖励的决定》等；二是惩戒的，要惩戒的有关单位和人员的错误或过失都是比较严重的，带有一定的普遍意义和教育意义。如《国务院关于处理"渤海二号"事故的决定》。各级行政机关以及企事业单位，都有一些在局部具有普遍意义和教育作用的惩戒事项，也都可以用"决定"行文，如《××县关于从严处理破坏山林事件的决定》。

第三，变更或撤销，称为"变更性决定"，也有两种：一是变更决定，就是指原先的决定事项不适应新的形势的发展或者过时需要改变，或者群众尚不能普遍认可的超前事项需要改变的，要做出变更性决定。例如《国务院关于修改〈中华人民共和国外资企业法实施细则〉的决定》、《广州市人民政府关于修改〈广州市摩托车报废管理规定〉的决定》；二是撤销下级机关不适当的决定事项的决定。下级机关不适当的决定事项，包括违背国家法律、法令以及党的路线、方针、政策的决定事项，如例文六便是撤销下级机关不适当决定事项的决定。

"变更"和"撤销"不能随便用决定行文，而要看事项本身，原先是以决定行文的或原先是用令颁行的才用决定行文，一般的"变更"或"撤销"可用通知行文。

基层单位使用决定进行奖惩，要依据法律法规和政府规章或规范性文件的规定，如果找不到依据，可改用通报行文。有的学校处分一个违纪学生用决定行文，显然于法不合，于文不符。处分决定是机关事务文书，适用于《公务员法》中应予惩处的人员。学生不是公务员，用处分决定显然是张冠李戴了，正确的做法应该是用通报或者用通知。

要注意正确使用发布方式。涉及法律法规和规章的决定应使用令公布，一般的决定则直接以决定行文。

凡使用决定行文的，都应该是该机关经过法定的会议（符合法律法规规定的会议、人员、人数、程序）做出的合法有效的决定。只有几个领导人做出的决定，不能以决定行文，比如几个领导人碰了下头，决定做一些事务性的工作或开展一般的活动，这个"决定"就不能以决定行文而应以通知行文；如果碰头研究重要事项，那么这个"碰头会"便属不合法，而应该召开办公会、常务会或工作会议，出席人数要达到法定人数，而且要超过半数以上通过才能以决定行文。

（三）决定的写作要求

决定中的事项，必须是经过有关领导、有关部门或有关法定会议讨论并取得法定人数的认可后通过的。一些议而未定、悬而未决的事项，或者有分歧的意见，都不能写入决定。

由于决定是对某些重大问题或行动作出的处理或决策，因此一定要防止出现武断、片面的错误，在思想方法上要提倡辩证思维，不搞形而上学，防止一种倾向掩盖另一种倾向。在内容表述上，结构要严谨，用语要准确，常用结论性语言，也多用规范性的习惯用语，如"会议决定"、"大会同意"、"会议要求"等，这是为了强调集体意图，以表现其严肃性。

为确保决定真正体现"以事实为依据，以有关政策法规为准绳"的精神，决定的内容必须符合客观实际，论断要实事求是，定论要恰如其分，经得起推敲和历史的检验。要做到这一点，就要注意在决定前，对有关事项和处置的问题进行深入的调查研究，仔细地核对事实，全面地听取意见。研究决定时，切忌以主观臆断歪曲客观事实，更不能先下结论后找事实。

（四）决定的结构与写法

决定的结构形式有两种：一是需要下发有关机关贯彻执行的，由标题、主送、正文、成文时间、印章五个部分组成，如例文一、例文二、例文四；二是通行文，或者是不下发只存档的，由标题、题注、正文三个部分组成，如例文

三、例文六。

1. **标题**

决定的标题一般由发文机关、事由、文种三要素构成。有时为简洁起见，也可省略发文机关。

2. **题注**

无主送机关的决定，用题注方式，在标题之下用括号将成文年月日括住，如例文六。

3. **主送机关**

决定通常不标明特指的受文者，但也偶有采用的，这要视决定的内容和公文发放的范围而定。

4. **正文**

决定的正文通常由引据、决定事项、结语三个部分构成。引据，扼要写明本决定的政策依据、必要性、目的及意义。一般由第一个或前两个自然段完成，类似序言，然后用一句过渡用语，如"为此，特作如下决定""经会议研究决定"之类，后用冒号领起，引接决定事项。决定事项是决定的主要内容，或标出序号，或用小标题，使人一目了然，便于抓住各层的中心。特别是那些事项较多、内容丰富、篇幅较长的决定，采用这种条项式的方法分条分项叙述，显得条理分明，便于理解和执行。结语。要单独设一段，对决定的内容作出评估并提出执行希望。通常有两种写法，一是对贯彻本决定提出的具体措施和要求；二是提出希望或发出带有号召性的要求，这样可以加深人们对决定的认识，提高执行的自觉性；增强决定的执行效力。

5. **印章**

有主送机关的决定，在正文右下方落款处的成文年月日上盖发文机关印章；如果是无主送机关的决定，即将成文日期置标题之下，不用加盖印章。

6. **成文时间**

无主送机关的决定成文时间列于标题之下，有主送机关的决定成文时间置于落款处。

思考与练习

决定是具有法规、规章性质的公文文种。因此，对决定的内容要对照相关法规规章，考虑使用决定行文是否得当：该事项、该行动是本机关职责范围内的重大事项、重大行动吗？受到奖惩的有关单位或人员，是依据哪一法规、规章及条例、条令中的有关规定？需要变更或者撤销的下级机关的某一决定是经本机关什么合法会议、法定人员、法定人数在合法程序下决定的？只有能确切回答这些问题之后才能作出取舍。

其行文比较严肃、庄重，对所作出的安排、规定和结论，要求受文机关和个人必须执行。涉及法律法规或规章的决定，要依法使用令来颁布施行。

一、注意掌握下列名词术语。

法律法规 行政法规 政府规章 决定 决议 撤销 更变 废止

二、细心阅读决定例文，在阅读中体会决定的语言特点、决定的表述方法，从而为自己积累公文语感。

三、决定是属于什么性质的公文文种？它具有怎样的文体特点？

四、决定有多少种类型？请将决定的文种按分类列出，然后说明各种决定的应用条件（在什么条件下才能使用这种决定）。

提示

※ 在本单位，怎样的事项才算"重大的"？怎样的行动才算"重大的"？谁参加的会议、什么会议、怎样的会议程序，才能作出本单位的决定？依据什么条件的奖惩才能使用决定？变更、撤销下级机关的不当决定，依据什么？要经怎样的程序才能作出撤销决定？

五、讨论题。

1. 某学生在公路上拾获一钱包，内装300元现金、一张2万元的支票，他交给了当地派出所而未声张。一个月后，派出所向学校反映了这件事，学校这才得知这位路不拾遗、做了好事不留名的学生。学校拟对这位同学进行表彰，请说出应如何行文？

2. 决定是公文文种，一般地说公文文种可以直接向受文单位行文。但是，有的决定（如《广州市人民政府关于修改〈广州市行政规范性文件管理规定〉的决定》）却要用令为载体（第5号令）行文，这是为什么？

3. ××学校有个学生犯了错误，经学生处讨论并报学校批准，给予行政记大过一次处分，请你拟出公布的公文标题。

提示

※ 公布性文种有"令"、"公告"、"决定"、"通知"、"通报"，可以任由学生拟写，收集起来，列出各种类型，指导学生分析研究。最后要引导学生认识到：这类事应分别用两种文件。首先一个文种是"处分决定"，这是留档不公开的；用来公布的还需另写一"通知"文种。如果课时不够，可以留在讲完"通

知"后再使用该材料。

4. ××公司聘任一位中层干部（科长），使用决定行文向各有关科室公布，其标题是：关于任命×××为××科科长的决定。

请你说说对不对？为什么？

※ 聘任干部直接用决定行文公布是不规范的。有权力做出聘任决定的机构，如公司的董事会或经理办公会议，根据会议的决定写出会议的记录，或会议纪要，或会议决定，但是这个"会议决定"是给相关部门办事，而不是用于公布的行文。如果需要公布，应由公司的人事部，依据决定精神写成通知，以人事部名义行文。政府部门的一把手任命，其程序是党委提名，人大决定，政府以通知行文公布。

六、决定有哪几种结构形式？为什么会有这些不同的形式？

七、决定的正文由哪些方面构成？

八、写作决定文稿时应注意哪些事项？

三、命令（令）

通过教程所选4篇例文，领会并掌握命令（令）文种的用法、文种的结构与写作要求。

（一）例文学习

【例文一】

中华人民共和国财政部令

第 68 号

根据《国务院关于〈事业单位财务规则〉的批复》（国函〔1996〕81号）的规定，财政部对《事业单位财务规则》（财政部令第8号）进行了修订，修订后的《事业单位财务规则》已经部务会议审议通过，现予公布，自2012年4月1日起施行。

部长　谢旭人

2012年2月7日

事业单位财务规则

（内文略）

例文一是依照有关法律公布行政法规和规章的公布令。国务院、国务院各部门、各省人民政府和较大市以上人民政府，凡颁布法规、规章，须使用命令（令）为载体公布。

《广东省人民防空警报通信建设与管理规定》是地方政府规章，依法规规定须省长以政府令颁行。令文"已经 2003 年 8 月 11 日广东省人民政府第十届 20 次常务会议通过"，指出了该规章是依照了法律程序制定的，现予发布，法随令出，令行禁止。自生效日起，辖区范围必须依令执行。

依照法律的规定，法律、法规和规章的公布，必须由制发机关以令公布。这是法定的重要程序，是付诸实施的法定形式。没有经首长签署并以令公布的，仍是文稿，不能付诸实施。

【例文二】

国务院关于在西藏自治区拉萨市实行戒严的命令
国发〔1989〕20 号

鉴于少数分裂主义分子不断在西藏自治区拉萨市制造骚乱，严重危害社会安定。为了维护社会秩序，保障公民人身、财产的安全，保护公共财产不受侵犯，根据宪法第八十九条第十六项的规定，国务院决定，自 1989 年 3 月 8 日零时在拉萨市实行戒严，由西藏自治区人民政府组织实施，并根据实际需要采取具体戒严措施。

国务院总理　李　鹏
一九八九年三月七日

例文二是国家最高行政机关根据施政需要，依照有关法律由总理签署的宣布施行重大强制性行政措施的行政命令。

行政令是发令机关在依法行政中遇到了必须施行重大强制性措施时所使用，如戒严、抗灾、全民动员等，一般的行政措施则不宜使用命令（令），而应使用通知。本戒严令是当时在特殊的环境下所采取的特殊措施，对维护国家利益起到了重大作用。

令文再用简明的语言交代了颁令的原因、目的、法据之后直叙国务院重大强制性行政措施戒严的举措、时限及指定的实施机关，言简意赅、不怒而威，体现出了命令的威严。

【例文三】

广东省人民政府
关于西江和北江抗洪救灾的紧急动员令

（第×××号）

各地级以上市人民政府，各县（市、区）人民政府，省政府各部门、各直属机构，省各人民团体，中直驻粤各单位，驻粤人民解放军和武警部队，全省广大干部群众：

今年6月份以来，受高空槽和强西南季风影响，我省大部分地区出现持续高强降水，龙门、新丰、紫金、佛冈、海丰、源城等地出现持续特大暴雨，部分地区出现当地有记录以来的最大降水。全省各大江河水位急剧上涨，据水文部门监测，23日，西江高要站已出现12.42米的洪峰水位，超出警戒线水位2.42米，为超百年一遇的特大洪水。洪水引发局部地区山洪灾害，直接威胁当地人民群众生命财产安全，并已给我省造成人民伤亡和重大经济损失。

据初步统计，目前，暴雨洪水已造成我省广州、河源、韶关、佛山、肇庆、惠州、梅州、清远、云浮、揭阳、汕尾、东莞、江门、珠海等14个市受灾，受灾人口超过300万人，死亡48人，倒塌房屋超过2万间，农作物受灾面积超过10万公顷，直接经济损失20多亿元。

面对严峻的防洪安全形势，在党中央、国务院的关怀和支持下，我省各级党委、政府和全省人民紧密团结，上下一心，共同抵御洪魔，抢险救灾工作正在紧张进行。据气象部门预计，未来2至3天，我省大部分地区将继续受高空槽和强西南季风影响，强降雨天气仍持续。我省中部、东南部偏东和珠江三角洲地区有暴雨，部分地区大暴雨。目前，西江、北江水位以及珠江三角洲地区潮水位已经全面超出警戒水位，并仍在持续上涨，西江上游洪峰即将到来，我省抗洪救灾工作面临极为严峻的考验。

为切实做好抗洪救灾工作，确保广大人民群众生命财产安全，省人民政府紧急宣布，我省西江和北江进入防汛1级应急响应状态。为夺取今年抗洪救灾的胜利，省人民政府要求：

一、各级人民政府，驻粤部队，各有关单位，西江、北江沿岸和珠江三角洲地区全体干部群众、部队官兵要紧急动员起来，坚决贯彻落实党中央、国务院关于抗洪抢险的一系列重要指示精神，按照省委、省政府的统一部署，充分认清目前的严峻形势，统一思想，明确任务，全力以赴，严防死守，千方百计确保西江、北江和珠江三角洲地区安全度汛，千方百计确保人民群众生命财产安全，千方百计把灾害损失降到最低程度。

二、各级人民政府要把抗洪救灾作为当前的中心任务来抓。领导干部要亲临抗洪救灾第一线，靠前指挥，精心组织抗洪救灾工作；要突出重点，落实措施，抓好组织、人员、物资、经费和具体方案的全面落实；切实落实防汛行政首长负责制，对由于工作失职而造成损失的，要严肃查处，追究有关责任人的责任。

三、各单位要各负其责，加强协调，密切配合，协同作战。要加强对雨水情、工情的监测、预报和预警工作，为防汛决策提供科学依据；要加强堤围、水库、电站、水闸和山体的巡查，及时发现和处理险情；要加强骨干水库的科学调度和防控；要切实做好受灾地区群众的转移工作，提前制订和落实转移工作方案。各有关部门和单位要按防洪应急预案的要求，各司其职，共同做好我省西江、北江抗洪救灾工作。

四、西江、北江沿岸和珠江三角洲地区的广大人民群众要自觉履行《中华人民共和国防洪法》赋予的责任和义务,服从安排,积极参加西江、北江抗洪救灾。要提高安全意识和避险自我保护意识。当需要安全转移时,要服从当地政府的决定和安排,尽快转移,以自己的实际行动支持西江、北江和珠江三角洲地区的抗洪救灾工作。

当前,我省抗洪救灾已经到了关键时刻,省人民政府号召全省人民紧急行动起来,在党中央、国务院和省委、省政府的坚强领导下,发扬"万众一心、众志成城、不怕牺牲、顽强拼搏、坚韧不拔、敢于胜利"的伟大抗洪精神,克服困难,奋勇拼搏,坚决夺取抗洪救灾的全面胜利。

广东省人民政府
二〇〇五年六月二十三日

例文三是省一级行政机关根据突发灾害性情况依照有关法律发布的抗洪救灾的紧急动员令,也是宣布施行重大强制性行政措施的行政命令。面对严峻的防洪安全形势,省人民政府号召全省人民紧急行动起来,切实做好抗洪救灾工作,确保广大人民群众生命财产安全,提出四项应对措施。

令文既展示危急形势,而又显得胸有成竹、应对有方,用词得体得当,展示出了令文的文体特色。

【例文四】

国务院、中央军委关于授予钱学森同志"国家杰出贡献科学家"荣誉称号的命令

国发〔1991〕51号

国防科工委:

钱学森同志是我国著名科学家。他早年在空气动力学、航空工程、喷气推进、工程控制论等技术科学领域作出许多开创性的贡献。1955年9月,在毛泽东、周恩来等老一辈无产阶级革命家的关怀下,他冲破重重阻力,离开美国回到社会主义祖国。1959年8月,他光荣地加入了中国共产党。数十年来,他以对祖国、对人民的无限热爱和忠诚,满腔热忱地投身于我国国防科研事业,为我国火箭、导弹和航天事业的创建与发展作出了卓越的贡献。他潜心研究的工程控制论,发展成为系统工程理论,并广泛地运用于军事运筹、农业、林业,乃至整个社会经济各个领域的实践活动,在我国现代化建设中发挥了重要作用。他在发展系统工程理论与实践方面,是我国科技界公认的倡导人。他一贯努力学习马列主义、毛泽东思想,坚持运用马克思主义哲学理论指导科学活动。他热爱中国共产党,热爱社会主义祖国,热爱人民,充分体现了新中国知识分子的高尚品德。他是我国爱国知识分子的杰出典范。

为了表彰钱学森同志全心全意为人民服务,为祖国科技事业的发展所作出的卓越贡献,国务院、中央军委决定,授予钱学森同志"国家杰出贡献科学家"荣誉称号。

国务院、中央军委号召广大科技工作者向钱学森同志学习,学习他崇高的民族气节、严谨的科学态度、朴实的工作作风。像他那样忠于党、忠于社会主义祖国、忠于人民;像他那样坚持运用辩证唯物主义和历史唯物主义的科学世界观、方法论指导科研工作;像他那样勤勤恳恳,艰苦奋斗,顽强拼搏,无私奉献,为发展和繁荣我国科技事业,推进社会主义现代化建设,作出新的

贡献。

科学技术是第一生产力,是推动经济和社会发展的强大力量。各级领导干部都要继续认真贯彻落实党的知识分子政策和发展科技的方针,以对党对人民高度负责的精神,关心爱护和大力培养科技队伍,造就更多的世界第一流的科学技术专家,为在全社会进一步形成尊重知识、尊重人才的良好风尚而努力奋斗。

国务院总理　李　鹏
中央军委主席　江泽民
一九九一年十月十四日

例文四是批准授予的命令。

"批准授予和晋升衔级"令,是依据《中华人民共和国人民警察警衔条例》对武警批准授予和晋升衔级的令种。中国人民武装警察部队隶属于国家公安系统,受国务院、中央军委双重领导。

钱学森同志是军籍科学家,又是国务院部门领导人,为我国火箭、导弹和航天事业的创建与发展作出了卓越的贡献。为了表彰他全心全意为人民服务,为祖国科技事业的发展所作出的卓越贡献,国务院、中央军委决定,授予他"国家杰出贡献科学家"荣誉称号,并号召广大科技工作者向钱学森同志学习,为造就更多的世界第一流的科学技术专家,为在全社会进一步形成尊重知识、尊重人才的良好风尚而努力奋斗。

这是至高无尚的荣誉,对广大科技工作者和广大人民是巨大的鼓舞力量。

国务院、中央军委的这个决定,以令颁布,印证了"决定"和命令(令)的法据关系。在学习和应用时必须引起高度重视。

【例文五】

国务院授予陶驷驹等
三百七十二名同志人民警察警衔命令

国函〔1992〕185号

公安部、司法部:

根据《中华人民共和国人民警察警衔条例》的规定,国务院决定:

一、授予以下同志总警监警衔:

×××公安部部长

×××公安部副部长(正部级)

二、授予以下同志副总警监警衔:

×××公安部副部长

×××公安部副部长

×××公安部副部长
……

国务院总理 李 鹏
一九九二年十二月十一日

例文五是授予衔级的命令。

【例文六】

国务院对胜利粉碎劫机事件的
民航杨继海机组的嘉奖令
国发〔1982〕210号

中国民航总局：

 中国民航兰州管理局第八飞行大队杨继海机组，1982年7月25日驾驶民航伊尔十八220号机执行西安至上海2505航班任务，在飞临上海附近上空时，机上5名歹徒突然采用暴力手段劫持飞机。杨继海机组怀着高度的爱国主义精神和保证旅客安全的责任感，临危不惧，坚定沉着，配合有方，在地面正确指挥和机上旅客的协助下，与歹徒进行了机智勇敢的搏斗，终于战胜歹徒，飞机载着全部中外旅客在上海虹桥机场安全着陆。他们在当地人民政府和驻军的配合下，粉碎了一起劫机的严重事件，谱写了我国民航反劫机的一曲胜利凯歌。

 杨继海机组的英雄事迹，体现了他们热爱党、热爱社会主义祖国的坚定立场，体现了他们为确保旅客安全，为维护祖国声誉而英勇顽强、不怕牺牲的革命英雄主义高尚品德，他们为国家和人民争了光。

 为表彰这一英雄事迹，国务院决定授予杨继海机组中国民航英雄机组的称号。给机长杨继海记特等功一次，授予反劫机英雄称号；给副驾驶阎文华、机械员刘光贤、报务员苗学仁、领航员黄振江、乘务分队长许克敏各记特等功一次；给乘务员盖生兰、贾志梅各记大功一次；给杨继海机组八位同志各晋升一级，并分别给予奖金奖励。

 国务院号召民航全体空勤人员和广大职工向英雄的杨继海机组学习，兢兢业业，戒骄戒躁，提高警惕，做好工作，确保飞行安全，全心全意为中国人民和世界人民服务，为我国的社会主义现代化建设作出贡献。

中华人民共和国国务院
一九八二年八月十二日

 例文六是国家最高行政机关依照有关法律嘉奖有突出贡献、符合法规、规章规定的有关单位和个人的嘉奖令。

 以命令（令）公布的嘉奖事项都是很重要的，是在全国或某一地区某一系统具有普遍意义的重大典型。一般性的先进事迹和个人，不用嘉奖令颁发，而用通报发布。有些较为重要的奖励也可用决定行文。

 嘉奖令一般以机关名义发布。

(二) 命令(令)的用法

命令（令）"适用于依照有关法律公布行政法规和规章；宣布施行重大强制性行政措施；嘉奖有关人员"。

"依法出令，令重如山"。发令，首先要考虑是否具有发令的资格。这个资格，是由《宪法》和《立法法》规定的。如果不具备发令资格，即使是认为十分重要、重大的事项，也不得以令发布。

根据国家法律规定，国家机关或国家机关领导人才能使用命令（令），如中华人民共和国主席可以发布"国家主席令"；国务院，国务院总理，国务院各部、委、局及其首长，省人民政府、省长，省会市和较大市人民政府及其首长等。可以署职务和姓名发布行政令，行政机关的行政令不能用来发布法规规章，仅限于本行政区域内的行政管理工作，如发布决定和命令，任免、培训、考核和奖惩行政工作人员。群众团体、社会团体、企事业单位及民间机构不得使用命令（令）。

具有发令资格的机关，必须首先考虑所要公布的、所要施行的、所要嘉奖的对象是否合乎法律、法规的规定，如果不符合，则应改用决定或通报行文。

令可以用来宣布施行重大强制性行政措施，如宣布戒严、宣布非常措施、宣布抗灾等等；可以用来嘉奖达到某法规、规章规定的有功人员，如例文六《国务院对胜利粉碎劫机事件的民航杨继海机组的嘉奖令》；也可以用令来公布法规、规章，如例文一，财政部部长谢旭人以第68号令公布部门规章。

用命令行文，必须使用命令格式。

(三) 命令(令)的写作要求

1. 结构要完整

按照令文结构形态的要求，从标题、令号到落款、时间，正文中从命令（令）缘由、命令（令）事项到执行要求，都要完整准确。命令（令）事项中的各种因素、各个方面应尽列其中。

2. 表达须准确

在内容的展示上，要明显地体现出事项的主次及其内在关联，使之具有逻辑性。在语言的运用上，要准确简明，语气庄严郑重，肯定确切，斩钉截铁，毫不含糊，充分体现命令（令）的权威性、强制性。

3. 篇幅宜精短

对法随令出的复体（令和令文所颁文件）令文而言，前面的令文仅为几句话，两三行字，基本要素清楚即可。单体（单一令文没有附件）令文文字相对多些，更要注意文字精练，篇幅短小。在这一点上，令文同其他公文还是有所区别的。

（四）命令(令)的结构与写法

1. 命令（令）的版式

根据《条例》和《格式》的规定，命令（令）的首页版式与文件格式、信函格式、公告格式等有较大不同。命令（令）是国家行政机关发文的最高级形式，其版式设计从外观形式上便体现出国家政令的权威性和统一性。其版式规定是：

发文机关标志由发文机关全称加"命令"或"令"字组成，居中排布，上边缘至版心上边缘为20mm，推荐使用红色小标宋体字。

发文机关标志下空二行居中编排令号，令号下空二行编排下文。

单一机关制发的公文加盖签发人签名章时，在正文（或附件说明）下空二行右空四字加盖签发人签名章，签名章左空二字标注签发人职务，以签名章为准上下居中排布。在签发人签名章下空一行右空四字编排成文日期。

联合行文时，应当先编排主办机关签发人职务、签名章，其余机关签发人职务、签名章依次向下编排，与主办机关签发人职务、签名章上下对齐；每行只编排一个机关的签发人职务、签名章；签发人职务应当标注全称。

签名章一般用红色。

2. 令文的结构与写法

命令（令）的结构由标题、令号、正文、签署人、时间等五个部分组成。

（1）标题。其构成方式有三：第一，由发文机关名称加文种组成，如《中华人民共和国国务院命令》；第二，由事由加文种组成，如《关于查禁公路上"三乱"行为的命令》；第三，由发文机关、事由和文种组成，如《国务院关于进行第四次全国人口普查登记的命令》。

（2）令号。即命令（令）的序号，编法有两种：一是国家领导人令文，在其任期内按大流水号排列，位于标题之下居中处，如第××号。二是国家机关令文，又分两种：其一，令文序号，如《××部令》第×号；其二，发文字号，与一般公文相同（如例文二、例文四、例文五）。

（3）正文。命令（令）绝大多数不设主送机关，如公布令、动员令，并无严格的受文机关界限，许多是对全民的。但也有少数命令（令），由于特定的内容，而明确标出主送机关。如例文六《国务院对胜利粉碎劫机事件的民航杨继海机组的嘉奖令》，主送机关即为民航总局（需要民航总局去办理令文中规定的事宜）；《国务院关于严格保护珍贵稀有野生动物的通令》，主送机关则与正常行文同："各省、市、自治区人民政府，国务院各部门、各直属机构，中国科学院"（需要受令机关执行令文，采取相应措施落实）。

命令（令）的正文，一般由三部分构成：第一，引据。亦称令由或命令缘由，说明发令的理由、根据和目的，比如交代该令是哪个机关、什么会议、什么时间批准通过的，让受命者清楚令出有据，确信令文的合理性、必要性。有些篇幅较小的令文，开门见山，直述其事，引据部分也就略去了。第二，主体。亦称命令事项、命令内容或命令要求。写清命令的具体内容，如行政令，要列出发令机关实施的重大行政措施及具体要求，若文字较多，也可分条列项，务求简洁明确，具体切实。这样，可使受命者确信令文的可靠性、有效性。第三，结语。亦称执行要求或执行办法。这一层次包括两项内容：一是对贯彻执行命令的具体意见，执行时必须遵循的条文。二是说明生效时间：其一，公布时间与生效时间相同，如"现予发布"、"以上命令，于公布之日起立即施行"；其二，公布时间与生效时间不同，生效时间要置于公布时间之后，留有必要的提前量，如"现予公布，自××××年×月×日起实施"，这样，受令者对令文的执行就有了准确性和可操作性。

（4）签署人。也称落款，写明签署人姓名，签名章用红色，右空4字，签名章左空2字标识签发人职务名称。

（5）时间。也即签署时间。在一般令文中，列于签署人姓名之下，右空4字，有时也置于标题之下。

思考与练习

命令（令）是法据性很强的公文文种。使用这一文种必须遵照法律法规的规定。一般的机关不得随意使用。但是我们必须掌握它的用法，以免在依法行政中出现差错。学习中还要注意将国家主席令和解放军机关公文的令区别开来。

一、注意掌握下列名词术语。

命令　令　令号　行政法规　规章　行政措施　行政机关　权力机关　强制性措施　戒严　法规性　指令性　规范性　颁布

二、阅读命令（令）例文，同决定对照，体会其异同。

三、命令（令）是怎样的文种？什么人、什么机关才能使用命令（令）？

四、具备发布命令（令）资格的机关，在公布什么、施行什么、嘉奖什么才能用命令（令）？

五、思考题。

1. 下面两例是对还是错？请说说你的看法。

(1) ××县人民政府用令嘉奖了一位在抗洪抢险中立了大功的青年，并发出号召，要全县人民群众向这位英模人物学习。

　　(2) ××县人民政府用令发布了一个决定，要求在全县范围内切实做好封山育林的工作。

　　2. 命令（令）在格式上有哪些规定？

　　六、试指出命令（令）与决定、通报、通知在功能上相近而又不相同的表现。

　　1. 嘉奖令、表彰决定、表扬通报，其不同之处在哪里？

　　2. 公布令与颁发通知，其不同之处在哪里？

　　3. 人事任免上，任免的公布令、任免决定、任免通知，其不同之处在哪里？

　　※ 要求分别弄清楚什么情况下用令公布任免，什么情况下用任免决定，什么情况下用任免通知。

【课堂讨论】

　　1. 2002年国务院任命董建华为香港特别行政区行政长官用令行文，这是什么令？有人说"这是任免令"，你怎么认为？

　　※ 这是公布法定事项的公布令。任命董建华为特首是全国人大的决定，国务院是依法用令公布。

　　2. 命令（令）同通知有什么异同？

　　※ 公布令以机关首长名义以令颁行；行政令、嘉奖令往往以机关名义以命令行文；公布规章以部长令或政府令公布；公布规范性文件用通知行文发布。

四、公报

　　公报是党和国家用来向国内外公开宣布、告知某一重大事项的重要公文。本《教程》选入6篇例文，各具代表性，供大家学习借鉴。

（一）例文学习

【例文一】

中国共产党第十八届中央委员会
第一次全体会议公报

（2012年11月15日中国共产党
第十八届中央委员会第一次全体会议通过）

中国共产党第十八届中央委员会第一次全体会议，于2012年11月15日在北京举行。

出席会议的有中央委员205人，候补中央委员171人。中央纪律检查委员会委员列席会议。

习近平同志主持会议并作了重要讲话。

全会选举了中央政治局委员、中央政治局常务委员会委员、中央委员会总书记；根据中央政治局常务委员会的提名，通过了中央书记处成员，决定了中央军事委员会组成人员；批准了十八届中央纪律检查委员会第一次全体会议选举产生的书记、副书记和常务委员会委员人选。名单如下：

一、中央政治局委员（按姓氏笔画为序）

习近平　马　凯　王岐山　王沪宁　刘云山　刘延东（女）　刘奇葆　许其亮　孙春兰（女）　孙政才　李克强　李建国　李源潮　汪　洋　张春贤　张高丽　张德江　范长龙　孟建柱　赵乐际　胡春华　俞正声　栗战书　郭金龙　韩　正

二、中央政治局常务委员会委员

习近平　李克强　张德江　俞正声　刘云山　王岐山　张高丽

三、中央委员会总书记

习近平

四、中央书记处书记

刘云山　刘奇葆　赵乐际　栗战书　杜青林　赵洪祝　杨　晶（蒙古族）

五、中央军事委员会主席、副主席、委员

主　席　习近平

副主席　范长龙　许其亮

委　员　常万全　房峰辉　张　阳　赵克石　张又侠　吴胜利　马晓天　魏凤和

六、中央纪律检查委员会书记、副书记、常务委员会委员

书　记　王岐山

副书记　赵洪祝　黄树贤　李玉赋　杜金才　吴玉良　张　军　陈文清　王　伟

常务委员会委员（按姓氏笔画为序）

王　伟　王岐山　刘　滨　江必新　杜金才　李玉赋　吴玉良　邱学强　张　军　张纪南　陈文清　周福启　赵洪祝　侯　凯　俞贵麟　姚增科　黄树贤　黄晓薇（女）　崔少鹏

本例文是会议公报。

发布会议公报的会议，必须是能代表党和国家意志的和具有法律效力的会

议。所公布的内容必须是全党、全国人民所关注的重大事项或重大决策。

公报的内容，事关重大，全国各级党委、政府均要认真贯彻执行。

本文是中国共产党第十八届中央委员会第一次全体会议公报。会议时间：2012年11月15日。会议：中共中央委员会第一次全体会议。所公布的内容是中央组成人员及其分工。

本文的行文结构、文风、用语措词诸方面端庄得体。

【例文二】

关于成立"中国—阿拉伯国家合作论坛"的公报
中国外交部 阿拉伯国家联盟秘书处
2004年1月30日
开罗

2004年1月30日，中华人民共和国主席胡锦涛阁下访问了阿拉伯国家联盟秘书处，会见了阿拉伯国家联盟秘书长阿姆鲁·穆萨先生和阿拉伯国家联盟成员国代表。

胡锦涛主席在会见中就发展中国与阿拉伯国家的新型伙伴关系提出四项原则：（一）以相互尊重为基础，增进政治关系；（二）以共同发展为目标，密切经贸往来；（三）以相互借鉴为内容，扩大文化交流；（四）以维护世界和平、促进共同发展为宗旨，加强在国际事务中的合作。秘书长表达了阿方对此的欢迎和赞赏。

中华人民共和国外交部长李肇星先生与阿拉伯国家联盟秘书长阿姆鲁·穆萨先生在诚挚友好的气氛中就中阿关系及共同关心的国际和地区问题深入交换了意见。

双方回顾了半个世纪以来中阿关系的发展历程，对中阿合作取得的丰硕成果表示满意。

双方认为，中阿友好合作基础牢固，潜力巨大，前景广阔，加强在各领域的合作符合双方的共同愿望和长远利益。

双方强调，中阿同属发展中国家，在维护世界和平与安全、促进共同发展的事业中发挥着重要作用。

双方确信，中阿在国际事务中保持和加强密切的磋商与协调，有助于建立公正、合理的国际政治、经济新秩序。

中国赞赏阿拉伯国家坚持一个中国原则。

阿拉伯国家赞赏中国一贯支持阿拉伯人民正义事业和合法权益的立场。

为进一步发展中阿在各领域的友好合作关系，双方商定，即日成立"中国—阿拉伯国家合作论坛"。

双方同意，尽快召开"中国—阿拉伯国家合作论坛"首届部长级会议。

【例文三】

中华人民共和国和多米尼克国关于建立外交关系的联合公报

中华人民共和国政府和多米尼克国政府根据两国人民的利益和愿望，通过友好谈判，决定自二〇〇四年三月二十三日起相互承认并建立大使级外交关系。

两国政府同意，在互相尊重主权和领土完整、互不侵犯、互不干涉内政、平等互利、和平共处的原则基础上，发展两国之间的友好关系。

多米尼克国政府承认世界上只有一个中国，中华人民共和国政府是代表全中国的唯一合法政府，台湾是中国领土不可分割的一部分。

中华人民共和国政府支持多米尼克国政府维护国家独立和主权以及发展民族经济的崇高事业。

中华人民共和国政府和多米尼克国政府商定，将根据一九六一年《维也纳外交关系公约》规定和国际惯例，尽快互派大使，并在对等基础上在各自首都为对方设立使馆和履行职务提供一切必要的协助。

二〇〇四年三月二十三日在北京签署。

中华人民共和国政府代表	多米尼克国政府代表
李肇星	罗斯福·斯凯里特
（签字）	（签字）

【例文四】

中国和巴西外长发表联合新闻公报
（2009年1月19日）

2009年1月19日，中国外交部长杨洁篪和巴西外交部长阿莫林在巴西利亚发表了联合新闻公报。公报内容如下：

应巴西联邦共和国外交部长塞尔索·阿莫林邀请，中华人民共和国外交部长杨洁篪于2009年1月18日至20日对巴西进行正式访问。

访问期间，巴西总统路易斯·伊纳西奥·卢拉·达席尔瓦会见了杨洁篪外长。卢拉总统确认将尽快访华的意愿，重申邀请中国国家主席胡锦涛访问巴西，并欢迎中国国家副主席习近平今年访问巴西。

在会谈中，两国外长回顾并高度评价了近来中巴关系取得的长足发展，一致认为保持两国密切的高层交往和互访对推动两国战略伙伴关系全面深入发展具有重要意义。双方同意今年适时在巴西利亚举行中巴高层协调与合作委员会第二次会议。双方表示，愿共同努力进一步促进两国经贸关系健康稳定发展，扩大双边贸易规模并使之多样化，鼓励和促进相互投资，拓展务实合作，不断为两国关系发展注入新的活力。双方表示，为进一步加强两国各领域互利友好合作，愿就制定两国政府共同行动计划进行积极有益的探讨。

双方认为两国在许多重大国际和地区问题上有着广泛的共识。双方表示愿进一步加强战略对话，就国际金融危机、国际金融体系改革、联合国改革、重启多哈回合谈判、加强发展中国家间合作等问题保持密切的协调与合作。

中国和巴西积极欢迎加沙冲突双方分别宣布停火，中国和巴西强调，联合国安理会第1860号决议应得到全面执行。

杨洁篪外长邀请阿莫林外长今年尽快访华,阿莫林外长愉快地接受了邀请。

【例文五】

中国共产党总书记胡锦涛
与亲民党主席宋楚瑜会谈公报

(二〇〇五年五月十二日)

亲民党主席宋楚瑜应中国共产党中央委员会总书记胡锦涛邀请,于二〇〇五年五月五日至十三日率亲民党大陆访问团正式访问大陆。这是中国共产党与亲民党之间首次进行两党交流对话,具有重要意义。五月十二日,胡总书记与宋主席在北京举行正式会谈,双方就促进两岸关系改善与发展的重大问题及两党交往事宜,坦诚、深入地交换了意见。五月十一日,中共中央政治局常委、书记处书记曾庆红会见了亲民党访问团全体成员。两党认为,当前两岸关系发展正处于重要关键时刻,两党应共同努力,促进两岸关系的缓和,谋求台海地区和平稳定,增进两岸人民福祉,维护中华民族的整体利益。

(下文略)

【例文六】

2005 年全国 1% 人口抽样调查主要数据公报

(中华人民共和国国家统计局 2006 年 3 月 16 日)

经国务院批准,我国于 2005 年底开展了全国 1% 人口抽样调查工作。这次调查以全国为总体,以各省、自治区、直辖市为次总体,采取分层、多阶段、整群概率比例的抽样方法。最终样本单位为调查小区。这次调查的样本量为 1705 万人,占全国总人口的 1.31‰。在国务院和地方各级人民政府的统一领导下,通过调查工作人员的艰苦努力,调查的各项任务已基本完成。现将快速汇总的全国总人口及其结构的主要数据公布如下:

一、总人口

2005 年 11 月 1 日零时,全国 31 个省、自治区、直辖市和现役军人的总人口为 130628 万人,与 2000 年 11 月 1 日零时第五次全国人口普查的总人口 126583 万人相比,增加了 4045 万人,增长 3.2%;年平均增加 809 万人,年平均增长 0.63%。根据调查数据推算,2005 年年末总人口为 130756 万人。

二、流动人口

全国人口中,流动人口为 14735 万人,其中,跨省流动人口 4779 万人。与第五次全国人口普查相比,流动人口增加 296 万人,跨省流动人口增加 537 万人。

三、城乡构成

全国人口中,居住在城镇的人口 56157 万人,占总人口的 42.99%;居住在乡村的人口 74471 万人,占总人口的 57.01%。与第五次全国人口普查相比,城镇人口占总人口的比重上升了 6.77 个百分点。

四、性别构成

全国人口中，男性为67309万人，占总人口的51.53%；女性为63319万人，占总人口的48.47%。性别比（以女性为100，男性对女性的比例）为106.30，与第五次全国人口普查相比下降0.44。

五、年龄构成

全国人口中，0—14岁的人口为26478万人，占总人口的20.27%；15—59岁的人口为89742万人，占总人口的68.70%；60岁及以上的人口为14408万人，占总人口的11.03%（其中，65岁及以上的人口为10045万人，占总人口的7.69%）。与第五次全国人口普查相比，0—14岁人口的比重下降了2.62个百分点，60岁及以上人口的比重上升了0.76个百分点（其中，65岁及以上人口比重上升了0.73个百分点）。

六、民族构成

全国人口中，汉族人口为118295万人，占总人口的90.56%；各少数民族人口为12333万人，占总人口的9.44%。与第五次全国人口普查相比，汉族人口增加了2355万人，增长了2.03%；各少数民族人口增加了1690万人，增长了15.88%。

七、受教育程度

全国人口中，具有大学程度（指大专及以上）的人口为6764万人，高中程度（含中专）的人口为15083万人，初中程度的人口为46735万人，小学程度的人口为40706万人。与第五次全国人口普查相比，具有大学程度的人口增加2193万人，高中程度的人口增加974万人，初中程度的人口增加3746万人，小学程度的人口减少4485万人（以上各种受教育程度的人口包括各类学校的毕业生、肄业生和在校生）。

八、家庭户人口

全国共有家庭户39519万户，家庭户人口为123694万人，平均每个家庭户的人口为3.13人；集体户人口为6934万人。与第五次全国人口普查相比，平均每个家庭户的人口减少了0.31人。城镇平均每个家庭户的人口为2.97人，农村为3.27人。

注：

1. 本公报为根据调查结果的初步推算数。

2. 调查登记标准时间为2005年11月1日零时，调查登记对象为具有中华人民共和国国籍并居住在中华人民共和国境内大陆的常住人口。

3. 全国总人口数未包括中国香港、中国澳门、中国台湾省人口数。

4. 经事后质量抽查，总人口的净漏登率为1.72%。全国人口中已包括据此计算的漏登人口数。

（二）公报的用法

公报适用的范围具有一定的限制，其行为主体是党和国家的最高机关，其内容主要用于发布具有重要意义的重要决定或重大事项。有的公报通过新闻媒体发布，独立成文，不再印发文本，有的公报则同时在《国务院公报》中刊登发布。

(三) 公报的写作要求

1. 严把"内容关",做到当"公"则"公",当"报"则"报"

从空间上讲,公报要公诸于世;从时间上讲,公报是一种历史性文件。正是因为这种时空特性,要求我们对写入公报中的内容必须认真筛选,严格把关。它应是党和国家的高级领导机关用来公布重大事件、重要会议、重要消息和重要决策的,或是国家统计部门用以公布社会发展和国民经济的重要情况的,除此之外,一般不能使用公报。

2. 重点明确,主旨突出

有些公报,特别是会议公报和涉及统计情况的公报,内容往往比较繁杂,因此,在撰写时必须抓住重点,突出行文的主旨。要把写作重点放在对事件的陈述和观点的阐述上,而且要紧扣全文的核心内容来写,切忌杂芜并陈,令人难得要领。

3. 用语的准确性和概括性

公报作为党和国家高级领导机关使用的公文,用以公布重大事件或重要决策,因此它十分讲究用语的准确性和概括性。是什么,不是什么;应当怎样做,不应当怎样做,必须确切无误地传输给读者,而且要最大限度地使用低密度的语言,用较少的文字涵盖丰富的内容,做到言约意丰。

(四) 公报的结构与写法

公报的结构由首部、正文和落款三部分组成。

1. 首部

一般包括标题和时间。

(1) 标题。公报的标题常见的有三种形式:一种是直接写文种,如新闻公报;第二种是由会议名称和文种构成;第三种是联合公报,由发表公报的国家、政府或组织的简称,公报的事由和文种构成。

(2) 时间。在标题之下正中用括号注明公报发布的年月日。

2. 正文

正文包括前言、主体两部分内容。

(1) 前言。各类公报的前言内容有所不同。公布重大事件的新闻公报,前言属消息导语性质,要求用最鲜明、最精练的语言概述核心内容,即什么时间、什么地点、发生了什么重大事件。

(2) 主体。要求把公报内容完整、系统、有序地表述清楚。常见的写法有三种:一种是分段式,以每项事情一段或每项决定一段的形式进行表述;第二种是序号式，多用于内容复杂、问题头绪较多的公报，以数码编序，分层来写；第三种是条款式，多用于联合公报，将各方共同议定的内容，每项列为一个条款进行表述。

3. 尾部

有的公报有落款，有的没有。联合公报要在正文之后写明双方签署人的身份、姓名、年月日，并写明签署地点。

思考与练习

公报，原来仅是党的机关公文文种，现在列为党政机关公文文种。要认识到，公报这一文种一般机关不能用，最重要的是事关党和国家公布重要决定或者重大事项。但是，作为这一文种，我们必须认识、理解和把握。

一、阅读公文例文。最好能从报刊上找到新出现的公报来阅读，印证教程所述。

二、注意掌握下列名词术语。

会议公报　新闻公报　事项公报　低密度的语言

三、在什么条件下可以使用公报？怎样才能正确使用公报？

四、公报由哪几部分构成？每一部分应如何撰写？试同新闻写作相比较，体会出公报的写作特点。

五、公告

目前社会上使用公告比较混乱，诸如公告与通告不分、公告与启事不分、公告与通知不分等。我们可通过本《教程》选入的例文为引导，结合社会上出现的各式"公告"进行分析研究，以提高辨识能力和对党政机关公文公告的运用能力。

（一）例文学习

【例文一】

中华人民共和国海关总署公告

2003 年　第 66 号

为规范进口供数据处理设备用载有软件的介质（以下简称介质）的海关估价工作，根据《中华人民共和国海关审定进出口货物完税价格办法》（以下简称《办法》），现将海关对介质的估价规定公告如下：

一、……

……

五、本公告自二〇〇三年十二月十一日起施行。

特此公告。

中华人民共和国海关总署
二〇〇三年十二月三日

例文一是海关总署向国内外有关业务往来者宣布重要事项的一则公告。其公告事项，是海关总署依法制定的对介质的估价规定，其告晓的对象是国内外有关业务往来者，因此须用公告告晓。

公告行文分序言和告晓事项两个部分。序言交代所发布估价规定的目的和规定的法律依据；其公告的事项在领起语之后分项列出，使公告内容清楚明白。

【例文二】

广东省人民政府文件

粤府〔2002〕21号

广东省质量技术监督局稽查总队成立公告

经广东省人民政府 2001 年 12 月 3 日粤府函〔2001〕468 号文批准，广东省质量技术监督局稽查总队现正式成立，自 2002 年 4 月 1 日起在本省行政区域内实施行政执法。执法职责是：对公民、法人或者其他组织遵守《中华人民共和国产品质量法》、《中华人民共和国标准化法》、《中华人民共和国计量法》和《锅炉压力容器安全监察暂行条例》等法律、法规、规章的情况进行检查；以广东省质量技术监督局的名义，对有关的违法行为依法实施行政处罚。其执法人员持省人民政府统一制发的行政执法证上岗执法。

广东省质量技术监督局稽查总队办公地址：广州市海珠区同福东南村路泰山庙前 3 号广东省质量技术监督局办公楼 6 楼。举报、投诉电话：12365。

广东省人民政府
二〇〇二年三月二十七日

例文二是广东省人民政府采取的一项重要行政措施，成立一个新的执法机构——广东省质量技术监督局稽查总队，依法规规定须向广大群众、机关单位，包括国内企业、中外合资企业、外资企业等公告。其告晓的内容包括该执法机构的名称、成立的时间、执法内容、执法的区域、执法职责、执法人员的标志以及办公地点、电话等事项。

如果新组建的机构没有涉外，仅需一定区域的群众、机关团体知晓，即可使用通告告晓。

【例文三】

国务院公告
（1987年12月5日）

《中华人民共和国政府和大不列颠及北爱尔兰联合王国政府关于解决历史遗留的相互资产要求的协定》，已于1987年6月5日在北京签订，并于同日生效。按照上述协定的有关规定，现就我国公民申请清偿的具体事项公告如下：

一、
……

例文三是一则向国内外宣布应当周知或办理的重要事项的公告。所公告的内容，对国内相关机构具有法定性（相关领导机关要另行公文下达指令），对国外相关人员具有规定性。

正文由前言和公告事项两部分组成。前言交代公告依据，然后用一过渡句"现就……的具体事项公告如下"转入公告主体。公告事项分条列出，使内容明晰，层次分明。

【例文四】

公 告
产字〔2012〕28号

现有广州市海珠区教育局申请坐落在海珠区宝岗大道163号的国有土地使用权登记，凡对上述地块权属有异议者，请于本公告发布之日起30日内持有效权属证明到广州市房地产测绘院（原广州市房地产测绘所）提出权利主张（地址：广州市豪贤路193号4楼）。逾期无他人提出权利主张的，我局将按规定办理土地登记。

特此公告。

广州市国土资源和房屋管理局
二○一二年五月二十五日

这是一则法定性公告。

土地权属由《中华人民共和国土地管理法》规范。海珠区教育局依法向国土局申请国有土地使用权登记，该局接受申请，但必须依法公告确权（明确该土地是否属申请人所有），依法须公告30天，这是一种送达公告，让对该土地有异议者有足够时间提出权利主张。有异议则另案办理，无异议则依法办理土地登记。

公告的法定送达时限为 30 天。实际上这是送达公告的一种方式①。有异议者不明姓名、不明地址，无法送达故必须依法公告，并依法定时限以公告送达。公告逾期，便算作是公告业已送达。不提出异议者便是作为放弃异议权，允许办理机关依法办理。

（二）公告的用法

向国内外宣布重要事项或法定事项用公告。要注意不能混淆概念："向国内外宣布重要事项"应该是一为"涉外"，二为"重要"，两者必须同时兼备，不能只看一个因素；"法定事项"是指法律、法规明文规定必须使用公告的事项，如招标公告、拆迁公告、商标公告、专利公告、破产公告、企业法人登记公告、招考公告等是全国人大制定的相关法律中特别规定必须使用的，应属于法定事项之列。有的如校庆公告、招聘银行行长公告、迁址公告等等，则本应使用启事而误用了公告这一文种。公告是国家行政机关公文中很严肃的公文文种，为了维护其严肃性，切不可滥用。

发布公告要使用公告格式。公告的格式有两种：一是文件式，即使用下行文件格式，按下行文渠道发给下属机关；另一种是张贴式，按照实际需要确定用纸大小，没有红色线，只印发文机关名称，套红印刷，没有"文件"二字，公文生效标志之后没有版记部分，也可以以此格式登报。

（三）公告的写作要求

1. 主旨要正确集中

任何一篇公文的写作，都要做到这一点，而公告的写作要求尤为严格。公告的主旨正确，是指必须符合实际，符合党和国家的最高利益，符合历史发展的总趋势。由于它在国内外宣布，涉及面广，影响大，在这一点上尤需反复斟酌，谨慎从事。公告主旨的集中性，是指要围绕一个基本观点来写，绝不可枝

---

① 送达公告——是指用公告替代通知将信息传达给当事人的一种方式。

送达公告是法律意义上的送达，国家机关依法作出裁决、判定需通知法定行为人或单位而又无法送达时（如当事人有意隐匿、逃亡）可使用公告形式送达，公告期满即视为送达，具有法律意义。

在司法、公安、行政处罚、行政复议、工商行政管理等工作中，往往会出现行政处罚决定书无法送达当事人的情况。这时便应当依照有关法规的规定采用公告送达。如《广州市行政复议规定》中就有"受达人下落不明，或者用其他方式无法送达的，公告送达；自发出公告之日起经过六十日，即视为送达"。

常见的法定性公告有招标公告、拍卖公告、专利公告、法人公告、商标公告、破产公告、房屋拆迁公告等，均由法律、法规规定须用公告形式向社会公众宣布。这是法律行为。法律法规没有规定必须使用公告而又不符合公告使用条件的，不应使用"公告"这一文种。

蔓横生。这样，中心正确，重点突出，便于公众理解、执行，发挥公告的作用。

2. 事项要准确具体

公告中的事项，是公告内容的具体指向，是晓谕天下做什么和怎样做的。事项部分务求准确，不能模棱两可、含混不清，务求具体，具有可操作性，不能笼而统之，只讲大概如何。

3. 用语要庄重、凝练、严密

公告的语言要庄重，主要指使用规范的书面语言和惯用语。必要的文言的融入，承前启后等惯用语的运用，不只显示语言的庄重性，也使公文"文简而事白"；要凝练，是指语言要千锤百炼，精益求精，用字力求少，表意力求多，即"文简而事丰"；要严密，是指叙事、谈理的周密严谨，排除自相矛盾，使全文顺理成章，浑然一体。

（四）公告的结构与写法

公告的结构由标题、发文编号、正文和成文日期四个部分组成（注意：公告是广行文，没有特定的受文机关，凡是需要知晓者均为受文对象，而受文亦仅为知晓而已）。

1. 标题

公告的标题可以由四种方式组成：第一种，由发文机关、事由、文种三要素构成；第二种，由发文机关、文种构成（如例文一、例文三）；第三种，由事由、文种构成（如例文二）；第四种，单独由文种构成。

2. 发文编号

公告的发文编号有两种方式：一是不编号。如果同一件事需要发多次公告的话，则编"第1号"、"第2号"，置标题之下，如例文一。二是用公文发文号的编号方法，由机关代字、年号、序号组成（如例文二）。

3. 正文

公告的正文由引据、主体、结语三个部分组成。

（1）引据。即开头，要求概括地写出发布公告的根据，或在工作中出现什么问题，或针对何种矛盾点，公告便由此而发。多数公告全文短小，引据部分用一二句说明即可；而有的公告篇幅大些，引据部分所用文字也就从实际出发了，还可用"现公告如下"领起下文。

（2）主体。即公告事项。这部分要写清何时、何地、何机关或何人作出了什么重大决定，或是要进行什么重大工作，发生什么重大事件。如果事项较多，可以分条列项，逐一写出。

（3）结语。公告的结语有两种情况：一是不设结语。有些短小篇幅的公告，常常寥寥数语，一段即毕，结语也即略去；二是设置结语。一般来说，设置结语的有两种类型：一种为习惯用语，如用"特此公告"、"现予公告"等；一种为需要用语，作相关说明。

4．成文日期

公告的成文日期有两种标注方法：其一，在文末落款处写上年月日；其二，用题注方式，即在公告标题之下，用圆括号括起，写明年月日。

思考与练习

公告，是党政机关在向国内外宣布重要事项或依法律法规规定须用公告向公众公布法定事项时使用的公文文种。为了防止乱用公告，我们要认真分辨清楚公告与通告的区别，注意法定事项的法律依据。

一、注意掌握下列名词术语。

公告　重要事项　法定事项　专利公告　商标公告　送达公告

二、阅读例文，细心体会三篇公告例文在内容上的特点。

三、什么是重要事项公告？其重要与否如何界定？

四、什么是法定性公告？其法定性的依据是什么？可参阅如下资料。

有法可依、依法而发的法定事项公告主要有：

1. 法院公告

《中华人民共和国民事诉讼法》第五十四条规定：诉讼标的是同一种类、当事人一方人数众多在起诉时人数尚未确定的，人民法院可以发出公告；第九十二条规定：受送达人下落不明，或者用本节规定的其他方式无法送达的，公告送达；第一百三十六条规定：人民法院审理民事案件，应当在开庭三日前通知当事人和其他诉讼参与人。公开审理的，应当公告当事人姓名、案由和开庭的时间、地点；第一百八十五条规定：人民法院受理宣告失踪、宣告死亡案件后，应当发出寻找下落不明人的公告。

2. 海关公告

《中华人民共和国海关行政处罚实施条例》第五十五条规定：行政处罚决定书应当依照有关法律规定送达当事人。依法予以公告送达的，海关应当将行政处罚决定书的正本张贴在海关公告栏内，并在报纸上刊登公告；第六十二条规定：被收缴人无法查清且无见证人的，应当予以公告。

3. 拍卖公告

《中华人民共和国拍卖法》第四十五条规定：拍卖人应当于拍卖日七日前发布拍卖公告；第四十七条规定：拍卖公告应当通过报纸或者其他新闻媒介发布。

4. 招标公告

《招标公告发布暂行办法》第九条规定：招标人或其委托的招标代理机构应至少在一家指定的媒介发布招标公告。

5. 招标投标违法行为记录公告

《广州市招标投标违法行为记录公告办法》是广州市人民政府于2010年1月15日发布的政府

规章，规定了在招投标各环节违法行为应予公告。

6. 采购公告

《中华人民共和国政府采购法》第二十六条规定：政府采购采用以下方式：（一）公开招标……

7. 纳税信用 A 级纳税人名单公告

《纳税信用等级评定管理试行办法》第二十条规定：省一级或者市（地）一级或者县（市）一级国家税务局和地方税务局可以选择适当方式将 A 级纳税人的名单予以公告。

8. 省人大常委会发布道路交通安全条例公告

《中华人民共和国立法法》第六十九条规定：省、自治区、直辖市的人民代表大会常务委员会制定的地方性法规由常务委员会发布公告予以公布。

9. 企业法人设立登记公告

《中华人民共和国企业法人登记管理条例施行细则》第五十三条规定：对核准登记注册的企业法人，由登记主管机关发布公告；第五十四条规定：企业法人登记公告分为开业登记公告、变更名称登记公告、注销登记公告，由登记主管机关通过报纸、期刊或者其他形式发布。

10. 资产处置公告

《中华人民共和国公司法》第一百三十七条规定：公司发行新股募足股款后，必须向公司登记机关办理变更登记，并公告；第一百七十八条规定：公司应当自作出减少注册资本决议之日起十日内通知债权人，并于三十日内在报纸上公告；第一百八十九条规定：公司清算结束后，清算组应当……公告公司终止。

11. 房屋过户公告、注销房屋所有权证公告

《城市房屋权属登记管理办法》第十条规定：房屋权属登记依以下程序进行：……（三）公告；第十五条规定：总登记、验证、换证应当由县级以上地方人民政府在规定期限开始之日 30 日前发布公告；第二十五条规定：注销房屋权属证书，登记机关应当作出书面决定，送达当事人，并收回原发放的房屋权属证书或者公告原房屋权属证书作废。

12. 国有土地使用权挂牌公告

《招标拍卖挂牌出让国有土地使用权规定》第八条规定：出让人应当至少在投标、拍卖或者挂牌开始日前 20 日发布招标、拍卖或者挂牌公告。

13. 认领弃婴公告

《中华人民共和国收养法》第十五条规定：收养查找不到生父母的弃婴和儿童的，办理登记的民政部门应当在登记前予以公告。

五、请思考下列公告是对是错。

1. ××分行关于公开选聘××支行行长的公告

2. 2002 年度全国职称外语等级考试公告

3. ×××学校关于开除×××学籍的公告

4. 地产资信 20 强公告

5. 彩票开奖公告

6. 工程造价公告

六、辨析下面的文种。

1. 公告与通告
2. 公告与启事
3. 在招标与投标活动中，过去是使用招标启事来公布招标事宜的，现在由《中华人民共和国招标投标法》规定，须用公告来发布招标信息。请你分析原因。

七、讨论题。

2004年6月号的《应用写作》发表了一篇署名文章，说："校庆公告，是'公告'的一种，是从公告这一公文中派生出来的新颖的应用文。"该文还援引了国务院于2000年8月24日发布的《国家机关行政公文处理办法》，说："（根据该《办法》）对公告的界定，和人们写作、发布校庆公告的目的与意义，我以为校庆公告属于告知性的公告。"

请据此开展讨论：

1. 我们能不能从党政机关公文的文种中派生出新颖的应用文？
2. 如果"校庆公告"这一文种可以"派生"成立，那么其他文种能不能"派生"出同名应用文呢？

比如，有企事业单位使用"命令"来任命中层干部，说是"企业文告"，这是不是属于"派生"？这种做法对不对？

有企事业单位将职工代表所提出的个人意见或建议称为"议案"，这种做法对不对？

请据此推论：如果公文文种公告可以派生出应用文文种公告，那么公文文种决定、命令、议案等，可不可以也派生出新颖的同名应用文文种呢？

假如"派生"说能成立，那么，党政机关公文将会如何？请你充分发挥所学知识去分析，得出合理的结论。

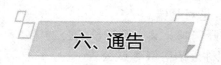

六、通告

通告是行政机关、人民团体、企事业单位常用的向一定区域的群众或相关人员告晓的文种。它与公告有相似之处，有些人在使用上往往把握不准，常常混淆。我们可通过本《教程》选入的例文为借鉴，通过比较研究，提高辨识能力和对通告的运用能力。

(一）例文学习

【例文一】

广州市人民政府文件

穗府〔2002〕35 号

关于将广州南沙开发区划为石矿粘土矿禁采区的通告

　　为贯彻执行省委、省政府、市委、市政府关于加快南沙地区开发建设的战略决策，将南沙地区建设成为产业布局合理、经济辐射能力强、基础设施配套、自然环境优美的现代化生态型滨海新城区，根据《中华人民共和国矿产资源法》、《广东省采石取土管理规定》，市人民政府批准了《广州南沙采石取土禁采区规划》，现就广州南沙开发区石矿、粘土矿禁采区范围通告如下：

　　一、禁采区范围：广州南沙开发区范围，具体包括黄阁镇、广州南沙经济技术开发区、鸡抱沙、开沙、龙穴岛；广州珠江华侨农场、万顷沙、围垦公司、横沥镇以及灵山镇南部地区。

　　二、本通告自发布之日起生效。

广州市人民政府
二〇〇二年十一月十日

（《广州政报》，2002 年 22 期）

　　例文一是一则行政机关公布社会各有关方面应当遵守的通告。

　　本通告实际上是在下达广州市人民政府的禁令。因为需要知晓的对象是该区域的全体人民，而其中有些人并非广州市所辖人员，如果使用通知行文，便会使应该知晓的人士无法知晓，因而必须使用公开张贴的通告以让大家知晓并遵守。

　　本通告，行文目的明确，依据相关法规规定，突出依法有据，并宣布《广州南沙采石取土禁采区规划》已批准为政府规章，强调了本通告事项的法规性。告晓范围界定明确，强调了生效日期，使监管部门可依此通告执行。

【例文二】

关于对电动自行车和其他安装有动力装置的
非机动车不予登记、不准上道路行驶的通告

穗公〔2006〕343 号

　　根据《中华人民共和国道路交通安全法》和《广东省道路交通安全条例》的有关规定，经广州市人民政府公开征求意见，并报请广东省人民政府批准同意，自本通告发布之日起，在广州市行政区域内（含从化市和增城市）对电动自行车和其他安装有动力装置的非机动车（残疾人机动轮椅车除外）不予登记、不准上道路行驶。

违反本通告的，由公安机关交通管理部门依法予以处理。

特此通告。

广州市公安局
二〇〇六年十一月六日

例文二是一则公布要求社会各有关方面切实遵守的通告。广州市公安局的这一则通告，是依据广州市人民政府的决定而形成的公文。广州市人民政府的决定，是根据广州市道路交通管理的实际情况，又依据了《中华人民共和国道路交通安全法》和《广东省道路交通安全条例》的有关规定，经过公开征求各有关方面群众意见，并报请广东省人民政府批准同意而作出的。决定在广州市行政区域内（含从化市和增城市）对电动自行车和其他安装有动力装置的非机动车（残疾人机动轮椅车除外）不予登记、不准上道路行驶，是依据了法律、法规，又依照了立法程序做出的、符合实际需要的决定。什么是"依法行政"？我们怎样去"依法行政"？请认真弄懂这则通告的出台过程，对我们将会有很大的启发。

【例文三】

广州市人民政府文件

穗府〔2002〕36号

关于防空警报试鸣及防空演习的通告

根据《中华人民共和国人民防空法》和《广东省实施〈中华人民共和国人民防空法〉办法》关于防空警报试鸣的规定，为增强市民的国防观念和防空意识，定于2002年11月22日11时0分至11时30分，在全市（10个区、2个县级市）范围内进行防空警报试鸣，同时在越秀区、荔湾区、东山区、海珠区、黄埔区、芳村区等6个城区，组织部分市民、人防专业队进行以防空疏散和利用人防工事就地隐蔽为内容的防空袭实兵演习。特通告如下：

一、11时0分至3分试鸣预先警报：鸣36秒，停24秒，反复3遍；

二、11时18分至21分试鸣空袭警报：鸣6秒，停6秒，反复15遍；

三、11时27分至30分试鸣解除警报：连续鸣响3分钟；

四、防空警报试鸣及防空演习期间，全市生产、生活秩序及社会活动照常进行。

广州市人民政府
二〇〇二年十一月七日

例文三是一则由广州市人民政府向社会各界发布的周知性通告。试鸣防空警报，关系面广，其周知对象是广大群众（包括外地驻广州的众多机关团体以及海外侨民），以免发生误会而产生意外，必须通告知晓。

为什么要用通告而不是用公告？试鸣防空警报是重要事项，必须告晓区域内广大群众知晓，该区域内的群众包括了本地居民、中央机关和外地机构驻广州办事人员、领事区域的工作人员及其眷属、海外人士等等。表面上这件重要事项似乎已"涉外了"，但广州市试鸣防空警报是仅限在广州地域内的声响，并不涉外。在广州居住的海外人士无须特别关注，故用通告告晓即可。如果，在某边境试鸣，其声响会传过国境让外国居民听见，为防止产生误会，则须使用公告。

在写作上，以依据、目的、试鸣时间、举措等分层安排，结构完整，文字简洁明了，告晓事项分条列出，让人明白知晓。

（二）通告的用法

公布社会各有关方面应当遵守或者周知的事项用通告。"社会各有关方面"，是指国内的某一区域、领域或某一群落，不包括国外。"应当遵守"，是指通告的事项具有法规规定性，被告晓的有关人员必须遵守。"周知"，是指让有关方面知道。

通告使用与公告相同的公文版头。没有红色线，在发文机关的后面没有"文件"字样，仅用套红大字印上发文机关名称。其下书写标题和通告编号。

发布通告，也可以同时采用几种不同的发布方式，如发文、张贴、登报、广播、电视播放等。不同的发布方式又可以采用不同规格的公文用纸。

（三）通告的写作要求

1. 选准文种，不要与通知、公告相混淆

"通告"这一文种在选用时要注意两个方面：

一是使用过滥，把一些本不应用通告发布的内容用通告发布了，或者本应以通告发布的内容却用了其他文种。如××市棉麻公司在1986年10月31日发了一个《关于双优棉增加供应量的通知》，其内容是面向全市告知增加"双优"棉供应量。

这个通知就是错用了文种，应改为通告。因为通知是下行文，即上级机关向下级机关行文时使用，一个棉麻公司怎能向全市下通知呢？而通告正是用于公布社会各有关方面应当遵守或者周知的事项，向全市人民告知增加"双优"棉一事应该用通告。

二是与公告有混淆现象。本应用公告发布的内容使用了通告，或者相反。

克服这一问题就需认真辨析这两个文种。二者相同之处主要是公开发布。法定事项公告与法规性通告，在内容上有些相似。但二者的不同点也是明显的：

（1）从发布的事项看，公告的事项更为重大。如公告例文一和例文三，都是国内外关注的大事。而通告则是发布某区域内社会各有关方面应当遵守或周知的事项，尽管这些事项在一定的时空领域具有普遍意义，但并不都是"重要"或"重大"到须向国内外公众宣布的程度。

（2）从发文的机关看，公告一般由高级机关发布，而通告各级机关甚至企事业单位都可以发布，如《北京市公安局关于查禁赌博的通告》就是以北京市公安局的名义发布的。

（3）从受文对象看，公告的受文对象不仅有国内的，也有国外的，有的公告甚至主要是对国外。如新华社受权发表《我国将进行向太平洋发射运载火箭试验》的公告，则主要是对外的。

2. 注意掌握政策，不得越权行文，措词要与发文机关身份相称

（四）通告的结构与写法

通告也是广行文，其结构由标题、发文编号、正文和成文日期四个部分组成，同公告一样没有特指的受文机关。

1. 标题

通告的标题也可以由四种方式组成：第一种，由发文机关、事由、文种三要素构成，如《广州市地方税务局关于中央、省属驻穗单位缴纳社会保险费有关事项的通告》；第二种，由发文机关、文种构成，如《关于征收2005年车船使用税和车船使用牌照税的通告》；第三种，由事由、文种构成；第四种，单独由文种构成，则仅写通告二字。

2. 发文编号

通告的发文编号也可以有两种方式：一是不编号，或者将编号置标题之下，用圆括号括住；二是用公文发文号的编号方法，由机关代字、年号、序号组成（如例文一、例文三）。

3. 正文

通告的正文由引据、主体、结语三个部分组成。

（1）引据。即开头，要求概括地写出发布通告的根据，交代缘由后用"现通告如下"领起下文。

（2）主体。即通告事项。这部分要写清何时、何地、何机关或何人作出了什么重大规定，或是要进行什么重大工作，发生什么重大事件。如果事项较多，可以分条列项，逐一写出。

（3）结语。通告的结语有两种情况：一是不设结语；二是用"特此通告"作结。

4. 成文日期

通告的成文日期有两种标注方法：其一，在文末落款处写上年月日；其二，用题注方式，即在通告标题之下，用圆括号括起，写明年月日。

思考与练习

通告是用于公布社会各有关方面应当遵守或者周知事项的文种，行政机关可以使用，社会团体和企事业单位也可以使用。但是，所通告的事项和所告知的内容却有天壤之别。

"区别"在哪里？学习者应十分注意相关法规的职权限定。

一、注意掌握下列名词术语。

通告　遵守性通告　告晓性通告

二、认真阅读例文，体会通告的文体特点。

三、通告是怎样的一个公文文种？

四、在什么情况下使用通告？什么情况下使用公告？

五、怎样区分公告与通告？试以例文三为例，指出公告与通告的区别。怎样区分通告与通知？试以例文一为例，指出它们之间的区别。

六、在使用通告时应注意什么问题？

七、讨论题。

阅读例文二，然后回答问题：

1. 如果例文二的通告正文仅写成"本通告自发布之日起，在广州市行政区域内（含从化市和增城市）对电动自行车和其他安装有动力装置的非机动车（残疾人机动轮椅车除外）不予登记、不准上道路行驶"。其效果将会如何？

※ 广州市公安局可以发布通告，但是不具立法权限。如果不写清楚前面的法据，便会没有法据，没有说服力。只有写上法据（根据《中华人民共和国道路交通安全法》和《广东省道路交通安全条例》的有关规定，经广州市人民政府公开征求意见，并报请广东省人民政府批准同意）字样，便具有了执法依据，便有了"告晓你知道，你必须遵照执行"。

※ 依法行政，就是依据法律、法规、规章的明文规定去执法、去施政。

2. 广州市对电动自行车和其他安装有动力装置的非机动车（残疾人机动轮椅车除外）不予登记、不准上道路行驶，为什么只含从化市和增城市而不含花都区和番禺区？

提示

※ 这便是广州市人民政府按照实际情况办事的地方。广州市的从化市（区）和增城市（区），人口稠密、路状繁忙，而增城区和番禺区相对尚有较多村镇乡间。对"不予登记、不准上道路行驶"的目的讲求实效，不搞一刀切。施政也是为民。

3. 广州市人民政府关于在广州市行政区域内（含从化市和增城市）对电动自行车和其他安装有动力装置的非机动车（残疾人机动轮椅车除外）不予登记、不准上道路行驶的决定，具有怎样的法律效力？试联系自己的认识谈谈。

提示

※ 了解本项目的立规全程，就是觉得"立党为公、执政为民"不是一句空话。为民立规也是从人民利益出发，也考虑全局。因此，立规程序、听证会，报请上级批准等环节十分重要。

4. 如果是县级人民政府或者是一般的地级市人民政府，能否发布类似这样的"不予登记、不准上道路行驶的"通告，为什么？

提示

※ 立规立章必须具有法定的主体资格，同时还必须依法定程序进行。即使具有立法权限的机关立法，也必须考虑到广大群众的利益，所以要召开听证会征求群众意见，不能闭门造车。

七、意见

意见的使用，以其文种的灵活性大大提高了使用频率，特别是下行的意见，以其讲道理、教做法的教诲，使下级机关的工作人员倍受教益而大受欢迎；上行的意见，也由于文种特性就是对重要问题发表见解和处理办法，因而使下级机关畅所欲言，充分发表己见，使上级机关更能听到下级机关的意见，更能贴近实际，是上下左右沟通的多面手文种。

要掌握意见的用法、写法，不仅要多读意见例文，而且还要与相关文种进行比较，如意见与指示性通知，意见与议案、提案、建议，意见与报告，意见与决定等文种比较，通过多文种的比较，更深刻认识意见的特点，从而驾驭意见文种。

（一）例文学习

【例文一】

教育部关于在中小学
加强写字教学的若干意见
教基〔2002〕8号

各省、自治区、直辖市教育厅（教委），新疆生产建设兵团教委：

1998年教育部《九年义务教育全日制小学写字教学指导纲要（试用）》发布实施以来，各地普遍加强了中小学阶段写字教学。但是，也有一些地方和学校的写字教学没有得到应有的重视，不利于学生基本文化素养的普遍提高。教育部《基础教育课程改革纲要（试行）》特别指出："在义务教育阶段的语文、美术课中要加强写字教学。"再次强调了写字教学的重要性。现就中小学加强写字教学提出以下意见，请结合中小学教学实际，认真贯彻执行。

一、充分认识写字教学的目的和意义

规范、端正、整洁地书写汉字是有效进行书面交流的基本保证，是学生学习语言和其他课程，形成终身学习能力的基础；热爱祖国文字，养成良好的写字习惯，具备熟练的写字技能，并有初步的书法欣赏能力是现代中国公民应有的基本素养，也是基础教育课程的目标之一。

中国书法将汉字的表意功能和造型艺术融为一体，有着悠久的历史和广泛的群众基础，汉字书写的美学价值得到了超越国界和超越汉字使用范围的承认。因此，写字教学可以陶冶学生情操、培养审美能力和增强对祖国语言文字的热爱和文化的理解，既有利于写字技能的提高，也有利于增进学识修养。

当前，在重视学生掌握计算机汉字输入技术的同时，必须继续强调中小学生写好汉字。继承和弘扬中华民族优秀文化，写字教学应该加强，不应削弱。

二、明确写字教学的要求

中小学写字教学要使学生会写铅笔字和钢笔字，学习写毛笔字，使学生养成良好的写字习惯，正确的写字姿势，并有一定的书写速度。具备正确书写汉字的基本能力。

使学生保持正确的写字姿势容易把字写得端正美观；有利于呼吸顺畅和精神集中，能预防儿童脊椎弯曲和眼睛近视；在写字过程中，坚持正确写字姿势，书写认真仔细，规范整洁，会促进学生良好品格和意志力的发展。

小学低年级特别要注重良好写字习惯的培养，学校要加强对学生正确写字姿势的要求与指导。小学阶段应认真落实《九年义务教育全日制小学写字教学指导纲要（试用）》的各项要求。

通过写字教学，使学生初知书法、欣赏书法，培养传承祖国文化的责任感。

三、各门课程都应重视写字教学

加强写字教学，培养良好的写字习惯是所有老师的共同任务。应在教学中明确对学生写字的要求，要特别重视学生日常写字，各科作业都应要求书写规范、认真、端正，真正做到"提笔就是练字时"。

全体教师都应以正确、认真的书写做学生的表率，在潜移默化中促进学生良好书写习惯的养成。

九年义务教育语文课程要求"能正确工整地书写汉字"，这是学生在学习语文过程中巩固识字的重要手段，是提高阅读、写作能力的必备条件。实施语文教学、编写语文教材都应根据不同的年龄学生的特点，有计划地加强写字教学，确保课程目标的实现。

在艺术、美术课程的内容目标中，提出了让学生了解包括书法、篆刻在内的"多种艺术形式和表现手段"、"欣赏我国书法、篆刻的代表作品"等要求，应通过美术、艺术课程，提高学生的书法欣赏能力和艺术创造能力，并创造条件，鼓励有书法爱好的学生开展个性化艺术活动。

四、为学生写好汉字创设环境，提供必要条件

教师应设计生动、活泼的活动，培养学生的写字兴趣，发挥学生的主动性。要针对不同学段、不同班级学生的实际书写状况加强指导，通过示范、比较、观摩、展示等各种方法帮助他们克服困难，加强写字教学的趣味性，增强成功感。学校应组织学生开展写字、书法的活动，提高书写能力，加深对汉字实用功能与审美功能的理解。

学校要为学生写好字提供必要的条件保证。提供与学生身高相适应的桌椅、充分的采光照明等。教研部门和学校应加强写字教学研究，针对写字教学中的问题提出改进建议。

五、改进写字教学的评价

写字教学的评价要有利于引导绝大多数学生对写字、书法的兴趣；有利于形成正确的写字姿势和具有基本规范的写字技能。

对小学低年级的写字评价，特别要关注认真书写态度和良好写字习惯的培养，注意学生对基本笔画、汉字基本结构的把握，重视书写的正确、端正、整洁；对高年级学生的书写评价，既要关注其书写规范和流利程度，也要尊重他人的个性化审美趣味。应该通过发展性评价来提高学生的写字兴趣和自信心，要特别防止用大量、重复抄字的惩罚性做法对待学生。一般情况下，不应要求学生背记文字、书法的知识。全体学生的写字习惯，基本的写字技能，应成为教师教学水平、学校办学水平评价的一方面。

教育部
二〇〇二年五月十七日

意见是党政机关对重要问题提出见解和处理办法的公文文种。本例文是教育部向全国各教育机构作出部署，提出要抓好全国学生汉字书写这一重要问题，不仅有见解，也有具体的处理办法，是具有指挥性、部署性的下行意见。

意见同决定、决议、命令、通知相比较，在行文语言方面比较平和、舒缓，叙述说理细致，不但注意讲明为什么要做，还特别注意交代下级应当怎样去做。

【例文二】

关于做好广州市区、县级市人民代表大会换届选举工作的意见

穗×〔2002〕28号

中共广州市委：

  根据《中华人民共和国全国人民代表大会和地方各级人民代表大会选举法》（以下简称《选举法》）和《中华人民共和国地方各级人民代表大会和地方各级人民政府组织法》（以下简称《地方组织法》）的有关规定，以及《中共广东省委批转〈关于做好全省不设区的市、市辖区、县人民代表大会换届选举工作的意见〉的通知》（粤发〔2002〕12号）精神，我市的区、县级市人民代表大会将于明年上半年任期届满，应分别进行换届选举。现就换届选举工作提出如下意见：

  一、换届选举的指导思想

  这次换届选举，是在党的"十六大"胜利召开，社会主义现代化事业进入一个新的发展阶段进行的，是我市人民政治生活的一件大事。搞好这次换届选举，对于充分发挥区、县级市人民代表大会的作用，加强地方政权建设，推进依法治市工作，实现人民群众当家做主的权利，保持安定团结的政治局面，推进我市改革开放和率先基本实现现代化，具有十分重要的意义。

  这次区、县级市人大换届选举工作的指导思想是：在市委领导下，高举邓小平理论伟大旗帜，坚持党的基本路线，以江泽民同志"三个代表"重要思想为指导，全面贯彻党的"十六"大和省第九次、市第八次党代会精神，切实把坚持党的领导、充分发扬民主和严格依法办事有机结合起来，严格按照法律规定的程序，精心组织，周密安排，确保换届选举工作顺利进行。

  二、换届选举的时间安排

  根据宪法和《地方组织法》的规定，按照省委文件的要求并结合我市实际情况，我市区、县级市人大换届选举工作应于2003年4月底以前完成。各区、县级市要统筹兼顾，妥善安排各项工作，保证依时完成换届选举工作。

  三、提高代表素质，优化代表结构

  严格按照法律规定的程序和对代表的要求，切实把好代表素质关。把拥护党的基本路线，努力实践"三个代表"重要思想，模范遵守宪法和法律，在生产、工作和社会生活中，协助宪法和法律的实施；通过诚实的劳动、工作和合法经营，为发展社会主义生产力和社会主义各项事业作出贡献；密切联系人民群众，反映人民群众的意见和要求，热心为群众办事，具有较强的执行代表职务的责任感和能力的人，推选为代表候选人。

  人大代表应具有广泛性和先进性，保证工人、农民、知识分子、妇女、党外人士各占适当的比例。其中，中共党员比例不超过65％；妇女代表比例不低于23％。区、县级市人大代表尽量不与本级政协委员以及各级人大代表交叉。代表中的区、县级市党委、政府领导干部人数不宜过多，一般以5人左右为宜。连任的代表约占20％。区、县级市人大代表一般应具有初中以上文化程度。代表的年龄结构应进一步年轻化。要通过宣传教育，引导选民作出正确选择，实现代表结构的合理优化，不要片面为追求实现代表的构成比例，而作出硬性规定。

  四、进一步加强区、县级市人大常委会的组织建设

切实按照中央和省委的要求，努力提高区、县级市人大常委会组成人员的整体素质，并逐步实现专职化和比较年轻化。常委会组成人员中要有一定数量熟悉经济、法律、文教、科技等工作的人才，有一定数量具有较丰富实际工作经验的领导干部以及从人大常委会机关选拔的工作骨干，常委会组成人员按任职年龄要求可以任满两届的，或在任内能与党委和政府机关、司法机关干部实行交流的应不少于总数的 1/3，其中专职的组成人员应占多数。要重视非党人士的安排，党委会组成人员中，中共党员应不超过 70%。

五、认真做好候选人的提名推荐

严格按照《选举法》和《地方组织法》的有关规定，认真做好代表和国家机关领导成员候选人的提名推荐工作。切实保障选民和代表在选举工作中的知情权、参与权、选择权和监督权，保障其依法联名提出候选人和权利。选民或代表联名提出的代表候选人或国家机关领导成员候选人，与政党、大会主席团提名的候选人具有同等的法律地位，均应依法列入候选人名单，提交选民或代表酝酿讨论。不得违背选民或代表的意愿，限制选民或代表依法联名提出候选人，更不能包办代替。

选举国家机关领导人员时，要依法坚持差额选举原则。正职领导人员的候选人一般比应选人数多 1 人，进行差额选举；如果提名的候选人只有 1 人，也可以等额选举。副职领导人员的候选人数应比应选人数多 1-3 人。人大常委会委员的候选人数应比应选人数多 1/10 至 1/5，进行差额选举。

六、保障流动人口和困难群众依法行使民主权利

我市流动人口多，情况复杂，人户分离现象比较突出。要采取切实措施，依法做好选民登记工作。选举期间不能回原选区参加选举的选民，可以书面委托所在选区的选民代为投票。选民实际已经迁居外地（已取得现居住地居住证）但没有转出户口的，在取得原选区选民资格的证明后，可以在现居住地的选区参加选举。对失业、下岗和生活困难的选民，要做好宣传发动和组织工作，维护他们的民主权利。

七、依法处理破坏选举的违法行为

保障选民和代表依法行使选举权和被选举权。注意防止和及时处理选举中可能出现的各种违法行为，严禁贿选，严禁利用宗法势力、恶势力操纵选举。对以暴力、威胁、欺骗、贿赂、伪造选举文件、虚报选举票数等手段破坏选举或者妨碍选民和代表自由行使选举权和被选举权的行为，以及对控告、检举选举违法问题的人进行压制、报复的行为，要依法予以追究。各区、县级市人大常委会对选民和代表检举的违法行为要依法查处；对重大违法行为，要及时向市人大常委会报告。同时，要正确划清选举中的工作失误、思想认识问题与违法行为的界限，防止混淆两类不同性质的矛盾。

八、加强党对换届选举工作的领导

这次区、县级市人大换届选举，时间紧迫，工作量大，法律性、政策性强。各级党委要把这项工作列入重要议事日程，统筹安排，切实加强领导。要按照《党政领导干部选拔任用工作条例》的规定，及时做好国家机关领导成员候选人的提名推荐工作。根据中央的要求，新提拔的干部应尽量多交流提拔，并在选举工作全面铺开前到位，以利于选举。各区、县级市人大常委会要认真履行宪法和法律赋予的职责，依法做好换届选举的组织工作，特别是要做好换届选举的宣传教育工作，认真选好新一届区、县级市人大代表和国家机关领导成员。

九、落实选举经费

按照《选举法》的规定，选举经费由国库开支，根据我市的实际情况，本次区、县级市人大

换届选举的选举经费,由选举工作机构按本行政区域内总人口数和选举工作实际需要编造预算,在本级财政预算中列支。

以上意见如无不妥,请批转各区、县级市及市直局以上单位执行。

中共广州市人大常委会党组
二〇〇二年十一月四日

　　这是一则很具特色的公文。发文机关是人大常委党组,是党的公文而不是行政机关公文。所以入选为例文。

　　这是上行的意见,即下级给上级提出"对重要问题的见解和处理办法"——对换届选举这样的大事提出见解和处理办法。

　　广州市人大党组,根据相关法规和省委的通知精神,拟订了做好广州市区、县级市人民代表大会换届选举工作的意见,而换届选举工作需要下级各机关协调一致地工作,涉及党、政、人大、检察院、法院、驻军等,因此需经市委批转给各区、县级市及市直局以上单位等执行。本意见就市委而言,是对一项工作的安排建议,而对各区、县级市及市直局以上单位等而言,则是对该项工作应遵照执行的指示。

　　本文是人大公文。但其行文涉及了行政机关,而且在公文行文上,对指导、启发我们认识党、政、人大等机关的关系是一个很好的实例。

　　本文在写法上,采用了方案的形式,从指导思想到时间安排、具体做法,逐项列出,具有可操作性。文章的开头结尾,却又采用公文意见文种的格式,得体地体现了上行意见的规范。

【例文三】

××省人民政府办公厅
关于加强嫩江松花江近期防洪建设
若干意见修改的意见
×函〔1999〕××号

水利部办公厅:

　　贵厅《关于进一步征求〈关于加强嫩江松花江近期防洪建设若干意见〉的函》(办汛〔1999〕236号,以下简称《意见》)收悉。具体修改意见如下:

　　一、《意见》第二部分确定的Ⅱ级堤防,在1998年洪水后的堤防建设中已按Ⅱ级堤防标准进行加固,在前两次征求意见时,各省对此没有提出异议。为使《意见》更具操作性和权威性,我省建议将"今后由水利部与有关省(自治区)进一步核定"一句删除。

　　二、建议将《意见》第七部分第三段中的"这项工作由地方政府负责",改为"这项工作由地方政府负责实施"。

　　三、鉴于嫩江、松花江防洪体系尚未建成,第二松花江上游的丰满、白山两个大型水利枢纽均位于吉林省境内，以及两座水库目前防洪高度的具体做法和历史情况，我省建议在第十部分第二段中增加"关于丰满、白山联合调度问题，仍按国汛〔1994〕5号文件执行"的内容。

以上，请予考虑。

××省人民政府办公厅
一九九九年十二月十五日

这是一则不相隶属机关之间，就某一问题进行协商、提出意见的行文，属平行文的意见。

意见作为平行文时，一般是在答复平行机关或不相隶属机关询问或征求意见时使用。比如起草规范性公文时，往往需要有关部门对草拟的公文提出意见，有关部门在提这方面意见时，过去用函，现在改用意见行文了。以意见行文，可以就对方提出的问题展开陈述、议论，可以做到说理更透；但是，不能强求对方接受，要以仅供对方参考的语气陈词。

本文在行文上依据法规准确、充分，不仅文字流畅、简练，而且观点鲜明、语言平和、尊重对方。

【例文四】

中共中央组织部
关于推行党政领导干部任前公示制的意见
2000年12月14日印发

实行党政领导干部任前公示制，是干部人事制度改革中出现的新事物，它源于基层的实践与创造。近几年来，各地普遍开展了推行任前公示制的试点工作，收到了积极的效果。为进一步推行并完善、规范任前公示制，根据《深化干部人事制度改革纲要》（中办发〔2000〕15号）要求，现提出如下意见。

一、充分认识实行党政领导干部任前公示制的意义和作用

任前公示制，就是将党委（党组）集体讨论研究确定拟提拔或调整的干部的有关情况，通过一定的方式，在一定范围和期限内进行公布，广泛听取群众的反映和意见，再正式实施对干部的任用。这种做法把扩大民主从干部推荐、考察环节延伸到任用决策阶段，把民主参与的范围由部分干部扩展到广大群众，体现了坚持党管干部原则与充分发扬民主、走群众路线的有机结合。

任前公示制对改进干部选拔任用工作具有重要作用。它作为干部考察工作的延伸和补充，可以使党组织在更大范围内听取各方面的意见，更全面、更准确地了解干部，减少用人失察失误，提高选人用人质量。任前公示制将干部选拔任用工作置于广大群众的监督之下，强化对干部选拔任用工作的监督和对党政领导干部的监督，不仅有助于遏制选人用人上的不正之风和腐败现象，而且有利于形成正确的用人导向，增强干部的公仆观念和自律意识。

二、进一步完善党政领导干部任前公示制的操作规范

经过近年来的探索和实践，各地在实行党政领导干部任前公示制方面，积累了有益的经验。

当前，要在总结实践经验的基础上逐步加以完善和规范。

公示对象　提拔担任地厅级以下（含地厅级）委任制党政领导职务的拟任人选，除特殊岗位外，都应列为公示对象。选任制干部的推荐提名人选、非领导职务改任同级领导职务的人选、平级转任重要职务的人选，根据实际情况，也可列为公示对象。

公示范围　党政领导班子及党政工作部门领导成员的选拔任用应向社会公示；部门内设机构中层领导干部的选拔任用，原则上在其所在的工作部门（单位）或系统内进行公示，也可根据岗位特点在更大范围内公示；异地交流提拔任职的干部，在原工作所在地或单位公示。

公示内容　公示内容一般包括公示对象的姓名、性别、出生年月、籍贯、学历学位、政治面貌、现任职务等自然情况和工作简历。对拟任职务是否公示，各地、各部门可根据实际情况自行掌握。

公示方式　需向社会公示的，一般通过报纸、电视、广播等新闻媒体发布公告；在部门（单位）或系统内公示的，可采取发公示通知或会议公布、张榜公告等形式进行。无论采取哪种方式，都要让群众及时了解公示内容，并为群众广泛参与创造条件。

公示时间　确定公示时间既要有利于群众反映意见，又要有利于提高工作效率，一般以7—15天为宜。具体时间视实际情况确定。

公示程序　公示程序为四个步骤：(1) 党委（党组）研究确定拟任人选后，以一定方式予以公示；(2) 以组织（人事）部门为主受理群众意见；(3) 调查核实群众反映的问题，并向署名或当面反映问题的群众反馈调查核实结果；(4) 根据调查核实情况提出处理意见，决定是否实施对干部的任用，并予以公布。

三、认真做好群众反映意见的调查处理工作

对群众反映问题的调查、处理，是实施任前公示制的关键环节。公示期间，组织（人事）部门应设立专门电话和信箱，指定专人负责接待群众来访。对群众反映的意见要登记建档。组织上已经掌握的问题，不再重复调查；没有掌握的，要分类处理。一般要求署名或当面反映问题，逐件进行调查核实。对匿名反映的问题，要作分析，性质严重、内容具体、线索清楚的，也要调查核实。对经调查核实，确认反映的问题与事实出入较大或并不存在的，反馈时要耐心细致地向有关人员讲清调查过程和结果。

调查核实工作要深入细致，讲究方法。具体调查核实工作，由组织（人事）部门进行。对于群众举报涉嫌违纪违法的重大问题，可由组织（人事）部门会同纪检监察部门共同进行调查。要注意调查核实的方式，在保证查清问题的前提下，尽量控制范围，做好保密工作。既要注意保护反映情况的群众，防止出现打击报复现象，又要注意保护干部，反对诬告和无理纠缠，防止在作出正式调查结论前由于问题扩散而对干部造成不良影响。对故意诬告陷害公示对象的，应视情节轻重，对有关责任人严肃处理。

对调查核实结果的处理，主要分四种情况：(1) 所反映问题不存在的，予以任用；(2) 属于一般性缺点、不足，不影响提拔任用的，按预定的方案任用，并在任用谈话时向干部指出存在的问题，督促改正；(3) 对政治立场、思想品质、廉洁自律等方面存在严重问题的，经党委（党组）复议后不予任用，对其中属于违纪违法的，应移交纪检监察机关或司法机关按照有关规定处理；(4) 反映的问题性质比较严重，一时难以查实但又不能轻易否定的，暂缓任用。暂缓任用的时间一般不应超过三个月。三个月内仍未查实的，由公示对象本人作出负责任的书面说明，经党委（党组）研究认为不影响任职的，可履行任职手续。此后，如经查实发现有影响任职问题的，解除现职并依照有关规定从严处理。也可结合实行领导干部任职试用期制度，在试用期内作进一步的考察。

对调查核实结果的处理，要坚持实事求是、客观公正的原则。对那些基本素质好、有发展潜力的干部，敢抓敢管、勇于开拓创新的干部，要看本质、看主流，不能因为工作中有缺点和不足而影响对他们的使用。对那些思想政治素质差，特别是以权谋私、为政不廉的人，坚决不予任用。对跑官要官、买官卖官的，一经发现，坚决查处。

四、加强对推行党政领导干部任前公示制的领导，加大工作力度各级党委（党组）及组织（人事）部门要重视推行任前公示制工作，统一思想，提高认识，加大工作力度。2001年各地继续试行一年。从2002年起，地厅级以下领导干部（特殊岗位除外）的选拔任用，都要实行任前公示制。少数民族地区，可以根据当地的实际情况自行掌握。

实行任前公示制，对干部选拔任用工作提出了更高的要求，要进一步增强贯彻执行《党政领导干部选拔任用工作暂行条例》的自觉性。不能因实施任前公示制而简化《条例》规定的干部选拔任用程序和方法，也不能用任前公示制代替对干部的民主推荐、组织考察，要严格地按《条例》办事，进一步提高各个环节的工作质量。

实行任前公示制，要与建立健全领导干部回复制度、谈话制度、诫勉制度、试用期制度、领导干部报告个人重大事项制度、任职经济责任审计制度，与积极探索建立干部选拔任用工作责任制、用人失察失误责任追究制等工作结合进行，使各项制度衔接配套，产生整体效应。

推行任前公示制，必须有广大群众的支持和热情参与。各级组织（人事）部门要通过各种形式做好宣传发动工作，使群众了解公示制，关注公示制，积极参与到这项改革中来。同时，要注意加强对干部和群众的教育，做好思想政治工作，使每个公示对象以有则改之、无则加勉的态度正确对待群众意见，使广大群众以认真负责、实事求是的态度对待公示对象，保证任前公示制的顺利实施。

中共中央组织部
2000年12月14日

这是党的中央组织部向全党各级组织发出的实行党政领导干部任前公示制的工作部署。

这是一项新的工作制度，中组部以意见行文，发文的依据是中办发〔2000〕15号《深化干部人事制度改革纲要》的要求，领起所提出的各点意见。意见分四点阐明，抓纲挈领，纲举目张，把这项新制度讲得清清楚楚，显示了意见这一文种的指示性、指导性的特色。

（二）意见的用法

撰写意见，首先要明确行文方向，不同的行文方向需要使用不同的处理方法和不同的言语措词。

上行的意见，是下级机关在上级机关要求的情况下就某重要问题发表自己的见解或提出处理问题的办法，以供上级机关决策参考，应使用公文格式，与报告行文相同。

下行的意见，是上级机关心怀全局，对重要问题提出见解和处理办法，供下级机关更好地理解、落实，采取得力措施去贯彻执行的行文。它既有通知的指令性，又有指示的说理性和教导性，使用下行的公文格式。在意见里，不仅明确提出要求，下级机关需要做什么，而且还同时交代具体、周详的工作方法，指出应该怎样做，为什么需要这样做。

平行的意见，是在平级机关或不相隶属机关有所要求的情况下，针对其要求，就某重要问题发表见解和处理办法的行文，使用信函格式。这是仅供参考的意见，其见解与办法应当与对方的需要相差不远，具有参考价值；行文要注意礼貌、友善、得体。

在使用意见时应注意与有关文种的关联。意见这一文种不是孤立地存在的，它与请示、报告、函、通知等文种有着密切关联。因此，要注意把握以下分寸：

1. 掌握使用请示和意见的分寸

请求上级机关指示、批准时，或该"重要问题"的处理权属于上级机关的职权范围，即使下级机关具有处理办法，但是必须经上级机关认可、认定后才有效、才可以去做的，用请示而不宜使用意见。

2. 掌握使用报告和意见的分寸

向上级机关汇报工作、反映情况的内容，或者是用以答复上级机关的询问的话，应该使用报告，而不应该使用意见。

3. 掌握使用函和意见的分寸

与不相隶属机关商洽或提出意见来请对方答复，而不是供对方参考的行文，应该使用函，而不应该使用意见。

4. 掌握使用通知和意见的分寸

要求下级机关周知或按照执行，且指令性、规定性、要求性较强的行文，应该使用通知，而不应使用意见。

在语言上也要注意不同行文方向的规范要求：上行文的意见多是建议性的，如果还希望上级机关批转下发，则结尾要体现出祈请的态度。平行文的意见，口气强调肯定、确切、不含糊。结尾要体现出供其选用、参考的态度。下行文的意见，口气上突出平稳、缓和的特点，弱化指令性、强制性的语言表述，从上至下要体现出指导的态度。

（三）意见的写作要求

1. 注意行文格式要与行文方向相适应
2. 注意正确选用文种

与意见相邻的文种不少,要准确区分,正确选用。

3. 行文措词要与行文方向相适应

(四)意见的结构与写法

意见的结构上大致有三种:一是同一般公文结构,包括标题、主送机关、正文和生效标志。二是同法规性的决定的结构,只有标题、题注和正文。三是标题中不出现发文机关名称,而把发文机关名称放在题注中,与成文时间并列。

其写法一般以行文方向而定:

1. 作为上行文意见的结构和写法

(1)标题。上行的意见,一般用完全式标题,由发文机关、事由和文种三部分组成。有时可以省略发文机关。

(2)主送。上行的意见均有主送机关。

(3)正文。正文一般包括缘由、具体意见和结尾三部分。缘由是开头部分,又叫导语,一般是概括地写明针对什么问题、根据什么精神、实现什么目的等。具体意见是正文的核心内容,要对重要问题提出建议、主张、处理办法等。上行文意见的结尾经常使用"以上意见,请审阅"、"以上意见如无不妥,请批转××××执行"等习惯用语。

(4)生效标志。

2. 作为下行文意见的结构和写法

(1)标题。独立行文的下行意见,标题由发文机关、事由和文种三部分组成。与通知搭配行文的下行意见,意见的标题可省略发文机关。

(2)正文。下行意见的正文一般包括缘由、具体意见两个部分。缘由的写法与上行意见大致相同。具体意见是全文的主体内容,针对重要问题提出解决办法和具体要求。结尾部分一般使用"按照执行"或"参照执行"。有的虽无明确要求,但对下级机关有指导和参照的作用。

(3)与通知搭配行文的下行意见,抬头、落款和成文日期在通知中体现。意见部分则不再有抬头、落款和日期。

3. 作为平行文意见的结构和写法

平行文意见的标题、抬头、落款的写法与上行文相似,标题有时可省略发文机关,一般都有抬头和落款。结尾部分一般使用"以上意见,供参考"等用语。

思考与练习

意见是对重要问题提出见解和处理办法的文种。上级机关对下级机关进行工作部署，对重要问题作出指示、提出见解和处理办法（这是指示性、指导性意见——下级机关应积极领会、认真贯彻执行）；下级机关对重要问题也可以向上级机关提出见解和处理办法（这是向上级提出建议——上级机关可作决策的参考）；平级或不相隶属机关也可对某一重要问题提出见解和处理办法（这是一种积极的建议——接受机关可供参考）。但是，在行文上有各自不同的特点和要求，学习者必须掌握好分寸。

一、注意掌握下列名词术语。

意见　提出见解　处理办法　指导性意见　指示性意见　建议性意见　参照执行　遵照执行　按照执行　可操作性

二、阅读意见例文，体会各种不同行文方向的意见的写法。

三、辨析意见与其他文种的区别。

1. 上行时，意见同报告、请示有什么区别？
2. 下行时，意见同通知、决定有什么区别？
3. 平行时，意见同函有什么区别？

四、"意见"这个文种，行文方向灵活，既是下行文，又可以上行，还可以平行。从使用"意见"的角度去考虑，请分别说说意见下行该怎样使用，上行该怎样使用，平行又应该怎样使用。

五、有一段时间，报纸不时报道市场上出现"毒米"、"毒米粉"、"毒粉丝"、"毒腐竹"、"毒酒"等现象，请你调查研究一下，怎样才能杜绝此类危害社会的事件发生？发表你的见解，提出一套具有可行性、可操作性的处理办法。

用公文的行文方式，向你认为应该受理你的意见的机关发出建议书，或者以不相隶属机关的某某名义写出相应文书。

六、试就你身边发生的重大问题发表你的见解或提出处理办法。

提示

※ 首先要通过调查，掌握确切的事情真相；对材料要去伪存真、去粗取精；对材料进行分析研究，提出自己对问题的看法、得出结论；依据自己对材料的分析，依据法律法规提出相应的对策，即处理办法。

八、通知

通知是使用频率最高的公文文种，机关、团体、企事业单位经常使用。通知适用于发布、传达要求下级机关执行和有关单位周知或者执行的事项，批转、转发公文。本《教程》例文中的通知各具特点，供大家参考借鉴。

（一）例文学习

【例文一】

浙江省人民政府关于印发
《浙江省人民政府工作规则》的通知

浙政发〔2008〕27号

各市、县（市、区）人民政府，省政府直属各单位：

　　《浙江省人民政府工作规则》已经省政府第4次常务会议通过，现予印发。

二○○八年四月十六日

浙江省人民政府工作规则

（二○○八年四月三日省政府第4次常务会议通过）

　　第一章　总则

　　第一条　浙江省第十一届人民代表大会第一次会议产生的新一届浙江省人民政府，根据《中华人民共和国宪法》、《中华人民共和国地方各级人民代表大会和地方各级人民政府组织法》和《国务院工作规则》，结合本省实际，制定本工作规则。

　　第二条　省政府工作的指导思想是，高举中国特色社会主义伟大旗帜，以邓小平理论和"三个代表"重要思想为指导，深入贯彻落实科学发展观，深入实施"创业富民、创新强省"总战略，全面履行政府职能，努力建设服务政府、责任政府、法治政府和廉洁政府。

　　……（以下略）

　　例文一是传达通知中的一则印发通知。

　　传达通知包括印发通知、指挥性通知、指示性通知、周知性通知、会议通知。

　　印发通知，也叫作公布性通知，写法上与转发通知相似，但是有印发、发布、颁发的不同。印发机关事务文书如计划、总结、调查报告、领导讲话等用印发通知；公布法规和部门规章、地方政府规章用命令（令）颁布；公布规范性文件用发布通知。

　　浙江省人民政府制定并经省政府第4次常务会议通过了《浙江省人民政府工作规则》，以浙政发〔2008〕27号通知发出，是属于规范性文件。这一工作规则便成为了比一般规章制度更具约束力的类规章。如果这份《浙江省人民政府工作规则》是以令颁布的话，就是正式的政府规章了。因为其发布的方式是使用通知而不是令，所以仍是规范性文件。规范性文件具有规章性质，故又称为"类规章"。

《浙江省人民政府工作规则》是规范性文件，要交给下级机关执行，还必须以公文为载体发出施行性指示，才能产生行政效力，所以以通知印发。

本通知正文仅一段，却包含了两个层次：一是表明该规则已经省人民政府常务会议通过，二是现将它印发。这就言简意赅、明确有力。

【例文二】

广东省人民政府文件

粤府〔1998〕74号

关于建立有形建筑市场的通知

各市、县、自治县人民政府，省府直属有关单位：

为规范建设工程发承包交易行为，建立公开、公平、公正的建筑市场秩序，从源头上防治建设领域的腐败现象，必须尽快建立有形建筑市场。现就有关问题通知如下：

一、各地级以上市必须在今年年底前建立建设工程交易中心，并挂牌运作。个别工程较少的地级市，可以实行定期办公制度。各县（县级市）要从实际需要出发，因地制宜地成立建设工程交易中心。

二、今后凡属政府投资（包括政府参股投资和政府提出供保证性质的使用国外贷款进行转贷的投资）以及国有企事业单位、集体企业和公有产权占主导地位的企业投资工程和《广东省建设工程招标投标管理条例》规定应实行招标发包的建设工程，都必须进入交易中心进行交易；如有特殊原因不宜进入交易中心进行公开招标的，必须经同级建委审核后，报同级人民政府批准，并在交易中心按规定办理有关手续。违者，将依照《建筑法》和有关规定予以处罚。

三、建设工程交易中心应具备如下基本功能：一是信息服务功能，收集、存储和发布各类工程信息、企业状况信息、材料价格信息、法规政策信息等，为发包承包双方提供信息、咨询服务；二是场所服务功能，为开标、评标、定标、洽谈等活动提供条件较好的场所；三是"窗口式"集中办公服务功能，通过工程报建、招标投标、施工许可、合同鉴证、质量安全监督、建行营业等有关部门进驻集中办公，为发承包双方提供便利的"一条龙"配套服务。

四、有形建筑市场建立以后，每个投标工程项目的投标单位原则上不得少于6家，其中，1/3由建设单位直接推荐，2/3由交易中心从符合招标条件的报名投标单位中随机抽取。参与投标的单位均应具有规定的资质。

五、评标工作在交易中心指导下由建设单位主持。评标委员会（小组）由7人以上单数组成，其中建设单位及其主管部门人员占2/5，另外3/5人员在开标前一天从招标评标专家库（名单）中抽出确定。

六、建设工程交易中心可以收取合理的服务费用。收费标准，由各市物价部门从实际情况出发核定，报同级政府批准后实行。

七、建设工程交易中心的各项招标评标工作必须坚持公开、公平、公正的原则，严格按照有关规定和程序办理。建设行政主管部门和监察部门要加强对交易中心工作的监督管理，并视交易活动的需要，听取财政、税务、工商等有关部门的意见，确保交易中心各项工作正常开展。

八、各级政府要从讲政治的高度深刻认识加强建筑市场管理的重要性，加强领导，对发承包过程中发生的违法违纪行为要坚决依法查处。各有关部门要积极参与，各司其职，相互配合，努力建立公平竞争、规范运作的建筑市场，保证工程建设顺利进行。

广东省人民政府
一九九八年十一月五日

例文二是一则指挥性很强的传达通知。广东省人民政府在掌握了全省建筑市场的秩序情况之后，认为必须尽快建立有形建筑市场，以从源头上防治建设领域的腐败现象，于是发文部署，要求各市、县人民政府切实做好这一工作。

正文由两部分组成：开头交代通知缘由，然后用一句过渡语"现就有关问题通知如下"领起，使上下文紧密联系。转入通知事项后，采用条文式，明确具体地写出部署和指示。各条内容紧扣法律法规和实际情况，具有很强的指令性、规定性。在语言运用上，使用"要、可以、必须、不得"等果断的祈使语，还用"违者，将依……以处罚"等强制性措词，体现出了指挥性公文的严肃性、指令性，可以说是用通知行文的命令。

【例文三】

国务院文件

国发〔1996〕48号

国务院关于组建国家电力公司的通知

各省、自治区、直辖市人民政府，国务院各部委、各直属机构：

根据建立社会主义市场经济体制和《中华人民共和国国民经济和社会发展"九五"计划和2010年远景目标纲要》的要求，为有利于转变政府职能、实行政企职责分开、深化电力工业体制改革，国务院决定组建国家电力公司。

……

中华人民共和国国务院
一九九六年十二月七日

例文三是一则传达性通知中的知照性通知。

国务院组建国家电力公司，其性质、形式、职能以及其与各省、市电力公司的关系诸方面，应照知全国，让各有关方面都知道这件事以利彼此的沟通和工作的顺利开展。

通知正文在写法上同其他形式的通知不一样：开头简单交代组建国家电力公司的依据，直叙国务院决定；然后说明组建成立的电力公司的性质、资本和经营模式，说明电力公司同原来的电力工业部的关系，阐述该公司同各省、市电力公司的关系；最后将电力公司组建方案、章程一并印发，并要电力工业部应加强指导。全文层次分明，措词得当。

【例文四】

关于召开全省社会主义精神文明
建设工作会议的通知

粤办〔××××〕×号

各市、县（区）党委和人民政府，省直有关单位：

省委、省政府决定召开的××省社会主义精神文明建设工作会议，现定于11月24—26日在××召开。现将有关事项通知如下：

一、会议的议题

总结交流在深化改革、扩大开放，发展社会主义市场经济条件下，加强精神文明建设，促进两个文明建设协调发展的新鲜经验；表彰一批在精神文明建设中取得显著成绩的文明单位和文明户标兵；研究在发展社会主义市场经济的新形势下，进一步加强社会主义精神文明建设的任务、对策和措施。

二、参加会议的人员

1. 各地级市4人。其中：市委或市政府主管精神文明建设工作的负责同志1人，市文明办或市委宣传部主管精神文明建设工作的负责同志1人，文明单位和文明户标兵代表各1人。

2. 各县（市、区）党委或政府主管精神文明建设工作的负责同志1人。

3. 省精神文明建设委员会成员。

4. 省直有关单位负责同志，省直文明单位代表和新闻记者（名单附后）。

三、请各市以地级市为单位，省直机关以省委机关工委、省府机关工委、省委高校工委、省军区、省农垦总局、民航中南管理局、××铁路（集团）公司为单位，将参加会议同志的姓名、职务、性别于×月×日前用书面或电传送省委办公厅第二秘书处。参加会议的同志请于11月23日到××宾馆××号楼报到。

四、各市可来一辆工作用车。其余自带车辆司机食宿自理，大会不予安排。

五、需接车接机和需要购买回程车、机票的同志，请于×月×日在报名单时一并告知，亦可电话告知省委办公厅行政处。

中共××省委办公厅
××省人民政府办公厅
××××年×月×日

例文四是一则传达通知中的会议通知。

会议通知是传达性通知中使用频率最高的文种，在写作上要特别注意交代清楚关键要素。本文写得甚为典范：标题概括了会议的名称，一看便知会议性质；缘由部分写会议召开依据、性质、时间及地点；通知事项分条列出，具体、详细、一目了然；会议通知应具备的要素如会名、开会时间、日期、地点、议题、参加人员范围、参加人数、报到时间、住宿安排、注意事项等，全部作出了交代。

【例文五】

××县人民政府办公室文件

×府办〔1995〕××号

关于胡××等同志职务任免的通知

各乡镇人民政府，县政府各部门：
　　经县人民政府研究，决定：
　　胡××任××县物资局副局长；
　　游××任××县物资局副局长；
　　张××任××县人民政府民族宗教事务办公室主任（兼）；
　　张××任××县多种经营办公室副主任。
　　免去：
　　邱××的××县广福初级中学校副校长职务；
　　陈××的××县桂兴初级中学校校长职务；
　　李××的××县白马乡初级中学校校长职务；
　　王××的××县花桥镇初级中学校校长职务。
　　特此通知。

××县人民政府办公室
一九九五年九月四日

　　例文五是一则县人民政府的任免通知。
　　依据法律规定，政府首长由同级人大选举产生，其职能部门的正职由人大常委会决定任免，副职则由政府机关党组决定任免。本通知中涉及的所有被任免者都是副局级以下，因此可由县府办公室经政府授权发出任免通知。通知中的"经县人民政府研究，决定"表明了任免的有效性。接着列出任职和免职的，最后以"特此通知"作结。用语简洁利索。
　　要注意的是：如果只有任职的，标题只写"任命通知"，如果只有免职的，标题只写"免职通知"。

【例文六】

山东省人民政府批转省审计厅等部门
关于进一步解决重复检查问题意见的通知

鲁政〔2003〕××号

各市人民政府，各县（市、区）人民政府，省政府各部门、各直属机构，各大企业，各高等院校：

省审计厅、财政厅、国税局、地税局《关于进一步解决重复检查问题的意见》已经省政府同意，现批转给你们，请结合本地、本部门实际，认真贯彻落实。

长期以来，由于监督对象基本一致、部分检查内容重叠、部门之间沟通不够等原因，造成了财经监督中存在多头检查、重复检查、交叉检查等问题。1999年，省政府批转了省财政厅等部门关于解决重复检查问题的报告，确定实行"一家检查、多家认可"办法，在一定程度上减少了重复检查。但由于种种原因，重复检查的问题没有从根本上得到解决。各级、各部门要进一步提高认识，完善有关制度，加强检查的组织协调，减少重复检查，规范执法行为，维护财经纪律。

山东省人民政府
二〇〇三年一月二十九日

关于进一步解决重复检查问题的意见

（内文略）

例文六是批转通知。省审计厅、财政厅、国税局、地税局等是省政府的工作部门，是"条"状管理机关，不能直接与下面的"块"行文，但是该意见却又必须让下面的"块"知道并执行，于是必须经领导机关批转。

领导机关对下级机关的来文，审查批准，认为其行政措施需要有关部门和下级机关贯彻执行，可发批转通知。

本文是省人民政府批准了其工作部门提出的专项工作实施意见，需要转发给其所属下级机关贯彻执行，于是下发了这一则批转性通知。

批转通知内容不多，关键是下达了指令"已经省政府同意，现批转给你们，请结合本地、本部门实际，认真贯彻落实"。经过批转的省审计厅、财政厅、国税局、地税局的《关于进一步解决重复检查问题的意见》，便成了省人民政府要求各市人民政府、各县（市、区）人民政府、省政府各部门、各直属机构、各大企业、各高等院校及各单位认真贯彻执行的意见了。

本文的批转语是直叙本机关意见："省人民政府同意……现批转给你们……"。这样，可以做到直截了当、简洁明了。有时也可以在这一基础上再加上一些其他批示性意见。批文的最后一段话是省政府的批示性意见，也是作出的指示。

写作格式简单明确。有的批转通知，也可以采用"……《……》经……批准，……现转发……，请……"这种特殊句式，使行文简洁明了。

【例文七】

国务院办公厅转发财政部
关于 2001 年 11 月和 12 月上中旬
地方企业所得税增长情况报告的紧急通知

国办发〔2002〕1 号

各省、自治区、直辖市人民政府，国务院各部委、各直属机构：

财政部《关于 2001 年 11 月和 12 月上中旬地方企业所得税增长情况的报告》已经国务院同意，现转发给你们，请根据本通知精神，对地方企业所得税收入中出现的问题认真进行检查，坚决杜绝和纠正一些地区人为抬高基数的错误做法。

所得税收入分享改革，是中央作出的一项重大战略决策，对于进一步规范中央和地方之间的分配关系，建立合理的分配机制，防止重复建设，减缓地区间财力差距的扩大，支持西部大开发，逐步实现共同富裕具有重大意义。为确保此项改革顺利进行，地方各级人民政府要从讲政治的高度，进一步提高认识，严格依法治税，严禁弄虚作假。2002 年 1 月国务院有关部门将组织专项检查，严厉查处做假账和人为抬高基数的行为。对采取弄虚作假手段虚增基数的地方，相应扣减中央对地方的基数返还，依法追究当地主要领导和有关责任人员的责任。

中华人民共和国国务院办公厅
二〇〇二年一月一日

我们从国务院办公厅转发的紧急通知中可以看出，财政部的报告十分及时，情况十分重要，国务院十分重视。这说明，下级机关的报告对上级机关是很重要的。只有下级机关能及时、准确地报告情况，上级机关才能及时抓住时机部署工作，使工作少走弯路。

学习本例文应同报告的例文四（263 页）结合起来，认识到报告的重要性、上级决策的依据性。

【例文八】

国务院办公厅文件

国办发〔1999〕2 号

国务院办公厅转发国家计委灾后重建整治江湖
兴修水利现场办公会会议纪要的通知

各省、自治区、直辖市人民政府，国务院各部委、各直属机构：

国家计委《灾后重建、整治江湖、兴修水利现场办公会会议纪要》已经国务院批准，现转发给你们，请结合本地区、本部门实际，认真贯彻执行。

《中共中央、国务院关于灾后重建、整治江湖、兴修水利的若干意见》（中发〔1998〕15号）下发后，深受各地人民政府和广大人民群众的拥护，全国各地迅速掀起了灾后重建、兴修水利的热潮。群众热情之高，投入资金之多，机械化施工之广，灾区移民安置速度之快，都是前所未有的。各级地方人民政府和有关部门要加强领导，强化责任，狠抓确保工程质量的各项措施的落实，进一步调动广大干部群众的积极性，把灾后重建、兴修水利工作搞得更加扎实有效，推向一个新的发展水平。

中华人民共和国国务院办公厅
一九九九年一月九日

（注：被转件《灾后重建、整治江湖、兴修水利现场办公会会议纪要》从略）

例文八是不相隶属机关的公文由上级机关的办公部门转发的行文。

行政机关的办公部门经机关批准或授权，将行政机关批准的文件转发给下级机关贯彻执行，可使用转发通知。

《灾后重建、整治江湖、兴修水利现场办公会会议纪要》是国家计委会同水利部、建设部等单位，对长江沿线皖、赣、湘、鄂四省进行调研之后，在武汉召开了"灾后重建、整治江湖、兴修水利现场办公会"，形成会议纪要之后上呈国务院，经国务院批准，由国务院办公厅转发给全国各省、市、自治区贯彻执行。

写法上同批转通知相似，但在转发中加上了一些批语，这些批语是经领导机关授意的，它代表了领导机关的意见和要求，具有指导性，执行单位应引起足够重视。

注意本通知的标题：由于是用文件格式转发会议纪要，所以在标题中显示会议纪要。这是规定，不能看作是一个文件的两个标题。

【例文九】

**关于召开经济特区与建设有中国特色
社会主义理论研讨会的通知**

特研筹〔2000〕×号

——————————：

"经济特区与建设有中国特色社会主义"理论研讨会将于9月12日—14日在深圳举行。你单位×××同志的论文《××××××》经专家评审，被确定为正式入选论文，请通知该同志参加会议。现将有关与会事项通知如下：

一、会议代表费用及报到

1. 会议代表往返旅费自理，食宿及参观活动由大会统一安排。

2. 报到时间及地点：9月11日深圳五洲宾馆（深圳深南大道6001号）。报到当天，深圳机场、火车站设接待站。请将所乘航班、车次提前函（电）告深圳市社会科学院办公室。外地代表要办理边境通行证。

二、论文印制要求

1. 与会代表自行印制论文 150 份，报到时交会务组。

2. 论文印刷规格：

用纸：70 克白胶版纸；成品：A4，210mm×297mm；版心：170mm×240mm。字体：标题用 2 号宋体，二级标题用 4 号黑体，正文用 5 号宋体，作者姓名用 3 号楷体。

三、联系方式

联系人：（略）

联系电话：（略）

传　真：（略）

"经济特区与建设有中国特色社会主义"理论研讨会筹备委员会

二〇〇〇年八月十三日

例文九是一则非行政机关公文的通知。

随着社会各界横向联系越来越多，越来越丰富，不相隶属单位，为了交流、探索某一重要问题，需要召开各种会议。主办单位首先发出"倡议书"或"邀请函"说明宗旨、做法，待响应单位复函表示同意参加之后，主办单位根据响应者数量、反应等情况决定是否召开该会议。"倡议书"或"邀请函"是将活动通知相关单位或个人，习惯上称为"预通知"，之后发出的通知为"正式通知"。行文时要注意采用平行、尊重对方的语气，切不可使用指挥性、指示性、部署性的语言。在格式上采用信函式，将发文字号置标题之下的右侧。

本通知是在前面已经发出了预通知之后的正式通知。由于先前已经发出过预通知，有关会议的目的、内容、议题、与会要求等均已写明，对方业已接受并作了充分准备，因此，这些情况不必再写上，仅写上赴会的具体事项即可。

有隶属关系的上下级机关不能用此方式行文。

【例文十】

机关内部文书一组：

机关内部文书不是公文而是机关应用文。为分辨公文通知与日常应用文的通知，故列出对照以辨析。

1.

会议通知

定于 3 月 12 日（星期二）上午 10 时 30 分，在市政府一号楼 315 会议室，×××副市长主持召开会议，研究垃圾焚烧炉的建设和使用问题。请各有关单位派一名负责同志依时参加。

此致

市经委、市建委、市环保局、市环卫局、市机电资产经营公司、市××集团公司

二〇〇二年三月十一日

联系人：×××
电　话：××××××××
传　真：××××××××

2.

市长办公会议通知

定于 9 月 30 日（星期一）上午 8 时整，在市政府大院篮球场集中乘车，由×××市长率市政府常务会议组成人员及有关单位领导检查地铁建设情况，请有关人员依时参加。

此致

副市长、市政府秘书长、副秘书长

市府办公厅、市发改委、教育局、科技局、财政局、建委、交通局、农业局、商务局、法制办、市府研究室、市规划局、国土房管局、市政园林局、道路扩建办、市地铁总公司、××区政府

二〇〇〇年九月二十七日

联系人：×××、×××
电　话：××××××××　××××××××
传　真：××××××××

3.

市政府常务会议通知

时间：2002 年 10 月 21 日（星期一）下午 2 时 30 分
地点：市政府常务会议室（1 号楼 306 室）
议题：
一、讨论《××市区所有建筑物消防安全管理规定》（市法制办主汇报）；
二、研究加快××经济技术开发区总体发展战略的有关问题（市民政局主汇报）；
三、讨论《××市粮食工作考评办法》（市发改委主汇报）。

此致

市长、副市长、市政府秘书长

市政府副秘书长、市府办公厅、市发改委、商务局、教育局、科技局、财政局、建委、交通局、农业局、法制办、市府研究室、市国土房管局列席全部议题讨论；

市规划局、公安局、人力资源与社会保障局、消防局列席第一议题讨论；

××开发区管委会、市民政局、规划局、××区政府列席第二议题讨论；

市统计局、农发行××省分行营业部列席第三议题讨论。

4.

会议通知

经局长办公会商定，于 6 月 24 日（星期四）下午 2 至 4 时在本局第一会议室召开全局职工大

会，传达市政府机构改革工作会议精神，布置我局机构改革工作。请准时出席。

商业局办公室
一九九四年六月二十一日

以上四种机关内部常用的通知不属行政机关公文，是依据各机关的实际需要设计，事先印制好各种不同会议使用的空白应用文书。通知实际上是借用的文种名称，用时依据实际需要填上内容，面呈有关与会人员。一般不用编号，不用公文版式，不盖印。

（二）通知的用法

公文中的通知是下行文，是典型的"红头文件"，只能发给有隶属关系的下级机关，并且应使用下行的文件格式。

在特殊情况下，也可以使用电报和信函格式。

电报不属于公文文种，只是一种发文载体，它适用于任何文种。利用电报发文，方便、快捷，但由于其缺少发文机关的印章，一般只适用于国家机关内部使用，不适用于向社会公开发文。在实际应用中，选用哪一种形式发文主要由公文的内容和紧急情况决定。一般情况下，如果公文的内容比较重要，比如公布某些重大政策、法规性文件或者是政府对某重要工作的部署等，其影响的范围较广、时间较长，应该用"红头文件"形式。用电报发文通常是时间比较紧急、但其内容影响的时间相对较短暂的事情，如会议通知、接待通知等。用信函格式发通知（公文文种是通知，其载体用信函格式）通常是通知的内容属一般告知性的事项或者是小范围内的发文。

通知种类繁多，要注意用得得当得体。要特别注意分清"批转"、"转发"、"印发"的区别。

（三）通知的写作要求

1. 明确行文目的

首先明确为什么写这个通知，通知的主要内容是什么，先分清是哪一类通知，正确选用行文格式，是文件格式或是函件格式，或是机关内部文书格式，然后再确定应该怎样写。其次要确定写作的范围和对象，针对什么问题，解决什么问题，根据客观情况和开展工作的需要确定写作的范围和对象，以明确行文目的，有针对性地写好通知。

2. 抓住主要内容

不同种类的通知，有不同的写法，但是紧紧把握住主要内容，是写好通知的关键，绝不能喧宾夺主，冲淡主要内容。比如指示性的通知，一般会简述事由、背景，重点则是针对实际情况和问题，提出指示性意见、要求及措施，并做到政策界限清楚、明确。

3. 文字表述准确

首先写清写全受文单位的名称，需要使用简称时应采用规范化的简称。其次为使受文单位便于操作，应准确地说明有关情况、具体事项以及有关的时间、地点和条件，以免贻误工作，造成损失。

关于机关内部使用的通知，其写作比较简便，不用公文版头，不用发文字号，不按公文制发程序，只要领导授意，一个人便可以全程办完；行文方面既可以印发，也可以只在黑板上抄出，或张贴在显眼处，或用广播念几遍，或用一本"通传簿"，受文人看后签上姓名加"知"字即可。大的机关也有事先印制好的表格，届时填上送达即成（可参阅例文十机关内部文书一组）。

（四）通知的结构与写法

按国家行政机关公文下行文格式撰写。其结构一般由标题、主送单位、正文、生效标志几个部分组成。

1. 标题

通知的标题，有三种不同的表述方式：

（1）一般公文的标题。一般公文的标题，由发文单位、事由、文种三部分构成。传达性通知、任免通知常用这类标题。如《国务院关于发布〈国家行政机关公文处理办法〉的通知》、《广东省人民政府关于建立有形建筑市场的通知》。这种标题方式，要特别注意在事由部分准确简要地概括出公文的主要内容。

（2）批转、转发、发布、印发的方式。这几种形式，要在标题中准确标示批转、转发、发布或印发，其基本格式是：发文机关＋批转（转发、发布、印发）＋被批转（转发、发布、印发）公文的标题＋文种。如《国务院批转国家经贸委、冶金部关于邯郸钢铁总厂管理经验调查报告的通知》、《国务院办公厅转发国务院体改办等部门关于城镇医药卫生体制改革指导意见的通知》等。如果标题过长过繁，则应简化，即在"批转"（"转发"、"发布"、"印发"）两字后面，直接引入被批转公文的标题，如《转发国务院关于加强出入境中介活动管理的通知》、《关于发布〈期货交易管理办法〉等四个管理办法的通知》等。如果被批转（转发、发布、印发）的是法律、法规、规章，要加写书名号，其他的内容则不必加写书名号。

要注意"发"（发布、颁发、印发）、"批转"、"转发"的区别。

"发"，有印发、颁发、发布三个不同概念。"印发"，指本机关制定的非规章类文书，如计划、总结、领导讲话等的发文；"颁发"，是指规章或重要的规范性文件的发文；"发布"，指领导机关公布所制定的规范性文件的发文。

"批转"，指上级机关对下级机关的来文加以批示，转给下属各单位参考执行的发文。要注意、理解、把握好"批"字的内涵，它是职权的反映，批的内容不能超出权限。

"转发"是指下级机关对上级机关的来文，再转发给自己的下属机关的发文(也可以转发平级或不相隶属机关的来文)。要注意"转"得适当，在"转"中要渗入本机关的意见、指示、建议，让下级更好地理解、执行。

（3）联合、补充、紧急的方式。在行文时，如果是由两个或两个以上的机关联合行文，其标题应在通知前面加上"联合"字样，以表示联合行文。行文时，如果是由于时间紧迫，为提醒受文机关注意执行时限，应在通知前面加上紧急字样。如果是对上一个通知的补充行文，可在通知前面加上"补充"字样，以便受文机关联系前文通盘考虑。

2. 主送单位

主送单位是指通知受文、办事的对象，其名称要写全称或规范化简称、统称。

通知只能主送给下属机关单位，而对平级机关、不相隶属机关则不宜用通知。但在实际工作中往往会用一种特殊的用法，如以函件格式的文头来发通知，既灵活又方便。

3. 正文

通知的正文一般由通知缘由、通知事项、通知执行要求或通知结束语三部分组成。具体写法因通知的种类不同而有异。

（1）批转通知的正文。其正文一般有三个部分：一是表明对被批转文件的态度；二是写明通知事项的意义；三是提出执行希望和要求。

其体式要求，开头一般是先引述原公文的标题及原发文字号，并对其表示明确态度，如"××××（同意或批转机关）同意/批转……（被批转对象）发给你们，请结合实际，认真学习、执行"。接着撰写正文的主体部分，对批转的公文内容精神，要以批语或批示性意见作阐述、强调。结尾提出贯彻执行的要求。有些批转通知的主体和结尾可结合在一起写。

（2）转发通知的正文。这类通知的正文有两种体式：一种和批转性通知的体式基本相同。开头要写明引述原公文的标题及发文字号，并写明对转发上级机关和不相隶属机关公文的态度；主体部分要说明转发该公文的作用和意义，最后提出较为具体的执行要求。另一种是直接写明转发该公文的依据、转发决定、转发要求等几项内容。转发公文，不论采用哪种体式，写完正文后，都必须完全照录被转发的公文，并一起发布。

在这里需要特别指出，批转性通知和被批转的公文不能单独当作一个公文发布；同理，转发性通知和被转发公文，也不能分开来发布。因为批转性通知和转发性通知都是复体行文，而且正文内容都是"批语＋被批转（转发）公文"的结合体。

（3）传达通知的正文。传达通知包含了印发规章制度通知、要求下级办理或周知的通知和会议通知三种。

① 印发通知也叫作公布性通知，在写法上与转发通知相似，但是有印发、颁发、发布的不同。包括发布规范性文件，印发机关事务文书如计划、总结、调查报告、领导讲话，其正文要写明被公布、发布、印发、颁布、颁发、文书等的制定原因、目的，要提出贯彻执行的希望和要求。

② 要求下级机关办理或周知的通知。这类通知，其实包括了指挥性通知（如例文三）、指示性通知（如例文四）和周知性通知。这类通知的正文都要写出通知缘由。或用目的式，或用根据式、原因式、时间式写出通知缘由，可因具体事项分别采用。一般在通知缘由之后用一句通知领起语"现将有关事项通知如下"，再转入正文的主体，将通知事项分条列出。此三类通知在具体写法上有所不同：

第一，指令式的写法。可以说，这是以通知形式发出的行政命令。如例文三，其通知缘由部分，用简洁的序言交代发文目的，便以"现就有关问题通知如下"作领起，过渡到通知事项。其通知事项部分，采用了分条列项的方法，将通知内容和执行要求逐一列出，使之清楚明白，有条有理，层次分明。在用词上表现出指令性、严肃性、准确性、规定性。

第二，指示式的写法。这是以通知形式作出的工作指示，如例文四。在结构上与指令式的写法基本相同，由通知缘由、通知事项、执行希望或要求三个部分构成（有的可以将执行希望渗入通知事项中表述）。但在语言运用上有明显的不同：前者用语上坚定、严格、不容置疑、祈使句多，体现出指挥性、权威性；而后者在语言上和缓、端庄、规范，充满着启示式、研讨式，从另一角度体现出指挥性、权威性的文体特色。

第三，周知式的写法。其正文要写清楚通知事项，如设置某机构的通知，应写明设置目的、依据、名称、组成人员、办公地址及相关内容；启用新公章，应说明启用新公章的法律依据，从何时起使用，并附上新印模，印模应标注在适当位置上；迁址通知，应写明从什么时候开始迁往新址，新址的详细地址、门牌号码、邮政编码、电话等等。

③ 会议通知。会议通知是传达性通知中使用频率最高的文种，在写作上要

特别注意交代清楚召开会议的缘由、通知事项和结语。

缘由部分，要写明召开会议的原因、目的、意义和会议名称及召开单位。写完缘由后，要用"现将有关事项通知如下"过渡到通知事项，即主体部分。

事项部分，一般以小标题形式写明如下事项：议题、时间、地点（要注意交代清楚报到时间、地点和会议的时间、地点）、会议主要内容，有的还要写明与会人员的身份，需要准备的材料以及其他的注意事项等。

（4）任免通知的正文。任免通知正文比较简单，一般由任免根据和任免人员姓名及任免职务组成（如例文五）。有些任职通知还写明任期。此外，如果在一份通知中有任职和免职，按习惯先写任职，后写免职。

学习写作、使用任免通知，首先要通过规章弄清楚人员任免的权限。对干部的任免，隐藏着对干部的考察、识别、选用、述职、考核到任免决定等一系列的工作。学习公文写作不仅仅是学习写作，而是要理解工作的全过程、熟悉各个工作环节，使自己能正确处理公务，得体得当写出公文。

任免类通知是公文中要求最规范的公文之一。不少机关均使用固定格式。内容要求严格，行文严肃庄重，无赘言，杜绝漏别误字。

通知的结尾。写作通知要注意使用结尾常用语，如"特此通知"、"希周知"、"请按此执行"、"请贯彻执行"等，应注意与通知的内容相呼应。

4. 生效标志

按照新标准的规定，公文一般要标注发文机关署名，同时最后一个印章以下套方式同时端正、居中下压署名和成文日期，命令公文和议案公文则需使用签发人签名章。

5. 抄送

重要的通知要抄报给自己的上级机关，让领导了解工作情况；如有相关单位需要知晓的，可以抄送。

思考与练习

通知是使用频率最高的公文文种，不仅行政机关公文用它为正式公文文种，党的机关公文也以它为正式公文文种，就是机关应用文也采用它为处理日常事务的非法定公文的文种。在使用和写作上比较复杂，希望通过以下思考与练习，能正确掌握各式通知的应用与写作。

一、掌握下列名词术语。

批转　转发　印发　颁发　发布　印发通知　会议通知　任免通知　指令式　指示式　周知式

※ 要特别注意弄清楚发（往下发）、报（往上呈报）、送（往平级机关或不相隶属机关送）的相同和相异之处；分清印发、发布、公布、颁布、颁发、转发、批转的区别。这在实际工作中是不允许出错的。

二、认真阅读通知的全部例文，体会通知的分类及其不同写法。

三、改正下列标题的错误。

1. ××大学自学考试报名通告
2. ××县公安局关于偷猎国家珍稀野生动物的通知
3. 全国人民代表大会常务委员会关于教师节的决定
4. ××等七个单位关于自费出国留学的请示
5. ××市××办关于拆迁通告

四、改正下列公文措词不当之处。

1. 各所要在办税服务厅内或其宣传窗开辟宣传"优质税收服务与深化征管改革"主题的专栏，宣传活动内容及开展情况，宣传税收政策、公示服务内容等。

2. 在广泛征集纳税人对地税部门服务质量的意见和建议，为提高今后的办税服务和整个地税工作质量提供参考。

五、请按要求完成下列各题。

（一）认真阅读下面这份通知，仔细对照公文文种的功能，指出该文应选用什么文种，并叙述理由。

关于对加油站建设工程实施规划审查的通知

市区各公共加油站：

　　为加强市区各公共加油站建设工程的规划管理，整治违法建设和不符合规划要求建设的加油站，根据《××市公共加油（气）站规划》，我局决定对市区内的加油站建设工程进行调查和审查，对市区内曾经市、区两级城市规划部门审批过建设用地规划许可证、建设工程规划许可证或建设工程规划验收合格证的公共加油站，或经过违法建设行政处罚保留的公共加油站工程，请产权人或经营者于2000年7月30日前，持原批准的规划审批文件或处罚文书到××市城市规划局交通研究所（地址：××市××路80号10楼1002室）申请确认。未经我局进行规划审核确认的公共加油站，不得向市整顿成品油领导小组领取《成品油经营许可证》。

联系人：×××
联系电话：×××××××

××市城市规划局
二○○○年七月十九日

（二）请结合有关通知的写法和各类通知例文，进行通知写作训练。

1. 将各类通知的标题分类列出，每一小类要有3条标题。对照标题，领会批转、转发、传达、任免的区别，能细致区分印发、颁发、公布、颁布、批示、批转等不同概念。

2. 写通知的缘由。先阅读例文的通知缘由，领会如何交代发文目的、依据、意义，如何使用介词结构作领起，转入下文。

3. 写通知事项。注意分条列项，排列要有内在逻辑性。

4. 注意通知结束语。如何依通知内容提出不同的执行希望或结束语。

5. 请依据下面这则消息，为省卫生厅模拟撰写一份公文给各有关单位，应采取什么有效措施，确保人民群众的健康与安全。公文内容应增加一条：望各单位立刻行动，并将治理情况上报我厅。

发文号自拟，日期为2000年7月24日。

省卫生厅要求专项治理急查食用洋凤爪

本报讯　近日，传出国外禽畜内脏及鸡爪等废弃物流入中国的消息后，国家卫生部要求专项治理。广东省卫生厅从昨日起着手布置行动，通知各地对市面销售的这类货品实行严格检查。广东尤其是广州是国内"凤爪"（鸡爪）消费量最大的地区，由于需求最大，部分此类货品要依赖进口，而从国外进口的冷冻禽畜内脏、"凤爪"更是受到家庭主妇们的喜爱。

自发现一批国外不被人食用的废弃禽畜内脏、"凤爪"、鸡颈进口到中国后，省卫生部门特发出通知，要求各市、县、区卫生部门迅速对当地经营禽畜、肉副食产品批发市场、进口肉类加工场、冷库、农贸市场内的进口、国产禽畜内脏、鸡颈、"凤爪"等进行检查，对不具备经营卫生许可证、进口检疫检验证的商家，对其出售的不合格食品要全部予以销毁。

6. 认真阅读下面这则会议通知，对照会议通知的写作要求进行修改。
（1）标题有什么问题？
（2）主送有什么原则性的错误？
（3）通知缘由部分缺少了会议事项中的什么内容？语言方面存在什么问题？
（4）与会人员的表述有什么不当之处？
（5）要求所带材料是否合理？
（6）报到时间的写法是否正确、规范？

关于召开布置开展增产节约、劳动竞赛会议的通知

各分公司、分厂、各车间党支部、公司直属各部门：

为贯彻上级精神，总公司董事会研究决定在全公司范围内广泛开展增产节约、劳动竞赛活动。现在把会议有关问题通知如下：

一、会议时间：10月4日。

二、会议地点：总公司招待所。

三、与会人员：各分公司、分厂、总公司各直属部门主管生产的负责同志、工会主席等。

四、请各单位准备好本单位开展劳动竞赛活动的经验材料，限5000字，报到时交给会务组。

并请与会人员于 10 月 4 日前来报到。

××省石化总公司
一九××年九月二十日

六、思考下列问题。

1. 要深入领会通知的种类划分方法。请你依据新《条例》对通知的功能界定，将通知的种类正确地划分出来。

2. 通知的收文机关和发文机关的关系是什么？

3. 在实际工作中，往往会有给非下属机关发通知的现象，这是一种什么特殊情况？能否以文件格式的公文版头行文？为什么？通常的做法应该怎样处理？

4. 要注意将正式公文文种的通知同日常应用文书中的通知区别开来，请思考其不同之处。

5. 省长颁布政府规章时使用令的形式公布施行，而在发布规范性文件时却不用令，而是以办公厅名义发通知公布施行。请说出理由、根据。

七、综合所学知识完成以下思考与练习。

1. 市纪委拟好一份《关于实现全市党风根本好转的规划》，请指出下列方向的处理方法：

（1）将这份规划报请市委批转各有关单位，其行文应如何处理？公文标题应怎样拟写？

（2）市委如果批准这个规划，其行文应如何处理？公文标题应如何拟写？

（3）其下属××县、区纪委收文后需将这个规划再往下发给下属机关，其行文应如何处理？公文标题应如何拟写？

2. 2003 年 1 月 6 日，广州市人民政府第 11 届第 113 次常务会议讨论通过了关于修改《广州市摩托车报废管理规定》的决定。其决定的内容有五个方面，应根据本决定对"规定"全文作相应修改并重新公布。请正确回答：

（1）广州市人民政府应如何行文处理？其颁行载体应使用通知还是令？试写出文件的标题，并说出为什么要这样处理、这样拟写的依据。

（2）如果是韶关、梅州、汕头这些地级市人民政府要处理同样的问题，其行文处理又有什么不同？依据是什么？

3. 全国人大常委会撤销成克杰所任副委员长职务，为什么要用公告？

4. 一个市的人民政府，如果要撤销一个局长的职务，在行文前必须依据什么文件？应当怎样行文处理？应该使用什么文种？

5. 如果是政府里的某局，需要免去一个科长，其行文处理又是怎样？请说出依据。

6. 有一所学校开除一个学生使用公告行文，其处理方法错在哪里？其正确的行文程序是怎样的？该选用什么文种？怎样行文？

7. 有一所学校任命一个副科长，用决定行文，其处理方法错在哪里？其正确的行文程序应该怎样？该用什么文种？怎样行文？

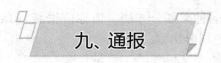

九、通报

通报在写作上与情况报告、简报、调查报告等文种有近似的地方，但在用法上却有很大的不同。请先复习通报文种的相关知识，然后一边阅读例文一边同相近似的文种相比较，从中领悟出通报的文种特色，从而掌握用法与写法。在阅读表彰性通报时，要注意与嘉奖令、表彰决定相比较；在阅读批评性通报时，要与决定、通知相比较；阅读传达性通报时，要与情况报告、简报相比较，分辨出各自相近而又有别的地方，弄懂其应用上的不同和写作上的差异。

（一）例文学习

【例文一】

广东省人民政府关于
表彰广东省高校毕业生创业先进个人的通报
粤府〔2009〕48号

各地级以上市人民政府，各县（市、区）人民政府，省政府各部门、各直属机构：

近年来，全省各地各部门认真贯彻落实党中央、国务院关于促进高校毕业生就业工作的一系列方针政策和省委、省政府的统一部署，制定完善各项政策措施，有力地推进高校毕业生就业以及创业带动就业工作。全省涌现出许多自主创业、以创业带动就业的高校毕业生创业先进事迹。为树立典型，弘扬新时期高校毕业生创业精神，激励和引导我省广大高校毕业生积极投身创业实践，省人民政府决定，授予丁磊等20人"广东省高校毕业生创业先进个人"称号。

受表彰的先进个人要再接再厉，开拓创新，为全省创业带动就业工作创造新的业绩。全省广大高校毕业生要认真学习受表彰先进个人自强不息、艰苦奋斗、勇于创新的创业精神，不断提高就业创业能力。全省各地各部门、各高校要进一步完善创业服务，优化创业环境，加强创业培训，鼓励和帮助广大高校毕业生实现就业、敢于创业、成功创业，开创全省创业带动就业工作新局面，为推动全省经济社会又好又快发展，争当实践科学发展观排头兵作出更大贡献。

附件：广东省高校毕业生创业先进个人名单

广东省人民政府
二〇〇九年六月八日

附件

广东省高校毕业生创业先进个人名单
（共 20 名　按姓氏笔画排序）

丁　磊	网易公司创始人兼首席执行官
刘　睿	翁源县信源中草药专业合作社总经理
刘展伟	佛冈县平原山生态园总经理、佛冈县平原山苗木专业合作社董事
吴仕强	江门市联壹咨询管理有限公司总经理
李　毅	她他高校综合商业配套管理公司经理
李乐鸿	广州创汇计算机科技有限公司经理
李泳眘	东莞市科盈贸易有限公司总经理
李振伟	河源市绿纯醇酒厂厂长
邱　健	佛山聚英创业文化晶牌设计策划有限公司董事长
陈训银	广州市福邦饲料科技有限公司总经理
林　岩	广东东松三雄电器有限公司副总经理
姚容飞	惠州市养殖业（养鱼、养猪）个体业主
徐毅坚	广东富兴摩托车实业有限公司总经理
莫国勇	广州火鹰信息科技有限公司董事长
黄龙生	韶关市科苑教育书业发展有限公司总经理
黄学章	佛山闪光数码科技有限公司总经理
黄海燕	恩平市家办苗圃场个体业主
黄锦程	广东卫伦生物制药有限公司总经理
赖香冲	东莞市世航国际货运代理有限公司经理、东莞市兴丰企业事务代理有限公司法人代表、东莞市励志国际货运代理有限公司经理
蔡伟昌	深圳市一等装饰设计工程有限公司总经理

例文一是一份表扬性通报。党中央、国务院十分重视高校毕业生就业工作的一系列方针政策，广东省委、省政府也十分重视高校毕业生的就业，提倡、鼓励创业带动就业工作。几经努力，全省涌现出许多自主创业、以创业带动就业的高校毕业生创业先进事迹。为树立典型，弘扬新时期高校毕业生创业精神，激励和引导广大高校毕业生积极投身创业实践，省人民政府授予丁磊等 20 人"广东省高校毕业生创业先进个人"称号。

【例文二】

财政部关于在南京地区发现大量
1992 年三年期变造国库券的情况通报
财国债〔1995〕3 号

各省、自治区、直辖市、计划单列市财政厅（局）、人民银行分行；中国工商银行、中国农业银行、中国银行、中国人民建设银行、交通银行、投资银行、邮电部邮政储汇局：

最近，收到江苏省财政厅报告：今年6月6日，一姓王男子持92年变造国库券15万元（面额为500元、共300张），到江苏省建行信托投资公司证券部要求出售，柜台工作人员认真负责，仔细鉴别，初步认定为92年变造国库券（此人已由当地公安部门收审）。此批变造券后经人民银行江苏省分行鉴定，确认为92年变造国库券，其特征如下：

1. 变造券背面加印的"第二期"三个字，字样为机制印刷，与真券比较，字体笔画不实、粗糙、压痕重、手摸有凹凸感，"期"字的笔画线条有断点。

2. 正面冠字号有明显补印痕迹，将原券面的冠字号码XI变造为XII，在放大镜下观察，后面加印上去的"I"字的字体较细、粗糙、手指触摸后易变模糊，且与后面的阿拉伯数字的距离较近。

以上特征，望各地有关部门、单位作为在办理国债兑付业务时的重要参考，一定要本着对国家负责的态度，严把柜台审验关，认真掌握财政部、中国人民银行联合下发的财国债字（95）22号文件中的鉴别要点，一旦发现变造国库券，要严格按财政部、中国人民银行联合下发的（95）财国债字11号文件规定执行，与当地公安机关密切配合，严厉打击伪造、变造国家债券的不法行为。

一九九五年六月二十九日

例文二是一份情况通报。

有了新情况新问题，上级机关可以发通报让下级机关知晓，及时采取应对措施。

【例文三】

国务院办公厅关于××省××市××县擅自停课组织
中小学生参加迎送活动的通报
国办〔××××〕×号

各省、自治区、直辖市人民政府：

××省××市××县举行高速公路在本县通车仪式，县主要领导擅自决定，让本县部分中、小学校停课参加通车仪式，近千名中小学生在风雪天等候长达二小时，致使部分中小学生生病，学生家长和群众极为愤慨，致信中央要求坚决制止此类现象。

中小学校依照国家规定建立严格的教育教学秩序，这是教育教学质量的保证，任何单位和个人都不能随意破坏。现在一些地方的个别领导利用自己的权力，动辄调用中小学生为各种会议、考察、参观、访问甚至商业性典礼搞迎送或礼仪活动，有些地方还因此发生了严重的安全事故，造成极恶劣的社会影响。××县发生的问题，已不只是一般的形式主义，而是官僚主义，严重脱离群众，此类不良风气必须坚决予以制止。各地区、各部门以及各级领导干部，要高度重视这一问题并从中吸取深刻的教训，切实增强群众观念，杜绝此类事件再度发生。

中小学生是祖国的未来，他们的学习和活动安排，要有利他们的学习和身心健康。今后各地区、各部门都必须严格执行国家的有关法规和规定，不得擅自停课或随意组织中小学生参加各种迎送或"礼仪"活动，如确有必要组织的，须报经省级教育行政部门批准。

国务院办公厅
××××年×月×日

例文三是一篇批评性通报。

中央早已三令五申，中小学不得随意停课，各级各部门要维护中小学校的正常教学秩序。可是就是有一些地方官员为了某种虚心，不顾法规规章，随意动用手中权力调用中小学生为各种会议、考察、参观、访问甚至商业性典礼搞迎送或礼仪活动，给学校工作带来诸多不便。国务院办公厅高屋建瓴，对此不良现象予以通报批评，以便让基层领导们从中吸取教训，引起重视，防止此类事件再次发生。

本通报内容着重分析错误的性质、危害、产生的根源和责任，指出应吸取的主要教训等，举一反三，提出要求"今后各地区、各部门都必须严格执行国家的有关法规和规定，不得擅自停课或随意组织中小学生参加各种迎送或'礼仪'活动，如确有必要组织的，须报经省级教育行政部门批准"，希望各地、各单位吸取教训，引以为戒。

（二）通报的用法

通报是下行文，是领导机关在表彰先进、批评错误、传达情况时使用的公文。在表彰先进时，要注意与嘉奖令、表彰决定相衡量、相区别；在批评错误时，要注意与决定、通知相衡量、相区别；在传达情况时，要注意与情况报告、简报衡量、相区别，把握好分寸，准确地使用。

（三）通报的写作要求

1. 注意时效性

发通报必须有很强的时效性，要抓住时机，及时将先进典型和经验向社会宣传推广，对反面典型予以揭露，引起警戒，或对某些重大事项和重要情况及时予以通报，以起到交流情况、信息，指导工作的作用。

2. 注意指导性

不是事无巨细都要发通报，要选择对工作有普遍指导意义的事项来发通报。要有普遍的指导意义，就应选择典型。先进的典型要能反映事物的本质特征，能揭示时代的本质，体现时代的精神。反面的典型，应有一定的代表性，有借鉴的作用。

3. 注意真实性

通报中所涉及的事例，必须是客观存在的，经过反复调查，真实可靠，绝不允许捏造和虚构。另外，事例的反映要准确，不能夸大或缩小，要实事求是。通报有时要在结尾部分提出希望和号召，希望和号召也必须切合实际，不脱离现实，要有一定的针对性，使读者接受号召，受到启示。

(四) 通报的结构与写法

通报由标题、主送、正文、生效标志四个部分组成。

1. 标题

通报的标题一般有两种写法：一是完全式标题，即由发文机关名称、事由、文种三部分组成；二是省略发文机关名称，只有事由和文种。

2. 主送

通报的主送情况有两种：一是行文对象有专指的，要写上主送机关；二是通报为普发性的，可不标主送机关。

3. 正文

通报的正文一般由引据、主体、结语三部分组成。

（1）引据。也称总提或导语。首先用高度概括的语言扼要地托出全文的中心，勾勒出一个总体轮廓和基本事实，继而表明发文机关或肯定、或否定的态度，即发出通报的决定和希望。

（2）主体。由两部分构成：其一，事实与评析。这部分是通报全文的重点和核心，写法可虚实结合，先实后虚。即先适当地详写事实（先进事迹、错误事实、重要精神或情况）的全过程或全部内容，交代清楚事情的来龙去脉，通常包括事实发生的时间、地点、人员、主要情节、结果及影响等，事实一定要真实，用语一定要准确。使受文者阅后即能掌握全貌，并能从中分清是非曲直，以便认同发文机关的意图。在叙述事实的基础上，从中提炼出经验或教训，具有示范性的，还要作出适当的评价，概括出典型的意义和主要经验；属于警戒性的，则要分析出问题产生的主客观原因及带来的危害、从中应吸取的教训。其二，决定（也称结论）。这是通报核心部分的一个方面。文字力求简洁，是前因之果，体现行文的直接目的，对被通报的内容作出评价或提出处理意见。表扬的要明确给予肯定，写明授予什么荣誉，给予什么奖励；批评的要写明对责任者惩戒的意见。

（3）结语。即要求，或希望。是前两部分的落脚点，因为通报的目的（知照性通报除外）是为了号召大家学习先进或是告诫人们防止发生类似错误，或是要求大家重视某一情况，倡导某一精神。所以要按照行文目的提出通报的要求，或推广，或警醒，提出相应的意见、措施，以求得到落实。

4. 生效标志

在标题中注明发文单位名称，在落款处用汉字写上年月日并盖上印章。

思考与练习

通报"适用于表彰先进，批评错误，传达重要精神或者情况"，在写法上与简报、新闻有相似之处，但是毕竟文种不同、功能不同，因而写法上也有不同。要注意依据行文目的的差异，抓住通报的发文主旨，体会出通报的正确写法。

一、注意掌握下列名词术语。

表彰性通报　批评通报　传达性通报　概括性语言　结论式断言　事故原因分析

二、改正下列标题的错误。

1. ×× 处关于 ××× 同志的考察报告
2. 关于对 ××× 进行欺骗伪造病假条的通报
3. 关于组织青少年支援甘肃采集树种的通知
4. ×× 市公安局关于严禁打架斗殴和收缴武器的通告
5. ××× 航运管理所航行通告

三、读通报例文，体会通报的分类和写法，然后再阅读命令（令）、决定有关表彰、批评的例文，体会其共同点和不同点，找出在程度、范围方面的差异，从而理解这三个文种的不同风格特点。

四、通报是下行文，其功能有三——表彰、批评、传达。但是，具备这三种功能的均有相邻的文种，在使用中要注意区分。用于表彰，有命令（令）、决定、通报；用于批评，一般用通报，也可以用决定；传达情况（是指上级机关向下级机关）用通报、简报（非公文）。下级向上级报告情况用报告。这些现象必须从现实生活中找到事例，进行比较分析，才能加深印象。请你在深入研究命令、决定、通报各例文的基础上，组织力量或在教师的指导下，就近收集同类型公文，进行再研究，体会出这些文种的具体用法。

五、请阅读下面这篇短文，这是广州中医大学附属骨伤科医院张贴在医院走廊上的一篇文章。现在请你以办公室的名义改写成为正式的通报公文，下发到各科室、药房、车队、保安部等下属单位。请写出模拟的公文正本样式。

保安员生命垂危　众医生奋力抢救

2007 年 1 月 3 日凌晨 2 时许，青年保安员尹某本市江南西路例行巡逻时，突然遭到一伙来历不明的歹徒追砍，尹某奋起反抗，但终因寡不敌众，被砍成重伤，倒在血泊中。后由当班巡警于 4 时许送至广州中医大学附属骨伤科医院急诊科抢救，我院骨二区急诊值班医生郭星主治医师马上予以初步包扎、止血等急救处理，经 X 线摄片等检查，诊断为"1. 全身多发刀伤；2. 右髋骨开放性骨折；3. 右手 2、3、4 指屈肌腱断裂；4. 左侧桡神经损伤"，经检查，全身超过 15cm 的伤口达 10 个以上，仅胸背部就有 4 个大伤口，血流如注，其中一个伤口深达肋骨，生命垂危。

急诊郭星主治医师在请示病区二线医生邵敏副主任医师会诊后，认为尽管患者治疗费不足，但患者病情危重，立即送手术室进行急诊手术治疗，在行政总值班黄宏兴主任医师、骨二区邵敏副主任医师的协助下，各相关科室医技科、检验科、麻醉科、手术室立即行动起来，邵敏副主任医师组织了临时的术前病例讨论，决定将参加手术的 6 名医生及 2 名护士分为两个手术小组，分别进行神经、肌腱探查、吻合的显微外科手术和四肢躯干伤口的青剑缝合及骨折复位内固定术等创伤手术。从上午7时直到下午16时，阳晟副主任医师、邵敏副主任医师、郭星主治医师、该文杰主治医师、段端奇及徐无忌医师等8名医护人员历经9个小时的奋战，终于圆满地完成了手术，使患者转危为安。而此时，邵敏、郭星等医生已经连续工作了20多个小时，直到成功挽救患者的生命、待其病情稳定，才拖着疲惫的身躯，放心地走出手术室。

我院医护人员在这次急救事件中，充分展现了"救死扶伤、无私奉献"的白求恩精神，他们的仁心仁术令人深深感动，同时也表明：我院作为一个发展中的省属骨伤科专科医院，在处理突发医疗急救事件的措施、技术、人事调配以及基础设施等软、硬件水平已基本达到综合性医院的水平。

广州中医药大学附属骨伤科医院
2007年1月20日

六、请依据通报、决定、命令（令）这三个文种在表彰功能方面的用法，通过阅读相关例文，分别指出，在什么情况下的表彰用令、什么情况下的表彰用决定、什么情况下的表彰用通报？

十、报告

报告是下级机关向自己的上级机关汇报工作、反映情况、答复上级机关询问的公文文种。下级机关依据自己的职责或依照上级部署开展了工作，或有了情况，或发现了问题，或完成了任务，或遇到了问题，或上级有了询问等等，均应及时、如实地汇报、反映、答复。上级机关要指挥全局，靠什么来决策呢？上级深入下层的调查研究固然十分重要，但是下级机关的报告切不容忽视。请认真阅读例文，从中得到写好报告的重要启迪。

（一）例文学习

【例文一】

广东省石油公司英德供应站

英石供〔19××〕31号

关于解决油库长期遗留的山地及树木的归属问题的报告

省石油公司：

我站于一九××年五月新建油罐两个，扩建了油库，占用当地东方村部分山坡地及该地树木。扩建后几年来库区未定，东方村多次提出要求，补偿被占用的山地及树木，但几经协商，均未有结果，以致发生纠纷，库区围墙被推倒十多米。最后，双方本着对国家财产和群众利益负责的精神进行协调，彼此谅解，终于达成协议，由我站给予东方村山坡地及地上树木一次性补偿费×万元，并经双方划定界线，新建围墙为界，界内土地及树木永久归我站所有。

我站应付的补偿费×万元拟在"保管费"中列支。现随文上报所订协议及库区界图，请核备。

附件：
1. 《×××山地及树木归属协议》
2. 《英德石油站界区图示》

广东省石油公司英德供应站
一九××年七月二十一日

抄送：××市商业局

这是一则汇报自己所做工作的工作报告。工作报告有综合性报告和专项性报告两种，本文属专项性报告。行文目的不是要求上级机关批示或批准，而是为了让上级机关掌握情况。

类似本报告的情况，下级机关必须主动向上级机关报告。除了让上级机关了解情况之外，还有一层具有战略意义的作用：任何一个机关的办事人员，难免会调动离任，年深日久之后，难免再起争端，而此时由上级机关存档的报告及其附件，便成为司法公正的、具有法律效力的凭据文书。

本报告的正文分三个层次：

（1）开头，总述开展工作的主要背景，即由于新建了两个油罐之后，遗留下了山地及树木的归属问题。

（2）主体，叙述报告的具体内容，经过协商，达成协议，并写了具体的处理方法。

（3）结尾，用随文上报协议及界区图和"请核备"作结。行文简洁，条理清晰。

写明两个附件的名称，并将两个附件同报告装订在一起。这两个附件十分重要——既是所做工作的成果展现，又是未来法律效力的证据。

【例文二】

兴宁县商业局关于报送一九八八年上半年工作总结的报告
兴商〔19××〕54号

兴宁县政府：

随文报送《一九××年上半年兴宁县商业工作总结》，请审阅。

兴宁县商业局
一九××年七月二十一日

抄报：梅州市商业局、县财办

这是一则上报文物（文件或物品）的报告。

向上级机关报送文件或物件，用这类报告。这类报告写法较为简单，写清楚报送的材料名称、数量，结尾用"请审阅"或"请查收"收束。

【例文三】

广东省韶关市质量技术监督局

韶监〔2000〕×号

关于新丰县质量技术监督局"2·29"
违规执法事件处理情况的报告

省人民政府治理公路"三乱"督察队、省质量技术监督局：

2月29日，新丰县质量技术监督局发生违规执法事件后，根据省质量技术监督局领导的指示，3月1日至4日，我局局长黄昆仑带领调查组两赴新丰，会同以省局梁岫珍副局长为组长的调查组和新丰县纪委联合对此事件进行了详细调查。通过4天的调查，查明了新丰县质量技术监督局在办理小镇派出所移送的行为人为生产销售假冒伪劣产品提供运输服务案件过程中违规执法的事实。

经查，2月29日该局在办理"苏克圣为生产销售假冒伪劣产品提供运输服务"一案中，缺乏对涉案物品的真假鉴别程序，证据收集不齐全，案件承办人×××、×××更是违反国家质量技术监督局"五公开、十不准"的规定，在非办公场所（酒楼）与行政相对人接触，随意改变局案审委员会决定，收取罚没款不出具票据，未经审批擅自解封被封存扣押物品，严重违反了《行政处罚法》和《技术监督行政案件办理程序》。此外，自去年10月3日以来，该局还办理了小镇派出所移送的同类案件5宗，也存在各种违规现象。

3月6日，我局收到粤府督（通）字〔2000〕1号督察通知后，局党组根据省政府治理"三乱"督察队的指示精神及查明的事实，对这一事件进行了讨论，认为：新丰县质量技术监督局执法工作内容管理较差，放松了对执法人员的政治思想教育和业务能力的培养，行政执法水平低，导致了"2·29"违规执法事件的发生，在社会上造成了极其恶劣的影响。这起严重的违法违纪行为，性质特别严重，影响极坏，应该严肃处理。结合新丰县纪委对有关责任人的党纪处分意见，经局党组研究，对此次事件的当事人和有关责任人作出如下行政处分决定：

一、给予局长×××同志行政记过处分；

二、给予负有直接领导责任的该局副局长×××同志撤销副局长职务的处分；

三、给予主要责任人×××同志撤销稽查队副队长职务的处分；

四、给予直接责任人×××同志行政警告处分。

收缴以上三位同志行政执法证件，停止行政执法工作。

局党组认为，作为上级主管部门，我局在垂直管理体制实施之初，对新丰县局的行政执法工作疏于管理，对行政执法人员也缺乏有效的监督、教育、培训。我们要从此案中吸取教训，制定措施，进行整改，具体整改措施如下：

一、对新丰局办理的其他五宗同类违规案件继续进行调查，对发现的问题及时予以纠正，对违纪、违规的责任人要严肃处理，决不姑息。

二、责成新丰县局立即进行行业作用整顿，深刻检讨错误根源，建章立制，并将整顿情况和检讨书面向市局、新丰县纪委报告。

三、在3月6日下午市局召开的"三讲"教育动员会上，将此事件进行了通报，把对全市质量技术监督行政执法工作的整改贯穿于"三讲"教育之中，使"三讲"教育落到实处，收到实效。

四、结合省局下发的《关于进一步加强依法行政提高行政执法水平的紧急通知》精神，要求市辖八个县（市）局通过这起事件举一反三，自查自纠去年四季度以来所办的行政案件的规范性，加强行政执法工作的管理，杜绝此类事件发生。

五、近期在全市质量技术监督系统内分层次、分期分批举办执法人员培训班，并把新丰"2·29"事件作为典型案例剖析，提高行政执法整体水平。培训对象为各局局长及分管行政执法的副局长、稽查队长、稽查队员。

以上报告当否，请审核。

广东省韶关市质量技术监督局
二〇〇〇年三月九日

这是一则工作中出现了重大问题、重要情况，须报上级了解的情况报告。

省督察队代表省人民政府督察，发现新丰县技监局违规执法情况之后，发出了"督察通知书"，要求进行查处并报告查处情况。韶关市技监局对新丰县技监局负有业务领导责任，因此对新丰县技监局在业务工作中违规执法的人和事，应负责查处。韶关市技监局在查明事件真相后，对违规执法人员作出处分决定。因为需要将查处情况上报，所以用报告行文，并报两个主送单位：省督察队是主办负责机关；省技监局是韶关市技监局的业务主管机关。其行文、主送均正确。

本报告在写法上，以案件发生后的查（对案件进行调查）、处（对当事人责任人给予纪律处分）、改（制定措施，进行整改）为顺序，将需要报告的情况有条有理地叙述清楚。这种写法，符合情况报告的逻辑思路，有利于受文机关确切地了解本机关对事件"查、处、改"的全面情况。

【例文四】

关于2001年11月和12月上中旬地方
企业所得税增长情况的报告

国务院：

今年10月份中央提出2002年实行所得税收入分享改革以后，地方企业所得税收入出现了超常增长。现将有关情况报告如下：

根据财政快报反映，2001年11月份地方企业所得税完成170.44亿元，比上年同期增收

919.23亿元，增长139.4%。12月上中旬完成137.82亿元，增收89.82亿元，增长187.1%。其中12月上旬完成35.29亿元，比上年同期增收21.6亿元，增长157.8%；12月中旬完成102.53亿元，比上年同期增收68.22亿元，增长198.8%。12月上中旬增幅超过100%的地区依次为：

江西省增长816%、宁波市增长708.7%、河南省增长609%、广西壮族自治区增长597.7%、青岛市增长577.2%、内蒙古自治区增长496.9%、浙江省（不含宁波市）增长467.5%、宁夏回族自治区增长462.2%、安徽省增长404.5%、贵州省增长376.5%、新疆维吾尔自治区增长352.9%、吉林省增长314.8%、山东省（不含青岛市）增长235.6%、天津市增长230.1%、江苏省增长223.5%、重庆市增长197.5%、湖北省增长179.2%、河北省增长173.3%、甘肃省增长167.4%、大连市增长164%、山西省增长155.7%、云南省增长142.8%、湖南省增长128.6%、陕西省增长104.6%。

中央经济工作会议明确要求，各地不要因为所得税收入分享改革"以今年为基数就去弄虚作假，抬高基数。无论哪个地方，如果做假账，都要严肃追究当地主要领导人的责任"。改革政策明确以后，各地认真测算，积极准备，改革工作正在有条不紊地进行。但在此过程中，也出现了一些地区人为抬高基数的不正常现象。快报反映的地方企业所得税超常增长的态势，必须引起各地区、各部门的高度重视，采取切实措施予以制止和纠正。为此建议：

一、地方各级人民政府要认真贯彻党的十五届六中全会决定精神，切实转变作风，从讲政治的高度严格依法治税，严禁弄虚作假。

二、地方各级人民政府要对所得税收入征管中出现的问题立即进行自查自纠。特别是不得将应该在2002年征缴的企业所得税提前到今年征缴；不得改变企业按照一定期限和一定税额预缴所得税的原定办法；不得通过财政注入资金或金融机构贷款等方式虚增所得税收入。对自查出来的各种虚假所得税收入，要全部予以剔除。

三、2002年1月，国务院组织有关部门进行专项检查，对采取各种弄虚作假手段虚增基数的地方，将从严处理，相应扣减中央对地方的基数返还收入，同时依法追究当地主要领导和有关责任人员的责任。

财政部

二〇〇一年十二月二十九日

（选自《广东政报》，2002年第7期）

这是一则下级机关发现了重要情况后主动向上级机关报告的反映情况的报告。

财政部在自己主管的工作中发现了不少地方在人为抬高基数做假账的不正常现象，立刻将情况报告国务院，并根据所发生的情况提出了建议。国务院接到财政部的报告之后，立刻采取措施，于2002年1月1日发出紧急通知，要求各地认真进行检查，坚决杜绝和纠正人为抬高基数的错误做法。

从本例文则可以看出，及时的情况报告能为上级机关决策服务，使错误少犯，损失减少。及时向上级机关反映情况是下级机关义不容辞的责任。

【例文五】

××大学工会

××〔1989〕××号

关于我校工会干部有关待遇的报告

市总工会：

×月×日函悉。现将我校工会干部有关待遇报告如下：

一、我校基层工会主席由教师兼任，每年减免工作量40学时。

二、部分工会主席任职期间享受本单位行政副职待遇，由教师担任的每年减免工作量30学时。

三、校工会委员任职期间减免工作量30学时；部门工会委员每年减免工作量15学时。

专此报告。

××大学工会

一九八九年六月五日

这是一则答询报告。

本报告是××大学工会接到上级工会——市总工会来函询问工会干部待遇问题后所作的答复。答复上级机关询问需用报告行文。

本报告的正文由开头、主体、结尾三部分组成：

1. 开头，即引据。引叙来函，接着直叙答询，用领起语"现将……报告如下"将所询问题引领后便转入主体。

2. 主体，写报告内容，针对所询问题分条列项，一一答复，言简意赅。

3. 结尾，用"专此报告"作结。

（二）报告的用法

报告是上行文，必须使用上行文件格式的公文版头，遵循上行的行文原则。

报告属陈述性文件，或汇报工作，或反映情况，或答复上级的有关询问都必须采用陈述的方式，不能过多地说理议论。

汇报工作，反映情况，不能夹带请示事项。

报告的行文方向，由于法理因素、管理因素、党的执政因素，形成了特殊性。凡受人大监督的机关，即使是平级，也必须使用报告向人大汇报工作、反映情况、答复询问；两院一府和有关人民团体在向本级党委相关的职能部门汇报工作、反映情况、答复询问时，必须使用报告。

（三）报告的写作要求

1. 材料要确凿

制发报告的目的是为了让上级机关了解、掌握实际情况，便于制定政策，作出决断和处理问题,因此,报告的情况、事项、典型、数字等材料都要经过严格核实,要确凿无误,不能弄虚作假,欺骗上级机关。

2. 立意要新

在占有大量材料的基础上,要对材料进行研究、分析、评价,从中发现新材料,从新的角度提炼出新观点,形成新主旨。只有这样,才能反映某项工作或某段工作的特点。所以,立意新的报告才有价值和意义。

3. 报告要及时

制发报告的任务是向上级机关提供材料,让其了解和掌握情况,并作出相应的决策或批示。因此,向上级汇报工作、反映情况、提出意见或建议、答复询问等,一定要及时。

4. 要掌握报告模式,体现出报告的文体特点

就是说,下级机关向上级机关或主管部门汇报工作、反映情况,其目的是使上级机关了解和掌握情况,更好地对自己的工作作出决策或进行指导,所以,报告具有鲜明的汇报性。报告是对工作的回顾、分析和总结,反映工作的成绩、情况、做法及问题。所以,要反映出工作的过程性和实践性。没有实践,就没有报告。写工作报告决不能离开工作实际。报告一般都是直接具体地陈述本机关的工作、情况、问题、做法及意见或建议等,因此报告的行文主要用陈述的表达方式。

5. 不夹带请示事项

"'报告'不得夹带请示事项",这是因为对报告,上级机关不一定作批示;而请示,上级机关必须批复。

6. 要注意将建议性行文改用"意见"这一新文种

(四)报告的结构与写法

报告一般由标题、主送机关、正文、成文日期和生效标志组成。

1. 标题

报告的标题有两种形式:一是标准式,即由发文机关、事由和文种三要素组成;二是简化式,即只由事由、文种两要素组成。事由用介词结构方式。这样就能将报告的主体内容揭示出来,一目了然。

2. 主送机关

报告有主送机关,是发文机关的直属上级机关或是其业务指导机关,其他机关不用报告行文,如果需要,可用抄送方式将该报告送达。

3. 正文

报告的正文,因其性质的不同而写法亦有不同:

一是报送文物的报告（文字材料如报表、账册、图片和其他实物），其结构十分简单，直叙报送对象即可。

二是汇报工作或答复询问的报告，要分成引据、主体、结语三个层次来写。

引据，是正文的开头，写报告缘由或依据、目的。用简洁的语言交代为什么要写报告，然后用一句过渡语"现将……情况报告如下"、"现将情况汇报如下"或"现将情况答复如下"，并用冒号领起下文。

报告正文的主体，主要写明报告事项。在过渡语、冒号之后，另起一段写报告内容。撰写时要紧紧围绕行文的目的和主旨进行陈述。如是汇报工作，则应首先写明工作的基本情况，其次写明主要做法和成绩，包括采取的办法、措施以及所产生的效果等，最后写明还存在什么问题及今后的工作设想。如果是答复上级的询问和要求，应首先扼要叙述上级机关询问的事项或提出交办的任务，然后写明处理的大致过程，包括所采取的办法或措施，以及在处理中遇到的问题及需要进一步陈述的事项等，最后交代处理结果，同时征询上级机关对处理结果的意见。

如果内容比较多，可采用分条列项的方式来行文。行文时应注意避虚就实，突出重点，恰当安排内容层次，体现一定的逻辑性。

报告的结尾，在正文末尾写上"特此报告"、"现报上，请查收"、"以上报告，请审阅"、"以上报告当否，请指正"等。结语应单列一行。

三是反映情况的报告，则需要分事情、原因、对策三个部分依序来写。如财政部在自己主管的工作中发现了不少地方在人为抬高基数做假账的不正常现象后，立刻将情况报告国务院，并根据所发生的情况提出了建议。国务院接到财政部的报告之后，立刻采取措施，于2002年1月1日发出紧急通知，要求各地认真进行检查，坚决杜绝和纠正人为抬高基数的错误做法。

从该例文可以看出，及时反映情况的报告能为上级机关决策服务，使错误少犯，损失减少。及时向上级机关反映情况是下级机关义不容辞的责任。

4. 生效标志

在落款处，要写明成文日期、盖印。

思考与练习

学习报告文种，要充分认识到报告是领导机关了解和掌握下情的重要途径，作为下级机关，必须认真坚持报告制度。学习和掌握好报告文种，能为自己在未来的工作中增强亲身实践的信心与毅力，同时也能为自己增添做好工作的能力。

一、注意掌握下列名词术语。

反映情况　汇报工作　答询问题　过渡语　报告缘由　报告事项　报告语

二、填空。

1. 报告是上行文，只能报送给自己的上级机关，其功能是_____、_____、_____。

2. 向上级机关请求事项不能在报告中提出的，应以_____文种行文；向平级机关和不相隶属机关请求批准应以_____行文。

3. 向上级机关提出意见、建议不应用报告而应该用_____文。

三、试以自己所掌握的知识将党政机关公文的报告和其他应用文种的报告进行比较，然后指出这些报告之间的差异。

政府工作报告——

调查报告——

财务分析报告——

审查报告——

述职报告——

科技实验报告——

不妨自己再列出一些报告进行比较研究，以使自己对行政机关公文的报告具有更准确的认识。

四、深入阅读报告例文，体会下级机关在什么情况下必须写怎样的报告给上级机关，其作用、意义是什么。

五、为什么说"没有实践就没有报告"？写作工作报告应怎样体现汇报性和实践性？

六、试将全班分成若干个小组，就某一个阶段以来班上的新情况、新动向、新问题展开认真讨论。然后每个小组分别将讨论结果写成报告，就班上的学风问题、思想动态、纪律问题、学业成绩问题，或课外活动开展问题、宿舍问题，反映出真实情况，供班委会改进工作作参考。报告要求动以真情，实事求是，能起到真正的作用。

七、全班同学可以自由组合，依照下列报告正文结构模式，逐一进行讨论研究，模拟练习，写出某报告的内容提纲。

1. 情况＋问题＋建议

2. 情况＋做法＋问题（意见）

3. 情况＋原因＋下步做法

4. 情况＋原因＋责任和处理意见

5. 情况（做法）＋问题＋今后意见

十一、请示

坚持请示、报告制度是我们做好工作的有效保证。我们在工作中或由于自己的能力原因或由于自己的权力所限,需要向自己的上级机关请示。自己不懂的问题必须请示,不懂装懂并不聪明,反而会坏事;有些事自己虽懂得怎样做、甚至有把握做好,但是自己没有这个权限,也必须请示上级,只有上级批准后才能付诸实施。

请示文种应当如何用、如何写,请从认真学习教程所选例文开始。例文均有其代表性,可参照例文评析,逐一领会请示文种的应用方法与写作方法。

(一)例文学习

【例文一】

××省财政厅文件

××〔1988〕××号　　　　　　　　　　　　　签发人:×××

关于《会计人员职权条例》中"总会计师"
是行政职务或是技术职称的请示

财政部:

　　国务院1987年国发〔1978〕××号通知颁发的《会计人员职权条例》规定,会计人员技术职称分为总会计师、会计师、助理会计师、会计员四种;其中总会计师既是行政职务,又作为技术职称。在执行中,工厂总会计师按条例规定,负责全工厂的财务会计事宜;可是每个工厂,尤其是大工厂,授予总会计师职称的人有四五人,究竟由哪一位负责全厂的财务会计事宜,执行总会计师的职责与权限呢?我们认为宜将行政职务与技术职称分开。总会计师为行政职务,不再作为技术职称;比照最近国务院颁发的《工程技术干部技术职称暂行规定》,将条例第五章规定的会计人员职称中的"总会计师"改为"高级会计师"。

　　以上认识是否妥当,请指示。

××省财政厅
一九八八年×月×日

　　这是一则请求上级指示的请示。

　　执行上级的指示、决定以及施行有关政策、法令的过程中,遇到一些不太清楚或需要变通执行的地方,使用请示以请求上级给予明确的指示和答复。有时对上级机关某个决定有些不同意见也可以通过请示，得到上级机关认可后根据实际情况施行。

本文的正文由请示缘由、请示事项、请示结束语三个部分组成。

首先引据国发〔1978〕××号文，提出"总会计师"这一称谓问题，然后陈述在执行中的不方便，提出建议，改"总会计师"职称为"高级会计师"。最后用请示结语收束。例文层次分明，理由清晰，建议明确，行文简洁。

【例文二】

关于我市驻澳大利亚经贸代表处有关问题的请示

外经〔19××〕××　　　　　　　　　　　　　　签发人：×××

市人民政府：

　　为适应我市外向型经济建设的需要，有利于对外经济贸易事业的发展，经市委、市政府研究决定，在澳大利亚设立了××市经济贸易代表处，该代表处的设立得到了澳大利亚昆斯兰州及布里斯班市的大力支持和我国驻悉尼总领事馆的同意。现就我市驻澳大利亚经贸代表处的有关问题请示如下：

　　一、代表处的性质和任务。该代表处是我市派驻澳大利亚的对外经济贸易常设机构，隶属于市经委，对外代表××市进行各项非经营性活动。其近期的工作任务是：配合澳盛公司抓好羊毛生意，并为有关公司开发澳州经贸业务服务。做好信息传递，通过牵线搭桥，帮助促成贸易项目。

　　二、代表处驻地在澳大利亚布里斯班市和悉尼市，其办公场所、人员住所及办公、办事经费由澳盛公司提供。

　　三、市经贸委×××副主任为代表处主任，×××同志为代表处的工作人员。他们国内应有的待遇不变，由市经贸委负担。在国外工作期间可参照经贸部常驻澳大利亚同等人员待遇标准执行。

　　四、由市经贸委指定一位副主任和相应的部门负责代表处的衔接工作，以随时保持联系，沟通信息。

　　以上请示当否，请批示。

××市对外经济贸易委员会
一九××年九月十四日

这是一则请求批示的请示。

下级机关在执行上级机关部署的工作中，对一些重要的举措虽经深思熟虑可行，但仍需报上级批准方可执行。这就是坚持请示制度。

本文是就××市驻澳经贸代表处有关问题提出安排意见的请示，正文内容完整，行文重心放在请求事项部分。

第一段写请示起因，概述驻澳经贸代表处成立的背景，然后用一过渡句承上启下，引出请示事项。请示事项分四条阐述，第一条是请示的中心事项，其余三条围绕中心事项说明具体安排意见，由主到次，环环相扣，叙述具体，界限分明。

全文行文简洁利落，语言表意确切，结构周密严谨，请示起因、请示事项和请示结语前后贯通，构成一个有机整体。

【例文三】

办理请示事项的例文一组：

例文三共有四份公文，这四份公文共同成为一例请示事项的行文。这四份公文分别是：1. 广州市质量技术监督局给广州市人民政府的请示——《广州市质监局关于开展 2012 年广州市市长质量奖评审工作的请示》；2. 广市人民政府办公厅文件——《广州市人民政府办公厅关于印发广州市市长质量奖评审管理办法的通知》；3. 请示的依据——《广州市市长质量奖评审管理办法》；4. 代拟稿——《关于开展 2012 年广州市市长质量奖评审工作的请示（代拟稿）》实质上是请示的目标。这是由于权限问题必须这样请示。

请仔细领悟在实际工作中的报告请示制度应怎样执行。

1. 例文

广州市质量技术监督局文件

穗质监〔2012〕179 号　　　　　　　　　　　签发人：梁建清

广州市质监局关于开展 2012 年广州市
市长质量奖评审工作的请示

市政府：

2010 年 1 月 18 日，市政府向省政府报送了《关于设立广州市政府质量奖的请示》（穗府报〔2010〕9 号）。省政府领导批示同意设立广州市政府质量奖，但不作为固定奖项，按临时新增奖励项目每次评审前报批（见附件 1）。

为贯彻落实国务院、省政府关于质量奖励的政策精神，进一步完善我市质量奖励制度，2012 年 9 月，市政府办公厅印发了《广州市市长质量奖评审管理办法》（以下简称《办法》，见附件 2）。《办法》将"广州市政府质量奖"更名为"广州市市长质量奖"，评选周期由原来每三年评选一届改为每两年评选一届。今年距 2010 年首届广州市政府质量奖评选已满两年，建议市政府就开展 2012 年广州市市长质量奖评审工作向省政府请示（代拟稿见附件 3），待批准后尽快开展评审工作。

妥否，请批示。

附件 1：省领导在《关于设立广州市政府质量奖的请示》上的批示
附件 2：《广州市市长质量奖评审管理办法》
附件 3：《关于开展 2012 年广州市市长质量奖评审工作的请示》（代拟稿）

广州市质监局
2012 年 10 月 8 日

（联系人：部细宝；联系电话：83228132，13926130176）

2. 附件2

广市人民政府办公厅文件

穗府办〔2012〕44号

广州市人民政府办公厅关于印发广州市
市长质量奖评审管理办法的通知

各区、县级市人民政府，市政府各部门、各直属机构：

《广州市市长质量奖评审管理办法》已经市人民政府同意，现印发给你们，请认真组织实施。实施中遇到的问题，请径向市质监局反映。

广州市人民政府办公厅
2012年9月14日

广州市市长质量奖评审管理办法

第一章 总 则

第一条 为落实科学发展观，引导和激励本市企业或组织加强质量管理，提高产品、服务、工程和经营质量，增强城市自主创新能力和综合竞争力，根据《中华人民共和国产品质量法》、国务院《质量发展纲要（2011—2020年）》的有关规定，结合本市实际，制定本办法。

第二条 本办法所称广州市市长质量奖（以下简称市长质量奖）是广州市人民政府设立的最高质量奖项，由市政府表彰和奖励，授予在质量管理和运营绩效上成绩突出，产品、服务、工程质量以及环保治污水平、自主创新能力和市场竞争力等在国内或国际处于领先地位，具有显著的行业示范带动作用，对本市经济社会发展作出卓越贡献的企业或组织。

第三条 市长质量奖的评审遵循科学、公正、公平、公开的原则；坚持高标准、严要求、好中选优；坚持企业或组织自愿、不向企业或组织收费、不增加企业或组织负担。

第四条 市长质量奖原则上每两年评选一届，每届评审前报省政府批准，每届评出获奖企业或组织不超过10家，其中，市长质量奖不超过5家，市长质量提名奖不超过5家。以上奖项可……
………

3. 附件3

关于开展2012年广州市市长质量奖评审工作的请示

（代拟稿）

省政府：

2010年1月18日，我市上报了《关于设立广州市政府质量奖的请示》（穗府报〔2010〕9号）。省领导批示同意设立广州市政府质量奖，但不作为固定奖项，按临时新增奖励项目每次评审前报批。

为贯彻落实国务院、省政府关于质量奖励的政策精神，进一步完善我市质量奖励制度，2012

年9月，我市印发了《广州市市长质量奖评审管理办法》（以下简称《办法》）。《办法》将"广州市政府质量奖"更名为"广州市市长质量奖"，评选周期由原来每三年评选一届改为每两年评选一届。今年距2010年首届广州市政府质量奖评选已满两年，我市拟开展2012年广州市市长质量奖评审工作。

根据《中共广东省委办公厅广东省人民政府办公厅关于严格控制和规范党政机关评比达标表彰活动的意见》（粤办发〔2009〕21号）要求，现就该奖项有关事宜请示如下：

一、项目名称：广州市市长质量奖。

二、依据：《中华人民共和国产品质量法》、国务院《质量发展纲要（2011—2020年）》、《广东省政府质量奖评审管理办法》。

三、范围：在广州市登记注册，具有法人资格，质量管理成效显著，产品、服务、工程质量以及环保治污水平、自主创新能力和市场竞争力等在国内或国际处于领先地位，具有显著的行业示范带动作用，对我市经济社会发展作出卓越贡献的企业或组织。

四、规模：每届获奖企业或组织数量不超过10家，其中，市长质量奖不超过5家，市长质量提名奖不超过5家。

五、表彰奖励形式：由市政府向获得市长质量奖的企业或组织颁发证书、奖牌，给予每家获奖企业或组织一次性奖励100万元；对获得市长质量提名奖的企业或组织，只颁发证书和奖牌，不发放奖金。

六、经费来源和数额：给予每家获得市长质量奖的企业或组织一次性奖励100万元，每届奖励经费总额不超过500万元。奖励经费由市财政统一安排，评审经费在市质监局业务经费中统筹解决。

专此请示，请批复。

广州市人民政府
2012年10月8日

这是学习请示事项办理的很好案例。

广州市质监局，依据自己的工作职责，按照广州市政府《广州市市长质量奖评审管理办法》的规定，需要开展2012年广州市市长质量奖评审工作。虽然这项工作已有法可据、有规可循，但是，从中央到省都有"严格控制"的指示，因此事关重大，必须据法依规请示。

开展市长质量奖评审工作是市质监局的职责，理当事先拿出一整套的工作方案出来，经请示上级批准后才能贯彻执行。于是，广州市质监局的请示便需依据相关的一系列文件：1. 市政府向省政府报送的《关于设立广州市政府质量奖的请示》（穗府报〔2010〕9号）；2. 规范性文件《广州市市长质量奖评审管理办法》。

又由于开展市长质量奖评审活动是以广州市政府名义进行的，所以广州市人民政府还须报请广东省人民政府批准。于是又产生了附件3"代拟稿[①]"。如果

[①] 代拟稿——党政军机关制发公文，通常由党政军机关所属职能部门、业务主管部门代上级机关草拟文稿，通常称"代拟稿"。有时也指当某些事项不宜本级机关行文处理，而确需上级机关行文处理时，在请示领导机关说明理由的同时，代表领导机关拟制一份相关文稿一并附上，以供领导机关参考之用。

市政府同意，代拟稿便可以成为市府的文稿，经公文制发程序成为市政府的有效公文。

因此，一份请示公文，须用三个附件。

（二）请示的用法

请示是上行文，必须使用上行的文件格式，遵守行文规则，只给直接上级请示，不越级请示，也不多头请示。

请示的行文要注意使用陈述的表达方式，申述请示该事项的缘由；而不空泛论说大道理；用事实说话，讲清请示事项的"据"（指有法律、法规和上级指示的依据）、"需"（以实际情况确实需要）、"利"（于本单位有利，于全局有利），而不是横蛮。还要语言得体，措词得当。

（三）请示的写作要求

1. 注意报告与请示的区别

报告与请示，都是陈述性上行文，稍有不慎，容易混淆。但是，它们毕竟是不同的两个文种，应注意区分，不能用错。其不同之处可从以下四个方面区别：

（1）行文目的不同。报告是为了让上级机关了解情况，报告单位并无他求；而请示却是发文单位有求于上级机关，或请求指示，或请求批准，或请示批转。

（2）行文时间不同。请示应在办事之前发文，所谓"事前请示"，就是先向上级请示怎么做；报告是在办完事后行文，向上级汇报办事结果或办事情况，所谓"事后报告"。

（3）写法上不同。报告的容量可大可小，内容较多，侧重于陈述情况，形式多样，表述灵活，充分体现出行文的报告性；请示的内容单一，就一件事发文请示，侧重于陈述理由，讲明原因，充分体现出行文的请求性，篇幅较小。

（4）结尾用语不同。报告的结束语为"特此报告"、"以上报告，请审阅"，或者可以省略结束惯用语。请示的结束惯用语不能省略，一定要用"以上请示当否，请指示"、"以上请示如无不当，请批准"之类的用语。

2. 理由要充分

请示的问题或事项，要言之有据，言之有理，要具有说服力。

3. 不越级请示

在一般情况下，请示不得越级行文；如因特殊情况或紧急事项，需要越级行文时，应将请示同时抄送越过的上级机关。此外，请示不得同时抄送给下级机关。

要特别注意的是：下级机关有了困难，需要请求上级帮助解决，上级机关应当深入了解情况，给予实实在在的帮助。但是，只有当"需要与可能同在"时才有可能得到圆满解决。"需要"是指下级机关有了困难需要得到帮助；"可能"是指上级机关有帮助解决问题的条件，只有两者同时存在，才能解决问题。但是，作为下级机关，要认识、理解这个道理。当自己的需求没能得到上级的帮助时，要体谅上级的难处，自己也要站在上级机关的位置上去考虑全局，衡量一下自己的困难在全局中的比重。作为上级机关，在处理问题时也要替下级考虑，即使没有"人、财、物"的帮助，也要尽可能下去了解一下，帮忙出个点子，想个主意，或许能促使下级机关找到解决问题的好办法。

（四）请示的结构与写法

请示的结构同报告相近，均由标题、主送、正文、生效标志四个部分组成。但写法上与报告有不同之处。报告主要是陈述已经产生了的事实、数据，而请示则主要是陈述请示事项的理由、依据。

1. 标题

请示的标题要写明事由。标题中不能写请示者的姓名。以个人名义写的请示，署名在发文机关的位置；以单位名义写的请示，要在发文文字位置的右侧书写签发人姓名，并在附注处写上联系人姓名和电话。

2. 主送机关

请示的主送机关只能写有隶属关系的一个领导机关。不能多头请示，属多头领导的单位，可以用抄送的方式将请示件抄送一份给另一个领导机关。不能越级请示，特殊情况须越级请示的，应抄送被越过的机关。

3. 正文

请示的正文，一般由请示缘由、请示事项和请示惯用结束语三部分组成。

（1）请示缘由，也即引据。写请示的理由和依据，请示的理由必须在兼顾全局性的情况下充分、合理，请示的依据要注明出处。用简约的语句交代完请示缘由之后，用一句过渡语，如"请示如下"、"请示事项如下"、"特请示如下"，后面加冒号，以领述请示事项。也可以先介绍情况，然后水到渠成地提出请示事项。

（2）请示事项，这是请示的主体，即请示内容。要将请示事项清楚、明白、具体地写出，让人一看便明白请示什么。要注意说理充分，切忌讲大道理，要陈述理由，不能发议论。可采用分条列项的方法，使表述有条理。

陈述请示的理由，要抓住为什么要立这个请示项，如果没有这个立项，会有怎样的不利局面，如果有了这个立项，情况将会出现怎样的有利局面。是陈述理由，而不是论证理由。

要坚持一文一事，不能一文数事，以免延误办事。

（3）请求结束语，惯用的是"以上请示当否，请批示"、"以上请示如无不当，请批准"，如果是请求批转的，写"以上请示如无不妥，请批转有关单位执行"。

4. 生效标志

在落款处写上成文年月日，加盖公章。

思考与练习

一、注意掌握下列名词术语。

请示　签发人　会签人　多头领导　越级请示　陈述事实　请示缘由　请示事项　事前请示　事后报告　请示惯用结束语

二、阅读请示例文，深入体会写作请示应该怎样陈述理由、说理充分。

三、请示是上行文，是给自己的直接上级行文的公文文种，其功能是请求指示或请求批准（包括批转）。那么，对不相隶属机关，有请求批准的事项，行文时该用什么文种呢？

四、根据撰写请示的要求，指出下文的问题并加以改写。

兴建××镇××公路的用地请示

××县人民政府：

为发展我镇经济，落实《××镇"八五"计划措施》，接通×××至××的公路，加快商品流通，我镇与邻镇××镇经过充分研究讨论，决定共同兴建××公路。属我镇地方范围的路段由我镇建设。

在建造××公路的同时，我镇计划开发公路两旁各 85 米纵深的土地为工业、商业开发用地，工业、商业开发用地面积为 691900 平方米，其中占用水田面积 211900 平方米，山坡地面积为 48 万平方米。

根据测算，我镇兴建××公路总投资为壹仟贰佰万元，我们采取以地筑路、以地养路、引进外资等形式进行发展，望县人民政府和有关部门给我镇××公路及开发用地 691900 平方米，请示批复为荷。

特呈报告。

一九九四年三月 （印章）

※ 首先要用相关法规评析这个请示存在什么问题。一个请示的出台，必须要用党的方针政策和国家法规去衡量，不能违法，也不能用手段蒙混过关。

我们不仅要写好文稿，更要学到正确应用的方法，以提高自己的理论政策水平。

五、下面是一则工厂内部使用的请示，请参考下面的提示，指出其不规范之处，说说应如何改正。

厂办公室：
  最近天气日渐炎热，为保证生产正常进行，特请安置降温设备。

四车间
××年×月×日

  ❈ 按常理，车间同厂办公室并非上下级关系。
  ❈ 请示缘由中的理由不够充分，因为保证生产正常进行的不是降温设备。而降温设备之所以重要，是因为它能改善工人的劳动条件，与保证生产正常进行并无直接关系。
  ❈ 请示事项不完善，车间有多大？容有多少工人劳动？需要多大马力的设备？这些应在请示事项中明确列出。
  ❈ 缺少请示语，成了"下命令"。
  ❈ 降温设备是"安置"还是"安装"？

  六、认真阅读下面这则请示，按照提示内容思考问题，然后修改成更为完善的文稿。

关于建议单独组织机电、双电专业班四、五级工等级考核的请示

市劳动局：
  根据部、省、市劳动部门的部署，我校从1992年起试办机电一体化和电子、电工复合专业班，并自编教学大纲，进行理论教学和实习教学。现在两个班的课程都已基本结束。鉴于目前劳动部尚未颁布复合工种考核等级标准，因此我校这两个班拟不参加全市统一的单一工种的等级考核。建议由市劳动局所属技工考核办公室另行组织复合工种四、五级工等级考核。妥否，请批示。

××技工学校
××××年×月×日

  ❈ 该请示省略了正本公文的哪些组成部分？请一一补上。
  ❈ 原文标题应重新拟定，要准确概括事由，内文同标题中专业名称要一致。
  ❈ 要吃透原请示精神，重新组织行文。要求准确、得当地表达请示缘由和请示事项。
  ❈ 结尾语，是用"请批示"，抑或用"请批准"，应考虑同请示事项相

一致。

七、下面是两篇曾被推为例文的文稿，请你认真阅读，仔细推敲，从精益求精的角度思考并回答问题，指出尚需改进的地方。

××化工厂关于贯彻按劳分配政策两个具体问题的请示

省劳动厅：

按劳分配，是社会主义分配的基本原则，也是社会主义优越性之一。几年来，我厂由于认真贯彻了按劳分配政策，极大地激发了广大职工的社会主义劳动积极性，使得生产率成倍地增长，乃至几倍地增长。

为全面贯彻按劳分配原则，进一步调动职工的劳动积极性，现就两项劳资政策问题请示如下：

一、拟用1990年全厂超额利润的10%为全厂职工晋升工资。其中，1990年4月30日在册职工每人晋升一级，凡班（组）长和车间先进生产（工作）者及其以上领导和先进人物再依次晋升一级；全厂技术突击组成员每人浮动一级工资，组长每人浮动两级工资。

二、拟用1990年全厂超额利润的10%一次性为全厂职工每人增发奖金平均100元，具体金额按劳动出勤率和完成定额计算。

以上请示，妥否，请批示。

××化工厂
一九九〇年十一月十日

（原载《应用写作》，2000年11期"例文看台"）

请回答下面的问题：

1. ×××化工厂是一个经济实体，而省劳动厅则是省人民政府的一个工作部门，它们之间存在着怎样的行文关系？该厂给省劳动厅行文，应选择什么文种（报告、请示、意见、函之中的一种）？

2. ×××化工厂给省劳动厅的请示，找出其请示缘由是什么，其请示事项又是什么？

（1）请示缘由是：

（2）请示事项是：

请考虑：一间工厂，为本厂工人晋升工资、发奖金，该向什么机关请示？该请示事项属政策问题还是具体的行政问题？这种问题向省劳动厅请示，是否得当？还是向自己的直接隶属领导机关请示？

3. 其原文正文开头第一句"按劳……"该不该写？为什么？其第二句"几年来……"有必要写吗？为什么？

4. 其领起语概括为"现就两项劳资政策问题请示如下"，其请示事项是否属劳资政策范畴？如果真的就此问题去请示劳动厅，劳动厅能批准吗？

5. 对请示事项的文字表述有什么不同看法？比如，是谁决定这么做，其依据是什么,等等。

6. 在解决了上述问题之后,请你为××化工厂重新起草一份行文方向正确、文种正确、请示缘由正确、请示事项正确、文字表述有据得体的新文稿。

省经济研究中心关于嘉奖刘××的请示

省总工会:

  我中心是省政府的事业机构,负责全省的经济研究工作。由于中心尚无工会组织,故未能及时参加工会的有关活动。近闻总工会在全省开展评奖活动,故将为我中心刘××同志立功一事请示如下:

  刘××,男,52岁,1964年大学毕业,现为副研究员。该同志长期从事农业经济的研究工作,作出了许多卓著成绩,多次受到领导的好评,并为农业生产创造了显著效益。其中《×××××××》和《×××××××××》两篇论文分别荣获全国农学会一、二等奖,《××× ×××》一书被评为全国科普鼓励奖,其本人已被编入××中青年科学家辞典。

  根据×总发〔19××〕××号文件精神,刘××同志符合立功条件,望予嘉奖。

  以上,妥否,请批示。

省经济研究中心
一九九×年×月×日

(原载《应用写作》,2000年11期"例文看台")

请就省经济研究中心给省总工会的请示进行思考并动手修正:

1. 省经济研究中心是省政府的一个下属机构,同省总工会是什么关系?该中心向省总工会行文,以它们之间的关系,应该选用什么文种才正确?

2. 该请示的行文目的是什么?该中心依据什么向省总工会行文?

3. 依据该请示的行文目的,其行文内容的说服力够不够?还必须送上哪些不能缺漏的材料作为附件随文附上?

4. 依原文请示的写作,指出其请示缘由、请示事项、请求语有哪些不当之处。

5. 请将材料模拟备齐,然后代该中心拟写一份文种正确、表述正确的新文稿。文稿写成后两相比较,然后思考:公文的写作必须据法写作,也必须据理写作,其理其据必须充分体现。最后,结合×××化工厂的行文和××中心给省总工会的行文,总结经验教训。

八、请阅读下面这份请示,然后参加讨论。

××县工商行政管理局关于统一制作烟花鞭炮摊床收费问题的请示
×工商字〔2007〕24号

县政府:

  为加强防火安全管理及消除人身伤害隐患,规范节日期间烟花鞭炮摊床的设置安放,我局拟从 2008 年新年起，统一制作烟花鞭炮销售摊床，编号发放相关业户，并要求常年使用。

根据委托加工厂家的初步估算，每个摊床制作成本为 500 元整，由我局安排技术人员代业户安装到位，并为业户开具正式收费凭证。

以上妥否，请批复。

附件：烟花鞭炮摊床设计、用料及加工价格明细表

××县工商行政管理局
二〇〇七年九月一日

请你动动脑筋，依据案例，试着拟出以下三个方案：

1. 向主管上级领导请示统一制作烟花爆竹摊床收费一事（该工商局的做法）；

2. 就收费一事向县物价局发函联系（有人认为物价局主管商品物价，应该同该局联系批准收费即可）；

3. 该局只做管理不参与收费，委托加工厂家后由业户直接同厂家打交道，价格由业户与厂家协商。

然后讨论：

1. 如果让你选择，你将选择哪个方案？请你从依法行政的角度说出选择的理由和依据。

2. 请你从依法行政的角度说出你不选择另外两个方案的理由和依据。

3. 为了提高自己的应用能力，请你对这三个方案进行比较取舍，注意要从依法行政的角度找出你选择的理由、依据，最后找到一个最具说服力的方案。

※ 这份公文反映了两个方面的事项：一是该工商局准备统一制作烟花鞭炮摊床。这项工作是该局职权范围内的事项，该局有权直接处理。二是需要向业户收费，但收费事项该局无权直接处理，所以向县政府请示。

十二、批复

与其说是学习批复的撰写技巧，倒不如说我们是通过学习批复例文来提高自己办理复文的得体得当的处理方法。在机关，每天都会收到一些请示，需要作出回应，如果不能得体得当地处理，往往会影响办文效果。我们通过对四篇例文的学习，可以体会到处事办文必须注意礼貌，尊重对方，又要将内容讲明白，让人理解、接受，使事情办得顺利，办得好。

（一）例文学习

【例文一】

中共××市委文件

××〔1985〕18 号

中共××市委 ××市人民政府
关于××县县直属机关机构设置和编制总额的批复

中共××县委、县人民政府：

你县《关于县直机关机构设置和人员编制的请示》收悉。根据×政〔19××〕13号文件《关于……的通知》精神，经过研究，对你县县直机关机构设置和编制总额及有关问题批复如下：

一、县委工作部门不要超过7个；县政府工作部门不要超过25个。县委和县政府须设哪些部门，由县根据党政合理分工、政企分设的精神和精简的原则，在上述限额内，按照实际情况自行决定。

二、县人大常委会、政协、纪律检查委员会、法院、检察院和工会、共青团、妇联、科协、机关党委等机构，按照宪法和党章及其他有关规定设置。

三、县直党政群机关编制总额定为470人。编制的使用范围，要严格按国家劳人编〔19××〕193号文的有关规定执行，并应留有机动。

四、县委、县政府各工作部门均为平行单位，机构名称注意规范化，工作部门内部一般不要分设机构层次，一些较大部门需要分设层次的，一律设股，不得设科。

五、改为公司的单位，要真正成为自负盈亏的经济实体，不能搞行政性公司。

六、请将按上述精神确定的县直党政群机关机构设置和编制分配方案，报市委、市政府和市编委备案。

中共××市委
××市人民政府
一九××年×月×日

中共××市委办公室　　　　　　　　　　　　　　　　19××年×月×日印

（共印200份）

这是一则上级党政领导机关联合行文，针对下级机关来文请示事项所作出的批复。

从批复中可以看出，下级机关的机构设置和人员编制是重大事项，必须报请上级党委和上级人民政府批准。

批复是上级机关对应下级机关请示来文的复文，有请示才有批复，有了请示就必须回复,批复是典型的"红头文件"之一。

本批复首先引叙请示来文,以让收文机关明白是对什么请示的批复,接着交代批复依据,再用"经研究"定格,引出批复内容;因批复内容较多,故采用分条叙述法将批复事项逐一交代明白,这样便使复杂的内容条理化。

本批复由于内容涉及下级党政机关,所以由上级党政机关联合发文批复。使用文件格式版头,格式规范,批复的内容其规定性、指示性很强,是下级机关执行的依据。

【例文二】

广东省人民政府

粤府函〔1999〕532号

关于禁止在新丰江水库内搞旅游问题的批复

河源市人民政府:

　　河府〔1999〕73号请示收悉。为实施可持续发展战略,确保新丰江水库水质优良,造福人民和子孙后代,省政府决定,禁止在新丰江水库内搞旅游。现就有关问题批复如下:

　　一、撤掉新丰江水库内奇松岛、伏鹿岛、水月湾(部分)的旅游景点、景物和水库内网箱养殖、旅游小快艇及库边新丰江水泥厂等六个可能造成污染的项目;保留库区万绿湖周围山上不致造成水质污染的观点景点。

　　二、今后,河源市发展旅游应按照"库外游,进山游"的原则,开发以大桂山为重点,以绿色、森林生态旅游为主要内容的观光、特色旅游。

　　三、被撤掉的新丰江水库旅游项目,省政府予以一次性合理经济补偿,全部项目补偿金额共9497万元。补偿款今明两年分三批安排拨付(详见附表)。省补偿的资金在2000年财政水资源费收入中拨出5000万元,其余在2000年省财政预算中列支。今年须拨付的2387万元,由省财政采取预拨的办法解决。

　　四、为加快大桂山旅游项目的开发,同意建设接205国道到大桂山的旅游专用公路。所需建设资金,在明后两年省县通镇公路建设补助计划中单列解决。河源市负责征地拆迁费用,工程的勘察设计、质监和监理工作由省交通厅负责。

　　五、为保证此项工作的落实,河源市主要领导要亲自负责,成立专门的清理清偿工作组,制定详细工作进度。补偿资金由财政专户管理、专户划拨。补偿个体业主的资金,由每一个业主与省清偿工作组直接签收。所有补偿资金均待该项目完全撤掉后方予拨付。具体操作办法由省审计厅会同省财政厅和河源市政府制定,并监督实施。

广东省人民政府

一九九九年十一月十七日

抄送:省计委、建委、财政厅、交通厅、审计厅、水利厅、林业厅、环保局、旅游局

这是一则上级领导机关给下级机关表示不同意下级请求的批复。其批复内容是一般事务，故使用信函格式复文。

广东省人民政府从广东经济的飞跃发展中意识到了环保的重要性和紧迫感，因而在各方面都大大加强了环保观念。本文所批复的省政府决定"禁止在新丰江水库内搞旅游"确实值得各级领导者决策时仿效。

本批复，既有原则的决定，又有具体、切实的措施，充分体现出党和国家的方针政策与实际情况的结合。在批复中，提出五个方面举措，每一条、每一项都渗透着广东省政府领导深入实际，有调查、有研究，善于开拓的工作精神。本批复也是批复行文的典范：在导语中首先引叙来文，接着便精要地表述省府决定的理由，明确表态，接着分项说出各项举措，其言辞得当得体。

【例文三】

国务院办公厅对国家工商行政管理局关于贯彻《食盐加碘消除碘缺乏危害管理条例》有关问题请示的复函

国办函〔1994〕103号

国家工商行政管理局：

你局《关于贯彻〈食盐加碘消除碘缺乏危害管理条例〉有关问题的请示》收悉，经与国务院法制局研究，并报经国务院领导同意，现答复如下：

《食盐加碘消除碘缺乏危害管理条例》（以下简称《条例》）主要是保证食盐加碘和消除碘缺乏危害的问题，所以对碘盐市场中的无照经营、牟取暴利、投机倒把等违反工商行政管理法律、法规的行为及对这类行为的监督处罚未作具体规定。依照该《条例》第五条第二款关于"县级以上人民政府有关部门应当按照职责分工，密切配合，共同做好食盐加碘消除碘缺乏危害工作"的规定，工商行政管理部门应当依照有关工商行政管理的法律、法规，包括1990年国务院发布的《盐业管理条例》，对碘盐市场进行监督管理，对在碘盐市场中的违法行为依法进行查处。

国务院办公厅
一九九四年十一月十日

这是一则由办公部门以复函替代领导机关批复的行文（复函）。

对下级机关的请示，一般用批复行文。但是，有两种情况宜用函复而不用批复：一是下级机关的请示由领导机关的办公部门答复（函复），二是领导授权或转给业务部门处理的答复。本《教程》选入例文三、例文四两篇复函，实际上分别代表了两种不同的处理方式，要注意正确区分这两种情况。

本文属第一种情况。在写法上，使用函的文种。首先引据请示来文，接着交代研究及授权情况，用"现答复如下"领起，针对请示中有关问题进行答复，指出"《条例》主要是……问题，所以对……未作具体规定"，又指出"应当依照……的规定……进行查处"。全文重点突出，清楚明白，能使下级明白如何运作，收到行文的良好效果。在文件的处理上采用信函格式，以显得当。

【例文四】

对《山东省人民政府关于成立齐鲁
（股份）银行的请示》的复函
银复〔1993〕55号

山东省人民政府：

  经国务院办公厅转来的《山东省人民政府关于成立良师齐鲁（股份）银行的请示》（鲁政发〔1993〕8号）收悉。现答复如下：

  根据国务院的改革部署，目前区域性商业银行只限于在广东、福建两个综合体制改革试点省份、深圳经济特区和上海浦东经济开发区试办。

  目前已试办五家区域性商业银行，在促进地方经济发展中发挥了积极作用，也存在不少问题。我行正在就此进行全面调查和总结，尔后，再请示国务院是否有必要扩大试点区域。

  鉴此，目前不便考虑批准成立齐鲁（股份）银行。

中国人民银行
一九九三年三月八日

  这是一则由领导机关转给业务部门处理，并由业务部门替代批复而针对请求事项作出的答复。

  原请示单位将公文送往国务院，国务院将该请示转给了相关的主管部门中国人民银行处理。为此，中国人民银行代国务院回答问题，以其不相隶属关系只能以复函的方式答复原请示单位。

  在写法上采用信函格式、函的文种，十分注意把握分寸：首先交代经国务院办公厅转来的请示，直陈答复。然后叙说国务院改革部署及试办五家区域性银行的情况，再说到待请求国务院将如何办。叙述诸情况之后，水到渠成，便用"鉴此"总括原因，表明"目前不便考虑"的意向。态度委婉、清楚、不容置疑，答复有力。

  请思考，本文能否以函的形式直接向中国人民银行联系提出请求呢？

  须知，凡重大事项必须请示领导机关批准或批示，否则便是越权处事，违背了请示报告制度，因此，其请示必须主送国务院。

（二）批复的用法

  批复是下行文，可以按照下行的文件格式行文，也可以使用信函格式行文。

但是在撰写时要注意与请示来文机关的行文关系：是自己的下级机关来文请示，用批复；如果请示单位不是自己的隶属机关，不能使用批复而应当使用信函格式"函复"；如果仅是就来文作答，可以用"答复"。

（三）批复的写作要求

1. 全面掌握请示的内容

批复是针对请示来写的，要求写作人员认真研究请示的事项是否符合近期的工作需要以及党的方针政策、国家的法律法令等，还要研究请示事项的可行性，是否符合客观实际。

2. 态度鲜明，批复清楚

批复内容是代表上级组织的意见，给下级机关的行动予以指示，形成法定的效力，下级机关需据此而行动，所以批复的行文必须简单明了、准确清楚。对请示的事项哪些同意，哪些不同意，有什么具体要求，都要在批复中讲清楚，不能含糊不清，也不能避而不答；如果是不同意的，要简单地讲清道理。

3. 语言精练准确，篇幅短小

批复的语言要精练准确，简明扼要，语气坚决、肯定，使请示单位一看就明白。批复一般表明态度，提出具体要求，无须长篇叙述和说理，篇幅不宜过长。

（四）批复的结构与写法

批复的结构由标题、主送、正文（批复依据、批复内容、常用语）和生效标志组成。

1. 标题

批复的标题，常见的有两种：一是由机关名称、事由、文种组成；二是由事由、文种组成。前者往往是党政领导机关对重大事项联合发文批复，如例文《中共××市委、××市人民政府关于××县县直属机关机构设置和编制总额的批复》。后者为领导机关对一般事项的批复发文，如例文二《关于禁止在新丰江水库内搞旅游问题的批复》。

2. 主送

批复的主送机关只写来文请示的机关。如果需要第二个单位知晓，宜用抄送的方法送达。

3. 正文

批复的正文由批复引据、批复内容和常用语三项组成。

（1）批复引据，就是在开头引叙来文（先引叙来文日期，然后引叙来文标题，或简述来文的请示事项，然后用括号括上来文号），接着写出依据什么进行批复。如例文一、例文二，分别提出其依据是"×政〔19××〕13号文精神"和"为确保水质优良，造福人民和子孙后代"。

（2）批复内容，一般用"经研究"、"经××同意"、"经××会议决定"、"批复如下"做领起语，然后表述批复的事项。批复内容简单的，可以一气呵成，如果内容较多，便要分条列项，逐一写明。

（3）批复结束语，一般用"特此批复"、"此复"。结语应独占一段，有时可以不用结束语。

4. 生效标志

批复是给下级机关执行的依据，因此，落款要写上年月日，还要加盖印章。

思考与练习

批复是上级机关针对自己的下级机关的请示来文进行答复的行文。学习本文种主要是要"正确、得当、得体"地对"批复"进行处理：上级机关给自己的下级机关用批复；机关办公部门给下级机关用函复或答复；机关其他部门给平行机关或不相隶属机关用函复或答复。要注意得当地使用信函格式。

一、注意掌握下列名词术语。

批复　悉　收悉　函复　答复　原则同意

二、阅读诸篇例文，领会批复、函复、答复的差异及行文特色。

三、批复是上级机关针对自己下属机关的请示而写的答复，批准请求或不批准请求均须答复；对不是自己下属机关的请求则不能用批复行文。请问该用什么文种行文？该用哪种版头？

四、试分析例文三，国务院办公厅为什么不用批复而用复函行文？

五、认真阅读例文四，研究探讨并回答问题：

1. 讨论：有人说，如果山东省人民政府将"关于成立齐鲁（股份）银行"的行文直接主送给中国人民银行，事情或许更能说透，这样做好吗？请说出理由。

2. 国务院办公厅为什么要将山东的来文转给中国人民银行处理？

3. 中国人民银行给山东的复函十分得体，请认真体会。

六、下面是一则针对下级请示而拟写的批复。请仔细研究该文，指出它错在哪里。

××县供销合作社：

你社××发〔1988〕005号《关于供销社简易建筑费开支管理若干问题的请示》收悉。根据供销合作总社、财政部制定的《县以上供销合作社简易建筑费开支管理试行办法》的规定，简易建筑费拨款渠道已经改变。

特此批复。

××市供销合作社

一九九×年×月×日

十三、议案

议案这一文种，一般学生会比较生疏，不少学生往往会对"适用于各级人民政府按照法律程序向同级人大或人大常委会提请审议事项"这一限定产生错觉，认为自己是学生，即使毕业后也不能担任政府首脑，因而用不上，可以不掌握。其实，这是一个很大的误解。议案，不仅是行政机关公文，同时也是人大公文，是人民代表行使权利、人民当家做主的公文。更重要的是，我们通过对议案的学习，扩展到对提案、建议等文种的学习和运用，可以大大提高自己对公文的运用能力。

（一）例文学习

【例文一：重大问题议案】

关于提请审议修改后的国务院机构改革方案的议案

国函〔1988〕×号

第七届全国人民代表大会第一次会议：

根据部分全国人民代表的意见，国务院经研究，在国务院机构改革方案中，拟保留铁道部、交通部和民航局，暂不组建运输部。

现将修改后的国务院机构改革方案送上，请审议。

国务院代总理　李鹏

一九八八年四月七日

这是中央人民政府——国务院向全国人大提请审议的议案。

国务院的机构改革是国家机关的重大问题，其方案应经全国人大审议通过才能实施，所以由国务院总理提出审议原案（地方各级人民政府同样须依法向同级人大提出审议，原案经审议通过后依法实施）。本议案所涉及的内容是修改后的国务院机构改革方案，故议案不必再表述提案缘由，只需说明国务院考虑了部分全国人民代表的意见之后的研究结果"暂不组建运输部"。议案内容只一句话："现将修改后的国务院机构改革方案送上，请审议。"这样就使表述的内容既明确又简洁。

【例文二：立法性议案】

关于提请审议《××省地名管理条例（草案）》的议案

×函〔2007〕××号

××省人民代表大会常务委员会：

　　为加强我省的地名管理，适应城乡建设、社会发展和人民生活的需要，省政府拟订了《××省地名管理条例（草案）》。草案已经省政府常务会议通过，现提请审议。

　　附：《××省地名管理条例（草案）》

××省人民政府省长　×××
二〇〇七年二月二十六日

　　立法性议案主要在两种情况下使用：一是政府机构制定了某项法律或法规之后提请人大审议通过，如《国务院关于提请审议〈中华人民共和国著作权法（草案）的议案〉》；二是某提出机关需建议、请求某行政机构制定某项法规时向人大提出议案，如《关于尽早制定我省普及九年制义务教育实施条例的议案》。

【例文三：任免性议案】

××市人民政府关于×××等职务任命的议案

×函〔2008〕××号

××市人大常务委员会：

　　一、提请任命×××为××市公安局局长。
　　二、提请任命×××为××市计划委员会主任。
　　请审议决定。

××市人民政府
二〇〇八年五月十三日

　　这是一篇人事任免议案，提请人大常委会审议，格式规范，用语精当。

　　任免议案指用于提请审议任免国家机关主要领导人、政府组成人员以及国家驻外机构主要负责人的议案。人事任免在党的组织部门按干部组织条例的要求，经过必要程序后，进入法律规定程序办理，任免议案就是人事任免法律程序的要求。

【例文四：代表团提出建议案】

广东省第六届人民代表大会第五次会议代表议案第 85 号

案　　由：关于进一步加强江河整治工作的议案

提议案人：汕头代表团佛山市代表团　茂名市代表团　江门市代表团　肇庆地区代表团（联系人：黄海流　通讯地址：三水县人大常委会选区：三水县）

理由：

三十多年来，我省江河整治工作已取得很大成绩。但除东江和正在加固的北江大堤和江南北堤等以外，多数堤防仍未达省定分级防洪标准。据 1985 年统计，全省万亩以上堤围 377 条，长 6520 公里，达到设计标准的仅 151 条，2280 公里，仅 35%。加上现在有些地方的行洪滩地上兴建了不少妨碍排洪建筑物，相对降低了现有堤防工程的抗洪能力，远远不能抵御大的洪水灾害。近年来，我省有些地方因洪水灾害使工农业生产遭到巨大的损失，人民生命财产安全受到严重的威胁。例如，漠阳江流域每隔三四年就有一次大的洪水灾害，每次灾害造成的经济损失达几千万元，甚至几亿元。鉴江流域洪涝灾害也十分严重，从 1969 年至 1985 年间，仅茂名范围内受灾面积达 0.385 万亩次，损失稻谷 12.6 亿斤，其中化州县因洪涝灾害平均每年损失粮食达 7220 万斤，相当于全县交售公购粮的数额。

我省这些江河下游或三角洲地区，目前均是我省的重要政治、经济、外贸、文化基础。为了适应国民经济迅速发展和在一定程度上保卫"四化"成果，建议进一步加强江河整治工作，有计划、有重点地分期分批整治一些重要江河是非常必要的。珠江三角洲堤防抗洪能力一般按 20 年一遇洪水设计是经济合理的，也是可行的。但目前绝大多数未有达到。曾根据国家计委计资〔1983〕117 号文关于将"珠江、西江、北江堤防加固"列为国家"六五"建设前期工作计划的重点项目之一的通知，有重点地规设了共捍卫耕地 167 亩、人口 215 万的佛山大堤、樵桑联围、中顺大围、江新联围和景丰联围（含加固旱峡间堤）等五大堤围。佛山大堤实质上是北江大堤向下游延伸，旱峡间堤加固能减轻西江洪水对下游三角洲的威胁，宜优先安排。

根据现有水文资料分析，芦苞以下洪水主要来自西江。经水电部 1985 年 6 月 17 日审定印发的《大藤峡枢纽规模论证会纪要》同意"西北江三角洲地区的防洪标准为百年一遇……广州市防洪标准应进一步提高"。我们认为宜按照防洪标准和上下游统筹兼顾的原则合理选定大藤峡的临时超蓄规模，以便为广州市建立西、北江防洪标准一致的有效防洪体系。

韩江、漠阳江、增江和南渡河等下游堤防，目前抗洪能力较低，中、上游又无水库滞洪削峰，宜根据流域规划复查成果，有步骤、有重点地按标准分批加固堤防，并兴建必要的控制水库如大河水库等工程，以减轻中下游防洪压力，这对稳定发展工农业生产，改善航运条件，都有很大作用。

鉴江支流兴建了 6 个梯级固定拦河坝，加速了河沫淤积，降低了河道泄洪能力，也影响了航运，亦该逐步改建，并加固两岸堤防。西江支流的南江、新兴江、绥江等流域因水土严重流失，已造成河流阻塞航道缩减，港口淤浅，也应逐步整治。翁江等碍航闸坝也应作出规划，结合水电开发进行改建，连江航运梯级也要结合发电进行改造，在计划安排上实行统筹考虑，同步进行。

我省地处季风气候地区，台风暴雨频繁。为保卫和促进"四化"建设，不致因洪水灾害打乱整个国民经济计划的实施，必须加强对主要江河的治理。在大力抓好河道清障的基础上，有重点、有计划地逐年进行堤防加固，兴建必要的大中型控制性水库。设想十年左右把我省主要江河堤围达到设计标准。

办法：

建议省人民政府迅速作出综合整治江河的规划，列入"七五"和"八五"计划，分别先后缓急逐步实施。所需资金、物资亦由省人民政府统筹安排，争取十年左右把我省主要江河整治好。

这是几个代表团联合向省人大六届五次会议提出的议案。依据规定，议案提出后还须大会列入议程，进行讨论、审议和决定。本议案经审议通过后，立案为第85号议案。议案一经审议通过便成为了具有法律约束力的法律行为，各有关单位和个人必须遵照执行。省人大将此议案的实施任务交给了省人民政府。广东省人民政府依照议案要求，采取有力的行政措施，经历了10年的时间，完成了此议案提出的任务；于1996年10月28日写出了《关于进一步加强江河整治工作议案的办理结果报告》；1996年12月3日，省八届人大常委会第25次会议通过决议，批准了省人民政府的报告；省府办公厅于1997年1月3日转发了省人大常委会批准的决议；这份议案终于画上了圆满的句号。

从这个议案的提出、审议、立案、办理、结案等过程，我们可以领悟出议案这一文种的法定功能和威力。

【例文五：人大代表建议】

关于要采取强硬措施限期整治广东水环境污染的建议

李长春书记：

您好！

水是生命之源。广东省的水环境已经到了非整治不可的时候了。20年前，广东的水环境容量还很大。改革开放20年来，我省的环境为经济发展已付出了沉重的代价。现在不少河段水体的污染负荷已超过"纳污能力"，其"环境容量老本"已被吃光。1998年全省仅生活污水就达31.6亿吨，基本上都排入江河。根据省环保局去年对全省33个江段水质状况统计及评价结果表明，水质属于Ⅲ类至Ⅴ类以及劣于Ⅴ类的江段已占51.5%，其中水质劣于Ⅴ类的江段有5个，占15.2%。目前全省大多数自来水厂的水质不断下降，市民对自来水已不够信任。如广州市买清洁水喝的居民已达4万余户，每天到白云山取山水喝的人络绎不绝。粤东的东江、榕江都在承受着历史上最大规模的污染；粤西的小东江、惠州的淡水河水质严重超标，禽畜不敢饮用，经常发生鱼类成批死亡现象。枫江沿岸的村民、惠阳市的不少市民，都到外地背水或不惜成本打井取水喝，群众反映，喝自来水后发病率高。由于水污染而发生的地区之间的纠纷也愈来愈多，如惠州和深圳、中山和珠海、揭阳和潮州、湛江和茂名、广州和东莞、广州和佛山等，其纠纷已到了十分尖锐的程度。

经济发展不能靠牺牲环境而换取。保护环境是社会共同的责任，光靠一市一县的努力是不行的。我们现在如果再不立即采取强硬的、得力的措施，下一步将面临着"多一分污染，就多一分灾难"的形势，广东这个水的"王国"将成为水质性缺水的"贫国"。广东人民将要蒙受巨大损失，我们为此而付出的代价将是惨重的。

近年来，在省委的领导下，特别是省八届党代会把可持续发展确立为我省三大战略之一以后，各级党委、政府加大了对环境保护的力度，全民的环保意识逐步增强，就连中小学生也举起了"救救母亲河——珠江"的环保旗帜。但是，我们与北京治理空气污染、上海治理苏州河的决心相比还差很远。为实现"增产不增污"，我们应像北京、上海一样积极行动起来。

建议从现在起就立即采取如下强硬措施，以控制我省水环境的继续恶化：

一、加速实施省人大颁布的"珠三角水质保护条例"。珠三角以内的市、县和汕头、潮州、茂名市，必须在三年内将其污水处理率分别提高到50%和40%以上。

二、望省政府能尽快批准全省城市收取污水处理费的规定并颁发实施。

三、各市、县在三个月内将所辖范围内之工业厂家的水污染情况和污水设施运转情况进行一次全面调查，并促使所有污水处理设施全面地、持之以恒地运转起来。

四、立即修改有关规定，使排污罚款的金额能等于或高于污水处理费用，以彻底消除污染。企业宁肯接受罚款，也不肯正常运转污水处理设施和偷排污水的行为。

天地转、光阴迫，一万年太久，只争朝夕。尽快解决以牺牲环境为代价来发展经济的问题，已刻不容缓。

专致

近安

省人民代表：陈之泉等13人
一九九九年三月二十三日

这是广东省人民代表陈之泉等13人联名给省委书记李长春提出的建议。李长春书记接到此建议后，作出以下批示："此建议很好，在环境保护工作中，近期要把水的问题列为重中之重，请政府就几个具体意见认真研究，抓紧决定"。可见，一个好建议便能起到十分好的作用。

人大代表建议是人民代表代表人民参政议政、对人民负责的专用文书。作为一名人民代表，必须倾听人民反映，积极调查研究，积极地将群众的心声反映给人大。

撰写人大代表建议，要使用"人民代表大会代表建议、批评和意见专用纸"。这种专用纸由各级人大预先印制好，内容有建议文头、建议正文、处理意见、注意事项、建议附页等项。

【例文六：政协委员提案】

题　目：为适应入世后的人才竞争，应加速高等教育的体制改革、制度创新

提案者：张启人委员

具体案由及建议：

2001年10月18日，江泽民主席在APEC工商领导人峰会上发表演说时指出："中国加入世界贸易组织，标志着中国的对外开放将进入一个新阶段。中国将在更大范围和更深程度上参与国际经济合作与分工。"2001年11月底召开的中央经济工作会议明确指出："对入世带来的挑战要有足够的估计。能否把有利条件用足，把不利影响减少到最低限度，关键在于我们自己的努力。"

毋庸讳言，入世带来的最大挑战乃是大面积、全方位、广幅度的经贸竞争，并进而反映了或激发着综合国力的竞争。然而，早在1998年全国"两会"期间，江泽民主席就曾说过："当今世界的竞争，归根到底，是综合国力的竞争，实质则是知识总量、人力素质和科技实力的竞争。"可见，入世后首当其冲的较量就是人才，就是高素质人才。正如2000年11月底召开的中央经济工作会议所着重指出的："做好加入世界贸易组织的各项准备工作，迎接对外开放新阶段……抓紧培养一大批熟悉世贸组织规则、适应竞争需要的高素质专业人才。"

广东省培养高素质人才责无旁贷的主角自然是高等院校。然而，谁都无法否认，我省高校除经费长期严重不足外，也还存在一系列亟待解决的问题。这些问题有的属于历史遗留下来的；有的受某种传统观念的束缚而尚难自拔；有的无疑是计划经济下的教育体制残余作祟。总的看，并非教育行政管理部门一家的事，也许更多地涉及高等院校本身，涉及我省2万多高校专任教师，涉及在第一线科研和教学日夜拼搏的教授们。1994年6月14日江泽民同志就已指出："振兴民族的希望在教育，振兴教育的希望在教师。教师是人类灵魂的工程师。"又说："高等教育要通过改革，进一步提高教育质量和办学效益。"处于入世后带来的、对人才培养严峻考验的今天，江主席的这一席话有着更加深远的时代意义。

具体来说，广东省的高校是否可以在近期展开讨论，落实以下几件当务之急：

1. 高校的学分制是否可以成为积极的体制创新的促进因素，让原先规定的"四年制"或"五年制"变得灵活一些？也就是说，学分不仅是一种统计工具，而是货真价实地成为促进教与学的杠杆。学生不论学年而论学分，念满规定学分就能（或才能）毕业。大量增设高学分的选修课、名师课、骨干教师课，形成校园里一片读书声和营造一种追求真才实学的氛围。对于教师来说，学分应当与"工分"挂钩。同一门课，上课质量不同的老师的"工分"也要不同。

2. 倒立的"金字塔"式的教学安排可以休矣。要让最高水平的教师给刚刚入学的本科生、研究生上课，不但要为他们未来的学习打好基础，而且启发他们为科学献身而发挥自我潜能和天赋。高校教学过程是否宜迅速向培养人才的三个主攻方向发展，即务必要把能适应入世的人才培养成综合型或通才型、个性型或特质型、开拓型或创新型。"创新是一个民族进步的灵魂，是一个国家兴旺发达的不竭动力。"江主席这一段话道出了人类有史以来社会发展的内在规律，也恰恰是当前高校体制创新中应当深刻领会的准绳。发挥高素质、高水平教师的积极性，同时也是发挥了大学生的学习积极性。教学相长，教研互动，才能培育出国家急需的创新人才。

3. 教师职称评定也好，研究生学习过程中的要求也好，或是对教师的考勤成绩也好，都限制要在核心或著名学术刊物上发表论文若干篇。可是，一方面，所谓核心期刊其实是由北大图书馆组织的、主要图书馆专行的专家们所评定，难免有失偏颇；另一方面，广东省的主管部门并没有去有意识地"建树"或"培育"几种、几十种、上百种高水平的学术刊物。经核心期刊评定者的"倾斜"，北京、上海的这类期刊竟是广东省的数十倍！苦了我们的年轻教师和研究生，为了争取到发表机会，往往不得不投往京沪，又不得不"一掷千金"地捧上"发表版面费"。即使非核心期刊，我省有的学科甚至连一种也没有（管理科学领域即属纯空白地带）。为此，在这里吁请教育部门是否能会同科技部门、出版部门迅速填补这一空白？

4. 高校的领导正在迅速向高学历、高职称、高智能发展，这是一件大好事。这意味着我省的高校领导层也正在飞跃。然而不无遗憾的是，为什么一进入领导层就非脱离"生产"不可？本来是"二十年寒窗苦"地熬到了博士、教授，原可在学术上给国家做出更大的贡献，却被那些"文山会海"惨遭"灭顶之灾"，岂不可惜？是不是应当形成制度，所有这一类领导都应当"不下火线"，规定他们必须完成的"学分"数或科研成果。这样做，既有利于领导深入下层，体验生活；更有利于削减文牍，避免滋生新形式的官僚主义。其实，入世要跟外国的高校竞争，首先要在领导作风上看齐。在发达国家，几乎找不到作为专家的高校领导是脱离教学科研去当一个纯粹的"干部"的。

5. 全国1999年开始扩招。3年里分别扩招了52万、110万和142万。到2005年要把大学在校生增加到1600万人。如此喜人的形势背后隐藏着一个危险信号，即可能发生学生质量下降。要避免这一情况的发生，关键在于教师，在于师资水平的迅速提高。这里随之而来的问题就是一方面鼓励教师们的知识更新，一方面为他们的知识更新创造条件；另一方面要在制度创新的前提下出台某种奖励制度。

6. "千百十工程"已大见成效，值得高兴。然而我们需要有更广泛、更普遍的"传、帮、带"运动。本来，这是从西方学来的、极好的培植后起之秀的办法，50年代一直是高校普遍推行的"一条龙"连锁式培育后继师资的优良传统，不知到哪一年便戛然而止了。现在，不要说讲师向老教授请教或听课，就算是刚刚毕业的助教也是拿到教材就上了讲台，甚至一年多的准备期也取消了。长此以往，教学质量伊于胡底？

以上几个方面的意见，也是建议，希望省有关领导亲自过问或指定有关部门召集各方专家深入讨论，务必在短期内得以改善、创新。

这是一篇文章式提案，除首部的"题目"、"提案者"、"具体案由及建议"作为项目外，同一般文章无异。题目就是论题，是提案人要阐明的中心。"具体案由及建议"就是提案的中心内容。

写作一篇提案，犹如写作一篇议论文，要明确中心论点，还要用足够的论据证明论点的正确性和可行性。有的提案还要提出实施的具体意见。

（二）议案的用法

撰写议案是一件十分严肃的公务活动，是提议案人依据法律规定的职权范围，向人大提出议案。

人民代表提出议案必须达到法定的人数，在法定的期限提出。议案一经提交大会审议通过，便具有法律效力；未通过审议的议案，作为建议处理。

（三）议案的写作要求

1. 议案写作前，要深入调查研究，找准议题，缜密思索，准备好事实情况、政策、法规依据，群众要求与呼声等方面的材料。

2. 写作上要做到事实准确，引据合理，建议具体，措施有力。有的议案还要准备好附件材料供审议参考。

3. 凡提出议案均必须坚持一文一事，利于研究、审议。

(四)议案的写法

议案有两种形式:公文式和表格式。法定机构议案多采用公文式议案,并以函件正本形式在一定期限内提交给人大。代表议案由撰写人自选,可以用公文式,也可以用表格式。

1. 公文式议案

公文式议案的结构由首部、正文、附件和落款四个部分组成。

(1)首部。由标题、发文字号和主送机关组成。

① 标题。议案的标题同其他公文标题一样,由发文机关、事由、文种三要素组成。要注意简明、准确地概括议案事由。如《国务院关于提请审议兴建长江三峡工程的议案》。"国务院"是发文机关,"关于提请审议兴建长江三峡工程的"是事由,"议案"是文种。

② 发文字号。由发文机关代码、年号和序号组成。

③ 主送机关。指审议议案的人民代表大会或常务委员会。在发文字号下一行顶格写受理、审定议案的人民代表大会或人大常委会名称,后加冒号。

(2)议案正文。这部分是议案内容的具体体现,包括案据、方案、结尾三项内容。

① 案据。案据就是立案理由,是指提请本议案的起因、目的和依据。这部分既要充分有据,又要简明扼要。

② 方案。方案是指提请审议的议案具体内容或条款。这是议案提出的意见和建议,要写明对提请审议问题的解决途径和办法;制定或修订法律、地方性法规的,应提交草案作为附件;建议批准采取有关行政手段时,要提出符合实际、切实可行的解决问题的方法,或有针对性地提出改进措施、今后打算、努力方向及奋斗目标。

③ 结尾。结尾就是指正文部分结束时所用的提请要求。这是议案这一公文格式所要求的程式化用语,一般用"请大会审议决定"或"现提请审议"这类语言。

(3)附件。附件是议案公文的重要组成部分。议案常见的附件是随议案颁发的法律或地方性法规草案。有两种以上附件时,应标明顺序号和名称,不能只写"附件×件"或"附件如文"等。

(4)落款。落款就是在文尾签署和年月日两项内容。议案按规定由政府行政首长签署而不署政府机关名称。首长署名要盖名章,以示负责。

首长于正文右下方签署。签署之下,以行政首长签发的日期作为成文时间。

2. 表格式议案

表格式议案是供人民代表大会代表专用的议案。如下表所示。

（首页格式）

××省××市××县第×届人民代表大会代表议案
第　　号

案　　由				
提议案人姓名或代表团名称				
联系人		代表团		
提交议案时间			年　月　日	
议案全文				

（末页格式）

第　号

提议案人

姓　名	选　区	通讯地址及电话号码	所在地邮政编码

（1）案由。即议案标题。一般用一句话概括议案主旨或主要内容范围，即新闻式单标题；也可以采用公文式标题，写成如"关于×××的议案"。

（2）提议案人姓名或代表团名称。若是某组织机构提出的议案，则填入全称或规范简称。若按法定人数代表联名提出议案时，领衔提出议案的代表姓名写在此栏，后写明"×××等××人"，并在表格末页"提议案人"一栏逐一列出代表姓名，且领衔提议案者排在第一名。

（3）联系人姓名及所在代表团。应填写清楚，以便联系。

（4）议案全文。其写作内容、要求与公文式议案一样。

（5）提交议案时间。填写具体的年月日。议案必须在大会主席团规定截止日期前提出。

填写表格式议案时，用钢笔或毛笔书写，字迹要清楚，不能潦草，要注意不写不规范的字。若字迹不清的，要请代表团工作人员代为誊清。一般由代表本人填写；书写有困难的，可由大会工作人员代写后，经代表签名认可。

思考与练习

学习议案文种要正确区分议案与提案、建议的区别，不仅要认识和掌握行政机关公文的议案，更要认识到议案与人大公文的联系，相关法律的规定与运作的法律程序。

一、注意掌握下列名词术语。

议案　法律程序　提请审议事项　大会主席团　人大专门委员会　法律效力　议案的承办单位

二、通过阅读例文，体会议案在党同人民群众、人民政府同人民群众之间起着怎样的作用。

三、议案办理的法定程序是怎样的？请具体弄清楚其办理程序。

四、人大代表提出的称为议案，政协委员提出的称为提案，职工代表提出的称为建议。有些机关单位在召开职工代表大会时，称职工代表提出的建议为"议案"，这种称谓对不对？有没有法律依据？

五、请复习议案的文种辨析，再次思考议案、提案、建议的区别。

六、分别从下列不同人员的角度去理解、领会对待议案应持的态度：①人民群众；②人民代表；③机关干部；④政府首脑；⑤经办议案的人员。

七、试以自己身边发生的问题，经过自己调研，向能解决该问题的机关写建议书。

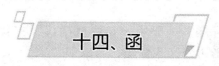

十四、函

函，是使用频率很高的一个公文文种。但是在公文的处理、运作方面也是很容易出错的一个文种。首先是公函与便函有别；其次是函与信函格式的分别；还有与其他文种相比，应如何做到尊重对方、得当得体行文的分别。这些种种区别，都必须通过多阅读函的例文方能领会函的正确用法与写法。

（一）例文学习

【例文一】

××市人民政府

×函〔19××〕×号

××市人民政府关于在京山铁路压煤改线
××站建立交桥的函

×××委员会：

京山铁路压煤改线×××工业站，位于我市×县××镇。由于该站的建设，原有的×××站西侧的平交道口按设计要求将要封闭，这样就阻断了沟通南北三乡一镇的交通要道，给乡镇企业和商品经济的发展造成了困难。另外，铁路以南五个村的大面积耕地在路北，由于铁路所阻，给群众的生产生活造成了很难克服的困难。工业站的设计在DK308+893处虽有一座净高2.5米、宽6米、长220米的单孔立交兼排水涵洞，但因纵深太长，宽度较窄，高度很低，农机车辆不能通行，农忙秋收人畜难以通过。为此，请贵委员会给予照顾，在DK308+430处（原×××站西侧的平交道口处）建立交桥一座，以适应当地生产和需要。

可否，盼复。

××市人民政府
一九××年×月×日

抄送：×××计划局，基建总局，×××铁路局，×××第三设计院，省支铁办。

这是一则商洽函。××人民政府与×××委员会是不相隶属机关，由于对方施工，给当地群众造成了不便，于是由政府出面向对方发函联系。

此函以政府机关名义行文，十分得当得体，显示出对商洽问题的重视；在文字上，叙事准确，说理明白，所提出的要求切合实际、十分合理，"请"、"贵委员会"、"给予照顾"、"以适应……需要"等的使用，切合商洽要求。

【例文二】

××省人民政府关于设立
青岛石老人国家旅游度假区有关补充情况的函

×政函〔1992〕×号

国家旅游局：

今年1月28日，我省以×政发〔1992〕8号文上报国务院，申请设立青岛旅游开发区，国务院办公厅已批交你局审查提出意见。根据你局5月16日的来函，现就有关情况补充说明如下：

青岛石老人国家旅游度假区，1984年开始开发建设，目前，除基础设施比较齐全外，已建成投入使用的设施有合资宾馆、游乐场、夏令营基地、海水浴场等，正在建设的还有"高尔夫球场"、"弄海华园"等。今年以来，还与14家外商签订了25亿人民币的合资建设项目，不少项目已超出了原38平方公里规划区的界限，×政发〔1992〕8号文件中上报的规划面积已不适应国家旅游度假区建设的要求。为了突出青岛石老人国家旅游度假区的特色，确定将"海底世界"等重要旅游设施项目纳入度假区，申请将青岛石老人国家旅游度假区起步阶段的规划陆地面积确定为108平方公里，规划面积调整为18平方公里。请贵局在研究审批青岛石老人度假区时一并考虑。

××省人民政府
一九九二年九月二日

这是一则追报补充材料的函。原请示送国务院，国务院将该请示转给业务主管部门处理。在审批过程中，尚有某些不明了之处，于是国家旅游局发函联系。这是原请示单位××省人民政府据来函要求，对原请示进行补充性说明的答复。

由于需要叙明前因，让对方明白追报补充的材料是怎么一回事，所以本文开头必须交代起因及来函之说。领起叙说补充说明之后，依据来函之问进行回复及补叙。全文交代清楚，补充得当，语言得体，表意准确。

【例文三】

××省人民政府办公厅
关于申请将省行政首脑机关办公决策服务系统
建设经费列入省财政预算的函

×府办函〔19××〕206号

省财政厅：

为提高行政首脑机关的办公效率，以适应加快改革开放的需要，国务院办公厅于今年5月下发了《关于建设全国行政首脑机关办公决策服务系统的通知》（国办发〔1992〕25号），决定"经过三五年努力，基本建成以现代计算机和通信技术为主要手段的全国行政首脑机关办公决策服务系统"，并规定各级系统建设所需经费由同级财政解决。

根据国务院办公厅的部署，我省于今年10月召开了全省政府系统办公自动化工作会议，确定用3年左右时间，建成我省行政首脑机关办公决策服务系统，并制订了《全省行政首脑机关办公决策服务系统建设总体方案》。经测算，建设省级行政首脑机关办公决策服务系统约需经费人民币600万元，特申请将其列入省财政预算，并要求今年拨付200万元，明后两年每年再各拨200万元。请予审批。

附：××省行政首脑机关办公决策服务系统建设经费概算表

××省人民政府办公厅
一九××年×月×日

这是一则申请财政预算项目的函。

省人民政府办公厅根据上级的部署需要建设办公决策服务系统，制订了实施方案，需要列入省财政预算才能拨款，于是发函提出申请。

其行文，主旨明确，首先说明目的意义、项目依据、实施步骤、方案，提出申请数额，最后"请予审批"。审批内容是附件。全文有理有据，叙述清楚，层次分明，附件得当。在行文中，处处体现了对受文机关的尊重，措词得体。

【例文四】

梅州市化工原料公司关于请求批准在官汕路
宁江桥头兴建办公营业大楼的函

梅商化〔1987〕19号

兴宁县城乡建设委员会：

我公司经市计委〔1987〕83号文件批准，兴建一幢办公营业大楼。该楼由梅州市设计室设计，兴宁城建工程队施工，第一期工程总造价48万元，资金来源属于自筹。该楼拟建于兴宁官汕路宁江桥头北边，建筑面积4086平方米，占地面积6000平方米。楼址：东至骆屋队水田，西至宁江东堤，南至官汕路，北至本公司家属宿舍。建筑物高八层，框架结构，座北向南。请准予作永久性建筑兴建。

附件：一、梅州市计委〔1987〕83号批文
二、办公营业大楼设计施工图纸

梅州市化工原料公司
一九八七年十月七日

这是一则请求批准函。不相隶属机关、平行机关，需要向有关主管部门请求批准的事项，需要越级请示的事项，用请求批准函。本文是不相隶属机关行文，其标题得当，准确概括了事由，选用文种正确；行文简洁，语意明确，措词得当。

【例文五】

××省科学技术委员会办公室
关于询问贯彻全省科学技术工作会议情况的函

×科办〔200×〕×号

各市科委：

全省科技工作会议自今春召开至今，已有半年。为了互通情况，并为使我省科技事业更好地为改革开放、为发展社会主义市场经济服务，希针对下列所询问题，将你市有关情况于9月底前报省科委办公室。

一、省科学技术工作会议后，采取了哪些措施进行贯彻？

二、在此半年中，有何科学发明和科技革新？效果如何？

三、在开展科学研究和科技交流方面曾遇到过哪些问题？如何解决？现在存在哪些问题？哪些问题需要我们帮助解决？

××省科学技术委员会办公室
200×年×月×日

【例文六】

关于批准录用×××等4名同志
为国家公务员的函

×人录〔200×〕×号

省安全厅：

你厅《关于拟录用2002届大中专毕业生的函》（国安〔200×〕××号）收悉。

根据中共××省组织部、××省人事厅《关于部分省级机关从200×年应届高校、中专毕业生中考试录用国家公务员和机关工作人员的通知》的规定，经考试、考核合格，批准录用×××等4名同志为国家公务员。

特此复函。

附件：录用人员名单

××省人事厅
200×年×月×日

这两则函分别是询问情况的发函和批准录用公务员的复函。两函均做到了就事直陈，开门见山，明确简练的要求，请细细品味，对比一下"假、大、空、套"的不实语言，学习行文用语的平实、精当、简明、干练的文风。

【例文七】

关于印发《全国建设工程质量监督座谈会纪要》的函

建质质函〔2007〕102号

国务院各有关部门建设（计划）司，各省、自治区建设厅，直辖市建委，各计划单列市建委（局），新疆生产建设兵团建设局，山东、江苏省建管局，总后营房部工程局：

全国建设工程质量监督座谈会于2007年11月23日在深圳市召开。现将《全国建设工程质量监督座谈会纪要》印发给你们，供参考。

建设部工程质量安全监督与行业发展司
二〇〇七年十二月十日

这是一则以函为载体印发会议纪要的发文。发文机关与收文机关是不相隶属的平行机关。请结合纪要例文认识纪要发文的三种方式。

【例文八】

广州市质量技术监督局

穗质监函〔2012〕779号

广州市质监局关于报送9月份市政府重点工作第21项贯彻落实情况的函

市经贸委：

根据市府办公厅《关于调整2012年市政府重点工作责任分工的通知》（穗府办〔2012〕15号）的要求，现将我局协助你委办理的第21项"制定出台民营经济发展实施细则，支持民营企业和中小微型创新企业发展"9月份工作情况函告如下：

一、继续推进质量强市工作，营造有利于民营和中小型微型企业发展的基础。按照《贯彻实施质量发展纲要2012年行动计划》的要求，经过专家组资料审查和现场答辩论证，9月25日，广州市获准国家质检总局首批创建"全国质量强市示范城市"，是唯一获准开展创建的国家中心城市，为质量强市工作搭建了更高、更好的平台。各区继续推动质量强市（区）工作深入开展。萝岗、海珠、白云、花都等各区（县级市）先后召开了质量强区工作大会，总结经验，部署工作任务。海珠区还对获得2011年度广东省名牌产品、著名商标企业进行颁奖，对标准化成绩突出单位进行资助。通过深入推进质量强市（区）工作，进一步营造政府重视质量、企业追求质量的良好氛围。

二、搭建平台，为我市民营和中小微型企业发展创造环境。积极为民营企业和中小微型创新企业发展搭桥铺路，认真落实"广货网上行"部署，动员省名牌企业、名牌培育企业参加"广货网上行"活动，集中展示我市优势企业产品和形象。各区结合实际出台扶持政策，为民营企业和中小微型创新发展创造环境。白云区委区政府联合发布《印发〈关于扶持企业发展促进产业转型升级的若干措施〉的通知》，每年安排200万元专项资金用于质量强区工作以及对名牌、政府质量奖、技术标准、计量管理四方面质量工作进行奖励资助，这是该区2005年发布名牌驰（著）名商标奖励办法以来的第5个包含对质量进行奖励资助的政策文件。

三、继续落实有关优惠政策，积极为企业减轻负担。落实省财政厅、省物价局《关于减免缓征部分企业37项行政事业性收费的通知》精神，对符合条件的小微型企业、外经贸企业、战略性新兴产业和省级转移园区企业，申请工业产品生产许可证实施享受减免收费政策。结合到民营、中小微型企业进行日常检查、上门服务和宣传时机，主动向企业宣传具体条件和办理程序。本月受理并减免7家小微型企业生产许可证审查费15400元，把优惠政策落到了实处，受到企业的欢迎。积极协调省局和认证机构，落实降低小微企业强制性认证费用的扶持措施。

四、加大宣传培训工作力度，引导企业提高质量管理水平。充分利用质量月集中宣传时机，通过电视、网络等各类媒体，通过讲座、研讨等形式，向企业宣传质量法律法规和质量管理知识，提升企业管理者的质量意识和管理技能。把广州"志愿者驿站"作为质量宣传阵地，向企业和消费者开展义务咨询，营造了政府重视质量、企业追求质量、社会崇尚质量、人人关注质量的氛围。各区有计划的组织开展法律法规、质量管理、生产许可、标准、计量等培训。番禺区举办了质量月宣传活动暨食品标签国家标准免费培训班，辖区食品生产企业标准化工作负责人169名参加培训，举办企业标准实施监督员培训班，免费为31家中小企业培训标准实施监督员37名。增城市举办质量培训班，召开汽车用制冷剂、危化品包装容器产品质量安全分析会，为42家企业宣贯了相关法律法规，分析产品质量状况、增强企业主体责任意识。

五、结合日常监管和专项整治，促进企业质量提升。结合生产许可证受理、监督抽查后处理、日常巡查及专项整治等工作，及时将国家有关政策法规和产品标准送到企业。加强产品质量监督抽查及不合格产品生产企业后处理工作，目前共抽查了2342批次，不合格产品发现率10.03%，督促不合格生产企业落实整改，对情节严重的依法查处，督促企业落实质量主体责任。

专此函达。

广州市质监局
2012年10月10日

（联系人：林××　联系电话：832×××××）

这是一份报送文件的函。依行文规则，与不相隶属机关行文，使用函，并以函件格式行文。

广州市质监局与市经贸委是平行机关，但市经贸委级别要高一些，为了尊重对方，行文标题使用"报送"而不用"送"，很得体。

（二）函的用法

使用公文文种函，应按照国家行政机关公文平行文的信函格式撰写。要使用与之相适应的公文版头，将发文字号置于红色横线之下、标题之上的右侧，首页不标识页码，文末要使用信函格式的版记。

坚持一事一函，方便对方研究、处理、答复。

文字要简洁明了，让对方一看便明白清楚。

语言得体，谦逊礼让，尊重对方。

（三）函的写作要求

撰写公文文种的函必须同便函严格区别。

所谓便函，就是没有按信函格式的要求设计，不用公文版头，制发不用经过公文的制发程序，仅用机关信笺纸写就内容，盖上公章的便条式的函件。便函不是公文，而是机关事务文书的一种，因此，便函只能用于一般联系，如果用作公文来办事，特别用于请求批准，是不严肃、不规范的，因为它根本不是法定公文。法定公文是按法规规定使用信函格式要求按公文制发的程序制作，其格式符合规范要求，用专门的信函格式，有发文字号，而且必须置于红色横线之下、标题之上的右侧。

（四）函的结构与写法

函的结构由标题、主送、正文、生效标志四个部分组成。

1. 标题

函的标题，要注意规范化。宜分发函和复函两类，各有不同写法。发函的标题有两种写法，一是"完全标题"，即由单位名称、事由和文种组成，如《××市人民政府关于在京山铁路压煤改线××站建立交桥的函》。二是省略发文单位，仅由事由和文种组成，如《关于请求批准在官汕路宁江桥头兴建办公营业大楼的函》。复函的标题，也有两种写法，即所谓四项式标题，如《国务院办公厅关于同意国家质量监督检验检疫总局在局徽上使用国徽图案的复函》；三项式标题，如对《山东省人民政府关于成立齐鲁（股份）银行的请示》的复函，省略了发函机关名称。

2. 主送

函的主送单位，要注意写全称，不可随意写简称，以示对对方的尊重。

3. 正文

函的正文，一般有开头、主体、结尾三个层次。

（1）开头。发函，首先要写出发函的缘由，或目的式开头或根据式开头，依实际情况而定，但不能不交代目的、原因而直叙事项，否则会让人不知所云。如果是复函，要首先引叙来函文号及标题，让对方一看便知或依引据查找出发函对照，如果不引叙来文，会让对方收文后摸不着头脑。

（2）主体。说明要联系、要询问或要答复、要请求的事项。要将事项表述清楚。要注意语言得体、礼貌，尊重对方，不要用指示性语句，如"必须"、"应该"、"注意"之类。

（3）结尾。按行文目的，在末尾另起一行写"特此函达"、"特此函复"、"可否，请函复"。

如果是请求批准的发函，要在附注处注明联系人和电话。

4. 生效标志

函也是正式公文，要注意端庄、严肃地使用公文生效标志。

思考与练习

学习公文文种的函，要注意区分好两个相似而不能混淆的事项：一是公文文种的函（称为"公函"）要与"便函"①正确区分；二是公文文种的函是公文的文种之一，要与公文格式的"函件格式"正确区分。

一、注意掌握下列名词术语。

商洽函　询问函　答询函　答复函　告知函　批答函　完全标题　四项式标题　三项式标题

二、通过阅读函的例文，体会应怎样写好发函依据，怎样交代目的，如何转入主体部分。复函应怎样写引据，怎样针对来函进行答复。

三、函，是书信的意思。但是，公文文种的函，并非一般书信，而是公文的一个文种，而且它的使用，必须与信函格式配套，其制发程序已由法定程序限定。因此，每当公务需要使用函行文时，要十分注意不能将公文的函和便函相混淆。

请你用所学知识分析下面这则公文，并回答问题。

××市统计局关于请求拨款的函

市财政局：

我局原有 132m² 砖瓦结构车库（平房）一处，因年久失修，于今年雨季突然倒塌，急需修复。经测算，共需资金 30 万元。因我局除财政拨款外无另外资金来源，故请能予临时拨款为盼，以便解决车辆越冬之急需。

以上，望关照。

附：维修图纸与预算

××市统计局
一九九七年八月八日

1. 这是一份向平级机关请求拨款的函，有人说原文"理由充分"，你怎么认为？

2. 市统计局和市财政局同属市人民政府的工作部门，要求拨款 30 万元，这种函的行文可以这么简单吗？分管领导是什么意见？车库需要怎样修复？面积、结构、质量等是否需说明？

3. 该函的结尾是否规范，应该怎样才规范？

4. 从原文的表现上看，它根本就没有使用信函格式发文，没有发文字号，不用规范的书写格式，好像是用单位信笺纸书写的便函。文稿没有经过公文的制发程序，不然，那么不规范的结束语，审核人、签发人会发现不了？该函作为公文，其版式必然要使用规范的信函格式，一定会排上发文字号（不使用信

---

① 便函——是指党政机关人民团体企事业单位在向外联系时，使用机关信笺，经办人不用按照公文发文程序、不用按照公文版式和书写规范书写联系内容，盖上公章便发出去的简便行文。便函不是公文，只能是机关事务文书的一种。

函格式、没有发文字号，对方如何处理、回复），不用信函格式不就是一般书信了吗？能用一般书信申请30万元的拨款吗？请参阅例文三，领会函的行文应如何做到叙事明白、说理透彻、措词准确规范。

5. 该函的附件有什么问题？按规定，附件必须一件一件分列清楚，其图纸和预算是同一件吗？

6. 请代××市统计局重新拟写一份请求拨款的函。

四、请指出下列公文标题错在哪里。

1. ××乡人民政府给县财政局的《关于解决修路所需经费的请示》
2. ××县电业局给县直各单位的《关于近期停电的通知》
3. ××市教育局给县政府《关于调整县职业教育结构的批复》
4. 关于对《××市房产开发管理暂行办法》修改意见的函
5. 《××市水利局关于申请人员编制的请示》（主送市人事局）
6. 《××市财政局给省财政厅的询问函》
7. 《关于催报、贯彻全国方便食品科技会议精神的函》（省商业厅主送某市商业局）

五、请根据以下材料，代××市塑料二厂拟写一份公文。发文号自拟，发文日期酌定。

1. ××市塑料二厂购买了××市海威企业有限公司组装生产的"TK—89"型自动考勤打卡机，两年来，使用良好。但近来发现打印出现断痕，造成"3"、"6"、"8"、"9"等字难以分辨，估计是打印头断针。该厂在本市寻找多家电脑维修站（店），均说无此配套打印头。该厂在找不到该产品维修部又无生产厂家电话号码的情况下，只好致函海威企业有限公司，询问在本市就近有无维修部、如何递交修理、维修费用是多少、以什么方式付款。

2. ××市海威企业有限公司接到上题××市塑料二厂来函后，认为搞好售后服务是企业的命根子。该公司已有好几种类型的产品打进了××市市场，但在××市尚无维修网点，为了稳定市场、开拓市场，建立信誉，应尽快在××市建立维修部。于是作出决定：派出售后服务部经理，领一名技工前往××市上门维修，然后在该市找到适当的合作者，设立"××市海威企业有限公司产品售后服务部"。

请参酌其内容，代该企业拟写一份复函给××市塑料二厂。发文号自拟，发文日期是收文的第三天。

六、认真阅读下面两份函件原稿，依据自己所学的知识指出其存在的问题，然后进行修改。

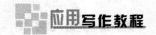

××第一变压器厂
关于抓紧归还劳动服务公司借款的函

你厂于一九九五年一月，从我厂借去资金十三万元，作为你厂劳动服务公司开办费，当时双方讲好年内一定偿还。目前已经是九六年一月了，我厂正在编制九五年的财务决算，为使我们能及时搞好各类款项的清理结账，要求你厂务必将所借之款于1月20日前归还我厂，切不要一拖再拖，给我厂财务工作的顺利进行带来不应有的困难。
此致
敬礼

一九九六年一月十日（印）

关于商请历史教师的函

××市第×中学教导处：
为了迎接全市统考，我们开办了职工业余学习高中班，所有学科的教师均已配齐，只有历史教师无人担任，特商请贵校支援一名历史教师。开课时间临近，请速复函为盼。

××市第××中学
××××年×月×日

七、请阅读下面这份函，思考后回答问题。

××县工商行政管理局关于新增合同制市场管理人员
着装经费问题的询问函
×工商〔2000〕39号

市工商行政管理局：
根据市局2000年8月25日通知精神，我局经考试招聘录用合同制市场管理人员共8名，目前正参加市局统一举办的培训班学习，预计年底结束培训，明年初正式上岗。但对这些人员着装经费问题，我局不知如何解决，特致函询问。
请予函复。

二〇〇〇年十一月二十日
（选自《应用写作》，张冠英《正确认识函，规范使用函》，2005.6）

请回答：
1．他们的行文关系是什么关系？××县工商局发文的目的是什么？依据上述两问，其公文文种应当选用什么文种？
2．公文标题的事由，概括是否正确，应怎样表述才好？
3．检查行文中其他差错之处，并改正。
4．重新拟写一份规范的公文。

十五、纪要

行政机关纪要主要有政府全体会议纪要、政府常务会议纪要、办公会议纪要、政府专题会议纪要等。会议议定的事项都是本机关决策事项，需要用特定格式（固定形式的版头）印发。

纪要的文体特点主要表现在纪实性、纪要性、指导性三个方面，其载体有三种形式：在本机关系统内使用固定版头直接印发纪要；本系统的领导机关需下发纪要给下级机关，以办公室名义用公文格式；涉及平行机关或不相隶属机关，则需领导机关的办公部门以函件格式用函载发（即使用函件格式版头，以函为载体转发）。

（一）例文学习

【例文一】

市政府工作会议纪要

穗府会纪〔2004〕81号

广州市人民政府办公厅　　　　　　　　　　　二〇〇四年五月三十日

2004年广州国际龙舟邀请赛筹备协调会会议纪要

5月25日上午9时，2004年广州国际龙舟邀请赛组委会副主任兼总指挥、市政府秘书长陈耀光同志在市政府1号楼1213会议室主持召开2004年广州国际龙舟邀请赛筹备工作协调会，部署今年龙舟邀请赛组织筹备工作。市政府办公厅、市体育局、公安局、建委、交委、外事办、广州海事局和有关区、县级市政府等单位负责同志出席了会议。

会议首先由2004年广州国际龙舟邀请赛组委会常务副总指挥、市府办公厅副主任肖志锋同志提出《2004年广州国际龙舟邀请赛工作方案》，与会各单位分别汇报了今年广州国际龙舟邀请赛筹备工作进展情况，并围绕工作方案和需要解决的问题进行了讨论，市政府秘书长陈耀光同志作了总结指示。

会议要求，今年广州国际龙舟邀请赛要在往年成功做法基础上，在国际性、民族性、观赏性等方面提升规模和层次，进一步提高广州国际龙舟邀请赛在国内外的影响力和知名度，使之成为广州市的"名片"。要贯彻"安全第一、精彩第二"的原则，做好赛事活动全过程和各个环节的安全工作，严格落实部门安全责任制，制订应急预案，保证万无一失。会议强调，今年广州国际龙舟邀请赛恰逢广州申办2010年亚运会，因此今年的广州国际龙舟邀请赛要为广州申亚工作创造良好的氛围，为广州申亚工作加油助威。

会议议定以下事项：

一、各区（县级市）要坚决完成份配的组队参赛任务，各职能部门要按照职能分工落实组织筹备工作的各项事宜。各单位要顾全大局，紧密合作，各司其职，各负其责，把工作做到位，确保今年的广州国际龙舟邀请赛顺利进行。

二、为增强比赛的公平性和观赏性，在充分征求各参赛单位意见的前提下，今年的标准龙和传统龙比赛赛程统一缩短为600米。与之相适应，主席台搭建的地点向东迁至西堤休闲广场东端，嘉宾观礼台搭建在主席台两侧。

三、本届龙舟赛共邀请了十多个国家和地区的队伍参赛，因此，要加强外事工作力度，外事工作并入组委会办公室中。要改进往年组织工作中在外事接待工作方面的一些不足，对驻穗外国领事馆官员的席位安排，要体现对外方的尊重和礼遇。

四、在赛事活动安排上，要改变去年龙舟赛正式开始后出现较长时间冷场的现象，比赛要紧凑有序，并在比赛前增设皮划艇、摩托艇、滑水等表演项目。

五、观礼台的搭建要确保牢固安全，要考虑到大风、暴雨等恶劣天气因素。要严格按照有关规定通过质检等有关部门验收，才能启用观礼台。因搭建观礼台的需要而调整绿化设施的问题，请市政园林部门给予支持配合。比赛场地范围内水面的安全保障工作由市公安局水上分局负责，外围水面由广州海事局负责。市公安局要配备四艘搜救艇和12人的蛙人队应对可能出现的船只翻侧、人员落水等情况。参赛船只要备好浮标定位标示，以便出现翻船事故时救捞。

六、市公安局要牵头会同市交委做好比赛当天现场周边的停车场地准备工作，确保交通顺畅安全。为减轻沿江西路的交通压力，可将运动员集结地放在海珠区滨江西路。

七、境外参赛运动员入住的酒店和集结地，要提前通知公安部门，以便做好安全保卫工作。

八、要加强本届龙舟邀请赛的宣传力度，市政府办公厅新闻信息处牵头会同有关部门负责做好赛前赛后的新闻报道工作。

九、组委会办公室、策划保障部、竞赛部、安全部、医疗救护部、水面秩序部和新闻部等部门（由各部门牵头单位负责）于6月5日以前制订出具体组织实施方案，并提交至组委会办公室（市政府办公厅秘书处）。

参加人员：（略）

分送：市委书记、副书记、常委，市人大常委会主任，市长、副市长，市政协主席，市政府秘书长、副秘书长，市体育局、市公安局、市建委、市交委、市工商局、市市容环卫局、市财政局、市政园林局、市卫生局、市外事办、广州海事局、广电集团广州供电分公司、广东电视台、广州电视台、海珠区政府、荔湾区政府、天河区政府、白云区政府、黄埔区政府、芳村区政府、番禺区政府、增城市政府、龙舟协会、市委办公厅、市档案局

广州市人民政府办公厅秘书处　　　　　　　　　　　　　　　　2004年6月2日印发

这是一则专项工作的工作会议纪要。本纪要使用了固定版头，具有本机关权威性。

广州市要组织国际龙舟邀请赛,这是一项大型、隆重且具有重大影响的活动,所以由广州市政府出面组成"组委会",而且组织了不少相关单位参加。市政府将部署龙舟邀请赛组织筹备工作列为市政府的一项工作,以市政府工作会议的规格召开"2004年广州国际龙舟邀请赛筹备工作协调会"会议,可见广州市政府对该项活动是多么的重视。

整个纪要,由版头、主体、版记三个部分组成。版头使用的是"市政府工作会议纪要",显示了该项会议的性质是政府工作。

主体部分,就是会议纪要的正文,分前言和议定事项两个部分表述。

前言采用概述法,将会议的时间、地点、主持人、会议名称、会议主题、主要参会单位扼要介绍,然后概括介绍会议进行的内容和会议的要求。

会议的议定事项采用归纳法,将会议议定的事项归纳为九项,分别对筹备工作规定了工作要求。从九个项目中可以看出,广州市政府不仅对邀请赛十分重视,而且还作出十分周密的安排。

这个会议纪要不仅记载了会议情况和议定事项,印发给各与会单位和相关单位之后,而且又是传达、贯彻、执行的依据。这是广州市政府的工作会议纪要,只要是广州市政府的属下,就必须遵照执行。

学习本纪要,不仅是学习撰写会议纪要的问题,而且也应该从中学习到做好工作的方法——既要重视,落实组织保证,又要措施周密、落实。

【例文二】

纪　要

穗府会纪〔2012〕13号

广州市质量技术监督局　　　　　　　　　　二〇一二年十月十日

9月28日局务会议纪要

9月28日上午,梁建清局长在市局505会议室主持召开了局务会议,局机关副处以上干部参加了会议。各处室重点汇报了落实6月29日局务会议精神情况以及协调处理局属单位所提问题进展情况。局领导对分管的工作进行了讲评,梁局长对下一步工作提出了要求。

会议认为,各处室能认真落实6月29日局务会议精神,积极协调解决局属单位所提问题,扎实细致地开展各项工作,在质量强市、电梯监管体制改革、国检中心建设等工作方面都取得了新的进展。会议要求,各处室下一步要继续协调解决好局属单位所提问题,11月底前要基本完成;要对照全年工作计划,突出重点,履行职责,有效开展各项工作,为十八大胜利召开营造良好的质量安全氛围,努力完成全年工作任务。

在食品安全监管方面,一是要抓紧推进小作坊监管立法工作。主动与省局进行充分沟通,探讨立法的可行性,并认真参考、借鉴上海、南京等地的工作经验和做法,研究拟定《广州市食品小作坊监管办法》;二是在监管模式改革方面,要努力提高执法监管水平,当前首先要重点研究如何规范原材料检查这个重要环节,也是薄弱环节,找出目前监管存在的漏洞,制定有针对性的措施、标准、方法,做到监管到位;三是对于市政府下发的"食得放心方案"要认真学习,明确任务,细化我局实施的方案措施,落实职能分工;四是食品添加剂企业较多地区(白云区、番禺区、萝岗区),要加大监督检查力度,做好迎接国家总局督导检查的准备;五是借鉴外地城市经验,加强对食品生产企业法定代表人的培训工作,可结合食品安全主任的培训考核一并抓。要认真履行职责,加大食品监管工作力度,切实保障中秋、国庆和十八大召开期间的食品安全。

在质量工作方面,一是由张副局长牵头协调和指导,对于市长质量奖评审及质量强市示范市建设方案,在1个月内拟定完成,经审定修改后报市政府审批;二是"两建"工作要抓紧推进,尽快成立市局"两建"工作机构,并及时向市"两建"办汇报有关工作进展情况;三是人事处要做好与市编办的协调,争取其尽快批复设立我局质量风险预警中心;四是要结合质量竞争力指标纳入市各级领导干部考核指标体系工作、质量强市考核以及市纪委有关督导工作要求等,制定对各区(县级市)及有关部门的年底检查考评方案,积极建议以市政府和市纪委的名义组织好有关的年终专项检查考评工作;五是要与省局协调、沟通,明确企业首席质量官的具体职责,以便指导企业逐步开展、推广;六是要吸取2011年"毒胶水事件"的教训,加强对胶粘剂生产企业的监督检查,消除质量安全隐患。

在标准化工作方面,一是对于提请市政府增加标准化专项资金的问题,要认真分析目前的资金使用情况、工作效果,资金为何不够的理由以及与其他相关城市的比较等等,做到理由、依据充分,待条件成熟后再行申报;二是要做好《广州市标准化战略纲要(2013—2020)》的编制工作,体现"叫响广州标准"的目标,继续推进天河区、萝岗区、从化市三个有关的标准示范区的建设工作。

在计量工作方面,一是在水表强检工作有所突破的基础上,积极将电表强检工作向省局汇报反映,并密切注意其他城市,尤其是省内深圳市、东莞市等城市的工作情况,加强组织协调,力争有所突破;二是对商贸、市场计量问题要认真研究措施,逐步解决,减少投诉;三是要继续与市交管部门协调,争取在对机动车检测站监管模式上取得共识,形成合力,强化效果。

在特种设备安全监管方面,一是要继续跟进电梯监管制度改革方案的报批工作,争取尽快通过市政府常务会议的审批;二是要继续加大对小锅炉的整治工作,尤其是对白云区、增城市等重点区域不能松懈,严防问题"回潮";三是对于特设管理立法工作,特设处要会法规处进一步调研、完善,提出有关的征求意见稿,努力通过立法提高全市特设管理水平;四是要加强对即将出台的电梯监管制度改革工作的宣传力度,整合、协调好有关技术机构力量。

在科技工作方面,一是要继续加强对番禺检测基地、各国检中心建设等重点工程的统筹、组织和协调工作,保证工程按进度按计划有序推进;二是采取有针对性的措施,确保重点工作、重点项目申报、建设工作能有所突破;三是认真做好1平方公里的检验检测集聚区选址工作,并努力争取国家总局的支持。

在法规工作方面,要加强对地理标志产品的管理工作,制定时间表,明确分工,尽快制订有关管理制度和办法,使有关监管工作有章可循,纳入法制化管理,改变目前"重拿证、轻监管"的局面。

在计财工作方面,一是要切实做好2013年预算及今年预算执行情况的监督检查,各单位、各处室,尤其是技术机构要认真抓好预算的执行工作;二是在电梯监管体制改革和食得放心工作等方面要会同有关业务处室做好向市财政局的汇报和沟通，继续努力争取财政部门给予最大程度的支持。

此外，各处室要按照计划，认真清理现行的各项规章制度，完成市局规章制度汇编工作；切实做好市局对外网站公开信息的清理、更新和补充完善等工作；完成全系统新型城市化调研论文的修改汇编工作；筹备组织好"党建党风党廉质监人"文艺汇演及感动质监模范人物评选工作；完成机关党委的换届改选相关工作。

【例文三】

××学院政治思想教育工作座谈会纪要

时　　间：一九××年×月×日下午
地　　点：本院小会议室
主持人：主管政治思想教育工作的副院长××同志
出席者：院党委副书记××同志、副院长×××同志、各班党支部书记、政治辅导员、班主任、学生会委员

现将座谈会情况纪要如下：

一、××副院长传达了邓小平同志关于政治思想工作的讲话，分析了当前学生的思想状况……

二、×××同志说：党的十一届三中全会以后，青年学生思想比较活跃，愿意思考问题，为实现四个现代化勤奋学习，这是学生的主流，但也必须看到，当前在部分学生中确实存在值得注意的问题……

三、××班党支部书记汇报学生思想状况时指出了一个现象……

四、许多同志认为，当前做好政治思想工作，首先要广泛地进行坚持四项基本原则的宣传教育……

五～七（略）。

这是采用"发言提要法"写作的消息型会议纪要。

这种写法的特点是把具有典型性、代表性的言论加以整理，提炼出内容要点和精神实质，然后按照发言的顺序或内容的类别加以阐述说明。这种写法能如实反映会议讨论情况和与会人员的意见，适用于一些座谈会、讨论会和研究会的纪要等。

【例文四】

关于协调解决沙面大街56号首层房屋
使用权问题的会议纪要

第××号

199×年2月2日上午，市政府办公厅主任×××同志主持召开会议，协调解决沙面大街56

号首层房屋使用权问题。参加会议的有省政府办公厅交际处、广东胜利宾馆、市商委、市国土房管局、二商局、市外轮供应公司等有关部门的负责同志。

会议认为，沙面大街56号首层房屋使用权的问题，是在过去计划经济和行政决定下形成的历史遗留问题。早几年曾多次协调，虽有进展，但未有结果。最近，按照省、市领导同志"向前看"、"了却这笔历史旧账"的批示精神，在办公厅的协调下，双方本着尊重历史，面对现实，互谅互让的原则，合情合理地提出解决这宗矛盾的方案。

经过协商、讨论，双方达成了一致的认识。会议决定如下事项：

一、市外轮供应公司应将沙面大街56号房屋的使用权交给胜利宾馆。

二、考虑到市外轮供应公司在56号经营了30多年，已投入了不少资金，退出后，办公地方暂时难以解决，决定给予其商品损耗费、固定资产投资和搬迁费等一次性补偿用共95万元。其中省政府办公厅和广东胜利宾馆负责80万元；考虑到省政府领导曾多次过问此事和省、市关系，另15万元由广州市政府支持补助。

三、省政府办公厅和胜利宾馆的补偿款于1994年2月7日前划拨给市外轮供应公司。市政府的补助款于3月5日左右划拨，市外轮供应公司应于2月15日开始搬迁，2月20日前搬迁完毕并移交钥匙。

四、市外轮供应公司原搭建的楼阁按房管部门规定不能拆迁。空调器和电话等2月20日前搬迁不了的，由胜利宾馆协助做好善后工作。

会议强调，双方在房屋使用权移交中要各自做好本单位干部群众的工作，团结协作，增进友谊，保证移交工作顺利进行。

市政府办公厅
一九九×年×月×日

这是一份不相隶属机关之间协调解决问题的会议纪要。参加方经友好协商取得共识，最后形成这份纪要，由主持召开会议的单位以信函格式印发，在文件标题中显示会议纪要。

（二）纪要的用法

纪要本是下行文，应使用下行文件格式行文。但是，因为参加会议的人员来自不同机关，因而印发纪要就应该考虑本次会议的纪要是哪一种行文方向，从而决定选用哪种行文格式：隶属下行，采用下行文件格式，在标题中显示文种名称；平行或不相隶属关系行文，宜采用函件格式印发会议纪要；如果是印发本机关各单位，即按"办公会议"、"工作会议"的固定版头行文。因为国家行政机关的办公会议是本机关决策的最高机构，会议议定的事项都是本机关的决策事项，所以用固定形式的会议纪要印发。

纪要须报送上级机关参考时，则应以公文文种的报送报告为载体报送。

纪要标识由"××××纪要"组成。其标识位置同文件格式的发文机关位置，距版心上边缘25mm。用红色小标宋体字，字号由发文机关酌定。纪要不用落款，也不加盖印章。

会议纪要的生效标识：1. 用固定版头下发的会议纪要，因其版头已显示发文机关，故不用加盖印章；2. 使用文件格式或信函格式印发的，由发印机关加盖印章。

（三）纪要的写作要求

纪要的撰写必须依据会议记录，真实再现会议情况的实际。写作纪要不能凭主观臆想，不能靠推测。如果会议记录有遗漏，必须找当事人（在场者、发言者）查实。但是，纪要又不是会议记录重抄，而必须抓住要点，反映会议主旨，即所谓"纪其要"就是抓住要点重点。

具体要求是：

1. 六要素齐全

时间、地点、主持人（或主持单位）、参加人（代表或单位）、议题、决议齐全，以完整真实地反映出会议的情况和与会者的观点。

2. 要突出中心议题，真正地写出会议的"要"来

3. 要条理清晰，语言准确，正确使用习惯用语使人一目了然

用综合概括式把众多意见分类整理后再分项写。

4. 纪要写完后，必须经主管领导过目，同意签发，才能加盖公章发出

习惯用语有：会议听取、会议讨论、会议认为、会议强调、会议指出、会议决定等。

（四）纪要的结构与写法

纪要的结构由标题、主送、正文和日期组成。

1. 标题

纪要的标题一般由会议名称和文种构成，有时还加上单位地域名称。

2. 正文

纪要的正文一般包括前言和主体两个部分。

（1）前言。会议纪要的前言写明会议概况，一般包括主办单位（或召集单位）、举行的时间、地点，参加会议人员，会议动因、目的，会议的议题、成果及评价等。纪要的前言首先点明时间，接着写召开会议的主持人，点出会议进程（所作汇报、讨论和领导到会作了指示），然后介绍成果及会议研究的部署。

（2）主体。主要写会议研究的问题、讨论的意思、做出的决定及提出的任务、要求等。这部分常见的写法有三种：

① 归纳法。这种方法就是把会议讨论、研究的内容归纳成几个问题来写，抓住会议的主要内容，突出会议的中心，使人看后能理解会议的中心议题，且条理清楚，层次分明，决定的事项以及提出的任务、要求十分明确地写下来，便于与会单位和人员认真贯彻执行。

② 概述法。这种方法就是把会议发言的内容、讨论情况概括地叙述出来，反映出会议的主要精神或观点。这种写法常用于没有具体任务和要求的学术讨论会、研讨式的座谈会等。

③ 发言记录法。这种方法就是按照会上发言的顺序，把每个发言人的主要意见写出来，以如实反映会议讨论情况和每个人的不同看法，多用于学术讨论会、座谈会。

思考与练习

会议纪要的使用频率很高，在未来的工作中经常要用到，因此建议学习者严格训练自己，熟练掌握会议纪要的应用与写作。为了更好地驾驭会议纪要，最好能从会议记录训练起。其配套的有：会议记录、会议简报、会议纪要、会谈纪要。要综合训练，练就综合能力。因此提高能力的基础是学会做会议记录。要"听懂话"、提高"记写准确率及速度"。

一、注意掌握下列名词术语。

会议纪要记载　记录　议定事项　议决　议程　议题　座谈会　协商性会议

二、阅读会议纪要例文。

三、判断正误。

1. 会议纪要的名称通常由会议名称和文种构成。（　　）
2. 会议纪要与会议记录的作用相同。　　　　　（　　）

四、多项选择题。

1. 会议记录是会议纪要的_____。
　　A. 条件　　B. 前提　　C. 基础　　D. 根据　　E. 参考
2. 纪要的正文主要由_____构成。
　　A. 会议基本情况　　B. 会议召开经过　　C. 会议希望
　　D. 会议主要发言　　E. 会议主要精神
3. 纪要的开头要交代的要素是_____。
　　A. 时间　　　B. 地点　　　C. 主持人　　D. 来宾
　　E. 参加人　　F. 内容　　　G. 经过　　　H. 决议

4. 下列应用文属于公文的是_____。
   A. 调查报告　　B. 会议记录　　C. 会议纪要
   D. 简报　　　　E. 请示

五、简答题。

1. 什么是纪要？试指出公文文种的会议纪要应当使用怎样的版头，作为机关内部使用的会议纪要应当使用怎样的版头。

2. 什么情况下用公文文种的会议纪要？什么情况下使用机关内部使用的会议纪要？

3. 会议纪要的六要素是什么？

4. 会议纪要与会议记录有什么区别？

六、请认真阅读例文，细心体会纪要的写作方法。

七、请参看例文《××市城南开发区管委会办公会议记录》，将其改写成会议纪要。

××市城南开发区管委会办公会议记录

时　间：1995年4月8日上午
地　点：管委会会议室
主持人：李××（管委会主任）
出席者：杨××（管委会副主任）　　周××（管委会副主任）
　　　　李××（市建委副主任）　　张××（市工商局副局长）
　　　　陈××（市建委城建科科长）　建委、工商局有关科室人员
　　　　街道居委负责人
列席者：管委会全体干部
记录人：邹××（管委会办公室秘书）
讨论议题：

1. 如何整顿城市市场秩序。
2. 如何制止违章建筑，维护市容市貌。

杨主任报告城市现状：

我区过去在开发区党委领导下，各职能单位同心协力、齐抓共管，在创建文明卫生城市方面取得了一定成绩，相应的城市市场秩序有一定进步，市容街道也较可观。可近几个月来，市场秩序倒退了，街道上小商贩逐渐多起来，水果摊、菜担、小百货满街乱摆……一些建筑施工单位沿街违章搭棚，乱堆放材料，搬运泥土撒落大街……这些情况严重地破坏了市容市貌，使大街变得又乱又脏，社会各界反映很强烈。因此今天请大家来研究：如何整顿市场秩序？如何治理违章建筑、违章作业，维护市容？……

讨论发言（按发言顺序记录）

肖××：个体商贩不按规定，到指定市场经营，管理不力，处理不坚决，我们有责任。这件事我们坚决抓落实：重新宣传市场有关规定，坐商收店，小贩收市，农民卖蔬菜副食到专门的农

贸市场……工商局全面出动抓，也希望街道居委配合，具体行动方案我们再考虑。

罗××（工商局市管科科长）：市场是到了非整治不可的地步了。我们的方针、办法都有了，过去实行过，都是行之有效的，现在的问题是要有人抓，敢于抓，落到实处……只要大家齐心协力，问题是能够解决的。

秦××（居委会主任）：整顿市场纪律我们居委会也有责任。我们一定发动居民配合好，制止乱摆摊、乱叫卖的现象。

李××（建委副主任）：去年上半年创建文明卫生城市时，市上出了个7号文件，其中规定施工单位不能乱摆"战场"。工棚、工场不得临街设置，更不准侵占人行道。沿街面施工要有安全防护措施……今年有的施工单位不顾市上文件，在人行道上搭工棚、堆器材。这些违章作业严重地影响了街道整齐、美观，也影响了行人安全。基建取出的泥土，拖斗车装得过多，外运时沿街散落，到处有泥沙，破坏了街道整洁。希望管委会召集施工单位开一次会，重申市府7号文件，要求他们限期改正。否则按文件规定惩处。态度要明确、坚决。

陈××：对犯规者一是教育，二是严肃处理。"不教而诛谓之虐"，我们先宣传教育，如果施工单位仍我行我素不执行，那时照文件严肃处理，他们也就无话可说。

周××：城市管理我们都有文件，有办法，现在是贵在执行，职能部门是主力军，着重抓，其他部门配合抓。居委会把居民特别是"执勤老人"（退休职工）都发动起来，按7号文件办事，我们市区就会文明、清洁、面貌改观……

与会人员经过充分讨论、协商，一致决定：

1. 由工商局牵头，居委会及其他部门配合，第一周宣传，第二周行动，监督实施，做到坐商归店，摊贩归点，农贸归市，彻底改变市场紊乱状况。

2. 由管委会牵头，城建委等单位配合，对全区建筑工地进行一次检查。然后召开一次施工单位会议，对违章建筑、违章工场限期改正。一个月内改变面貌。过时不改者，坚决照章处理。

散会。

主持人（签名盖章）
纪录人（签名盖章）
一九××年四月八日

第四编 机关事务文书

导读

　　机关事务文书，就是各类机关，包括党政机关、人民团体、企事业单位，在日常公务活动中为处理事务，实施管理，沟通信息，指导工作而制作和使用的法定公文之外的各种具有实用性、事务性和某种惯用格式的文书。这类文书，一般在本机关内部使用，如果需要上报或下发，要以法定公文报告、通知或函为载体发出。这类文书很多，包括文字材料、计划、总结、调查报告、规章制度、会议主持词、会议报告、会议总结、简报、签报、信息、会议记录、公示、大事记、讲话稿、述职报告等等。

　　这些文书记载了该机关公务活动的实际情况，为上级领导机关了解情况提供了现实资料，为本机关做好其他工作提供了参考资料。如果下级机关或不相隶属机关需要借鉴的话，也可以作为参考性资料。

　　机关事务文书不属于正式公文，但机关（包括企事业单位）在处理日常公务时少不了它，其使用频率较高，具有极为广泛的适用性，其中有一些文书在必要时也可以经过公文的制发程序，以公文的某一文种为载体，转变为有效的正式文件。

　　同公文相比较，机关事务文书的性质有所不同，制发程序和表现形式也有很大的差异，因而形成了自身的文体特点。主要表现为以下的"四个不同"：

　　1. 作者的名义不同。公文除命令、议案外都以机关的名义制发，而事务文书则有时以机关的名义，有时以机关某一部门的名义，或以领导人的名义制发。

　　2. 制发程序不同。公文的制发必须严格依照法定的程序进行，即依照法定的权限，执行法定的程序，使用法定的文种，依法办事、依法办文，从拟稿、核稿到会签、签发、缮校、封发，各个环节都离不开固定的运作轨道。而事务文书则没有法规规定，如机关业务部门的简报、调查报告等不必交由机关的秘书部门统一处理，由业务部门的领导者签发即可。但是，如果某一机关事务文书要成为公文的一部分的话，则须进入公文制发的程序，经历从拟稿、核稿到会签、签发、缮校、封发等各个环节。

3. 体式不同。公文要求使用法定的体式和格式，规定严格，不允许出错。而事务文书的体式是在长期的公务活动实践中约定俗成的，不是由法律法规所规定的，在使用上没有严格的限定。

4. 效用不同。公文为机关立言，代表机关的意志，其运行轨迹是从此机关到彼机关，令行禁止，不容怠慢。机关事务文书为机关工作服务，记载该机关公务活动的实际情况，没有法规规定，其文种、格式、制发程序没有严格限制。成文的文书一般不出本机关大门，特殊需要的仅作附件以供需要者参考；若要"走"出本机关大门，则须以公文文种为载体上报或下发。

充分认识事务文书的特性，有助于我们更好地抓住重点，以点带面，更好地完成机关事务文书的撰写。

第一章 计 划

计划,就是在未来的一定时间内,为了更好地完成工作、生产、学习等任务,根据党和国家的方针政策、上级的指示精神以及单位或个人的实际情况,提出明确的目标和具体的任务,制定出相应的措施、方法、步骤,规定完成期限,用来指导实践的书面材料。它是机关事务文书之一,不论是机关、团体,还是企业、个人,都必须充分运用它来规划自己的未来,指导自己的实践。因此,我们必须学习、掌握这种机关事务文书。

一、例文学习

【例文一】

广东省碧水工程计划

"八五"期间,我省水环境保护和水污染防治工作取得了较大成绩,但随着经济的高速发展和人民对生活质量的要求不断提高,水污染问题日趋突出。目前,我省大部分流经城市、城镇河段水质受到较严重污染,部分河流水体发黑发臭;许多饮用水源水质不断下降,集中式吸水口被迫一迁再迁;跨区域水污染事故时有发生,区域之间、上下游之间水污染纠纷日益增多;生活污水处理严重滞后,不少地区有机污染负荷超过60%;经济活跃区的近海海域赤潮现象明显加重,水环境污染态势令人担忧,必须引起高度重视。为有效地控制我省水环境污染,切实保护水资源,改善水环境质量,实现我省可持续发展战略目标,根据《中国环境保护"九五"计划和2010年远景目标纲要》和《广东省环境保护"九五"计划和2010年远景目标纲要》要求,特制定本计划。

一、指导思想与编制原则

制定本计划的指导思想:有效保护水源,防止水污染,改善水体质量,合理地利用水资源,使经济建设与水环境、水资源保护同步协调发展。

编制碧水工程计划依据以下原则:

(一)坚持环境保护与经济建设协调发展。坚持经济、社会和环境建设同步发展方针,将控制水环境污染、改善生态环境质量、保护人们赖以生存和发展的水资源作为实现可持续发展战略的首要任务。

（二）突出重点，优先保护饮用水源。针对水环境污染和水生态破坏最突出的区域，优先保护饮用水源，划定水源保护区，对重点保护地区提出治理计划，列出急需整治的水环境项目。

（三）从最佳效益出发，合理安排有效资金。对有一定经济基础、技术条件成熟、具有规模效益的项目优先安排，使之产生最佳的环境效益，但项目必须符合国家和行业的产业政策。

（四）坚持"谁开发谁保护、谁破坏谁恢复、谁利用谁补偿"的原则。由破坏者负责治理自己破坏的水和生态环境，不允许转嫁给社会；地方政府负责城市环境基础设施的建设，设施运行费用由污染者合理负担。

二、目标

（一）至2000年，全省各地逐步建立、完善饮用水源保护区，基本控制饮用水源污染，使各城市供水水质达到国家规定标准。

（二）至2005年，全省饮用水源水质达标率达98%；工业废水处理率达90%；城市污水处理率达40%。

（三）防止水生生态系统的继续恶化，扭转水资源质量退化与枯竭的趋势，逐步实现水资源和生态系统的良性循环。

（四）维持和改善主要江河水环境质量，保证水体功能满足相应功能用途要求。主要水源地（如新丰江、枫树坝、白盘珠、高州、鹤地等水库）水质保持为Ⅰ～Ⅱ类。主要江河水质保持在Ⅱ～Ⅲ类水平，流经城市河段有机污染的发展趋势有所缓解，部分河段恢复到Ⅲ～Ⅳ类水质。具有风景旅游功能的湖泊（如惠州西湖、肇庆星湖）达到Ⅲ类水质。

三、主要任务

（一）完成急需治理的江河、湖泊、水库水环境的整治工程，推动影响重大的区域性水环境综合整治，逐步改善和提高水污染突出区域（河段、水系）的水环境质量。重点整治的江河、湖库主要包括珠江广州河段、佛山水道（汾江河）、深圳河、岐江河、小东江、江门河（支流天沙河）、龙岗河、坪山河和公平水库等。综合整治工程15项，估计投资100亿元，其中2000年前估计投资65亿元。（见附表2）

（二）加快地级以上市城区生活污水处理厂建设，推动部分县（市）、城镇生活污水处理工程的建设。至2005年，全省所有地级以上市都要建设二级污水处理厂，使全省设市城市污水处理率达40%。城市、城镇生活污水处理厂建设项目52项，分布在21个地级以上市。设计处理能力达580万吨/日，估计投资116亿元。（见附表3）

（三）治理重点工业污染源，提高工业废水处理率和达标率。至2000年，所有工业污染源排放污染物都要达到国家或地方规定的标准。其中附表4列出的重点工业污染源限期治理项目31项（估算投资6.8亿元），仅是全省限期治理项目的一部分，各市、县政府要根据各年度环保工作的需要，提出各自的治理限期和关、停、并、转的项目。

（四）开展主要水系的水资源保护规划，完成全省水环境功能区划分，强化流域水资源的管理与保护，加强法规建设。水环境功能区划，是实现水环境综合开发、合理利用、积极保护、科学管理的基础。1997年至1998年初，完成包括西江、北江、东江、珠江三角洲诸河、韩江、鉴江、漠阳江、榕江和九洲江等主要水系以及全省近岸海域的水环境功能区划分。强化以流域（水系）或区域为单元的水资源管理，从全局和整体考虑水资源利用和水质、生态系统的保护。落实西江、韩江、九洲江等主要江河的水资源保护规划；加快制定《珠江三角洲水质保护条例》和《广东省跨市河流边界水质达标管理条例》等水环境管理条例、规定。

规划项目15项。（见附表5）

（五）加强水环境保护科学研究，提高水污染控制工程技术水平和管理决策科学水平。依靠科技进步，利用新技术、新手段，有效控制水污染。建设东江水质自动监测系统，开展水环境管理动态决策支持系统研究，逐步建立我省流域或区域的环境管理信息、决策支持和应急系统。

四、主要措施

（一）把《碧水工程计划》纳入各级政府任期环境保护目标责任制。环境保护是我国的一项基本国策，各级政府要高度重视，对《碧水工程计划》中所列的项目优先安排，列入年度重点建设投资项目。对各级政府落实碧水工程计划情况要定期进行检查，并作为任期目标考察的一项重要内容。

（二）强化水资源利用和保护，防止水资源浪费，遏制废水产生量。通过修订产业政策，调整产业结构，用行政、经济手段推行节约用水和清洁生产。推动工业污染防治从侧重污染末端治理逐步向工业生产全过程控制转变。在提高资源和能源利用效率的同时降低水资源的消耗水平，提高水资源的重复利用率，降低单位产品的用水量，对资源消耗高于国家标准的企业要责令其停产。通过征收水资源费和污水处理费，用水定额分配，实行取水许可证制度，以及价格机制实现水资源有效分配。

（三）强化环境管理，严格执法，推行各项环保制度。从流域或区域的整体利益上考虑，制定跨行政区边界水质控制目标和达标管理条例，实行边界断面达标交接，明确辖区政府水污染控制责任，防止污染转嫁。在行政区接壤的敏感地区的开发建设项目，在立项前要征求邻近地区的意见，有不同意见时要报上一级政府协调同意；划定主要江河、湖库水环境功能区，并对划定的水环境功能区推行污染物排放总量控制和排污许可证制度，实现污染物排放控制由重浓度控制向浓度与总量控制相结合转变。对饮用水源保护区实行零排放，对超过功能水质要求的，限期削减污染物排放量，如龙岗河、淡水河、公平水库等区域污染要加快限期治理。在污染治理方式上，推动由重分散的点源治理向集中控制与分散治理相结合转变。实行"谁开发谁保护、谁破坏谁恢复、谁利用谁补偿"政策。建立和完善多层次的地方性法规、规章和规范性文件；强化环保部门统一监督管理职能，加强执法队伍的建设，严格执法。

（四）多渠道筹集资金。《碧水工程计划》总投资估算为200亿元，其中"九五"期间投入约125亿元，要通过多渠道筹集：

主要江河、湖库综合整治项目（见附表2），是《碧水工程计划》的重要部分。根据"开发者保护、破坏者恢复"和资源有偿使用的原则，从水资源费等专项收费收入以及政府拨款、银行或国外贷款中解决。

城市（镇）生活污水处理厂建设（包括排污管网建设和改造工程）项目（见附表3），应纳入城市基础设施建设计划，由各级政府筹措资金，包括政府拨款、排污者（企事业单位和居民）缴纳污水处理费、集团赠款和各种贷款等。

重点工业污染源治理项目（见附表4），按照"污染者负担"的原则，主要由企业承担。

属于为全社会服务的环境管理、生态环境保护建设项目（见附表1），主要由政府事业费拨款，专项水质保护经费和排污费补助。

各级政府在基本建设、技术改造、综合利用、财政税收、金融信贷及引进外资等方面要制定和完善有利于环境保护的经济政策和措施，建立环保投入倾斜机制，把《碧水工程计划》项目列入利用外资的重点领域，优先安排利率比较优惠的中长期贷款。

（五）依靠科技进步，认真实施"科教兴国"战略，有效遏制环境污染和生态恶化。大力扶持环保产业；积极鼓励和扶持技术起点高、能耗少的清洁生产，制定推行清洁生产的政策；淘汰水耗、能耗、物耗高的工艺、设备、产品；通过更新生产设备，采用先进工艺流程，运用先进的污水处理和污染治理的技术，在发展生产的同时，有效地减少工业污染物的排放量；积极调整工业产品结构，发展、扶持绿色产品的生产，特别是大力扶持有较大国际市场的绿色产品生产的企业，要在用水、用电、用地、贷款、税收等方面给予优惠政策。

（六）加大环保宣传力度，进一步提高各级领导和广大群众环境保护意识。各级宣传机构，要从贯彻基本国策的高度来认识这一问题，通过电台、电视、报纸等渠道，广泛宣传环境保护的法律法规和科学知识，及时报道各地碧水工程计划的执行情况，动员广大群众关心、支持和监督碧水工程建设。各级各类学校，尤其是党校和行政学院（校）在较高层次干部的培训中要增开环境保护专题课程，提高领导干部综合决策的水平。

附表1　《碧水工程计划》项目汇总表

单位：万元

项目分类	项目名称	工程个数（1）	投资估算（2000年）	备　注
治理工作	1. 主要江河、湖库综合整治工程	15	650000	至2010年总投资1020000万元
	2. 城市、城镇生活污水处理工程	52	720000	至2010年总1160000投资万元
	3. 重点工业污染源治理工作	31	6800	
	小　　计	98	1376800*	至2010年总投资2000000万元
管理能力建设	4. 水资源保护规划及法规建设	15	988	
	5. 东江水质自动监测	1	700	2000年前
	6. 水环境管理动态决策支持系统研究	1	150	2000年前
	小　　计	17	1838	
合　　计		115	1378638	至2010年总投资2000000

由于项目1、2、3类有部分工程重复，因而小计投资总额小于各项目投资之和；投资估算（下同）均为不完全统计。

附表2　主要江河、湖库综合整治项目（表格列出，略）

附表3　城市、城镇生活污水处理厂项目（表格列出，略）

附表4　重点工业污染源废水治理项目（表格列出，略）

附表5 水资源保护规划和法规建设（表格列出，略）

这是一份很规范的计划文书。

本计划是针对环境污染的整治的宏伟计划。不仅计划中的工程宏伟，很鼓舞人，而且在写作上也很能启发人，给人以极好的借鉴。

计划前言运用事实、数字简述计划中任务的重要性、紧迫性，然后提出制订本计划的依据，让读者从一开始便对计划产生重视。

指导思想与编制原则是计划的灵魂，也是计划的目的所在。本计划依据需要与可能相统一的原则，用精练、明确的语言表述了制订本计划的指导思想，然后从四个方面阐明编制原则。

计划中的目标，既出自需要，又考虑到了实际能力，恰如其分地从四个方面出发拟定。在表述上用语精确，有的地方还运用了各式数据，使目标更为具体化。

计划的主要任务依据计划目标的需要而定，从水环境治理到对水的质量要求，都有明确规定的任务，在行文中使用了表格方式，将任务表述得清清楚楚。

最后，写出完成任务的措施。计划中的措施是为完成计划而提出的实施办法。本计划的六项措施具体实在。

【例文二】

2013年度普法依法治理工作要点

2013年是"六五"普法重要一年，也是"十二五"规划深入实施关键的一年，更是我市"五城"同创的推动年，为了充分发挥城市管理在创建活动中的保障作用，促进法治六安建设，根据六安市普法办相关通知的要求，结合六安市城市管理行政执法局工作实际，制定本要点。

一、服务经济社会发展，深入推进法制宣传教育

1. 认真学习、宣传、贯彻宪法和各项行政法律法规，规范行政执法行为，保护行政相对人的合法权益。局属各单位、机关各科室要积极学习领会国家和地方新颁布的法律法规，尤其是要强化市容环境卫生、规划建设、绿化、市政等方面以及与执法和专项整治工作密切相关的法律法规的学习宣传，促进法律与业务的融合，确保学法用法制度化、规范化。认真开展好全局城管队伍轮训活动，营造学法用法的良好氛围。

2. 深入学习宣传与加强和创新社会管理相关的法律法规。着眼为第十二届全国人民代表大会的召开营造和谐稳定的社会环境，结合城市管理工作实际，通过新闻媒体、公开信、宣传流动车等方式，加大宣传维护国家安全和社会稳定等方面的法律法规。深入开展突发事件应对和信访、投诉、调解等法律法规的学习宣传，引导群众依法参与社会管理、依法表达利益诉求、依法解决矛盾纠纷。

3. 突出特色，扎实推进"法律六进"。结合工作实际和特点，将"法律六进"（进机关、进乡村、进社区、进学校、进企业、进单位）主题活动作为"六五"普法的重要载体，引导广大市民群众积极学习法律知识，提高法律素质，增强遵纪守法意识。组织开展好"江淮普法行"和"12·4"全国法制宣传日两项大型法制宣传教育活动，编制法律知识读本，加大宣传力度。

4. 创新形式，多渠道、多途径开展法制宣传教育活动。结合各类法律的颁布实施，组织开展学习；充分利用互联网、电视、报纸等媒体开展法制宣传教育，继续与报刊、杂志、电视等媒体联合开办专刊、专栏、专版，建立稳定的普法阵地，整合社会资源，建立沟通协作机制，引导人人参与城管执法，努力构建法治城管、和谐城管。

二、着力营造法治环境，扎实开展依法治理

1. 扎实推进基层民主法治建设。继续开展"依法办事示范单位""诚信守法企业"等创建活动，激发社会广泛参与的热情，达到自我教育、自我约束、自我管理的良好效果，形成"人民城市人民管"的良好局面。

2. 坚持以人为本，推行人性化执法。针对规划建设、社会保障、群体性事件等重点、热点问题有针对性地开展执法；对于小摊小贩，坚持宣传教育为主、处罚为辅的管理手段，提高经营者自觉维护经营秩序和环境卫生的意识，有效化解社会矛盾，促进社会和谐稳定。

3. 继续坚持将普法与反腐倡廉教育相结合，自我学习和集中教育相结合，加强对预防职务犯罪、商业贿赂等方面的法律法规宣传教育，通过丰富多彩、卓有成效的普法宣传教育活动，进一步提高全体城管执法队伍，特别是关键岗位执法队员的法律观念。

4. 建立健全的多元化的社会矛盾纠纷解决机制。建立和完善行政调解制度，继续做好行政复议、行政诉讼工作，积极探索复议、诉讼工作新机制，有效化解社会矛盾，维护社会和谐稳定。

三、加强组织领导，健全工作机制，确保"六五"普法各项工作顺利完成

在局普法依法治理工作领导小组的领导下，健全依法行政工作机制，完善执法责任制、执法公示制、评议考核制和执法过错责任追究制、规范执法证件管理制度等，严格执行行政处罚自由裁量权相关规定和标准。依照有关法律法规，结合自身职能和工作实际，认真开展治理整顿活动，规范行政执法行为，保障规范严格执法。

六安市城市管理行政执法局
2013 年 2 月 5 日印发

这是一份年度普法依法治理工作要点。

因为是"要点"，所以内容写得比较简要。全文用简短的导语引出要点，分三个部分分述。

这是发给有关工作人员在开展工作时参照执行的计划要点，线条较粗，在进行深入的工作时，还须另行拟订更为具体的工作计划。

二、计划的性质和作用

（一）计划的性质

"计划"是一个统称。常见的安排、打算、规划、设想、纲要、意见、要点、方案、预案等，也都属于计划一类，只是由于内容在范围、时间、粗细等

方面的差异，往往选用不同的名称。大体说来，预定在短期内要做的一些具体事情，一般叫"安排"；准备在近期要做，却对其中的指标或措施等考虑得还不很周全，只能作原则性要求的，一般称"打算"；拟订带有全局性的某项工作，时限较长，须跨年度实施，涉及面广，只提出一个轮廓，但须在理论上论证其可行性，提出可能实现的奋斗目标的，一般称为"规划"；为长远的工作或某种利益着想，做正式的粗线条计划，一般叫"设想"；上级对下级布置一个阶段的几项工作或者一项重要任务，须交代政策、提出具体要求的，一般称"意见"；对一段时间内的工作做出简要的安排，突出重点，写得扼要的，一般称为"要点"；经过深思熟虑，对某项工作的实施，从目的、要求到方式、方法都作出周密的安排，甚至还创制某种法式的，称为"方案"；为应对某种突发性的紧急重大事件或情况而事先制定的处置办法称为"预案"。

总之，计划就是人们用于规划自己的未来、指导自己实践的指南，是使自己的工作、学习、生活增强预见性、减少盲目性的指导工具。

（二）计划的作用

"凡事预则立，不预则废。"预，就是事前计划、安排。在经济工作中，计划的作用更是不可忽视。因此，不仅国家要有各种各样的计划，而且各部门、各地区、各单位以至生产班组和个人，都必须制订自己的计划。有了计划，就有了明确的奋斗目标和方向，就可以更好地统一思想，协调行动，增强工作的自觉性和创造精神，合理地安排和使用人力、物力、财力；有了计划，领导者可以随时掌握工作进程，检查任务完成的情况，取得主动权，使工作有条不紊地顺利进行。此外，计划也是检查和总结的依据。

民间流传着这样一句话："吃不穷、穿不穷，不会划算一辈穷"，如果仅从"要有计划"的角度看，这话有一定道理。一个人、一个家庭、一个企业，如果不会谋划，不会精密计划，就会没有奋斗的方向，没有适应的措施，特别是由于没有预料过困难因素，一旦遇到突发事件便会束手无策。因此，学会计划，掌握计划的应用，对于我们的工作将会更为有利。

三、计划的种类和文体特点

（一）计划的种类

计划是使用频率很高的一种机关事务文书。它的种类很多，可以按内容、性质、范围、时间、表现形式几种不同的角度划分：

（1）按内容划分，有综合性计划、单项计划；

（2）按性质划分，有生产计划、工作计划、学习计划、科研计划、会议计划；

（3）按范围划分，有国家计划、部门计划、单位计划、科室计划、班组计划、个人计划；

（4）按时间划分，有长远规划（跨年度的计划）、年度计划、季度计划、月份计划、周计划（短安排）；

（5）按表现形式划分，有条文式计划、表格式计划。

在财经部门，因业务的不同，又有财政预算、工商税收计划、现金计划、信贷计划、物资计划、商品流转计划、商业网点计划、财务计划、成本计划、利润计划、劳动工资计划、基本建设计划等等。

上级机关对下级机关布置工作，往往使用工作要点、活动方案、工作意见等。这些文件都向下级机关提出明确的任务、要求，也提供工作的方法、交代政策界限，既具有计划性，也具有规定性、指导性。在规定性和指导性方面，它具有行政公文的"决定""通知"等文种的功能。

（二）计划的文体特点

计划是为做好未来的工作、完成今后的任务而制定的，因此计划在文体上具有鼓舞性和指导性。

1. 鼓舞性

计划是对未来工作的预想，是在理想的鼓舞下，依据需要与可能的原则，经过调查研究之后制订的。它指出了明确的目标，展示了预定的前景，对计划的制订者和执行者都具有很大的鼓舞性、激励性。

2. 指导性

计划制订出了实施的举措、办法，而且这些举措、办法的可行性都是经过反复论证的，执行计划的人可以按计划实施工作，使之成为自己行动的指南。

四、计划的写作要求

计划一旦形成，就变成了指导行动的文件。因此，制订、撰写计划必须认真、严肃。无论是国家机关、人民团体、企事业单位还是个人，制订计划都必须认真、严肃，按照一定的程序或步骤进行，达到以下几个方面的要求：

（一）酝酿计划，在法律法规允许范围内立项

所立项的计划，必须是法律法规允许、符合方针政策的。计划的立项，或出自上级指示，或出自实际的需要，都必须有一个酝酿过程：来自上级的立项，要经过理解、接受、消化的过程，即组织学习、讨论、论证，使上级的指示成为自身行动的需求；如果是出自本单位实际需要的立项，要有一个调查研究、提高认识的过程，即组织学习相关法律法规和党的方针政策，要在法律法规、规章上找到许可条款，找到方针政策的支撑点，还要通过调查研究，认识该计划的必要性与可行性。

凡事均有可为与不可为两种情况。可为而不为是保守，不可为而硬为则是冒进。订计划，就是为了指导自己的行动，因此必须首先明确是否可为。而可为与不可为的标准，就是法律法规和规章的限定和实际可行的因素。酝酿计划就是设法寻求可行因素。

在国家法律法规、党和国家的方针政策允许范围内的立项，经过调查研究，找到其可行的因素后，方可成为能够付诸实施的行动计划。否则，即使是从良好的愿望出发，制订的计划也是行不通的。

例如，本《教程》所选调查报告例文《关于重庆市巫山县部分乡镇铲苗种烟违法伤农事件的调查报告》中所反映的事件，就是一个很能说明问题的例子。巫山县制订了一个脱离实际的烤烟种植计划，结果导致了"铲苗种烟违法伤农事件"。

又如最近报纸披露，某大型钢铁厂违规上马，中央限令其停止建设，结果导致了前期投资的巨大浪费。

再如某县委、县政府为了招商引资，制订了过分亲商的"计划"，提出"妨碍我一阵子，便要妨碍他一辈子"的错误主张，严重损害了干部群众利益。

因此，在制订计划时，必须领会党和国家的有关方针政策，了解上级对相关工作有什么指示、部署，了解上级下达的文件有什么规定，以此作为制订计划的依据和参考，使工作计划成为上级有关精神和部署的具体化，使计划的指导思想、基本安排与上级意图一致。

（二）进行可行性研究，立项符合实际需要

制订计划必须实事求是，一切从实际出发，既不能单凭个人的主观热情和愿望，也不能一味照搬上级下达的指标、计划，而应该从客观实际出发，依据实际需要，实事求是。

从实际出发、实事求是，就必须充分调查研究，反复酝酿讨论，明确该计划是"确实需要"、是"可为"还是"可能为"，从而进行可行性研究，完成可行性研究报告。

可行性研究报告包括对立项的主客观条件的分析、有利因素和不利因素的分析、在计划执行过程中将会遇到的困难和问题的分析，还包括了当遇到某困难、某问题时应采取的应对措施等等。

这个可行性研究报告可作为制订计划的主要依据。

研究立项的可行性时，也要注意具备"超前意识"，要力求做到"意识超前，因地制宜"。就是说，制订计划要具有超前意识，以发展的眼光看事物，看到未来一定时间内可能发生的变化。只有意识超前才能避免所制订的计划成为"马后炮"。但是，又要切忌说假话、说大话、说空话，搞脱离实际的空头计划，所以计划的制订也要依据实际情况进行，因地制宜、因时制宜，不能陷入盲目。

（三）正式决策，突出计划的可靠性与先进性

通过了酝酿、调查研究，找到立项依据，论证了可行性之后，便应作出正式决定。这个决定，便是制订计划的法定依据。如果该立项需要上级批准，就要写请示，将立项调查研究报告、可行性研究报告作为附件供领导参考，等上级批复后再以上级的批复为依据制订计划。

工作要求发展创新。如果墨守成规，不突破旧框框，便不能有发展。制订出的计划必须具有新的内容：或新指标、新措施，或新工艺、新办法，或新产品、新技术，或新策略、新举措。总之，要有新意。只有创新，才能前进，才能激励人们努力奋斗。一句话：计划既要稳妥可靠，又要具有先进性。

（四）防范措施要有预见性

任何工作都有其纵横交错的发展线索，在其发展过程中，往往会出现一些难以预料的问题。因此，在制订计划的时候，要对工作的安排、部署以及可能出现的问题进行充分的分析、估计、研究，分析主客观条件、有利因素和不利因素，尽可能预测到在计划执行过程中将会遇到的困难和问题，并在这个基础上提出预防和解决问题的措施和方法，以保证计划任务的完成。这就是计划的指导性所在。

（五）注意计划的客观性，要留有余地

计划文书虽然建立在可靠的调查研究和客观事物发展规律的基础之上，但

是，它是人们在主观意志层面对未来的设想，同实际毕竟有一段距离，在其执行过程中很有可能遭遇"意外"，比如气候的变幻、突发的自然灾害、其他非人力能抗拒的因素等，所以在制订、撰写规划、计划前，先要深入调查，充分收集资料，了解各种因素，在此基础上进行综合分析，提出切实可行的任务、指标和措施。也就是说，既不盲目冒进，把计划定得太高；又不僵化保守，定得太低。太高了，令人望而却步，失去信心；太低了，不利于挖掘潜力和调动积极性，群众的创造力发挥不出来。

五、计划的写法

（一）计划的结构

计划的表现形式，一般习惯用的有以下几种：条文形式、表格形式、文件形式。一般详细的计划多采用条文形式，简单的计划多采用表格形式，时限长的计划多采用文件形式。

条文式和文件式计划大同小异。这里着重介绍条文式计划的写法。

（二）计划的格式

计划的格式应包括标题、正文和落款三项。

1. 标题

计划的标题有四种成分：计划单位名称、计划时限、计划内容摘要、计划名称。一般有以下三种写法：

（1）四种成分完整的标题，如"××市公共事业局2013年财务计划要点"。其中"××市公共事业局"是计划单位，"2013年"是计划时限，"财务计划"是计划内容摘要，"要点"是计划名称。

（2）省略计划时限的标题，如"××省平安储运公司实行经营责任制计划"。

（3）公文式标题，如"中共中央、国务院关于××××年农村工作的部署"、"广东省食品公司关于贯彻省山区工作会议精神支援山区发展畜禽商品生产的实施方案"。

计划单位名称要用规范的称呼；计划时限要具体写明（一般时限不明显的，可以省略）；计划内容摘要要标明计划所针对的问题；计划名称要根据计划的实际，确切地使用。如果所订计划还须讨论定稿或经上级批准，就应该在标题的后面或下方用括号加注"草案""初稿"或"讨论稿"字样。如果是个人计划，则不必在标题中写上名字，而须在正文右下方的日期之上署名。

2. 正文

写计划的具体内容。

3. 落款

在正文结束后的右下方，注明制订计划的日期（如标题没有写作者名称，这里应一并注明）。此外，如果计划有表格或其他附件，或要抄送某些单位，应分别写明。

（三）计划正文的内容和写法

计划的正文，一般包括指导思想、计划事项和执行希望三个部分。

1. 指导思想（前言）

在计划的开头部分写出。它是计划的依据，也是制订计划的基本出发点和计划事项的正确概括。大体上包含以下三点内容：

（1）制订计划的依据，包括本计划遵循的方针、政策以及上级的指示、部署；

（2）根据本单位实际情况，对完成任务的主观、客观条件的分析，说明完成计划的必要性和可能性；

（3）提出总的任务和要求，或阐释完成计划指标的意义。

并不是所有计划的前言都要套上这三方面的内容，制订计划时可根据计划事项进行适当选择。例如本《教程》所选的条文式计划例文，其前言主要涉及计划依据和总的任务要求。

2. 计划事项（正文的主体）

计划事项是指完成任务的项目，是计划正文的主体部分。它的内容大体上应包含以下三方面的事项：

（1）目标。这是计划的灵魂。计划就是为了完成一定任务而制订的。目标是计划产生的导因，也是计划奋斗的方向。因此，计划应根据需要与可能，规定出在一定时间内应完成的任务和应达到的要求。任务和要求应该具体明确，有的还要定出数量、质量和时间要求。

（2）措施。要确保实现目标和完成任务，就必须制订出相应的措施和办法。这是实现计划的保证。措施和方法主要指为达到既定目标要采取什么手段，动员哪些力量，创造什么条件，排除哪些困难等。总之，要根据主客观条件统筹安排，将"怎么做"写得明确具体、切实可行。

（3）步骤。这是指执行计划的工作程序和时间安排。每项任务在完成过程中都有阶段性，而每个阶段又有许多环节，它们之间常常是互相交错的。因此，制订计划时必须胸有全局，妥善安排：哪些先干，哪些后干，应合理安排；而在实施当中，又有轻重缓急之分，哪里是重点也应该明确；在时间安排上，要有总的时限，又要有每个阶段的时间要求，以及人力、物力的相应安排。这样可以使有关单位和人员知道在一定的时间内、一定的条件下，把工作做到什么程度，以便争取主动，有条不紊地协调工作。

以上三方面的事项，在计划正文中，不要机械地排列，应按实际情况的需要，或分开写，或糅在一起写。例文一、二就是将三者合在一起来写的。

3. 执行希望（结尾，也叫结束语）

执行希望在最后写出，为计划的结尾部分，但是，这部分的内容要看实际情况决定要不要。如例文二，没有结束语，计划事项写完了，全文也就结束了；例文一，将结束语放在最后一条的事项内容中，言简意赅，结束全文。

（四）表格式计划的写法

表格式计划，一般分文字说明和表格两部分。表格部分可按印好的表格逐项填写，表格内容表达不清或不充分的，再辅以简短的文字说明。文字的说明一般应讲清以下几点：

1. 制订计划的依据

依据体现在三个方面：一是客观形势的发展，二是上级机关的指示精神，三是本单位的具体情况。这三方面在文字说明部分应阐述清楚，以表现计划的可行性和必要性。

2. 执行计划的要求

包括两方面：一是执行计划时必须掌握的方针、政策，二是执行计划的过程中应注意的事项。

3. 实现计划的办法、措施

简要说明实现计划要采取的办法、措施。

思考与练习

我们要学会制订和撰写计划，并在未来随着自己工作的阅历，逐步掌握更多计划的制订与写作方法。目前初学，可由浅入深，从自己身边的工作、学习、生活中发生的事入手，训练自己实现驾驭计划的目标。

学习计划，要注意培养、训练自己制订计划的基本功。

一、掌握下列名词术语

计划　安排　打算　规划　设想　意见　要点　方案　预案　超前意识

因地制宜　立项依据　预见性　计划指标

二、什么是计划？

三、人们在使用计划时，往往会由于内容上的差别而选用计划、规划、设想、意见、方案、要点、预案、安排、打算等等不同的名称。请说说在哪些情况下，该分别选用哪种名称。

四、上级机关向下级机关布置工作，常常使用要点、方案、意见、安排等文种。这些文种都不是行政公文，但它们在指导性和指挥性方面却具有同公文一样的权威性。请说说这些文种同公文中的什么文种相当。

五、请你依据本章知识、相关例文，联系自己身边的事例，谈谈法律、法规、规章在制订计划时的重要性。

六、说说总结、调查报告等文书对制订计划有什么作用，我们在制订计划时应当怎样收集、运用这些文书？

七、请认真阅读下文，然后回答问题。

××区银行办事处中专班学习计划

近几年来，我们银行的青年职工人数越来越多，他们已经成了业务骨干力量，在经济战线上发挥着积极作用，展示了我国银行事业的希望和前景。但不能忽视的是，一些青年职工由于理论水平低、文化素养差、科学文化知识贫乏等原因感到我们做的工作没有意思。根据中国人民银行总行要求，为提高在职干部文化水平，我们办事处开办了中专班（脱产学习一年半），招生的对象是在银行工作两年以上、高中毕业或相当于高中毕业水平的同志。为了更好地完成学习任务，我们教育科计划如下：

一、学习内容：

主要学习基础理论，学习《政治经济学》、《哲学》、《货币概论》、《会计原理》、《高等数学》、《大学语文》等20门课。

二、学习进度：

第一学期有数学、语文、政治经济学、货币概论、会计理论。第二学期有语文、财政、转账结算、哲学、银行会计、商业会计、统计。第三学期有应用文、党史、储蓄、企业管理、工业会计、工商信贷、政治思想教育、体育。学完一门课，进行一次结业考试，不再进行全面考试。

三、学习方法：

请××大学、××××学院、××第三师范学校、××电大和银行的老师授课。学生上课时做笔记，课后参考书籍做复习题、练习题，由任课教师批改作业。各门功课每学习完两章进行一次阶段考试，检查学生是否真正掌握。

××区银行办事处教育科
一九××年×月×日

1. 本文标题存在什么问题？请改正。
2. 请指出本文的前言缺漏了哪些内容，哪些内容应该放到计划事项中去。

修改前言。

3. 请就本文所反映的内容，对本计划进行修改，补充应该出现的内容，使计划完整（可根据需要，重新调整行文结构）。

4. 应用写作的语言，必须准确、平实、简洁、得体。请指出本文在语言上的问题并改正。

八、下面是一位中专学生的《我的奋斗计划》。请仔细阅读，然后指出不足之处。建议对照计划的写作方法，写出你的某项计划并从自己制订计划的过程中体会制订计划的依据、程序、方法。

我的奋斗计划

我是广东省××学校财会专业的学生。按学历，我目前只是中专阶段，但是我热爱自己的专业，我确立了一个远景目标，那就是我要成为会计师。

当然，我要成为会计师，前途还十分遥远，但是我会努力朝前迈步。按照国家规定，会计师是中级技术职称，要求大学本科毕业后，在业务上、理论上均有所建树，经过助理会计师岗位的五六年的锻炼，成为在会计业务方面能拿得起又放得下、处理业务有条有理、能把财务关的企业理财专家。到这个层次，既要有深厚的学识，又要有丰富的实践经验。我决心朝着这个目标奋斗。

我的计划是：

一、矢志不渝

过去，我立志不坚，常改兴趣，因而严重影响学业。从现在起，我立誓定志，绝不再改，将成为会计师所要学的学科全部列出来，由易而难，有计划有步骤地攻关。

二、从现在做起

千里之行，始于足下。目前我应努力完成中专课程，此外还要补习一部分基础知识。根据我的实际情况，必须先克服两大障碍：

1. 要克服思想上的惰性。我原先也是一个聪明活泼的孩子，父母及家人都把我视为掌上明珠，个个顺着我、宠着我，衣来伸手，饭来张口。日子长了，惰性养成了。念小学时，成绩还不错，上了初中，学习成绩便慢慢不理想了。惰性成了我追求上进的最大绊脚石。所以我要培养勤学精神，以勤补拙，以勤制惰。

第一个突破口便是"严守作息时间表"，按时起床，按时休息，按时上课，按规定时间做学问，完成作业。

规定自己要勤做"读书卡片"。凡会计类学科，均要做好卡片。

要坚持每周检查自己的"奋斗行动"一次，并将检查结果如实记在专门的日记簿上。

第二，要提高落后了的学科成绩，一是英语，二是数学。制订补课计划，力争在本学年内追上进度。

第三，调整战略。过去，我性格内向，很少同人交往，缺少锻炼的机会。现在我准备参加学校组织的文学理论研讨小组，以自己的毅力改变自己的形象。

……

九、制订计划和执行计划都必须同数字打交道，要注意正确运用各种数量的概念，如基数、序数、分数、倍数、确数、概数、绝对数、平均数、对比数、百分数等，以及表示各种程度、范围、频率、时间、条件的概念，对这些内容的运用与表达，既要准确，又要规范。

1. 下面的几段话，分别运用了不同的数字，它们说明了什么问题？又说明了一个什么共同问题？

2. 研究下面各段文字中作者是怎样运用数据说话的。（节选自《关于重庆市巫山县部分乡镇铲苗种烟违法伤农事件的调查报告》）

全县64.4万亩耕地中，适合种烤烟的有30万亩。历史上，烤烟种植面积最高达到10万亩。今年市烟草专卖局下达该县烤烟收购计划9万担，县政府下达烤烟生产考核基数为15万担，目标任务为20万担，按亩产量300斤计算，须种植5～6.7万亩。

巫山县今年下达给官阳区的烤烟生产考核基数为4.1万担，目标任务为5.4万担，须种植烤烟1.3～1.8万亩。该区适宜种烤烟的36个村，耕地面积只有2.2万亩，人均仅1亩。官阳区按烤烟目标任务与农民签定了合同，即必须用80%的耕地（人均0.8亩）种烤烟，剩余20%的耕地（人均0.2亩）种粮食和其他作物。为了防止农民多种粮食、少种烤烟，官阳区限定每个农民只准保留可移栽0.2亩地的500棵玉米苗，超过部分一律铲除。而且，实行连片种植，强行烤烟净作，即在规划种植烤烟的区域内不准种植其他作物。

面对农民不愿多种烤烟的局面，官阳区及其所属4乡镇领导决定强行铲除农民多种的玉米苗和栽种的其他作物。据初步统计，4月上旬，全区铲苗行为涉及27个村，1616户，共铲苗（包括折合可栽种面积）1289.9亩。

1999年巫山县财政一般预算收入为4731万元，而当年财政供养人口为11562人，仅实际工资性支出就达6715万元，是典型的"吃饭财政"，主要靠上级财政补助维持，当年上级财政补助10631万元。在一般性财政收入中，烟叶及卷烟税收占相当大的比重。1999年来自卷烟和烟叶的税收为1958万元，占一般性财政收入的41%，该县把发展烤烟生产作为当地增加财政收入的主要手段。

按照农业特产税的有关规定，烟叶的特产税应在收购环节向经营者征收，而不应向农民征收。而官阳区却规定，如果农民不种烟，就要交每亩168元的特产税（按一亩地平均产烟叶300斤，收购均价2.8元/斤，特产税率为20%计算）。区政府算的是这个账：如果农民少种了一亩烟，政府就少收168元。因此，不少农民说，这个烟不是为我种的，是为政府种的。农民陈发朝说，官阳地处高寒山区，年成好时每亩产玉米不过500来斤，按0.40元/斤算，一亩收200元，如果交了168元特产税，再去掉生产成本和其他费用，农民种田干啥呢？一些农民说，我们不是"抵抗"种烟，我们只是要留一点口粮。农民吴明香说，我去年4亩地种了3亩半烟叶，一年下来，扣掉税费，只剩10元钱，今年的苞谷苗又被铲掉了，现在家里没有粮食，只好到处借粮度日。

十、随着社会的繁荣发展，许多事情层出不穷，也有许多事情也会突然产生。为应对某种突发性紧急重大事件或情况而预先制订处置计划（预案），可以使自己能在突发事件面前成竹在胸、沉着应对。建议同学们勇于涉山探宝，学习计划的写法，并主动接触、探索计划中预案的写作。

❖ 预案是计划大家族中的一个新文种，与规划、纲要、要点、设想、打算、方案、安排一样，都具有预见性、可行性、指导性等特点。但它所涉及的内容极为广泛：有因自然灾害（如地震、水灾、旱灾、台风等）引起的突发事件；有因人为因素（如生产、建筑质量、安全事故、爆炸品、危险品、交通事故、疫情、中毒等）引起的突发事件；有因社会对抗和冲突（如重大群体罢工、集会、游行、示威，刑事案件、邪教或敌对势力破坏、战争、恐怖暴力活动等）引起的突发事件。预案应具有很强的预见性和实践性，一份好的预案能使有关单位和人员的权、责更为明确，使应对突发事件的工作开展得井井有条，使领导对工作的督促、检查更为有力，使工作任务的落实更为有效。在写法上，预案与计划的其他成员有许多相似之处，特别是与"方案"更为接近，一般采取条款式的写法，兼有表格式。如果你有兴趣，请自行寻找一份在执行中的预案进行学习，并比照别的计划文书，研究这个新文种的应用与写作。

第二章 总结

谁勤于思索，善于总结，谁就能更快地增长才干，在工作中少走弯路，多出成果，多做贡献。一个人只有驾驭了总结、不断地总结，才能使自己不断地变得更聪明。因此，建议大家通过对本章内容的认真研究，切实掌握总结这一工具。

一、例文学习

【例文一】

售后服务是企业的命根子
——万宝集团技术服务中心 1993 年工作总结

　　1993 年，万宝集团技术服务中心全体员工和分布在全国各地维修网点的员工一起，根据关于"售后服务是企业的命根子"的指示精神，坚持"拥有万宝电器，享受一流服务"的宗旨和"一切为了使用户满意"的标准，发扬"同心多奉献，合力创一流"的企业精神，大力开展优质服务活动；扎扎实实地做好各项工作，实现了 1993 年的总体目标。全年维修合格率达 99.8%，比去年上升了 30.3%；维修返修率 0.2%，比去年下降 30.13%；用户来信处理率 100%，全年未出现重大的维修质量投诉，赢得了用户和社会各界的好评，促进了万宝系列产品的销售，促进了万宝售后服务工作向服务质量标准化、服务网络体系化、服务管理规范化、服务方式多样化、服务经营一体化方向发展。1993 年被评为全国优质服务企业。

　　回顾一年，我们主要做了以下几项工作：

　　一、优化网点建设，加强网点管理。经过十多年不懈的努力，我们形成了具有万宝特色的售后服务三级管理体系。但是，随着内外环境的变化，尤其是面对日趋激烈的市场竞争，如何充分发挥这个体系的作用，使"拥有万宝电器，享受一流服务"不再是口头的承诺，则是要下一番苦功夫的。为此，年初我们便提出了建立以"沟通、指导"为原则的网点管理体系、以"激励、扶持"为重点的积极保证体系的目标，扎扎实实地抓了以下几项工作：

　　1. 开展网点升级达标活动。制定网点升级达标标准和考核验收方法，对网点进行定期考核和升级考评。促使网点管理逐步达到制度化、程序化、标准化的要求。

2. 开展网点调研考察。5月份，服务中心组织了6支小分队，由陈绍金总经理亲自带队，分别到广西、河南、山西、新疆、陕西、湖南、上海、南京、安徽、甘肃、四川、吉林等重点省市和边远地区的100多个维修点进行调查研究，帮助网点解决实际问题，沟通与网点和当地"消协""用委"的联系。

3. 合理调整网点布局，扩大维修服务的覆盖面。我们根据产品销售分布流向和促销的需要，在海南省建立了万宝电器海南技术服务中心，在云南西双版纳、深圳、珠海、中山、清远和新疆、山东、黑龙江等重点城市和空白地区新建了42个维修点，对19个维修部进行了调整优化，缓解了重点区域和边远地区维修难的问题。

4. 开展用户抽查，优化网点结构。针对网点管理的薄弱环节，我们增大了用户的抽查率，全年共抽查了近5000用户，抽查结果：占90%以上的维修部在服务态度、维修质量、收费方面受到用户好评。抽查中，我们对个别管理不严、服务措施不力的维修部给予具体的帮助指导，坚决纠正虚报维修项目、重复收费、损害用户利益的错误倾向，调整个别不合格的维修部。如3月份中心对清远五金电器厂冰箱维修部弄虚作假的情况进行了通报处理，借以教育大家，健全制度，堵塞漏洞。

二、调整售后服务策略，适应市场和用户需要。为了适应不断变化的市场形势和越来越高的用户需求，必须不断调整服务策略，全方位优化售后服务，中心和各地维修部在这方面都作了认真的探索。

1. 增加服务项目，扩展服务范围。在维修工作中，我们除了坚持行之有效的上门服务之外，还开创了具有自身特色的优惠服务：如对特殊用户给予特殊的服务；除了坚持按国家"三包"条例办事外，对困难用户给予免费维修或更换；对"三包"期外的维修、配件费实行八折收费；对更换箱体给予50%的优惠。各地维修部开展了超前服务、防患服务、跟踪服务等各具特色的服务项目。他们积极调整维修项目，扩大服务范围，变单一产品的售后服务为其他各种家用电器产品的维修服务，变过去的售后服务为售前、售中、售后一条龙服务，收到了良好的社会效益和经济效益。

2. 转换服务形式，提高服务水平。用户的需求是多种多样的，也是经常变化的，售后服务的方式方法也要根据变化了的情况作相应的调整，才能满足用户的需求。例如，去年中心设立配件供应门市部，专供用户选购零配件，减少了过去用户到中心购买配件，要到配件部办手续，交款后到仓库提货的麻烦，极大地方便了用户；过去用户因质量问题要求退货，必须首先要将产品运回广州，经审核认可后，再重新发运，这样来回一个多月。现在我们根据用户的合理要求，简化了手续，省时省力。不少维修部还采取义务上门检修、无偿服务、免费咨询、免费发放维修技术资料等形式，为用户提供优质服务，大大提高了万宝产品的声誉。

3. 开拓服务经营一体化道路，增强自身实力。中心在"以销促修，以修促销，以修为主，多种经营"思想的指导下，从实际出发，开拓服务经营项目。中心设有市场服务部、制冷工程部等部门之外，还建立了广告装饰工程公司、汽车维修部、油料批发部等综合服务部门，推行承包经济责任制，销售万宝系列产品，还利用多种渠道，经营配件、油料、装饰材料和其他家电产品，对外承接制冷、汽车维修、广告制作等工程，搞活了经营，为售后服务工作提供了物质基础，使中心逐步走上以销促修、以修促销的良性循环轨道。去年，福州中心、郑州中心、开封万宝豫东商场维修部等不少地区中心和维修部，在开拓服务经营一体化道路方面取得了新的成果，不仅给企业带来了良好的经济效益，也促进了售后服务工作的发展。

三、提高员工素质，深化优质服务。"一切为了使用户满意"是我售后服务工作的基本点。为了使员工牢固确立这一思想观念，我们利用中心自办的刊物《网点交流》进行宣传教育，如强化质量意识，树立"用户第一"观念等。在行政上还采取了相应的规章制度来强化"四个服务"：一是无论"三包"期内或"三包"期外的产品维修全部实行上门服务；二是全月每天开放服务；三是对特殊困难用户实行变通性服务；四是全员服务。做到维修服务的"三个满意"，即用户对质量满意，对服务态度满意，对合理收费满意。我们向全体员工提出一个明确的口号：始终坚持"拥有万宝电器，享受一流服务"的宗旨，不断创新，深化售后优质服务活动，使各种形式的优质服务活动内容更新、项目更多、范围更广。如：①坚持不懈地上门服务，从过去的"三包"期内上门，扩大到"三包"期外上门；②特殊用户的优惠服务，对军烈属、老红军、离休老干部、孤寡老人、残疾人以及受灾群众，实行免费维修服务；③内容广泛的义务服务，在重大节日，经常组织维修小分队到机关、厂矿、学校、医院、部队巡回咨询和上门检修；④主动出击的超前服务，在故障没有发生之前，通过开展产品保养和使用常识的宣传，增强用户对产品使用的隐患意识，使产品维修减少到最低的限度；⑤负责到底的跟踪服务，各地维修部建立健全用户档案和用户投保卡，实行跟踪调查，及时处理质量问题等等。各地维修部结合实际，开设多种服务项目，如：广州维修部夏季组织免费上门保养清洗空调，开封豫东商场维修部开设了24小时预约报修的"昼夜服务""急诊服务"，成都百货大厦推行责任到人的"跟到底服务"，武汉中心设立了"四检服务"。各地维修部开展的优质服务活动内容广、形式新、质量好。

提高员工素质的另一个重要方面，是注重对维修人员的技术培训。一年来，我们先后在广州、普宁、河南、福州等地举办了四期万宝系列新产品技术培训班，参加培训的维修人员计238人。通过系统理论学习和实际操作指导，使他们掌握了万宝系列产品的维修技术，大大提高了售后服务水平。最近我中心培训部被广州市劳动局指定为广州制冷家用电器技能鉴定中心，这将使我们更好地走向市场、走向社会，为万宝事业的发展培养更多的人才。

四、开展"万宝电器百日维修服务质量无投诉"活动。去年广州地区开展的"维修质量百日无投诉活动"在社会上产生较大的反响，今年，我们自找压力，从5月20日至8月底的100天时间里，在全国范围内开展维修质量百日无投诉活动。先是在桂林市召开的万宝电器第九次售后服务工作会上作了动员，随后制订了活动方案，发至下属地区中心和所有维修网点。对此，全国360个网点都制订了相应的保证措施，狠抓落实。如每个员工都发挥了用户接待员和信访员作用，热情待客，努力提高用户的满意度；各维修部延长了服务时间，加强了上门服务力量；增设了热线电话等。中心也采取措施，加强对这次活动的指导和监督，每10天给网点打一次电话，了解网点开展活动的情况，尽力帮助网点解决具体问题，并组成5支小分队，分赴海南、广西、新疆、上海、南京、浙江、江苏、安徽、河南、陕西、四川、甘肃等省市进行巡查，现场解决服务中的困难。活动期间尚未发现因维修服务质量问题而引起的投诉，使这一活动在全国有了一个良好的开端，受到了有关报刊、电台的表扬和推荐。

1994年是万宝事业发展的关键一年，也是实现集团中期发展规划的决定性一年。我中心必须进一步贯彻落实何总关于"售后服务是企业的命根子"和汤总关于"服务先于销售"的指示精神，坚持"一切为了使用户满意"的最高标准，把售后服务工作作为首要任务，为维护万宝信誉做出更大贡献。

这是一篇企业的年度总结。

该企业在集团公司中专门负责产品售后服务工作，其主要任务就是对本企业产品进行售后服务，如指导用户妥善使用、保养产品，当需要维修或更换零部件时给予相关服务，使用户能正常地、满意地使用该产品。这是企业提高竞争力的有效手段，所以被称为"企业的命根子"。该企业围绕着本企业的职责所在进行工作，本总结不仅展现了该企业一年来的工作状况、业绩、举措，也总结了他们工作的成功经验，揭示了规律性。

在写法上，其标题采用正副题式，正题揭示文章的中心内容，副题标示出单位、时间、事由和文种。正文由前言、主体、结尾三部分组成。前言部分概述了基本情况，交代了总结所涉及的时限、单位、背景、工作任务和完成情况，并引用数据总结了成就，用语精练、概括全面，字里行间洋溢着信心和决心。然后用"回顾"一句过渡，转入主体部分。主体部分分四大项列举了一年来的主要工作，内容按逻辑顺序排列，围绕着"命根子"这个中心，充分证明了总结中所提出的各个判断。最后以展望作结，充满了信心，反映了企业的精神面貌。全文层次分明，观点与材料统一，是一篇好总结。

【例文二】

开弓没有回头箭

广东省人民代表大会常务委员会　　王　波

　　我有幸能参加这次公选面试，深感机会难得。通过参加这次公选面试使我认识得到提高，我收获很大，体会深刻，受益匪浅，终生难忘。

　　通过亲身的体验，我加深了对干部人事制度改革的重要性和必要性的认识，深感公选是选人、用人的有效之道。为政之道重在用人，党的十五届六中全会决定指出："必须全面贯彻干部队伍革命化、年轻化、知识化、专业化的方针和德才兼备的原则，加快干部人事制度改革步伐，完善制度，健全机制，坚持用好的作风选人，选作风好的人。"好的制度是选好人、用好人的根本保证，也是防止和克服用人上的不正之风的治本之策。推行公选是为了建立和完善选人、用人的制度，是干部人事制度的改革和创新，它有利于建立一个能上能下、能进能出、有效激励、严格监督、竞争择优、充满活力的用人机制，有利于优秀人才的脱颖而出和健康成长。从我省三次公选的实践和探索的情况看，力度一次比一次大，效果一次比一次好，并逐步走向科学化、制度化，深得广大干部群众的赞扬和支持。特别是我经过对这次分选面试的亲身体验，深感干部人事制度必须要按照"公开、平等、竞争、择优"的原则进行改革，深感公选的用人、选人之道是正确的、成功的。这次公选面试突出体现了选人的科学性和实践性，具有三个鲜明的特点：

　　一是新。这次面试不是一般的面试，而是把面试和培训结合起来，面试前安排一段带有考察和面试性质的培训。这样的面试，不光看面试中十多分钟的表现，而是把它和培训的表现结合起来，这样对干部的观察就更准确、更全面，方法新、形式新，是科学的创新。

　　二是实。从培训的内容看，紧紧围绕着对"三个规律"的认识来进行，对于我们深入学习和实践江泽民同志"三个代表"重要思想具有积极的现实意义，有利于我们促进工作，提高工作能力和水平。同时它的"实"还体现在形式上,"考实不考虚",把着重点放在考实际工作能力和水平上。

三是活。面试培训不是死记硬背,而是把学习和思考结合起来,既有老师的教导,又充分发挥学员思考的主动性和积极性,研讨的气氛浓,思考的空间大,能够很好地把理论和实践结合起来,有利于学员扩展视野、打开思路、发挥水平,使同学们互相帮助、取长补短,形成良好的学风,收到了很好的效果。

正因为这次公选面试做到了解放思想、勇于改革、勇于创新,坚持选人的科学性和实践性,在公选面试中形成了一个学习的竞赛、工作的竞赛的氛围,使公选面试成为学习竞赛和工作竞赛的过程,时间虽然短,但我感到收获很大,主要有三个方面:

一是增长了见识。这次公选面试培训主题十分突出,内容十分丰富,形式十分灵活。既有教授讲课,又有学习讨论;既有临场发挥,又有充分思考;既有严肃紧张的气氛,又有生动活泼的局面,确实取得了"考活不考死,考实不考虚,考好不考倒"的效果,使我开阔了视野,增长了见识。

二是促进了学习。参加面试培训感到收获最大的是学习。在面试培训中,公选办和省委党校精心安排的几个主题课程、讲座,使我系统、深入地加深了对"三个规律"的认识和对"三个代表"重要思想的全面把握,进一步巩固了理论的基础。同时,由于每个同学都来自不同的岗位,具有各自不同的优点和特长,通过相互的学习和交流,取长补短,真正起到了互相启发、互相促进、互相提高的积极作用。由于是学习的竞赛,也激发了自己学习的积极性,在学习中注意做到理论和实际相结合,既注意搞清楚原理,掌握好理论,又注意用理论去分析、研究实践和实际工作中的现象和问题,促进全面、深入地思考和分析问题,使有些过去理解不透的问题得到了正确的理解,遇到的困惑找到了满意的答案,收益确实很大。

三是受到了锻炼。公选是干部人事制度的改革,变"伯乐相马"为"赛场选马",是比学习、比工作的竞赛。对这项制度我是赞成的,并积极参加予以支持。我十分珍惜这次难得的机会,通过面试培训,让组织检验和考察自己,起到了锻炼提高自己的作用。尤其是经过这次面试使我看到了自身存在的不足之处,有利于在今后的工作中努力加以克服和改进。

公选面试虽然已结束,但它对我的帮助却是终生受用的,我由衷地感谢为这次公选面试付出辛勤劳动的公选办领导和工作人员以及省委党校的老师们。我深深地记得罗东凯副部长在开班动员会上讲的"一切从零开始"的那句话,要求我们不能因循守旧、不思进取,而要与时俱进、不断开拓。人生有很多起点,"开弓没有回头箭",认定方向,就要勇往直前。公选是竞争,竞争就是进取,没有竞争就没有进取,就没有进步,这是自然界的规律,也是社会进步的规律。每当我想起参加公选面试,我就不忘进取之心,学习要不断进取,工作要不断地进取,我要以这次公选面试作为人生的一个新的起点,不断地进取、进取……这就是我参加公选面试最深刻的体会。

　　这是一篇个人专题总结,是作者在参加了公选面试活动后写的心得体会。作者通过其参加培训、选拔的全过程,总结出三点体会:增长了知识、促进了学习、受到了锻炼。作者以"开弓没有回头箭"作喻,表明自己"立志已坚,只有勇往直前"的决心。同时,揭示出干部公选面试不仅是挑选干部,也是培养干部,提高干部素质的有效途经这一规律性认识。

二、总结的性质和特点

总结是对已往的一段时间内某项工作、生产、学习、思想的情况进行系统的回顾，通过分析研究，作出客观的评价，肯定成绩，找出问题，得出经验教训，摸索出事物发展规律，为发扬成绩、纠正错误、提高认识、明确方向而写成的书面材料。

常用的小结、体会也属总结的范畴。

总结是认识客观事物、掌握客观事物规律的一种重要手段，也是把感性认识上升到理性认识的必由之路。我们每做完一项工作之后，应坚持写总结。有时经验并不成熟，也未能揭示出事物发展的规律，但是坚持下去，必然会获得大量的感性认识。这些经验尽管是零星的，对它的认识也是肤浅的、表面的，但是，我们通过总结，可以使认识不断加深，就可以把零星的、肤浅的认识上升为全面的、系统的、本质的理性认识。

"实践—认识—再实践—再认识"，循环往复，以至无穷，这是我们检验真理、发展真理的认识路线。毛泽东同志说："人类总是不断发展的，自然界也总是不断发展的，永远不会停止在一个水平上。因此，人类总得不断地总结经验，有所发现，有所创造，有所前进。"这是实实在在的真理。因此，不断地总结工作，写好总结，对于每一个干部来说，都是非常重要的。可以说：谁勤于思索，善于总结，谁就能更快地增长才干，在工作中少走弯路，多出成果，多做贡献。

总结同其他文体比较，具有以下四个方面的特点：

（一）实践性

总结是对已往实践的回顾，是本地区、本部门、本单位或本人自身实践活动的产物。因此，总结的对象必须是自身的实践活动，总结中的观点必须是从自身实践中抽象出来的认识，总结中所选用的材料必须是自身实践活动中的真实的具体材料。即使是上级派人帮助一个单位或个人写总结，也不能离开这个"自身的实践"——总结实践者的实践经验，而不是代写人的主观见解或挪来的论点和论据。因此，凡总结都应该采用第一人称，这是总结的最大特点。

总结同调查报告比较，最大差异就是：总结的材料是自身实践的过程和结果，必须用第一人称，而调查报告所使用的材料是经自己调查得来，或者引自第二手材料的他人实践，所以用第三人称。

（二）过程性

每进行一项工作，总有一定的过程，有一定的时间跨度，因此，在总结的表述上，要反映出事情发展变化的过程，包括工作的开始、发展、结局，问题的发生、解决、效果等，按照工作的本来面目，如实地把它反映出来。做了什么工作，取得什么成绩，有过什么失误，还存在哪些问题，都要依据事实，不夸大，不缩小，不回避，不掩饰，用概括叙述的方式，展示出全过程，让人看得见，摸得着，是对是错，一目了然。但是，总结的叙述不同于一般记叙文的叙述，它不要求有生动的故事和感人的形象以及曲折的情节，却着重用自身实践的具体事实材料，用概述法将事情的始末、发展、变化介绍出来。

（三）证明性

总结必须对自身的实践作出客观的评价，肯定成绩，找出问题，得出经验教训，摸索出事物发展的规律。因此，在总结中必然会提出自己的观点，例如，对工作状况的基本估计，对心得、体会、经验或教训的概括，对科学实验结论的抽象等等。观点一经提出，就必须用自身工作、生产、科学实验中的能支撑观点的材料（如事例、数据）来证明观点的正确性，使人们确信总结中对工作成绩的判断确非妄说不实，对经验的判断确非主观臆断，对实验所推导出来的结论确非荒谬无稽，这就是总结具有证明性的特点。所谓观点与材料要统一，便是说总结的观点要来自自身的实践，然后又能以自身实践的具体事实来证明自己观点的正确性，这又同其他议论文体的论证有别，从而形成总结的又一文体特点。

（四）理论性

总结是认识客观事物、掌握客观规律的一种重要手段，因而写总结就必须从自身的工作实践出发，通过分析、概括，总结出带有规律性的东西，给人以理性的认识。所以，不论是成功的经验还是失败的教训，都必须从工作的主要矛盾入手，去探索发现事物的本质特点；从工作发展过程中去研究各种主客观条件的作用和影响，阐明其来龙去脉，说明其发展的必然趋势；从各种材料的联系中找出相互之间的因果关系与必然联系，从而使感性认识上升到理性认识，总结出具有典型意义的规律性的经验教训，给人以启迪。

总结的作用很大，适用范围很广，党政机关、企事业单位、人民团体以及个人，都可以用总结来检查以往工作、学习的情况，积累经验，修正错误，认识和掌握事物的规律，促进今后的实践活动顺利进行。

三、总结的种类

总结的种类，可以由不同的标准划分出不同的类型。一般有以下几种分类：

（1）按内容分，有全面总结、专题总结。

（2）按性质分，有工作总结、学习总结、生产总结、思想总结、活动总结、会议总结。

（3）按时间分，有年度总结、季度总结、月份总结、阶段总结。

（4）按范围分，有地区总结、单位总结、部门总结、班组总结、个人总结。

虽然分类诸多，但从写作上来说，不外乎是全面总结、专题总结、个人总结三类。

全面总结，又叫综合性总结，是一个单位、一个部门对一定时期内整个工作各方面情况的总结。向上级机关的工作汇报，或向本单位或本部门的群众作工作总结，或准备经验交流的材料，往往使用全面总结。这一类总结一般要求反映工作全貌，内容广泛，篇幅较长，既要肯定成绩，又要找出差距，既要有经验做法，也要有教训体会。在写作上要注意突出重点，又要全面涉及。如例文一《售后服务是企业的命根子》。

专题总结，也叫单项工作总结，是对一定时间里某一项工作或某个问题进行的专门总结。这种总结用途广泛、针对性强，偏重于总结经验、介绍做法。在写法上，内容比较单纯、集中，要求写得具体、细致、深刻，有一定的思想深度。

个人总结，又称小结、体会，是个人在工作或学习告一段落后，对自己的实践进行的回顾。这种总结，可以是全面的小结，也可以是单项的总结。要抓住主要问题，突出经验、教训和收获、体会；要注意防止陈列式，记流水账，也不要写成检讨书、决心书。要总结出对未来有指导意义的具有规律性的东西。例文二《开弓没有回头箭》既是个人总结，又是专题总结。

四、总结的写作要求

（一）要熟悉工作过程，充分占有材料

占有充分的材料是写好总结的前提。而要充分地占有材料、写好总结，其

基础是熟悉工作的全过程。也就是说，从接受使命，到制订工作计划，到具体实施，以及工作者的思想及其变化，总结者都要十分熟悉。为此，亲自拟写总结的人，要在自己的工作实践中注意将情况、事例、数据以及点滴体会记录下来，这叫原始记录材料，是十分宝贵的资料；到总结时还要认真回顾工作的全过程，使自己的感受更为深刻。如果是代他人写总结，便要深入地进行调查，广泛收集材料。除实地调查之外，还可以查找历史资料，如计划、简报、会议记录、报表、统计表等等。

要注意积累或收集以下八个方面的材料：

（1）工作的指导思想。要研究原工作计划，并参照该计划进行总结。如果无计划，则要弄清工作依据的思想，如上级指示、领导的布置和采取的工作措施。

（2）背景材料。包括用于揭示和说明社会环境和自然条件的材料，包括有利因素和不利因素。

（3）历史材料。指该工作的往昔情况，包括数字情况，以便作今昔对比，反映出工作的发展过程。

（4）现实典型材料。指能集中反映事物本质，说明观点的有代表性的人和事。要注意从不同方面、不同角度考虑各类典型。

（5）对比材料。这是用来反衬正面的材料所需的材料。例如，用反面材料对比正面材料，用历史材料同现实材料相比，用点上的情况同面上的情况对照，用成功的事例同失败的事例比较，经验与教训对比，成绩与失误对比等等。

（6）数字材料。这是用来解释、反映、说明各种情况的各类型数据，如基数、约数、绝对数、平均数、百分数、对比数等等。有的数字要进行各种方式的换算。

（7）群众的认识或评价。指群众对该项工作的看法、议论、反应。

（8）产生的效果。即该项工作完成之后的影响及其力度。

对所收集的资料要进行"去伪存真，去粗取精"的整理工作（关于如何做好材料的整理工作，请参阅《教程》调查报告部分关于材料整理的三个程序）。

（二）要总结出带规律性的认识

总结的目的是为了认识世界、改造世界，因此，应注意总结有规律性的经验，给人提供对事物本质的认识，从而使人们驾驭规律，在实践中更有效地改造客观世界，推动工作向前发展。所谓规律性，就是指能反映出事物内在的、本质的、共同的联系，在事物的发展变化中起支配性作用、决定事物发展必然性的东西。要总结出规律性的东西，就要注意运用纵横比较的方法，从事物整个发展进程中和事物发展的许多阶段里找出它的发展道路，找出贯穿其中的联系，研究它是如何发展变化的；从各种不同的事物、经验中找出共同的因果关系，研究这些事物、经验的成因；从许多不同的现象、事例、典型的差异中找出产生不同的真正因素，这样才能找出规律性的东西。

有规律性的经验是从实践中概括出来的，不是主观臆造的。毛泽东同志说："要从国内外、省内外、县内外、区内外的实际情况出发，从中引出固有的而不是臆造的规律性，即找出周围事变的内部联系，作为我们行动的向导。"总结有规律性的经验，就是要从本单位、本人的实际情况出发，通过纵的比较和横的比较，找出具有个性特点的规律来，再用个性去表现共性，再用个别去说明具有普遍意义的问题。

所以，我们在总结时，不能停留在表面现象的认识和客观材料的罗列上，而要在"由此及彼，由表及里"上下苦功夫，即通过对大量材料的分析、比较、鉴别引出结论，使人看得见、摸得着、学得到、用得上。

总结经验体会的具体做法一般是：首先对自己在某一时期内的实践进行回顾；即要思考自己在怎样的思想认识的指导下，做了哪些工作，取得了哪些成绩（效果），有哪些失败的教训。要将取得的成绩或教训，运用一定的逻辑关系，按一定的顺序分类，通过归并分类，归纳（提炼）出自己对这项（类）工作的规律性认识。有人将这种提炼经验体会（即带规律性的认识）的方法归纳为"三步归纳法"：第一步，抓主题（自己所做的主要工作）；第二步，找做法，并对取得的成绩进行综合、分类；第三步，列观点，按分类逐一归纳出自己对该类（项）工作成败的规律性认识，并使表述观点的句子上升到理论高度（抽象到具有共性的认识）。

（三）表述上要实事求是，叙议得当

写总结，要有正确的指导思想，坚持实事求是，按事物的本来面目反映事物。要做到实事求是则应注意：第一，所用总结材料必须真实、准确；第二，必须用一分为二的方法分析问题；第三，对使用的文字要认真推敲。总结的材料不能凭空臆想，搞估计，随意添枝加叶，涉及到的人物、事件、时间、地点、原因、结果等要交代准确，涉及到的文件、资料要摘引准确。不管是用"活材料"还是用"死材料"，不能用道听途说的东西。对一些汇报材料，要查实才用。结论要与事实相符，既不要结论大事实小，也不要事实大结论小。评判应确切，谨防"帽子"与事实不符。要克服片面化和绝对化，防止一种倾向掩盖另一种倾向。不能用夸张的手法，一说经验就好得不得了，一说成绩就大得不得了，一说问题就多得不得了，致使文章前后矛盾，令人难以置信。

叙议得当，是总结在表述上的要求。应以叙述为主，叙议结合。一般在交代工作、列举典型事例时应以叙述为主；在分析经验教训、指明努力方向时多用议论。叙述的事实为议论提供依据，说理是对所叙事实的升华、提高。叙述是总结行文的基础，它通过对时间、地点、事件、人物和原因、结果的交代，使读者对某部门、某单位或某个人的工作状况有清晰的了解。议论则是通过分析、综合、论证，把分散的、感性的材料转化为具有指导意义的理论。议论不宜过多，应主要靠事实说话。但是要注意，只叙不议，就是罗列现象；只议不叙，则变成空谈。只有以叙带议，叙中有议，叙议结合，叙议得当，才能水乳交融。

五、总结的写法

总结没有固定的写法，应该根据不同的对象、内容与目的，确定具体的写法。其结构形式基本上由标题、正文、署名和日期三项组成。

（一）标题

总结的标题有以下几种构成方式。

1. 公文式标题

（1）由单位名称、时间、事由、文种四个部分组成，如"郑州市××百货商店2010年工作总结"。

（2）由单位名称、事由、文种三部分组成，如"广东省土产公司关于三类土特产品交流会总结"。

（3）由事由、文种两部分组成，如"关于组织首届文化艺术节的工作总结"。

2. 新闻式标题

（1）单标题。要求反映出总结的内容特点。如《推行目标成本管理，提高经济效益》，揭示了该总结内容为该单位推行的目标成本管理使经济效益提高，是总结经验的。

（2）双标题。正题副题配合使用，正题概括总结的内容，副题标示单位、时间、事由、文种。如例文一《售后服务是企业的命根子——万宝集团技术服务中心1993年工作总结》。

（二）正文

总结的正文由前言、主体、结尾三部分组成。

1. 前言

前言，又称导语。一般概述基本情况，让读者对全文有个大体印象，为主体部分铺垫好基础。其内容大体上是：

（1）交代总结涉及的时间、地点、单位、背景、工作任务、步骤、完成情况等。

（2）概述基本经验，点明中心思想。

（3）引用数据，总结成就或问题。

这部分要注意用语精练，概括全面，有前因后果、来龙去脉的交代，也有成败得失或经验教训的总叙，或者有主要内容、基本数据等。

2. 主体

主体是总结的重点部分，其内容主要有：

（1）做法、成绩、经验。总结的主要目的就是肯定成绩，总结经验。这部分一般是对做法进行简要的叙述，对成绩和经验进行细致的分析，并把感性认识上升到理性认识，从中找出规律性的东西。要注意写得详细、扎实、具体，做到观点统帅材料，材料支撑观点。有时经验也常用"体会"的说法来表示。做法和收获一定要能表现体会，而体会则是做法用"收获"证实了的规律，这就是"摆观点"（论点、规律）"谈做法""讲收获"，自然地得出经验。在具体写法上，有时可以用事例引出经验教训；有时又可先从大量事实中概括出几个观点，然后用事例去说明和印证；也可以边叙事例，边说明观点，介绍经验体会。

（2）问题、教训。写总结要防止片面性和绝对化，要一分为二、实事求是，在总结出成绩的基础上，找出存在的问题，找出应吸取的教训，以达到改进工作的目的。要写明工作中遇到哪些问题，给工作带来哪些损失和影响，分析问题产生的原因。

（3）今后的打算及努力方向。这部分应针对上文指出的问题和教训的实际情况，提出中肯的、切实可行的改进措施和新的奋斗目标。但要注意，总结不是计划，这里的打算指明方向即可，是粗线条的。

3. 结尾

结尾方式根据总结的类型、内容而定：

（1）自然收尾，主体部分写完后就此搁笔。

（2）总结全文，点明要点，展示未来。

（3）展示努力方向。

正文的结构方式，常用的有两种形式：

（1）横式结构。按照事物内在的逻辑关系组织材料，各部分或呈并列关系，或呈递进关系，或呈因果关系。采用"标项撮要法"进行写作，即冠以小标题，提纲挈领，或在段首用主题句表述观点，揭示该段主旨。

（2）纵式结构。按事物发展先后顺序组织材料，分述各个阶段的情况、做法与经验教训。

（三）署名和日期

这部分又叫作落款。一般在正文结束的右下方签署作者姓名及成文日期。有的单位署名放在标题下，日期在文后右下方。

思考与练习

总结是使用频率很高的机关事务文书。每一个干部都必须学会写总结，并熟练驾驭总结这门工具。因此，必须认真结合自己的实际，努力完以下练习，掌握好总结这个工具。

一、掌握下列名词术语。

全面总结　专题总结　个人总结　公文式标题　新闻式标题

二、学习撰写总结，须注意训练自己以下几个方面的基本功：

（一）写总结离不开计划。

1. 搜集计划书。这是写总结的依据。工作做得好坏，计划便是标准。完成任务是好，超额完成任务更好，没有完成任务当然不好。即使没有成文的计划，也要明确做这件事之前对做这件事的设想、要求、意图是什么。因此，要牢固树立一个观念：写总结，必须首先抓住计划。要依照计划，分项目、分指标、分时段，找出相关的计划数、完成数。然后依照实际数字换算出完成任务的百分比，得出自己对所完成任务的印象、评价，再找到这些任务是怎样完成的，如办法、举措，在完成过程中有什么典型事例等等。这样才能发现计划与实践的差距，才能从差距中找出原因，从而找到规律性的东西。

此外，还要找到上年、前年的计划、总结、简报、会议记录、统计报表等，从这些历史资料中发现历史与现实的可比性，找到能生动说明问题的材料或数据。

2. 确实没有计划而又必须写总结时，要找出"潜计划"。例文二《开弓没有回头箭》就没有原计划，但是作者却能运用认识上的前后对比、效果上的前后对比，显示出了参加面试活动的效果。请你认真研究，思考作者是怎样运用他的"潜计划"进行对比，突出效果的。

（二）写总结必须十分熟悉该项工作的全过程，并要充分占有材料。因此，必须严格训练自己抓住工作全过程中"八个方面的材料"的意识，养成记原始记录的习惯（必须占有这些材料），培养出自己"抓材料"的能力（能够找到并能正确应用这些材料）。

1. 工作的指导思想。写总结，首先要弄清楚完成计划的实际情况，各项指标完成了百分之几，是超计划还是未达到计划，先要有一个总认识、总评价，才能分析造成这个局面的原因。

2. 背景材料。只有明确了解背景，才能让人从中看出问题。事物的产生和发展顺利与否，这是影响事物的原因。弄清背景并将背景交代清楚是写总结的重要任务。

3. 历史材料。可以从历史上的计划、总结、汇报、上级机关的简报、上级的指示中寻找。既要有历史事实、历史状态，又要有具体的、实际的数据，而且数据必须精确。写总结，要让人懂得历史上的情况，以便更好地了解现状。

4. 现实典型材料。巧妇难为无米之炊。现实的典型材料正是为炊之米，必须分门别类列出来。可以依计划项目，依上级布置的任务列项，依工作取得的成果大小按序排列，也可以依做工作的程序先后排列，按事件一个一个写成材料。

5. 对比材料。这是用来反衬正面的材料所需的材料，可以不是自身实践的材料。例如，用差的典型反衬好的典型，用反面材料对比正面材料，用历史材料同现实材料相比，用点上的情况同面上的情况对照，用成功的事例同失败的事例比较，经验与教训对比，成绩与失误对比，等等。

6. 数字材料。这是用来解释、反映、说明各种情况的数据，如基数、约数、绝对数、平均数、百分数、对比数等等。运用数据来说明是最有说服力的。事实胜于雄辩，数据确凿，板上钉钉。也只有充分运用各种数据来说明，才是最生动的。例如，在怎样的背景情况下，多少人，完成了多少事，产生了怎样的效果，如果用计划数、完成数、百分数显示出来，再用对比数予以比较，便可以使事物的意义、本质从量上得到生动体现。数字要进行各种方式的换算，使数字变活、变生动。

7. 群众的认识或评价。这要通过调查获得。

8. 产生的效果，出现了怎样的影响。在总结里可以用效果来说明事件的意义。

（三）试以例文为例，说说作者是怎样将自己实践的成果上升为自己的经验体会的。

提示

※ 写总结必须用事实说话、用数据说话。因此，必须从下列几方面严格训练自己。

1. 总结是自身实践的回顾，所以写总结必须体现出实践性。请试以例文二为例，分析说明作者是怎样在文章中体现出自身实践性的。

2. 写总结，要注意展示出自己的工作成果，让人看到你干了些什么工作；要注意展现出工作的过程，让人了解你的工作是怎样做的；要注意揭示你所采取的措施、做法，让人能看出你的工作成果是怎样得来的，以便从中找出成败的规律。试以《教程》中的总结例文为例，分析指出作者是怎样在总结中展示成果、展现过程、揭示举措，让人看得见摸得着的。

3. 写总结，要用事实材料来证明自己观点的正确性，写议论文也要用事实材料来证明自己观点的正确性，但是，两者所用的"事实材料"是不同的。其不同之处在哪里？试以你最熟悉的议论文与《教程》中的总结例文相比较，说明为什么议论文的材料可以选自他人文章、他人的事例、他人的数据，而总结则必须是自身的实践，是自身的实践事例、自身实践中的真实数据？

总结和调查报告相比较，为什么总结必须使用第一人称，而调查报告必须使用第三人称？两者所使用的材料有什么不同？

4. 写总结要实事求是，所用材料必须真实、准确，在表达上要叙议结合，叙议得当。试以例文为例，说出你认为该文在用材、叙议方面有什么值得借鉴之处。

5. 写总结必须做到观点和材料有机统一，请以例文为例，分析其观点是怎样统帅材料，其材料又是怎样支撑观点的。

6. 写总结必须将自己实践的成果上升为自己的经验体会、揭示出自己的规律性的认识。因此，你必须训练自己善于"将自己实践的成果上升为自己的经验体会，揭示出自己的规律性的认识"的能力。

三、请用本题介绍的"三步归纳法"对下面这段文字进行归纳，用简短的文字写出其规律性。

党委专门召开扩大会议，分析安全工作形势，××主任主持全库性组织纪律整顿动员大会。机关三处重新修定了贯彻条令，落实"二十项"的规划，并组织实施第一个"百日无事故"竞赛活动，对检查内容、评比条件和实施办法作了周密部署。各业务分队针对本单位组织纪律方面存在的问题，认真从政治思想工作、发挥骨干作用、落实规章制度上分析原因，勤务连组织相关知识竞赛，请先进典型作报告……

通过整改，作风涣散现象大大改变，三、四月份请假探亲的38人，无一人超假。艰苦奋斗的作风得到发扬。过去不少战士经常向家里要钱花，整顿后，据不完全统计，全库战士个人储蓄已达××××元。安全工作也有了很大提高，全库共收发油料×××吨，油罐涂漆××个，保养油罐、橡胶罐××个，无一例安全隐患。

"三步归纳法"：

第一步，抓主题。（这个单位——某部油库在做什么）

第二步，找做法和成效。（在这个单位里，哪些人做了什么事、成效如何）

第三步，下结论。（用一句话表述出具有共性的认识）

四、依据自己某一时期内的实践，写出你在什么思想认识的指导下做了什么工作（或学习上、生活上的），取得了哪些成效，有什么经验体会，总结出对这件事情成败问题的规律性认识。

"没有调查就没有发言权"。为了避免决策错误,必须大兴调查研究之风。机关的领导者要正确决策,就必须坚持调查研究。一个人想要把自己的工作做好,也得对自己的工作进行调查研究。请认真学习下面的两篇调查报告例文,体会、认识到调查报告在决策中的作用,从而学会搞调查研究,掌握调查报告的应用与写作方式。

【例文一】

关于重庆市巫山县
部分乡镇铲苗种烟违法伤农事件的调查报告
赴重庆市巫山县调查组
(二〇〇〇年六月二日)

根据国务院领导同志的指示精神,由国务院办公厅牵头,中央农村工作领导小组办公室、国务院研究室、农业部、国家税务总局和中央电视台参加组成的调查组,于5月28日至6月2日,赴重庆市巫山县就中央电视台《焦点访谈》反映的铲苗种烟、违法伤农事件进行了调查。调查组深入3个区5个乡镇,广泛听取农民群众和基层干部的意见。现将有关情况报告如下:

一、基本情况

巫山县是省定贫困县,1999年全县农民人均纯收入只有1242元。粮食作物主要是玉米、土豆、红薯和小麦。经济作物主要是烤烟、魔芋等。全县64.4万亩耕地中,适合种烤烟的有30万亩。历史上,烤烟种植面积最高达到10万亩。今年市烟草专卖局下达该县烤烟收购计划9万担,县政府下达烤烟生产考核基数为15万担,目标任务为20万担,按亩产量300斤计算,须种植5万~6.7万亩。

全县烤烟种植主要集中在河梁、官阳和骡坪3个区所属的15个乡镇。从了解的情况看,河梁和骡坪两区,由于区乡政府的引导服务工作基本到位,农民种烤烟的积极性比较高,没有发生强迫农民种烤烟的现象。问题主要发生在官阳区的4个乡镇，而且远比《焦点访谈》反映的问题严重得多。

巫山县今年下达给官阳区的烤烟生产考核基数为4.1万担，目标任务为5.4万担，须种植烤烟1.3万~1.8万亩。该区适宜种烤烟的36个村，耕地面积只有2.2万亩，人均仅1亩。官阳区按烤烟目标任务与农民签订了合同，即必须用80%的耕地（人均0.8亩）种烤烟，剩余20%的耕地（人均0.2亩）种粮食和其他作物。为了防止农民多种粮食、少种烤烟，官阳区限定每个农民只准保留可移栽0.2亩地的500棵玉米苗，超过部分一律铲除。而且，实行连片种植，强行烤烟净作，即在规划种植烤烟的区域内不准种植其他作物。

官阳区适宜种植烤烟，种烤烟的收益高于种粮食（一般亩均收入800元以上，高于粮食3倍），但农民不愿意多种烤烟，尤其不赞成不留口粮田、强行烤烟净作的做法。在收成好的情况下，多种烟，少种粮，可以用卖烤烟的钱买口粮。去年因干旱，部分种烤烟的农户没有挣到钱、甚至亏本，目前既缺钱、又缺粮，发生春荒、夏荒。这部分农户今年就要求多种粮、少种烟。所以，农民说，铲了青苗如同铲了我的命根子。而且，烤烟生产中"两怕"问题无人管：一怕烟草公司硬性摊销质次价高的各种肥料。农民反映，与烟草公司签订烤烟收购合同时，必须接受烟草公司摊销的各种肥料，不准从其他渠道购买。二怕收购时压级压价，卖不上好价钱。农民说，他们是站着种烟、坐着烤烟、跪着卖烟，烟草公司收购中压级压价、收人情烟的现象十分突出。（总理批示：烟草公司这种做法是违法的，是变相摊派。）

面对农民不愿多种烤烟的局面，官阳区及其所属4乡镇领导决定强行铲除农民多育的玉米苗和栽种的其他作物。据初步统计，4月上旬，全区铲苗行为涉及27个村，1616户，共铲苗（包括折合可栽种面积）1289.9亩。这些铲苗行为是官阳区党委和区公所统一部署，由区、乡镇党政主要领导带领包括武装部干部、治安人员在内的工作组突击进行的。在强行铲苗过程中，区、乡镇干部对阻止铲苗的农民进行殴打和体罚，甚至拘留农民，先后有7人被打，其中2人致伤。

二、原因分析

巫山县官阳区发生的铲苗种烟事件，是一起违反党在农村的基本政策、侵犯农民合法权益、危害农民人身安全的严重事件。产生这一问题，既有客观因素，更有主观原因，主要是四个方面。

（一）地方财源严重不足，收不抵支。1999年巫山县财政一般预算收入为4731万元，而当年财政供养人口为11562人，仅实际工资性支出就达6715万元，是典型的"吃饭财政"，主要靠上级财政补助维持，当年上级财政补助10631万元。在一般性财政收入中，烟叶及卷烟税收占相当大的比重。1999年来自卷烟和烟叶的税收为1958万元，占一般性财政收入的41%，该县把发展烤烟生产作为当地增加财政收入的主要手段。由原四川省划归重庆市管辖后的县（市）仍实行财政分级分成包干的管理体制，在基数任务内，县、乡按六四分成。由于留给乡（镇）的收入不多，加剧了乡（镇）财政的困难。针对这些问题，今后一是要着眼发展经济，增加税源；二是要结合产业结构的调整，改善财政收入结构；三是要进一步理顺管理体制，上级财政应加大对这些贫困地区转移支付的力度。同时，要精兵简政。

（二）县委、县政府对农业和农村经济结构调整的思路不够清楚，指导思想和工作方法有偏差。今年以来，党中央、国务院就农业和农村工作连续发了几个文件，一再强调在新阶段要把农业和农村经济结构的战略性调整作为当前农村工作的中心任务，在结构调整中要因地制宜，充分尊重农民的自主权，各级政府要搞好指导、引导和服务，严禁强迫命令。在巫山县这样的贫困地区，必须始终注意搞好粮食生产，在稳定解决农民吃饭问题的基础上，千方百计帮助农民增加收入。如果把增加农民收入作为结构调整的立足点，经济发展的路子就宽了。但县里片面地把发展烤烟作为全县农村经济的头等大事，下达任务超过计划指标，既不考虑市场需求，又没考虑农民的现实需求，实际上只考虑保财政收入一头。县政府对发展烤烟生产的决定具有很大的盲目性，所采取的有关政策措施是错误的。通过这一事件可以看出，党对农业和农村工作的方针和政策，在一些地方还没有得到贯彻落实。

（三）严格的烤烟生产考核制度对事件的发生起了推波助澜的作用。在今年的县政府2号文件中，对发展烟叶生产采取了强硬措施。一是成立了由县政府负责人和组织部长、武装部长、公安局长、检察长参加的领导小组，全权负责烤烟生产从种到收各环节的管理。各产烟区和乡镇也成立相应组织机构。二是制定了严格、细致的考核奖惩办法。主要有：对农业特产税任务实行包干分成，县里留60%，返还区、乡、村40%，超过部分倒四六分成；对区乡领导实行风险抵押和奖励，完成考核基数的不仅集体有奖，区级党政主要负责人还可各得奖金1万元，乡镇主要负责人各得5000元，完成奋斗目标的，奖金还能翻番；对完不成任务的，除取消一切奖励，扣除全部风险抵押金外，还要进行组织处理，降职或免职。有如此严格的"组织保证"和"奖惩措施"，区、乡、村的干部不能不全力以赴了，农民的权利和利益放在了脑后。（总理批示：简直不顾农民死活）按照农业特产税的有关规定，烟叶的特产税应在收购环节向经营者征收，而不应向农民征收。而官阳区却规定，如果农民不种烟，就要交每亩168元的特产税（按一亩地平均产烟叶300斤，收购均价2.8元/斤，特产税率为20%计算）。区政府算的是这个账：如果农民少种了一亩烟，政府就少收168元。因此，不少农民说，这个烟不是为我种的，是为政府种的。农民陈发朝说，官阳地处高寒山区，年成好时每亩产玉米不过500来斤，按0.40元/斤算，一亩收200元，如果交了168元特产税，再去掉生产成本和其他费用，农民种田干啥？一些农民说，我们不是"抵抗"种烟，我们只是要留一点口粮。农民吴明香说，我去年4亩地种了3亩半烟叶，一年下来，扣掉税费，只剩10元钱，今年的苞谷苗又被铲掉了，现在家里没有粮食，只好到处借粮度日。

（四）基层组织和基层民主政治建设薄弱，有些干部素质极差，作风粗暴。官阳区铲苗种烟的事情，前几年就有。农民稍有不满，就被"请"到乡里办学习班，挨打受罚。区委主要负责人说，自1995年以来，采取的行政措施就很严厉，布置种植任务时要先收农民的腊肉作抵押，不育苗的每亩要收50元的抵押金。该县基层组织和基层民主政治建设的主要问题是，对地处偏僻的乡镇干部疏于管理，缺乏有效监督。农民的投诉和送给我们的告状信，不少都是反映当地乡村干部作风和以权谋私的。当阳乡党委书记杨自勇在率人铲烟时打伤了农民张仲虎，又打了60岁的老农民史发远。在《焦点访谈》播出官阳镇的事情后，杨让乡政府给张赔了几千元，但又逼着张签一个协议，收了钱就不许上诉，如果上诉，就要收回赔偿。农民说，这里天高皇帝远，上面不来人，我们的问题永远也解决不了。

三、采取的措施

5月24日晚中央电视台《焦点访谈》播出了巫山县官阳区铲苗种烟、违法伤农事件后，市委、市政府主要领导同志高度重视，当晚，市委书记贺国强对这一事件的处理作出了明确批示。25日下午，朱镕基总理、李岚清副总理在全国粮食生产和流通工作会议结束时，对此事件进行了批评，晚上贺国强、包叙定同志主持召开市委、市政府紧急会议，集体收看了《焦点访谈》的录像，认真学习和深刻领会国务院领导同志对此事件的重要指示精神，作了工作部署，决定由分管农村工作的市委副书记和副市长负责对这一事件的查处，并向全市发出通报。市委、市政府对处理这一事件态度是鲜明的。

调查组一到巫山县，上访的农民群众络绎不绝，特别是到了发生事件的官阳区，成百上千的农民群众自发地从周围各乡村赶来，纷纷要求向调查组反映情况。

巫山县委、县政府对处理这一事件，采取了一些措施。但存在三方面的问题：一是县、区、乡各级对这一事件的性质认识不到位，工作没有深入下去，面上情况不掌握；二是补偿不到位，目前只是对重点受害农户进行了补偿，面上绝大多数农民并没有得到补偿；三是处理不到位，目前只是对直接责任人员进行了处理，对这一事件负有直接责任的区、乡主要负责人没有处理。农民反映说，处理了小的（干部），保护了大的（干部）。

针对这些问题，调查组对县委、县政府下一步的工作提出了建议：第一，县委、县政府要把妥善处理这一事件作为当前的中心工作，并要统一思想，提高认识。第二，组织强有力的工作班子，迅速开展工作。全面查清情况，抓紧研究补偿方案。第三，本着从实、从优、从快的原则，帮助农民按其意愿尽快恢复生产。（总理批示：没有重庆市委、市政府领导的亲自过问，问题是解决不了的。）

调查组回到重庆后，与市委、市政府的领导及有关部门的同志交换了意见，市委、市政府对下一步的工作做出了具体安排，并将就处理情况正式向国务院报告。

（引自《广东省人民政府办公厅转发国务院办公厅关于重庆市巫山县部分乡镇铲苗种烟违法伤农事件的情况通报的通知》，《广东政报》2000年第24期）

2000年的4月，重庆市的巫山县官阳区部分乡镇发生了铲苗种烟、违法伤农事件。这是一起违反党在农村的基本政策、侵犯农民合法权益、危害农民人身安全的严重事件。国务院领导对此十分重视，组织了调查组到实地进行调查。这是由国务院办公厅牵头，由有关部门组成的调查组赴重庆市巫山县对事件进行调查后写的调查报告。

调查报告分基本情况、原因分析、采取的措施三个部分，将事件真相、产生根源和事情披露后采取的措施反映了出来。

我们要从这件事情中得到启迪：我们在任何情况下都要依照国家的法律法规办事，即使从良好的愿望出发，也不能违反党和国家的方针政策。

调查报告是经调查研究、分析判断、提出对策之后，为领导决策写成的书面材料。调查得来的材料，要真实、准确，报告要对材料进行整理、研究、分析、判断，从而得出结论与对应建议（对策），供领导参考。

【例文二】

关于实施农业产业化战略问题的调查报告
兴宁市委办、市农委联合调研组

按照市委、市政府关于增创发展新优势调研活动的统一部署，市委办、市农委组成联合调研组，围绕我市实施农业产业化战略问题，深入到本市有关乡镇、单位及生产基地、个体专业大户等地方，通过看现场、听介绍、开座谈会和个别访问等形式，对我市农业产业化的布局体系、综合运行体系、市场营销策略等问题进行了一个多月的调查研究；为了寻求对策，调研组还外出普宁、漳州参观取经。现将有关情况报告如下：

一、我市实施农业产业化战略的成果

近几年来，我市各地能从实际出发，积极实施梅州市委、市政府提出的"希望在山、希望在路、希望在外"发展战略，充分发挥本地优势，围绕"山"字做文章，抓住"农"字求发展，开始了农业产业化的探索与实践，开始取得了一些成果。

（一）初步形成了一批具有地方特色的农业商品基地

到目前为止，全市高产、高质、高效的"三高"农业总面积已达33.1万亩，其中水果面积8万亩（龙眼5.33万亩、优质柚5.42万亩），茶叶4万多亩。建成6个万亩茶果基地，45个千亩片，100个百亩点，125个种养专业村，5277个小庄园。初步形成了东部和龙北、铁山优质茶，中部龙眼、荔枝、蔬菜，南部荔枝，周边乡镇沙田柚为主的山区综合开发布局。

其形成模式，大体上有以下五种：

1. 由国有、集体单位兴办，由集体或分户承包，实行企业化管理的农业商品基地，如铁山茶场、市茶林场、黄蜂窝茶场等。这类基地已建成7个，占目前全市经济的3%。

2. 由部门集资以股份制形式兴办，实行独立核算、民主管理、自负盈亏的农业商品基地，如农委系统和所在镇联合兴办的石马优质柚示范场、永和名茶示范场等。这类基地已建成4个，占全市农业经济的1.2%。

3. 由港商、本地老板或外地老板投资兴办，独具法人资格、自主经营、自负盈亏的农业商品基地，如港商吴仲文先生独资兴办的龙威农业发展公司，民营企业家张白桦、蓝福清投资兴办的桦清优质柚果场，河源路桥公司经理陈基燧兴办的永兴良果场等。这类基地已建成18个，占全市农业经济的2.1%。

4. 由当地农民形成的种养专业大户，如宁新养鸭大户曾庆林、大坪养猪大户罗水安、径心茶叶大户杜坤发等。这类种养大户共有231个，占全市农业经济的7.3%。

5. 由当地农民各自种植经营，但已在较大面积上连成片的农业商品基地，如龙北茶叶基地、合水龙眼基地等。这类基地已有5个，占全市农业经济的2.1%。

这些农业商品基地，虽然在我市农业经济中所占比重还不大，仅为15.7%，但它却在短短的几年内便显示出了强大的生命力。

在农业商品生产上，茶叶、龙眼已初具规模，并成为我市农业商品生产的主项，加上荔枝、沙田柚、青榄等九大果品，已逐步成为我市农村经济的支柱产业。

单丛、奇兰、黄金桂等茶叶，多次获得国家、省"优质产品""绿色食品"等殊荣。在1977年中国国际茶会上，我市生产的单丛、奇兰、黄金桂共获"八金一银"奖项。1998年北京举办中国国际名茶制品、茶文化展览会，我市送上13种名茶样品，全部被推荐为名茶产品。

以龙眼肉为主要原料酿制的望兴牌龙眼酒，早在1993年便获得了中国优化科学产品金奖和第四届全国抗衰老精品博览会金奖。1998年又推出新品种龙珠春酒，获国家食品博览会金奖。

（二）建立了一批初具规模的龙头企业

农业商品基地规模的不断扩大，既为农产品加工增值创造了条件，又促使了一些集体和农户以各自的区域性主导产品为依据，去扩展加工领域。他们先后办起了茶叶加工、龙眼肉酒酿造等一系列加工企业；一些有眼光的私营业主和农户，把广大农民的生产经营与市场有机地结合起来，办起了"公司＋基地＋农户"的农业龙头企业。据统计，这种龙头企业全市已经有56家，其中经检查评定的省一级的农业龙头企业1家、梅州市一级的农业龙头企业3家、兴宁市一级的农业龙头企业13家。这批农业龙头企业，年销售收入达2.29亿元，实现利税2290万元，带动农户5712户，每户从中获纯利年收入712元以上。

农业龙头企业的形成，对农业产业化实施进程起着良好的促进作用。例如，南华茶业有限公司是省一级的农业龙头企业，它每年都向茶农提供优质种苗，派出专业技术人员到茶场、农户进行技术指导，每年开春都聘请华南农业大学的专家、教授前来进行有关茶园管理、茶叶采摘、茶叶加工诸方面的技术培训。恒兴养殖发展有限公司，是梅州市一级的农业龙头企业，它每年为800多户养鸡专业户提供鸡苗450多万只，提供防疫治病药物、优质饲料，并对成品鸡进行保价收购。又如，龙田绿色食品有限公司，是兴宁市一级的农业龙头企业，也能起到很好的龙头作用，它每年向农户收购龙眼100多吨、李果300多吨，加工凉果、果脯，对当地农户果品种植的供、产、销起着促进作用。

（三）开始形成了一些专业市场

农产品专业市场是近年来商品经济发展中出现的新生事物，它的出现，有力地促进了农业产业化经营的发展。这几年来，我市共引进资金1.58亿元，先后建起了"兴宁茶都""商业城水果批发市场"等6个大型农产品专业市场，建筑面积达13.3万平方米，工商部门通过多渠道筹集资金近6000万元，新建、改造了13个农村集贸市场。目前，我市已拥有农产品专业市场28个，总面积达25万平方米。1999年全市农产品专业市场成交额达12.08亿元，为农产品商品零售总额的42.5%。

这些专业市场，对引导农民参与市场竞争和扩大农业产业化的规模，将会起到巨大的作用。

二、在实施农业产业化过程中出现而又必须解决的问题

我市农业产业化的实施已有了一个良好的开始，且积聚了一些经验。但是，实施农业产业化毕竟是新事物，需要一个成熟的过程，有些问题我们必须认真思考和解决：

（一）仍有一些农业商品基地，承包责任制不落实，重种轻管，农民积极性不高

如叶塘龙眼基地，80年代后期由镇政府组织干部群众种植了近千亩优化龙眼，后来移交管理区管理，由于没有具体落实到农户承包，果树不仅生长缓慢至今尚未挂果，甚至有不少植株枯死。铁山茶场是全市种茶面积最大的茶叶基地，茶山面积有8200多亩，由于承包经营责任没有落实，导致管理不力，发挥不出应有效益。类似这种状况的果茶基地约占全市基地总面积的15%，如果不及时采取得力措施纠正，后果堪虞！

（二）农产品加工体系不适，技术力量不足

我市根据实施农业产业化的需要，建立了自己的加工体系。例如，为茶叶生产以每500亩茶园设一个加工厂的比例进行配套，现已有加工能力年产50吨的茶叶加工厂26间，加工能力年产200吨的加工厂2间；为龙眼生产建立了大小龙眼酒厂18家；为水果生产建立配套的加工厂1间。但是，我市果茶产量已以逐年比较大的增幅递增，仅靠这些加工厂加工果茶成品，仍同生产的发展很不相适应。仅以水果生产为例，我市每年有大量的柑、桔、橙、洋桃、李果、青榄等上市，没有相应的加工业配套，以致坐失水果增值的良机。更有甚者，像我市径心镇每年产早熟李150多万公斤，由于没有水果加工业，便运往潮汕地区收购，然后，经过他们加工成凉果、果脯之后，又返销我市。从决策的角度上说，这甜甜的果脯却不甜啊。

已建立的茶叶加工厂，也存在着布点不合理的问题。全市种茶面积4万余亩，年产茶叶2200吨，所加工出来的茶叶高、中、低档的等次为2：6：2，显然，高档茶叶太少，中档茶叶和低档

茶叶的比率太高。据反映，其原因有三：首先是布点不尽合理，如铁山、径心，仅靠一个加工厂加工，采摘期集中时，每天要加工1.5万多公斤茶青，工厂超负荷，以致品质下降；二是技术力量不足，主要技师靠从外地聘请，多有技术上留一手的意识，本地技工仍处于初级技术阶段，因而未能在关键时刻把住高质关；三是种植管理上有漏洞，农户为了追求茶青产量，不顾品质，施肥使用化学肥而不愿意施用豆麸有机肥，采摘又有过早或过迟现象。

布点不合理和技术力量薄弱这两大问题，已经成为了我市茶叶生产要高产、高质而必须逾越的一道障碍了。事实上，这个问题也是造成我市茶叶销售上竞争力不够强的一个原因。

（三）流通渠道不畅，促销手段跟不上

近年来，我市每年都采取不同形式举办茶叶节，并组织产品到广州、深圳、惠州等地进行展销，还送样品到北京、沈阳等地参加评选，使我市茶叶产品的知名度得以远播、扩大。但是，流通渠道并不畅通。我们在几个重点茶场和基地了解到，他们都有不同程度的茶叶积压现象，而且其积压的数量还不小。是什么原因造成茶叶积压？据调查发现：一是市外市场拓展不够，例如在广州、深圳等地，只闻兴宁单丛茶饮誉之名，而在市场上却看不到兴宁单丛茶行销之实；二是市内市场竞争力不够强，以致外地茶叶大量涌入，据了解，饶平、潮州、福建等地的外地茶，仅在兴宁市区便开设了不少门店销售，其销售量居然与我市茶叶各占"半边天"，他们常驻兴宁的促销人员亦常年保持50人左右。

为什么盛产茶叶，号称"单丛茶之乡"的兴宁，自己生产的茶叶要积压（实质是滞销），而外地茶叶却能占领半边天？原因很明白，就是我们的茶叶，在中档茶中的质量不如竞争对手，在零售价格上也不如竞争对手。如果我们想要夺回失去的"半边天"，重新占领市内茶叶市场，那么，就必须将茶叶品质搞上去，把生产成本降下来，降低茶叶零售价。当务之急，就是要提高中档茶叶的质量，将低档茶叶的数量降至最低限度。

三、几点建议

为了增创发展新优势，落实市委、市政府实施农业产业化战略部署，根据我市农业产业化实施的现状及存在的问题，提出如下建议：

（一）落实承包责任制，巩固和发展农业商品基地

我市建成的农业商品基地发展尚不平衡。有的地方，由于承包责任制未落实，农民积极性不高，这是影响农业商品基地巩固、发展和提高的关键问题，因此，对尚未完全落实承包责任制的农业商品基地，由市农村经济合同办公室、市农委经管科领衔，按照《中华人民共和国合同法》，帮助基地、茶场、果场与农户理顺关系，在完善管理体制、保障生产经营利益的前提下，促使双方签订承包合同，以《合同法》保护劳动者利益，巩固、发展和扩大农业商品基地。

我们在调查中发现，石马优质柚示范场在落实承包责任制方面，做得很有成效，值得推广。他们的做法是："统一租赁土地，统一规模种植，统一技术指导，分户承包管理，定产比例分成"。这种方式，农民易于接受，操作方便。此外，我们在福建漳州也亲眼看见了"联户承包经营"成功的实例：我们进入漳州地界，沿公路两旁尽是郁郁苍苍、连绵不绝的"龙眼森林"，那无涯无际的气势，令人叹为观止。据介绍，这是由1000多户农户联户承包经营的万亩龙眼基地。我们认为，漳州方式可以借鉴。

（二）尽快完善农产品加工体系，积极培养自己的技术人才

我市以果茶为重点的农业商品生产体系已初具规模。但是，农产品加工体系尚未配套成龙，与生产增长的速度不相适应，必须及时调整策略。

我们在外出参观取经中发现，普宁市在发展配套加工业方面很有建树，对我们很有启发。该市有青梅、青榄、蕉柑等水果30多万亩，果品年产量为14万吨，由于对加工业十分重视，全市已建有果蔬加工企业250家，其加工能力已超过15万吨，每年能创值5亿多元。良好的加工业体系，为该市创造了巨大的增值财富。他们的成功经验，我们应该很好地学习。所以，我们必须高度重视农产品加工体系的科学化、合理化，克服其薄弱环节，填补空白，优化布局。我们同普宁比较，他们不仅有加工业体系上的优势，而且在技术力量上也远远胜我们一筹。他们的技师绝大部分是本地人，听从指挥，步调一致，执行技术要求不打折扣。

我们认为，要解决这些问题，必须从以下三个方面入手：

1. 优化果茶加工厂的网点（略）。
2. 积极培养技术人才（略）。
3. 对农户承包的果茶生产要采取有效措施，加强技术指导（略）。

（三）拓宽流通渠道，完善促销手段

实施农业产业化，"供""产""销"三个环节必须环环紧扣，而最终却要在"销"字上突出。因此，宜从以下几个方面去扩渠促销：

1. 大力组建供产销一条龙、贸工农一体化组织和企业。已组建成了的要巩固、提高，加强信息情报，提高市场开拓能力、竞争能力。
2. 大力组织和引导工商、供销、外贸等企业、乡镇和乡村集体经济组织以及农民通过股份等形式，参与兴办各种形式的农副产品工贸企业，逐步使之成为转化和销售农副产品的实体。
3. 鼓励和引导以农产品为主要原料或经营对象的乡镇企业和私营企业，利用自身的实力和已形成的农业开发能力，与当地农户签订收购合同，走贸工农结合的路子。
4. 立足本地市场，打好"收复失地"翻身仗。我们客家地区向来有饮茶品茗的习惯，茶叶需求量还是颇大的。我市土产部门在70年代和80年代的统计数字表明，我市当时的茶叶年销量一般都在150万~200万公斤之数，按当时人口计，全市人均为2.4公斤以上。现在，我市茶叶年产量为185万公斤，还不到当年的消费量呢。因此，我们应首先立足本市市场，采取有效措施，将被外地茶叶"抢占"的"半边天"收复，这笔数额可观啊！
5. 继续放眼市外市场，做好开拓新市场工作（略）。

二○○○年十月八日
执笔 罗寿桓

这是一篇由上级机关指定选题、对社会情况进行调查之后撰写的反映情况的调查报告。在基层工作，常常要向领导机关写出这类调查报告。比如，一项政策颁布实施、贯彻执行情况如何，效果如何，群众反应、反映如何，都要通过调查报告上传，为领导提供决策依据。本文是政府的职能部门根据领导机关的部署进行开掘性的调查研究，然后依据调查所得的材料，有针对性地摆出情况，分析原因，提出对策的调查报告。全文结构紧凑，主旨明确，能紧紧围绕着成果、问题、建议一气呵成。在内容的表述上能用事实、数据说明问题。

二、调查报告的性质和特点

什么是调查报告？调查报告是报告调查研究结果的书面材料。对调查对象经过深入细致的调查，取得充分的事实材料，然后运用科学的分析方法，得出切合实际的结论，提出解决问题的办法，最后把情况和结论写成书面报告，这就是调查报告。

调查报告，是实际工作中经常使用的一种为决策服务的事务文书，也是报刊上常用的一种新闻文体。工商企业及其他经济组织，常常运用调查报告来对市场进行摸底，了解情况，然后写出建议或对策，使自己的决策有可靠的依据。坚持运用调查报告作为自己的决策依据，可以避免瞎指挥的错误。因而，调查报告适用范围很广，使用频率很高，成为我们了解情况、分析问题、总结经验、推动工作开展的重要工具。

坚持实事求是，一切从实际出发，坚持调查研究，写好调查报告，不仅可以披露事实真相，总结经验教训，揭示客观规律，而且可以为领导机关制定方针政策、指导工作提供依据，还可以促进干部深入实际，改进思想作风和工作作风，培养和造就一代新人。

调查报告同其他文体相比较，具有针对性强、凭借事实说话、揭示事物本质三个特点。

（一）针对性强

调查报告围绕一个时期党和国家的中心工作，根据客观实际需要，有针对性地撰写，并且对某一件具体事项或具体问题作出回答。我们撰写调查报告，目的就是通过典型事例分析，总结出方向性、指导性的认识，或具有普遍意义的经验，用以指导和推动工作。因此，调查报告调查什么，写什么，是首先要解决的问题。只有首先明确调查的目的，选好调查的题目，才能将调查工作搞好，写出的调查报告才能为决策服务。因此，从实际出发，调查研究各种社会情况，总结经验，及时回答群众关心和迫切要求回答和解决的各种问题，这就决定了我们的调查报告要具有强烈的针对性。可以说，针对性是调查报告的灵魂，只有明确调查目的，针对性强，才能加深调查报告的指导意义，充分发挥它应有的作用。例文二《关于实施农业产业化战略问题的调查报告》的作者紧紧抓住了当地农业产业化战略问题，从表面现象入手，既调查本地的状况，又考察外地的情形，充分占据材料，然后又深入分析思考，终于发现了关键所在；

既总结了成绩，又看到了存在的问题，并且提出了相应的对策，引起了当地政府的重视，从而采取了措施，这就充分体现了调查报告的针对性强、为决策服务的特点。

（二）凭借事实说话

调查报告，不论是政策性调查，还是经验性调查、中心工作调查、突发性调查，或者是基本情况调查或战略性调查；不论其目的是总结经验、研究新事物，还是揭示事实真相，都必须以充分、确凿的事实为根据，通过具体的情况、数字、经验和问题等来说明目的，揭示规律。记叙文可以用作者的感受来抒发感情，议论文可以以作者的观点来进行论证、推理，但是调查报告必须凭借所调查的客观事实说话，用材料报告事实真相，绝不允许运用夸张、虚构、想象、渲染等写作手段。

本章所选入的例文一《关于重庆市巫山县部分乡镇铲苗种烟违法伤农事件的调查报告》就是一篇凭借事实说话的典范。

（三）揭示事物的本质

调查报告要靠事实说话，必须把所调查的情况如实反映清楚，且要系统、全面，这是产生结论性意见的基础。但是，调查事实的目的是为了引出结论，以指导工作（如例文二）或解决问题（如例文一），因此，调查报告又不只是事实的叙述，而要对事实进行分析、概括，揭示事物本质，阐明客观规律，这样的结论才是调查报告科学性的体现。因此，调查报告既不同于纯理论性的学术文章，也不同于一般的工作总结。它注重用资料说明问题，围绕着对资料的介绍展开分析，逐步上升到理论认识，找出规律性的东西，作出分析或提出理论观点，或者作出预测，提出解决问题的建议和方法。我们可以从例文一中清楚地看到：报告正是通过"情况"（调查到的事实真相）"原因分析""采取的措施"揭示巫山县部分乡镇侵犯农民合法权益、危害农民人身安全，违反党在农村基本政策的严重事件，并得出这一事件是"由其主观因素和客观因素所引发的"这一规律性认识，从而能提出解决问题的措施。

三、调查报告的种类

调查报告所涉及的内容非常广泛，表现的形式也多种多样，而且从不同角度有不同的分类。按调查的范围分，有综合性调查报告和专题性调查报告两类。综合性调查报告，是对一个地区（战线、部门、单位）的情况从多方面进行普遍调查后写出的具有综合内容的调查报告。专题性调查报告，是对某一方面的问题或经验进行调查之后所写出的调查报告。

按调查的性质划分，可分为以下五种类型。

（一）社会情况调查报告

社会情况调查报告是在深入、系统地调查研究社会基本情况后写成的，其内容比较全面、广泛，篇幅也比较长。它反映的是社会的政治、经济、军事、文化、教育和生活等方面的基本情况，为党制定路线、方针、政策提供参考。

市场调查报告，实际上是社会情况调查报告，由于使用频率很高，成了企业专业文书。

（二）新生事物的调查报告

新生事物的调查报告是在新人、新事、新发明、新创造、新经验出现的时候，及时反映他（它）们产生的背景、产生和发展的过程、他（它）们所遇到的各种问题，揭示其规律，说明其意义和作用，为促进新生事物的成长和推广起到方向性的指导作用的文书。

（三）典型经验调查报告

典型经验调查报告，反映有代表性、科学性、政策性的典型经验，以起到示范引路的作用。报告要叙述调查对象的基本情况、主要经验、现实意义、具体措施和今后的设想。

（四）揭露问题的调查报告

揭露问题的调查报告对现实社会中暴露的问题进行周密的调查，用确凿的事实进行揭露，以引起社会或有关部门的注意，求得彻底的解决；或者查清问题的危害，分清职责，为公正、严肃的处理提供依据；同时也使人们从中吸取教训，从而提高认识。

（五）考察历史事实的调查报告

考察历史事实的调查报告是根据现实的需要，对某些要重新审定的重大历史事件、史实、问题进行调查，用确凿的事实反映历史真相，还事实本来面目的文书。

四、调查报告的写作要求

（一）熟悉政策，掌握相关知识

调查报告，就是先做调查研究后写报告。调查研究是写报告的基础，写报告是调查研究的继续和结果。因此，调查、研究、报告便成为调查报告写作的三个环节，缺一不可。

调查前，应做好充分的准备工作。

（1）明确调查目的，确定调查项目。调查题目如果是领导交付的，应当认真研究，首先弄清调查目的；如果是自选的，也应明确具体，紧紧围绕目的。确定项目，就是选定调查题目和内容。明确目的、确定项目也就是对选题的限定过程，同时也是一个研究过程。只有目的十分明确，并围绕这个目的把调查事项落实为具体项目，才能收到良好的效果。

（2）掌握相关知识。调查之前，应该有一个学习过程，使自己熟悉调查对象，掌握相关知识。其内容包括：有关被调查对象的理论、政策；有关被调查对象的业务知识；有关被调查对象的历史资料。

（3）确定范围，选好对象。一项调查的内容，可以是事件、人物、经验教训、理论问题、历史问题等等，要根据调查的目的和具体内容划定调查范围，选好调查对象。范围要适度，不宜过宽，也不宜过窄，以免费时延年或得不到准确结果。

（4）制订计划，拟出调查提纲。在调查之前要制订出调查工作的计划，使自己能按步骤、按计划进行调查。要拟出调查提纲，内容大致包括：调查题目、目的要求；调查的具体项目及重点；调查的范围、地区、对象；调查的方式方法；调查的步骤和进程、时间安排；调查力量的组织与分工、工作制度、物资准备；其他。

（5）设计调查表格或问卷。如果选用问题调查法进行调查，应事先设计好调查表格或问卷。

（二）认真做好调查，充分占有材料

调查报告要较完整地写出一个事物、一项工作、一项政策或一个问题，阐

明它的起因、发展、结果，进行分析，从中找出规律，就必须以充分、确凿的事实为根据，通过具体情况、数字、做法、经验、问题等等来说明目的，揭示规律，因此也就必须深入实际、深入调查。

调查的中心任务是收集资料。调查结论是否正确，是否能研究出成果，在很大程度上取决于这个阶段的工作。调查工作的好坏，又涉及到调查者的水平、态度和所采取的方式方法是否正确。

调查者应持的态度是：眼睛向下，甘当小学生，抱谦虚谨慎、诚恳求教的态度向人民群众进行调查；从实际出发，实事求是，不带任何成见，不先入为主，避免片面性和简单化，有客观、深入的态度。

要采用正确的调查方法。调查方法常常是调查研究成败的关键，要与调查目的、内容相适应。常用的调查方法有：

（1）开调查会。这是调查者亲自召集或委托被调查单位的负责人代为召集一些知情人来开会进行调查的方法。开会前应发出调查提纲，并给参会人员准备的时间。开会时要口问手录，态度诚恳。参会人数不宜过多，以三五人或七八人为宜。要采取讨论式，抱客观态度，允许不同意见，但对不同意见要予以核实，或集思广益。调查者要谨慎、细心，善于发问，善于抓住中心。

（2）个别调查。即调查者与被调查者面对面直接交谈。调查者要确定好调查的问题。应注意选准对象，通过事前了解，选好能提供所需情况的知情人，然后要做好思想工作，使其解除各种顾虑并愿意提供真实材料，同时还要尊重对方，注意礼貌，防止"审讯式"的做法。

（3）实地考察。实地考察，一是到实地进行观察，全面地、精细地观察事物的全貌及其各构成部分之间的关系；二是亲自参加实践，即置身于调查对象及其所处的环境之中，与调查对象打成一片。这样获得的材料才是第一手材料。

（4）统计调查。这是运用统计原理和方法，收集社会各方面的数据资料，进行数量分析，研究社会现象的发生和发展规律、趋势，验证有关社会现象的理论假设。统计调查主要用于须要从统计数字上了解其发展变化的事项，如产价、产量、劳动生产率的升降、职工工资的变化、物价指数的变化，以及商品经营中对商品销售趋势的分析等等。通常采用统计报表的方式收集相关材料。

（5）问卷调查。这是一种书面调查，以卷面形式提出若干固定问题来询问调查对象，让调查对象填写。其基本方式是设计若干标准化问题，印发或邮寄给被调查者，要求他们用画"√""×"，或填写"是"或"否"，或填写"A""B""C"项等简易方式回答。所提出的问题，设计必须明确，切忌含糊、冗长。

在设计调查表格时应注意以下几点：

第一，表头要有调查表的名称、表格编号、页码、调查时间、调查对象的姓名或单位名称、地址。

第二，表格内的问题要清楚明白，设问要适当。表格内的问题要简明扼要，使人见了都明白调查人要问的意思。设问的项目过少，得不到充分的实际材料；设问项目过多，会让人厌烦。最好在1小时之内问完为佳。

第三，表格设问项目后面要留有空白，便于被调查者填写。较简便的办法是采用"是非选择法"，可省去许多笔墨。

第四，表尾要有调查的日期以及复查日期，并有调查人的姓名。

第五，调查表格可采用综合式或专题式。综合式是为取得综合调查的材料而设计的，专题式是为取得专题材料而设计的。也可以用主表和附表的方式来进行调查。

第六，如有需要，表格内可设立能用以互相校对的项目。如第三次全国人口普查登记表的第四项，其中既有"周岁"，又有"出生年月日"，这两项可以互相校对。

经过深入细致的调查，取得了大量的材料，然后便要对材料进行整理。

调查材料有两种类型：一种是原始材料，这是直接从调查中得来的，尚未经过加工或组织的第一手材料；另一种是参考资料，这是他人调查或已经加工组织成的材料，如汇总表、整理分析表等。

对所收集到的材料，要及时地进行比较与鉴别，去粗取精，去伪存真。对不完备的材料或尚未搜集到的材料，要进行补充调查，力争掌握的材料全面、深入、细致。

"去粗取精，去伪存真"是从事物的外部联系上对所掌握的材料进行分析、选择，去掉不典型或虚假的材料，留下能够反映事物本质、说明主题的真实材料，然后再对材料进行初步的分类整理。

所谓整理材料，就是将调查来的原始材料按照调查提纲的要求，分门别类地加以归纳、分类、汇总，形成系统的、清晰的、能够说明问题的资料。原始材料往往只是一堆难以用来说明问题的粗糙的或零碎的东西，只有经过归纳整理，材料才能利用，因此，整理材料是调查研究中不可缺少的重要环节。

整理材料分三个主要程序：

第一道程序是编校。编校包括数据编校和资料编校两个方面。首先是数据编校，即对调查材料中的数字进行查校核对工作，使数字准确无误。对有些数字（如基数、约数、平均数、对比数、百分数）还须进行换算，换算为不同的计量标准。其次是资料编校，即对调查材料要按调查提纲要求，校对核实有关情况、问题和答案，然后整理编写，消除资料中含糊不清或错误的地方。

第二道程序是分类。所谓分类，就是对经过编校检查的资料进行分析，围绕调查目的和题目予以分类。这是进行科学分析的基础，应该认真做好。

资料分类有两种情况：一是事先分类，即在设计调查表或问卷时已分了类，二是要在调查回来后根据需要进行分类。

分类的原则有三：一是各类别之间要有明显的差异性；二是同一类的资料应尽量保持相同的性质；三是分类要尽可能详尽。只有详细分类，调查资料的界限才能清晰，才能如实地反映事物的特殊性，有利于从本质上了解客观事物的本来面貌。

第三道程序是汇总。汇总是指在调查材料经过编校、分类之后，对资料进行再整理的工作。其方法是：第一，过录法。就是把有关调查数据分别记入预先设计的分类汇总表上，然后进行汇总计算。第二，卡片法。就是利用特制的摘录卡片，把需要汇总的项目摘录在卡片上，然后将卡片分组排列，把调查的情况组合在一起，把数字统计好。第三，标记法，也叫作点线法。就是将调查数据以点或线的形式形成示意图，把有用的情况和数据标示出来，其中需要计算的数据也要计算清楚。

（三）分析研究，抓住本质

调查报告不是现象的记录，也不是材料的堆砌，而是要对调查成果进行认真的分析研究，从中概括出共性，找出规律，提炼出最能说明问题的观点。"去粗取精，去伪存真"是指对调查材料的整理，而"由此及彼，由表及里"是指调查后的分析研究。

"由此及彼，由表及里"，是指从事物的内部联系上进行研究，是综合的过程。所谓综合，就是把分析过的各个部分的材料，按照它们的属性，联合成一个统一的整体，让人们通过事物各个部分之间的联系去认识事物的整体，进而认识它的本质和规律。因此，综合就是从部分到整体、由具体到抽象的认识过程。"由此及彼"，是把已选好的材料连贯起来思索，找出事物之间的相互联系。"连贯"可从"纵""横"两个方面入手。"纵"指事物的历史发展过程，事物的前后联系。通过纵的联系研究事物本身发展变化的规律。"横"指这一事物与那一事物之间的相互联系。通过横的联系，可以在比较中探寻出事物的内部规律。"由表及里"，就是要透过事物的表面现象去了解、认识事物的本质特征，从而抓住主流，确定主题思想。通过分析事物的主流入手，抓住事物的本质，揭示出事物的本来面目。

（四）报告以叙为主，叙议结合

经过分析和综合，情况摸清了，经验和做法找到了，规律性的东西也就总结出来了，最后，将事实和结论写成报告。

调查报告在表述上，要注意有情况、有议论、有办法。情况要以叙为主，用事实说话；议论是在叙述的基础上画龙点睛，叙议结合，观点紧扣材料，做到材料与观点有机统一；办法要有针对性、可行性、可操作性。

1. 要用事实说话

调查报告同其他新闻报道的体裁一样，要求所写的内容都是真实的，但它比消息要更完整，要求把一个重要事件的全貌叙述出来，并要鲜明地表明作者自己的观点。它不同于通讯，通讯往往有故事性，并运用叙述、描写、抒情等表达方式去刻画形象，而调查报告不需要故事性或形象描写，只须对事实作如实的叙述和说明，可以适当说理。它不同于评论文章，评论要提出论点，进行论证，用论据来证明论点，而调查报告只是用事实说话。

所谓用事实说话，就是通过客观地叙述实际发生的事情（即事实）及其背景来体现作者的观点、发表意见。也可以说，作者的观点、意见是通过作者选取的事实让读者自己从中悟出而不是作者直接说出。也可以说，用事实说话，就是用情况和数字说话。情况，就是经过调查得到并经过去伪存真、去粗取精的"人、地、时、事、因、历、果"的实际情况；数字，就是经过了核实、换算好的绝对数、平均数、对比数、百分数等。调查报告就应该从叙述的典型事实中引出结论，提出观点。

调查报告应使用第三人称的叙述方式，以叙为主，叙议结合。叙是叙述情况、事实，议是提出问题、分析问题和解决问题。在叙述中，应通过典型事例的恰当运用，用事实雄辩地引出结论，从而说明观点和问题。

调查报告还要用到说明的表达方式。比如交代有关背景，说明问题提出的原因，介绍调查的情况，点明报告的目的所在等等，都必须用到说明方式。有些调查报告往往忽略这些问题的说明，但是作为公务文书却不能忽略，对这些问题的有关概况必须交代明白，因为它不仅仅是报告一下，还要与行政效力的作用相联系。

2. 观点和材料应该有机地统一

观点和材料的统一，就是指观点能够统帅材料，材料能说明观点、支撑观点、为观点服务。但是，调查报告中的观点和材料的统一有着特别的要求，要按照"材料—观点—材料"的运作轨迹进行材料处理。

一般的文章，其观点完全可以由作者的写作意图去确定，而调查报告的结论则必须从调查到的大量事实材料中引出来。因此，在调查研究阶段，材料居于主要地位，观点是从这些材料中来的。为了探索事物的内部联系以形成正确的观点，占有的材料越多越好。但是，当观点一旦从材料中引出来，并已确立，它便成为支配和统帅材料的主旨了。所以，到了撰写阶段，情况发生了变化，观点居于统帅地位。而原来居主要地位的材料退居于服从的地位，材料要服从观点的需要，要依据观点的需要进行选材，而且在选材时，还要注意一个特别的情况：不能像写议论文那样从任何范围中抽取材料，而只能在自己调查得来的、原来曾引出观点的那些材料中选取。只有这样才能使作者提出的观点与占有的材料有机统一。

使用材料，要注意材料（情况）细节的完整性，使材料能具体生动地表现调查报告的内容。所谓以情动人，就是调查材料具体生动，有完整的细节、数据，让人可信可感。

3. 要写好对策建议部分

调查报告要根据选题意图（即机关或领导授意的调查目的），针对自己调查到的情况，提出自己从调查情况（材料）中得到的启发，提出针对性很强的对策（解决问题的建议、办法）。

这是调查报告价值体现的重要部分。到底该用什么办法解决问题，不能用空洞、浮泛的话表述，而要提出具体的、有针对性的、可行的对应措施，以供有关方面参考。

五、调查报告的写法

调查报告的结构没有固定的格式。形式为内容服务，不同目的、内容的调查报告，有不同的结构形式。但是，一般来说，调查报告还是有基本的结构方式的，多由标题、正文、署名和日期三个部分组成。而正文又分导言、主体、结尾三个层次。

下面分述各部分的写法。

（一）标题

调查报告标题，一般有四种写法。

1. 文章式标题

这类标题概括调查报告的基本内容。如"一个经营有方的小百货店"、"中年知识分子时间支配情况"。

2. 公文式标题

这类标题揭示了调查的对象或主要问题，使用介词结构。如"关于××厂整顿产品质量的调查"、"关于××省××市严重违反财经纪律的调查报告"。

3．提问式标题

这类标题总结某一项工作经验，或揭露某一个问题。如"南京化工厂是怎样成为'无泄漏工厂'的""化肥经营中的歪风是从哪里刮起来的"。

4．正副式标题

这类标题，正题揭示调查报告的思想意义，副题标明调查的事项和范围。如"他山之石，可以攻玉——关于佛山市大规模引进先进技术的调查报告"、"缺口是这样打开的——沙市废品市场调查"。

（二）正文

调查报告的正文，一般由导语、主体、结尾三个层次组成。

1．导语

调查报告的导语，又叫作"前言"或"开头"。一般要概括说明这样几点内容：

（1）有关调查本身的概况，如调查的起因或目的、时间、地点、对象、范围、经过、方法等。

（2）有关调查对象的概况，如组织规模、有关背景、历史与现状、主要成绩或问题以及事件形成的简单过程等。

（3）有关研究结果的概说，如肯定意义、指出影响、提示结论意见或点出报告的主要内容等。

以上这些方面，应根据调查目的来确定，不能千篇一律。导语的作用既可使读者对调查内容获得总体认识，又为主体部分的展开做准备。

2．主体

调查报告的主体是导语的引申展开，是结论的根据所在，其主要内容包括两方面：

首先是调查到的事实情况。这部分内容主要包括调查事物产生的前因后果、发展经过、具体做法等。这些内容要注意用事实说话，只有事实、数字才是无可辩驳的，才是有说服力的。其次是研究这些事实材料所得出的具体认识或经验教训，或者是写出对策或建议。这些内容的表述，要注意应用夹叙夹议的方法，通过富有说服力或根据充分的事实来说话，在叙述的基础上议事，在说明认识的时候，可以由实而虚，分析引发，融合为一。

主体部分的结构形式，主要有三种：

一是平叙式。它适用于内容单一的调查报告。在写法上，按照事物发生、发展、结局的先后顺序，把材料组织起来，一层一层地把事情的来龙去脉报告清楚，使人既了解全貌，又得到方向性、指导性的经验或教训。

二是并列式。它适用于内容丰富、背景广阔、综合性较强的调查报告。其写法是将说明主题的材料分成若干类，每类用小标题即分论点统帅，然后用一定的内在联系的次序排起来。这样，各个小标题之间的关系是并列的，可使复杂的事物显得有条不紊。

三是因果式。它适用于总结经验的调查报告。在写法上，先将调查的结果、结论告诉读者，然后再叙述这一结果、结论的由来，从几个方面分析形成这个结果的原因。

主体部分不论采取哪种结构方式，都要注意先后有序、主次分明、详略得当、联系紧密、层层深入，更好地表现主题。

主体部分的表述，应注意以下几个问题：

第一，用事实说话，观点统帅材料，材料支撑观点。这一点前面已经讲述，这里从略。

第二，要善于运用不同的材料，在比较中说明问题、阐明观点。比如好的典型同差的典型对比，正面材料同反面材料对比，历史材料同现实材料对比，点上的情况同面上的情况对比，这样可以更具说服力。

第三，要善于运用数字来说明问题，阐明观点，这叫"数量分析法"。善于运用数字，能使数字具有很强的概括力和表现力。有的问题、有的观点，用很多议论也难以表述清楚，而用一个数字就可以使人们对事物的面貌和问题的实质一目了然。

3. 结尾

调查报告的结尾，又叫作"结论"，是调查报告的结束语。结尾的写法要根据报告的实际内容来定。

研究性、论证性的调查报告，宜在结尾概括地说明全篇的主要观点，以进一步深化主题，增强报告的说服力和感染力。

典型性调查报告，宜在结尾由点到面，作出展望，指出方向，从更高的角度、更广阔的背景上来说明所调查问题的实际意义，深化主题。

揭露性的调查报告，宜在结尾对调查的情况和问题提出解决的办法、措施、意见和建议。

反映新生事物的调查报告，宜在结尾用具有号召性和鼓舞性的语句激发情感，增强渲染力。

（三）署名和日期

署名和日期是落款，是调查报告的一个组成部分，不容忽略。

署名，就是写上作者的名字或名称。如调查组，要写明是什么调查组，体现出权威性；是个人，也要写上姓名，必要时应注明是什么人，以示负责。署名的位置一般在正文末尾下一行右侧，有时也可以在标题之下。日期是指成文年月日，写明日期以示时效。

思考与练习

学习写作调查报告，切不可将重点放在"写"上，而必须重视调查、研究、分析、判断等方面。这些方面是写调查报告的基本功、基本技能。不具备这些基本功，是没有办法写调查报告的。有的人，不去训练自己的基本功，而是拿别人的调查报告仿写，这是绝对不可取的。"形似"仅是表面，"神非"使报告失去了参考价值。因此，必须自己扎扎实实去培养、训练这些基本功。

一、掌握下列名词术语

编校　分类　汇总　文章式标题　公文式标题　提问式标题　正副式标题　导语　平叙式主体　并列式主体　因果式主体

去粗取精，去伪存真　由此及彼，由表及里

二、依照调查报告的写作步骤，训练基本功：

1. 写调查报告，首先要有好的选题。因此，必须进行选题训练。

选题应来自实践的需要：或上级布置了任务，或领导有了指示，或本单位的工作遇到了什么问题。情况是复杂的，但是，不管情况如何，写调查报告的目的是为了解决工作上存在的问题，例如工厂或商店要将某产品（商品）推销出去，或要推出什么新产品，这就要进行调查，弄清该产品适合什么区域、什么单位或什么层次的消费者需求，产品质量是否符合消费者要求，价格能否被消费者接受；或者发现某一产品质量有问题，要从哪些方面予以改进，要听听群众的意见。只有找到症结，才能对症下药。

请结合自己的专业或工作，对某工厂（商店）做一次模拟调查，拟出若干选题，然后在教师指导下，逐条评析，选出一个最有价值的选题。

2. 确定了选题之后，拟出一个行动方案来，诸如先学习与选题有关的理论、法规、政策或有关业务知识，明确调查目的、要求，然后运用所学的知识拟出调查内容（要逐一列出），最后按拟写调查提纲的要求拟出调查提纲（方案、问卷或调查表格）。

3. 进行调查。要制订出调查实施计划，然后按照计划执行。

发出调查表格或问卷，深入收集有关材料，做好记录。材料必须有事实、数据支持。

4. 按自己的计划收集到材料之后进行材料整理。要按"去粗取精、去伪存真"的要求，首先核实材料，精确校对数据。

将经过核实的材料抄录在卡片纸上。要求一个问题一张纸，分别过录。

将一张一张的卡片纸进行分类。将同一类事物归在一起，通过概括其类别、意义，从中发现自己的认识、体会——观点性的或规律性的认识。

将材料中的数据进行换算：将原始数、计划数、实际数，对照计划算出完成百分比，同上期的对比数、同先进单位的对比数，或其他需要的换算数据。

5. 认真分析研究材料，要求做到"由表及里，由此及彼"。"由表及里"就是找出事物的本质、规律，发现其意义、价值。"由此及彼"就是运用推理的方法，从这个问题上找到解决另一个问题的对策。

要求形成两个方面的观点：一是对调查对象的认识，得出正确结论；另一个是由此而产生的解决问题的办法。

6. 在观点的统帅下，再对材料进行分类、比较、排队、选取，写成调查报告，送原单位验证，检验自己写的调查报告有多大的参考意义。

三、在应用写作中，运用事实说话这一方法十分重要。我们学习应用写作，必须学会用事实说话。请阅读下面一则文字，细心体会用事实说话的方法是怎样的。

永不消逝的电波

内径不足2米的圆柱形空间，两台水位数据采集存储器，这就是长江螺山水文观测站的全貌。连日来，一封封水情电报，就是从这个几乎被洪水淹顶的孤岛飞向中南海和国家防总、湖北省防总及沿江各前线指挥部的。

8月16日上午，记者手持打蛇棍，身穿长裤雨靴，蹚着齐腰深的江水，避绕着游向腰间的蚂蟥、蜈蚣，探向这个风口浪尖上的磐石。水文站站长林天才工程师——一位老水文的儿子告诉记者："越是洪水暴涨，我们越要坚守岗位，哪怕淹得只剩眼睛，哪怕决堤溃口，也决不许说一声撤，因为总书记和总理等着我们的数据。"桌椅泡在水里，他们只好穿着密不透风的长裤雨靴立在水中，24小时不离岗，每小时报一次水位。晚上查水尺，一开灯，毒蚊飞虫一拥而上，叮得人伤痕累累。时值40摄氏度高温，穿长靴一会儿就湿汗淋漓了。

刚摸到狭窄的栈桥，我们突然发现栏杆上盘着一条两米多长的花蛇，不禁毛骨悚然。陪同我们的水文观测员汪卫东勇敢地冲上去用打蛇棍猛击蛇头。几个回合后，蛇终于被打死抛入洪涛中。汪卫东轻松地说："我们几乎天天都能遇到蛇，站里职工每人都打死过十几条呢。"当日值班员叫杜燕飞，1996年毕业于南京河海大学，今年才22岁。见到《光明日报》记者前来采访，这位年轻的知识分子显得十分兴奋，他兴致勃勃地介绍着数字自动采集存储器和人工测报系统的原理，显得很投入，似乎忘却了身边洪水的侵袭。他每天只有2.80元的野外补助，防汛津贴、血防津贴还从未拿过，而且职称到现在还没有落实。只是在谈到蛇、鼠、蜈蚣、蚊虫时，这位文静腼腆、戴近视眼镜的书生才流露出一丝不易觉察的惶惑与不安。

有职工告诉我们，林站长的妻子叶群卫也是水文工作者，在城陵矶水文站工作，几个月来因各守其位，只有隔水相望了。偶尔林天才才能在报水情的无线对讲机中听到妻子那令他温暖而酸楚的声音。

在观测室的门框上，记者发现一颗铁钉。汪卫东告诉我们："8月1日那天，我值班，螺山水位达到历史最高值：34.62米。我蹚着水在门上钉了一颗钉子，作为永久的纪念，要让后人记住历史上的那一天。"

水位自记台"沙沙"作响，坐标纸上画出一条急促波动的曲线，精确地显示着此刻的水涨水落。"快来看，是不是涨水了?"杜燕飞大喊。汪卫东奔过去，屏息凝眸盯视了一阵，说："是，是涨了两公分。"他迅速冲向数字自动采集存储器，证实的确如此，这标志着长江第六次洪峰的前部正悄悄地到达螺山站。

我们依依不舍地告别孤岛，只听见杜燕飞手持无线电话紧张地报告："16日上午10点，螺山水位38.30米，上涨……"

临别，林天才告诉我们，长江上像这样的水文站有10个，职工数百人。

（《光明日报》1998年8月17日）

第四章 简报

　　学习编写简报，能很好地训练自己成为一个精明强干的人。因为编写简报必须具有敏锐的洞察力，能及时地发现新生事物，编写者必须是一个热情饱满、责任心强、情绪高涨、热爱生活、热爱社会、热爱事业、热爱单位的人。

【例文一】

广州质量技术监督简报

第 34 期

广州市质量技术监督局编
穗府办准印证字（2000）第 039 号　　　　　　　　　　二〇一二年十月十二日

目　录

1. 周国清到区局调研维稳工作
2. 我局明确质量监管十大任务
3. 从化局召开质量强企工作动员大会
4. 南沙区局四举措推进新农村建设
5. 海珠区局深入开展食品添加剂专项整治
6. 增城局有效落实企业质量安全主体责任
7. 番禺区局推动标准化普查建档，促企业诚信体系建设
8. 白云区开展"质量强区工作深入基层"活动
9. 萝岗区局标准化试点工作成效凸显

【领导动态】

周国清到区局调研维稳工作 近日，局纪委周国清书记到越秀区局听取有关"百日防护期"社会及队伍内部维稳的情况汇报，提出三点要求：一是扎实做好谈心工作。谈心制度是永不过时的工作方式，通过谈心活动深入了解干部职工生活、家庭等各方面的情况、困难，才能有的放矢地疏导负面情绪、消除潜在矛盾。二是安全工作关键在于细节。时逢十八大召开、钓鱼岛事件等各种复杂形势，无论是质监工作的"两大安全"，还是廉政安全、综治维稳，都需要以高度的责任心对待每个细节，防微杜渐，耐心听取各项诉求，做好解疑释惑工作，解决实际问题。三是实事求是开展工作。时近年尾，要对本年度的各项工作进行全面梳理，在今后的工作中要继续实事求是、务实重干，引领质监工作向纵深发展。（越秀区局）

【情况通报】

我局明确质量监管十大任务 按照市"两建"工作要求，我局制定了《广州市质量监管体系建设实施方案》和《广州市质量监管体系建设试点工作实施方案》，明确了质量监管十大任务目标。一是贯彻落实国务院《质量发展纲要（2011—2020）》。二是制定标准化战略实施纲要，建立科学适用的产品质量和服务质量标准体系。三是加快检验检测集聚区建设，打造检验检测与认证公共服务平台。四是完善产品质量监督抽查制度，提高质量监管效能。五是推动质量安全风险信息监测与评估工作，构建质量安全风险监控机制。六是抓好行政许可环节，强化市场准入和退出管理。七是保持对制假售假违法行为打击力度，构建公平、开放、规范、有序的市场秩序。八是推动落实企业质量安全主体责任，加强生产经营全过程质量安全控制。九是开展企业和产品质量信用征集和评价。十是加强服务质量监管，完善服务质量规范。（质量处）

【交流切磋】

从化局召开质量强企工作动员大会 近日，从化质监局召开从化市质量强企工作动员大会，动员部署质量强企工作，辖区100多家企业负责人参加了会议。会议对下一步企业开展质量强企活动进行了部署。一是精心组织，加强领导。开展质量强企活动，企业是主角、是关键，各企业要精心组织，制定符合本企业实际的工作计划或方案，明确目标，确定措施。二是落实主体，提高认识。制定和完善岗位质量规范、质量责任及相应的考核办法，从严治企，把"质量是企业的生命"的观念落实到经营活动的全过程。三是夯实基础，争创名牌。积极建立ISO9001、ISO14001等国际先进管理体系，积极参与标准化良好行为企业创建工作，苦练内功，提高产品的质量，争创名牌产品。四是诚信经营，遵纪守法。树立诚实守信的质量精神，坚守正确的职业道德，加强产品质量安全管理，严格规范生产与经营行为，保证生产销售的产品安全、健康，向消费者负责，让消费者放心。（从化局）

南沙区局四举措推进新农村建设 一是加强农业地方标准制定。联合市农科院、一帆水产公司结合辖区农业产业特点，开展《彩椒无土栽培技术规范》以及《岩原鲤》等农业技术规范研制和评审工作。二是抓好农业标准化示范区建设。做好皇帝蕉和蔬菜标准化示范区建设，不断提升农业标准化生产水平，提高农产品的品质和知名度。三是充分发挥标准在推广农业生产新技术方面的作用。继续开展农业标准送下乡活动，为农民提供贴身、持续的农业标准化指导与服务。四是结合旅游产业发展，推动农业观光旅游标准化工作。推动神秘果园、永乐农庄等按照乡村旅游、生态旅游等技术规范，积极开展农业观光旅游标准化工作，打造南沙农业观光品牌。（标准化处南沙区局）

海珠区局深入开展食品添加剂专项整治 海珠区局通过严格执法、强化企业质量安全体系建设，食品添加剂企业产品抽样检验合格率达100%。一是积极谋划，加强组织保障。成立整治领导小组，由局长担任组长，下设3个工作小组，确保组织领导到位、人员安排和工作责任到位。二是从严执法，规范企业生产行为。按照"321"工作原则检查企业，即：每家企业检查时间不少于3小时，检查次数不少于2次，每家企业必须抽检1批次产品。执法人员对企业生产全过程进行了实地检查和验证，发现问题及时提出整改要求并组织跟进。三是着眼长远，推动企业加强质量安全保障体系建设。有4家企业基本达成建立产品溯源管理信息平台的意向，1家企业正在申报创建标准化良好行为。四是加强监督，与天河区局开展交叉互查企业行动。更好地激发了执法人员发现问题的责任感、敏锐性，体现了依法行政的严肃性，使得整治工作深入推进。（海珠区局）

【落实反馈】

增城局有效落实企业质量安全主体责任　一是制定落实企业质量安全主体责任的工作方案。明确目标措施，加强与相关单位的联动合作，实施企业质量信用分类管理，加大对质量失信企业的惩戒力度。至目前，关停并转生产企业40家，注销生产许可证47张。二是突出抓好辖区企业主体责任宣传培训。先后召开食品、特种设备、名牌、许可证产品等企业主体责任宣传培训会共156次，学习相关法律法规，印发《全面落实企业产品质量主体责任培训教材》等宣传材料，明确企业责任，提高企业主体责任意识。三是加强生产许可证获证企业证后监管。深入开展针对重点产品、重点行业、重点领域制售假冒伪劣商品等违法行为的执法行动，加大监督检查频次和力度，重点检查企业原辅材料验收、过程控制、出厂检验、产品销售等环节，依法查处无证生产，强化监督有效性，实现由被动处置向事前风险监控转变。目前，共立案156宗，其中无证立案37宗。（增城局）

番禺区局推动标准化普查建档促企业诚信体系建设　目前已有170家企业录入标准化信息采集系统，完成了市局所下达任务指标的一半以上。具体做法：一是前期充分调研。在取得镇、街、行业协会、工业园区、龙头企业支持的基础上，谋划好标准化信息采集工作，编制普查建档填报说明、填表要求等资料。二是分行业、分类别、分阶段推进。将普查建档工作融入标签标识培训、标准实施监督员培训、产品质量分析会、标准化宣传等活动中去，专人负责向企业宣传、讲解，目前已开展了三批次的发动与填报工作，主要目标对象为食品、数字家庭和动漫游艺等行业。三是多途径发动企业填写档案。针对不同企业的实际情况，采用上门送达、网站发布、电子邮件、电话传真、QQ群等形式，既迅速快捷地服务企业，又易于企业接受。四是侧重对企业标准化战略和标准化工作成效情况的建档。重点选择参与各级标准制定企业、标准化良好行为企业，摸清企业标准化成果和经济社会效益，为辖区标准化工作上新台阶积累素材。五是注重统计与分析。在采集企业标准化信息的基础上，制定出示范区试点建设统计表、专家统计表、标准制订表、标准化良好行为企业统计表、标准化奖励资助统计表等10套表，进一步细化、统计、分析数据，为进一步开展企业诚信体系建设奠定基础。（番禺区局）

白云区开展"质量强区工作深入基层"活动　近日，白云区开展"质量强区工作深入基层"活动，通过"两个充分发挥"，深入推进质量强区工作：即充分发挥街镇层面掌握当地社情的地缘优势和对质量提升工作的责任意识，延伸质量监督触角，拉近政企之间的距离，为质量强区工作深入开展进一步营造浓厚的社会氛围。目前，三元里街和棠景街率先发动街内成长型企业加强学习"卓越绩效模式"，为申报区政府质量奖打基础；三元里街率先组织召开成长型企业申报政府质量奖工作动员会，传达首届白云区政府质量奖申报事项，增强街内相关企业对质量奖的认知

度，为"质量强区工作深入基层"活动打响了第一炮。（白云区局）

萝岗区局标准化试点工作成效凸显 一是高新技术产业标准化水平和市场竞争力明显提高。在试点工作中，把促进科技成果转化、增强企业自主创新能力放在突出位置。金发科技股份有限公司牵头组建了全国塑料标准化技术委员会改性塑料分技术委员会，主导和参与制定国家及行业标准51项。该企业从2009年销售收入71.12亿元上升到2011年的115.46亿元，总资产、净利润、税收年均复合增长率达到30%。二是高新技术企业自主创新意识和方法发生根本变化。为切实实现"技术专利化、专利标准化、标准产业化"，区局鼓励企业将科研与标准产业化同步。在标准化战略的引领下，广东达志环保科技股份公司将自主创新的专利技术与标准制定相结合，实现了标准产业化，使公司整体水平得到提升，年产量由千余吨上升至4.5千吨，年销售收入增长率达到20%。三是高新技术产业集群效应和创新辐射效应进一步显现。萝岗区局支持龙头企业建立产、学、研一体化企业联盟，形成"支持一项标准、带动一批企业、提升整个产业"的发展模式。3年来，广州市建筑材料工业研究所有限公司在标准化的引领下迅速发展，营业额较2009年增加了84%。目前，全区50多家重点高新企业，参与制定、修订市级以上标准达400多项，主导或参与制定、修订国际标准28项，13家企事业单位承担了24个国家标准化技术委员会秘书处。（萝岗区局）

【短波快讯】

▲近日，我局机关参加2012年广州市直机关"公仆杯"网球比赛获得公务员组女子双打季军、局级组男子双打第六名的好成绩。（老干处）

▲近日，市纤检院顺利通过广东省质监检验检测机构能力建设达标验收，包括纤维纺织检验、轻工检验两个专业共11个产品类别，内容涵盖机构管理、仪器设备、环境设施、专业技术人员和科研能力等五个方面。（纤检院）

▲近日，广州市电梯应急指挥中心筹建工作会议召开，会议就筹建96333电梯应急指挥中心救援站工作进行了研究。（越秀区局）

▲近日，我局邀请40名特种设备事故鉴定专家参加座谈会，会议为专家颁发了聘任证书，并通报了近两年我市特种设备事故情况。（特设处承压院）

▲近日，纤检院在2012年认可委能力验证项目《鞋底耐磨性能试验》中获"满意"结果。（纤检院）

发：本局领导，机关各处室，局属各单位。
送：贡儿珍副市长，赵南先副秘书长，国家质检总局，省质监局，
　　市委办公厅7份，市府办公厅，梅州市质监局，广州市图书馆地方文献室。

本期责任编辑：办公室

【例文二】

中山大学珠海校区建设

工作简报

（第×期）

珠海校区筹备办公室编　　　　　　　　　　　　　　　　2002年2月××日

中山大学珠海校区获国家教育部批准

日前，国家教育部正式批准中山大学使用珠海市无偿提供的原珠海大学（筹）3.4平方公里的土地及其地上设施，建立中山大学珠海校区，要求尽快安排招生，并在五年内形成12000名在校学生的培养能力。由国家正式批准异地办学，我校是我国数年来唯一的一家。

校区建设总体规划广泛征求各方意见

原珠海大学（筹）1.7平方公里的校园建设总体规划方案为法国莫尼公司设计，能满足5000名在校学生的办学规模。中山大学珠海校区的校园面积扩大为3.428平方公里，要求在5年内形成约1.2万名在校学生的培养能力，而且学科齐全，因此必须重新规划校区的建设方案。我校近段时间一直在积极研究、探讨校区建设总体布局，并委托校内有关专家进行设计。至今为止，第三分校区总体规划稿已经完成，正广泛征求各方意见，力求做到能在满足我校办学要求的同时，体现出21世纪现代化一流大学的风采。

学校党政领导到校区视察工作

2月16日，学校党委书记李延保、校长黄达人等全体学校党政领导和学校部分职能部门的领导同志来到珠海校区。校领导向校区工作人员详细了解各方面的工作进展，踏勘了校区各建设项目的选址，并深入到校区腹地考察。学校领导在踏勘校区各地点时，也对校区的建设作出了指示。校领导认为：为保证校区建设如期进行，总体规划要加紧进行，早日拿出可行方案；对影响较大的项目要全面考虑，要让各方都能通过；对于校区的一些天然美景要加以保留，使校园能保持一个优美的自然环境；要根据实际情况进行校区建设，拿出总体规划方案后分阶段予以实施。

全国高校设置评议委员会委员一行到校区参观、考察

2月25日，国家教育部全国高校设置评议委员会委员一行来到中山大学珠海校区参观、考察，我校党委书记李延保同志亲自到校区接待。李书记、杨晓光副校长向委员们介绍了珠海校区的基本情况、办学规划、建设进展，并陪同委员们踏勘了校区内各建设工地、校区环境。珠海市副秘书长、市教委主任吕明智也到校区陪同。委员们对珠海校区的建设给予高度评价，并提出了一些宝贵意见。

二、简报的性质和特点

简报是党政机关、人民团体、企事业单位用于汇报工作、反映问题、沟通情况、指导工作、交流经验、传递信息的一种简短而具有一定新闻性的机关内部事务文书。

简报被正式命名并作为一种机关常用文书形式使用，是从1955年6月9日国务院颁发《关于所属各部门工作报告制度的规定》（以下简称《规定》）后开始的。该《规定》要求："各办、外交、计委、建委、体委、民委、侨委，每两周向总理写一次工作简报，明白、扼要地报告所掌管的范围内重大问题的处理、工作中的重要情况和经验。"此后，随着社会主义事业不断深入、经济建设蓬勃发展，党政机关、人民团体、企事业单位便运用这种形式，及时向领导机关汇报工作、反映问题，而领导机关也以简报的形式，向所属各单位通报情况、指导工作，同级机关也可以通过互送简报沟通情况、交流信息、推动工作。

简报具有独特的文体特点：

1. 反映的内容具有汇报性、指导性、交流性

这是由简报的任务所决定的。简报的任务就是向上级汇报工作，向下级指导工作，向同级兄弟单位通报情况、交流信息。所以，简报在这方面的特点表现得十分突出。

2. 用事实说话

简报，主要是给领导同志看的，他们所要了解的就是现实生活中发生的事实情况。如果简报不用事实说话，满纸是议论或政策条文，那就变成"政策返家"了，简报也就失去了汇报、交流的价值。简报中，恰当的议论是必要的，但必须是对事实的概括，不脱离事实。要缘事而发，使议论和事实有紧密的联系。

3. 篇幅简短

简报，就是要求写简短的情况报告，这是由简报的阅读对象决定的。简报的主要阅读对象是各级领导部门的负责同志，他们事务繁忙，时间宝贵，因此简报必须简而明了，这是简报赖以生存的根基。

简报名目众多。各单位在使用时可根据内容侧重点的不同，拟定自己的简报名称。有的冠以战线或部门的名称，如《穗府信息》、《商业工作简报》、《公安简讯》、《广州调研》、《广州物价简报》；有的则标明业务工作性质，如《招生工作简报》、《征兵工作简报》、《广州统计信息》；有的直接用《简报》、《动态》、《内部参考》；会议编发的简报一般用《会议简报》、《××会议简报》等名目。

简报形式灵活，使用方便，所以，从中央机关到基层单位，都比较注意使用简报。其作用有以下三个方面：

一是下情上达。下级向上级反映情况，除去面谈，或者写一些较为完整的工作报告以外，日常的工作情况和所辖范围内出现的一些值得注意的动态，主要是靠简报反映。简报可以把各部门的实际工作情况、经验和教训以及工作中的困难和需要上级帮助解决的问题，及时向领导反映，为领导和上级主管部门进行各项工作决策、推广典型经验、指导工作提供可靠的依据。

二是上情下达。领导机关通过简报可以不断向下属单位转达领导意图和带指导性、倾向性的意见，使上情下达。简报不仅可以直接刊载机关领导的工作意见，而且也可以通过"按语"的形式传达机关领导的思想意图，用以指导各方面的工作。

三是互通情况，交流信息。简报，不仅报送上级，发至下级，而且还发送兄弟单位，使同级机关能互相沟通、交流情况以推动工作。

一些会议，特别是大中型会议，在几百人甚至上千人之间，要及时交流思想；会议组织也须及时对大会进行引导，使会议不脱离主题，背离方向；同时要向上级领导机关反映会议的进展和结果，这个任务也主要靠简报来完成。

三、简报的种类

简报的内容和形式多种多样，类型很多，根据不同的划分标准，就有不同的类型。比如，以编发简报的时间分，有定期简报和不定期简报；以反映的内容划分，有综合性简报和专题性简报。常用的划分方法是以简报的性质划分，大体上分为三种类型。

（一）工作简报

工作简报是反映本部门、本系统各方面工作情况和问题的简报。一般包括三个方面的内容：一是反映领会和贯彻执行党和国家的方针政策以及上级指示的情况，使上级机关随时掌握具体工作的进展状况；二是迅速反映工作中的经验、教训和问题，便于领导及时推广带有普遍意义的经验，引导各单位借鉴有关教训，以少走弯路，并防止倾向性问题的产生；三是反映工作中的先进事例和错误，有助于领导发现并抓住先进典型宣传倡导，抓住错误及时对症治疗，引导各项工作沿着健康的轨道向前发展。

（二）专题简报

专题简报是将某一项专门工作或中心的动态、进展、经验、问题向主管部门汇报，或向有关部门通报的简报。这种简报围绕着某一项专门工作或中心工作来编写，内容集中，事件单一，及时地将动态、进展、经验、问题反映出来，以利于推动工作。

（三）会议简报

会议简报是在召开比较大型的会议时，用以向领导报告会议情况并组织、引导会议的进行而编写的简报。其内容一般应反映这四个方面：一是有关会议的概况，如预备会情况、会议召开时间及议事日程安排，参与会议人员、人数、会议目的与要求等；二是会议研究或讨论的问题，发言人姓名、职务、总的倾向性意见与个别意见以及讨论的结果等；三是典型发言的摘要报导，如重要发言、有代表性或有特殊见解的发言以及可供参考或有启发性的发言等；四是反映与会者的情绪、愿望以活跃气氛、活跃思想，有助于把会议开得生动活泼一些。

四、简报的写作要求

简报的写作要求是由简报所承担的任务决定的。因此，写简报必须依据发简报的目的，为实现目的而选择适合的内容和形式。比如，工作简报主要用于反映工作动态和进展情况，让领导及时了解并掌握实情，以便及时指导工作；专题简报专门用于介绍工作经验，让领导及时发现、及时向面上推广，以带动全面工作的铺开；会议简报主要用于向领导报告会议进展，让领导更好地掌握会议情况，使会议顺利进行，取得预期的效果。写哪一类简报便依据哪一类简报的功能，为实现写简报的目的分别选取其适合内容，写成简报。

其写作要十分注意"快""新""简""实"四点。

（一）快

简报，首先要快，要讲究时效，抓住时机迅速及时地作出报道。反映思想动态要快，报告工作情况要快，慢了就失去它存在的价值了；如果是会议简报，其时限性更强，今天编发不出，明天会议就可能结束了。因此，编写简报要"抢"时间，切不能放"马后炮"。

（二）新

简报的内容要新。要反映新情况、新问题、新经验、新动向、新成就、新技术、新风尚、新知识和新见解。主意要新，角度要新，能给人以启发和借鉴。新，是简报的价值所在。编写简报，就要将各种新的信息及时汇报给领导，为上级指导工作提供依据。

（三）简

简报姓"简"。为了能以最快的速度将简报送到领导手中，简报必须简明扼要，搞得冗长、繁琐，必然拖延时间。因此，简报的写作要力求内容集中、事件单一、篇幅简短、语言简约。一般来说，一篇稿不要超千字。

（四）实

简报的"实"，包含了两个方面的含义：一是内容真实，材料确凿，数字精确，用词准确；二是在表述上用事实说话。简报具有新闻性，新闻的本源是事实。它以真人真事区别于其他文体，不允许虚构，不允许出现不实材料，必须按事物本来面目，实事求是地报道。

五、简报的写法

编写简报，包括了写简报文稿和编辑简报两个方面。

（一）简报文稿的写法

简报刊登的文章，一般是一期一篇，或一期数篇。简报文稿的结构，一般有标题、正文、署名和日期三部分。

1. 标题

简报的标题，要求能揭示主题，简短醒目。所谓揭示主题，就是让人一看标题，便能知道简报的主要内容；醒目，就是让人一看标题，便能有阅读兴趣，能被打动。例如："广州引进人才不设防"、"一个沟通国际市场信息的好办法"、"把农业科学技术送给万户千家"、"广州地铁一号线工程进展顺利"、"这个小厂的产品是怎样畅销全国的"等等，这些标题既切题又醒目，能吸引读者阅读正文。

简报标题的题型大体上有以下四种：

（1）概括式标题。要求准确、简要地概括出文章的基本内容。如"得人心者得人才"，这个标题便概括出了文章的基本内容。

（2）形象化标题。用比拟的手法，让标题形象地揭示文章的主要内容。如"没有梧桐树，也有凤凰来"，用"凤凰"来比拟优秀人才，使标题显得形象、生动。

（3）提问式标题。用简报内容中最能引起读者关心的问题，以提问的形式拟定标题。如"艰苦朴素的作风还要不要"、"北京酱油为啥脱销"，这样能引起读者悬念，激起阅读兴趣。

（4）双题式标题。采用新闻标题的构成方法，用引题和主题配合，或用主题与副题配合。引题是主题的辅助题目，在主题之前，用来交代背景，为主题说明时间、空间；或用以烘托气氛，为主题作形象生动的衬托和渲染；或用来揭示意义，为主题"点睛"，揭示它包含的作用和意义；或提出问题，为主题开路；或说明原因，为主题交代因果。副题也是主题的辅助题目，在主题之后，用来补充交代次重要事实，补主题之不足。例如，"商品包装大有文章——在今天开幕的展览会上广州人兴致勃勃地观看了国外和香港的包装技术"、"忽视思想教育的后果给领导者的警示——××石棉厂改革失误记实"，引题与主题配合，主题与副题配合，使标题充分揭示了文章的中心内容，让读者从标题中领悟到文章的主旨。

2．正文

正文一般有三个部分：

（1）前言。简报的前言，近似新闻的导语，用简明的一句话或一段话，总括全文的中心内容或主要事实，接着交代时间、地点、事件、原因、经过、结果。

（2）主体。一要注意紧扣标题，紧接前言，用足够的、典型的、有说服力的材料，对报道内容作具体的叙述和进一步的说明。二要注意与前言中提出的问题相承、相一致，不能"走调"，要对前言所揭示的主题思想作阐述。三要注意用事实说话，恰当运用典型事例、典型语言，或运用精确的数据。

（3）结尾。简报的结尾，应依据文章所反映的内容而定，如言尽意止即自然收尾，不必硬加结尾段。

3．署名和日期

在一般的情况下，简报不署作者姓名。但是，如果作者不是原定编写简报的，则应署名。署名的位置一般在文末下一行右侧。有的还须写上供稿时间。

也有不明显按照这种结构方法写作的简报。它一气呵成，简明扼要。

在此有必要特别介绍会议简报的写作。

会议简报要在认真整理会议记录的基础上，依据会议的需要来撰写。

会议简报要认真地反映会议情况，不夸张、不缩小。文字要简练，篇幅要短小，应选择反映会议中的一些重要问题，而不是像记流水账似的什么都写。会议简报还要求迅速，要争时间、抢速度，否则就起不到指导会议的作用。

会议简报的写作方法主要有两种：一是报道式写法，即采用新闻报道的形式，反映会议情况，这种写法要求简报编写者对会议情况进行综合分析，有取有舍，择取有价值的内容。二是转发式写法，即直接登载某些代表的发言，并在这些发言的前面加上一定的"按语"或"评论"，以强调转发内容的意义。会议简报的标题既要与简报的内容相符合，又要能吸引人，标题一般采用较大的黑体字，以便清楚醒目。

会议简报由大会秘书处统一印发，要求迅速不能拖延。简报印制数量和发送范围应视简报内容而定，只发送大会主席团的简报，根据主席团的人数确定简报印制的份数；只发送各组负责人的简报，根据各组负责人数决定；发至全体代表的简报，应人手一份。简报发送前，一些重要的发言，要送发言者审阅，避免曲解原意。会议简报编排时，应编上整个会议的总顺序期号，以便给将来分类归档工作带来方便。

（二）简报的编辑

1. 简报的格式

简报是机关内部刊物，样子像小报，由报头、报核、报尾三部分组成。

（1）报头（又称版头）。一般占首页1/3的上方版面，用红色间隔线与正文部分隔开。报头的内容包括：

名称：在居中位置，用套红大号字体，要求醒目大方。

期数：排在简报名称的正下方，用六角号括住年号全称，然后编期序。

编发单位：在红色间隔线的左上方位置。其下注明本刊批准印刷编号。

印发日期：在红色间隔线的右上方。

密级：在报头左侧上方位置，标示密级并加标识★，如"机密★"、"秘密★"或"内部刊物"；保密时限写在标识后，如"1年"或"3个月"之类。

份号：印在报头左侧上方密级标识之下。

简报样式如下图：

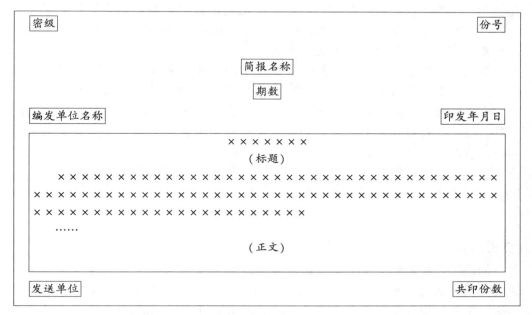

（2）报核。刊登简报文稿的部分称为报核，是简报的核心部分，一般由按语、标题、正文、作者四项组成。

（3）报尾。报尾在简报的最后一页的末尾，用横线将报尾与报核隔开，写上发送单位名称、印制份数；再用横线隔开，注明编发简报单位的电话、传真、网址、电子邮箱等，以便联系。

2. 撰稿、组稿、选稿

撰稿是简报编写人员根据编发简报的目的，自己撰写、修改文稿。组稿是编者向有关人员特约稿件。选稿是编者从众多来稿中挑选合适的文稿。编辑简报，必须领会领导意图，把握上级精神，掌握好政策方向和工作要点。无论是自己写稿还是约稿，都必须紧扣中心。

编发简报的方式一般有以下三种：一是直发式，即是根据编发意图，直接从本机关、部门内部选用简报文稿。二是集锦式，即根据编发意图，选用有关材料编辑而成（一般选用两个或两个以上的材料，各个材料在思想内容上有其内在的联系，从结构上看则是独立的篇章或片断，可以不求其系统性、完整性）。三是转发式，即根据编发意图，从本单位、本系统的有关文件中，或者从外单位、外系统的简报及有关文章中选用材料，由编者加上按语后刊出。

3. 创作按语

简报按语，是编者根据简报编发的指导思想、编辑意图以及简报内容加写的评论、补充说明或提出的要求、意见等文字。一般放置在正文标题的上方，先标示出"编者按"或"按语"字样，然后写出按语内容。如果是对简报中某一观点或材料加按语，可在该观点或材料的后面插入括号，在括号内写出按语。同样要在按语前面标示"编者按"字样。

按语的作用是把重要文章的内容和现实的工作联系起来，帮助人们加深理解，提高认识，从而指导工作。因此，按语要精辟，抓住本质，切中要害。

常见的按语写法有三种：一是说明性按语，一般用来交代简报文章的来源、出处，特别是转发外单位的材料，要交代清楚，避免读者误解，同时也用来说明编发意图。二是提示性按语，一般用来提示简报中心内容，以帮助读者把握文章精神，加深理解。三是评价性按语，一般用来表明编者对简报的看法、态度，引导读者掌握政策，以便正确处理问题，做好工作。

思考与练习

简报不是法定性公文，但是也能起到法定公文的通报作用，而且其交流性更为广泛，所以一般大机关都要编发简报，用于汇报、指导和交流工作。写好简报，学会办报，具有极大的实际意义。建议学习者结合板报、墙报、黑板报、广播稿、新闻等文体的实践和训练，驾驭好简报的应用与写作。

一、认真阅读例文一，体会简报的文体特点（汇报性、指导性、交流性），结合简报的具体内容，说说例文是怎样体现这些特点的。

二、用事实说话，是使文章具有说服力的最好方法。总结、调查报告、新闻、简报等文体都必须用事实说话，即运用事例、情况、数据来表述作者的观点，而不是以作者自己的话直接说出来。试从本章例文及总结、调查报告的例文中，找出用事实说话的实例并摘抄下来，积累到一定数量时，将各例分类，分别说明作者是怎样用事实说话的，从而体会并掌握"用事实说话"这一表达技巧。

三、简报的文稿，有时可以采用新闻稿的写法，其结构由标题、导语、主体、背景、结尾几部分组成，试从报纸上找出一篇新闻（消息），对照例文二，说说两者的标题、导语、主体、背景、结尾的异同，从而掌握简报文稿的结构。

四、就自己的学习或工作，根据当前的中心或工作重点，写一篇业务工作简报。要求有报名、期数、编者、日期等组成的报头以及合乎规范的报尾。

第五章 述职报告

撰写述职报告，诚恳地向相关部门述职，这是新的用人制度对每一个领导干部的要求。因此，学习撰写述职报告是未来工作的需要。

一、例文学习

【例文一】

广东省九届人大常委会
第三十五次会议文件（24）

述 职 报 告

广东省人事厅厅长　谭璋球

（2002年7月22日）

主任、各位副主任、秘书长、各位委员：

省人大常委会对我进行述职评议，这是对我履行职责依法监督的有效途径，也是对我本人的爱护和支持，必将促进我依法行政、强化公仆意识和服务意识，从而进一步推动我省人事人才工作的发展。在此，我表示衷心的感谢！下面，我就2000年2月接任省人事厅厅长以来履行职责的情况作述职报告。

一、履行职责的情况

两年多来，我按照省政府赋予省人事厅的职责，在省委、省政府的领导下，在省人大的关心指导下，团结带领厅领导班子成员和全体干部职工，坚持以邓小平理论和江泽民同志"三个代表"重要思想为指导，认真贯彻党的十五大和省八次党代会精神，以"改革、创新、发展"为主题，以人为本，解放思想，更新观念，扎实工作，努力地推进我省人事人才工作。

（一）加强学习和调查研究，明确人事人才工作思路

面对新的工作环境和新的职责，我首先抓了两点：一是学习，二是调研。

1. 认真学习

我注重把学习马列主义、毛泽东思想、邓小平理论、江泽民同志"三个代表"重要思想，以及党的路线、方针、政策作为一项重要任务，当作自己履行职责的前提和根本保证。坚持党组中心组学习制度，我带头学习理论，做读书笔记，作辅导报告。学习中努力发扬理论联系实际的马克思主义学风，把学习理论与解决实际问题紧密结合起来，收效较好。2000年厅党组学习中心组被评为省直机关先进党组学习中心组，我本人被评为优秀个人。

2. 深入调研

在到任后的较短时间内，我通过各种形式，首先对厅机关及直属事业单位，然后对全省各地级市及部分县（市）做了广泛的调查研究，逐步熟悉人事工作的规律，从而充实和丰富了我对全省人事人才事业发展状况的认识。

我在学习调研中提出了"人才资源开发是人事人才工作永恒的主题""营造人才生态环境"等观点，受到了国家人事部的好评，两次被人事部张学忠部长邀请参加国际人力资源开发论坛和APEC人力资源能力建设高峰会。

新世纪广东人事人才工作既面临着机遇，又面临着挑战。一方面，党中央、国务院和省委、省政府对人事人才工作非常重视，首次把人才问题提升为国家发展战略，专列一章写入国民经济和社会发展"十五"规划。人事制度改革和人才资源开发进入了重要的发展时期；另一方面，我省人才的数量和质量仍满足不了经济社会发展的需要，任务很艰巨。新世纪人事人才工作定位在哪里？目标是什么？发展思路是什么？针对这些亟待解决的问题，我多次组织专项调研，并带专门小组到兄弟省市学习，把调研成果转化为我省人事人才工作的发展思路。这就是：坚持以邓小平理论，特别是邓小平人事人才理论和江泽民同志"三个代表"重要思想为指导，以人才战略为统揽，以发展为主题，以队伍建设为主体，以改革创新为动力，以人才结构调整为主线，以高层次和急需人才培养引进为重点，以为经济、社会发展和为人民服务为目的，深化人事制度改革，加大人才资源开发力度，提高人才资源配置的市场化程度，改变地区、产业间人才布局状况，努力建设一支宏大的、高素质的人才队伍，把广东建成人才强省，为广东经济持续稳定健康发展和社会全面进步提供强有力的人才智力支撑。

通过加强学习和调研，我较快地实现了从市委书记到厅长的岗位角色转换和思维方式的转变，以敬业爱岗的刻苦精神，较快地熟悉了人事工作的基本业务知识。

（二）实施人才战略，人才资源开发工作迈上新台阶

广东率先基本实现社会主义现代化，关键在人才。我接任省人事厅厅长后，努力贯彻落实中共广东省委、广东省人民政府《关于依靠科技进步推动产业结构优化升级的决定》（粤发〔1998〕16号），把有关精神落实到新时期人事人才工作中。我明确以实施人才战略总揽工作全局，把它作为实现人才强省的核心任务和履行岗位职责的重点，积极营造优良的人才成长与创业综合环境，认真做好人才的选拔、培养、引进和使用工作，使人才资源开发工作迈上了一个新台阶。

1. 主持编制人才发展规划蓝图

组织国内专家学者认真开展广东省人才资源和人才队伍的分析研究，对"十五"时期至2015年的人才需求作科学预测，制定了《广东省"十五"人事人才发展规划》，提出我省实施人才战略的8大类25项目标举措和人才强省的指标体系。在内容上，突出人才结构调整和提高素质。在安排布局上，做到当前与长远相结合，把握好全局与局部的关系。这个《规划》受到人事部领导和兄弟省同行及有关专家的好评。

2. 高层次急需人才的培养、引进力度进一步加大，将专业技术人才队伍建设摆上了突出位置。

我主持制定了我省实施"新世纪百千万人才工程"的具体措施，按照多元化发展的工作思路加强博士后工作，完善专家管理制度，对急需的高层次人才实行滚动式培养。2000年、2001年全省新设立5家博士后流动站和17家企业博士后工作站，使全省博士后流动站和企业博士后工作站分别由原来的21家、13家增加到现在的26家、30家，年招收规模从原来不足100名增加到现在的180名。改革了留学人员科研项目择优资助办法，为海外留学人员以各种形式回国服务、来粤工作进一步敞开了方便之门，提供更加有利的条件。发挥职称在构筑人才"高地"中的独特作用，启动了我省教授级高级工程师申报评审工作，评出了首批185名教授级高级工程师。按照李长春书记的批示要求，通过调查研究，提出了关于加强我省专业技术人才队伍建设的"更具吸引力"的政策意见，已经省政府常务会议审定，报省委拟以"决定"的形式颁布实施。实行人才引进刚性、柔性并举，两年多来全省共引进各类人才60163名，60%以上是具有中级以上职称的人才，其中新增两院院士8名（调进2名，新当选1名，聘任5名）。

3. 公务员培训和专业技术人员继续教育工作进一步加强。

制定了我省公务员培训、专业技术人员继续教育"十五"规划纲要。认真开展公务员"四类培训"，尤其是加强依法行政、WTO知识、计算机、英语的培训，开展公务员学法活动和公共管理硕士（MPA）专业学位教育，提高公务员依法行政、宏观决策和工作创新能力。开展高新技术领域继续教育，提高专业技术人员投身经济建设主战场的适应能力、实施科教兴粤战略的实践能力和推动科技进步的自主创新能力。两年多共组织了公务员各类培训10.2万人次，实施专业技术人员继续教育47万人次。

4. 开拓人事人才领域对外交流与合作，引进国外智力工作取得显著成效。

两年多共争取国家资助的出国培训项目16项300人，省计划立项出国培训项目45项968人，接待来访团组50批，完成"蒋氏基金香港培训班"预培班23期1037人。经国家统计局、国家外国专家局认可，2000年一年来粤工作境外专家16万人次。经省人民政府批准，2001年授予17名优秀外国专家"南粤友谊奖"称号。经国家外国专家局批准，我省获聘请外国专家项目103项、农业引智成果推广项目2项。

5. 人才结构调整有了较好的进展，区域间人才交流有了新的改善。

6. 人才评价体系进一步健全。

加强对执业资格制度的综合管理，启动了注册工程师执业资格制度。改革专业技术职务聘任制度，推进专业技术职务系列分类分级管理，逐步规范专业技术工作秩序。不断完善人才素质测评标准、技术、手段和服务体系，并应用于会选干部和招录公务员工作中，提高了考试的信度和效度。

(三) 以体制创新为动力，人事管理制度和用人机制改革取得新进展

我力主通过思维创新、观念更新带动制度创新、工作创新，深化人事制度改革。

1. 公务员制度建设进一步深化。

从过去主要抓制度的推行，转向制度建设与公务员能力建设并举，明确加强公务员能力建设和制度建设的思路。结合新一轮机构改革，大力推行竞争上岗和岗位交流制度，按政策规定稳妥地组织实施机构改革人员的分流，在干部能上能下、能进能出的管理体制上取得新突破。切实贯彻1997年省政府第26号令发布的《广东省国家公务员录用实施办法》，改革了公务员录用考试

的内容、方法和组织形式，严把"入口"关，新录用公务员1.3万人。进一步改革了考核、奖惩等其他制度的实施。

2. 事业单位人事制度改革稳妥推进。

按照"试点开路、分类指导、分步实施、行业推进"的思路，选择了30个各类型事业单位进行改革试点，推行聘用制，变身份管理为岗位管理，探索建立按需设岗、按岗竞聘的用人新机制。

3. 工资分配制度改革有了新进展。

改进了机关事业单位统发工资工作。按照人事部的统一部署，主持制订我省切实可行的方案，先后三次提高了机关和部分事业单位工作人员工资标准，并相应增加离退休人员的离退休费。调整了部分特殊岗位人员津贴。会同有关部门对深化公务员工资制度改革问题进行了深入调研，总结佛山、广州市的实践经验，提出了统一岗位津贴改革的方案报省委、省政府审定。

4. 军转安置制度改革迈出实质性步伐。

去年按照党中央颁布的《军队转业干部安置暂行办法》，打破军转干部全部由国家统一计划安置的传统做法，首次采用计划安置与自主择业相结合的新方式安置军转干部。制定了我省《关于自主择业的军队转业干部安置管理的意见（试行）》，积极构建计划保底和双向选择的军转干部安置体系。两年来完成了计划安置军转干部6672名（其中师团职1669名）的任务，另有304名转业干部选择了自主择业。以高度政治责任感掌握我省在企业工作的军转干部的动态，会同有关部门切实解决他们生活上的实际困难，化解矛盾，维护了社会政治稳定。

5. 人才资源市场化配置的机制逐步建立。

按照十五大关于建立"机制健全、运行规范、服务周到、指导监督有力的人才市场体系，促进人才合理流动"的要求，提高人才市场信息化水平，加强人才市场的管理和监督，加快人才资源市场化配置进程。尤其是重点抓好省人才市场、中国南方人才市场和深圳人才大市场的建设，带动和促进全省人才市场规范、健康发展。两年来，全省各级人事部门所属人才流动机构增加9家，行业性人才交流机构增加14家；经过清理整顿，关闭了22家资质不全或非法经营的人才交流机构，使民办人才市场得到健康发展，由2000年初的25家发展到今天的53家，增加了28家；农村人才服务站增加109个；参加人才交流会求职的人员达225万人次，到人才市场网络访问的达2807万人次，通过市场实现流动的达53万人。

6. 加强宏观计划管理，严格控制机关事业单位人员增长。

认真做好清理机关事业单位编外人员和临时人员工作，为市、县、乡、镇机构改革创造良好环境。会同有关部门积极开展非公企业人才资源调查，基本摸清非公经济组织人才资源状况。到2000年底，我省非公经济组织各类人才达201万人。

（四）按中央和省委、省政府部署，稳妥有序地推进机构改革

两年多来，在省委、省政府、省编委的正确领导下，我以积极负责的态度，克服困难，扎实工作，组织实施了这次省、市、县、乡镇机构改革。

1. 精心组织实施。

制定周密的工作计划，明确各阶段工作重点、实施步骤和时间安排等，使改革稳步地推进。坚决按照中央和省的政策规定，严格审核各部门"三定"规定和各市改革方案，坚持原则，严格把关，不搞变通，从源头上保证了机构改革不走样、不变调。突出政府职能转变为机构改革的重中之重，推进政企分开、政事分开、政社分开。结合干部人事制度改革，做过细的思想政治工

作，积极稳妥地做好人员分流工作。

2. 加强协调工作。

对机构改革过程中遇到的诸如职能调整、机构撤并、编制精简、领导职数配备、人员分流等各种矛盾和问题，我都毫不回避，以积极的态度，认真做好协调工作。有的问题多次与部门协商、沟通，反复听取意见，取得理解和谅解。对争议比较大的问题，召开相关部门参加的座谈会，集思广益，研究解决办法。

3. 加强检查指导。

市、县、乡镇机构改革方案实施前，组织3个小组到各市指导起草方案和配套措施。各市改革方案批复后，又多次到市、县指导和检查，其中2001年6月至11月我陪同钟启权副省长10次深入15个市检查、指导机构改革工作，2001年8月底至9月初组织4个小组分赴16个贫困县了解和检查机构改革情况，2002年3月再次组织了对16个贫困县机构改革的检查。通过检查指导，及时发现执行中的问题，纠正工作偏差和违反政策的做法。至2002年5月，除省级人大、政协、群团机关机构改革工作正按中央的部署加紧进行外，我省各级党政机关机构改革工作已完成，政府职能转变取得新进展，职责关系得到进一步理顺，人员平稳分流，精简机构编制实现了预期目标。省政府工作机构减少13个，精简22.8%；市、县党政工作机构减少1071个，精简20%；乡镇机构减少4153个，精简30%。省政府行政编制精简了49.4%，分流人员2200多人；市、县、乡镇行政编制精简了20%，分流人员7万多人。对这次机构改革，中央编办检查时给予了较高的评价。

（五）加强人事法制建设，坚持依法行政

两年多来，我作为厅执法责任制第一责任人，把贯彻依法治省方略、落实执法责任制、坚持依法行政作为履行职责的重要标尺，严格要求自己。主要做了如下工作：

1. 积极推进人事法制建设。

一是深入开展人事法制宣传教育，提高人事干部队伍的法制意识和法制水平。除了组织好共同类法律、法规的学习外，重点抓好人事专业"三五"普法教育，组织了全省人事专业"三五"普法考试。对"四五"普法工作做了全面部署。我带头学法用法，省人大、省普法办组织的每一场领导干部法制讲座，我都按要求参加。2001年，我厅被中宣部、司法部评为全国"三五"普法教育先进单位。

二是认真做好人事法规的制定工作，加快人事立法步伐。我主持起草的《广东省人才市场管理条例》草稿几经修改完善，已列入省人大今年的立法计划。《广东省人事争议仲裁规定》和《广东省事业单位聘用制规定》修改稿已报省政府法制办审定。

三是大力加强人事执法工作。完善人事执法责任制，明确执法的依据、权限和责任，把人事执法任务落实到部门、岗位和具体的责任人。把省八届人大常委会第三次会议通过的《广东省科学技术人员继续教育规定》和省九届人大常委会第十九次会议通过的《广东省行政机构设置和编制管理条例》列入执法检查的内容，督促抓好落实。正面教育引导各级人事部门自觉守法，强化守法意识。开展严肃干部人事工作纪律专项教育活动，对违规录用、以工代干转干、人事考试违纪等现象严肃查处，纠正行业不正之风。先后对云浮、汕尾、潮州、揭东、肇庆、茂名等6个市、县违反人事纪律的有关案件进行了严肃处理，共清退违规录用干部或过渡为公务员的人员117人，对有违规行为的市人事局和相关责任人在全省人事部门进行通报。

四是建立健全法律监督机制。除抓好日常执法监督外，每年年底均采取有效方式开展人事执法大检查，检查情况及时报省人大、省政府。在去年的执法检查中，我厅在新闻媒体上公布了举报电话，干部群众对此反映热烈。

完善人事行政复议制度，依法、及时地纠正违法或不当的具体人事管理行为。两年来，我厅共收到5件行政复议申请，对每一件申请，我们都认真研究，给予申请人书面答复，说明理由和法律依据，告知解决问题的有效渠道。健全人事争议仲裁制度，及时查处、裁决平等主体间的人事争议，两年来省政府人事部门受理人事争议仲裁案418件，维护了用人单位和人才的合法权益。

2. 做好人事政策法规清理工作。

根据省政府的部署，今年3月，我厅成立了由我任组长的"人事系统政府规章和规范性文件清理领导小组"，制订了工作实施方案，对不利于转变政府职能的规章和不符合WTO规则的文件作出修订。目前已清理政府规章13件，其中已废止1件，拟废止3件，拟修订4件，拟保留5件；已清理政府规范性文件11件，其中拟废止5件，拟修订2件，拟保留4件；我厅成立以来印发的298件规范性文件的清理仍在进行之中。整个清理工作将于7月底全部完成。

3. 规范行政审批事项。

对被取消的8个行政审批项目令行禁止，对保留的22个审批、审核、核准项目，制定了相配套的细化职责规定和办事程序规范，使各项业务工作有法可依、有章可循，成为我厅办业务的"基本法"。去年年底以来，根据省政府关于深化政府部门行政审批制度改革的意见，对第一轮行政审批制度改革保留的项目再次进行了认真的审查和清理，目前方案已报省审批制度改革联审办。

4. 认真办好人大代表议案、建议和政协委员提案，做好群众来访来信的工作。

我继续抓好省八届人大三次会议代表提出的《关于强化人才宏观管理、加强人才资源开发力度议案》（第1号）的实施，在省人大、省政府的指导下，会同各会办单位高度重视1号议案的结案工作，到市、县认真检查5年来实施1号议案的情况，牵头主持草拟出结案报告，实事求是地肯定成绩，找出不足，提出巩固和扩大议案成果的具体措施。这一报告已经省九届人大常委会第33次会议审议通过。高度重视每年省人大、政协交由我厅处理的人大代表议案、建议和政协委员提案，做到件件有落实，事事有回音，让代表们满意。我亲自督办重要的议案、建议和提案。如对省九届人大纪是安等代表提出的《韶关市工商局录用公务员问题上舞弊》的建议，收到建议的当天我们就与省工商局成立了联合调查组。经过深入调查核实，纠正了韶关市工商局的错误做法，对此，纪是安代表赞扬我厅处理人大代表建议实事求是，雷厉风行。2000年、2001年两年我厅主办或会办了9件人大代表议案、建议和26件政协委员提案，答复满意率达100%。2001年我厅被评为承办政协提案工作先进单位。今年省人大、政协交办的19件议案、建议和提案办理情况良好，已办毕的答复满意率达100%。对群众的来访，我能热情接待，耐心倾听意见，坚持以有关的法律、法规做好说明解释。对群众来信基本上做到件件有复函。

（六）注重加强队伍自身建设

（略）

（七）切实加强党风廉政建设

我切实担负起我厅廉政建设第一责任人的职责，把廉政建设放在重要位置加以落实。（略）

二、今后的努力方向

我要把这一次省人大常委会对我的述职评议作为更好履行职责的鼓舞和鞭策，继续团结厅领导班子成员，在省委、省人大、省政府的正确领导下，忠于职守，认真从以下几个方面抓好整改：

（一）加强学习，进一步提高自身素质

要大力加强政治理论、政策法规和业务技能的学习，不断拓展自己的知识面。要结合人事人才工作实际，学习好、贯彻好、落实好江泽民同志"5·13"讲话和省九次党代会精神。要坚持学以致用，把加强学习与提高自身素质结合起来，与提高解决实际问题的能力结合起来，与推动人才战略的实施结合起来。

（二）加强调查研究，深入了解真情实况

要工作重心下移，深入基层，调查人事人才工作的新情况、新问题，尤其是经济欠发达地区人事人才工作的热点和焦点问题。要研究人事工作发展中具有前瞻性的重大理论和实践问题，总结实践经验，探索工作规律，促进科学决策。调研既要广泛深入，掌握客观情况，又要突出针对性，增强实效性，加强对人才工作的分类指导。

（三）加强法治观念，不断提高依法行政的能力和水平

要坚持以法律法规为准绳，规范人事行政管理行为，做到依法行使职权，权责统一，运作规范。要加强普法教育和执法教育，健全执法责任制，坚决纠正和克服有法不依、执法不严、违法不究的现象，坚决查处人事违纪行为，营造良好的人事法制环境。要加强内部管理，建设廉洁、勤政、务实、高效的人事行政管理机关，造就政治强、业务精、作风正、纪律严、靠得住的人事干部队伍。

（四）抓住机遇，加快实施人才战略的步伐

要贯彻落实《2002—2005年全国人才队伍建设规划纲要》，继续把人才资源开发作为人事人才工作的永恒主题，树立人才是第一资源、人才资源开发、人才资源配置市场化、人才资源管理法制化和人才竞争国际化"五个"新理念，全面加强人才队伍、人事制度、人才市场、人事法制和人事队伍"五个"建设。当前尤其要根据省九次党代会所确定的目标和任务，突出抓好以下几项工作：

（1）加强对WTO知识人才的培养和引进工作。要确立人才结构调整、人才国际化和人才区域协调发展战略，抓紧培养和吸引一大批我省紧缺的精通世贸组织规则的国际通用型专业人才。

（2）努力建设有利于人才成长和创业的综合环境。要以优化人才环境为立足点，营造公开、公平、公正的人才"生态环境"和创业平台。要进一步完善人才市场功能和结构体系，规范人才市场运作。逐步建立起机关工作人员规范的薪酬分配、激励制度。

（3）大力加强专业技术人才，尤其是高层次急需人才和经济欠发达地区人才工作。要尽早做好省委、省政府即将出台的《关于进一步加强专业技术人才队伍建设的决定》配套措施的准备工作。要争取设立省级人才资源开发专项资金，落实人才培训经费、引进国外人才工作经费纳入同级政府财政预算。要正确处理好培养、引进、使用人才三者的关系，切实用好现有人才。

（4）采取得力措施，落实好省九届人大第三十三次会议审议通过的《广东省人民代表大会常务委员会关于强化人才宏观管理、加大人才资源开发力度议案办理结果的决议》。

主任、各位副主任、秘书长、各位委员，我虽然对这次述职报告做了认真准备，但仍会有不足之处，恳请各位领导和同志们提出评议意见，我一定虚心接受，坚决整改，在省委、省人大和省政府的领导、支持、监督下，尽职尽责，努力工作，增创人才新优势，为广东率先基本实现社会主义现代化做出新的贡献！

以上报告，请予评议。

（选自广东省九届人大常委会第三十五次会议文件，经本人同意收作例文，因篇幅有限，选

用时省略了部分内容）

　　这是一篇向人大述职的述职报告。哪一级人大决定任命的干部便要定期向哪一级人大述职，报告自己在任期内履职的情况。

　　广东省人事厅厅长是由省人大决定任命的，所以谭璋球厅长须向省人大述职。这是 2002 年 7 月 22 日谭厅长在省九届人大常委会第三十五次会议上的述职报告，是他当时在会上口述的文稿。

　　这篇述职报告结构完整，格式规范。标题由文种、题注（省九届……第 × × 次会议文件）、报告人、日期等部分组成；抬头（即本文的主送对象）分别列出述职报告的审议人，没有遗漏；主体部分分"履行职责情况"和"今后的努力方向"两大部分，分条列项陈述，将"德、能、勤、绩"融合在七项履职工作中加以表述；最后用了一段恳切的表白，并请求审议作结。

　　依例，述职人的领导部门对述职人的述职须进行述职评议，写出评议意见或评议报告，对述职人的履职情况和《述职报告》下结论。

　　所谓述职评议，并非只对《述职报告》进行评议，而是要组织专门力量对述职人的履职实际情况进行调查、访问，广泛听取相关领导、下属、群众、各相关部门的意见，对其德、能、勤、绩各方面作综合考察、考核。在这基础上对述职人的《述职报告》进行是否真实、是否恰当的审议。

　　广东省人大常委会对述职人的《述职报告》是十分严肃认真的。不仅要听取述职人的述职报告，还要深入地进行调查研究，倾听各有关方面的意见，进行述职评议。

　　广东省九届人大常委会第三十五次会议对谭厅长述职报告的审议，先由省人大常委选举联络人事任免工作委员会作《关于对省人事厅谭璋球厅长述职评议意见的报告》（以下简称《报告》），之后，再由大会审议通过，最后才下评议结论。

　　据《报告》称，省人大常委会选举联络人事任免工作委员会早在谭厅长述职前两个多月（5 月份）便开始对其述职进行了充分的评议准备工作：

　　召开了省人事厅全体干部以及下属事业单位主要负责人动员大会。会后，围绕谭璋球任现职以来履行职务、依法行政、廉洁自律的情况，分别听取分管副省长、省政府分工联系的副秘书长、省人事厅领导班子成员和省人事厅各内设机构、所属事业单位主要负责人的意见，听取省直有关单位和部分市、县人事局的意见。在比较广泛地了解情况、听取意见的基础上，进行了初步评议，然后对照其《述职报告》进行评议并提出意见，并将该意见形成会议文件。

　　评议指出："谭璋球同志对这次述职评议思想重视，态度端正，准备认真，述职报告是实事求是的，既肯定了成绩，又找出了存在的问题，还提出了改进工作的设想，我委同意其述职报告。"

　　总的评价是："谭璋球同志2000年2月任省人事厅厅长以来，在省委、省政府的领导下，团结带领班子成员和全厅干部，努力实践江泽民总书记'三个代表'重要思想，认真贯彻执行人事人才工作的政策和有关法律、法规，紧紧围绕我省率先基本实现社会主义现代化的总目标和实施人才战略的要求，坚持依法行政，认真履行职责，努力推动我省人事人才工作不断向前发展。谭璋球同志努力学习，开拓进取，具有较高的政治素质和业务水平，驾驭全局能力和决策能力比较强；能坚持民主集中制原则，民主作风好，平易近人，处事公正；事业心强，工作扎实，廉洁自律，受到人事系统干部的好评。谭璋球同志2000年被评为省直机关政治理论学习优秀个人，2001年被评为省直机关优秀党员。"

　　评议还分别从四个方面列举了谭厅长履职的主要成绩，也从四个方面提出了对今后工作的建议。

【例文二】

离任述职报告

阳山县邮电局局长　邱忠民

（1996年2月5日在全体职工大会上述职）

各位领导、同志们：

　　我1968年到阳山邮电局工作，已经28个年头了，从生产岗位到管理岗位16年，1984年6月被省局任为副局长，全面主管通信生产，1988年7月任局长，主管全县通信工作。如今根据工作的需要、组织上的调动，我将离开我战斗28年的阳山邮电局，心情的复杂程度是可想而知的。我有很多话想说，又不知从何说起，也不可能耽误大家太多的时间，所以，只能从1988年任局长后八年中的十方面的变化谈五点体会，同时给同志们提出三个建议：

　　一、八年中的十方面变化

　　1988年是我们局最困难的一年，其中最关键的是模拟自动电话工程建设过程中主机正在紧张安装，但出局电缆和管道工程尚未动工，一幢六层新建局房只完成主体三层，急需资金几百万元，而企业账户不仅赤字，还欠下银行贷款上百万元，在这种情况下上任，叫人吃不下、睡不稳，可以说是坐立不安。但我坚持了两条：上靠省、市局和县委县政府，下靠职工的群策群力，终于把一个个难点攻破，保证了县城在当年12月25日实现了电话自动化（县委书记要求12月31日24时前开通），在春节前完成了宿舍楼建设，安置了20户职工。从此，阳山邮电局通信建设开始走上新台阶，也打开了通信发展的新局面。在物质文明建设（通信建设）和精神文明建设方面实现了十大变化：

　　1. 通信技术大发展。1988年12月，县局3000门史端乔模拟自动电话开通，实现县城电话自动化；1991年10月第一个乡镇七拱开通行动电话；1992年1月县城建成了无线寻呼通信；1993年11月县城开通6000门数字程控自动电话，后来在1995年再扩容4000门，实现在县城万门程控电话；1994年6月开通移动电话"大哥大"。1995年来，县城电话容量达10000门，是1987年容量 800 门的十多倍，全县电话容量 16560 门，是 1987 年 1600 门的十倍多，并实现了全县村村通电话，彻底改变了通信的落后面貌。

2. 通信业务大幅度增长。1995 年全县电话用户达 9081 户，比 1987 年不到千户增长十倍以上；"大哥大"从无到有，一年多时间发展到 600 户；无线寻呼 BB 机从无到有，达到 3600 多户；市内公用电话从无到有，发展到 198 户；邮政储蓄从 1988 年的 31 万元余元增长到 3198 万元；报刊流转额从 1988 年的 67 万元增加到 223 万元；其他业务也有较大的发展。

3. 企业经济效益大幅度提高。1995 年通信业务总量达到 1542 万元，是 1988 年 104 万的 1476 倍，平均每年递增 46.9%；业务收入达 2019 万元，是 1988 年收入 135 万元的 15 倍多，平均每年递增 50% 以上，实现了人均全员劳动生产率 6.7 万元，是 1988 年 5917 元／人的 11 倍多，企业连年增收减亏，1995 年比上年减亏 174 万多元，实现了企业的良性循环，职工奖金年年增加。

4. 企业资产投资巨大，全面改善生产、生活环境。几年来，阳山局通信建设投资达到亿元以上，除通信设备外，也较注重局房建设。1988 年县通信综合大楼落成投入使用，接着又兴建了附属大楼，全面解决了生产和办公用房；兴建职工宿舍楼五幢；随着通信发展的要求，在县新开发区征地十多万平方米，并得省、市局和县领导的支持，兴建 12 层 8000 平方米的新综合大楼，如今已建好大楼基础，同时兴建了八所支局局房。到 1995 年底，企业资产总额达到 9000 万元，比 1988 年的 334 万元增长近 30 倍。

5. 邮政通信全面提高了技术含量。几年来，邮政生产用的过戳机、邮件登单机、包裹捆扎机、自动点钞机已普遍使用，报刊发行处理、邮政营业综合处理、邮储事后监督、代收话费处理均使用微机，实现了邮政生产的机械化和微机化。通信生产和指挥车辆从 1987 年的一辆增加到 1995 年的 19 辆，实现了邮件运输全县自办。

6. 企业党组织不断壮大。1988 年企业只有 26 名党员的党支部，到 1995 年已发展到有 75 名党员，分四个支部的邮电党总支部，而且还有一批生产骨干正积极向组织靠拢，写入党志愿书。七年来，被县委、县经委党委授予"先进基层党组织"的光荣称号。

7. 企业团组织更加朝气蓬勃。1988 年只有 12 名团员的团支部，到 1995 年已发展成为有 88 名团员，分四个支部的邮电局团委，并且得到全局青年的拥戴，七年来均被县团委评为"先进团委（团支部）"。

8. 企业素质全面提高。企业硬件包括充足的局房建设，设备先进，技术的含量高，职工政治素质大大提高，而且科技人员从 1988 年的 7 人增加到 17 人，中专以上学历的从 1988 年的 19 人增加到 70 人，职工整体素质有较大提高。

9. 全面解决职工住房。1988 年初建了一幢职工宿舍，不少职工对分房结果有意见，直接影响到工作。七月中旬我在任职时表过态，在任职期内解决住房问题，到 1995 年，先后新建职工宿舍五幢，实现了企业内部按需分配住房，甚至入局一年以上的新职工也分到三房一厅将近 90 平方米的住房，职工皆大欢喜。

10. 全局党、政、工、团、妇、退管会齐抓共管，全面开展社会主义精神文明建设。几年来，首先抓好素质教育，送一批到县党校学政治和经济管理，送一批到北京、上海、南京、广州等高等专业高校学技术，送办和自办业务培训班 60 多期，参加学习人数达到 1366 人次，教育经费超过 30 万元；开展"内提素质，外树形象"的优质服务，全面整顿局容局貌，全面执行"职业道德"和"规范服务"条例，不断提高工作质量和服务水平；充分发挥党支部的核心作用、共产党的先锋模范作用和共青团的青年突出队作用，时时、事事、处处都体现了党团员在企业中的骨干作用；建设项目齐全的职工俱乐部，设有健身室、图书馆、乒乓球、卡拉OK厅、篮球场、羽毛球场、门球场；积极参加系统和当地组织的文娱体育活动，不论是歌咏比赛、舞蹈表演、象棋赛、乒乓球赛、篮球赛，均取得名次，尤其是组建多年的男、女篮球队，在当地是冠军队，女子队在一年一度的国庆赛中取得五连冠。1993年被省局工会评为"先进俱乐部"，1994年被国家邮电部和省局授予"群体工作先进单位"称号，我本人也被评为全国邮电群体先进工作者。七年来，我局均被县委和经委评为"文明单位"。

二、五点体会

我们阳山邮电局这几年的发展，不管是规模还是速度，是一次历史性的突破，上面所说的十大变化只是几十上百变化中的一个侧面，比如通信干线的光纤化、线对公里的增长幅度、邮路的增长和普以及延伸业务的发展都是不可能在几十分钟的发言中表达出来的，我想就这几年所做的工作谈五点体会：

1. 企业要有一个团结、坚强、廉政、务实的领导班子，这是企业发展的关键。几年来，我们局的领导班子和中层骨干都有所变动，但始终保持着局党支部和局务班子的团结与协作，凡企业的重大事项都由集体研究，并由职工代表大会通过。具体实现还如毛泽东同志指出的："大权独揽，小权分散，党委决议，各方去办，办也有决，不离原则，工作检查，党委有责"的工作方法，使各项工作能很好地得到贯彻落实。在上模拟自动电话又转程控自动电话的过程中，还要开发"大哥大"、寻呼系统，而且全县的通信线路从铁线转铜线再转电缆，最后又换光纤，工程量大，牵涉面广，技术要求高，而技术力量又薄弱，所需资金又相当紧缺，真可说困难重重，可是我们每一个领导成员从不叫苦，也不叫累，形成了一个团结而又坚强的领导集体。

当阳山邮电局的各项通信建设蒸蒸日上的时候，全社会对我们的工作表示赞赏，并加以肯定，但也有人持否定态度，认为"邮电发展这么快，难道邮电局领导在经济上无问题？"于是乎，县审计进驻，接着检察院进驻了，从1994年2月到12月，把邮电账目翻了个底朝天，最后给我们只有一句话，"检查结束，我们退场了"，我们提出请给个结论，回答说没立案的不作结论。这就说明邮电局领导班子是经得起审查的、是廉政的，今天市局审计科作为例行公务要作离岗审计，我表示欢迎。实践证明，我们的领导班子不是虚设的，是一个追求事业而且务实的领导班子。

2. 提高企业职工的两个素质，是企业发展的重要基础。几年来，我们局把党建和团建工作摆在首位，不断壮大党团骨干队伍，使党团员成为企业职工和青年人的核心力量，全面提高职工的事业心和责任感。同时，我们着重抓好了职工的业务技术培训。作为智力投资，仅培训一项我们就用了30多万元，我们分别送了一批到党校学政治和经济管理，派了一批到北京、上海、南京、西安、成都、重庆、石家庄、广州等地高等学府学习专业技术，又派了一批报考高、中等函授学习，本局还举办了60多期各专业的岗位培训班学习，达1366人次，使职工"两个素质"普遍提高，一批批职工入党入团，一批批职工拿到学历文凭和职称，还有一批批相继进行深造。到1995年底，工程技术人员从7人增加到17人，大中专以上学历职工由19人增加到70多人，还有一些将拿到文凭或职称，为企业的发展打下了良好基础。

3. 加强公共关系，确保企业发展的良好环境。公共关系包括纵向横向的部门关系和企业内部与外部人与人之间的关系。几年来，我们对省、市局和县委、县政府一直保持请示汇报工作，始终得到各级领导的关心、重视和支持。对财政、物价、工商、税务、国土、计委、建委等监督部门，我们一直都比较注意尊重和配合他们的检查，在碰到企业困难时都得到他们的支持和帮助；

对各银行、交通、财贸等经济部门，我们一直保持着良好的经济来往关系；对各厂矿企业和乡镇，我们则强调服务，支持他们发展。所以，全县各行各业都给了我们很大的支持。在对待人的关系上，我们领导班子有一条规定，即领导不准骂干部，干部不准骂职工，如出现有争吵的，先追究当事的领导或干部，必要时给予经济处罚。几年来，我们不仅领导班子团结，中层干部团结，干群之间也团结，没有出现过大的争吵现象，个别干部有态度生硬，过后也能作自我检查，妥善处理，所以，虽有执法规定，但也无实例施行。同时，全局职工把企业这种好的风气带到社会，与外界人士关系处理也比较好，无出现职工在外闹事现象，为此，阳山邮电局在社会上也树起了良好的形象，给企业发展创造了良好的环境。

4. 良好的服务为企业带来了生存和发展的机会。我们局始终贯彻邮电"迅速、准确、安全、方便"的方针和省邮电"团结、进取、优质、高效"的企业精神，以"创优质服务，树邮电新风"为主要内容，连年以不同形式开展社会主义劳动竞赛，把职业道德和规范服务贯穿于整个活动的始终，得到各级领导和全社会的好评，几年来一直保持"先进基层党组织""先进单位""文明单位"的光荣称号。

5. 解决好职工后顾之忧将给企业发展带来强大动力。毛泽东同志告诉我们：领导的任务，就是用人、出主意。贯穿于我工作的全过程的就是"人本观念"，帮助职工解决后顾之忧，调动一切人的积极性、主动性和创造性。几年来，我做了以下的工作：①对家属在农村又处在长期困难中的职工，帮助解决农转非问题。②逐年解决了职工的住房困难问题。③帮助职工解决子女入托、入学、升学问题。④凡是职工子女考上大、中专以上院校的，企业给予奖励，并在寒暑假期由局派车接送，保证旅途安全。⑤每年召开外出就学的职工子女座谈会，鼓励他们读好书，注意节约，学会独立生活，在外不惹事等。⑥每年组织一两次离退休座谈，并设立长寿奖和健康奖，鼓励他们关心企业、安度晚年。对去世的，由领导牵头召开追悼会，体现企业对老前辈的关心、爱护和怀念。⑦利用妇女节、母亲节开好家属座谈会，鼓励她们支持丈夫工作，处理好家庭和左邻右舍的关系。⑧利用儿童节组织初中以下职工子女开展庆祝活动，鼓励他们好学上进。几年来，职工子女考上大专、中专的越来越多，这里企业起着间接培养的作用。⑨解决好职工家属及子女就业问题。开设了几个报刊亭，解决家属农转非后的就业问题，凡高中毕业以上的职工子女都给予安排工作，几年没有出现家属子女失业问题。⑩领导经常利用节假日进行家访，有病的探病，有困难的给予补助，保证企业职工生活水平不断提高。⑪把一些有一定文化素质、工作任劳任怨、有一定组织能力，又能与职工打成一片的年青骨干提拔任用到支局领导和职能管理岗位上来，使大家都体会到为企业奋斗的前途和希望。⑫吸收社会上有志青年充实企业队伍。几年来，我们一面鼓励职工子女向外求学发展，另一面又向社会吸收一些知识型的文体活跃青年，打破了过去父、子、孙同一行业的格局，使企业增加了活力。⑬加强后进职工教育，保证职工不掉队。有几位职工在不同程度违反了通信纪律，受到行政处分，但局领导和干部职工并没有放弃对他们的教育帮助，鼓励他们悔过自新，将功补过，结果他们不但改正了错误，而且表现尤其突出，有些入了党，当上了支局长，有的当了班长，有的成了生产骨干。有一职工的儿子，在校时是学生黑帮帮主，几所中学都不肯收读，后由企业领导与县重点中学协商解决其学位，结果浪子回头，凭实力考上邮电学校，毕业后到企业表现不错，得到大家的好评。几年来，全局职工没有重大违法现象。⑭维护职工权益，不拖欠职工工资、奖金、福利和劳保用品，不拖欠职工的工休、产假和工龄假，凡是职工该有该得的都给予兑现。⑮领导许诺必须言而有信。每年，我在年终职工大会上都要过问有没有领导说了却未实现的。在1988年上自动电话时由于时间紧，我宣布停止工休，事后能补则补，补不了休的发加班费。有职工说没有执行，我当即责成财务落实，不出三天解决了此事。所以职工对领导班子的信任程度相当高。

以上所做这些工作，看起来都是一些具体的小事，但做好了就是企业的大事，从这些事情上体现了企业的凝聚力和向心力，更加能发挥出职工在通信生产上的积极性、主动性和创造性，为企业的发展，他们都心甘情愿地贡献出自己的智慧的力量。

三、三点建议

（略）

尊敬的领导、同志们，我的述职报告陈述完毕，请大家审查。

清远市邮电局审计科写出了《关于阳山县局邱忠民局长离任经济责任的审计报告》，现将其前言和后语抄录如下：

邱忠民同志于1988年7月份开始主持阳山局的全面工作；1989年12月27日任阳山县邮电局局长；1996年2月1日调任佛冈县邮电局局长。

在邱忠民同志的主持下，阳山局领导班子成员团结一致，抓住"发展"这根主线，结合自己的实际，认真制定阳山县的邮电通信发展规划，并带领全局职工为之努力奋斗，取得了可喜的成绩。

……

从审计情况看，邱忠民同志在阳山县任邮电局局长期间，能够认真学习，贯彻党的各项方针、政策，根据上级的部署，抓住主要矛盾，想方设法筹集资金，加大收入，认真搞好基础设施建设，增强通信能力，大力发展业务，为促进邮电通信的发展和地方经济的发展作出了贡献，取得了可喜的成绩。邱忠民同志在1990年和1991年两度被县委评为优秀党员，1994年被中国邮电体协评为先进体育工作者。几年来，阳山邮电通信能力不断增强，企业收益逐年增长，资产有很大幅度的增值，资本得到保金和增值，企业在竞争中有了发展，职工的工作、生活环境有了较大的改善，职工福利水平也有了提高。因此我们认为，邱忠民同志在阳山局任局长期间的工作是胜任的、有成效的。

这是一篇向本单位全体员工作出的离任述职报告。一位领导人离任了，按组织工作制度的规定必须接受离任审计，并向本单位全体职工进行述职，让领导和群众都来评议。这种制度的贯彻执行，有利于干部履职的德、能、勤、绩、廉全面坚持。

为了让读者对此有一个较为全面的了解，我们从述职人的上级机关——广东省清远市邮电局对述职人的离任审计报告中抄录了前言和后语，读者阅读后能得到一定的启发。

本述职报告为适应在大会上讲述而带有口语特征。其结构层次合理，称呼之后，开门见山，简述为什么要进行述职，紧接着介绍述职主要内容以领起，然后转入述职。主要内容分三点叙述，有情况，有事实，有各种数据，心诚意悦地向组织和群众述职。这是一篇写得较好的述职报告。

通过对两篇领导干部述职报告例文的学习，可对如何做好一个人民公仆有初步的印象。干部为什么要述职、怎样去述职？未来你又准备怎样以对人民负责的态度去对待述职呢？

二、述职报告的性质和特点

（一）述职报告的含义

述职报告是党政机关、人民团体、企事业单位的干部，向当地党委或人大常委会，或主管领导部门、人事部门，或选区的选民，或本单位的职工群众，陈述自己在一定时期内的工作实绩、问题和设想的自我述评性的报告文书。这是选用干部的一种人事考核形式，是组织、人事部门正确选拔任用干部、考核干部，克服用人、看人上的主观主义、官僚主义，提高干部的政治、思想水平的有效工具，也是促进和监督干部忠于职守的有效手段。

党管干部的原则不变。组织、人事部门对全体干部进行各种形式的考核，这是搞好人事管理的重要环节。随着民主法制建设进程的加快和人民代表大会制度的不断完善，人大常委会要求其任命的干部在任职一段时间后作述职报告，并进行述职评议，这已成为人大人事任免监督的一种形式和手段。

人事考核有广义和狭义之分。狭义的人事考核是指对工作人员在管理活动中表现出来的思想品德、工作态度、工作业绩（包含完成工作的质量、数量、效率和方式手段）进行的考查和评估，是评估工作人员对本岗位工作胜任度的重要尺度。广义的人事考核是指对工作人员的政治素质、文化素质、心理素质、生理素质、能力水平、工作成绩进行的综合考查和评价，是人事管理活动中任用、调配、培训的依据。采用述职报告的形式考核干部，将自评、领导审查、群众评议三者结合，能更广泛地听取意见，收到更好的效果。

（二）述职报告的内容

述职报告，最初曾以"总结"或"汇报"的形式出现，经过一段时间的使用，逐步形成了内容和形式独具特色的新体式。

述职报告的内容，主要是述职人陈述其在该岗位上德、能、勤、绩四个方面的表现。

1. 德

德主要指政治思想素质，是对工作人员在政治上和世界观方面的要求，也就是我们常讲的革命化。它是工作人员干不干社会主义和采取什么态度去干的决定性因素，因此是考核中最重要的内容。

一般来说，德由以下几个方面构成：

（1）政治品德。是指辩证唯物主义与历史唯物主义世界观，以及建立在这个世界观基础之上的政治立场，代表无产阶级的先进思想。具体表现为共产主义世界观、爱国主义、坚持四项基本原则等。

（2）伦理道德。是指在处理个人与社会集体之间关系，处理人与人之间关系时所表现出来的思想情操和道德品质。包括大公无私、牺牲精神、包容性等。

（3）职业道德。是指在本职工作中，用共产主义道德指导职业活动的具体实践。具体指原则性、事业心、责任感、纪律性、政策性等。

（4）个性心理品质。是指个性心理倾向、动机、兴趣、理想等。具体表现为行为动机、性格特征、兴趣爱好等。

以上四个方面，政治品德是最重要的，它是决定工作人员的成长及发展方向的根本因素。政治品德是核心，它对整个社会的发展方向起作用；伦理道德对交往对象产生作用；职业道德对社会生产劳动起作用；个性心理品质对个人成长起作用。因此要十分重视考查干部的思想政治品德。

2. 能

能即才能，通常指完成一定活动的本领。能力是有效地认识、改造和控制客观世界的综合力量，是对用人对象才识和技能方面的要求，它决定工作人员干得怎样。

工作能力由两方面组成：第一，一般能力。指各类工作人员完成一切活动都必须具备的能力。它包括分析判断能力（准确性、周密性、敏感性、预见性、果断性、条理性、灵活性、系统性）和一般工作能力（口头表达能力、文字表达能力、说服能力、启迪能力、感染能力、自学能力、激励能力、归纳能力等）。第二，特殊能力。指与一定活动联系在一起，为适应一定活动需要而形成的，具有专业性和综合特征的能力。它包括组织领导能力（决策能力、用人能力、组织能力、协调能力、解决问题能力、计划能力等）和创造能力（管理人员及高层次职位人选尤其要具备创造能力）。经验是指在管理实践中培养出来的能力，它是能力的一种表现形式，也是一项很重要的考核内容。

能力具有如下特点：①能力是潜在的，只有在工作中才能表现出来，它不能离开一定的社会环境和社会实践而孤立存在。②能力是不断发展变化的。③能力是一种合力，有综合性特征。

3. 勤

勤由组织纪律性、责任感、工作积极性、出勤率等四个方面构成。勤与工作态度即责任心有关系，勤是考核中的态度指标，它与德有密切的关系。

4. 绩

绩是业绩，也可称为工作成绩或政绩。绩是在管理过程中表现出来的改造客观世界的物质或精神的成果，是能力的物化或个性化表现形式。

（1）绩一般由以下四个方面构成：①工作指标，即完成工作的数量和质量。②工作效率，即完成工作的过程中体现出来的组织效率、管理效率和机械效率。③工作效益，即完成任务后实现的经济效益、社会效益和时间效益。④工作方法，即采取什么样的方法、什么样的手段完成工作任务。

（2）绩有以下特点：

① 成绩大小与品德、能力成正相关关系。

② 不同层次、不同性质和不同类别的工作岗位，绩的表现形式不同。

③ 影响业绩的客观因素复杂多样。比如：

- 社会政治环境因素，即政策条件、政治气候、原来的工作基础等；
- 经济环境因素，如自然地理位置、资源条件、物质基础等；
- 人际环境因素，如上级的支持情况、班子的结构和配合状况、下级素质及对领导的支持情况等等。

这些环境因素以不同程度、不同方式，从不同途径影响着工作业绩。因此，在考绩中，应剔除这些客观因素对业绩的影响，真实评价自己的才干和作用。

德、勤、能、绩构成了考核的全部内容，在四项考核内容中，政治素质和品德要素是核心；能力是从事工作的本领，是考核的主要内容；工作成绩是德和能力的物化表现形式，是考核的重点。四项考核内容之间的关系为：首先，勤是工作态度，严格说是隶属于德的一项考核内容。其次，德和能力是统帅与被统帅的关系。可以这样说，才（能力）者德之资也，德者才之帅也。最后，工作成绩是在品德和能力相互作用的情况下，在改造客观世界中获得的物质和精神的成果。应该强调的是，在四项考核内容中，工作成绩在任何情况下都是考核的重点。

（三）述职报告的文体特点

在文体的表现形式上，述职报告的特点主要表现在自述性、自评性、报告性这三个方面。

1. 自述性

自述性，就是要求报告人述说自己在一定时期内履行职责的情况。因此，述职报告必须使用第一人称，采用自述的方式，向有关方面报告自己的工作实绩。这里的所谓实绩，是指报告人在一定时期内，按照岗位规范的要求，把为国家做了些什么事情，完成了什么指标，取得了什么效益，有些什么成就和贡献，工作责任心如何，工作效率怎样，实实在在地反映出来。但是，要特别强调的是，所写的内容必须真实，是实实在在进行的工作和活动，事实确凿无误，切忌弄虚作假。

2. 自评性

自评性，就是要求报告人依据岗位规范和职责目标，对任期内的德、能、勤、绩等方面的情况作自我评估、自我鉴定和自我定性。述职人必须持严肃、认真、慎重的态度，既要对自己负责，也要对组织负责、对群众负责。对工作的走向、前因后果，要叙述清楚，评价恰当；所叙述的事情，概叙即可，让人一目了然，并从中引出自评。要切忌浮泛的空绩，切勿引经据典地论证，定性分析必须在定量证明的基础上进行。

3. 报告性

报告性，就是要求报告人放下官架子，以接受评议、监督的人民公仆的身份，履行职责作报告，接受考核。要认识到，自己是在向上级汇报工作，这是严肃的、庄重的、正式的，是让组织了解自己、评审自己工作的过程。因此，报告内容必须实在、准确，而且要用叙述的方式，将来龙去脉交代清楚。语言必须得体，应有礼貌、谦逊、诚恳、朴实，掌握分寸，切不可傲慢、盛气凌人，亦不可夸夸其谈、浮华夸饰。

三、述职报告的种类

只有掌握述职报告的分类，写述职报告时才能有针对性。述职报告的分类可以从几个不同的角度进行，因而存在着交叉现象。

（一）从内容上划分

1. 综合性述职报告

综合性述职报告指报告内容是对一个时期所做工作的全面、综合的反映。

2. 专题性述职报告

专题性述职报告指报告内容是对某一方面工作的专题反映。

3. 单项工作述职报告

单项工作述职报告是指报告内容是对某项具体工作的汇报，往往是临时性的工作，又是专项性的工作。

（二）从时间上划分

1. 任期述职报告

任期述职报告是指对从任现职以来的总体工作进行报告。一般来说，时间较长，涉及面较广，要写出在一届任期中的情况，例文一就是任期述职报告。

如果是离任，则称为离任述职报告，要从任职以来述起，重点放在最近一个任期内的情况反映上，例文二就是离任述职报告。

2. 年度述职报告

年度述职报告是一年一度的述职报告，应写本年度的履职情况。

3. 临时性述职报告

临时性述职报告是指担任某一项临时性的职务，写出其任职情况。比如，负责一期招生工作，或主持一项科学实验，或组织一项体育竞赛，写出履职情况。

（三）从表达形式上划分

1. 口头述职报告

口头述职报告是指向党委会、人大常委会、选区选民或向本单位职工群众述职时，用口语化语言写成的述职报告。

2. 书面述职报告

书面述职报告是指向上级领导机关或人事部门报告的书面述职报告。

无论是口头述职报告还是书面述职报告，都要注意将工作总结同述职报告区别开来。工作总结，可以是单位的、集体的，也可以是个人的，其写作角度是全方位的，即凡属重大的工作业绩、出现的问题、经验教训、今后工作设想等都可以写；而述职报告不同，它要求侧重写个人履行职责的情况，往往不与本部门、本单位的总体业绩、问题相掺杂。

四、述职报告的写作要求

（一）要正确分清述职报告与总结之间的文体区别

述职报告是从总结演化而来的。但是，从述职报告的目的来看，其文体毕竟不同于总结。总结是为了吸取经验教训，使自己在今后的工作中少犯或不犯错误而对照计划，得出规律性的认识。它重在写事和理，即在展现工作的过程中揭示理（规律性的认识），所写的内容能给人以启发。因此，总结是供人学习、参考的。而述职报告则不然。述职报告是述职人为了让有关领导、部门、员工了解自己在任职期间的德、能、勤、绩的情况，让他们审议是否称职，能否晋升。因此，它的重点是讲人，即"我"这个人是怎样履职的。报告的内容是自己的岗位职责。评价、审议的人也是依据述职人的岗位职责来衡量其工作的。

（二）要充分反映任期内的工作实绩和问题

述职是民主考评干部的重要一环，也是干部自觉接受组织和群众监督的一种有效形式。干部作述职报告，是为了让组织和群众了解和掌握干部的德才状况和履行职责的情况。因此，述职报告应该充分反映自己任期内的工作实绩和问题，即为国家和人民办了什么实事，结果怎么样，有哪些贡献，还有哪些不足，包括工作效率、完成任务的指标、取得的效益等等。工作实绩如何是检验干部称职与否的主要标志，述职人要充分认识到这一点，实事求是地把自己的工作实绩和问题反映出来。

（三）要实事求是地评价自己

述职人对自己的评价要实事求是，不夸大，不缩小，要准确、恰当，有分寸，不说过头话、大话、假话、套话、空话。要做到这些，应注意处理以下几方面的关系：

1. 处理好成绩和问题的关系

就是理直气壮摆成绩，诚恳大胆地讲失误。

2. 处理好集体与个人的关系

不能把集体之功归于个人，也不要抹杀个人的作用，必须分清个人实绩和集体实绩。

3. 在表述上要处理好叙和议的关系

以叙述为主，把自己做过的工作写出来，不要大发议论，旁征博引，议论也只是对照岗位规范，根据叙述的事实引出评价，不能拔高。

（四）要抓住重点，突出个性

述职报告，如果用口头报告表述，时间一般以30分钟左右为宜，如果用书面报告表述，一般在3000字以内为宜。因此，表述的内容应抓住重点，将最能显示工作实绩的大事件或关键事实写入报告。凡重点工作、经验、体会或问题等，一定要有理有据、充实具体，而对一般性、事务性工作，宜概括说明，不必面面俱到。抓住重点，突出中心，还应突出自己的特色、自己独有的气质、独有的风格、独有的贡献，让人能分辨出自己在具体工作中所起的作用。

五、述职报告的写法

述职报告没有固定的写作模式，根据不同类型和主旨，可灵活安排结构。述职报告一般由标题、抬头、正文、落款四部分组成。

（一）标题

述职报告的标题，常用的有三种写法：

1．文称式标题

只写"述职报告"这一文称，如例文一。

2．公文式标题

公文式标题有两种：一种是"姓名+时限+事由+文种名称"，如"×××2000—2001年试聘期述职报告"、"2001—2002年任商业局局长职务的述职报告"。另一种是"职务名称+姓名+事由+文种名称"，如"省人大内司委主任×××关于2000年任职情况的述职报告"。

3．文章式标题

即只用正题或正副题配合，如"2000年述职报告"、"思想政治工作要结合经济工作一起抓——××造纸厂厂长王××的述职报告"、"2000年任职情况的述职报告——省人大内司委主任×××"。

（二）抬头

书面报告的抬头，要写主送单位名称，如"××党委""×委组织部"或"××人事处"。

口述报告的抬头中，对到会的领导人以职务称呼，如人大主任、副主任、各委主任、各位委员、各位代表或"各位领导同志"（注意，要将参加审议的各领导人均按职务称呼道明）。

（三）正文

述职报告的正文由开头、主体、结尾三部分组成。

1. 开头

开头，又叫导语、引语，一般交代自己任职的情况，包括何时任何职、变动情况及背景，岗位职责和考核期内的目标任务完成情况，述职人对自己工作的整体评价等，以确定述职范围和基调。这部分要写得简明扼要，能给听者以总体上的印象（参阅例文一、二）。

2. 主体

主体是述职报告的中心内容，主要写自己的工作实绩、做法、经验、体会或教训、问题（参阅例文一、二）。

述职报告的主体要写好以下几个方面：

（1）对党和国家的路线、方针、政策、法纪和指示的贯彻执行情况。

（2）对上级交办事项的完成情况。

（3）对分管工作任务的完成情况。

（4）在工作中出了哪些主意，采取了哪些措施，做出了哪些决策，解决了哪些实际问题，纠正了哪些偏差，做了哪些实际工作，取得了哪些业绩，等等。

（5）个人的思想意识、职业道德、工作态度与作风、和群众的关系等情况。

（6）写出存在的主要问题并分析问题产生的原因，提出今后改进的意见和措施。这部分要写得具体、充实、有理有据、条理清楚。由于这部分内容涉及面广、量多，所以宜分条列项写出。"条""项"要注意内在逻辑关系，安排好结构。例文一做了很好的示范，请仔细阅读，吸取其长处。

3. 结尾

结尾一般写结束语。用"以上报告，请审阅""以上报告，请审查""特此报告，请审查""以上报告，请领导、同志们批评指正"等作结（参见例文一、二）。

（四）落款

述职报告的落款，应写上述职人姓名和述职日期或成文日期。署名可放在标题之下（参见例文一、二），也可以放在文末。

为了让读者对述职报告及相关的干部考察工作有更深刻、更全面的了解，下面附录3篇相关资料以供参考。

思考与练习

写述职报告是干部，特别是领导干部必须具备的能力。行文重点无疑是自己在工作中德、能、勤、绩诸方面的实践。领导机关、用人单位选取人材，是要审视述职报告的。因此，述职报告的写作对个人来说是十分主要的。建议同学们切实掌握好述职报告的应用与写作。

一、请依据述职报告的文体特点说说它同工作总结的区别。

※ 要先弄清楚总结和述职报告写作目的上的区别。

在阅读对象方面，要仔细分清楚是谁看你的总结，看后会有什么作用（比如会吸取经验或教训，或认为可提供给他人借鉴）；是谁看（或听取）你的述职报告，看（听）后会产生什么样的结果（审查是否称职，有无能力履职）。

文章内容方面，总结该写什么？（对照工作计划，检查做了哪些工作，取得了哪些成绩，有什么经验、体会、看法、意见，存在什么问题，今后怎么干，等等，这些均应用事实说话，多写事。）述职报告该写什么？（对照岗位责任制，检查自己是如何履职的，自述能力、指导思想、决策水平、解决问题的方法，以及德、能、勤、绩等。）

在表述方式方面，总结该用怎样的表达方式？（如何才能叙议得当。）述职报告应该怎样表述？（用叙述方式而不能用议论）

在弄清楚上述区别之后，再将两文种进行比较，深入体会其不同的文体特点，从而驾驭这两个文种。

二、写述职报告必须首先十分明确自己的岗位职责，并对照职责规范和自己的履职实践，分别阐述自己在德、能、勤、绩诸方面做了哪些工作、是怎样去做的、效果如何。请认真阅读例文一，体会作者是怎样对照自己的职责规范分述其履职实践的。

三、认真阅读述职报告的例文二，体会述职报告在行文语言方面的特征，说说阅读例文后受到的启发。

四、请依据例文一的内容，列出其结构提纲，以加深对述职报告的结构与写法的认识。

五、依据自己的岗位写一篇述职报告。要求体现出述职报告的特点，符合写作要求。

第六章 公示

2000年12月14日中共中央组织部下发了《关于推行党政领导干部任前公示制的意见》的规范性文件，要求实行党政领导干部任前公示制。于是产生了公示这一新生文体。

一、例文学习

【例文一】

广东省人民政府办公厅
机关事务管理局拟录用公务员公示

根据《中华人民共和国公务员法》和公务员录用的有关规定，经笔试、面试、体检、考察等程序，拟录用曾彦谦、崔志刚、魏煜、许柳根、胡亚元5名同志为公务员（名单附后），现予以公示。如对拟录用人选有异议或其他问题，请向广东省人民政府办公厅人事处反映。

公示时间：2011年6月24日至6月30日（共7天）

监督电话：020-83132372

传　　真：020-83132377

广东省人民政府办公厅
二〇一一年六月二十四日

拟录用公务员名单

序号	姓名	性别	准考证号	毕业院校或原工作单位
1	曾彦谦	男	118990110721	北京大学
2	崔志刚	男	118990111207	中国政法大学
3	魏　煜	男	118990110806	华南理工大学
4	许柳根	女	118990110905	湖南湘潭大学毕业，湖南高速广通实业有限公司工作
5	胡亚元	男	118990110911	中山大学毕业，广东华建企业集团有限公司工作

这是一份挂在互联网上进行公示的文书，其写作十分规范。全文由标题、正文、落款及附件组成，层次清晰、表述得当。

标题由公示机关（广东省人民政府办公厅机关事务管理局）、事由（拟录用公务员）、文种（公示）三要素组成。使读者一目了然，可清楚地了解公示意图。

正文由引据（根据《中华人民共和国公务员法》和公务员录用的有关规定）、事项（经笔试、面试、体检、考察等程序，拟录用曾彦谦、崔志刚、魏煜、许柳根、胡亚元5名同志为公务员，现予以公示）、要求（如对拟录用人选有异议或其他问题，请向广东省人民政府办公厅人事处反映）、措施（公示时间、监督电话、传真），共计四部分组成。

这样，便把公示文书与其与公示制度的内在联系表示出来了。公示中用"经……""拟录用"等关键词引出的内容表明该公示依法履行了既定程序，公示内容明确，措施具体，生效标志可信。

【例文二】

武义县交通建设指挥部
关于义乌至武义公路工程（武义段）
施工第1标段（重新招标）评标结果的公示

义乌至武义公路工程（武义段）施工第1标段（重新招标）项目已于2012年10月16日进行公开开标和评标，现将评标结果予以公示，公示时间为3日；如对评标结果真实性有异议，请根据国家七部委《工程建设项目招标投标活动投诉处理办法》的规定进行投诉。

监督部门：浙江省招标投标办公室

  地 址：杭州市曙光路140号
  电 话：0571-87630221
  邮政编码：310007

  金华市交通运输局

  地 址：金华市双龙南街801号
  电 话：0579-82468074
  邮政编码：321017

  武义县监察局

  地 址：武义县县政府大院内
  电 话：0579-87663363
  邮政编码：321200

武义县交通建设指挥部
2012年10月17日

这是一份评标结果的公示。

招标活动是经济领域的法律行为，受国家法律《招标与投标法》的制约。为了打破违法的暗箱操作，招标活动必须透明、公开、公正。公示评标结果，就是让大家监督招标、投标的全过程，如发现违法违规现象即予举报。

该路段的公路工程，评标有了结果需要公示。这份公示文书得体、规范地进行了表述，显示了评标活动的可信和公正。

标题由公示单位（即"武义县交通建设指挥部"）；事由（即"义乌至武义公路工程施工第 1 标段评标结果"）；文种（即"公示"）组成。

公示内容言简意赅，直接表述："义乌至武义公路工程（武义段）施工第 1 标段（重新招标）项目已于 2012 年 10 月 16 日进行公开开标和评标，现将评标结果予以公示"。同时提出要求："公示时间为 3 日；如对评标结果真实性有异议，请根据国家七部委《工程建设项目招标投标活动投诉处理办法》的规定进行投诉"，也列出了三个监督部门。

生效标志和成文日期显示了公示的真实性。

二、公示的性质和特点

公示是党政机关、人民团体、企事业单位事先预告群众周知，用以征询意见，接受监督改善工作的一种应用文体。随着公示使用的范围不断扩大，公示的制发越来越规范。公示这一向公众展示的形式逐渐演变为公示制度。之所以要建立公示制度，是因为公众有知情权、参与权、监督权、影响决策权，公示的内容都是广大人民群众应该知晓的。因此，公示文书必须与公示制度紧密结合，即公示机关必须按照公示制度的要求，实事求是地讲明自己的需要，让群众了解实情。发布公示不是通知群众、告知群众，而是发挥群众智慧，接受群众的监督。

三、公示的种类和文体特点

（一）公示的种类

公示，作为新兴的应用文种，随着应用上的进步与熟练正活跃在我国人民的政治生活、经济生活和文化生活中，受到各级党政机关、人民团体、企事业单位的重视。在众多的报纸上（尤其是专业性报纸和地方级报纸），在众多的电视广播、网站网页上，在许多政府机关的文件中，在许多城镇乡村的显眼处，人们都会看到不少与群众切身利益相关的公示。公示已成为民主政治的一种象征。

但是，作为机关事务文书的公示，我们应当予以规范化。从目前使用的情况看，其大体上可分为三类：一是征求对人物评价使用方面的公示，二是征求对事物处理意见的公示，三是人民法院使用的催告公示。

1. 征求对人物评价使用方面的公示

任前公示；发展党员公示；评先选优公示；评聘职称公示；干部财产申报公示。

2. 征求对事物处理意见的公示

招标评标公示；经济适用房分配公示；房屋拆迁公示；征用地公示。

3. 人民法院使用的催告公示

人民法院根据申请人的申请，以公示的方法，告知并催促不明确的利害关系人在一定期限内申报权利，到期无人申报权利的，则根据申请人的申请依法作出除权判决。

（二）公示的文体特点

公示文书是与公示制度十分紧密地结合在一起的。公示文书具有公布的制度性、信息与群众利益的关联性、文字表述的求实性和决策的法规性等文体特点。

1. 公布的制度性

公示单位按照公示制度，会依照相关政策以公示的方式征询群众意见，取得反馈以辅助决策。如果不是为了实行公示制度，便不用发布公示了。

2. 信息与群众利益的关联性

公示所发布的信息应当同群众关心、关注的事项关联起来，只有群众关心、关注了这件事，才会将自己的意愿表述出来。如果在公示的表述上缺乏诚意，群众便会对公示视而不见，便会收不到公示效果，使公示流于形式。

3. 文字表述的求实性

公示文书要将公示的意图、公示的事项、公示的要求、做法、反馈的方式措施等，实实在在写出来，让群众看明白。

4. 决策的法规性

发布的公示信息要依法依规，处理所收集到的反馈信息同样必须依法依规。既走群众路线，又执行党的民主集中制。

四、公示的写作要求

公示是一种制度。公示制度的实行，对调动广大人民群众的积极性，增强其主人翁责任感，确保各项事业健康、稳步发展有着重要意义。因此，写公示文书必须同实行公示制度紧密结合。离开了公示制度去发布公示，便失去了公示的意义。

公示在写作上必须注意实事求是，公示内容要与公示的依据切合，公示事项表述准确，公示措施切实可行，意见反馈信息准确无误。

如果公示的事项非常繁多，可以采用附件的形式单列出来。

在正文之后还须标注发文机关，以表明公示的权威性。公示的成文日期应以负责人签发的日期为准。公示如果采用张榜的形式公布，还应加上发文单位印章，说明公示正式生效。

五、公示的写法

公示一般由标题、正文、落款组成。

1. 标题

公示的标题要鲜明、醒目，以引起公众注意。宜采用三要素结合的方式，由发布公示的机关、公示事由、公示文种组成，让读者一看标题便能知道这是什么机关为什么事情发布的公示。

如果公示范围仅仅在本机关、本单位，而且是用写板报、做标示牌或张贴的方式，则可以省略公示机关称谓。

公示的标题要注意规范。其一，公示的标题不能只写公示二字。其二，公示做为文种不能套上其他文种，如"关于××××××公示的通告""关于×××××的公告的公示"之类标题都是不规范的。

2. 正文

公示内容虽然文字简短，但也必须注意结构完整，应由公示前言、公示事项、公示结尾三个部分组成。

公示前言也叫开头、导语、依据，要开门见山交待公示的缘由、目的。

公示事项是将要公示的内容准确明晰地告知受众。一般应分两个层次来写：

（1）公示内容。要将需要有关人员了解和知晓的内容清楚、完整地予以载明，包括发布公示的目的、依据以及公示的具体事项等。要特别注意反映出公示内容的进程性和合法性，如干部任前公示必须说明依据什么政策和规定，经过怎样的民主推荐、民主测评以及人事考察等必经程序，以令人确信无疑，增强公示的说服力。有些公示往往忽视这一点，只说明拟任对象的基本情况，而对其主要政绩或业绩往往简略表述，甚至不提，这是不妥当的。

（2）公示期限及联络方式。这部分内容是公示不可或缺的组成部分，要将公示的有效期限准确载明，具体写清从何年何月何日何时起至何年何月何日何时止；联络方式是指有关公众反馈意见的致送对象及其地址、邮政编码、联系电话或传真等，要视具体情况如实载明。如公示的公布范围属本系统或本单位内部，则可只写受理部门及联系电话。

3. 落款

公示的落款一般应当包括两项内容：一是发布公示的机关名称，要用全称或者规范化简称，以示庄重、严肃；二是发布公示的日期，要写明完整的年月日。

思考与练习

学写公示，必须紧密结合学习公文意见的例文四《关于推行党政领导干部任前公示制的意见》（以下简称"意见"），并用其中的规范来指导学习。公示文书是用于实行公示制度的应用文书，但是在应用时不能偏离实行公示制度的有关规定。实行公示制度是党组织的制度，我们应当贯彻执行。

一、掌握下列名词术语。

公示　公示制度　公示文种　拟录用　现予以公示

二、试指出公示文种的性质和作用。

提示

※ 作为文种的"公示"是同公示制度紧密相联的。或者说发布"公示"文书是一个步骤，后面还必须跟进"对反馈信息的收集""对反馈的信息进行调查研究、最后的决策"。如果没有后面的一系列跟进工作，公示便成了"走过场"或"摆设"，失去了价值。

三、学习撰写公示。撰写公示都有哪些注意事项和写作要求？

四、下面的一段文字出自《关于推行党政领导干部任前公示制的意见》，请仔细推敲，正确理解：

公示方式　需向社会公示的，一般通过报纸、电视、广播等新闻媒体发布公告；在部门（单位）或系统内公示的，可采取发公示通知或会议公布、张榜公告等形式进行。无论采取哪种方式，都要让群众及时了解公示内容，并为群众广泛参与创造条件。

其中"发布公告""公示通知""张榜公告"应当怎样理解才正确？

五、请指出下列标题的问题所在，并说出理由。

1.《关于×××任职的公示》

2.《关于×××任职公示的通知》

3.《关于×××任职公示的通告》

4.《关于×××任职的公告》

六、讨论题。

2012年12月25日，广州市国土资源和房屋管理局海珠分局在报纸上发布了一则公告，全文如下：

现有广州市海珠区南洲街经济联合社申请座落在广州市海珠区沥滘村地段，用地面积494273.85平方米"三旧"改造用地使用权确认。如对该土地权利有异议的，请当事人于本公告发布之日起15日内携带有效的权属证明向我分局产权地籍科（地址：海珠区宝岗大道×××号××大厦15楼）提出。

特此公告。

1. 依新《条例》规定判断：确认土地使用权，是否属于需党政机关向国内外宣布的重要事项？

2. 确认土地使用权事项是否有法律法规规定，须用公告公布？

3. 能否改用公示来发布土地使用权确认信息？

4. 综上所述，请说说你的看法：在上述情况中用什么文种更好？为什么？

第五编 日用类文书

导读

　　日用类文书,就是日常应用文,是指人们在日常的工作、学习、生活中,处理公私事务时常用的、具有惯用格式的一类文体。包括条据、告启、书信、电报,以及社交礼仪文书等等。

　　如果说本《教程》的前四编介绍的均是公务文书,那么在本编里的各种文书均可以公私通用。但是,即使是私务使用这些文书,也同样必须严格遵守规范。

条据类日用文书

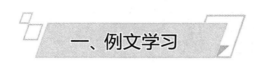

【例文一】

请假条

×××主任：
 昨天下班后，我突然腹痛不止。经医生检查确诊为急性肠胃炎，不能上班。
 特须请假肆天（18—21日），敬请批准。
 附：××医院病情证明单壹张

×××
×××年×月×日

【例文二】

留言条

××同志（先生、女士）：
 今晚7时，我来您家商谈购买贵厂的"大桥"牌衬衣一事，恰您外出未归。
 请您明天下午来××饭店301房面谈具体事宜，静候。

延白县××百货公司 李 清
×××年六月七日

【例文三】

借 据

现 借 到

学校办公室现金伍仟圆整，于二〇〇九年五月七日前送还。

经手人：保卫处 王 芳
二〇〇九年五月二日

【例文四】

收 据

今 收 到

红星商场送来二〇一三年五月份财务报表贰份。

百货公司财务科
经手人 陈 刚
二〇一三年六月十一日

【例文五】

欠 条

暂 欠

学校膳食科伙食费贰佰元整，定于四月十二日前送还。

868班 ×××
一九九九年四月五日

【例文六】

领 条

暂 领

学校行政科发给的本学期卫生工具：铁桶贰只，竹扫把柒把，棕扫把伍把。

863班 温 良
一九九六年三月十五日

二、条据的写法

条据是指写条人交给对方的一种书面凭据。分两种：一是说明性条据，也叫便条，如留言条、请假条、意见条；二是凭证性条据，也叫单据，如借据、收据、欠条、领条。

写条据时应注意：

（1）有的条据可在首行居中写条据名称，如请假条、领条等。

（2）称呼在正文上一行顶格，以表示尊敬和礼貌；在称呼后面加上冒号，表示下面有话要说。

（3）称呼下一行空两格写内容，将所要说明的事项写清楚。请假条要写清楚请假的原因和起止时间，请病假还要附医疗单位证明。收据和借据要写明收、借到什么东西，其规格如何、质量怎样、数量多少等，借据还要写明还期。

（4）凭证性条据数字要用汉字书写，数字后面要写上计量单位名称，最后写上"正"或"整"。此外，每行的首尾不得有数字出现，以防增添涂改。若有涂改，要在涂改处加盖印章，以示负责。

（5）请假条正文写完后，另起一行空两格写"此致"，再另起一行顶格写"敬礼"，以表示对对方的敬意。也可以不写"此致"和"敬礼"，而写"特此请假"。

（6）正文的右下方写明写条人单位、姓名（单位应盖上公章，再签上经手人姓名）以及年月日。

（7）书写时不要用铅笔、红笔，也不宜用易褪色的墨水。字迹要端正、清楚。

（8）日期可以写在署名的下一行稍靠后一点。日期不要省掉，以免事后造成麻烦。

思考与练习

一、×××班×××、×××两位同学今天清早护送×××同学去××医院看病，上午无法回来上课，请你以班长名义代写请假条。

二、为参加国庆文艺汇演，×××同学于9月28日于××学校借出男女舞蹈服装各8套，拟于10月2日送还，请根据上述内容写一张借条。

三、2005年×月×日，××市百货公司发给××路××商店《商业应用文》24 本、《市场心理学》10 本，由李刚同志代领。请根据上述内容写一张领条。

四、×××同学于 10 月 3 日前往×××学校送还舞蹈服装，因经手人不在，由赵华同志代收，请根据上述内容写一张收条。

五、兰家湾蔬菜专业户李××卖给×××学校食堂茄子 300 公斤，每斤 2.8 元，豆角 200 斤，每公斤 3.5 元。请代李××开一张临时收据。

书 信

　　书信是团体或个人运用书面文字与收信人通报情况、联络友谊、处理事务，进行社会交往的交际工具，是使用广泛的应用文之一。用于亲友、同事、同学之间交流思想、互通情况、联络感情、商洽问题、处理事务的称为一般书信，即私人书信；用于单位之间联系工作或处理事务的称为公务书信（另外还有专用书信，也是处理公务用的）。

　　提到书信，有许多的青年学生认为这是"不合潮流的古董"，所以很不重视。有的人即使远离家乡、远离父母，但不想写信，也不会写信，拿起手机打电话，三言两语，干脆直接。时间长了，就真的不会写信了。

　　须知，书信是传达感情的工具，电话是替代不了的。在很多的情况下，我们还是频频使用书信这一工具的，如求职信、感谢信、慰问信、祝贺信、致敬信等等。请细心阅读书信例文，体会出书信传情的特殊功能，从而掌握书信这一有特效的情感沟通工具。

　　下面分一般书信和专用书信两节予以介绍。

第一节　一般书信

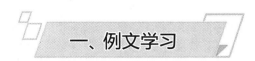

【例文一　晚辈写给长辈的家书】

陈毅给父母亲的信①

父母亲大人膝下②：

―――――――――

　　① 陈毅（1901—1972 年），字仲弘，四川乐至人，我国无产阶级革命家、军事家，十大元帅之一。此信写于 1951 年 4 月 16 日，选自《社交书信大全》（鹭江出版社 1986 年 1 月版）。

　　② 膝下，意为儿女如同在父母身边。

二月十九日手谕奉悉①。知大人移居后情况，甚为喜慰。儿于三月六日赴闽，三月卅日返沪。在闽廿余日巡视各地，不幸感冒并患肠胃炎，返沪即入医院治疗。经过十余日，感冒和肠炎已完全好了。本可以出院照常工作，奈又发现肝内有肝蛭吸虫潜伏。医者言，不治疗目前并无大妨碍，但恐日久生变，有演化为黄疸病水肿病的可能，甚至可能变为孙中山式的肝癌云云。经同志多人考虑，且得中央批准，决心治疗。于本日下药，拟定二十天为一阶段，如奏效即可出院，否则尚须延长时间。医者言，治此病在室内可自由坐卧，并无痛苦，不过用药后头晕和精神不爽，则须多睡眠也。儿思几十年来，戎马倥偬，得此小休，亦属幸运，故祈②大人勿念。

张茜③已到北京俄专学习，定今年底结业。彼能完成俄文修业，此后即可担任俄校教务和通译，学有专长，立身有道，甚可喜也。本来她在革命阵营服务已近十五年，历任科员、科长、政治协理员等职，并又任上海俄校教务副主任。她如果继续工作是不成问题，如果评薪水亦将得团级待遇，可得月薪四百单位。但仍主张其再学一年，养成专门俄语人才，才更能切实可靠，有巩固的发展前途。因此不能不让她远去京门一个时期。这是新中国为人作事基于各有专长的根本原则，望双亲本此意转告儿弟兄姐妹并及下辈。中国人人人如此，何愁不富强！如果仍旧贯，依赖寄生剥削，④于己于国皆非了局。重坤妹已卒业，在市卫生局化验所任见习化验员。现尚有困难不能独立化验，必须见习半年，才能正式担任工作。她现系包干制，每月可余数万元⑤。她进步快，身体好。她现住在崔部长家，在湖南路儿旧住处斜对门，地方很好，崔部长照料甚周。崔并言重坤进步快、德行好，才干逐步可以锻炼。现准其每周来院看一次。儿已多方教训她进步，她很高兴，认为前次不回川是对的。此事请双亲放心。另，儿家移南京，湖南路住宅已交公。小丹、小侉、小羊三个小儿读书有进步，小侉已能写数百字的文章。他们即在儿住处隔壁的小学内读书，往来甚便。孙女儿姗姗已八个月，牙牙学语，相貌像重坤妹，又肥又壮，专请一个人带她。一切请无念。

另外有一件事，即桃娃子被谋害事，可要大爷具报向乐至县府要求昭雪。这是应办的，请双亲考虑。唐家心科、心和两老表跑到剑阁，屡来信求教，请孟熙写信要他们回家为好。他们不是恶霸，何必远走，自讨苦吃。

杨仲赤甥来信已收到，证明思想进步，望努力。请转告杨三姐要宽心服从土改，土改后过劳动生活，实应分也。对裴先生、陈凤梧弟、柳叔、谌表叔（恨未能一见，后会有期）及其他亲友亦均恳代致意问候。他们来沪，公家只能按例招待。儿为一工作人员，更不可破格办事，这方面均要求知我谅我，不以为罪。实际上是很优厚了，昨天百老汇把前后招待费用算了一个账，要儿过目，数目很大，已转请报销去了。昔诗曰"谁知盘中餐，粒粒皆辛苦"，此确为实情。又韦应物诗"身多疾病思田里，邑有流亡愧俸钱"，又曰"所惭居位崇，未睹期民康"。一切均从人民出发，儿窃愿⑥勿愧于此，故不得不反复言之。

今年双亲以在渝居住为宜。千斯门住地，热天不大宜，可商请乡居，不必要在城市。可与李

---

① 奉悉，敬词。意为来信收到，并了解了信的内容。
② 祈，请求。含敬请之意。
③ 张茜，陈毅的妻子。
④ 这里是劝告不要依赖，不要做寄生虫，而要自立自强之意。
⑤ 1955年币制改革前，人民币一万元等于改革后的一元。
⑥ 窃愿，自谦词，指自己的心愿。

处长静一商量，能住下即住下，免多麻烦。

近日住院摆脱事务，故写此长信禀报，请双亲宽心。

此请

万福金安！

二儿世俊①
四月十六日

另：张茜开车伤牙已补好。请母亲放心。

孟熙大哥：你三月廿三日信收到。《忆南泉》已读了，甚好。不过我希望你把名士派收起，切实做人民服务工作。你血压高，主要要减食，多运动。请你同意我的建议，谅不以为忤。仲弘又及。

陈毅给父母的信，是一篇晚辈写给长辈的家书范文，充满尊敬、挚爱、亲切之情，行文流畅，条理清晰，层次分明。

写家书，要分清不同对象。给长辈写信要恭敬，戒轻佻，宜多用问候语；给平辈写信须诚恳，注意词微义婉；给晚辈写信要和悦，多作积极的鼓励和指导，少作消极的指责。写作上应真挚、质朴、自然。"家书抵万金"，贵在诉自肺腑，可使收信人如见其人，如闻其声。

【例文二　长辈写给晚辈的家书】

谢觉哉同志给子女的信②

××：

我再一次告诫你们：必须把语文学好，要顶好，至少是相当好，绝不允许不好。

有的人看书、看报、听戏文，常常遇到字、词、成语等"拦路虎"，他们不肯去翻字典或记下来问人，把"虎"啃掉，而是"绕"了过去，致使看的听的，总是似懂非懂。"虎"呢，这次拦路，下次仍然拦路。

写信、写文章，常常"词不达意"，不是"干巴巴"地语言无味，就是胡扯一顿，文不对题。有意见谈不清楚，因而其意见也不会发表。

字，写得清楚，人家容易看；写得美，人家喜欢看。常常有些来信或文稿，不只潦草，而且怪形怪状，看起来是灾难。是我已老得成了"文盲"，还是他们写的是"天书"？我们是人，绝不能写"天书"。

语文不好，其他功课也必不会很好；本国语文不好，外国语文也不会很好。

语文不好的人，思想也不会发展，做工作也必会遇到困难。因为他不善于解决困难。

你们都不太蠢，甚至还有点聪明。为什么语文学不好？你们小时候写文章还受到人称赞，为什么大了却不进步？没有别的，是没有练，不用心。

---

① 世俊，陈毅的乳名。

② 谢觉哉，湖南宁乡人。1925年加入中国共产党，是中国共产党的优秀党员、"延安五老"之一、著名的学者和教育家、杰出的社会活动家、法学界的先导、人民司法制度的奠基者。新中国成立后任中央人民政府内务部长、最高人民法院院长，出版有《谢觉哉杂文选》《谢老诗选》等。

替你们立个条约：

一、看东西一定要看懂，遇到难懂的字或句子，即"拦路虎"，一定要啃掉。

二、写信、写文章，写完了要看几次，字写得不好或不清楚的要重写，绝对不许躲懒。

限你们几个月或者半年，定要做到词句通顺，字迹清楚。

觉哉
×月×日

谢老的这封信明确告诫子女：必须把语文学好。父亲提出了要求，讲清了道理，反映了父辈对子女的严格要求与期望。

【例文三　社交书信】

廖承志[①]致蒋经国先生信

经国吾弟：

咫尺之隔，竟成海天之遥。南京匆匆一晤，瞬逾三十六载。幼时同袍，苏京把晤，往事历历在目。惟长年未通音问，此诚憾事。近闻政躬违和，深为悬念。人过七旬，多有病痛。

至盼善自珍摄。

三年以来，我党一再倡议贵我两党举行谈判，同捐前嫌，共竟祖国统一大业。惟弟一再声言"不接触，不谈判，不妥协"。余期以为不可。世交深情，于公于私，理当进言，敬希诠察。

祖国和平统一，乃千秋功业。台湾终必回归祖国，早日解决对各方有利。台湾同胞可安居乐业，两岸各族人民可解骨肉分离之痛，在台诸前辈及大陆去台人员亦可各得其所，且有利于亚太地区局势稳定和世界和平。吾党尝以"计利当计天下利，求名应求万世名"自勉，倘能于吾弟手中成此伟业，必为举国尊敬，世人推崇，功在国家，名留青史。所谓"罪人"之说，实相悖谬。局促东隅，终非久计。明若吾弟，自当了然。如迁延不决，或委之异日，不仅徒生困扰，吾弟亦将难辞其咎。再者，和平统一纯属内政。外人巧言令色，意在图我台湾，此世人所共知者。当断不断，必受其乱。愿弟慎思。

孙先生手创之中国国民党，历尽艰辛，无数先烈前仆后继，终于推翻帝制，建立民国。光辉业迹，已成定论。国共两度合作，均对国家民族做出巨大贡献。首次合作，孙先生领导，吾辈虽幼，亦知一二。再次合作，老先生主其事，吾辈身在其中，应知梗概。事虽经纬万端，但纵观全局，合则对国家有利，分则必伤民族元气。今日吾弟在台主政，三次合作，大责难谢。双方领导，同窗挚友，彼此相知，谈之更易。所谓"投降""屈事""吃亏""上当"之说，实难苟同。评价历史，展望未来，应天下为公，以国家民族利益为最高准则，何发党私之论！至于"以三民主义统一中国"云云，识者皆以为太不现实，未免自欺欺人。三民主义之真谛，吾辈深知，毋须争辩。所谓台湾"经济繁荣，社会民主，民生乐利"等等，在台诸公，心中有数，亦毋庸赘言。试为贵党计，如能

---

① 廖承志（1908—1983年），广东惠阳县（现惠城区）陈江人。中国无产阶级革命家、杰出的社会活动家、党和国家的优秀领导人。他出身国民党元老之名门，却在革命低潮时投奔了中国共产党；他曾多次被捕入狱，却每次都奇迹般生还；他曾因"海外关系"被批判，却凭这份关系在外交战线上独树一帜。童年被叫作"肥仔"，晚年被尊为"廖公"。他为世界和平事业，为中日邦交正常化作出了特殊的贡献。他对海外侨胞感情深厚，赢得了他们的尊敬和爱戴。他为港澳回归殚精竭虑，他魂系宝岛情动两岸。

依时顺势，负起历史责任，毅然和谈，达成国家统一，则两党长期共存，互相监督，共图振兴中华之大业。否则，偏安之局，焉能自保。有识之士，虑已及此。事关国民党兴亡绝续，望弟再思。

近读大作，有"切望父灵能回到家园与先人同在"之语，不胜感慨系之。今老先生仍厝于慈湖，统一之后，即当迁安故土，或奉化，或南京，或庐山，以了吾弟孝心。吾弟近曾有言："要把孝顺的心，扩大为民族感情，去敬爱民族，奉献于国家。"诚哉斯言，盍不实践于统一大业！就国家民族而论，蒋氏两代对历史有所交代；就吾弟个人而言，可谓忠孝两全。

否则，吾弟身后事何以自了。尚望三思。

吾弟一生坎坷，决非命运安排，一切操之在己。千秋功罪，系于一念之间。当今国际风云变幻莫测，台湾上下众议纷纭。岁月不居，来日苦短，夜长梦多，时不我与。盼弟善为抉择，未雨绸缪。"寥廓海天，不归何待？"

人到高年，愈加怀旧，如弟方便，余当束装就道，前往台北探望，并面聆诸长辈教益。"度尽劫波兄弟在，相逢一笑泯恩仇。"遥望南天，不禁神驰，书不尽言，诸希珍重，伫候复音。

老夫人前请代为问安。方良、纬国及诸侄不一。

顺祝

近祺！

廖承志
一九八二年七月二十四日

这封信动之以情，晓之以理，情理之中让人为之动容。书信之所以感人，就是要倾肺腑之言。

【例文四　朋友间的书信】

叶圣陶①致曹承德

承德同志：

今日接读惠书，非常欣慰。从手书中我知道您的造诣，觉察您钻研的精神，首先向您致敬意。我又为贵校的孩子们感到高兴，为与您接触的老师们感到高兴，他们在您的教导和帮助之下，进步一定比较快，而您在他们中间不断努力，也将会继续提高，永无止境。

近时我们在草拟中小学语文教学大纲。修改成草案以后，将发布出去供讨论和试行。现在把有关"道"与"文"的关系的意见奉告，也可以说征求您的意见。

在语文教学中，我们认为"道"与"文"是不可分割的。"语言是思想的直接现实"，人们进行思维活动，不能离开语言这个工具。就一篇文章说，思想内容和语言形式是不可分割的。文章不是不相关的字句凑成的，是要言之有物，言之成章的，是用来记叙事实，阐明道理，抒发感情，讲述知识的。事实、道理、感情、知识是内容，而记述、阐明、抒发、讲述必须凭借语言作为表现形式。读一篇文章，理解它的内容和理解它的语言文字是紧紧联系在一起的。写一篇文章，正确地反映客观事物和准确地运用语言文字也是分不开的。因此，无论说"以道为主""以

---

① 叶圣陶（1894—1988年），原名叶绍钧，字秉臣，汉族，江苏苏州人，著名作家、教育家、编辑家和社会活动家。解放后曾担任出版总署副署长、人民教育出版社社长、教育部副部长。是第五届全国人大常委委员、第五届全国政协常委委员、民进中央主席。1988年2月16日于北京逝世，享年94岁。

文为主"或者"道与文并重",都是把"道"和"文"割裂开来,既不符合思想内容与语言形式不可分割的客观实际,也不符合培养读写能力的教学实际。那样理解"道"与"文"的关系,在教学实践中会有很大的流弊。

假如我们的意见不错,符合于实际,那么来书所叙的两种想法,分主次,分先后,都是不对的了。分主次的一种想法是以语言形式为主,以思想内容为次,这样一割裂,主次都搞不透。分先后的一种想法是以语言形式为先,思想内容为后,那么在注重语言形式的先一阶段,势必凭空而不落实。

请您先考虑我们的意见怎么样,如果觉得有理,再考虑怎样向主张两种意见的同志们进行说服。

教学大纲尚未草定,或许还有改动,务请不要向人说这就是将要确定的教学大纲中的意见。至嘱。

专此奉覆,顺致敬礼!

叶圣陶
十一月十七日

这封信是叶圣陶 1959 年给湖南砂子塘小学教师曹承德的回信。从信中,我们可以看到老一辈教育家对后生是那样的爱护、劝勉、鼓励,讨论问题开诚布公、观点鲜明,为后生作出榜样。

讨论的中心问题是文道统一的问题。叶老认为:"道"与"文"是不可分割的,"语言是思想的直接现实"。因此,所谓"以道为主""以文为主"或"道与文并重"的看法都是错误的。

二、一般书信的文体特点

一般书信有两种类型:一是与家人之间的通信,称为家书;二是与其他亲友的通信,叫社交书信。

其文体特点是:

(1)书信由信封和信函两个部分组成。信函套在信封内密封,写好信封内容后投交邮政部门送达收信人。

(2)写信人与收信人之间有一种特定的关系,而这种关系影响着书信行文的语言体式,如对长辈的应恭敬,对晚辈的应关怀,对平辈的应谦让等等。

(3)阅读对象特定,这个因素也在影响着书信内容的表述,如根据具体的阅读对象决定写什么内容等。

(4)书信内容不要求公开发表。

三、一般书信的写法

一般书信有两个组成部分。一是信封（指套装信件的封袋），二是信函（这里指信件）。

（一）信封部分

信封分国内信封和国际信封两种。信封的规格和书写内容必须遵守邮政部门的特别规定。

信封样式1　国内标准信封

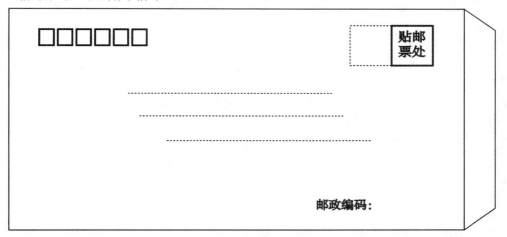

从2004年6月1日起，新的国家标准信封投入使用。

这是实行邮政编码后第三次修订的标准信封。信封上的不同部分中应填入不同信息：

1. 左上方的6个格写收信人所在地区的邮政编码。邮政编码是国家邮政局编定的全国邮政地域的号码，代表了收信人地址的省、市、地、县、乡镇的地名，使电子读信分类迅速，利于分邮投寄。书写信封，必须首先填写邮政编码。

2. 右上方两个格为贴邮票处。

3. 信封中间的上方横线处写收信人名址。外省的要写省份名，本省外县的要写上县（市）名称，要注意写详细写具体。单位名称要写全称，大地名和小地名之间、地名与房屋门牌号之间要空一格断开，一清二楚，以免误投。

4. 信封中间横线处，写收信人姓名，字迹可略大一些，在姓名后写上"同志""先生""女士""小姐""同学"等称呼，但切忌写上"父亲""岳父""儿""女"等称谓，因为信封上的称呼是给邮递员和收发人员看的，写上表示写信人与收信人关系的称谓是不合适的。在称谓后面要写上"收"或"启"字样，表示请收信人收阅或请收信人开启的意思；如果写信人要强调此信必须由收信人亲自开启收看，可以写"亲启"字样。但是要注意不可写上"谨启""敬启"之类，因为这里的"谨"是郑重的意思，"敬"是恭敬的意思，如果写上"谨启""敬启"，便成了写信人要求收信人"郑重其事地""恭恭敬敬"地拆阅你的信了。

5. 信封中下方横线中写寄信人名址。地址应写得详细具体，单位写全称，最后写上寄信人姓氏或全名。

6. 信封右下方的6个格中应填上寄信人处的邮政编码。

例二　国际通用信封样式

```
寄件人姓名
地    址
城市(省)名                                              邮票
国    名



                                      收件人姓名
                                      地    址
                                      城 市 名 称
                                      国(地区)名
```

按国际规定，寄往国外的书信，收信人姓名及地址要写在信封的右下角，寄信人姓名、地址要写在信封的左上角或写在信封背面的上半部。同时，信封要用英文、法文或对方国家通用的文字书写，并用中文注明对方的国名和地名。如果不用英文、法文书写，也应用英文、法文注明对方的国名和地名。但是，寄往日本、朝鲜和蒙古的书信，封面可以用中文书写。还必须强调的是，寄往国外的信，必须写明收信人和寄信人的国家、地区、城市、街道名称和门牌号码。

（二）信函部分

一般书信的信函部分，通常由六个要素组成：称谓、问候语、正文、敬勉语、署名、日期。有些信函正文余言未尽，还另写"附言"或"又及"加以补充。

1. 称谓

写在首行顶格位置，单独占一行，后边加上冒号，以示领起下文。完整的称谓由姓名、称呼和修饰语三部分组成。具体写称谓时，应根据寄信人同收信人的关系、收信人的身份慎重选择，要注意礼貌、得体。如与同志、朋友通信，对关系十分密切的，可以在姓氏之前加上"老"或"小"，或直呼其名；对关系一般的，可以在名字之后加上称呼如"忠林同志"或"忠林兄"；如果关系不密切，则往往把姓名写全，再加上"同志"，显得庄重些。越亲密，称谓越简单。再如，要根据对方的身份、习惯、住地等有选择地使用"先生""同志""女士""小姐"或职务等称呼，做到既同双方的关系相适应，又尊重对方。

2. 问候语

问候语写在称谓的下一行，空两格的位置，单独成段，以示礼貌。信件中不一定都写问候语，给不常在一处、不常见面交谈的人写信，先问候一声很有必要。选择问候语，要根据收信人的具体情况，如对同学，可问学习；对年老的长辈，可问健康。问候语要写得亲切、恰当。

3. 正文

正文是书信的主要部分，可以分为起缘语、主体文和结束语三部分。

（1）起缘语。是开头应酬语，用来提起话题，不一定每封信都写。不过，有了它，正文开头会方便自然一些。

（2）主体文。是书信中最主要的部分，用以体现写信的目的。写时要注意表达清楚、简洁，条理分明。要力求做到动之以情、晓之以理，所诉所叙皆在情理中。

（3）结束语。最后，还可有结束语，用以询问对方情况或概括须再联系的事务，或总结一下全信内容，使收信人印象加深。如果没有可写的，也可以不写，意尽言尽，嘎然终止。

4. 敬勉语

正文写完后，应根据收信人的情况，写上一些表示敬意、祝贺或勉励的话，作为信的结束。敬勉语多种多样，应根据不同的对象选择适当的词语，也可以不写敬勉语。

敬勉语分两部分，一般是前一部分连接正文，或另起一段空两格；后一部分另起一行，顶格写，以示尊敬、有礼。

5. 署名

署名的位置在敬勉语之后，另起一行，写在信的右下方。写信人应考虑自己同收信人的关系而定署名办法，完整的署名是修饰语或身份再加上姓名。家书中的署名一般不写自己的姓，社交书信则写全名。

6. 日期

日期可以写在署名的下一行稍靠后一点。日期不要省掉，以免事后造成麻烦。

第二节 专用书信

专用书信是指在某一特定范围内专门用于某种事务联系的书信。它的种类很多，常用的有介绍信、证明信、申请书、决心书、倡议书、请柬、邀请信、感谢信、求职信与应聘信、挑战书、应战书、慰问信、表扬信、祝贺信、聘书、喜报等等。

专用书信的主体结构跟一般书信差不多，有称谓、正文、结尾、署名、日期这五个部分。

专用书信同一般书信的区别在于：常有标明性质的标题（写在第一行中间）；正文的内容比较单一；有的署名处要加盖公章。

（一）介绍信

介绍信一般是机关、团体介绍本单位人员到另一单位、团体联系工作时使用的书信。现在大多数单位都有印好的空白介绍信，只要填写即可。介绍信要注意写明接洽单位的名称、被介绍人姓名、接洽事项和要求等。印好的介绍信还要填写有效期限，并在介绍单位名称和骑缝的地方盖上公章。

【例文一】

```
                    介绍信
××商场：
    兹介绍我校×××等两位同志前往贵公司联系有关学生毕业实习事宜，请接洽。
    此致
敬礼
                                      ××市商业学校（章）
                                          ××××年×月×日
```

【例文二】

```
              ×××市第二商业局介绍信
                                    二商介字〔199×年〕第×号

    兹介绍我局××同志（中共党员、科长）前往贵局联系工作，请接洽。
    此致
××××（单位）
                                      ××市工商行政管理局（章）
                                           一九九×年三月二十日

（有效期×天）
```

（二）证明信

证明信用于为某些人证明身份、经历、学历或证实突发事件的真实情况等。

【例文三】

证明信

××百货公司：

你公司×××同志，原系我大楼锦缎柜营业员。该同志积极上进，业务能力较强，2001年曾获我公司技术能手称号。

特此证明。

××市纺织品公司（章）

二〇〇四年三月五日

（三）申请书

申请书是单位或个人因某种需要，向有关部门提出某种请求的专用书信。申请书的格式跟一般书信基本相同。标题可以只写"申请书"三个字，也可以根据申请书的内容标明具体名称，如《出国留学申请书》。写申请书时要把申请的事情和理由、要求写清楚。

【例文四】

申 请 书

××县工商局：

我是待业青年，高中毕业后一直在家闲居。两年来，我抓紧时间刻苦钻研无线电知识和修理技术，现已基本掌握了修理电视机、电冰箱等家电相关技术并通过考核取得了家用电器维修上岗合格证（见附件）。

为了给社会做点贡献，改变依靠父母抚养的状况，我拟在文昌街323号开办个体家电维修部。为此，特向贵局申请开业。

开业单位名称：××县××家电维修部

企业性质：个体

注册资金：×××元

经营方式：技术维修

地址：文昌街323号地下

敬请给予办理营业执照

附件：家用电器维修上岗合格证

申请人：文昌街323号居民梁××

一九××年四月十二日

这是一则开业申请书。根据当事人的实际情况写出申请目的、资金、经营方式等，让有关人员一看便能明白其申请目的和具体情况，以便决定是否批准。

【例文五】

入党申请书

敬爱的党支部：

随着"三个代表"思想的深入，我不断加深了对党和共产主义的认识。我坚信：只有社会主义才能救中国，唯有共产党才能带领全国人民奔向共产主义远大目标。

我参加工作以来，在领导和同志们的教育、帮助下，在思想政治上有了较大的提高，努力学政治，努力学技术。我下决心要像革命前辈那样，像本单位的那些模范共产党员那样，为党的事业任劳任怨，贡献出自己的力量。

因此，我申请加入中国共产党。

诚然，我距离一个共产党员的条件还有一定距离，但是，我决心不断努力，事事以共产党员的标准衡量自己，事事向模范共产党员看齐，努力克服缺点，学习先进，缩短差距，使自己成为一个合格的共产党员。请求党组织考验我、帮助我。

我拥护党的纲领和党的章程，决心认真学习，努力实践。

请党组织考虑我的申请。

此致

共产主义的崇高敬礼！

申请人 李××
200×年×月×日

这是一份入党申请书。文字简短，但写清楚了自己对党的认识，说明了入党动机，明确提出申请入党的请求，写出了自己希望得到组织考验、帮助的愿望，表明自己的态度，体现了入党申请书的特点。

（四）决心书

决心书是个人、集体为了响应某一号召或为了完成某项任务，向有关领导或组织表示自己的决心，提出自己的保证，用书面语言进行表达的一种书信形式。决心书一般包括下列内容：写决心书的原因、决心做什么事情、决心达到什么要求以及完成任务的措施和时间。决心书所写的措施必须是扎扎实实的，一定要说到做到。集体的决心书应经大家讨论并且一致通过，以便协调动作、积极行动。

决心书可以直接交给有关组织，也可以张贴在公共场所。

【例文六】

决 心 书

　　当"非典"这场罕见的灾难降临到我们国家的时候,我们医院所面临的压力与困难,真是史无前例。"救死扶伤"是我们医务人员的天职。当人民的健康、生命受到威胁的时候,每一位医务工作者都有责任、有义务站出来。我们医院已经有很多的医生、护士英勇地站在抗击"非典"的第一线,为我们做出了很好的表率。现在,医院党委传达了省委、省政府有关抗击非典斗争的指示精神,并发出了号召,因此,我请求医院领导安排我到抗击"非典"的最前线去。

　　记得刚入行时,我们曾经庄严宣誓:无论何时何地,唯一目的就是为病人解除痛楚。虽然我一直从事救死扶伤的工作,但直到今天,我才领悟到这誓言的深刻含义。在这场没有硝烟的战争中,我们中有许多人勇敢地站在战斗的最前线,他们把危险留给自己,用自己的健康去换回更多人的健康。当那么多的医者变成患者时,我才深深明白,救死扶伤这种职业道德,就是无私的奉献。我决心学习这种精神,把它融入我的血液之中。

　　我坚信:有党和政府的领导,有白衣战士的英勇和智慧,有全社会的同仇敌忾,我们一定能战胜"非典"。

决心人　外科刘××
2003年4月29日

2003年春,"非典"在我国一些地区流行。广大医务人员发扬了救死扶伤的革命人道主义精神,英勇抗击"非典"。这是中山大学附属第二医院外科护士刘××要求去抗击"非典"前线的决心书。在这份决心书中,我们看到广大医务工作者在抗击"非典"斗争中的崇高精神。

(五) 倡议书

　　倡议书是人们在一定范围内公开提出某种建议,希望大家一起响应,以共同完成某种任务或开展某种公益活动的专用书信。它不单针对一个人、一个集体或一个单位,而往往是对一个部门、一个地区,甚至全国发出倡议。倡议书有个人发起与集体发起两种,撰写时要合乎身份,写明在什么情况下,为了什么目的,发出什么倡议,希望别人怎么做,自己打算怎么做等等。倡议书的内容必须是大家关心的事情,又是经大家努力可以做到的。末尾要写明发起单位或个人的姓名与日期。

【例文七】（《广州日报》2003年3月27日刊）

倡议书

尊敬的广州市民：

广州是一座拥有两千多年历史的文化名城，生活在这里的人民，历来有团结、友爱、求实、进取的精神。人类已跨入新的世纪，国内生产总值超过3000亿元、人均国内生产总值突破5000美元的新广州，正在贯彻落实党的十六大、省九大、市八大的精神，精心打造经济中心、文化名城和山水之都，建设带动全省、辐射华南、影响东南亚的现代化大都市；勤劳勇敢的广州人，也面临前所未有的历史机遇。我们向广大市民发出倡议，大力弘扬敢为人先、奋发向上、团结友爱、自强不息的广州人精神，化"广州人精神"为强大的动力，投身到现代化大都市的建设中去。

倡议人：尹捷、罗爱萍、周国城、谢卓佳等18名市人大代表

（六）请柬

请柬，又称请帖，是为邀请某人参与某事而发出的通知书。其中要注意写明时间、地点、活动信息。封面处要写明"请柬"字样，内文的抬头要顶格写被邀请人的姓名和称呼（如为单位则写其名称），结尾写"敬请光临"或"敬请莅临"，落款处写明邀请者的名称和发出邀请的日期。

为了传达欢庆的气氛和情绪，请柬宜用红纸书写。现在流行使用事先印制好的精美请柬，可视情况选用。

【例文八】

（正面）

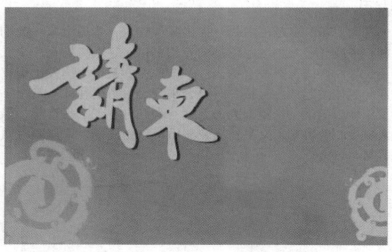

(内文)

> ××先生：
> 　　定于11月1日上午9时，在本公司会议室召开××公司成立50周年座谈会。
> 　　敬请光临
>
> ××公司
××××年×月×日

（七）邀请信

邀请信，又叫邀请书，是邀请收信人前来参加某项活动的一种应用文书。其性质与作用同请柬相似，但邀请信的内容较请柬详备。例如，可写出活动的指导思想、活动内容，对被邀人的要求和希望等。行文语言要恳切、热情、朴实，注意礼节礼貌。

【例文九】

> **邀请书**
>
> ×××先生：
> 　　为纪念鲁迅先生诞辰100周年，我会定于××××年×月×日至×月×日在××市××宾馆举行鲁迅作品学术研讨会。您对鲁迅作品素有研究，望届时光临赐教。
> 　　恭候回音。
>
> 鲁迅作品学术研究会（印章）
××××年×月×日

（八）感谢信

感谢信是为表示感谢对方的关怀、支持或帮助，以叙事、议论、抒情相结合的方法，将自己的感谢之情与表彰之意，用热情而礼貌的语言表达出来的简短书信。

一般而言，感谢信由以下几部分组成：

1. 标题

直接写出"感谢信"字样。

2. 受文对象

在标题之下、正文之前，顶格写明被感谢的单位名称或个人姓名。个人姓名后面加上"先生""同志"等相应的称呼。然后加上冒号，引出正文。

3. 正文

首先写明在什么时候得到对方的关心、支持和帮助，对此表示感谢；然后简述对方的关心、支持和帮助有什么效果，或陈述这种帮助在今后将起什么作用；最后再次向对方表示感谢。结尾处应写上表示感激、敬意的话。

4. 署名及日期

标明写感谢信的单位名称或个人姓名，同时签上年月日。

【例文十】

感谢信

××公司：

  ×月×日下午，我公司业务员××到市百货公司购买物品，不慎丢失皮包一个。内有人民币5000余元、工作证一个及发票单据若干张。正在我们焦急寻找时，贵公司职工×××主动将拾到的皮包送到我公司。我们再三感谢并表示要赠送纪念品，×××同志却说："这是我应当做的。"一再表示不能接受纪念品。她这种拾金不昧的高尚品德，对我们全体工作人员是一次很好的教育。在此特致函贵公司，深表谢意，并建议对×××的高尚行为予以表扬。

××公司

××××年×月×日

（九）求职信和应聘信

求职信，是求职人主动向用人单位自我介绍、谋求职业的书信。应聘信，是求职人根据用人单位招聘人员的条件，向用人单位自我介绍、谋求职业的书信。

求职信、应聘信不同于一般书信，具有三个明显的特点。写作时必须把握住这些特点，才能有的放矢，引起招聘单位的重视。其特点是：

（1）针对性。写求职信、应聘信必须针对实际（用人单位的实际、自己的实际条件），针对读信人的心理，针对自己的求职目标。

（2）自荐性。写信人和读信人不熟悉，写信人必须毛遂自荐，因而要恰如其分地介绍自己。

（3）竞争性。择业择人是双向选择，求职就是竞争。要在竞争中取胜，必须突出自己的优势。

什么是自己的优势？求职者在写求职信之前必须十分明白。自己没有优势，就会失去竞争力，因此要在求职前努力创造自己的优势。这些优势不是自己编写出来的，而是在实践中得到验证的。如果有书面文本可以作证，可将其复印并附在求职信后（如科研成果、学术论文以及各种证书）。

求职信、应聘信，一般由称呼（称谓）、引语、正文、结尾、附件、署名和日期六个部分组成。

（1）称呼。这是对读信人的称谓。由于读信人一般是用人单位的负责人，求职者不知其名，故可直呼其为"××单位负责同志""××厂厂长（经理）""××公司经理先生"。如果是应聘信，在招聘启事中已告知了联系人姓名，则可以写上姓名，称"××先生""××小姐"。

要注意，阅读你的求职信、应聘信的人，不是一般读者，而是考核你的人，必须尊重对方，实事求是，不亢不卑，用词得体大方。

（2）引语。信的开头，首先写求职、应聘的缘由。如例文十一是一封求职信，是作者在没有招聘启事的情况下，自己到企业求职时所写的。开头便写明写信的缘由，表明写信的目的。例文十二是应聘信，是作者看了报纸上的招聘启事之后写的，所以采用启事为引子，自然导入正文。

（3）正文。这是信的重点部分，应写出个人背景，申述自己的志向、兴趣、性格和适合有关职位的情况，介绍自己的学历、经验、希望和信心，写清应聘的工种、职位和待遇要求等。

在信中，应突出自己的技术专长，展示自己的业绩与能力，这是很有必要的。但是，要注意不宜渲染与所求职位无关的才能。写应聘信则应依据招聘条件，如实地逐条作答，不可偏离对方提出的条件，泛泛地介绍自己。

（4）结尾。要以诚恳的态度提出自己的愿望与要求。比如，希望能给自己一个面试的机会，盼望答复，静候回音等，然后以"此致敬礼"作结束语。对"三资"企业、民营企业，可套用惯用语，如"恭祝大安""即颂春安"（夏天用"夏安"，秋天用"秋安"）等。

（5）附件。在信后可附上有关资料，如简历表和其他证件的复印件等。简历表项目有：姓名、性别、籍贯（或出生地）、年龄、民族、免冠近照、住址、电话、邮政编码、婚姻状况、学历、学位、工作简历、外语水平、特长、爱好、兴趣、工作职务（或者曾任职务）。可附证件有：学历证书、身份证、工作证、户口本、健康证、商调证明、职称资格证、技术等级证以及能证明自己优势的有关材料等等。

（6）署名和日期。这是信的落款。写信人应工整地写上姓名，并用"敬上"或"谨上"以示礼貌和谦逊，然后在姓名下写上年月日。

为方便联系，还可在信末写上通讯地址、邮政编码、联系电话、电子邮箱。

【例文十一】

求职信

尊敬的总经理：

　　我是广东省商业技工学校××级家电维修专业班的学生，今年20岁。我于200×年秋入学，修业三年，按国家规定学完了全部课程，将于200×年7月毕业。三年来，我的学业经考试、考查，全部合格，并经等级考核被评定为三级技工，取得了家用电器维修上岗证。

　　我对电冰箱维修和抽油烟机、全自动洗衣机的维修有较多钻研，除学完学校开设的电冰箱维修课之外，我还到各大商场收集了各式冰箱的使用说明书，比较和研究了各式冰箱的特点，对各型号冰箱的维修技术均有较深的研究。从去年到今春，我在省华侨公司家电维修部实习，曾独立操作维修过17台冰箱，质检合格，用户满意。

　　本人身体健康，有事业心、上进心。特向您提出求职申请，希望能成为贵公司的一名家电维修工。

　　现附上学校发给的《推荐表》一份，省华侨公司家电维修部实习鉴定一份。

　　恳切希望能给我一次面试的机会。

　　附件：1.《广东省商业技工学校毕业生推荐表》一份；
　　　　　2.《广东省华侨公司家电维修部实习鉴定》一份；
　　　　　3.《广东省劳动技能考核证书》复印件一份。

求职人　苏光前谨上
×××年6月5日

通讯地址：××市××路×号　邮政编码：××××××
联系电话：×××××××

　　这是一封毕业生写的求职信。求职人能针对求职目标叙述自己的特点、基本条件，表达自己的愿望并附上附件给收信人参考。语言得体，态度诚恳，介绍得当。不同层次的求职人，应依据自己的特点，展示自己的特长，供用人单位择用。

【例文十二】

应聘信

尊敬的总经理：

　　我从×月×日的《羊城晚报》上看到了贵公司招聘员工的启事。我有意应聘其中橱窗装潢设计一职。

　　我叫陈明，男，今年25岁，本市人，于19××年毕业于××美术学院工艺美术系。我专攻包装装潢设计，在校时各科成绩良好。毕业后供职于×××××厂，由于专业不对口，所学所长无法发挥，十分羡慕那些专业对口、英雄有用武之地的人士。今见贵公司需要我所学专业人员，觉得这是我施展所学所长的大好机会。可能应聘者大有人在，但我愿意凭借自己的实力去争取，希望能给我一个面试的机会。经考核，如蒙录用，我将会竭尽全力搞好本职工作，做一个合格的

438

员工。

附件：1. ××美院毕业证复印件
　　　2. 橱窗设计作品3幅

敬祝

大安

　　　　　　　　　　　　　　　　　　　　　求职人　陈　明上
　　　　　　　　　　　　　　　　　　　　　二〇〇三年×月×日

联系地址：本市××路××号
联系电话：×××××××

　　这是一则根据招聘启事写的应聘信。开头交代写信缘由，直陈应聘事宜。接着，便紧扣应聘有关事项，陈述理由，表示态度。语言恳切、得体，提供的附件有助于证明应聘条件。

思考与练习

　　书信的写作不容忽视。千万不要以为这是"小儿科"，正是这些"小儿科"让不少的大学生出了洋相。其实，要真正写好各类型的书信，还真的不容易。所谓"文如其人"，一个人的文化修养、思想品行，往往会在书信中自然地流露出来。请同学们勿以为"小"。扎扎实实练就这一传情的工具。

　　一、认真阅读陈毅给父母的信，体会作者在信中是怎样流露感情的，然后试写一封家书，叙述你入学以来的学习生活和你对亲人的真挚感情。

　　二、××学校的采购员×××同志于2000年×月×日在××市利民劳保用品商店购买劳保服装8套（每套30元），棉纱手套40双（每双2元），商店已开具了发票。×××同志不慎丢失了原发票，利民劳保用商店经查发票存根后同意写出一张证明。请你根据上述情况代写证明。

　　三、南方公司拟于×月×日为公司成立十周年举办庆祝仪式，邀请各方业务伙伴参加。请代该公司写出请柬，同时拟出请柬的封面与里页。（仪式的时间、地点、活动形式等可以模拟酌定。）

　　四、教师依据本班专业实际，模拟对口单位拟出招聘条件，让学生拟写求职信或应聘信。

　　五、试分析下面这篇求职信的不足之处，然后提出修改意见。

尊敬的经理先生：
　　据悉贵公司正筹备扩大业务，招聘新人，特冒昧自荐。
　　我叫张小伟，男，20岁，本市人。我是××××××学校××专业的学生，再有一个月就毕业，结束学习生活。我在校成绩一直很好，如果经理能给我这个机会，我保证竭尽所学，为公司效力。

兹奉上学习成绩表、操行评定表、履历表、近照等资料，供贵公司参考，殷切地等候贵公司回复。

此致

敬礼

张小伟上
一九九三年六月五日

通迅地址：××市××路××号

邮政编码：××××××××

六、探讨下列问题。

1. 书信的抬头（称谓）为什么必须顶格书写？问候语为什么必须另起一行退两格书写？

2. 问候语写什么内容好？请做个小调查：你身边的几个好友是怎样写问候语的？想一想给亲友、师长写信时，该使用什么样的问候语，把它们分别列出来。要注意"您"和"你"的严格区别，不要用错。

3. 书信结尾要写祝颂语，要注意得当、得体，请你列出你给自己的亲友、师长写信时的祝颂语。

七、请研究一下信封的写法。

八、请着重训练自己写求职信的能力，还要能写好申请书、倡议书、慰问信。请你以例文十的内容为题材，替××公司的业务员×××写一封感谢信，表达自己的感谢。

九、请阅读下面一则通知，然后想一想：如果你是该单位的员工，你会持何态度？为了做好这项工作，什么文种更合适？以什么名义出面会更好？然后改写这篇应用文。

通　知

兹有机关刘××因租住房屋漏水造成电起火，烧坏家具、电器等价值近2万元。由于小刘新婚不久，家在农村负担较重，在此危难之际，机关党支部经研究决定通知大家捐款，奉献一片爱心。捐款数字不限，捐款时间为2000年11月1日至8日，捐款地点为机关党支部办公室。此通知阅后请相互转告。

机关党支部
2000年11月1日

第三章 礼仪文书

随着社会的发展进步，人与人之间的接触越来越多，各种礼仪、礼节也愈来愈被重视。很多交际场合，如机场、车站、码头、工地等等，都有迎来送往的各种礼仪礼节。而礼仪礼节是人际交往中的一种特殊的精神工具。以礼待人，能化干戈为玉帛；仗势傲物，会导致交恶以致兵戎相见。因此，讲究礼仪礼节实为交际大要。

在党政机关、企事业单位、人民团体的迎来送往、祝贺、答谢的集会上，在各种重大的、隆重的会议上，有各种致词、答词、祝词、贺词，这些便构成了会议的礼仪文书。

多学习例文，深刻领会礼仪文书在写作上的各种不同，使自己写作的礼仪文书能够符合礼仪规范。

一、例文学习

【例文一】

在集团公司成立 10 周年庆祝大会上的欢迎词

各位来宾：

在新千年的第一个春天，我们迎来了我集团公司成立 10 周年的喜庆日子。我谨代表我集团公司全体员工向各位嘉宾、各位同仁致以最热烈的欢迎。

10 年来，我们集团公司在艰苦创业的前进道路上经历了许多艰难曲折，承蒙有关机关、金融机构、科研部门以及兄弟企业的各位领导和各位同仁的帮助与支持，为我们提供了许多宝贵的指导和帮助，使我们公司从初创的中小型企业逐步发展到今天这样宏大的规模。饮水思源，我们谨向帮助过我们的所有单位的领导和同仁表示衷心的感谢。今后，我们将一如既往，勤勤恳恳，在 21 世纪同兄弟企业携手同进，为祖国经济建设做出应有的贡献。

最后，我代表×董事长和我集团公司的全体员工衷心祝愿在座的各位嘉宾身体健康，祝愿我们从事的事业繁荣昌盛！

本篇欢迎词，欢迎对象十分明确，并以本单位与来宾的相互关系为话题，以表达谢意为中心内容，语言简短，含意深远，能使来宾充分感受到主人的盛情。

【例文二】

在洛阳市第九届牡丹花会开幕式上的致词
洛阳市代理市长　鲁茂升

各位来宾、各位朋友：

"春来谁做韶华主，总领群英是牡丹。"在春风送暖、百花吐艳的时节，古都洛阳迎来了第九届牡丹花会。热情好客的古都人民，诚挚地欢迎外国朋友、港澳台同胞和来自祖国各地的客人光临洛阳！

花，是社会文明的标志，也是一个地方繁荣昌盛的象征。自古以来，我国人民就有养花、种花的优良传统。特别是党的十一届三中全会以来，随着人民生活水平的提高，养花、护花、赏花更是蔚然成风，已成为人们生活的有机组成部分。我市自1983年举办首届牡丹花会以来，吸引了众多的国际友人和国内游客，起到了以花为媒，广交朋友，宣传洛阳，发展经济，促进两个文明建设的作用。今年花会期间，我市将举办中国盆景插花根艺石玩展、洛阳首届民俗文化庙会、洛阳牡丹花会灯会、洛阳牡丹书市等，给广大游客提供了进一步了解洛阳的好机会。中国第一古刹白马寺、我国三大石刻艺术宝库之一的龙门石窟、我国三大关帝庙之一的关林、洛阳古墓博物馆等旅游景点面貌一新，盛装欢迎中外宾客。在花会期间举办的1991年洛阳经济技术洽谈会、物资交易会、商品订货会、全国名优产品展销会、学术研讨会等，是开展经济协作、技术开发、贸易往来，加强横向联系、学术交流的良机，对促进洛阳经济的发展将起到重要作用。

年年岁岁花相似，岁岁年年"会"不同。愿洛阳牡丹花会在中外友人的关注和全市人民的共同努力下，愈办愈好！

祝各位来宾在洛阳期间精神愉快，身体健康！

（引自《演讲与口才》）

这是洛阳市代理市长在该市第九届牡丹花会开幕式上的致词。其欢迎的对象是前来洛阳游览的游客，所以热情洋溢，紧紧抓住"花"来做文章，并用导游式的简介、得体的语言把游客带进了花会，激发起来宾游览洛阳名胜的热情。

【例文三】

在南宫山森林公园评审会上的致词
陕西　许恢佩

各位领导、各位专家、同志们、朋友们：

十月是丰收的季节，十月是菊花飘香的季节。在这硕果累累的季节里，我们岚皋人民迎来了盼望已久的客人——园林专家们！你们征尘未洗就紧张地投入了工作，为陕南的第一个森林公园——南宫山森林公园的总体规划倾注心血和智慧。借此机会，我谨代表中共岚皋县委、岚皋县人民政府向各位表示热烈的欢迎和最诚挚的谢意！

　　岚，林中之雾气；皋，水边之高地。山高水长，水色山光，好山好水更要有好的人缘，我们愿借这次评审的机会结交更多的有识之士。希望大家坦诚相见，一吐为快，共商开发岚皋、建设岚皋之大计，共谋装点岚皋、发展岚皋之良策。

　　南宫山，又名笔架山，地处川陕鄂三省边远要塞，屹立在岚皋的东部。南宋建炎初年（公元1127年），达官显贵为避金兵骚扰而于笔架山建南宫观，后成为本县最早的道教圣地。眼下正值红叶满山菊花盛开之时，请允许我借东晋诗人陶渊明的诗句——"采菊东篱下，悠然见南山"来表达我们此时此刻的心情。南宫山森林的旅游资源品位较高，具有一定的开发价值。集奇、险、幽、野于一体，既是风光宜人的游览区，也是遍布人文古迹的旅游线。1992年11月，此处经陕西省林业厅批准设立陕西省南宫山森林公园。与此同时，我县克服重重困难修通了林区公路，完成了总体规划设计，陆续接待国内外游客数万人次。我省著名作家贾平凹于今年5月游览本地后对南宫山的自然景观赞口不绝口，挥毫写下《游笔架山》一文。

　　在这里，可以找到"暂过山寺逢僧话，浮生又得半日闲"的情趣，可以领略"会当凌绝顶，一览众山小"的大气。森林浴是现代生活紧张之余的一种消遣，一种闲适，一种高级享受，林中旅行，树下漫步，无疑是一种浪漫之旅，又何尝不是忙里偷闲、闹中取静的享受？也许我们的后来者会这样认为，如果没有在座各位的辛勤耕耘，也许永远不会欣赏到这绝妙的山川景物。

　　古人云，山不在高，有仙则名。我深信，通过各位专家指点迷津，养在深闺人未识的小家碧玉，一定会成长为大家闺秀。不仅在价值品位上得到升华，而且在知名度上也会有一个大的飞跃。我深信通过这次评审，一定会加快世界认识岚皋、岚皋走向世界的进程。

　　万众灵隐笔架山，无须世外觅桃源。

　　宋代衣冠无足较，春风仍留南宫观。

　　谢谢大家！

（引自《演讲与口才》）

　　这是陕西省岚皋县领导人在南宫山森林公园评审会上的致词。其欢迎的对象是参加评审会的园林专家，所选择的话题是与南宫山森林公园评审相关的内容。

　　本致词写得很好，好就好在紧紧扣住了欢迎的对象——前来参加评审会议的园林专家，话题也紧紧扣住岚皋县的希望所在——让岚皋走向世界。本文写法新颖，构思巧妙，紧紧抓住请园林专家们"共商""共谋""指点迷津"，使岚皋"升华""飞跃"的意愿，采用导游式写法，让人们如临其境，能使被欢迎者愉快地接受当地的盛情。

【例文四】

在中师毕业典礼上的欢送词

亲爱的同学们：

　　今天，你们要告别几年的师范生活离我们而去。别时容易见时难，这在我难免有几许凄凄，几许依恋。然而，当我想到你们告别母校将走向高山，走向平原，走向碧波荡漾的水乡，去开辟你们崭新的生活的时候,我又有几分释然,几分激动,我祝福你们走向新的生活。

几年来,同学们在学校这个摇篮里,在老师们的辛勤培育下,刻苦学习,成了德、智、体、美全面发展的新人。我永远忘不了你们运动场上龙腾虎跃的英姿,忘不了你们挑灯夜战的灯光,忘不了你们展现在母校的美好的心灵。此时此刻,我想起了你们被白色领奖台托起的健美的身躯;想起了变幻的彩灯下,你们踏出的青春的旋律;想起了你们在奖学金领奖大会上送给校领导的羞涩而自信的一笑;想起了更多的同学,那默默无声却沉稳有力的身影;我还想起了你们有时皱起的眉头,更想起了你们渴求未来的闪着异彩的眼神。啊,一切都过去了,一切都那么铭心刻骨。亲爱的同学们,你们的汗水浇灌过母校美丽的玉兰,你们的脚印深深地刻在母校厚实的土地上,作为母校的老师,我祝贺你们取得的成绩,也感谢你们为学校做出的贡献。

同学们喜欢唱"我们今天是桃李芬芳,明天是国家的栋梁",我亲眼看到你们从带着泥土气息的农村娃子变成了健壮的小伙子、亭亭玉立的大姑娘。变化的不仅是你们的外表,知识的琼浆玉液滋润了你们的心灵,使它日益成熟,日益深透。你们将给广袤的大地带去青春的朝气和时代的气息。新的事业在召唤你们,千百双渴求的眼睛在企盼着你们,像那天上的明星。在这片闪烁的星光里,你们将找到清澈如山泉的真、善、美。你们像那饱满的种子播撒在祖国的山山水水,我敢相信,春风化雨,你们会生根、发芽、开花、结果。征程漫漫,我不能断言你们的未来一切如意,也许校舍是破旧的,桌椅是粗糙的,但我要说:坐享其成,只能是纨绔子弟的品性,在没有路的地方最容易踩出令人惊奇的新路。让我们坚信:"艰难困苦,玉汝于成。"

这几天同学们忙着写毕业留言,字里行间流动着行将离别的缠绵悱恻,作为刚送走第一届学生的我,其心情又何止惘然若失呢?但我知道,羽翼已成的小鸟是属于蓝天白云的,我深情地目送你离去,我更盼着听到你们成功的喜讯。最后送大家两句诗:"莫愁前路无知己,天下谁人不识君。"

(引自《演讲与口才》1989 年第 7 期)

这是一位师范学校的师长在毕业学生离校的欢送会上的致词。写欢送词,最要紧的是选准角度。要清楚被欢送的是什么人,欢送的又是什么人,明确对象,弄清双方的身份和关系,然后依据实际情况,选择相关话题。

本文对象明确,关系清楚,选择毕业生们要离开母校时的情境为话题。先话别,然后回叙毕业生的成长,鼓励他们去"踩新路"。最后再话别,赠诗句作结,语重心长。这样的致词,可以让告别者倍感温暖,更受鼓舞。

【例文五】

欢送词

同志们、朋友们:

刚好在两个星期以前,我们愉快地在这里欢聚一堂,热烈欢迎琼斯博士。今天,在琼斯博士访问了我国的许多地方之后,我们再次欢聚在一起,感到特别亲切、高兴。

琼斯博士将于明天回国。他的访问虽然短暂,然而是极其成功的。在北京期间,他会晤了有关方面的领导同志,参观了工厂、农村、学校,与各界人士进行了交谈,认真研究了我国的政治、经济、文化和教育。

在向琼斯博士告别之际，我们真诚地希望琼斯博士给我们提出批评、指导和宝贵意见，以便我们改进工作。同时，我们想借此机会请琼斯博士转达我们对贵国人民的深厚友谊，转达我们对他们的亲切问候和敬意。

祝琼斯博士一路平安，身体健康！

这是欢送外国客人、表示友好愿望的致词。话题紧紧围绕被送别的客人，简叙他的访问活动并暗示他的活动能力强，访问取得成功，紧接着提出希望、祝愿。言辞恳切，友好愿望自然表露，显示出一片真诚。

欢送词不宜太长，应长话短说，点到即止。

【例文六】

答谢词

亲爱的朋友们：

首先，请允许我感谢你们盛情邀请我出席今天的晚会。我非常荣幸再次有机会访问了你们伟大的国家，会见了许多人士。这次观光旅行中的所见所闻非常有趣，这里的一切都给予我深刻的印象。我参观了工厂、学校和文化团体，与工人、政府工作人员、科学家、艺术家、教师和学生进行过交谈，并与他们交了朋友。我们在一起谈论了工作、学习和生活，在短暂的日子里，我在这里学到了很多东西。这使我对贵国及贵国人民有了更好的了解。……

我借此机会再一次地向大家表示衷心的感谢。

祝我们两国人民之间的友好关系进一步发展和巩固。

答谢词的关键是要抓住"谢"字。谢什么？怎么谢？此处的表达要得体、恰当，要由衷、真诚、自然，不过头，点到即止。本谢词是外国客人在我政府举行的晚会上所致的答谢词，其表述得当、得体，有分寸。

【例文七】

在欢迎宴会上的答谢词

×××董事长，×××总经理，

××集团公司的同志们：

今天我们初到××集团公司，刚下飞机，就受到了你们的热情接待。×××总经理刚才简要介绍了集团公司的情况和经验，并对我们的参观活动进行了周密的安排，使我们感到就像回到了自己家里一样亲切、温暖。在这里，我谨代表参观团的全体同志向你们——并通过你们向集团公司的全体员工致以衷心的感谢！

××集团公司是国家的大型企业，在改革开放的形势下，你们艰苦奋斗，解放思想，团结拼搏，锐意进取，积极摸索，建立现代企业制度，通过制度抓管理，通过管理要效益，使集团公司的产品不但在国内占领了一定市场，而且在国际市场拥有了一席之地。我们这次远道慕名而来，就是要学习你们的新思想、新观念和生产管理的宝贵经验。刚才×××总经理介绍的经验使我们感到耳目一新。在两天的参观学习中，我们一定能够学到更多的宝贵经验，我们将把这些经验带回去，用于我们的企业建设，相信它将产生极大的推动力！

最后我祝愿××集团公司在新千年里锦上添花，再创新的辉煌！

再次感谢你们的盛情！

谢谢！

这是来访客人在欢迎宴会上代表自己的来访集体所致的答谢词。谢什么？谢受到的热情接待，但是，如果仅谢接待便远远不够了。来访目的是什么？能实现访问目的，这才是最重要的。本谢词紧紧扣住来访目的，热情洋溢地赞颂了对方的成就，坦诚地说出了自己的来意，表示了参观学习的意愿，热情、礼貌，"谢"到了点子上。最后三句谢语，流露了"谢"的真诚。

【例文八】

诗人公刘在前联邦德国海姆陀市
市长接见仪式上的致词

尊敬的市长先生，

尊敬的S基金会理事先生，

女士们、先生们：

由于久慕海姆陀的大名——我们早就从优美的德国民间故事里熟悉她了——中国作家代表团提前半小时到达贵市。

在进入这座市政大厅之前，我们已经漫游过广场，在街心露天咖啡馆喝了饮料，并且欣赏过几乎任何商店橱窗全都陈列着的大大小小的老鼠，棕黄色，安了胡髭，既像是皮革缝制的，又像是泥巴捏成的可爱的老鼠。最重要的是，我第一个发现了那位花衣吹笛人（这使我不禁有点得意了），于是我赶紧挎着照像机过去同他攀谈，同他合影留念。（全场活跃，笑声）

我和花衣吹笛人谈了一些什么呢？没有什么需要保密的，完全可以公开（笑声）。首先我招呼他："哈罗！穿花衣服的先生，您好哇！原来，您藏在人群中，叫我好找！"他似乎抱歉地耸了耸肩（笑声），接着，我对他自我介绍："我是一个中国作家，在那遥远的东方。我读过你们德国作家写的关于您的书。我了解您，您是一位本领高强的魔法大师，您有一支魔笛。这会儿，它就捏在您的手中，不是吗？"可是，花衣吹笛人既不点头，也不走开，只是一个劲儿地瞅着我，眼珠子眨也不眨，仿佛在思考我说的到底是不是真话。（笑声）我不管这么多，便开始求告他："喂，伙计！自打我来到联邦德国，就听到人们在抱怨，说是如今有不少德国青年，只顾个人轻松快活，不愿结婚成家，因此……（全场活跃，交头接耳）儿童越来越少了，人口结构也出现了老化的趋势……（热烈鼓掌，欢呼，跺脚）我很同情德国人，喂，先生，您听明白了没有？我很同情德国人，先生，请您再不要把海姆陀的孩子带走了，行吗？"（热烈鼓掌，欢呼，跺脚）我见这位魔法大师动了心，便又趁热打铁，对他解释："过去统治海姆陀的那帮该死的贵族老爷，早就完蛋了！他们说话不算数，又愚蠢，又小气。如今的海姆陀市长先生和他的同僚先生们，可是一些信守诺言的好人！（欢呼，鼓掌）假如他们应许了您什么，只管伸手向他们要好了！他们会给的，一定会给的，我知道，现在的德国人有的是钱……（哄堂大笑，鼓掌）因为，联邦德国是一个工业发达的国家。"不过，听了我的这一番话，花衣吹笛人是怎样考虑的，我可来不及讨个回音。因为接见的时候到了。我们的司机 Uwe Laue 先生催我上车了，我只来得及最后大喊一声："行行好吧，先生！"（大笑、跺脚、热烈鼓掌）便直奔这座大厅。

上面这一席话，可以当作我们中国作家代表团对海姆陀建城一千年庆典的贺词，也是我本人和我的同事们对诸位如此热情动人的欢迎仪式的报答！（热烈鼓掌）

这是诗人公刘于1987年4月随中国作家代表团访问前联邦德国海姆陀市时，在市长接待仪式上的答谢词。由于公刘的致词十分成功，给当地市民留下了深刻而难忘的印象。

公刘致词成功的要诀在哪里？最重要的是做到了"因地制宜""因时制宜""因人制宜"以及用语上的含蓄、精练、幽默、生动。因此，写谢词也要事先了解对方，抓住对方的特点，才能取得良好的效果。

【例文九】

我们的未来不是梦
湖北　萧　琳

敬爱的老师们和学员朋友们：

晚上好！

"相逢何必曾相识"，今天，我们度过了忙碌而多彩的白天，从不同的地方赶到这儿参加由《武铜文艺》编辑部、武钢职工培训学校联合举办的"文学创作讲习班"，我的心情非常激动。文学将我们大家联合起来，使我们有了这份很好的机缘。在座的从事文学创作的老师们又为我们这群刚刚起步的跋涉者创造了良好的学习环境。在这里，我代表全体学员向所有关心和支持我们的老师及有关作家表示衷心的感谢！感谢你们给予我们这次难得的机会！

文学是一座神圣的殿堂。我们深知"道"之艰难，"路"之漫长，但我们已做好了"苦行僧"的准备。许多古今中外文学家的坎坷经历告诉们：要想品尝收获的甘美，必先尝尽耕耘的劳苦。今天我们已经准备起航，而这些甘为他人做嫁衣的老师们又为我们备好船桨，接下来我们要锲而不舍地下苦功，要先打好坚实的基础，博取众家之长，来提高自己的文学修养。我们希望在这座营养宝库中，能不断充实自我，提高自我。

大凡古今成大事者，必经过三种境界：昨夜西风凋碧树，独上高楼，望尽天涯路，此第一境也；衣带渐宽终不悔，为伊消得人憔悴，此第二境也；众里寻他千百度，蓦然回首，那人却在灯火阑珊处，此第三境也。文学之路也可以这样概括。我相信：经过一段时间乃至更长时间的勤学苦练，总有一天我们会到达憧憬已久的美好境界，有那么一天，坐在"梦"中位置的将是我们这群年青人。

朋友们，"请乘理想之马，挥鞭从此起程，路上春色正好，天上太阳正晴！"

最后，让我们再一次感谢各位老师的悉心扶持和帮助，我们全体学员有着共同的心声，那就是把握机会，不负众望。我们坚信——我们的未来不是梦！

这是代表一个集体在会上所致的谢词。本文所谢的对象是文学讲习班的老师们,"谢"的话题自然是讲习班中的教与学了。用什么来"谢"?老师总是希望学生成才的,学生的成功便是最好的谢。于是致词者选择了"今后继续努力""到达憧憬已久的美好境界"的意愿,既"谢"了老师,又激励了自己(包括全体学员),最后用"不是梦"表达了坚定的信心。因此,本谢词很切话题,"谢"得得体。

【例文十】

蒙哥马利将军在第八集团军告别会上的告别演讲
(1943年12月30日)

我不得不遗憾地告诉你们,我离开第八集团军的时刻来到了。我受命去指挥在英国的英国军队,他们将在最高统帅艾森豪威尔的领导下作战。

我实在很难把离别之情适当地向你们表达出来。我就要离开曾经和我一起战斗的战友。在艰苦作战与赢得胜利的岁月中,你们忠于职守的勇敢与献身精神,永远令我钦佩。我觉得,在这支伟大的军队中,我有许多朋友。我不知道你们是否会想念我,但我对你们的思念,特别是回忆起那些个人的接触,以及路上相遇时愉快致意的情景,实非言语所能表达。

我们共同作战,从未失败过。我们共同所做的每件事,总是成功的。

我知道,这是由于每个官兵忠于职守、全心全意合作的结果,而不是我一人之力所能做到的。

正因为这样,你们和我彼此建立了信任。司令官与他的部队之间的相互信任是无价之宝。

与沙漠空军部队告别,我也依依不舍。在第八集团军整个胜利作战的过程中,这支出色的空中打击力量一直同我们并肩作战。第八集团军的每名士兵引以为荣地承认,这支强有力的空军的支援是取得胜利的极其重要的因素。对于盟国空军,尤其是对于沙漠空军的大力支援,我们将永志不忘。

临别依依,我要向你们说些什么呢?

我激动得说不出话,但我还是同你们说:

第八集团军有今天,是你们的功劳,是你们,使得它在全世界家喻户晓。因此,你们一定要维护它的良好名声和它的传统。

请你们以对我一贯的忠诚和献身精神同样地对待我的接任者。

再见吧!

希望不久再见面,希望在这次大战的最后阶段,会再次并肩作战。

这是一篇很著名的告别词。当年,蒙哥马利作为第二次世界大战盟军军事代表,前来解放区同八路军合作抗日,后来调任离开,八路军军部为之饯行欢送,他在告别会上发表了这篇著名的告别词。

这不是一般的话别,而是战友之情的真情流露,他在同八路军的共同作战中与大家结下了战斗友谊,现在要告别了,是那样的依依不舍,但是却又不能不舍,所以他选取了"不舍的原因"来做话题,从而揭示出了八路军忠于职守、勇敢献身、全心全意合作等等品质，认为相互间的信任是无价之宝，是取得胜利的极其重要的因素，令人永志不忘。

【例文十一】

在欢迎尼克松总统访华宴会上周恩来总理的祝酒词
（1972年2月21日）

总统先生，尼克松夫人，

女士们，先生们，

同志们，朋友们：

　　首先，我高兴地代表毛泽东主席和中国政府向尼克松总统和夫人，以及其他的美国客人们，表示欢迎。

　　同时，我也想利用这个机会代表中国人民向远在大洋彼岸的美国人民致以亲切的问候。

　　尼克松总统应中国政府的邀请，前来我国访问，使两国领导人有机会直接会晤，谋求两国关系正常化，并就共同关心的问题交换意见，这是符合中美两国人民愿望的积极行动，这在中美两国关系史上是一个创举。

　　美国人民是伟大的人民，中国人民是伟大的人民，我们两国人民一向是友好的。由于大家都知道的原因，两国人民之间的来往中断了20多年。现在，经过中美双方的共同努力，友好来往的大门终于打开了。目前，促使两国关系正常化，争取和缓紧张局势，已成为中美两国人民强烈的愿望。人民，只有人民，才是创造世界历史的动力。我们相信，我们两国人民的这种共同愿望，总有一天是要实现的。

　　中美两国的社会制度根本不同，在中美两国政府之间存在着巨大的分歧。但是，这种分歧不应当妨碍中美两国在互相尊重主权和领土完整、互不侵犯、互不干涉内政、平等互利和和平共处五项原则的基础上建立正常的国家关系，更不应该导致战争。中国政府早在一九五五年就公开声明，中国人民不要同美国打仗，中国政府愿意坐下来同美国政府谈判，这是我们一贯奉行的方针。我们注意到尼克松总统在来华前的讲话中也谈到："我们必须做的事情是寻找某种办法，使我们可以有分歧而又不成为战争中的敌人。"我们希望，通过双方坦率地交换意见，弄清楚彼此之间的分歧，努力寻找共同点，我们两国的关系能够有一个新的开始。

　　最后，我建议：

　　为尼克松总统和夫人的健康，

　　为其他美国客人的健康，

　　为在座的所有朋友们和同志们的健康，

　　为中美两国人民之间的友谊，

　　干杯！

　　祝酒词就是举杯祝愿的话。宾客光临，自己在欢迎宾客的宴会上应该祝愿什么呢？应该用什么态度去祝愿呢？祝愿应该怎样表述呢？认真学习这篇祝酒词，可以得到令人满意的答案。

得体的称呼之后，首先表示欢迎，并出于礼仪的需要，致以对美国人民的问候，接着介绍贵宾及其使命，并予评价。

为什么要欢迎？就是因为贵宾身负使命，这个使命是对双方有利的，因此，贵宾的使命便是祝酒词的话题。

应该说些什么？要选双方乐意听的，又同使命相关的内容。

在语言运用上，朴实无华，显示出外交场合的得体性和分寸感。

【例文十二】

在 APEC 人力资源能力建设高峰会议
招待会上的祝酒词

中华人民共和国国务委员　王忠禹

（2001 年 5 月 14 日）

各位来宾，女士们，先生们，朋友们：

亚太经合组织人力资源能力建设高峰会议明天将隆重开幕。今天，各成员的政府官员、企业家、教育学术界专家会聚北京。我代表中国政府对各位的到来，表示热烈的欢迎！

这次会议是中国国家主席江泽民阁下和文莱苏丹陛下共同倡议召开的。会议将以"新经济、新战略；合作创新，开发能力，共促繁荣"为主题，深入分析新经济快速发展形势下亚太地区人力资源能力建设所面临的机遇和挑战，研究提出推进人力资源能力建设的战略选择，探索加强合作的方式与途径。这将是亚太经合组织发展史上一次具有深远意义的会议。

各位代表，人类已经迈进新的世纪，世界正发生着深刻的变化。科技革命突飞猛进，经济全球化加速发展，以知识为主导、以高新科技为基础和支撑的新经济正在涌现，人力资源在经济发展与社会进步中的地位与作用日益突出，加强人力资源能力建设是新世纪经济社会发展的迫切要求和客观需要。

亚太地区人力资源丰富，开发潜力巨大，亚太经合组织将人力资源能力建设作为重要工作领域，对于各个成员和整个地区的经济持续发展都具有战略意义。中国政府十分重视人力资源开发，努力提高劳动者素质，着力建设一支宏大的、高素质的人才队伍，并取得了显著成绩。我们将积极支持亚太经合组织的各项工作，并继续本着"平等互利"的原则，大力拓展与其他各成员的交流合作，为亚太地区的人力资源能力建设和经济社会的繁荣做出应有的贡献。

中国人民是热情、好客的人民。在新世纪第一个春光明媚的季节里，有朋自远方来，这么多致力于亚太经合组织人力资源能力建设的新朋故友喜悦相逢，我们倍感高兴，让我们用香醇美酒来表达最美好的祝愿。

我提议：

为了新世纪亚太地区的经济繁荣和人民幸福；

为了亚太经合组织人力资源能力建设高峰会议的圆满成功；

为了与会各位女士、先生的身体健康；

干杯！

"APEC人力资源能力建设高峰会议"是一个国际间的隆重会议。作为东道主的中国政府在开幕的前夕,为加强友谊,联络感情,安排举行了这次招待会。这个招待会应属于这个会议的一个部分,也可以说是一个前奏。

这个祝酒词,实质上也是欢迎词。欢迎谁?向谁祝酒?用什么话题?怎样说?本文给我们提供了很好的范例。

首先点明会议即将开幕,祝酒人代表东道主表示对与会者的热烈欢迎;接着介绍这次会议的背景、主旨和深远意义。

会议的深远意义也就是与会者们劳动的成果,因此着重阐明其深远意义并鼓励与会者们做出应有贡献。最后强调欢迎,让人感受到东道主的热情和祝愿。

【例文十三】

广东省人民政府领导在"世粤联会"欢迎宴会上的致词

各位嘉宾、各位乡亲,
女士们、先生们、朋友们:

云山起舞,珠水欢歌。今日的广东喜气洋洋,今晚的羊城乡情洋溢。在这个月朗风清、祥风暖送的晚上,广东省人民政府举行宴会,招待出席第二届世界广东同乡联谊大会的各位乡亲和嘉宾朋友。我谨代表广东省人民政府和全省7700万人民,向各位乡亲和嘉宾朋友表示热烈的欢迎和诚挚的问候!

广东籍乡亲分布在世界各地,发扬中华民族的优良传统和勤奋务实、敢为人先的广东人精神,在海外艰苦创业,与当地人民友好相处,在政治、经济、科技、文化、教育等领域取得了可喜的成就,成为中外友好交往的桥梁和纽带。从新世纪开始定期举行的世界广东同乡联谊大会,是广东籍华侨华人与时俱进的时代产物,反映了海外乡亲加强团结、相互融合、共同发展的良好愿望和迫切需求。第二届联谊大会在广东举行,不仅是海外乡亲的大事,也是广东的一件盛事。我们相信,这次大会的召开,必将增进海外乡亲对广东的了解与联系,必将促进海外乡亲的团结与友谊,必将推动海外乡亲与广东之间和各国乡亲之间的合作交流,为海外乡亲事业的发展和广东的现代化建设事业产生积极的作用和深远的影响。

华侨华人、港澳台同胞众多是广东特有的人缘优势,是广东对外开放、加快现代化建设步伐的重要力量。改革开放二十多年来,华侨华人、港澳台同胞对促进广东的对外开放、经济发展和社会进步做出了巨大贡献,功不可没。在此,我代表广东省人民政府和全省人民向一直以来关心、支持广东建设的海外侨胞、港澳同胞、台湾同胞和华人朋友表示衷心的感谢!

当前,我们正在努力建设经济强省,一个充满蓬勃生机和广阔前景的广东,正以强劲的姿态向新的高度跨越。我们将根据中共十六大的精神,按照在全国率先基本实现社会主义现代化的要求,深化改革,扩大开放,加快发展。希望海外乡亲继续参与广东的建设,与我们一起描绘广东的未来,携手合作,共同发展,再创辉煌。

各位乡亲,各位朋友:美不美,故乡水;亲不亲,故乡人。让我们斟满家乡的美酒,和着悠扬的乡音,一起举杯:

为第二届世界广东同乡联谊大会的举行,

为在座各位的身体健康、事业兴隆、家庭幸福,

干杯!

这是广东省侨办在第二届世界广东同乡联谊大会的欢迎宴会上的省领导致词。这次大会有近 70 个国家和地区的 2800 名海外赤子参加。本致词热情洋溢,欢快流畅,充分表现出了东道主对乡亲、嘉宾的诚挚感情;充分肯定和高度评价了他们对广东现代化建设的作用和影响。

【例文十四】

未来需要你们去创造
——在中国少年先锋队队员和辅导员
代表会议上的致词

邓颖超

亲爱的少先队员小朋友们,
尊敬的辅导员同志们:

今天,你们从祖国的四面八方来到首都北京,举行隆重的代表会议,我代表党中央向你们表示热烈的祝贺!

在我们的国家里,一提起你们少年儿童,人们总爱送你们两句话:一句是"祖国的花朵",另一句是"祖国的未来"。"祖国的花朵"是什么意思呢?我想,这除了赞美你们天真、活泼、可爱之外,还另有很深的意义,那就是希望你们在祖国明媚的春天里,茁壮成长,竞相绽放,把祖国装点得更加绚丽多彩。把你们比喻为"祖国的未来",这就更加语重心长。这就是说,未来是属于你们的,祖国的前途是属于你们的,社会主义建设的宏伟事业在向你们召唤,期待着你们去创造。

未来是属于你们的,未来需要你们去创造。那么,你们知道这个"未来"指什么吗?我看可以作这样两种解释:第一,这个"未来"指的是共产主义。这是从人类社会发展的必然规律和我们党的最终目标而说的。你们少先队的口号不是这样的吗:"准备着,为共产主义事业而奋斗!""时刻准备着!"因此,你们从小就要树立共产主义的远大理想,誓为共产主义奋斗终生。第二,从我们党的十二大提出的奋斗目标来说,也可以说,这个"未来"是 21 世纪。那时候,我们的国家,在经济上,已经实现了翻两番的宏伟目标,社会生产力将以前所未有的速度向前发展,文化科学技术将进入世界的先进行列,我们的社会主义制度将更加完善,社会主义的优越性将进一步显示出来,社会主义的中国将以繁荣强盛的崭新面貌屹立在世界的东方!到了那个时候,你们大都三十来岁,正处在风华正茂、建功立业、大有作为的美好年华。你们既能亲手描绘四化的更加宏伟的蓝图,又能亲身体验到 21 世纪新生活的甘美。所以我说,未来的任务是非常艰巨的,未来的生活是无限美好的。

怎样去迎接这个美好的未来呢?那就要靠你们自己去创造。我们中华民族是具有创造精神的伟大民族,我们的党是具有创造精神的伟大的党。你们是炎黄子孙,是党的孩子。你们要担负起创造未来的历史使命,就必须继承和发扬中华民族的优良传统,继承和发扬党的优良传统,立志

改革，立志创造，做富有开拓精神的革命事业接班人。

未来需要你们去创造，你们现在就应该准备好创造未来。为此，我向你们提三条希望。

第一，树立创造的志向。

志向是一种内在的强大动力，没有创造的志向，就不会有创造的行动。创造的志向不是天上掉下来的，也不是本身固有的，而是来源于高度的政治责任感和强烈的事业心。你们必须牢记祖国的嘱托，牢记人民的期望，牢记历史赋予你们的光荣使命。你们不但要有虚心学习前人的美德，而且必须有超过前人的志气，我们真心实意地欢迎你们超过我们、胜过我们。我希望你们不是贪图安逸、坐享其成的一代，而是艰苦创业、造福人类的一代，不是因循守旧、墨守成规的一代，而是勇于创新、开拓前进的一代；不是满足现状、不思进取的一代，而是向往明天、创造未来的一代。古人说，自古英雄出少年。我说当代少年更英雄！你们就是要从小立下革命志，长大为国立功芳。

树立了创造的志向，还必须有实现志向的信心和毅力。树立了创造的志向，还不等于有了创造的行动，更不等于取得了创造的成果。在这中间，还有一段艰苦的路程。这就像当年的万里长征一样，在前进的征途中，有雪山草地，也有江河沼泽。你们要创造未来，奔向明天，就必须有坚定不移的信心和坚韧不拔的毅力，要战胜种种艰难险阻。我相信你们能够这样做。

第二，培养创造的才干。

有了创造的志向，还必须有创造的才干，不然就叫志大才疏。

你们要学好课本上的知识。这些知识是基础，基础打好了，才能掌握更多更深的知识。但是，只学好课本上的知识还是不够的，你们还必须尽可能地多学一些课外知识，使自己的眼界变得开阔，头脑变得灵活，知识变得丰富，一个人知识越丰富智力才越发达，思维才越活跃，创造力才越强。

除了掌握知识之外，还要有能力。"高分低能"不是我们的培养目标。首先，你们要逐步学会使用一些基本的劳动工具，学会进行科学小实验，把学得的知识应用到实际中去，并使原有的知识更加丰富。双手勤又巧，才能去创造。其次，要锻炼组织管理和社会活动的能力。你们是21世纪的主人，当主人不会管理怎么行呢？所以，我希望小朋友们，在学好功课的同时，要积极参加各种有益于你们增长知识、增长才干的实践活动，在活动中，提高你们分析事物的能力、解决问题的能力和组织管理的能力。

当然，你们还必须注意锻炼身体，做到既长知识，又长身体。这样，你们在创造未来的伟大实践中，才可以保证有充沛的精力和强健的体魄。

第三，开展创造性的活动。

虽然你们在为未来的创造作准备，但是你们的创造活动应该从今天就开始。

少先队的活动，是树立创造志向、培养创造才干的广阔天地。要培养创造精神，就要把少先队活动创造性地开展起来。

怎样才能有创造性呢？首先要发扬主人翁精神，开展活动，不能什么事都要等辅导员来安排，你们要自己当家做主，自己出主意，自己做准备，自己来组织。你们既是各项活动的积极参加者，又是各项活动的设计者和组织者。这样，不但能发挥你们的创造才能，而且能培养你们的创造才干。

你们还要多开展一些诸如"小考察""小创作""小发明"之类的活动，为长大去搞大发明、大创造打下基础。今天的"小发明家"明天就可能成为大发明家。我相信，21世纪的华罗庚、李四光,就出在你们这一代人当中。

上面,我提出了三点希望和要求,概括起来就是四句话:人小志气高,立志去创造,今天准备好,将来立功劳。

未来需要少年儿童去创造。现在,少年儿童需要我们去关心、去培养。在教育、培养少年儿童方面,广大少先队辅导员做出了很大的贡献,我向你们表示深切的敬意;同时,我希望全党、全社会都来关心少年儿童的成长,都来支持少先队的工作,这是一项战略任务。在这个问题上,我们应该有卓识远见。我相信,在全党和全社会的大力支持下,少先队的工作一定会日趋活跃,广大少年儿童一定会更加茁壮地成长!

最后,预祝你们的大会圆满成功!

这是革命前辈亲临会议,代表党中央在会上向少先队员代表、辅导员代表致词祝贺的贺词。

写祝贺词,首先要明确祝贺的对象是谁,并明确祝贺他们什么。

本文中心突出,主题鲜明,就是到会祝贺,表达革命前辈们对少先队员提出的殷切希望。

"希望"就是祝贺的话题。全文语重心长,循循善诱,围绕着少先队员是祖国的未来,要创造未来而提出三点希望,即要"有志"(树立创造的志向)"有才"(培养创造的才干)"有动"(开展创造性的活动)。

【例文十五】

中共中央政治局常委李长春
致第二届世界广东同乡联谊大会的贺信

第二届世界广东同乡联谊大会在广东隆重举行,这是海外粤籍华侨华人、港澳台同胞和广东人民的一大盛事。我谨向大会表示热烈的祝贺,向出席大会的华侨华人和港澳台同胞致以诚挚的问候!

分布在世界各地的广大海外华侨华人是中国了解世界、走向世界,世界了解中国、走进中国的重要桥梁。长期以来,华侨华人在为住在国的经济发展、社会文明进步做出贡献的同时,也为促进住在国与中国的友好合作与交流,推进中国的现代化建设以及和平统一大业,做出了重要贡献。在广东工作期间,我到过不少侨乡,结识了众多海外朋友,耳闻目睹,深深体会到华侨华人、港澳台同胞桑梓情深,乡亲朋友们为中国,尤其为广东省的改革开放和现代化建设做出了重大贡献。

目前,中国已经进入全面建设小康社会、加快推进社会主义现代化的新的发展阶段。我相信,在以胡锦涛同志为总书记的中共中央的正确领导下,广东必将进一步发挥侨乡优势,与时俱进,开拓创新,加快推进率先基本实现社会主义现代化,各项事业蒸蒸日上,继续走在全国的前列。希望广大海外侨胞、港澳台同胞和华人朋友一如既往地关心和支持中国和家乡的建设,为中国的繁荣富强,为中华民族的伟大复兴发挥更大的作用,做出更大的贡献!

衷心祝愿大会圆满成功!

并祝各位身体健康、事业发达！

李长春
二〇〇二年十二月

这是领导人以个人名义写给大会的贺信。领导人给会议发贺信，能给会议起到鼓舞、激励作用。李长春原是广东省委书记，从这个会议筹备一开始就十分关怀、关注，对会议具有重大影响力。后来他由于工作关系离开了广东，但仍然关注这个会议，而这个会议的主办者和众多与会者也十分希望得到他的关怀、支持。因此，这封信显得十分有必要，有意义。事实上，这封贺信给大会增添了浓厚的喜庆、热烈的气氛，也给广大与会者增添了暖意。

贺信写得十分精练（祝贺、问候、祝愿），其话题就是海外赤子的贡献，希望他们在新形势下做出更大贡献。

二、礼仪文书的文体特点

1. 礼貌上的尊敬性

迎来送往是出于礼仪的需要，使用致词是为了使双方具有更为亲切和谐的气氛，因此要特别注意礼貌，要表现出对对方的尊重、友好、和善。因此，称呼上，要注意在姓名前冠以"尊敬的""亲爱的""敬爱的"等词语，在姓名后面加上头衔，或者加"先生""女士"之类的词语。称对方姓名要用全名，不能用简称、代称等。

2. 感情上的真挚性

根据不同对象，表达要切合实际，客套话不要说得过多、过分。老友相逢，除却客套，还要推心置腹，真诚相见；初次交往或尚有分歧的，则要不卑不亢，既热情真诚，又自尊自重，分寸适度。

3. 表态的委婉性

欢迎、欢送、答谢都是双边活动，致词中既要表示友好，又不能丧失自己的原则立场。这就要通过婉转巧妙的表达方式阐明自己的原则立场，措词要严谨、慎重、委婉。另外，要尊重对方的风俗习惯，不讲对方忌讳的内容。

4. 篇幅的简短性

欢迎词、欢送词、答谢词一般都比较简短。这是因为此类文书主要是出于礼节上的需要，很多实质性问题应在其他场合说。此外，在欢迎/欢送仪式上讲话，各种条件也不允许长篇大论。所以写这类公文应注意简练、明快、热情友好、谦和礼貌。

三、礼仪文书的种类

礼仪文书主要有：
（1）迎送类致词，包括欢迎词、欢送词、答谢词、告别词、祝酒词等；
（2）欢庆类致词，包括祝词、贺词、贺信等；
（3）表敬类文书，包括致敬信、慰问信等；
（4）悼念吊唁类。

四、礼仪文书的写作要求

礼仪文书的写作要求是由其文体的特殊性所决定的。要求做到注重礼节、讲究礼貌；感情真挚、态度友善；把握分寸、委婉含蓄；所表述的内容要与场合、身份、语境相符，符合礼仪礼节的需要。

五、礼仪文书的写法

（一）欢迎词

欢迎词是社交礼仪演讲词的一种讲话稿。是党政机关、社会团体、企事业单位，在迎接宾客来访、欢迎领导视察，欢迎各种重要活动、论坛、会展、学术考察等的参加者，欢迎新成员（新学员、新员工、新教师、新领导）的集会、欢迎仪式上，主办方的领导人对来者表示热烈欢迎时，使用的讲话稿。

欢迎词的使用频率很高，无论单位大小，迎来送往总是少不了的。从重大的国事欢迎，到单位之间的参观、交流，为了对来宾表示欢迎和尊重，表达友好交往，增强交流与合作的心愿，创造和强化友好和谐的社交气氛，在欢迎场合都少不了要用到欢迎词。

欢迎词具有应对性，一般来说，主人致欢迎词后，宾客即致答词。

1. 写作方法

欢迎词的结构一般分为三部分：标题、称呼、正文。

（1）标题。一般要标明这是"谁""在什么会上（场合）"的致词，如"×××在欢迎×××仪式上的致词"，或"××××团来访的欢迎仪式上×××的欢迎词"，或"×××在机场迎接×××时的致词"。

（2）称呼。对内宾的称谓按习惯，称呼外宾时要事先了解他们的身份、头衔，有的要在头衔前边加上"尊敬的"一类修饰语。在男宾、女宾的排列顺序方面，有的女士在前，男士在后。内文涉及彼此单位时，前边应冠"贵"字、"敝"字，如"贵公司""敝公司"，不宜称"你公司""我公司"。按照对方特定的规矩、习惯，才能更有礼貌。

称呼应顶格书写，重要宾客可单独成行，按职位高低排列。

（3）正文。欢迎词的正文一般由开头、主体、结尾三部分组成。

开头，先用简洁的语言表明对宾客的热烈欢迎，迅速给宾朋一种"宾至如归""温暖如春"的感觉。

主体部分，可以因人因事制宜，灵活多样：或说明宾客的背景，介绍和赞颂宾客的业绩和品格，进而缩短距离，融洽关系；或回顾双方在友好交往、愉快合作中已取得的成果，说明这些成果的意义、面临的任务，表示完成任务、增进交往、加强合作的信心；也可以赞美友情，或对这次来访、聚会、活动作出评价，使对方认清合作的重要意义和光明前景；还可以就东道主一方的事业发展、政策走向作扼要说明，帮助宾朋解难释疑，以便进一步发展友谊，加强合作。

结尾处可用简短的语句，向宾客表示良好的祝愿，如祝宾客愉快、祝宾客成功或祝宾客健康等等。

2. 欢迎词的写作要求

（1）要有的放矢。依据不同对象，做切合实际的表达。这就要求先做好调查研究工作，不仅要了解欢迎对象所在国家、地区的基本情况，还要了解其文化背景、风俗习惯，甚至于个人的兴趣爱好等等，这样才能做到对宾客的赞颂和评价热情而中肯，尊重对方的风俗习惯，不涉及对方忌讳的内容。

（2）话题要有分寸。致词中，既要表示友好，又不能丧失自己的原则立场。因此，措词要特别注意严谨、慎重、委婉、含蓄，要把握好分寸，不能随心所欲、信口开河。如与来宾的观点、意见并不很一致时，欢迎词应多说共同点，少谈或不谈分歧，可恰当使用委婉的能求同存异的语句，以营造友好和谐的气氛。

（3）要注意礼貌，除讲究礼节、礼仪之外，语言上要朴实、热情、简洁、平易，语气要亲切、诚恳，感情要真挚，宜多用短句，言辞力求高雅。回顾以往的叙述要简洁，议论不要过多，力求精当。既要热情，又要自尊自重，分寸适度。

（4）篇幅要短小。要注重宾主的背景介绍，突出强调二者的合作关系及合作前途。

（二）欢送词

欢送词是在欢送集会或欢送仪式上，对某人或某些人的离去表示欢送、惜别和祝愿的致词。

当来访贵宾访问成功即将离去的时候，当学者、科研工作者学习或工作任务完成后即将离去的时候，当某同事因工作需要调离的时候，当优秀青年光荣当兵入伍的时候，毕业学生将离校跨入社会的时候，当亲友、同事出国留学的时候，开个欢送会，根据欢送对象的不同，采用与欢送内容相适应的言语和内容致词，表达欢送、惜别、赞美、鼓励、希望之情，营造出一种热情、热烈的气氛，能给人留下深刻、难忘的印象，令人倍受鼓舞。

欢送词同欢迎词一样，具有一定的应对性，即主人致欢送词后，被欢送者即致答词。

1. 写作方法

欢送词一般分为三部分：标题、称呼、正文。

（1）标题。一般要标明这是谁在什么会上的欢送词。外交场合，特别是外事活动中的欢送词，一般均采用"×××在欢送×××的会上致词"这样完整的标题。一般社交场合中的欢送词，标题中可省去演讲者，只标明在什么会上的欢送词。

（2）称呼。外交活动中的欢送词，对主宾的称呼用全称，即姓名后加职位、职称，以示尊重。一般社交场合中的欢送词，对主宾的称呼一般不提职位、职务，以示亲密友好。有时，在被欢送者的姓名前加上"亲爱的""尊敬的"等修饰语。

（3）正文。欢送词的正文由开头、主体、结尾三部分内容构成。

开头，直接表达欢送之情意，有时也可对被欢送者表示祝福。

主体部分或对来宾访问成功/会谈成功表示祝贺与感谢，评价来宾访问与会谈的意义和影响；或回顾过去的友好交往、合作，评价被欢送者的工作、学习成绩和个人品格，表达惜别之情；或说明被欢送者即将开始的新的工作、学习的意义等等。

结尾，向被欢送者表示祝愿。

2. 欢送词的写作要求

欢送词的写作要注重以情动人，多采用富有感情色彩的词语。语言应朴实、简洁，篇幅不要过长。致词中，演讲者可根据自己与被欢送者的关系、自己的身份和地位，向被欢送者提出勉励之词或共勉之词。

（三）答谢词

答谢词是指为表示感谢而发表的致词。在欢迎会、欢送会、庆功宴会、授奖大会等场合，主持人或主人致词以后，受迎、受送、受邀、受奖的当事人，为表示感谢，对自己被欢迎、欢送、受邀、受奖表达谢意，这叫答谢，这时所说的话语就是答谢词。

有时，告别词和答谢词可以互用。宾客可在访问即将结束时举行的告别宴会上，对主人的盛情表示感谢。

1. 答谢词的写法

答谢词由标题、称呼、正文三部分组成。标题和称呼，写法与告别词、祝词基本相同。

（1）标题。答谢词的标题，可以由"事由+文种"组成，也可以由"致词人+事由+文种"组成。例如"在毕业典礼上的答谢词"、"江泽民总书记在墨西哥总统塞迪略举行的国宴上的答谢词"。

（2）称呼。答谢词称呼的写法同欢迎词、欢送词一样。

（3）正文。正文由开头、主体内容、结尾三部分组成。

开头可以开门见山地向有关方面表示感谢。

正文的主体内容，因不同类型而有所不同。

答谢主人的盛情邀请和款待，主体内容就应该对主人的热情款待表示诚挚的谢意，对宾主之间的友谊进行简要的回顾，对主人的未来表示良好的祝愿。

授奖仪式或毕业典礼上的答谢，其主体内容应叙说组织或母校对自己的关怀、教育、培养、帮助的主要具体事实以及产生的效果，热情赞颂组织或母校的可贵精神并致谢，再说说自己将怎么做。

答谢他人对自己工作的支持和帮助，其主体内容应叙说支持和帮助的作用，总结支持和帮助的具体事实，最后表示感谢。

结尾依据场合而有所不同。在宴会上致答谢词，在即将结束时应提议干杯；在一般仪式上的答谢，宜用祝愿式语言或表示自己的决心。

2. 答谢词的写作要求

（1）答谢词是为感谢东道主的欢迎或欢送而写的，因此，尤其要讲针对性。开头要表示感谢，最好把东道主组织迎送活动的内容、形式以及相处过程中的具体关照择要列举出来。

（2）概述来访期间留下的美好印象，以加深友谊。

（3）提出进一步发展友谊和合作的愿望、建议。
（4）再一次表示谢意，以此表明友谊与合作之路正在不断向前延伸。

（四）告别词

告别词是访问结束前或调离工作岗位/离任前，告别者在告别仪式或告别宴会上表示惜别的致词。

一般来说，重要的访问中，访问者在即将离开某一国家、地区、城市、单位时，会出于礼仪上的需要，以自己的名义举行一个告别宴会或告别仪式。有一定社会影响的人士（或知名度较高者）因工作调动、任务完成或接受新任务而离开某一单位、集体时，也常常会以个人的名义举行告别宴会或告别仪式，以表示期望延续友谊、加强合作。虽然举办者是以个人名义致词，实际上是代表了一方的单位或组织。有些人调离单位时，原单位会组织宴会或仪式，这时的宴会或仪式不叫作告别会，而是欢送会或欢送宴会，离去者的致词不叫作告别词，而是答谢词。

1. 告别词的写作方法

告别词的结构可分为三部分：标题、称呼、正文。

（1）标题。告别词的标题同欢送词的标题基本相同。

（2）称呼。告别词的称呼同欢送词的称呼基本相同。

（3）告别词的正文。告别词的正文与欢送词相似，不过由于演讲者处于"送"和"别"的不同角度，两者也有区别：欢送词除了表达依依惜别之情外，主要向被欢送者表示祝贺，提出勉励、希望；而告别词除了表达依依惜别之情外，主要向告别对象表示感谢，或追述友谊，或表达自己决不辜负送别者的期望和意愿。

2. 告别词的写作要求

告别词的写作强调以情动人，语言朴实，感情真诚，叙述、议论和说明均带有感情。

（五）祝酒词

祝酒词实际上就是在欢迎宴会上的致词。祝酒，这是人们交往中的一种祝愿的形式。宾客初至，主人为其设宴洗尘，这象征着友好。"有朋自远方来，不亦乐乎？"宴会起始，主人致词祝酒，增强主客双方的友好气氛，这种气氛有益于促进双方的感情交流。因此，在较为隆重的接待中，主人往往会设宴招待客人并致祝酒词。

祝酒词要体现出出席宴会的各方情谊，制造欢快、热烈、友好的气氛。在结尾处要说明为什么而干杯。如果省略了这种结尾，就不像祝酒词了。结尾处的祝语既要突出代表人物，又要兼顾所有的参加者。主人借酒发挥，向到来的宾客致以美好的祝愿。

在宴会上也不适于讨论严肃的话题，因此祝酒词一定要写得简短、轻松。

1．祝酒词的写法

祝酒词由标题、称呼、正文三部分组成。

（1）标题。祝酒词的标题可以用以下三种方式：

- 仅用文种名称，即写上"祝酒词"便可；
- 事由+文种，如"在×××欢迎酒会上的祝酒词"；
- 致词人+事由+文种，如"×××在×××宴会上的祝酒词"。

（2）称呼。祝酒词的称呼同欢迎词的称呼相同。

（3）正文。祝酒词的正文，应首先对宾客表示热烈的欢迎，对以往受到的帮助、关怀表示感谢，对以往的交往、合作表示肯定，对未来的协作进行展望，最后提议为合作、友谊、健康等干杯。

2．祝酒词的写作要求

（1）要有针对性。祝酒词是针对参加宴会的主要宾客讲的，所讲内容无论是针对以往的或是未来的，都必须是与这些人有密切关系的话题。

（2）要热情、诚恳。举办酒会、宴会是为了创造友好气氛，增进友谊。只有表现得热情、诚恳，才能感染对方，起到沟通、理解和互相支持的作用。

（3）措词要庄重、谨慎。为避免说一些失礼的话，发言者必须预先准备好讲话稿，起码要打好腹稿，使致词准确无误，庄重得体。

（六）祝贺词

祝贺词，又称为祝词、贺词、贺信，是在隆重、喜庆的集会或社交仪式上，向有关方面表示祝福、祝贺，表达良好祝愿的文书。

从党政机关、企事业单位、社会团体到个人，都须参与各种各样的集会或仪式，凡重大者，均有祝贺的礼仪。大致有以下几类：

（1）对国家、地区、单位重大活动的祝贺。如重大的运动会、交易会、展销会、洽谈会、文艺会演、商品交流、学术文化研讨等等。

（2）对重要会议的祝贺。如党代会、人大、大型表彰会等。

（3）对突出成就的祝贺。如取得优异成绩、发明创造、科学成就等。

（4）对重大项目的祝贺。如重大建设项目奠基、动工、落成等。

（5）对重大节日的庆贺。如重大传统节日、纪念日等。

（6）对婚姻的祝贺。即亲朋好友结婚时，在婚礼上致词祝贺。为亲朋好友做证婚人或参加其婚礼，都可以发表新婚祝词。一方面表示朋友间的友情，另一方面又可以给婚礼增添喜庆、欢乐的气氛。

（7）对寿辰的祝贺。如在一些德高望重的老前辈、老领导、老专家、老教师的寿辰时致祝寿贺词。

上述贺词也可以发为贺信、贺电。这对于沟通感情，密切人际关系，促进友谊，促进事业的成功有特定的作用。

贺信、贺电是祝词的书面表达形式。贺信通过邮政或其他渠道传达，祝贺者不必到现场宣读；贺电用电报形式拍发；祝词一般通过口头表达，即写好发言稿后直接到现场宣读。

1. 祝贺词的写法

祝贺词的结构由标题、称呼、正文、落款四个部分组成。

（1）标题。祝贺词的标题，有的写明制发机关和祝贺对象名称，例如《中共中央致民进八大的祝词》。有的只写"祝词"二字，从标题下的称呼和最后的落款才能看出祝词涉及的双方。

（2）称呼。顶格书写接受祝贺的单位或个人的称谓。

（3）正文。

开头一般说明祝贺的缘由（如在什么历史背景或在什么特定情况下致词）以及致词者的身份，并表示敬意、祝愿和感谢。

会议性祝词的主体主要写会议的意义；庆贺性的祝词主要写致词对象所取得的成就及其意义，有时还概述取得成绩的原因；展览、工程建设的祝词主要写该展览、该项工程建设的意义；祝寿词主要概括对象的功业，赞颂其贡献，歌颂其精神；新婚祝词一般讲新郎新娘结合的意义。

祝词结尾处，在表示祝愿的基础上，有时还提出希望和鼓励。致祝寿词时，致词人一般会表示用实际行动向对方学习等等。

2. 祝贺词的写作要求

（1）祝贺要以事实为基础，不能空泛地赞扬；祝愿也应以事实为依据，不能盲目地编造。

（2）要感情充沛，自然流露而不牵强；语气恳切，赞扬而非捧场，热烈而不庸俗。

思考与练习

一、会议礼仪文书的使用频率很高，各机关、单位、企业在迎来送往的社交活动中，常常要应用到这些文书。初学者往往会以为这是文字功夫，简单得很，其实不然。要写好会议礼仪文书，要注意"礼"字和"情"字，要使两者融洽，既符合礼仪礼节，又合乎情理，表现出应有的热情。因此，请认真阅读本《教程》所选例文，深入体会例文是怎样将"礼"和"情"融合在一起的。

二、会议礼仪文书的写作、运用必须得当、得体。为了切实掌握好会议礼仪文书，初学者必须多读例文，从中体会出写作的要领。请你从报刊上另行收集各种各样的会议礼仪文书作为自己学习的例文，并进行分类思考。

三、试结合自己的机遇，分别写出欢迎词、欢送词、答谢词、告别词、祝酒词、祝寿词、贺信等，然后同类似的致词比较，发现自己的不足，提高自己的会议礼仪文书的写作水平。

000001

机密★1年

特急

×××〔2012〕10号

×××××关于××××××的通知

×××××××× ：

　　××。

　　××××××××××××××××××××××××××××。

　　××××××××。

　　×××××××。×××

图1　公文首页版式　　　　　　　　　（缩小39%）

▶▶▶ 附录一　公文式样

000001

机密★1年

特急

×××〔2012〕10 号

——————————————————————

××××××关于×××××××的通知

××××××××：

　　××××××××××××××××××××××××。××。××××××××××××××××××××××××××××。

图2　联合行文公文首页版式1　　　　　　（缩小39%）

000001

机　密

特　急

　　　　　　　　　　　　　　　　　　签发人：×××　×××

×××〔2012〕10 号　　　　　　　　　　　×××

　　××××××关于××××××的请示

×××××××：

　　××。

　　××××××××××××××××××××××

图 3　联合行文公文首页版式 2　　　　　（缩小 39%）

×××××××××××××××。

　　××。

2012 年 7 月 1 日

　　(×××××)

抄送：×××××××，××××××，×××××，×××××，
　　　×××××。

×××××××× 　　　　　　　　　2012 年 7 月 1 日印发

图4　公文末页版式1　　　　　　　　　　　（缩小 39%）

　　×××××××××××××。

　　××××××××××××××××××××

××××××××××××××××××××××

××××××××。

　　　　　　　　　　××××××××××

　　　　　　　　　　2012 年 7 月 1 日

　　（×××××）

抄送：×××××××，××××××，×××××，×××××，
×××××。

×××××××××　　　　　　　　　　　2012 年 7 月 1 日印发

图 5　公文末页版式 2　　　　　　　　（缩小 39%）

×××××××××××××××。
　×××。

2012年7月1日

（×××××）

抄送：××××××××,××××××,×××××,×××××,
　　　×××××。

××××××××　　　　　　　　　　　2012年7月1日印发

图6　联合行文公文末页版式1　　　　　（缩小39%）

×××××××××××××××。
　　××××××××××××××××××××××××
××××××××××××××××××××××××××
×××××××××。

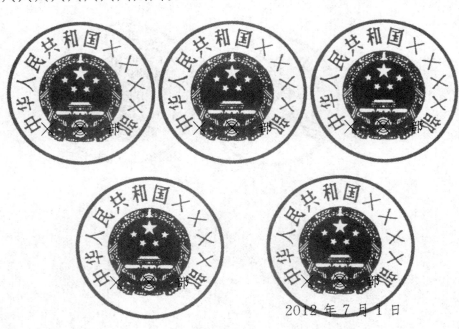

2012年7月1日

（×××××）

抄送：×××××××，××××××，×××××，×××××，
×××××。

×××××××× 　　　　　　　　　2012年7月1日印发

图7　联合行文公文末页版式2　　　　　（缩小39%）

×××××××××××××××。

×××。

附件：1. ××××××××××××××××××××××
　　　　×××××
　　　2. ××××××××××

　　　　　　　　　　　　×××××××
　　　　　　　　　　　　×　×　×　×
　　　　　　　　　　　　2012 年 7 月 1 日

（×××××）

图8　附件说明页版式　　　　（缩小39%）

附件2

$$\times\times\times\times\times\times\times\times\times\times$$

　　××。

　　××。

抄送：×××××××，×××××，×××××，×××××，×××××。

××××××××   2012年7月1日印发

图9　带附件公文末页版式　　　　　（缩小39%）

应用写作常用特定用语简表

用语名称	作用	常用特定用语
开端用语	主要用于文章开头，表示发语、引据	为、为了、为着、查、接、顷接、根据、据、遵照、依照、按照、按、鉴于、关于、兹、兹定于、今、随着、由于
称谓用语	用于表示人称或对单位的称谓	第一人称：我、我单位、本人、本公司、我们 第二人称：你、你局、贵公司、你单位 第三人称：他、该公司、该项目
递送用语	用于表示文、物的递送方向	上行：报、呈；平行：送；下行：发、颁发、发布、下达、印发
对象范围用语	表示对象或所指范围	关于、对、对于、从、将、除了、除……之外、在、在……下、凡、凡属、自、截至、截至……止、至于
引叙用语	用于复文或文中答复	前接、近接、现接、顷接、鉴于、收悉、惊悉、欣悉、谨悉、阅悉、悉
目的用语	表示目的指向	为、为了、为使、由于、在于、至于、遵照、依照、遵循、依据、通过、基于、随着、兹因
拟办用语	用于审批拟办	拟办：责成、交办、试办、办理、执行 审批：同意、照办、批准、可行、原则同意
表态用语	表示态度	表明确无疑：应、应该、同意、不同意、不宜、不可、不应、不予、准予、批准、遵照执行；留有余地：拟应、拟同意、拟原则同意、原则批准
经办用语	用于表明进程	经、业经、兹经、已经、曾经、报经、并经、均经、未经、前经、迭经、经向、经由、业已、早已、久已、业于
结尾用语	用于结尾表示收束	上行：当否，请批示；可否，请指示；如无不当，请批转；如无不妥，请批准；特此报告；以上报告，请审核 平行：此致 敬礼；为盼；为荷；特此函达；特此证明；尚望函复 下行：为要；为宜；为妥；希遵照执行；特此通知；此复； 为……而努力；祝……；现予公布

续上表

过渡用语	用于承上启下	为此、对此、特此、专此、谨此、借此、据此、综上所述、观、总之、有鉴于此、致使、则、但
祈使执行用语	用表示指令要求	着、着令、特命、责成、令其、着即、切切、毋违 实行、实施、施行、试行、贯彻、贯彻执行、贯彻实施
期请用语	用于表示期望请求	上行：请、恳请、拟请、特请 平行：请、拟请、特请、务请、如蒙 下行：希望、望、尚望、希予、勿误
追叙用语		业经、前经、均经、即经、复经、迳经
谦敬用语	用于表示谦敬	承蒙惠允；不胜感激；鼎力相助
征询用语	用于征询对方	当否；妥否

祝颂用语

在正文末尾另起一行空两格写：
顺祝、谨祝、敬祝、恭祝、即颂、恭请、敬请等。
然后别起一行，顶格写：
(1) 根据时令选用：春禧、夏安、秋祺、冬吉、日安、时绥、近祺等。
(2) 根据对象的身份选用：
女性：芳安；
长辈：台安、福安、金安；
教师：教安；
编辑：编安；
作家：著安、撰安。
上述"安"有时也可改为"祺""吉""绥"等。
(3) 根据对象的境况选用：
结婚：俪安、同以永结、良缘美结、爱情永笃、新婚幸福；
出行：旅安、客安；
患病：痊安。
要注意选用词语的合理搭配，并常作交叉变换。
此外，给不同的人写信时，要使用合乎对方身分的语言。

(1) 对长辈或长者

敬祝		金安	福安	康安	台安	福祉
恭请		健康长寿	起居永福			
敬叩		慈安	懿安	淑安（对女长辈）		
		教安	教祺（对老师）			
		痊安	早日康复（问病）			

(2) 对平辈或同事朋友

恭请	恭祝	新禧	春禧	年禧	岁祺	岁禧
谨致	顺致	新年快乐	新春愉快（岁首年末）			
此致	祝你	春祉	秋祺	近祺	署安	保重
		春安	夏安	秋安	冬安	冬绥
		近好	大安	学安	俪安	台安
		工作顺利	事业有成	心想事成		
		一帆风顺	全家幸福	财源广进		

(3) 对晚辈后生

祝	盼	近好	进步	康健	保重	日祉
望	问	努力	向上	幸福	快乐	愉快
愿		学业锐进	工作顺利	事业有成		
		一帆风顺	前程似锦	品学兼优		

以上祝颂语多为文言词语。这些词的意义是：金，指尊贵；台，敬辞，是古时对他人的尊称；祉，幸福；慈，和善；懿，美好；淑，温和、善良；祺，吉祥；署，住所；绥，安好；俪，成双成对，指夫妻。

致长辈信件中称谓的写法

写给谁	称呼	自称
父亲	父亲、爸爸	儿、女儿
母亲	母亲、妈妈	儿、女儿
父亲的祖父	曾祖父	曾孙、曾孙女
父亲的祖母	曾祖母	曾孙、曾孙女
父亲的父亲	祖父、爷爷	孙、孙女
父亲的母亲	祖母、奶奶	孙、孙女
父亲的伯父	伯祖父、伯公	侄孙、侄孙女
父亲的叔父	叔祖父、叔公	侄孙、侄孙女
父亲的叔母	叔祖母、叔婆	侄孙、侄孙女
父亲的哥哥	伯父、伯伯	侄、侄女
父亲的嫂嫂	伯母、大妈	侄、侄女
父亲的弟弟	叔父、叔叔	侄、侄女
父亲的弟媳	叔母、婶婶	侄、侄女
父亲的姐妹	姑妈、姑姑	侄、侄女
父亲的姐夫	姑父、姑丈	侄、侄女
父亲的妹夫	姑父、姑丈	侄、侄女
父亲的表兄	表伯父	表侄、表侄女
父亲的表嫂	表伯母	表侄、表侄女
父亲的表弟	表叔父	表侄、表侄女
父亲的表弟妇	表叔母	表侄、表侄女
父亲的表姐	表姑妈	表侄、表侄女
父亲的表姐夫	表姑父	表侄、表侄女
母亲的祖父	外曾祖父	外曾孙、外曾孙女
母亲的祖母	外曾祖母	外曾孙、外曾孙女
母亲的父亲	外祖父、外公	外孙、外孙女
母亲的母亲	外祖母、外婆	外孙、外孙女
母亲的伯父	外伯祖父	外侄孙、外侄孙女
母亲的伯母	外伯祖母	外侄孙、外侄孙女
母亲的叔父	外叔祖父	外侄孙、外侄孙女
母亲的叔母	外叔祖母	外侄孙、外侄孙女
母亲的哥哥	舅父、舅舅	甥、甥女
母亲的嫂嫂	舅母、舅妈	甥、甥女
母亲的弟弟	舅母、舅妈	甥、甥女
母亲的弟媳	舅母、舅妈	甥、甥女
母亲的姐姐	姨妈	甥、甥女
母亲的妹妹	姨姨	甥、甥女

续上表

母亲的姐夫	姨丈	甥、甥女
母亲的妹夫	姨丈	甥、甥女
母亲的表兄	表舅父	表甥、表甥女
母亲的表嫂	表舅妈	表甥、表甥女
母亲的表弟	表舅	表甥、表甥女
母亲的表弟妇	表舅妈	表甥、表甥女
母亲的表姐妹	表姨妈、表姨姨	表甥、表甥女
母亲的表姐夫	表姨父	表甥、表甥女

会议记录的写法

会议记录的格式比较固定，由首部、主体和尾部三部分组成。

（一）首部

首部包括标题和会议组织基本情况。这部分通常由记录人在会议开始前填写好。

1. 会议标题一般由会议名称加"记录"二字组成，如"××××工作会议记录"、"××××工作会议分组讨论记录"。

标题用于标明会议的性质和类别，便于归档备案和日后查考。记录如果用专门的会议记录纸，则标题就填写在记录标题的栏目中；如果用的是一般的记录本，则另起一页书写。

2. 会议组织基本情况。会议组织情况一般要求在会前写好，以免在会议正式开始后，影响对会议内容的记录。常用会议记录的机关，"会议组织基本情况"是预制成表格式的。各机关单位制定的表格形式不大一致，基本内容是：

（1）会议时间。一般的会议只标明开会日期，重大的会议应标明开始和结束日期。

（2）地点。即会议举行的场所。

（3）主持人。写上姓名、职务。

（4）出席人。要分别会议情况记录——大型会议只记出席人数，小型会议写明出席人员姓名和职务，重要会议另备签到簿签到，写明姓名、职务、单位、联系电话等。

（5）缺席人。一般应写明缺席人的缺席原因。

（6）列席人。写上姓名、职务（有即写上，无则不写）。

（7）记录人。

（二）主体

具体记录所要记录的内容：

（1）大会报告、领导讲话。分别写上"×××同志报告"、"×××同志讲话"，后面用冒号领起，记录所讲内容。

（2）大会发言。写上"大会发言"，后面用冒号领起。分组讨论则写上"分组讨论"及所讨论的题目，然后分别记录发言人及其内容。

（3）会议研究议题。写上"会议议题"，后面用冒号领起，列上议题名称，如果有两个以上的议题，则要用序号标明。然后依次记录发言人及其内容。

（4）会议的决议、决定。如有决议、决定，须将拟就的文字念给与会人听，要表决的还须记录赞成、不赞成、弃权的票数。

（5）会议的遗留问题。

（6）会议结束。写"散会"，以示记录完整，防止以后添加。

（三）尾部

尾部是由主持人和记录人经审核后签字，以示负责。

关于总结的总结
中共太原市委宣传部

总结，是对丰富多彩的实践活动进行综合、分析、归纳、概括的过程，是发现问题、研究问题、解决问题的过程，也是将感性认识经过"去粗取精、去伪存真、由此及彼、由表及里"推向理性认识的过程。我们党是一个非常重视总结、善于总结并从总结中受益的马克思主义政党。在新的历史阶段，树立强烈的创新意识，总结新鲜经验，积极进行理论概括，正确回答实践中迫切需要解决的问题，对于提高全党和广大干部群众的理论水平和实际工作能力，进一步推动我国改革开放和社会主义现代化建设事业向前发展，具有重要的现实意义。

总结，既是党的工作的一个重要环节，也是党的作风的一个重要方面。总结进行得如何，可以从一个侧面反映党的思想作风、学风、工作作风和领导作风的实际状况。总的来讲，各级党组织对总结工作是重视的，也总结出了不少好经验、好典型，促进了工作，带动了发展。但不能否认，一些地方和部门的总结工作也存在着某些弊病。现在，几乎每个单位和干部都搞总结，有年终总结、季度总结、每月总结，还有工作总结、思想总结乃至某些单项活动的总结等等，但总结来总结去，为什么有的单位工作仍然没有起色，干部的领导水平也不见提高呢？原因之一就是总结缺乏科学的态度和方法，染上了种种流弊：

和尚撞钟，形式主义。不总结不行，总结又缺少热情，因而无所用心，应付差事。一是"摆土豆式"。工作一件一件往上堆。开了几次会，下了几个文件，搞了几项活动，完了几项工程，一一罗列开来，列完便了事。二是"照猫画虎"。今年抄去年的，下面抄上面的，你家抄他家的，做做样子，走走过场。有的甚至将陈年老账翻出来，改个日期上交。三是粗制滥造。不动脑筋，不下功夫，想到哪儿写到哪儿，不管质量，不顾效果，敷衍了事。

空话连篇，味同嚼蜡。有些总结不是调查研究的结果，而是闭门造车的产物，海阔天空，不着边际，洋洋万言，空洞无物，似雾里看花，认识拔得很高，却是无的放矢；不是对丰富实践的概括，而是华丽词藻的堆砌，没有典型事例，没有具体数据，缺乏深入分析，又无实在经验；不是对实际问题的理论思考，尽是"放之四海而皆准"的官话、大话、空话。

虚报浮夸，编造政绩。无实事求是之意，有哗众取宠之心。把总结当成展示"政绩"的账簿，晋爵升官的筹码，一味评功摆好。大包大揽，凡能沾上边的工作成绩，都记在自己的"功劳簿"上，来者不拒，多多益善。喜好夸张手法，偏爱"放大镜"。"芝麻"大的事，一经放大，便成了"西瓜"；工作平平，一经夸张，便功勋卓著。甚至凭空编造，无中生有。工作根本没做，也能活灵活现、妙笔生花地描绘一番，如何布置，如何组织，起到什么作用，收到什么效果，都能一一道来。满纸荒唐言，却"脸不变色心不跳"。

回避问题，欺上瞒下。讲成绩像吹气球，讲问题像捉迷藏。一个地方、一个单位、一个干部，明明问题成堆，缺点成串，群众十分不满，总结中却只字不提；或避重就轻，或讲究"策略"，说一些无关痛痒的"毛病"，列几个人人都有的"缺点"，什么"思想有待提高""学习需要加强""争取更大进步"等等。结果自然是什么问题也没有解决，什么缺点也没有克服，群众照样不满。如此总结，危害极大。一是有损于党的形象。总结工作中形式主义、官僚主义等不良作风的存在，使总结不仅起不到发现问题、改进工作的作用，反而会助长不良风气的蔓延，影响党在人民群众中的形象。二是贻误党的事业。总结年年搞，"经验"年年有，人力物力耗费了不少，但工作原地踏步，失误频频发生，党和国家的事业遭受损失。

根除总结工作中的种种"病症",根本的是要端正态度,改进作风。要认真贯彻落实党的十五届六中全会精神,切实加强和改进党的作风建设,做到八个坚持、八个反对,具体地讲,总结一定要做到八个字:求真、求实、求新、求是。

总结要求真。真,即"伪"的反面,就是客观存在的事物本来面目。求真是总结的最基本的要求。求真,就是要尊重事实。反映客观,一是一,二是二,绝不能弄虚作假、胡编滥造。求真,要从深入实际、调查研究做起。调查研究是我们党的好传统、好作风,也是总结工作的根本途径。毛泽东同志说得好:"调查研究是一切工作的第一步,没有调查研究就没有发言权。"做总结,不能只靠开会,听汇报,看材料。要知道梨子的滋味,就要亲口尝一尝。要把步子迈出去,身子扑下去,深入到基层,深入到群众中,深入到改革发展的第一线,亲眼看看基层在做什么,亲口问问群众在想什么,亲耳听听群众在说什么,掌握第一手资料,做到胸中有数。求真,还要有同"伪"进行坚决斗争的勇气。去伪存真的过程,就是一切从实际出发、实事求是的过程,就是同形形色色的虚伪言行进行毫不妥协斗争的过程。然而,求真并非容易,特别是在不少地方风气不正的情况下,求真还可能遭受到各种各样的干扰,甚至遭受打击报复。没有一种为党和人民的利益奋不顾身的大无畏精神,没有抛开私心、不唯书、不唯上、只唯实的求实精神,是很难做到去伪存真、实事求是的。

总结要求实。实,即实实在在,是相对于"空"而言的。求实,是总结的基础。总结要求实,就是内容要实实在在,形式要实实在在,坚决摒弃空话连篇的"八股"习气。求实,最重要的是切实转变思想作风和学风,把解放思想、实事求是和理论联系实际的马克思主义思想作风贯彻到总结工作中。要充分认识到清谈只能误国,务实才能兴邦。清谈,谈不出社会生产力的发展,谈不出人民生活水平的提高,谈不出综合国力的增强,谈不出现代化目标的实现。务实才是"真功夫",立足于"实",才能"务"出社会主义现代化强国,"务"出中华民族的冲天豪气。因此,要把十五届六中全会强调的"重实际、说实话、办实事、求实效"作为总结工作的要旨,做到反映实实在在的情况,研究实实在在的问题,概括实实在在的经验,拿出实实在在的办法。

总结要求新。新,是对"旧"的突破。求新,是总结的灵魂。求新就要与时俱进,就要研究新情况,解决新问题,概括新经验,而不能因循守旧,"陈年老酒年年品"。求新,首先要着眼于新的实践。我们处在一个伟大的变革时代,新事物如雨后春笋,层出不穷。总结,要把着眼点放到我们正在做的事情上,大到党领导人民进行的改革开放、建立社会主义市场经济体制的实践,社会主义民主、法制建设的实践,实施西部大开发战略、缩小东西部差距的实践,应对加入WTO带来的机遇和挑战的实践,小到各部门、各单位深化改革,开拓创新,适应市场、加快发展的实践,等等。着眼新的实践,是求新的基础。求新,还要善于用新的视角观察问题,用新的思维方式思考问题。要从新的实践中发现新材料,找出新问题,研究新情况,肯定新做法,形成新认识,推出新经验,使总结生动起来,鲜活起来,起到开辟新境界、推动新发展的重要作用。

总结要求是。是,即事物发展的客观规律。求是,是总结的最高要求和最终目的。求是,就是要在求真、求实、求新的基础上,努力探索带有规律性的经验,使我们从认识的"必然王国"走向"自由王国"。求是,要求各级领导干部要以身作则,带头把实事求是的作风贯穿到总结工作中去。领导干部大都有自身的优势,如掌握的情况比较全面,具有一定的理论水平,观察、分析、认识问题的能力比较强等。领导带头,有助于提高总结的水平,达到求是的目的。求是,还要充分尊重人民群众的首创精神。人民群众是实践的主体,是历史的创造者,是社会发展的决定力量。他们贴近实际,了解实际,"欲知山中事,须问砍樵人"。搞好总结,就要坚持从群众中来到群众中去，甘作人民群众的小学生，虚心向人民群众请教，善于集中人民群众的聪明才智，善于发现总结人民群众的新鲜经验。如果总结做到了求是，工作的盲目性就会减少，失误率就会降低，主动性和预见性就会大大增强，党的各项事业就能更快更好地向前发展。

（原载《求是》杂志"红旗论坛"）

这是一篇揭示事物规律性认识的总结。作者为中共太原市委宣传部的同志们。文中提出要重视总结、勤于总结、善于总结，为我们指出了一些地方和部门的总结工作中存在着的弊端，并针那些弊端开出了"求真、求实、求新、求是"的药方。

干部考察材料

（一）干部考察材料的概念

干部考察材料，是人事组织部门对干部进行考察、评价的书面反映，是对干部的组织鉴定和使用干部的决策依据。

（二）干部考察材料的种类

考察材料可分为干部个人考察材料和领导班子考察材料两种。

1. 干部个人考察材料的写法

干部个人考察材料一般由标题、基本情况、主要经历、现实表现、使用建议等部分组成。

（1）标题。由考察对象和文种组成，如"×××同志考察材料"。

（2）基本情况。包括考察对象的姓名、性别、年龄、民族、籍贯、文化程度、专业技术职称以及参加工作时间、入党团时间、现在工作单位、所任职务、健康状况等。

（3）主要经历。主要记述考察对象参加工作以来主要的任职阶段和职务变化情况，主要学习经历及所学专业，历次受奖情况，历次受到惩处情况，政治上、历史上的重要情况和组织结论。

（4）现实表现。这是考察材料的核心部分，应首先对考察对象有个总的评价，然后从德、能、勤、绩几个方面的表现进行具体分述。对优缺点或存在的主要问题也要写明。

（5）使用建议。这部分是就考察对象能否使用、如何使用，向组织提出意见。若组织上无此要求，可以不写。呈报任免时，因表中已有意见，不必再写。

如果采用定量考核方法进行考察，应把定量考核得到的情况写上，以供决策部门分析干部时参考。若是进行民主推荐，应把推荐的职务、得票数、在得票人中排列序码等写清楚。

考察材料的末尾应写上考察人的单位和姓名，并写明材料形成的年月日。

2. 领导班子考察材料的写法。领导班子考察材料一般由以下七部分组成：

（1）标题。一般写成"××班子考察材料"。

（2）班子基本情况。包括班子成员人数，女干部、少数民族干部、非党干部各占的比例，平均年龄，年龄结构情况，各种文化程度所占比例，专业人员构成情况等等。

（3）班子组建情况。包括组建时间、原班子老成员情况、新提拔成员情况等等。

（4）班子的主要表现。从多方面叙述班子在贯彻执行党的方针、政策方面的表现，以及所取得的成绩；考察班子的大事，有什么成效等等。这部分应把班子的主要特点和工作实绩反映出来，特别注意考察各项经济指标的完成情况，以及这些经济指标与前几年进行比较的情况。

（5）存在问题。对班子中存在的各种问题要如实反映，对问题的本质特征以及问题的原由都要从本质上弄清楚。

（6）班子成员的个体作用。对每个成员在班子中的作用，要用系统的观点进行具体的分析，不要把班子的整体功能和成员的个体功能混为一谈。

（7）考察组的意见。通过对班子的群体结构、整体功能以及存在问题的分析，提出进行充分调整还是进行帮助教育的意见。最后署上考察人的单位和姓名，以及材料形成的时间。

3. 写考察材料的基本要求

（1）正确掌握新时期的用人标准，切实按照干部"四化"的方针和生产力标准的原则去评价干部、分析材料。

（2）公道正派，实事求是。对考察材料中的事例要反复核实，避免失实。对谈话人提供的问题，要注意向其他人核查，综合分析，去伪存真。切不可主观臆断，更不能以个人思想、好恶来评价干部。

（3）用事实说话。对干部或班子的主要表现，要用事实加以说明，切忌说空话、套话。要选择那些能反映事物本质、能全面说明干部德才本质的事例。

（4）抓住干部或班子的主要特点和关键问题，分清主次，详略得当，不可面面俱到，堆砌材料。

干部鉴定

（一）干部鉴定的概念

干部鉴定是人事和组织部门对干部在一定时期内的工作、学习以及政治思想等方面的实际表现进行的检查、总结和评定。

（二）干部鉴定的写作步骤和要点

1. 自我总结

自我总结是干部对自己某段时期的工作及实际表现进行回顾和评定。自我总结应做到实事求是，恰如其分，不进功、不讳过。自我总结的文字应简明扼要、直截了当、朴素实在，联系自己的思想和工作实际，用具体的事例来说明自己的优缺点或存在的问题，通过自我总结肯定成绩、找出差距，明确今后的努力方向。

2. 群众评议

群众评议是为了更全面、更客观地评议干部而借助集体的力量，由群众对某个干部的工作、表现进行总结及评议。对群众评议的意见应进行综合归纳，简明扼要地加以概括。

3. 组织鉴定

组织鉴定是在自我总结、群众评议的基础上，根据平时组织上掌握和了解的情况，对干部的表现和优缺点提出看法、进行评定。组织鉴定要坚持实事求是的原则，对干部的成绩应给予充分的肯定，对不足之处和存在的问题，应明确地、恰如其分地指出。对犯错误的干部，要本着"惩前毖后，治病救人"的精神，帮助其认识错误，吸取教训。不能利用干部鉴定的机会进行报复或有意整人。组织鉴定要与本人见面，并允许本人提出自己的看法和意见。如本人提出的意见是正确的，组织应接受，必要时应该修改组织鉴定意见，使之更加符合实际情况。若本人的意见不正确、不合理，也应进行耐心的说服教育。经过说服教育，本人仍有意见，可以允许保留，并一起存入本人档案。

4. 本人签署意见

本人签署意见是指被鉴定者对群众评议和组织鉴定的意见提出看法。干部本人如有不同意见和自己认为需要说明的问题，应填写在"本人意见"一栏里。

自 我 鉴 定

自我鉴定是对自己某一段时间内的思想、工作、生活等方面情况进行自我总结、自我评价而形成的书面文字。其内容结构为：

（一）标题

可用"自我鉴定"的文种作为标题，也可由时间、内容加文种作为标题，如"1999年上半年工作自我鉴定"。

（二）正文

通常有前言、主体、结尾三个部分，可分三个段落，也可以一气呵成。

前言部分，交代自己的工作、学习、生活的背景、时段，用最概括的文字肯定成绩，然后用"主要表现在"领起，转入主体。

主体部分，应分别从思想、工作、学习、生活诸方面分类（或依照考察要求分类），写出取得的主要成绩和存在的问题。

结尾部分，针对自己的优缺点，写出自己今后的努力方向。

（三）落款

署上自己的姓名并注明日期。

有关公示制度的参考资料

公示是一种制度。

起初，是"任前公示制"，即在干部的使用上要求实行任前公示制，即将党委（党组）集体讨论研究拟提拔或调整的干部的有关情况，通过一定的方式，在一定范围和期限内进行公布，广泛听取群众的反映和意见，再正式实施对干部的任用。它作为干部考察工作的延伸和补充，可以使党组织在更大范围内听取各方面的意见，更全面、更准确地了解干部，减少用人失察失误，提高选人用人质量。任前公示制将干部选拔任用工作置于广大群众的监督之下，强化对干部选拔任用工作的监督和对党政领导干部的监督，不仅有助于遏制选人用人上的不正之风和腐败现象，而且有利于形成正确的用人导向，增强干部的公仆观念和自律意识。

公示程序为四个步骤：（1）党委（党组）研究确定拟任人选后，以一定方式予以公示；（2）以组织（人事）部门为主受理群众意见；（3）调查核实群众反映的问题，并向署名或当面反映问题的群众反馈调查核实结果；（4）根据调查核实情况提出处理意见，决定是否实施对干部的任用，并予以公布。

公示内容一般包括公示对象的姓名、性别、出生年月、籍贯、学历学位、政治面貌、现任职务等自然情况和工作简历。对拟任职务是否公示，各地、各部门可根据实际情况自行掌握。

公示范围：党政领导班子及党政工作部门领导成员的选拔任用应向社会公示；部门内设机构中层领导干部的选拔任用，原则上在其所在的工作部门（单位）或系统内进行公示，也可根据岗位特点在更大范围内公示；易地交流提拔任职的干部，在原工作所在地或单位公示。

公示时间：确定公示时间既要有利于群众反映意见，又要有利于提高工作效率，一般以7—15天为宜。具体时间视实际情况确定。

公式过程中应认真做好群众反映意见的调查处理工作

对群众反映问题的调查、处理，是实施任前公示制的关键环节。公示期间，组织（人事）部门应设立专门电话和信箱，指定专人负责接待群众来访。对群众反映的意见要登记建档。组织上已经掌握的问题，不再重复调查；没有掌握的，要分类处理。一般要求署名或当面反映问题，逐件进行调查核实。对匿名反映的问题，要作分析，性质严重、内容具体、线索清楚的，也要调查核实。对经调查核实，确认反映的问题与事实出入较大或并不存在的，反馈时要耐心细致地向有关人员讲清调查过程和结果。

调查核实工作要深入细致，讲究方法。具体调查核实工作，由组织（人事）部门进行。对于群众举报涉嫌违纪违法的重大问题，可由组织（人事）部门会同纪检监察部门共同进行调查。要注意调查核实的方式，在保证查清问题的前提下，尽量控制范围，做好保密工作。既要注意保护反映情况的群众，防止出现打击报复现象，又要注意保护干部，反对诬告和无理纠缠，防止在作出正式调查结论前由于问题扩散而对干部造成不良影响。对故意诬告陷害公示对象的，应视情节轻重，对有关责任人严肃处理。

对调查核实结果的处理，主要分四种情况：（1）所反映问题不存在的，予以任用；（2）属于一般性缺点、不足，不影响提拔任用的，按预定的方案任用，并在任用谈话时向干部指出存在的问题，督促改正；（3）对政治立场、思想品质、廉洁自律等方面存在严重问题的，经党委（党组）复议后不予任用，对其中属于违纪违法的，应移交纪检监察机关或司法机关按照有关规定处理；（4）反映的问题性质比较严重，一时难以查实但又不能轻易否定的，暂缓任用。暂缓任用的时间一般不应超过三个月。三个月内仍未查实的，由公示对象本人作出负责任的书面说明，经党委（党组）研究认为不影响任职的，可履行任职手续。此后，如经查实发现有影响任职问题的，解除现职并依照有关规定从严处理。也可结合实行领导干部任职试用期制度，在试用期内作进一步的考察。

对调查核实结果的处理，要坚持实事求是、客观公正的原则。对那些基本素质好、有发展潜力的干部，敢抓敢管、勇于开拓创新的干部，要看本质、看主流，不能因为工作中有缺点和不足而影响对他们的使用。对那些思想政治素质差，特别是以权谋私、为政不廉的人，坚决不予任用。对跑官要官、买官卖官的，一经发现，坚决查处。